河海大学

2011年鉴

主　编⊙赵　坚　郭继超

副主编⊙李　枫　钱恂熊

张鸿业　曹　翀

吴　红

河海大学出版社

HOHAI UNIVERSITY PRESS

图书在版编目(CIP)数据

河海大学年鉴．2011/赵坚，郭继超主编．—南京：河海大学出版社，2012.10

ISBN 978－7－5630－3183－2

Ⅰ.①河… Ⅱ.①赵… ②郭… Ⅲ.①河海大学—2011—年鉴 Ⅳ.①G649.285.31－54

中国版本图书馆CIP数据核字(2012)第237948号

书　　名／河海大学年鉴(2011)
书　　号／ISBN 978－7－5630－3183－2/G·1031
主　　编／赵　坚　郭继超
责任编辑／魏　连
装帧设计／杭永鸿
出版发行／河海大学出版社
地　　址／南京市西康路1号(邮编:210098)
电　　话／(025)83737852(总编室)　(025)83722833(营销部)
网　　址／http://www.hhup.com
照　　排／南京凯建图文制作有限公司
印　　刷／南京工大印务有限公司
开　　本／880毫米×1230毫米　1/16
印　　张／34.5
插　　页／6
字　　数／1036千字
版　　次／2012年10月第1版　2012年10月第1次印刷
印　　数／1～1000册
定　　价／180.00元

▲ 6月10日，水利部和教育部在京举行签字仪式，共建河海大学、武汉大学等8 所高校。

▲ 4月18日，中纪委驻教育部纪检组组长、教育部党组成员王立英(图中)视察学校。

◀ 4月20日，国务院三峡工程建设委员会副主任、中国长江三峡集团公司董事长、党组书记曹广晶（前排中）到学校视察指导工作。

▲2月24日，学校举行“河海大学落实中央一号文件‘百团行动’出征仪式”。

◀4月1日，学校召开“百团行动——江苏行”师生座谈会。“百团行动——江苏行”第二批13个服务团的师生代表参加座谈。

9月9日，江苏省水利厅吕振霖厅长一行莅临我校指导工作，并就我校“百团行动”的开展情况进行座谈。▶

◀ 全国政协委员、水利部原副部长翟浩辉（左六），水利部办公厅主任刘建明（左四），中国科学院院士李家春（左十），水利部水资源管理司原司长高而坤（左八）和河海大学党委书记朱拓（左二）为徐芝纶院士展览室开展剪彩。

▲ 10月27日，学校举行徐芝纶院士诞辰100周年大会和徐芝纶院士展览室开展仪式等纪念活动。

▲ 12月8日，中国工程院正式公布2011年院士增选名单，河海大学王超教授当选中国工程院院士。校党委书记朱拓（右一）、副校长唐洪武（左一）代表学校向王超教授当选中国工程院院士表示祝贺。

10月18日，水利政策法制研究与培训中心成立大会暨揭牌仪式在学校举行。该中心是经水利部批准，由河海大学与水利部发展研究中心联合组建的开放性研究机构。

10月29日，学校举行水利部人力资源研究院揭牌仪式。水利部副部长周英和研究院院长、河海大学校长王乘为研究院揭牌。

12月16日，国家发改委组织验收委员会对水资源高效利用与工程安全国家工程研究中心进行验收。验收委员会充分肯定水资源高效利用与工程安全国家工程研究中心建设期所取得的成绩，一致同意通过验收。

4月26日，全国农业节水技术交流报告会暨首届农业节水科技奖颁奖大会在学校举行。

10月28-30日，第三届全国土工合成材料加筋土学术研讨会在江宁校区举行。

11月24日，第八届全国泥沙基本理论研究学术讨论会在学校举行。

▲ 4月18–20日，由我校承办的第十八届国际计算与实验科学工程大会（ICCES’2011）在南京开幕。该大会首次在中国大陆举办。

▲ 5月26–29日，由我校与香港理工大学联合主办的“激光雷达与合成孔径雷达测图技术与应用”国际研讨会在学校召开。

5月26日，校长王乘和副校长鞠平、徐卫亚一行9人访问华能澜沧江水电有限公司，王乘校长和袁湘华总经理代表双方单位签订战略合作框架协议。

6月11日，“福建省水利厅与河海大学合作框架协议书”签字仪式在福建省水利厅举行。河海大学校长王乘与福建省水利厅厅长杨志英出席仪式并签署协议。

7月12日，我校与宿迁市人民政府战略合作框架协议签字仪式暨“百团行动”宿迁暑期社会实践团授旗仪式在宿迁市举行。

7月13日，我校与淮安市人民政府战略合作框架协议签字仪式暨“百团行动”淮安暑期社会实践团授旗仪式在淮安市举行。

▲6月15日，王乘校长接见来校访问的布隆迪高等教育与科研部部长朱利安·尼穆博纳博士一行。双方就进一步加强水利水电人才培养和科学研究方面的合作进行座谈并达成共识。

◀11月19日，美国沙漠研究所所长史蒂夫·威尔斯一行访问学校，校长王乘接见了来宾。双方就环境领域的跨学科研究、教师及学生培养、信息交流等方面进行了交流协商，并签署了合作备忘录。

▲ 5月5-7日，以上海市政工程设计研究总院（集团）有限公司沈袭昌教授级高工为组长的住建部高等教育给水排水工程专业评估委员会视察组一行对学校给水排水工程专业进行了专业复评视察。

◀ 12月7日，我校与水利部海河水利委员会共建研究生培养基地签约暨揭牌仪式在天津举行。2011年新增研究生培养基地14个。

▲ 12月24日，全国继续教育工作会议在北京召开。会上举行了“高等学校继续教育示范基地”授牌仪式，我校被教育部授予“高等学校继续教育示范基地”，校党委副书记王济干代表学校接受教育部鲁昕副部长授牌。

▲ 5月4日，我校召开2011年党风廉政建设工作会议。江苏省委教育纪工委副书记、省教育厅监察室主任张亚平应邀作了题为《关于实行党风廉政建设责任制的规定》专题辅导报告。

▲ 10月19日，我校召开2011年度教育教学工作会议，校长王乘作了题为《更新教育教学观念 提升人才培养质量》主题报告。

6月2日，学校召开第二批西藏少数民族专业技术人才特殊培养学员结业座谈会。

9月17日，学校举行2011级学生军训成果汇报暨表彰大会。

11月13日和12月18日，河海大学江西校友会和浙江校友会成立大会分别在南昌市和杭州市举行。

10月28日，河海大学第三届学生体育文化节、第四十七届田径运动会暨第十三届老年人运动会在江宁校区体育场举行。

10月31日，河海大学第九届研究生科技文化艺术节（金水节）开幕式暨“水漾金秋”文艺晚会在学校举行。

11月21日，我校举办2011年海峡两岸体操交流暨友谊赛。

12月6-12日，我校参加2011-2012李宁中国大学生足球联赛江苏赛区暨2011年江苏省大学生足球高水平组比赛，获得冠军。

《河海大学年鉴》

（2011 年）

编审委员会

编写组人员

目　录

第一部分　学校概况

第二部分　特　载

第三部分　学校工作

第四部分　校区与院系工作

第五部分 附 录

后 记

第一部分 学校概况

学校简介

河海大学是一所拥有近百年办学历史，以水利为特色，工科为主，多学科协调发展的教育部直属全国重点大学，是实施国家“211工程”重点建设的高校之一。其前身可追溯到创建于1915年的河海工程专门学校。近年来，以科技部批准成立水文水资源与水利工程科学国家重点实验室，国家发改委批准成立水资源高效利用与工程安全国家工程研究中心，教育部先后批准正式成立研究生院和建设“优势学科创新平台”为标志，学校的建设与发展跨上了一个新的台阶。

河海大学校本部位于南京市鼓楼区，并在常州市新北区、南京市江宁区设有校区，总占地面积2300余亩。

河海大学下设水文水资源学院、水利水电学院、港口海岸与近海工程学院、土木与交通学院、环境学院、能源与电气学院、计算机与信息学院、计算机与信息学院(常州)、机电工程学院、力学与材料学院、地球科学与工程学院、理学院、商学院、商学院(常州)、公共管理学院、法学院、马克思主义学院、外国语学院、体育系、大禹学院等专业院系。拥有1个一级学科国家重点学科(水利工程)，2个二级学科国家重点学科，2个二级学科国家重点学科培育点，4个江苏省优势学科(群)，2个省级重点学科；6个国家级以及省部级重点实验室，10个国家级以及省部级工程研究中心；9个博士后流动站；57个博士点，185个硕士点，11种硕士专业学位类别，其中工程硕士专业学位涉及18个工程领域；52个本科专业。水利工程、土木工程两学科综合实力处于全国领先位置，尤其是水利工程学科总体实力最强，支撑及相关学科门类较多，水利及支撑学科人才梯队的综合实力处于国内一流地位。2011年，各类学历教育在校学生40343名，其中研究生13072名，本科生19078名。

河海大学现有教职工3383名，具有高级技术职务教师1007名，其中博士生导师333名，中国工程院院士2名，16名院士受聘担任学校的教授、博士生导师、首席科学家。学校拥有“中组部海外高层次人才引进计划(千人计划)”4名，教育部“长江学者奖励计划”特聘教授4名、讲座教授1名，获“国家级教学名师奖”3名，国家杰出青年基金获得者6名，国家级有突出贡献的中青年专家7名，人事部“新世纪百千万人才工程”获得者8名，教育部“新世纪优秀人才支持计划”获得者15名，省部级有突出贡献中青年专家7名，入选江苏省“333高层次人才工程”75名，入选江苏省高等学校“青蓝工程”培养对象95名，获“江苏省教学名师奖”6名。拥有“国家级教学团队”2支，“长江学者和创新团队发展计划”创新团队1个，“江苏高等学校优秀科技创新团队”4个。

2001年以来，学校承接的科研项目质量不断提高，承担了一批国家层面重点、重大研究计划和重点、重大工程科研项目。其中一批科研成果取得重大突破，达到国际先进水平；获国家级科技成果奖20项，部省级科技成果奖265项。

河海大学有着优良的育人传统。2001—2010年，本科毕业生就业率保持在90%以上。2005年，以优秀的成绩通过教育部本科教学工作水平评估。研究生教育规模快速发展，研究生培养质量持续提高，已建成具有水利特色的高层次人才培养和知识创新的基地。

河海大学开展广泛的国际交流和合作，是国家首批授权可授予外国留学生博士、硕士、学士学位的学校，已为50多个国家和地区培养了千余名博士、硕士与学士，与20多个国家和地区的70多所大学建立了校际协作关系。

河海大学的发展得到了党和国家的重视和关怀。1985年70周年校庆，邓小平同志亲笔题写校名；1995年80周年校庆，江泽民同志为学校题词："面向未来，开拓进取，进一步发展水利教育事业。"李鹏、李岚清、钱正英等党和国家领导人也为学校题词；2005年90周年校庆，温家宝总理视察学校并作重要讲话，以"献身、求实、负责"的水利精神对学校寄予了殷切期望。

2011年是学校实施"十二五"规划的开局之年。在这一年，学校紧紧抓住国家教育发展纲要的颁布实施和以中央一号文件为标志的水利改革发展两大历史机遇，牢牢把握学校"十二五"发展主题，把科学发展与特色发展统一起来，紧紧围绕事关全局和长远的重要任务，积极推进教学、科研、社会服务等各方面工作，取得了一系列重要成果和进展。学科建设取得新进展。全面完成第十一次学位授权审核增列各项工作，新增一级学科博士学位授权点8个，一级学科硕士学位授权点14个。师资队伍建设取得历史性突破。新增中国工程院院士1名，教育部长江学者创新团队1支，国家杰出青年基金获得者2名，国家"千人计划"1名。教育教学改革与人才培养成果丰硕。获批国家级特色专业建设点2个；新增省级教学成果奖特等奖1项，一等奖2项，二等奖1项；新增省级教学名师2人，新增全国优秀博士论文提名论文2篇，省优秀博士学位论文5篇，省优秀硕士学位论文13篇。科学研究再创佳绩。获得国家自然科学基金重大项目1项，重大项目课题1项，重点项目5项，国家社会科学基金重大项目1项，"973计划"课题4项，全年新增科技经费7.9亿元；以第一完成单位获国家科技进步二等奖3项，获省部级科技进步特等奖2项、一等奖8项、二等奖13项、三等奖35项；获批高等学校学科创新引智计划项目1项；水资源高效利用与工程安全国家工程研究中心、疏浚技术教育部工程研究中心分别高标准通过了国家发改委和教育部验收；我校国军标质量体系通过认证；新增2个"江苏省工程技术研究中心"、1个江苏省决策咨询研究基地。同时，党建和思想政治工作进一步加强，保证了学校的科学发展；切实关注民生，进一步改善了全校教职工的工作和生活条件。

（校长办公室供稿）

学校历史沿革图

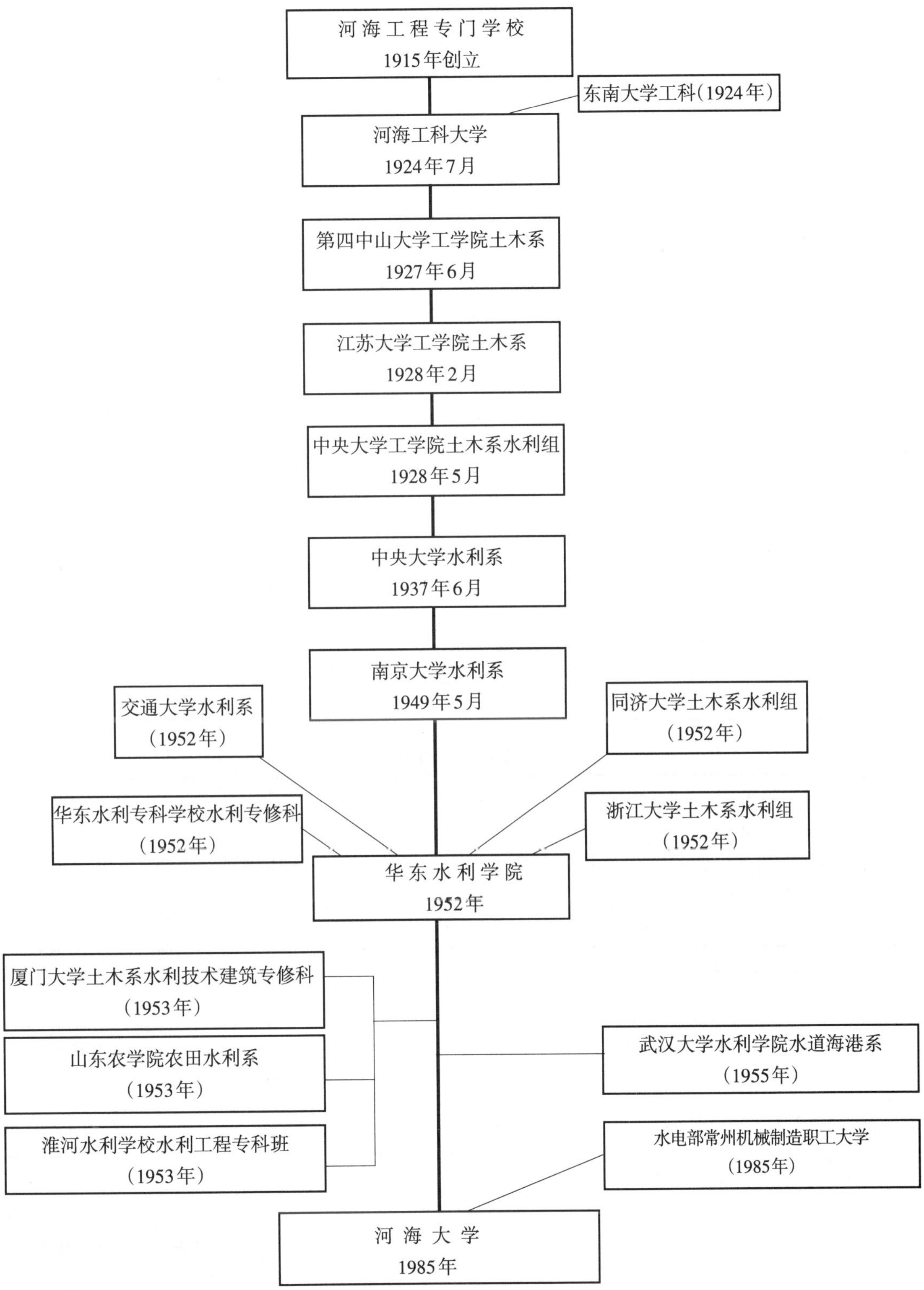

（档案馆供稿）

学校基本情况表

表1　在校学生数

（人）

合计	全日制博士生	全日制硕士生	非全日制硕士生	本科生	继续教育			外国留学生
					小计	函授生	夜大生	
40343	1974	7457	3641	19078	7946	5869	2077	247

表2　全校教职工数

（人）

总　计	专任教师						教辅人员	行政人员	工勤人员	科研机构人员	校办企业人员	附属机构人员
	小计	教授	副教授	讲师	助教	未定技术职务						
3383	1844	327	502	908	84	23	324	416	135	286	90	288

表3　学科专业数

（个）

博士后流动站	博　士　点	硕　士　点	本科专业
9	57	185	52

表4　科研情况

获国家级奖励（项）	获部省级奖励（项）	鉴定成果（项）	收录论文（篇）	论文检索(篇)							著作（部）	授权专利(件)		合同经费（亿元）
				SCI光盘	SCIE	EI光盘	ISTP	中信所	人大复印	CSSCI		发明	实用新型	
3	58	10	2300	108	111	494	431	1156	22	347	39	94	214	7.92

注：论文检索为2010年数据。

表5　其他情况

占地面积（平方米）	校舍面积（平方米）	固定资产总额（万元）	教学科研设备（万元）	学校藏书（万册）
1437929	775140	198077.31	42763.73	252.92

注：学校藏书中不含电子图书。

（校长办公室、科技处、档案馆供稿）

第二部分 特 载

王超教授当选中国工程院院士

中国工程院 12 月 8 日正式公布 2011 年院士增选名单，河海大学王超教授当选中国工程院院士。

王超教授，男，1958 年出生，江苏滨海人。先后于 1984 年、1990 年、1995 年获河海大学学士、硕士、博士学位。现任河海大学博士生导师、环境学院院长、水文水资源与水利工程科学国家重点实验室副主任、浅水湖泊综合治理与资源开发教育部重点实验室主任、国家重大基础研究计划“973”项目首席科学家、环境工程江苏省重点学科首席学科带头人，兼任中国环境学会水环境专业委员会副主任委员、中国自然资源学会湿地保护专业委员会副主任委员。

王超教授长期从事水资源保护与水质改善这一与国计民生密切相关领域的教学与科研工作，率领团队致力于理论研究、技术研发和工程实践，攻克了一系列关键科技难题，做出了创造性的成就和重大贡献。近年来他主持和参与国家“973”项目、国家“863”项目、国家自然科学基金、国家科技攻关课题等科研项目 70 余项，成果获国家自然科学二等奖 1 项，国家科技进步二等奖 2 项，教育部自然科学一等奖 1 项，技术发明一等奖 1 项，江苏省、环保部、水利部科技进步一等奖 3 项、二等奖 3 项；获国家发明专利授权 12 项；发表论文 170 余篇，出版专著 6 部；培养博士 26 名、博士后 9 名。

王超教授先后入选国家“新世纪百千万人才工程”、江苏省“333 高层次人才培养工程”中青年科技领军人才和中青年首席科学家，获全国优秀科技工作者、中国第六届“发明创业奖”特等奖及“当代发明家”、中国专利优秀奖、“何梁何利”基金科技进步奖、江苏省五一劳动奖章、江苏省先进工作者、江苏省有突出贡献中青年专家、江苏省百件优秀发明专利奖、江苏省高等学校优秀共产党员标兵等荣誉称号和奖励。他带领的水资源保护与生态修复团队被评为江苏省高校“青蓝工程”优秀科技创新团队，并获全国和江苏省“工人先锋号”荣誉称号。

（党委办公室、校长办公室供稿）

教育部水利部继续共建河海大学

6 月 10 日，教育部和水利部在北京举行“教育部水利部共建河海大学武汉大学等 8 所高校协议”签字仪式，教育部部长袁贵仁、水利部部长陈雷代表双方签署协议并讲话。与河海大学同时得到两部共建的还有武汉大学、清华大学、中国农业大学、天津大学、大连理工大学、四川大学、西北农林科技大学。

在仪式上，袁贵仁指出，教育是一个国家和民族最根本的事业。去年 7 月以来，在不到 1 年的时间里，胡锦涛总书记先后发表 3 篇关于教育工作的重要讲话，充分体现了中央对教育工作的高度重视和亲切关怀。特别是总书记在清华百年校庆的重要讲话，为推进高等教育事业科学发展指明了方向。水利是经济社会发展的基础支撑，是治国安邦的大事。今年 1 月，党中央、国务院发布了

《关于加快水利改革发展的决定》。4 月 20 日，胡锦涛总书记视察清华大学水利系时，就加快水利事业改革发展做出重要指示。在这样的形势下，教育部与水利部签署共建协议，支持 8 所高校为水利事业又好又快发展造就更多优秀人才，提供更多智力支持，具有重要意义。希望 8 所高校以共建为契机，在建设有特色高水平大学的道路上取得更大进步，为服务水利事业科学发展，为建设创新型国家和人力资源强国做出新的更大贡献。

陈雷指出，水是生命之源、生产之要、生态之基。2011 年中央一号文件《关于加快水利改革发展的决定》，从党和国家事业发展全局出发，科学阐述了水利发展的阶段性特征和战略地位，明确了水利改革发展的指导思想和主要原则，部署了今后 10 年水利改革发展的目标任务。加快水利改革发展，人才是核心，教育是基础，科技是关键。一号文件特别指出要“支持大专院校、中等职业学校水利类专业建设”。这次共建的河海大学等 8 所大学，是水利特色鲜明、办学历史悠久、水利学科门类比较齐全、专业实力位居全国前列的知名高校，多年来为水利行业培养了一批又一批优秀专业人才，为我国水利水电事业做出了重要贡献。两部签订共建协议，是深入贯彻科教兴国战略和人才强国战略的重要举措，对于深化两部合作，夯实水利教育和人才培养基础，推动水利事业可持续发展具有重要意义。

根据共建协议，教育部和水利部将支持 8 所高校在人才培养与学术交流、科技咨询与科技合作、学科与创新平台建设等方面加快改革发展步伐，并建立定期磋商机制。

教育部、水利部以及有关司局负责人出席签字仪式。河海大学校长王乘等 8 所共建高校负责人参加了签字仪式。

2001 年和 2005 年，教育部与水利部两次签订共建河海大学协议。2009 年，教育部还与江苏省签订了共建河海大学协议。

（党委办公室、校长办公室供稿）

河海大学举行徐芝纶院士诞辰 100 周年纪念活动

2011 年是我国著名力学家、教育家，中国科学院院士，华东水利学院创始人之一徐芝纶教授诞辰 100 周年。10 月 27 日是河海大学 96 周年校庆日，学校隆重举行纪念徐芝纶院士诞辰 100 周年大会和徐芝纶院士展览室开展仪式等纪念活动。

全国政协原副主席钱正英院士为活动题词：“一代宗师”；全国人大副委员长、九三学社中央主席韩启德院士题词：“纪念徐芝纶院士百年诞辰”；中共中央候补委员、四川大学校长谢和平院士题词：“力学泰斗，昭华河海”；水利部原部长、党组书记杨振怀题词：“力学泰斗，一代宗师”；中国力学学会理事长、北京理工大学校长胡海岩院士题词：“一代名师，人生楷模”。

全国政协委员、水利部原副部长翟浩辉，水利部办公厅主任刘建明，中国科学院院士李家春，水利部水资源管理司原司长高而坤，九三学社江苏省委秘书长王献民，中科院南京分院院士联络处处长朱小卫等嘉宾出席纪念大会和开展仪式。河海大学党委书记朱拓、校长王乘分别主持纪念大会和开展仪式。河海大学校领导和老领导，南京水利科学研究院、江苏省力学学会代表，徐芝纶院士亲属、弟子和生前好友，学校老教师、校友和师生代表、徐芝纶教育基金奖获得者代表参加了活动。

刘建明主任受水利部陈雷部长的委托，谨代表水利部和陈雷部长深切缅怀和追述了新中国一代力学宗师徐芝纶院士，并希望河海大学继续秉承徐芝纶院士等老一辈河海人的优良传统，弘扬“献身、负责、求实”的水利行业精神，为我国水利改革发展和水利人才培养做出新的贡献。

王乘校长深情追忆和缅怀徐芝纶院士为中国力学科研和教育事业毕生奋斗、杰出贡献的一生，号召全校师生学习徐芝纶院士心在祖国、不辍奋斗数十载的爱国情怀，学习他心在教坛、一瓣心香付学梓的师表风范，学习他心在江河、雄才大志薄云天的奉献精神，学习他心在他人、人心凿凿有丰碑的高尚情操。

朱拓书记宣读了 2011 年徐芝纶教育基金各奖项获奖人员名单。

九三学社江苏省委员会王献民秘书长讲话。徐芝纶院士亲属代表、弟子代表、“徐芝纶力学奖学金”获得者代表、学生代表分别做了发言。

在徐芝纶院士展览室开展仪式上，全国政协委员、水利部原副部长翟浩辉、水利部办公厅主任刘建明、中国科学院院士李家春、水利部水资源管理司原司长高而坤和朱拓书记共同为徐芝纶院士展览室开展剪彩，并参观了徐芝纶院士展览室。

纪念大会后，“徐芝纶力学奖”获得者、北京大学工学院副院长方岱宁教授和中国水电顾问集团成都勘测设计研究院总工程师王仁坤分别做了学术报告。

纪念徐芝纶院士诞辰 100 周年系列活动还包括：开办纪念徐芝纶院士专题网站；举行徐芝纶院士教学艺术研讨会及系列教学示范活动；发行徐芝纶院士纪念邮折；举办“徐芝纶力学奖”获得者报告会；举办纪念徐芝纶院士诞辰 100 周年暨江苏省力学学会成立 50 周年学术研讨会；出版《徐芝纶院士诞辰 100 周年纪念文集》等。

（力学与材料学院供稿）

水资源高效利用与工程安全国家工程研究中心通过国家发改委验收

12 月 16 日，国家发改委组织验收委员会在河海大学对水资源高效利用与工程安全国家工程研究中心进行验收。验收委员会以中国工程院郑守仁院士为主任、中国科学院汪集旸院士为副主任，由 11 位相关领域的学术权威和行业专家组成。国家发改委高技术产业司刘艳荣巡视员、沈竹林处长，教育部科学技术司娄晶副司长、董维国处长，江苏省发改委魏然副主任，中国长江三峡集团公司樊启祥副总经理，河海大学党委书记朱拓、校长王乘、副校长徐卫亚，国家工程研究中心主任严以新等出席会议。

验收委员会听取了水资源高效利用与工程安全国家工程研究中心建设工作汇报，审查了总结报告的支撑材料、档案资料和财务情况，查验了中心和依托单位相关部处的信息系统，对设备、研发平台、产业化基地和成果展示等现场环境进行了实地考察，并进行了质询和讨论。

验收委员会充分肯定水资源高效利用与工程安全国家工程研究中心建设期所取得的成绩，一致认为中心全面超额完成了建设期目标和任务，在运行机制、人才队伍、条件建设、技术转移等方面成效显著。所研究的工程化技术成果部分已产业化，为提升企业技术创新能力、水利行业核心竞争力做出了重要贡献，一致同意通过验收。

教育部科学技术司娄晶副司长对水资源高效利用与工程安全国家工程研究中心顺利通过验收表示热烈祝贺，并希望中心以验收为契机，以评促建，继续发挥河海大学的优势和特色，结合社会经济发展需求，为国家国民经济建设和发展，做出更新更好更大的贡献。

朱拓书记代表依托单位致答谢辞。朱书记表示，本次验收对河海大学意义重大，我们一定会将此作为新的起点，按照上级领导的要求和指示，进一步办好国家工程研究中心，使之成为学校科技创新的标杆和旗帜。河海大学将会依托国家工程研究中心，不断提升办学质量、推进内涵发展，为国家水利水电事业及国家经济建设发展做出新的更大的贡献。

水资源高效利用与工程安全国家工程研究中心由河海大学和中国长江三峡集团公司共同建设，自 2007 年 11 月获批建设以来，以“特色定位、市场导向、技术引领、联合发展”为战略，以“依托大平台、组织大团队、承接大项目、产出大成果”为目标，重点建设水文水资源、水污染控制及治理和水工程安全等三大专业方向。中心现有固定人员 129 人，流动人员 193 人，包括中国工程院院士 1 人，“千人计划”特聘教授 1 人，国家杰出青年基金获得者 3 人，长江学者奖励计划特聘教授 4 人，形成了 15 个技术群。2008 年以来，共承接完成科研项目 555 项，获国家、部省级一等奖共 13 项，发表论文 1112 篇；建成 5 个校企(地)产学研合作基地、2 个产业化全资子公司以及一系列相关基地和平台。

(水资源高效利用与工程安全国家工程研究中心供稿)

河海大学组织实施“百团行动”计划

“百团行动”计划是河海大学落实 2011 年中央一号文件和中央水利工作会议精神而组织的一项系列行动计划。

2011 年 1 月 30 日，中央颁布首个以水利建设为主要内容的一号文件。2 月中上旬，学校召开全体中层干部和民主党派负责人会议，深入学习中央一号文件精神，谋划学校进一步服务支持水利事业发展。受水利部部长陈雷委派，水利部发展研究中心主任杨得瑞专程到会，做了题为《贯彻落实好一号文件精神，推动水利实现跨越式发展》的报告。

在学习的基础上，学校策划实施“百团行动”计划，用具体行动服务水利基层。计划的主旨是以贯彻一号文件精神为契机，主动对接水利事业新发展并积极提供服务与支持，加强教师队伍和青年学生的实践锻炼，努力培养更多适应社会需求的创新型人才，从而促进学校进一步加快发展。

2011 年 2 月 20 日前后，学校制定了“百团行动”计划建议书，成立了“百团行动”领导小组和工作组，并于 2 月 24 日举行了出征仪式。由学校领导带队摸索示范，先后组织了四批较大规模的团队行动，共约 540 多支服务团，参与人员约 5000 人，其中教师近 200 人，学生 4500 人左右，行动范围遍及全国所有省份和直辖市。

“百团行动”切实促进了学校教育、科研和社会服务的发展，增强了学校的社会影响力。

(1)“百团行动”提高了学校的社会影响力。2011 年《光明日报》、《中国教育报》、《中国青年报》、《中国水利报》等各大新闻媒体对我校“百团行动”进行了报道，提高了学校声誉。教育部、水利部、江苏省水利厅等对“百团行动”聚焦基层水利，获取了丰富的第一手资料，形成了大量的针对性建议给予积极评价；教育部简报 2011 年第 31 期对我校“百团行动”服务基层水利建设进行报道；江苏省水利厅吕厅长亲自到我校对“百团行动”进行调研。在校内，“百团行动”工作组编发 55 期工作简报，大学生暑期社会实践活动编发 30 期活动简报，河海大学校报采编 13 篇报道，从团队和个人等多个视角生动记录了“百团行动”过程与收获。“百团行动”不仅给基层带去水利技术和知识，更加强了学校人才培养过程中的实践环节，成为我校实现教学、科研与生产相结合的重要途径；拓展了我校继续教育的办学空间，为水利教育发展提供了机会和平台。行动计划实现了推动学校教学改革和服务地方发展的双赢目标。

(2)“百团行动”以发挥学校整体优势为特色，强化协同合作。服务团根据调研对象的特点和要求，围绕调研主题进行人员配置，大多数都是跨学科、跨行政单位组合，并且通过先期探索示范、中期集体培训、经验交流，全程加强媒体宣传、信息管理等环节有力加强了校内学科间的合作和学校各部门间的协同，为学校的协同创新建设进行了许多有益尝试。

(3)“百团行动”以国家需要为己任，聚焦基层水利。通过在全国全景扫描式的调研，完成了 100 多篇调研报告，获得了大量水利基层情况的第一手资料，对全国不同地区水利建设和管理的发展需求有了比较系统真实的了解，为学校提高科技攻关、技术开发及成果推广的针对性和实效性打下了良好基础。“百团行动”密切了学校与地方政府和水利基层组织的关系，加强了学校与社会的协同性。

(4)“百团行动”加强了在校学生培养的实践环节，提高了青年教师和学生的社会实践能力。学校许多师生通过“百团行动”第一次零距离从科研的角度实地观察研究水利和社会，对水利工作和水利精神有了真切的情感体验以及更深刻的认识。在老教师言传身教下，许多服务团的调研工作科学务实，在做好调研前期准备工作的基础上，到水利一线进行理论宣讲、座谈走访、撰写调研报告或建议书、交流成果等，很好地锻炼了师生的科研能力和社会服务能力，提高了师生对水利事业的认识水平。

(5)“百团行动”使学校继续教育的机制更灵活，层次、类型更多样，教育内容和方式更贴近水利基层工作者的实际需要，针对性更强。现在学校正在通过政策引导，将教育成果固化成系列培训教材和品牌课程。

“百团行动”计划已经有了良好的开端，实质性的服务要靠后续推进的合作落实，学校服务的水平质量也要经过一定时间的实践过程获得证实。学校将会把“百团行动”作为一项有战略意义的专项活动在相对长的时期内进行下去，深耕细作，有所作为。

（党委办公室、校长办公室供稿）

河海大学开展新一轮数字校园建设

河海大学信息化建设开始于1994年，经过10余年的建设，初步建成了一个网络运行可靠、信息资源丰富、系统配置合理、服务功能齐全、覆盖3个校区的面向全校教学、科研和管理的数字校园服务体系。

随着信息技术日新月异的发展，系统的优化升级成为必然。根据《国家中长期教育改革与发展规划纲要(2010—2020)》对于高等教育信息化建设的要求，为加强我校信息化建设，学校制定了“十二五”信息化建设规划，于今年3月份启动新一轮数字校园建设。学校领导高度重视，成立了以王乘校长为组长的数字校园一期建设领导小组以及相关工作组，本着“总体规划、分步实施、统一标准、深化应用”的原则，全面启动数字校园建设。

我校信息化建设是一项庞大的系统工程。从宏观角度看，涉及高校的教学、科研、管理和社会服务等诸领域；从微观来说，包括信息基础设施建设、信息资源建设、技术队伍建设、应用系统建设和教师技能培训等。这些方面相互影响、相互联系，共同构成了一个多维度和多层面的高校信息化总体框架。

此次数字校园建设学习借鉴东南大学建设经验，对学校主要的核心应用系统进行再造，对独立性较强、使用比较成熟的系统进行集成，通过搭建共享数据平台，实现全校数据共享，通过统一身份认证和信息门户，整合应用平台，提供统一的入口。采用项目管理的方式，由学校统一规划，相关业务部门提出系统建设需求，成立若干项目组负责具体系统项目的实施、监督、进度控制、协调等。

经过近一年的努力，学校数字化校园建设已初见成效。迎新系统、OA系统已顺利启用运行，其他应用系统的建设工作正有序推进。我校“数字校园”项目被评为教育部“2011高等教育信息化创新项目”，朱跃龙副校长获评教育部“2011高等信息化年度CIO(首席信息执行官)”奖。数字校园建设将进一步夯实学校信息化基础，更好地为教学、科研、管理服务，提升学校的核心竞争力，为建成具有国际一流水利学科的高水平研究型大学做出应有的贡献。

（党委办公室、校长办公室、发展规划处、信息中心供稿）

第三部分　学校工作

发展规划

一、十二五规划

《河海大学“十二五”事业发展总体规划》经校党委审批通过，于2011年3月正式发布并启动实施。学校以举行新闻发布会和开设讲座，利用学校网络、河海大学报和宣传橱窗以及印制、发放《学校“十二五”事业发展总体规划》单行本等多种形式，向广大师生宣传解读学校“十二五”事业发展规划。

《党建与精神文明建设》专项规划经校党委审批通过。

各学院(系)经组织座谈、认真研讨、专家论证，完成了“十二五”学院(系)规划，并报学校备案。

二、国家教育体制改革试点项目

承担国家教改试点项目“改革和完善与行业、企业合作办学的体制机制，促进水利行业高等教育特色发展”和“扩大来华留学生规模”、招生考试改革试点以及“实施‘江苏高校优势学科建设工程’，推进高水平大学、特色大学建设试点”3项江苏省国家教改试点项目。学校成立了国家教育体制改革试点项目工作领导小组，召开了国家教育体制改革试点项目工作会议。《江苏省教育体制改革简报》报道了河海大学高等教育综合改革成果。

三、编制《河海大学2011年事业发展报告》

对2007—2011年学校主要发展指标，即“学科及研究生教育”、“本科教育”、“科技项目和经费”、“科技成果”、“师资队伍”、“党建、校园建设和资金情况”做分项统计，汇总编制了《河海大学2011年事业发展报告》。

(发展规划处供稿)

规范管理

一、实施任期目标责任制

根据学校三年任期目标的总体任务和主要发展指标，结合2010年目标完成情况，制定2011年学校发展主要指标。

根据学校“十二五”发展规划和三年任期目标，组织制订各单位2011年工作计划，协调学校主要发展指标与部门指标、部门指标与学院(系)指标的衔接与落实，使学校发展规划切实转化为相关部门的建设发展目标和年度工作计划。

总结2010年首次实施单位年度考核的经验，完善和改进2011年度单位考核办法，出台相关文件，制订工作方案，组织实施对全校职能部门与院系的年度考核，进一步推进学校任期目标责任制的实施。

二、规范行政管理工作

贯彻落实《教育部关于进一步推进直属高校贯彻落实“三重一大”决策制度的意见》精神，制定《河海大学“三重一大”决策制度实施办法》，明确了学校“三重一大”主要范围、决策基本程序和决策保障机制。

加强全校规范性文件的管理，严格执行学校行政规范性文件制定权限的程序，保证行政规范性文件质量，2011年发布行政规范性文件33份。

修订并实施《办公室服务手册》、《办公室工作手册》，规范了接待、礼仪、会议等方面工作，并将办文、办事、办会的相关制度与服务规范相融合，使办公室工作更加规范化、科学化。

制定《2011—2012学年学校部分专项重点工作安排计划》，确保学校各类重点工作能够提前计划、有序实施，同时方便各级领导和部门掌握学校主要重点工作的进度安排和要求，做好指导、配合和参与工作。

完善全校印章管理流程，分类设计10种印章流程。编印《印章使用问答手册》下发。

落实学校每月工作计划，督促、汇总各单位工作计划执行情况。强化全校行政工作督办力度，进一步完善督办机制，确保行政重大事项的落实和提高全校的行政执行力。

三、党务公开、校务公开及依法治校工作

成立中共河海大学委员会党务公开工作领导小组，印发实施《中共河海大学委员会党务公开实施办法》，建立党务公开与校务公开联动机制，党务公开和校务公开相互配合，共同推进学校信息公开工作。

完善了河海大学信息公开目录。在全校开展了信息公开工作检查，了解各单位推进信息公开和校务公开工作的主要做法，查找当前工作中存在的突出问题，形成了改进意见和措施，并报教育部。参加省教育厅组织的信息公开座谈会，结合我校情况，参与了《江苏省高等学校校务(信息)公开工作评议检查标准》修订工作。

进一步加强信访工作，认真落实《信访条例》，贯彻执行教育部、省教育厅关于做好信访工作的一系列重要文件。截至12月20日，共接待来信来访239件，信访总量较去年同期下降21.64%。在处理信访事项过程中，信访办直接办理20件，答复来信来访119件，转院(系)或职能部门处理172件。信访事项办结率、案结事了率、群众满意率均得到提高，群众来信来访、越级访、重复访、集体访等信访事项标志性指标明显下降。

规范学校法律事务办公室工作流程，全年审核学校各单位送交的各类合同270余份，承办了学校多起各类诉讼、非诉讼案件，维护了学校权益。

（校长办公室、发展规划处供稿）

学科与重点工程建设

概　　况

一、学科建设

1. 博、硕士学位授权与专业学位授权点申报工作

组织实施了自主增设二级学科博、硕士学位授权点工作。本年度新增11个二级学科博士学位授权点、16个二级学科硕士学位授权点。

完成2011年授予博士、硕士学位和培养研究生的二级学科备案工作。

按《学位授予和人才培养学科目录》进行学位授权点对应调整工作。我校新增软件工程一级学科博士点和统计学一级学科硕士点。

2. 重点学科建设

完成“十二五”江苏省重点学科遴选申报工作，工商管理、软件工程专业申报成功。

二、导师队伍建设

1. 博士生指导教师遴选、聘任工作

完成2011年度博士生指导教师遴选工作，遴选22位教授为2012年新上岗博士生指导教师，其中5人为兼职博士生指导教师。

组织开展研究生联合培养基地研究生指导教师遴选工作，遴选研究生联合培养基地博士生指导教师18名，硕士生指导教师113名。

2. 硕士生指导教师遴选工作

完成2011年度硕士生指导教师遴选工作，遴选80人为2011年新上岗硕士生指导教师，其中13人为兼职硕士生导师。

3. 研究生导师培训工作

开展2011年度博士生导师研修和硕士生导师培训工作。

三、国家重点工程建设

1.“优势学科创新平台”建设工作

推进国家“优势学科创新平台”建设工作，组织监理专家监督检查项目建设情况，保证建设质量，完成建设任务。

2.“211工程”三期建设工作

推进“211工程”三期建设工作，组织监理专家监督检查项目建设情况，保证建设质量，完成建设任务。

3. 江苏省优势学科建设工程工作

完成江苏省优势学科建设工程增列申报工作，土木工程安全与减灾学科群成功增列。完成4个江苏省优势学科建设工程立项学科任务书编制及经费预算工作。完成3个省优势学科建设任务细化工作，明确建设任务、责任人及实施方案。完成江苏省优势学科建设工程立项学科大型仪器设备购置论证工作，以及所有仪器设备购置审批工作。

重 点 学 科

国家重点学科

国家重点学科(含培育)一览表

类　别	序 号	学 科 代 码	学 科 名 称	备 注
一级学科	1	0815	水利工程	
二级学科	1	080104	工程力学	
	2	081401	岩土工程	
	3	083002	环境工程	培 育
	4	120204	技术经济及管理	培 育

省级优势学科(群)及重点学科

表 1　省级优势学科(群)一览表

序　号	学 科 (群) 名 称
1	水利工程
2	环境科学与工程
3	海岸带资源开发与安全学科群 (海洋科学、农业水土工程、管理科学与工程)
4	土木工程安全与减灾学科群 (土木工程、力学、地质资源与地质工程)

表 2　省级重点学科一览表

序　号	一 级 学 科 名 称
1	软件工程
2	工商管理

学位授权学科

博士学位授权学科

博士学位授权学科一览表

序　号	学科门类	一级学科代码	一级学科名称	二级学科代码	二级学科名称
1	03 法学	0303	社会学	030301	社会学
2		0305	马克思主义理论	030501	马克思主义基本原理
3				030505	思想政治教育
4	07 理学	0707	海洋科学	070701	物理海洋学
5	08 工学	0801	▲力学	080101	一般力学与力学基础
6				080102	固体力学
7				080103	流体力学
8				080104	工程力学
9		0808	▲电气工程	080801	电机与电器
10				080802	电力系统及其自动化
11				080803	高电压与绝缘技术
12				080804	电力电子与电力传动
13				080805	电工理论与新技术
14		0810	▲信息与通信工程	081001	通信与信息系统
15				081002	信号与信息处理
16		0812	▲计算机科学与技术	081201	计算机系统结构
17				081202	计算机软件与理论
18				081203	计算机应用技术
19		0814	▲土木工程	081401	岩土工程
20				081402	结构工程
21				081403	市政工程
22				081404	供热、供燃气、通风及空调工程
23				081405	防灾减灾工程及防护工程
24				081406	桥梁与隧道工程
25				081420	土木工程材料 *

续表

序号	学科门类	一级学科代码	一级学科名称	二级学科代码	二级学科名称
26	08 工学	0815	▲水利工程	081501	水文学及水资源
27				081502	水力学及河流动力学
28				081503	水工结构工程
29				081504	水利水电工程
30				081505	港口、海岸及近海工程
31				081520	生态水利学 *
32				081521	城市水务 *
33				081522	海岸带资源与环境 *
34				081523	水灾害与水安全 *
35				081524	水信息学 *
36				081525	地下水科学与工程 *
37				081526	水利水电建设工程管理 *
38				081527	水系统科学 *
39		0816	测绘科学与技术	081601	大地测量与测量工程
40		0818	▲地质资源与地质工程	081801	矿产普查与勘探
41				081802	地球探测与信息技术
42				081803	地质工程
43		0828	▲农业工程	082801	农业机械化工程
44				082802	农业水土工程
45				082803	农业生物环境与能源工程
46				082804	农业电气化与自动化
47		0830	▲环境科学与工程	083001	环境科学
48				083002	环境工程
49		0835	▲软件工程		本一级学科不分设二级学科
50		1201	▲管理科学与工程		本一级学科不分设二级学科
51				120120	工程管理与项目管理 *
52				120121	信息管理与电子商务 *
53				120122	金融工程 *
54				120123	移民科学与管理 *
55		1202	▲工商管理学	120201	会计学
56				120202	企业管理学(含财务管理、市场营销学、人力资源管理学)
57				120203	旅游管理学
58				120204	技术经济及管理学

注：▲为博士学位授权一级学科，* 为自主设置学科专业。

硕士学位授权学科

硕士学位授权学科一览表

序号	门类	一级学科代码	一级学科	二级学科代码	二级学科
1	01 哲学	0101	▲哲学	010101	马克思主义哲学
2				010102	中国哲学
3				010103	外国哲学
4				010104	逻辑学
5				010105	伦理学
6				010106	美学
7				010107	宗教学
8				010108	科学技术哲学
9	02 经济学	0201	▲理论经济学	020101	政治经济学
10				020102	经济思想史
11				020103	经济史
12				020104	西方经济学
13				020105	世界经济
14				020106	人口、资源与环境经济学
15		0202	▲应用经济学	020201	国民经济学
16				020202	区域经济学
17				020203	财政学(含税收学)
18				020204	金融学(含保险学)
19				020205	产业经济学
20				020206	国际贸易学
21				020207	劳动经济学
22				020208	统计学
23				020209	数量经济学
24				020210	国防经济学
25	03 法学	0301	▲法学	030101	法学理论
26				030102	法律史
27				030103	宪法学与行政法学
28				030104	刑法学
29				030105	民商法学(含劳动法学、社会保障法学)
30				030106	诉讼法学
31				030107	经济法学
32				030108	环境与资源保护法学
33				030109	国际法学(含国际公法、国际私法、国际经济法)
34		0302	▲政治学	030110	军事法学
35				030201	政治学理论
36				030202	中外政治制度
37				030203	科学社会主义与国际共产主义运动
38				030204	中共党史(含党的学说与党的建设)
39				030206	国际政治学
40				030207	国际关系学
41				030208	外交学

续表

序号	门类	一级学科代码	一级学科	二级学科代码	二级学科
42	03 法学	0303	▲社会学	030301	社会学
43				030302	人口学
44				030303	人类学
45				030304	民俗学(含中国民间文学)
46		0305	▲马克思主义理论	030501	马克思主义基本原理
47				030502	马克思主义发展史
48				030503	马克思主义中国化研究
49				030504	国外马克思主义研究
50				030505	思想政治教育
51	04 教育学	0401	▲教育学	040101	教育学原理
52				040102	课程与教学论
53				040103	教育史
54				040104	比较教育学
55				040105	学前教育学
56				040106	高等教育学
57				040107	成人教育学
58				040108	职业技术教育学
59				040109	特殊教育学
60				040110	教育技术学(可授教育学、理学学位)
61		0402	心理学	040203	应用心理学
62		0403	体育学	040303	体育教育训练学
63	05 文学	0501	中国语言文学	050101	文艺学
64		0502	▲外国语言文学	050201	英语语言文学
65				050202	俄语语言文学
66				050203	法语语言文学
67				050204	德语语言文学
68				050205	日语语言文学
69				050206	印度语言文学
70				050207	西班牙语语言文学
71				050208	阿拉伯语语言文学
72				050209	欧洲语言文学
73				050210	亚非语言文学
74				050211	外国语言文学及应用语言学
75		0503	▲新闻传播学	050301	新闻学
76				050302	传播学
77	07 理学	0701	▲数学	070101	基础数学
78				070102	计算数学
79				070103	概率论与数理统计
80				070104	应用数学
81				070105	运筹学与控制论
82		0702	物理学	070205	凝聚态物理
83		0705	▲地理学	070501	自然地理学
84				070502	人文地理学
85				070503	地图学与地理信息系统

续表

序号	门类	一级学科代码	一级学科	二级学科代码	二级学科
86	07 理学	0707	▲海洋科学	070701	物理海洋学
87				070702	海洋化学
88				070703	海洋生物学
89				070704	海洋地质
90		0709	▲地质学	070901	矿物学、岩石学、矿床学
91				070902	地球化学
92				070903	古生物学与地层学(含：古人类学)
93				070904	构造地质学
94				070905	第四纪地质学
95		0714	▲统计学		本一级学科不分设二级学科
96	08 工学	0801	▲力学	080101	一般力学与力学基础
97				080102	固体力学
98				080103	流体力学
99				080104	工程力学
100		0802	▲机械工程	080201	机械制造及其自动化
101				080202	机械电子工程
102				080203	机械设计及理论
103				080204	车辆工程
104		0804	仪器科学与技术	080402	测试计量技术及仪器
105		0805	▲材料科学与工程	080501	材料物理与化学
106				080502	材料学
107				080503	材料加工工程
108		0807	▲动力工程及工程热物理	080701	工程热物理
110				080702	热能工程
111				080703	动力机械及工程
112				080704	流体机械及工程
113				080705	制冷及低温工程
114				080706	化工过程机械
115		0808	▲电气工程	080801	电机与电器
116				080802	电力系统及其自动化
117				080803	高电压与绝缘技术
118				080804	电力电子与电力传动
119				080805	电工理论与新技术
120		0809	▲电子科学与技术	080901	物理电子学
121				080902	电路与系统
122				080903	微电子学与固体电子学
123				080904	电磁场与微波技术
124		0810	▲信息与通信工程	081001	通信与信息系统
125				081002	信号与信息处理
126		0811	▲控制科学与工程	081101	控制理论与控制工程
127				081102	检测技术与自动化装置
128				081103	系统工程
129				081104	模式识别与智能系统
130				081105	导航、制导与控制

续表

序号	门类	一级学科代码	一级学科	二级学科代码	二级学科
131	08 工学	0812	▲计算机科学与技术	081201	计算机软件与理论
132				081202	计算机系统结构
133				081203	计算机应用技术
134		0814	▲土木工程	081401	岩土工程
135				081402	结构工程
136				081403	市政工程
137				081404	供热、供燃气、通风及空调工程
138				081405	防灾减灾工程及防护工程
139				081406	桥梁与隧道工程
140				081420	土木工程材料 *
141		0815	▲水利工程	081501	水文学及水资源
142				081502	水力学及河流动力学
143				081503	水工结构工程
144				081504	水利水电工程
145				081505	港口、海岸及近海工程
146				081520	生态水利学 *
147				081521	城市水务 *
148				081522	海岸带资源与环境 *
149				081523	水灾害与水安全 *
150				081524	水信息学 *
151				081525	地下水科学与工程 *
152				081526	水利水电建设工程管理 *
153				081527	水系统科学 *
154		0816	▲测绘科学与技术	081601	大地测量学与测量工程
155				081602	摄影测量与遥感
156				081603	地图制图学与地理信息工程
157		0818	▲地质资源与地质工程	081801	矿产普查与勘探
158				081802	地球探测与信息技术
159				081803	地质工程
160		0823	▲交通运输工程	082301	道路与铁道工程
161				082302	交通信息工程及控制
162				082303	交通运输规划与管理
163				082304	载运工具运用工程
164		0828	▲农业工程	082801	农业机械化工程
165				082802	农业水土工程
166				082803	农业生物环境与能源工程
167				082804	农业电气化与自动化
168		0830	▲环境科学与工程	083001	环境科学
169				083002	环境工程
170		0835	▲软件工程		本一级学科不分设二级学科
171	09 农学	0903	农业资源利用	090301	土壤学

续表

序号	门类	一级学科代码	一级学科	二级学科代码	二级学科
172	12 管理学	1201	▲管理科学与工程		本一级学科不分设二级学科
173				120120	工程管理与项目管理 *
174				120121	信息管理与电子商务 *
175				120122	金融工程 *
				120123	移民科学与管理 *
176				120201	会计学
177				120202	企业管理学(含财务管理、市场管理学、人力资源管理学)
178				120203	旅游管理学
179				120204	技术经济及管理学
180		1204	▲公共管理学	120401	行政管理学
181				120402	社会医学与卫生事业管理学
182				120403	教育经济与管理学
183				120404	社会保障学
184				120405	土地资源管理学
185		1205	图书馆、情报与档案学	120502	情报学

注：▲为硕士学位一级学科，* 为自主设置学科专业。

专业学位授权点

专业学位一览表

专业学位类别	专业学位领域代码	专业学位领域名称
工　程	085201	机械工程
	085203	仪器仪表工程
	085204	材料工程
	085207	电气工程
	085208	电子与通信工程
	085210	控制工程
	085211	计算机技术
	085212	软件工程
	085213	建筑与土木工程
	085214	水利工程
	085215	测绘工程
	085217	地质工程
	085222	交通运输工程
	085227	农业工程
	085229	环境工程
	085236	工业工程
	085239	项目管理
	085240	物流工程
工商管理(MBA)	125100	—

续表

专业学位类别	专业学位领域代码	专业学位领域名称
金融	025100	—
国际商务	025400	—
资产评估	025600	—
法律	035100	—
社会工作	035200	—
翻译	055200	—
公共管理	125200	—
会计	125300	—
工程管理	125600	—

（研究生院供稿）

研究生教育

概　　况

一、招生工作

1. 优秀生源组织情况

在加强网络宣传的同时，组织各院系人员赴相关高校进行招生宣传，扩大我校影响，吸引更多优秀生源报考我校研究生。通过推免生互换计划，组织部分专家进行优秀生源组织，推进部分学院专业的优秀生源基地签约工作，进一步加强优秀生源基地建设。2011 年录取的硕士研究生 65％来自“211 工程”建设高校，55％来自设有研究生院的高校。

2. 招生计划执行情况

录取博士生 375 人，其中工学理学类 231 人，管理学法学类 144 人。

录取硕士生 2522 人，其中单考生 26 人，全日制专业学位硕士 723 人，其中含 MBA242 人。招收“少数民族高层次骨干人才计划”研究生 9 人。

接收推荐免试硕士研究生 641 人，其中接收本校 600 人，接收外校 41 人。

录取工程硕士 1195 人，MBA73 人。

3. 完成各类报名与考务工作

组织完成江苏省同等学力报名考试现场确认及考务工作。河海大学考点考试总人次为 5368 人次，其中外国语为 3186 人次，学科综合为 2182 人次。

组织完成在职攻读硕士学位全国联考报名现场确认及考务工作。河海大学报名点共报考 4943 人，报考河海大学 1505 人。

二、培养工作

1. 创新人才培养建设项目

对“211 工程”三期 27 门研究生精品课程建设项目进行中期检查，检查总体情况良好。出版示范性教材 19 本。与国外高水平学者共建研究生课程 8 门。邀请了美国乔治华盛顿大学、纽约州立大学、奥地利格拉茨技术大学、香港科技大学等境外高校与研究机构的高水平专家迈克尔·赛尼等来校开设研究生课程。

2. 培养方案制定工作

新制定全日制硕士专业学位(工程硕士领域)研究生培养方案 24 套。加大课程量，课程总学分由原来的 20 学分调整为 30 学分，其中实践环节 6 学分。课程设置强调以实际应用为导向，以职业需求为目标，以综合素养和应用知识与能力的提高为核心。教学内容强调理论性与应用性课程有机结合，突出案例分析和实践研究。

3. 博导讲座和综合素质课

共为研究生开设博导讲座 44 场，开设研究生综合素质课 29 场。

4. 学风和学术道德教育

在研究生入学教育的基础上，组织开展研究生学术道德和学风建设宣讲活动，聘请学校师德高尚、学术造诣精深的专家学者为所有研究生新生做宣讲报告。

5. 硕博连读

对硕士—博士学位连读研究生进行了选拔，共选拔 87 人。

6. 研究生培养质量评估督导工作

组织开展学科建设与研究生教育评估监控工作，强化过程管理。组织开展研究生培养督导和学位论文抽检工作，加强对研究生培养过程和管理过程的评估监控。结合研究生培养基地建设对用人单位进行走访调查，通过评估监控保证和提高研究生培养质量。

对研究生学位论文抽检办法进行了修订，加入论文查重限制比例要求，继续开展学位论文抽检工作，共抽检博士论文 9 篇、硕士论文 67 篇，总体情况良好。

在国务院学位办论文抽检中，水利工程、土木工程、力学、环境科学与工程、电气工程、测绘科学与技术、农业工程、管理科学与工程、工商管理等 9 个学科的 9 篇博士学位论文全部合格。在江苏省学位论文抽检中，学校博、硕士学位论文合格及以上比例分别为 100%和 99.5%，居全省前列，优秀率分别为 23.5%和 9.2%。

三、学位工作

1. 优秀学位论文

实施优秀学位论文培育计划，8 位博士生入选优博培育计划项目，16 位硕士生入选优硕培养计划项目。资助 3 位博士生分别赴美国俄克拉荷马大学、沙漠研究所、内华达大学、新加坡南洋理工大学进行为期 3 个月的访学。资助 3 位研究生参加国际计算力学大会、第二十五届国际大地测量与地球物理联合大会、国际河流海岸及河口地貌学大会。

结合重大工程、重大课题以及江苏省研究生创新计划资助项目培育优秀学位论文。在认真遴选的基础上，组织申报国家、省优秀学位论文，获 2 篇全国优秀博士学位论文提名论文，5 篇江苏省优秀博士学位论文，13 篇江苏省优秀硕士学位论文，分别比 2010 年增长了 25%和 18%。其中，5 篇江苏省优秀博士学位论文学科分布为：水文学及水资源 1 篇，水工结构工程 1 篇，港口海岸与近海工程 2 篇，材料科学与工程 1 篇。13 篇江苏省优秀硕士学位论文学科分布为：水文、水力学、港航、岩土、结构、市政、计算机、技经、社会学等 12 个学科。

实施《河海大学关于申请博士学位发表学术论文的规定(试行)》，鼓励和促进研究生在高水平学术刊物上发表学术论文。

2. 学位授予工作

召开三次学位评定委员会会议，授予博士学位 188 人，其中法学 9 人，工学 106 人，管理学 73 人；授予硕士学位 1619 人，其中哲学 15 人，经济学 47 人，法学 104 人，文学 60 人，教育学 40 人，理学 67 人，工学 1118 人，农学 2 人，管理学 166 人；授予专业学位 47 人，非全日制专业学位 380 人，工商管理硕士 199 人，高校教师 30 人。

四、教育创新工程

1. 专业学位研究生教育综合改革试点工作

做好研究生培养基地建设与培养日常管理工作，加强培养环节，开展调研、跟踪与服务工作，与基地学生保持经常联络，保证基地工作正常运行。2011年新增研究生培养基地13个，新聘任基地博导58名、硕导96名。组织191名全日制专业学位研究生进入各基地培养。

新增研究生培养基地包括：水利部珠江水利委员会、水利部海河水利委员会、中国水电顾问集团华东勘测设计研究院、中国水电顾问集团贵阳勘测设计研究院、上海勘测设计研究院、中水北方勘测设计研究有限责任公司、中国水利水电第十六工程局有限公司、江苏省交通规划设计院有限公司、浙江省水利河口研究院、宁波水利水电规划设计研究院、江苏中设工程咨询集团有限公司、盐城市水利局、南京市社会科学院。

改革课程设计，将课程总学分从原来的20学分增加到38学分，注重学科交叉，优化知识结构，扩宽知识面，强调应用性，教学模式上采取理论教学与实践教学(专业实践、工程实践)相结合。聘请基地依托单位内具有丰富实践经验的专家担任研究生校外导师。制定专业学位硕士学位论文评价体系，提高专业学位硕士研究生学位论文规范化和科学化水平。

实施综合改革试点项目，创新专业学位研究生培养模式，培养高层次应用型人才。2011年有22位水利工程领域专业学位研究生毕业，在水利领域就业的占100%，其中在大型设计院就业的占50%。

2. 江苏省研究生培养创新工程项目

2011年，46名博士生的研究项目被列入“江苏省研究生科研创新计划资助项目”，36名博士生的研究项目被列入“江苏省研究生科研创新计划立项项目”。2项课题入选江苏省2011年度研究生双语授课教学试点项目，“专业学位研究生教育综合改革试点研究与实践”等3项改革入选研究生教育教学改革研究与实践课题，“江苏省土木工程优秀博士研究生培养机制论坛”入选研究生创新与学术交流中心特色活动。入选江苏省研究生科研创新计划项目82项，江苏省企业研究生工作站7个，分别为常州星宇车灯股份有限公司、常州市建筑科学研究院股份有限公司、常州天合光能有限公司、常州宝菱重工机械有限公司、江苏弘盛建设工程集团有限公司、南京良华农业科技发展有限公司、国电南瑞科技股份有限公司，工作站入选数量超过以往的总和。

五、学位与研究生教育的国际化

组织开展“国家建设高水平大学公派研究生项目”选派工作，54名学生获得国家留学基金委资助，前往国外高水平大学攻读博士学位或联合培养。其中，赴国外攻读博士学位研究生32名，联合培养博士生22名，录取数据江苏高校第三位。

录取高校包括美国哥伦比亚大学、加拿大多伦多大学、日本东京大学、挪威奥斯陆大学、荷兰代尔夫特大学等国际知名大学。

六、教育管理

1. 日常思想政治教育

开展2011级硕士和博士新生入学教育。各学院(系)制定了详尽的新生入学教育方案，内容包括校史与河海精神教育、专业学习教育、校规校纪教育和职业规划与安全教育等四个方面，帮助新生尽快熟悉新的环境，适应研究生的学习和生活。

2. 研究生党建工作

举办研究生党支部书记培训班，指导并规范研究生基层党组织建设，加强对研究生党员的教育、管理和监督，定期进行组织生活，并发放《河海大学研究生党支部书记培训资料》，提高党支部书记的工作能力和水平。举办第七期、第八期入党积极分子培训班，集中培训了295名入党积极分子，我校研究生党员已达到4627名，研究生党员比例达到62.8%。组织了一系列纪念建党90周年活动，如“永远跟党走”研究生骨干主题演讲比赛、党史知识竞赛、党史经典影片回放等。

3. 暑期社会实践

2011年初，为落实中央一号文件精神，主动对接水利事业新发展并积极提供服务与支持，组织了数百名博士研究生投入河海大学“百团行动”，在实践中贯彻落实科学发展观，发扬河海精神，用自己的言行宣传河海大学，将所学知识运用到实践中。暑期，组织了“赴昆勘院科技服务博士团”、“赴宽城县水利科技服务博士团”和“赴河北省围场县水资源开发利用现状调研博士团”等3支博士团分赴各地开展社会实践工作。

4. 研究生骨干培养

举办第四期研究生骨干培训班，通过领导报告、专家讲座、素质拓展等形式，为研究生骨干搭建展示自我、丰富自我、提高自我的舞台。2011年12月，召开河海大学研究生第十九次代表大会和研究生科学技术协会第七次代表大会，选举产生新一届研究生会和研究生科协主席团。

5. 校园文化建设

4—5月，举办第四届研究生体育文化节，主题为“我运动、我快乐、我健康”，共举办在宁高校研究生辩论邀请赛、第三届体育名人访谈、第八届“后勤杯”研究生足球赛、体育知识竞赛等16项活动。9—12月，举办第九届研究生科技文化艺术节(金水节)，该届金水节以“文化启迪人生、创新成就未来”为主题，分为“厚德载物——善行篇”、“学海泛舟——学术篇”、“水木年华——文艺篇”和“饮水思源——生活篇”4个板块，总计29项活动。

6. 学术交流

金水节期间共举办20余场院士专家报告会，其中中科院符淙斌院士、吴培亨院士，中国戏曲梅花表演奖得主李鸿良先生，央视百家讲坛主讲葛剑雄教授、鲍鹏山教授、郦波教授等名家大师先后做客金水节报告会。20多场高质量的院士专家报告会，涵盖了人文社科、自然科学各个领域，聆听报告的研究生达7000人次。

举办40场“学海争锋”研究生学术论坛，鼓励广大研究生走上讲台，参与研究生累计超过2000余人。其中，土木与交通学院、计算机与信息学院、地球科学与工程学院和大禹学院还举办了本专业在宁高校论坛，不仅提高了研究生参与学术活动的能力，还加强了与在宁高校之间的交流学习。

开展第三届研究生“科技之星”评选表彰活动，共产生10名科技之星和10名科技之星提名，在广大研究生中树立了典型。

7. 评奖评优

(1) 专项奖学金。

2011年度，3人获宝钢奖学金，其中力学与材料学院博士孙洪广获特等奖；3人获张光斗奖学金；2人获潘家铮奖学金；10人获严恺奖学金；4人获徐芝纶力学奖学金。

(2) 基本奖学金。

2011年3月，组织2009级硕士研究生第二阶段基本奖学金评定工作，共有1737名研究生获第二阶段奖学金，其中获特等奖学金18名、一等奖学金649名、二等奖学金564名、三等奖学金506名。组织对2009级硕士二阶段奖学金评定工作进行后评估，形成了8万字的后评估报告。

2011年3月，组织2009级二期博士研究生第二阶段基本奖学金评定工作，共有23名博士生获第二阶段奖学金，其中一等奖18名，二等奖5名。

2011年10月，组织2010级一期博士研究生第二阶段基本奖学金评定工作，共有109名博士生获第二阶段奖学金，其中特等奖13名，一等奖96名。

2011年9月，对2011级研究生特等奖学金进行评定，共有109名硕士研究生获第一阶段特等奖学金(含13名助管计划)，20名博士研究生获第一阶段特等奖学金。

(3) 研究生荣誉称号。

2011年评选产生670名优秀研究生，118名优秀毕业研究生，295名优秀研究生干部。

七、研究生就业工作

1. 2011 届毕业研究生就业情况

毕业研究生为 2495 人，其中博士研究生 470 人，硕士研究生 2025 人，就业率为 97.2%。毕业生就业去向以江、浙、沪、粤等沿海发达城市为主，分布在全国水利、电力、交通、金融等行业的国家机关、科研院所、企事业单位。

2. 完善就业管理体制

实施院(系)就业工作目标责任制，年初下达就业目标，年底进行考核，把完成工作情况作为对各学院领导班子考核的重要内容，促进就业工作的规范化、制度化、信息化建设。

3. 将五大就业工程纳入研究生就业工作体系，进一步提高毕业生就业质量

参加水利、电力等行业协会举办的各类招聘会，宣传毕业生情况，收集用人单位需求信息；联系各地人才市场，上门推荐毕业生，组织研究生参加宁波、苏州、常州等市 2011 年高层次人才交流洽谈会。2011 年学校层面接待用人单位达到 700 多家，学院层面接待用人单位 400 多家，岗位需求人数近两万人次，75%左右的学生都能在学校找到满意的工作。完善就业网站各功能模块，将毕业研究生生源信息与招聘信息加入就业网，做好各种信息服务工作，建立起由学校、各学院分管副书记、辅导员以及学生信息员组成的信息网络、河海大学就业工作 QQ、飞信群，做到信息半小时公布到位。

博士研究生培养方案(2010 年版)

一、培养目标

培养面向现代化、面向世界、面向未来，适应我 国社会主义建设需要，德、智、体全面发展的高级专门人才。具体要求如下：

(1) 掌握马列主义、毛泽东思想、邓小平理论，拥护四项基本原则，热爱祖国，遵纪守法，品行端正，学风严谨，具有强烈的事业心和献身精神，积极为社会主义现代化建设服务。

(2) 在相关学科、专业领域内，掌握坚实宽广的基础理论和系统深入的专门知识，具有独立进行科学研究工作的能力，并在科学或专门技术上做出创造性的成果。

(3) 具有用一门外国语熟练阅读本专业外文书刊的能力及较强的听、说、写、译的能力，并具有用第二外国语阅读本专业外文资料的初步能力。

(4) 熟悉现代信息技术，具有熟练的计算机和信息方面的技能。

(5) 身体健康。

二、学制和学习年限

攻读博士学位的标准学制为 4 年，实行弹性学制，学习年限最短不低于 3 年，最长不超过 6 年(在职学习的可延长 2 年)。硕博连读和直博生培养年限一般为 5～6 年，最长可延至 7 年。

三、培养环节

1. 培养计划的制定

博士研究生入学后，应在导师指导下，在规定的时间内按照培养方案和学位论文工作的有关规定，结合研究方向和本人实际情况制定个人培养计划。博士研究生培养计划报研究生院备案。

2. 课程和学分要求

博士研究生课程总学分一般为 18 学分，其中学位课程一般为 12 学分，非学位课程一般为 6 学

分；另设教学环节。

各学科可根据自身的特点对学分进行适当调整，上下浮动1～2学分，具体学分数由各学位评定分委员会决定，并列入培养方案。对缺少本学科前期专业基础的研究生，在完成本学科规定学分的同时，导师应根据具体情况指定研究生补修前期的专业课程2～3门，补修课程列入研究生培养计划。

硕博连读研究生和直博生应分别完成硕士阶段和博士阶段的所有课程。

硕博连读研究生、直博生、应届优秀硕士报考的博士研究生在导师指导下可申请减免专业基础或专业课程学分，减免学分限3个以内。

研究生课程考试成绩按百分制计算，学位课程考试成绩达70分或单科达60分且加权平均达75分为合格，非学位课程考试成绩达60分为合格，教学环节通过为合格，合格即可取得相应学分。

3. 学术活动

博士研究生学术活动包括参加国内外学术会议、专家学术讲座、研究生院组织的博士生导师讲座，以及以学院为单位组织的研究生学术研讨活动等。申请学位论文答辩前必须参加20次以上的学术交流活动，至少做两次公开的学术报告(论文开题报告除外，其中一次原则上应为外文)。

4. 科学研究

博士研究生必须参加科学研究课题，应有在导师指导下独立负责某专题或子题的研究工作经历。课题完成后，由导师提出综合评审意见。

5. 文献阅读与综述

博士研究生开题前应研读不少于80篇文献(其中外文文献不少于50%)，撰写一篇不少于5000字的文献综述报告。文献综述报告需在一定的范围内进行研讨或公开发表，由导师审核并评定成绩。

6. 开题报告

研究生学位论文的开题报告应公开进行。

博士研究生的开题报告原则上在第四学期内完成，且开题报告审核通过后至少一年方可申请答辩。

通过博士生资格认定的硕博连读研究生开题报告原则上在研究生入学后第六学期前完成，且开题报告审核通过后至少一年方可申请答辩。

直博生开题报告原则上在第六学期前完成，且开题报告审核通过后至少一年方可申请答辩。

7. 中期考核

博士生在第五学期前期完成中期考核。直博生在第六学期前完成博士生中期考核。中期考核需检查其课程学习情况和论文进展情况。

8. 学术论文

博士研究生应按要求公开发表与学位论文内容相关的学术论文。

申请博士学位者应以第一作者(包括导师第一作者，申请者为第二作者)，且第一署名单位为河海大学，公开发表一定数量与学位论文内容相关的学术论文。

(1) 申请理学、工学学科门类博士学位者，发表的学术论文应至少有1篇学术论文在外文学术期刊上发表并被SCI收录；

(2) 申请法学、管理学学科门类博士学位者，应符合以下条件之一：

至少有1篇学术论文在外文学术期刊上发表并被SCI或SSCI或AHCI收录；

有2篇学术论文被SCI或EI收录(其中至少1篇为外文文章)；

有3篇学术论文发表在CSSCI检索源期刊上。

导师为第一作者、研究生为第二作者发表的学术论文至多认定一篇。

(3) 其他等同条件如下：

获得国家级科技成果奖(有个人证书)，可免除论文发表的要求；获得省部级科技成果或哲学社会科学优秀成果一等奖(排名前5位)、二等奖(排名前3位)、三等奖(排名前2位)或发明专利授权(每项专利仅限一名博士生申请学位使用，由专利排名第一人认定)，等同于发表相同数量的SCI或EI论文。

成果均应以“河海大学”为第一署名单位。

9. 学位论文

博士学位论文研究工作必须经过论文开题报告、中期检查、论文预答辩、学位论文评阅、论文答辩等环节。

博士学位论文的选题和成果应在理论上或实践上对经济建设有较重要意义。论文立论正确、分析严谨，反映作者具有坚实宽广的基础理论和系统深入的专门知识。在科学或专门技术上做出创造性的成果，表明作者具有独立从事科学研究工作的能力。

硕士研究生培养方案(2010年版)

一、培养目标

培养面向现代化、面向世界、面向未来，适应我国社会主义建设需要，德、智、体全面发展的高级专门人才。具体要求如下：

(1) 掌握马列主义、毛泽东思想、邓小平理论，拥护四项基本原则，热爱祖国，遵纪守法，品行端正，学风严谨，具有强烈的事业心和献身精神，积极为社会主义现代化建设服务。

(2) 在相关学科、专业领域内，掌握坚实宽广的基础理论和系统的专门知识，具有从事科学研究工作或独立担负专门技术工作的能力。

(3) 具有用一门外国语熟练阅读本专业外文资料的能力及较强的听、说、写、译能力。

(4) 熟悉现代信息技术，具有较强的计算机和信息方面的技能。

(5) 身体健康。

二、学制和学习年限

攻读学术型硕士学位的标准学制为3年，实行弹性学制，学习年限最短不低于2年，最长不超过5年(在职学习的可延长1年)。

三、培养环节

1. 培养计划的制定

研究生入学后，应在导师指导下，在规定的时间内按照培养方案和学位论文工作的有关规定，结合研究方向和本人实际情况制定个人培养计划。硕士研究生培养计划报本人所在学院(系)备案。

2. 课程和学分要求

学术型硕士研究生课程总学分一般为30学分，其中学位课程一般为18学分，非学位课程一般为9学分，教学环节3学分。各学科可根据自身的特点对学分进行适当调整，上下浮动1～2学分，具体学分数由各学位评定分委员会决定，并列入培养方案。对缺少本学科前期专业基础的研究生，在完成本学科规定学分的同时，导师应根据具体情况指定研究生补修前期的专业课程2～3门，补修课程列入研究生培养计划。

研究生课程考试成绩按百分制计算，学位课程考试成绩达70分或单科达60分且加权平均达75分为合格，非学位课程考试成绩达60分为合格，教学环节通过为合格，合格即可取得相应学分。

3. 学术活动

学术型硕士研究生学术活动包括参加国内外学术会议、专家学术讲座，以及以学院为单位组织的研究生学术研讨活动等。申请学位论文答辩前必须参加10次以上的学术交流活动，至少做一次公开的学术报告(论文开题报告除外)。

4. 实践活动

硕士研究生必须参加实践活动。

学术型硕士研究生实践形式包括助教、助管、助研、生产实践、社会实践等，各项实践活动的累计时间要达1周以上。研究生完成实践活动后要进行小结，并请实践活动的所在单位对研究生实践环节的时间和效果进行考核和评价，小结和考核评价结果报所在学院。

5. 文献阅读与综述

学术型硕士研究生开题前应研读不少于30篇文献(其中外文文献不少于40%)，撰写一篇不少于3000字的文献阅读报告。文献阅读报告需在一定的范围内进行研讨，由导师审核并评定成绩。

6. 开题报告

研究生学位论文的开题报告应公开进行。

硕士研究生的开题报告原则上在第三学期内完成，且开题报告审核通过后至少半年方可申请答辩。

7. 中期考核

学术型硕士研究生在第四学期前期完成中期考核。中期考核需检查其课程学习情况和论文进展情况。

8. 学术论文

学术型硕士研究生应按要求公开发表与学位论文内容相关的学术论文。

申请硕士学位者，应以第一作者(包括导师第一作者，申请者为第二作者)，且第一署名单位为河海大学，在核心期刊(学校指定的期刊目录)上发表一篇与学位论文内容相关的学术论文。获得省部级科技成果或哲学社会科学优秀成果三等奖及以上(有个人证书)或实用新型专利授权(每项专利须由全体发明人授权，仅限一名硕士研究生申请学位使用)，等同于在核心期刊上发表相同数量的论文。

9. 学位论文

硕士学位论文研究工作必须经过论文开题报告、中期检查、论文预答辩、学位论文评阅、论文答辩等环节。

学术型硕士学位论文必须对所研究的课题在基本理论、计算方法、测试技术、工艺制造等某一方面有新的见解，或用已有理论及最新科技成就解决工程技术的实际问题，在学术上有一定的理论意义或应用价值。必须注重理论分析，论文能体现硕士研究生具有坚实的理论基础，较强的独立工作能力和优良的学术作风。

全日制专业学位研究生培养方案(2010年版)

一、培养目标

培养掌握某一专业(或职业)领域坚实的基础理论和宽广的专业知识，具有较强的解决实际问题的能力，能够承担专业技术或管理工作，具有良好的职业素养的高层次应用型专门人才。具体要求为(以工程硕士为例)：

(1) 拥护党的基本路线和方针政策，热爱祖国，遵纪守法，具有良好的行业道德和敬业精神，具有科学严谨和求真务实的学习态度和工作作风，身心健康。

(2) 掌握所从事领域的基础理论、先进技术方法和手段，在领域的某一方向具有独立从事工程设计、工程实施、工程研究、工程开发、工程管理等能力。

(3) 掌握一门外国语。能比较熟练地阅读本专业的外文资料，并具有一定的写作能力。

二、学制和学习年限

攻读全日制专业学位研究生的标准学制为 2 年，实行弹性学制，最短不低于 2 年，最长不超过 4 年(在职学习的可延长 1 年)。

三、培养环节

采用课程学习、实践教学和学位论文相结合，校内导师指导和校外导师联合培养相结合的培养方式。

1. 培养计划的制定

研究生入学后，应在导师指导下，在规定的时间内按照培养方案和学位论文工作的有关规定，结合研究方向和本人实际情况制定个人培养计划。硕士研究生培养计划报本人所在学院(系)备案。

2. 课程和学分要求

全日制专业学位硕士研究生的课程设置由学位课程、非学位课程和实践环节三部分组成。课程总学分不少于 25 学分，其中学位课和非学位课不少于 20 学分，实践环节为 5 学分。可根据各专业领域特点，由各学院确定安排实验类课程、实习、生产实践、工程训练、前沿讲座等内容。

研究生课程考试成绩按百分制计算，学位课程考试成绩达 70 分或单科达 60 分且加权平均达 75 分为合格，非学位课程考试成绩达 60 分为合格，教学环节通过为合格，合格即可取得相应学分。

3. 实践环节

硕士研究生必须参加实践活动。

全日制工程硕士研究生实践活动采用集中实践与分段实践相结合的方式。在学期间，必须保证不少于半年的实践教学，应届本科毕业生的实践教学时间原则上不少于 1 年。我校全日制工程硕士研究生原则上应进入各类研究生培养基地开展实践教学。研究生以完成的实习总结报告和实践所在单位评语作为考核依据，取得实践环节的学分。

其他全日制专业学位研究生的实践活动按照相应的研究生培养方案有关规定执行。

4. 学位论文

全日制专业学位硕士研究生学位论文选题应来源于工程实际或具有明确的应用背景。论文应具备一定的难度和工作量，体现作者综合运用科学理论、方法和手段解决实际应用问题的能力，并有一定的理论基础，具有先进性、实用性。

在职攻读工程硕士专业学位研究生培养方案(2010 年版)

一、培养目标

工程硕士专业学位是与工程领域任职资格相联系的专业性学位，侧重于工程应用，主要是为工矿企业和工程建设部门，特别是为国有大中型企业培养应用型、复合型高层次工程技术和工程管理人才。具体要求是：

(1) 较好地掌握马克思主义、毛泽东思想和邓小平理论；拥护党的基本路线和方针政策；热爱祖国，遵纪守法，具有良好的职业道德和创业精神，积极为我国经济建设和社会发展服务。

(2) 在所从事的工程领域上掌握坚实的基础理论和宽广的专业知识；掌握解决工程问题的先进技术方法和现代技术手段；具有创新意识和独立担负工程技术或工程管理工作的能力。

(3) 掌握一门外国语，能比较熟练地阅读所从事工程领域的外文资料。

(4) 身体健康。

二、学习年限

在职攻读工程硕士专业学位研究生学习年限一般为3～4年，最长不得超过5年。其中课程学习时间为1.5～2年，论文研究和撰写论文时间为1.5～2年。

三、课程设置

在职攻读工程硕士专业学位研究生的课程分为学位课程、非学位必修课程和选修课程三大类。课程学习的总学分不得少于35个学分。

1. 学位课程

一般要求修满20个学分。其中自然辩证法，36个课内学时，2个学分；第一外国语，108个课内学时，4个学分；专业外语，36个课内学时，2个学分；2门基础理论课程，72个课内学时，4个学分；2门专业基础课程(至少选修1门计算机课程)，72个课内学时，4个学分；2门专业课程(至少选修1门管理类课程)，72个课内学时，4个学分。

2. 非学位必修课程

一般要求修满9个学分。其中科学社会主义理论与实践，18个课内学时，1个学分；科技文献阅读，学时不定，2个学分；1门基础理论课程，36个课内学时，2个学分；各学科领域专题课程，36个课内学时，2个学分；技术经济学，36个课内学时，2个学分。

3. 选修课程

一般要求修满6个学分。至少选修3门课程，108个课内学时，6个学分。选修课程着重拓宽在职攻读工程硕士专业学位研究生的知识面，因此选修课程设置了管理类、技术经济类、计算机应用类及工程新技术方面的有关课程。

四、考核方式

1. 课程考核

课程考核分考试与考查两种，对于科技文献阅读、各学科领域的专题课程等实践性教学环节可以采用考查方式进行考核；其他课程都应采取考试方式。在职攻读工程硕士专业学位研究生学位课程的合格成绩为：单科成绩在70分以上或学位课程的成绩加权平均在75分以上，否则作为不合格。非学位课程和选修课程的成绩在60分以上均为合格。

2. 中期考核

在职攻读工程硕士专业学位研究生在课程学习结束后，对其德、智、体、能等方面进行综合性的中期考核，实行优胜劣汰。对于没有达到培养方案要求的、论文开题报告未通过、且在半年内补作开题报告仍未通过者，将按《河海大学研究生工作手册》中的有关规定进行处理。

五、培养方式与方法

1. 培养方式

在职攻读工程硕士专业学位的研究生，采取进校不离岗的方式培养。指导教师由校内具有工程实践经验的教师与工矿企业或工程部门经单位推荐的业务水平高、责任心强的具有高级技术职务的人员联合指导。来自企业的指导教师由学校按有关程序办理聘任手续。

2. 培养方法

在职攻读工程硕士专业学位的研究生，课程阶段采取集中、分段进行，课程学习实行学分制，在校学习的累计时间不得少于6个月；论文阶段采取分散、不离岗方式进行。在职攻读工程硕士专业学位的研究生，在入学后2.5年内完成论文开题报告。

六、科技文献阅读

在职攻读工程硕士专业学位的研究生，在论文选题期间必须在导师指导下较广泛地阅读中文和外文文献，并提交不少于5000字的文献阅读读书报告，经指导教师评定认可后方可取得相应学分。在职攻读工程硕士专业学位的研究生科技文献阅读的总阅读量不得少于20篇。

七、学位论文

1. 论文选题

在职攻读工程硕士专业学位的研究生学位论文选题应直接来源于生产实际，可以是一个完整的工程项目策划、工程设计项目或技术改造项目；可以是技术攻关研究专题；可以是新工艺、新设备、新材料、新产品的研制与开发。

2. 论文形式

在职攻读工程硕士专业学位研究生的学位论文形式可以是工程设计，也可以是课题研究。在职攻读工程硕士专业学位研究生的学位论文应在导师指导下独立完成。

3. 论文中期报告

在职攻读工程硕士专业学位的研究生，在论文研究和撰写论文阶段，应向指导教师提交论文中期报告，经指导教师认可后方可进入下一阶段的论文研究和撰写论文工作。

4. 论文评审与答辩

在职攻读工程硕士专业学位的研究生学位论文评审与答辩均按照《河海大学关于博士、硕士学位论文评阅答辩的具体规定》办理。

八、学位授予

在职攻读工程硕士专业学位的研究生应按培养方案的要求，取得课程阶段规定的所有学分；通过中期考核；通过学位论文开题报告并通过学位论文答辩，方可由培养单位学位评定委员会审核批准授予工程硕士专业学位。

相关统计

研究生指导教师

2011年博士生导师名单

（按姓氏笔画排序）

社会学

王毅杰　孙其昂　叶南客☆[①]*[②]　许加军　邢鸿飞　宋林飞　杨文健
陈阿江　陈绍军　陈　如★[③]*　施国庆　赵永乐　黄健元

马克思主义基本原理

丁长青　刘爱莲　余达淮　吴　远　吴建华★*　黄明理

① ☆为基地导师。
② *为当年新增导师。
③ ★为外聘导师。

思想政治教育

孙其昂　郑大俊　金林南*　荆小平☆*　尉天骄　戴　锐

物理海洋学

王如云　左君成　张长宽　李瑞杰　徐福敏

工程力学

乔丕忠　任青文　朱灯林　余天堂　吴锤结★　张子明　杜成斌
邵国建　陈　文　陈国荣　周建方　范华林*　林绍忠☆　武清玺
苟晓凡　胡少伟★　章　青　黄文雄　程展林☆　蔡　新

电力系统及其自动化

丁晓群　卫志农　马宏忠　王宏华　王柏林　王海凤★　朱　拓
陈星莺　赵晋泉　费峻涛*　袁　越　曹　宁　潘文霞　鞠　平

信息与通信工程

刘小峰*　严　勤*　陈云飞★*

计算机应用技术

王志坚　冯　钧　朱跃龙　许卓明　许　峰*　李继国　杨先一★
陈正鸣　周晓峰　徐立中　曾晓勤　韩立新

岩土工程

丁秀丽☆　文松霖☆　王　媛　王保田　王思敬★　卢廷浩　刘汉龙
孙树林　朱　伟　朱俊高　朱珍德　邬爱清☆　阮怀宁　何秀凤
吴继敏　李青云☆　陈建生　周丰峻　施建勇　洪宝宁　徐卫亚
高玉峰　黄文雄　程展林☆　蔡耀军☆

结构工程

余　岭☆　吴胜兴　汪基伟　顾　强★　曹平周

市政工程

邵益生★　陈　卫　郑兴灿★

防灾减灾工程及防护工程

朱珍德　张燎军　杜成斌　陈国兴★　陈厚群★　徐卫亚　高玉峰
章　青

桥梁与隧道工程

吉伯海　朱珍德　陈志坚　陈国荣　蒋林华

土木工程材料

马爱斌　王泽华*　申明霞*　刘　军*　吴玉萍　张耀明★　林萍华★

杨卫东☆* 蒋林华 蒋亚清* 韩大章☆*

水文学及水资源

王　文　王　俊☆　王　玲☆　王船海　包为民　卢耀如★　艾　萍
仲志余☆　任立良　刘　凌　余钟波　张行南　张建云★　李致家
李琼芳　束龙仓　汪集旸★　芮孝芳　陆桂华★　陈　进☆　陈　喜
陈元芳　陈西庆☆　周刚炎☆　周志芳　姜兆雄☆　姜翠玲　胡四一★
郝振纯　钟平安　夏自强　崔广柏　梁忠民　符淙斌★　黄振平
董增川　谢悦波　翟家瑞☆　谭德宝☆

水力学及河流动力学

王　泽　王玲玲　卢金友☆　刘东生☆　江恩惠☆　严忠民　吴建华
吴锤结★　吴小明☆　张平仓☆　张永春★　张俊华☆　张柏山☆　李　凌
杨文俊☆　汪德爟　陈青生　赵　坚　唐洪武　程年生★　蒋传丰★
詹美礼　戴会超

水工结构工程

王　乘　王仁坤☆　乔丕忠　任旭华　任青文　刘斯宏　朱　晟
吴中如　张宗亮☆　张燎军　李同春　束一鸣　杨华全☆　杨启贵☆
汪在芹☆　沈振中　苏　超　苏怀智　陈五一☆　陈厚群★　周君亮★
郑东健　钮新强☆　顾冲时　蔡　新

水利水电工程

方国华　王　乘　王新才☆　王九大☆*　包腾飞*　刘　超★　刘志明☆
刘德有★　刘志雨★*　汤元昌☆　张　健　张金良☆　张展羽　苏　超
陈守伦　陈永平*　郑　源　欣金彪☆*　杨　涛*　倪福生　唐德善
徐　辉★　索丽生★　秦伯强★　彭世彰　詹美礼　蔡付林　潘存鸿☆*

港口、海岸及近海工程

王义刚　王如云　冯卫兵　严以新★　张　玮　张长宽　张淑华
李瑞杰　郑金海　倪福生　梁应辰★　鲁子爱

生态水利学

王　超　刘　凌　华祖林　朱　伟　严以新★　余钟波　张展羽
束龙仓　陆桂华★　姜翠玲　逄　勇　郝振纯　夏自强　索丽生★
崔广柏　董增川

城市水务

方国华　张行南　芮孝芳　索丽生★　陆桂华★　徐向阳*　董增川

海岸带资源与环境

王义刚　王如云　冯卫兵　严以新★　张　玮　张长宽　李瑞杰

水灾害与水安全

包为民　任立良　任青文　吴中如　李同春　李致家　陈建生

徐卫亚 顾冲时 章　青 蒋传丰★ 谢悦波

水信息学

王志坚 艾　萍 安　如 吴中如 朱昌平* 徐立中

地下水科学与工程

汪集旸★ 周志芳 骆祖江

水利水电建设工程管理

方国华 王卓甫 刘斯宏 严忠民 吴建华 张燎军 沈振中
周厚贵★ 赵　坚 唐德善

水系统科学

安天庆 陈才生 储继峰 吕海深

大地测量学与测量工程

王　静☆ 刘焱雄★ 何秀凤 岳建平 张友静* 黄　腾 雍　斌*

地质工程

孙树林 李金都☆ 余钟波 吴继敏 宋汉周 陈志坚 张宏兵*
周志芳 饶文波* 骆祖江 袁宝远

农业水土工程

张展羽 邵孝侯 陈　菁 茆　智★ 俞双恩 徐　辉★ 徐俊增*
彭世彰 缴锡云

环境科学

吴丰昌★ 陆光华 蒋固政☆ 韩龙喜 雷阿林☆

环境工程

王　超 王沛芳 华祖林 朱　亮 李　轶 汪德爟 逄　勇
袁旭音* 韩龙喜

管理科学与工程

马水山☆* 丰景春 卞艺杰 王文珂☆ 王卓甫 王济干 王慧敏
邓东升☆* 冯峻林☆ 李荣昉☆* 刘春生☆ 许长新 吴凤平 张　阳
张劲松☆* 沈凤生☆ 沈菊琴 陆佑楣★ 陈云华☆ 周　勇☆ 周国然☆*
郑声安☆ 施国庆 祝立群☆ 章恒全* 黄柏青☆* 游赞培☆* 蔡绍宽☆

技术经济及管理

丁长青 毛春梅 王济干 王慧敏 史安娜 成长春★ 许长新
张　阳 杨　晨 汪　群 沈菊琴 周海炜 武　博 郑垂勇
施国庆 赵　敏 赵永乐 唐德善 章仁俊 黄涛珍 黄德春

2011 年硕士生导师名单

（按姓氏笔画排序）

伦理学

张　勤★[①]　黄晓晔

科学技术哲学

王　英　张　雁

应用经济学

尹庆民　华　坚　宋　敏　李仁俭☆[②]　杨恺钧　沈宗护☆

国民经济学

卢小广　张　阳　姜翔程　黄德春

区域经济学

刘奇洪

金融学

李　芒　潘海英

产业经济学

史安娜

国际贸易学

朱智洺

宪法学与行政法学

陈秀萍　徐金海 *[③]

民商法学

王建文　张莉莉　陈广华　龚鹏程

环境与资源保护法学

刘惠明　成　红　朱　强　邢鸿飞　李义松　沈绿野　徐　军
徐安住　晋　海　郭英华

① ★为外聘导师。
② ☆为基地导师。
③ * 为当年新增导师。

政治学理论

李　宁　　刘贺青*　　谈育明

社会学

王毅杰　　叶南客☆*　　陈　如★　　张虎彪*　　何志扬*
陈阿江　　施春华　　胡　亮　　徐　琴★　　顾金土　　高　燕

社会工作

付启元☆*　　朱考金☆*　　许益军☆*　　董淑芬☆*　　谭志云☆*

人口学

朱秀杰　　周　伟　　黄健元

马克思主义理论

丁长青　　王　萍　　王集权　　刘爱莲　　孙其昂　　毕　霞　　许加军
吴　远　　吴朝国★　　宋开之　　沈晓静　　施国良　　尉天骄　　韩振燕
潘洪林　　颜素珍

马克思主义基本原理

顾玉兰★　　黄明理

思想政治教育

叶鸿蔚　　李　征　　朱志梅*　　陈继红　　单连春　　金林南　　郑黎明*
宣云风★　　荆小平☆　　韩凤鸣　　戴　锐　　魏　萍

高等教育学

马成志　　刘丹平　　刘兴平　　成长春★　　余达淮　　吴朝国★　　杨晓江★
陈滔娜　　陈德奎　　陈静漪*　　郑大俊　　姚纬明　　姜晓平　　施春华
高雪梅　　曹菱红　　彭怀祖★

应用心理学

陈友庆

体育教育训练学

王建民　　李育林　　李　华*　　周　强　　郭　平　　唐　鹏　　褚宇帆

文艺学

朱　辉　　纪玲妹

英语语言文学

尤　震　　孙宁宁　　朱桂成　　范晓慧*　　郑亚南　　祝吉芳　　郝雁南
袁一平　　顾　翔　　梁建平　　笪鸿安　　彭辰宁　　韩卫红　　蔡　斌

传播学

于　红	邓天颖	吴劭文	汪修荣★	陈正荣★	易前良	郑晋鸣★
崔　军	潘　杰★					

基础数学

叶国菊	吕海深	安天庆

计算数学

张学莹

应用数学

丁根宏	王如云	印凡成	孙合明	朱永忠	李晓军	陈才生
陈友朋★	陈克军★	周继东	夏乐天	徐小明	徐红梅	袁永生
储继峰						

凝聚态物理

王忠纯★	刘成林★	巩江峰	朱卫华	吴　坚	吴建伟	张爱梅
邹　华	唐春梅*	徐　援				

自然地理学

陈洪全★	徐　军

人文地理学

叶亚平

地图学与地理信息系统

王　红	许捍卫	阮仁宗	张友静	张晓祥	罗　健	葛小平
雍　斌	颜梅春					

物理海洋学

王如云	左军成	何海伦	李瑞杰	林　祥	徐　青	蔡　辉
谭　亚						

固体力学

严湘赣	张子明	荀晓凡	黄　丹	黄孟生

流体力学

王　泽	华祖林	张淑君	李　煜	汪德爟	赵振兴

工程力学

王山山	王向东	任青文	朱为玄	江　泉	许庆春	余天堂
张旭明	张健飞	杨海霞	邵国建	陆晓敏	陈　文	陈国荣
武清玺	姜冬菊	赵　引	夏　宁	徐汉中	殷德顺	秦忠国

郭兴文	钱向东	崔德密☆	梅明荣	章　青	符晓陵	黄文雄
黄淑萍	彭宣茂	雷　冬 *				

机械制造及其自动化

王子伟☆	吕全亚☆	许焕敏	邢西哲	张宁权☆	张建军☆	张洪涛☆
李少牛☆	李吉波☆	李安定☆	苏广福☆	周科衡☆	尚广庆	林超洪☆
南冠群☆	胡鹏程☆	贺庆元☆				

机械电子工程

丁　坤	于东玖	干为民★	卞新高	王锦桥	白建波	刘　巍 *
孙春华	朱天宇	朱灯林	朱炳麒	汤炳新	李龙华	纪秀林 *
肖　洪	肖红升☆ *	肖新民☆ *	周　军	周遵瑞☆ *	林　岗	杨　可 *
杨志刚☆ *	罗金星☆ *	苑明海 *	姚剑锋☆ *	倪福生	唐亚鸣	唐国兴★ *
梅志千						

机械设计及理论

王占军	田松亚	纪爱敏	何　钢	张　敏	张根元	苏　洲
周建方	胡友安	赵恒文	徐立群	高新陵	康　兰	谢智雄
廖华丽	蔡慧官					

测试计量技术及仪器

王亦红	张玉成☆	张国栋☆	陆　旭☆	陆云扬☆	徐国龙☆

材料学

马爱斌	方永浩	王德库☆	申明霞	刘小艳	刘大智 *	孙红尧☆
江少群	江静华	何　辉	吴玉萍	吴其胜★	张　研	张风臣 *
李兴贵	李改叶	李中华 *	杨东辉	陈建清	周泽华	林萍华★
侯贵华★	曾正宾☆	焦宝祥★	徐金霞	蒋亚清	蒋林华	谢国治

材料加工工程

王泽华	包晔峰	朱庄安	杨顺贞	陆亚珍	姚河清	赵占西
蒋永锋						

流体机械及工程

孙杏建☆	许　昌	张维平☆	李　龙	杨光明	周大庆	屈　波
胡德义☆	赵生校☆	赵振宙	郭建斌	霍志红		

动力工程及工程热物理

左　潞 *	秦战生 *

电气工程

王　勇☆ *	余一平 *	李柏瑾☆ *	陈　高☆ *	陈建平☆ *	陈庭黎☆ *	高昱东☆ *
曼苏乐☆ *	霍曙琴☆ *					

电子科学与技术

胡居荣*

电力系统及其自动化

丁晓群 卫志农 马宏忠 方国材☆ 王劲夫☆ 乐秀璠 冯真秋☆
刘皓明 刘瞳昌☆ 向泽江☆ 孙黎霞 朱 拓 严登俊 吴 峰
吴志强☆ 时雷鸣☆ 李正凡☆ 杜灿勋☆ 杨劲松☆ 陈红祥☆ 陈星莺
陈家恒☆ 周 玲 周业荣☆ 周海强 洪允云☆ 赵显忠☆ 赵晋泉
唐 海☆ 袁 越 郭生柱☆ 郭朝晖☆ 黄协平☆ 黄慧民☆ 程夏蕾☆
鲁俊兵☆ 熊 杰☆ 蔡武卫☆ 潘文霞 潘学萍 薛 峰 鞠 平

电力电子与电力传动

张建生★ 陈 谦 袁晓玲

电工理论与新技术

朱锡芳★ 张立臣★

电路与系统

孙洪文 李东新 肖金球★ 顾 燕 静大海

通信与信息系统

丁海军 王 萍 王吉星☆ 白致威☆ 刘 景 刘国高 朱昌平
朱金秀 江 冰 牟 艳 齐本胜 何坤金 张学武 张金波
李庆武 杨启文 肖建康 陈 智☆ 陈正鸣 陈慧萍 吴 伟☆*
林善明 范新南 胡 钢 康桂华 曹 宁 盛惠兴 黄 皎
褚东帆☆* 韩光洁 韩庆邦★ 薛云灿 石爱业* 韩庆邦*

信号与信息处理

丁 强☆ 马贞立 王慧斌 孙京忠☆ 汤 敏 严 勤 严锡君
吴学文 张丽丽 李 颖☆ 李臣明 李岳衡 李银全☆ 周金陵
居美艳 林 韬☆ 徐立中 殷兴辉 黄凤辰 谭国平

控制理论与控制工程

尹 斌 方红庆 王 平 王 冰 王万成 王宏华 王柏林
吕国芳 毕宏斌☆ 何启莲☆ 吴 英☆ 李训铭 李志华 苏建元
陈家恒☆ 胡晓云☆ 徐 群 钱艳平 戴卫力*

检测技术与自动化装置

张斌武 费峻涛 倪建军

模式识别与智能系统

刘惠义 李士进 倪伟新☆ 曾晓勤

计算机软件与理论

万定生　毛莺池　王志坚　冯　钧　艾　萍　朱跃龙　许卓明
李士进　李继国　陈金水　周晓峰　孟朝晖　娄渊胜　曹　敬
曾晓勤　韩立新

计算机应用技术

万定生　王　敏　王从明☆　王志坚　王恒斌☆　王　宇*　艾　萍
任　齐☆　庄燕滨★*　刘学工☆　刘惠义　朱跃龙　江　红　许　峰
许志勇☆　许卓明　许国艳　辛立勤☆　陈伟豪☆*　陈金水　陈伟豪☆
陆　阳*　周金陵　周晓峰　娄渊胜　娄渊清☆　胡吉明　徐立中
徐煜明★*　郭学俊　曹　敬　梁正和　章　敏☆　廖小平　蔡　阳☆
蔡正林

岩土工程

马晓辉　丰土根　王　伟　王　媛　王文远☆　王自高☆　王保田
邓　安　代国忠　卢　杰☆　卢廷浩　石　崇　艾英钵　刘汉龙
孙云志☆　孙少锐　朱　伟　朱俊高　朱珍德　阮怀宁　何　伟☆
余湘娟　吴永锋☆　吴抗修☆　吴跃东　宋胜武☆　张文慧　张坤勇
张福海　李开德☆　李守德　李国维　杨　建☆　杨建宏☆　沈　扬
苏爱军☆　陈　亮　陈永辉　陈建生　周云东　苗　青☆　施建勇
洪宝宁　胡　斌☆　赵仲辉　徐卫亚　袁俊平　郭海庆　顾长存
高玉峰　高明军　彭　劼　景来红☆　董海洲　路新景☆　雷国辉
魏植生☆

结构工程

丁晓唐　王心联☆　王年香☆　王庆苗☆　韦芳芳　石良勇☆　刘玉峰☆
刘兴国☆　刘金山☆　吉伯海　向德忠☆　庄金祥☆　朱召泉　吴二军
吴胜兴　张　华　张今阳☆　李　健☆　李文虎★　李志武☆　李学安☆
李锡均☆　杨增夫☆　汪基伟　沈　洁☆　陈玉泉　陈兴贤☆　周　华☆
周　成☆　周　晨☆　周江平☆　周志军☆　周继凯　林起昌☆　范明桥☆
姜国庆☆　胡唐伯☆　赵风华★　涂扬举☆　曹　朗　曹平周　黄金达☆
龚永生☆　蒋鸿海☆

市政工程

冯　骞　刘　成　孙　敏　陈　卫　林　涛　郑晓英　赵联芳

防灾减灾工程及防护工程

刘　军　张富有　杜成斌　陈卫东☆

桥梁与隧道工程

邓越胜☆　任青文　陈国荣　郗举科☆　钟小春　聂利英　袁爱民
傅支黔☆

土木工程材料

王胜年　吴　勇☆　沈德建＊　沈才华＊　栗国忱☆　陶　辉＊

建筑与土木工程

王存正☆＊　王明昌☆＊　朱　永☆　＊刘明娜☆＊陈　峻☆＊　周兴顺☆＊　杨金虎☆＊
缪宇宁☆＊　廖芳龄☆＊

水文学及水资源

丁贤荣　牛玉国☆　王　文　王卫平　王卫光　王加虎　王建群
王船海　冯　杰　包为民　石　朋　任立良　刘　俊　刘　凌
刘　震　刘文涛☆　刘金涛　安　如　朱　琰　朱庆平☆　朱辰华☆
余钟波　吴志勇　张红月☆　张行南　张秀菊　张京生☆　张欧阳☆
张静怡　李　丽　李文家☆　李光炽　李国芳　李杰友　李致家
李琼芳　束龙仓　杨　侃　杨　涛　芮孝芳　陆宝宏　陆桂华
陈　喜　陈元芳　陈启慧　陈松生☆　陈肃利☆　陈新芳　周　密
林荷娟☆　胡　军☆　荣艳淑　郝振纯　钟平安　夏自强　徐向阳
徐时进☆　徐高洪☆　袁　飞　郭海晋☆　高　怡☆　崔广柏　康　玦☆
曹丽青　梁忠民　黄振平　温忠辉　程海云☆　舒大兴　葛朝霞
董增川　谢悦波　韩友平☆　端木礼明☆　穆宏强☆　薛松贵☆　瞿思敏

水力学及河流动力学

王　泽　王玲玲　吕升奇　闫　静　严忠民　何建京　吴龙华
吴建华　吴建纲　吴小明☆＊　时明立☆　李希宁☆　杨校礼　汪德爟
肖　洋　陈　珺　陈青生　陈界仁　周春天　姚文艺☆　姜乃迁☆
赵　坚　赵振兴　郝云麟☆　唐立模　唐洪武　徐建华☆　徐锡荣
盛金昌　黄　昉☆　黄细彬　傅宗甫　蒋登云☆　詹美礼　廖仁强☆
戴文鸿

水工结构工程

于　跃☆　马以超☆　王　建　王　乘　王义锋☆　王远亮☆　王国进☆
包腾飞　叶发明☆　乔丕忠　任旭华　刘兴宁☆　刘金堂☆　刘晓青
刘斯宏　刘　玲☆＊　孙怀昆☆　朱　晟　余　挺☆　吴中如　岑威钧
张小厅☆　张志诚　张继勋　张燎军　李　云☆　李　升☆　李同春
杜玉海☆　束一鸣　沈长松　沈振中　苏　超　苏怀智　邹丽春☆
陈秋华☆　周　钟☆　周利利☆　宗志坚☆　罗加谦☆　郎小燕☆　郑东健
姚纬明　娄绍撑☆　宫必宁　赵兰浩　凌　云☆　唐　毅☆　唐巨山☆
顾冲时　黄　婵☆　黄光明☆　喻建清☆　强　晟　董永全☆　蔡　新
戴妙林

水利水电工程

于永海　卫　臻☆　马东亮☆　马立鹏☆　马进荣☆　马福恒☆　马瑞峰☆＊
仇庆松☆　卞炳乾☆　孔祥光☆　孔　江☆＊　文加海☆　方国华　方神光☆＊
王　浩☆　王　琛☆　王小军☆　王玉洁☆　王吉焕☆　王红川☆　王希之☆

王志力☆	王贤平☆	王春云☆	王珊琳☆	王铁锋☆	王玉峰☆*	王九大☆*
王守勤☆*	王文飞☆*	王　山☆*	牛志伟*	毛劲乔*	计金华☆	付兴友☆
付建军☆	冉懋鸽☆	冯仕能☆	叶建群☆	司银云☆	申茂夏☆	闪　黎☆
龙起煌☆	乔　晔☆	阮锦发☆*	任成功☆	任金明☆	伍宛生☆	刘元勋☆
刘光保☆	刘茂森☆	刘金焕☆	刘美义☆	刘翠杰☆	刘德有★	刘　波
刘　伟☆*	向超群☆	吕永明☆	孙　卫☆	孙　勇☆	孙业文☆	孙　勇☆
成　银☆	成卫忠☆	朱丽娟☆	朱启汉☆	朱孟业☆	朱首贤*	朱顺初☆*
江小辉☆	江亚丽☆	阳恩国☆	齐志坚☆	严　军☆	严文武☆	严义忠☆*
但　东☆	何文泉☆	何勇军☆	余彦群☆	余　生☆*	吴　敏☆	吴　淳☆
吴荣民☆	吴晓铭☆	吴遵奇☆	吴秀荣☆*	吴修广☆*	宋兰芳☆	应　强☆
任　黎*	张　健	张　桥☆	张之平☆	张少华☆	张文学☆	张学军☆
张维平☆	张德虎	张　弛☆*	张武华☆*	李　飞☆	李　巍☆	李　杰☆
李中华☆	李云汉☆	李元亚☆	李月明☆	李仕奇☆	李仕胜☆	李兆录☆
李成金☆	李健英☆	李晓英	李　峰☆*	杨　中☆	杨　洪☆	杨　全☆
杨　忠☆	杨云兰☆	杨正华☆	杨玉航☆	杨光亮☆	杨成祝☆	杨　锋☆*
汪跃军☆*	沈　宏☆	沈继华☆	沈嗣元☆	肖平西☆	苏　萍☆	陆　彦☆
陆忠民☆	陈　江☆	陈　枫☆	陈　雷☆	陈　江☆	陈　舟☆	陈及新☆
陈永红☆	陈光临☆	陈守伦	陈有勤☆	陈国海☆	陈孟荣☆	陈建林☆
陈炜旻☆	陈顺义☆	陈振文☆	陈祥荣☆	陈能平☆	陈永平	陈　星
陈长柏☆*	陈祖荣☆*	周　云☆	周　永☆	周　建☆	周　辉☆	周垂一☆
周建旭	周益人☆	周清华☆	周结斌☆*	周红兵☆*	易　魁☆	林玉叶☆
林桂祥☆	林文进☆*	欣金彪☆	罗小峰☆	罗友余☆	罗玉龙*	罗　元☆*
苑润保☆	范子武☆	范国福☆	范宝山☆	郑　源	郑圣义	郑全春☆
郑齐峰☆	郑爱武☆	郑雄伟☆	郑胡根☆*	郑昌莹☆*	金德钢☆	金光球*
金建国☆*	侯　靖☆	姚章民☆	胡　明	胡兆球☆	胡晓林☆	费永法☆
贺立霞☆	赵世来☆	赵仕杰☆	赵永刚☆	赵大勇*	赵安平☆*	钟卫领☆
施汝良☆	唐　欢☆	唐宏进☆	唐德善	唐劲松☆*	姬晋廷☆	徐　辉★
徐岩彬☆	徐建军☆	徐海云☆	徐锦才☆	徐　磊*	徐强以☆*	栗国忱☆
浦承松☆	涂祝明☆	袁　浩☆	袁建忠☆	游梦雄☆*	钱士广☆*	耿红文☆*
夏　军☆*	郭建斌	郭绪元☆	顾一新☆	顾圣平	崔元山☆	曹　青
盛金保☆	盛根明☆	黄　英☆	黄显峰	黄胜伟☆	黄荣卫☆	程　井*
程义吉☆*	程绪水☆*	傅志敏*	储德义☆	嵇仙宝☆	梁广雪☆*	彭六平☆
彭少君☆	彭顺风☆*	曾昭芳☆	曾新华☆	曾镇铃☆	曾　剑☆*	董长海☆*
谢　波☆	谢力明☆	谢兴华☆	谢丽华☆	谢淑琴☆	雷落军☆	熊支荣☆
蔡付林	谭界雄☆	潘军宁☆	潘建冬☆	潘继录☆	潘存鸿☆	潘冬子☆*
戴益华☆	戴清华☆*	戴龙洋☆*	魏　平☆	魏岩峻☆	崔延松★*	

港口、海岸及近海工程

王　震	王义刚	王如云	王环玲	冯卫兵	卢永昌☆	吕秋灵
庄　宁	曲永岗	何文钦☆	何良德	吴德安	张　蔚	张　玮
张长宽	张功新☆	张淑华	李　熙	沈丽宁	苏静波	陈　达
陈　君	陈国平	陈德春	宓宝勇☆	郑金海	郑桂兰	郝嘉凌
徐金环	徐福敏	殷佩生	袁文喜☆	诸裕良	陶建峰	陶桂兰
陶爱峰	梁桂兰	黄　蕙	龚　政	童朝峰	董志良☆	鲁子爱

管人地 蔡 辉

生态水利学

王 玲 朱永华 宋兰兰 严以新★ 张丹蓉 姜翠玲 徐 慧
管仪庆 翟淑华☆

城市水务

薛联青

海岸带资源与环境

王义刚 严以新★

水灾害与水安全

吴浩云 林泽新

水信息学

王志坚

地下水科学与工程

杨 仪☆ 徐劲松

水利水电建设工程管理

王润英 田正宏 刘永强 李俊宏 郑家祥☆ 黄 河☆ 管昆翔☆

水系统科学

朱永忠

大地测量学与测量工程

丁莉东☆* 王 军☆ 王 冲☆ 王科峰☆ 王 静☆* 兰孝奇 史照良☆
田林亚 朱士才☆ 朱长富☆ 何秀凤 佘继红☆ 张建忠☆ 李文林☆
周西振 岳东杰 岳建平 苟胜国☆ 赵仲荣* 冒爱泉☆ 桑文刚
郭建东☆ 黄 腾 黄张裕

摄影测量与遥感

李 浩 杨英宝 陈仁喜 陈建华 周绍光 郑德华 徐 佳

地图制图学与地理信息工程

王山东 葛 莹

地球探测与信息技术

张宏兵 杨凤根 饶文波 谭红兵

地质工程

万广林☆* 马显光☆ 王 昆☆ 王 波☆ 王 彬☆ 王建平 王锦国

王文潇★＊	冯汉斌★	卢晓鹏☆	卢小慧＊	叶永年☆	石安池☆	石剑龙☆
任虎俊☆	刘建东☆	刘建刚	华建伟☆	孙树林	朱红雷☆	汤献良★
祁长青	余　波☆	杜　历★＊	吴继敏	宋汉周	张　耘☆	张　莱☆
张　瑞☆	张　勤	张发明	张汪应☆	张新华☆	张道政☆＊	李　忠☆
李　磊	李筱艳	李金都☆＊	汪春桃☆＊	杨　谦☆	杨保全	杨原宁☆
杨益才☆	杨正春☆＊	沈春勇☆	陈志坚	陈春生☆	单治钢☆	周志芳
罗良化☆＊	范丽贵☆	侯玉宾	施春华☆	胡梦蛟★	骆祖江	徐连峰☆
徐春明☆＊	袁宝远	谈金忠☆	顾凤祥☆	高才坤☆	高正夏	商志红☆
黄　勇	黄跃进☆	程华根★	鲍子云★＊	蒋甫玉＊	戴培安☆	魏继红

交通运输规划与管理

于　新	王仙美☆＊	计　钢☆＊	邓润飞☆＊	江朝华	孙家骏☆＊	吴　中
张　宇☆＊	张健康☆＊	陈景雅＊	陆　飞☆＊	杨　涛★	姜　晔☆＊	邹勇军☆＊
郑长江	胡安兵☆＊	范东涛☆＊	凌九忠☆＊	封学军	袁　黎	袁尘因☆＊
黄晓敏☆＊	曹雪山	谢春生☆	鲁子爱			

农业水土工程

于永海	方部玲	王高鹏	冯宝平	冯建刚＊	刑文刚	朱成立
张齐兴	张展羽	佘冬立＊	邵光成	邵孝侯	陈　菁	陈毓陵
罗玉峰	俞双恩	郝树荣	夏继红	徐　辉★	徐俊增	殷国玺
郭龙珠	郭相平	彭世彰	缴锡云			

农业生物环境与能源工程

王为木	刘　慧	张　洁

环境科学

卜现亭＊	马经安☆	方　芳＊	王　超	王　鹏	王　华＊	叶　闽☆
华祖林	孙　琴	朱　伟	刘晓东＊	张毅敏★＊	汤瑞凉	吴云海
吴国平☆	杨汉培	汪德爟	陆光华	柳七一☆	洪凌成	顾　莉＊
逄　勇	徐　颖	程绪水☆	袁旭音	彭盛华☆	韩龙喜	褚克坚
黄靖宇＊	敖燕辉＊	雷少平☆	熊　文☆			

环境工程

王　超	王沛芳	王烈恩☆	卢红伟☆	华祖林	朱　威☆	朱　伟
朱　亮	汤瑞凉	阮爱东	吴云海	吴修锋☆	吴培任☆	张　惠☆
张松贺	张炎斋☆	张春雷	李　勇	李　轶	李一平	李继洲
汪顺才	汪德爟	连　煜☆	陆光华	陈德强	罗小勇☆	郑孝宇
姜永生☆	洪凌成	赵卫民☆	赵振华	逄　勇	倪利晓	徐　颖
崔树彬☆	谢海旗☆	韩龙喜	韩德举☆	操家顺		

管理科学与工程

马邦凯☆	丰景春	仇　蕾	卞艺杰	尹忠武☆	王卓甫	王济干
王慧敏	牛文娟＊	冯兰萍	石小强☆	田贵良＊	刘　勇☆	刘　毅☆
刘四平☆	刘明江☆	刘炳胜＊	吕周洋	江瑞勇☆	许长新	何有山

吴凤平 张 成☆ 张 婕 张云宁 张建文☆ 张祯平☆ 张继国
许叶军* 李红仙 李红远☆ 杜 栋 杨文健 杨高升 陈万涛☆
陈军飞 陈京民 陈柳鑫* 郑峋如 洪 河☆ 祝立群☆ 胡震云
荆宁宁 赵云亮☆ 徐绪堪 龚艳冰* 谈 飞 郭万侦☆ 曹以南☆
游赞培☆ 梁 伟 章恒全 舒 欢 葛 敏★* 简迎辉 潘江波*

项目管理

冯旭松☆* 易 耘☆* 黄华爱☆* 康承业☆*

工程管理

郑胡根☆

信息管理与电子商务

杨 晨

工商管理学

丁 源 于 金 王培君★ 丰志勇☆* 邓玉林 史 虹* 付同青★*
刘 峰☆ 刘 戎 吕苏榆 冷建飞 张 俊☆ 张 龙 张 颖
张培元☆* 杜 明☆ 陈 冉☆ 周申蓓 周 勇☆* 孟庆军* 陆庆春*
胡兴球 黄 南☆* 唐勇军 童 强☆ 廖为民☆ 穆范椭★ 殷俊明★*

会计学

王普查 沈菊琴 谷文林 徐卫明☆* 唐 华☆* 韩绪军

企业管理学

王 飞 厉 伟 田 泽 刘双芹 刘晓农 安 文 许纪校
吴庆平 张 阳 张静中 杜晓荣 杨 晨 汪 群 肖 煜
周海炜 赵永乐 唐 震 钱旭潮 鹿 翠 蔡成喜 魏长升

技术经济及管理学

毛春梅 王保乾 史安娜 孙 镟 余文学 李 锋 陈建明
陈绍军 岳金桂 武 博 郑垂勇 施国庆 荀厚平 赵 敏
袁汝华 章仁俊 黄涛珍 童纪新

行政管理学

张玲玲 杨正联 邵晓露☆ 姚 峰 郭祥林 曹海林 黄林楠
黄涛珍 鲜恩伟☆

公共管理

季 文☆* 金世斌☆* 罗斌风☆* 赵 耀☆* 荆小平☆*

社会保障学

张 鑫 黄健元

土地资源管理学

余庆年　　赵言文★　　赵姚阳

情报学

吴东敏　　张鸿业　　杨晓宁　　谢友宁

研究生基本情况

表1　2011年博士研究生招生统计表

专业代码	专业名称	门类	学制	招生人数
合　计				375
30301	社会学	法学	3	24
30501	马克思主义基本原理	法学	3	14
30505	思想政治教育	法学	3	12
70701	物理海洋学	理学	3	9
80104	工程力学	工学	3	16
80802	电力系统及其自动化	工学	3	14
81203	计算机应用技术	工学	3	25
81401	岩土工程	工学	3	28
81402	结构工程	工学	3	4
81403	市政工程	工学	3	3
81420	土木工程材料	工学	3	7
81501	水文学及水资源	工学	3	29
81502	水力学及河流动力学	工学	3	9
81502	水信息学	工学	3	9
81503	水工结构工程	工学	3	17
81504	水利水电工程	工学	3	11
81505	港口、海岸及近海工程	工学	3	12
81520	生态水利学	工学	3	1
81521	城市水务	工学	3	1
81525	地下水科学与工程	工学	3	2
81526	水利水电建设与管理	工学	3	1
81527	水系统科学	工学	3	6
81599	海岸带资源与环境	工学	3	1
81601	大地测量学与测量工程	工学	3	3
81803	地质工程	工学	3	3
82802	农业水土工程	工学	3	3
83000	环境科学与工程	工学	3	17
120100	管理科学与工程	管理学	3	29
120204	技术经济及管理	管理学	3	65

表 2 2011 年硕士研究生招生统计表

专业代码	专业名称	门类	学制	招生人数
合 计				2522
10101	马克思主义哲学	哲学	3	4
10105	伦理学	哲学	3	5
10108	科学技术哲学	哲学	3	9
20106	人口、资源与环境经济学	经济学	3	1
20201	国民经济学	经济学	3	3
20202	区域经济学	经济学	3	1
20204	金融学	经济学	3	17
20205	产业经济学	经济学	3	3
20206	国际贸易学	经济学	3	4
25100	金融	管理学	2	9
25400	国际商务	管理学	2	6
25600	资产评估	管理学	2	9
30103	宪法学与行政法学	法学	3	6
30105	民商法学	法学	3	17
30108	环境与资源保护法学	法学	3	10
30200	政治学	法学	3	6
30300	社会学	法学	3	34
30501	马克思主义基本原理	法学	3	3
30505	思想政治教育	法学	3	15
35100	法律	法学	2	8
35200	社会工作	管理学	2	12
40106	高等教育学	教育学	3	21
40203	应用心理学	教育学	3	11
40303	体育教育训练学	教育学	3	5
50201	英语语言文学	文学	3	20
50302	传播学	文学	3	13
55100	翻译	文学	2	8
70100	数学	理学	3	21
70205	凝聚态物理	理学	3	1
70500	地理学	理学	3	27
70701	物理海洋学	理学	3	12
80102	固体力学	工学	3	10
80103	流体力学	工学	3	10

续表

专业代码	专业名称	门类	学制	招生人数
80104	工程力学	工学	3	44
80200	机械工程	工学	3	40
80402	测试计量技术及仪器	工学	3	3
80501	材料物理与化学	工学	3	1
80502	材料学	工学	3	23
80503	材料加工工程	工学	3	10
80704	流体机械及工程	工学	3	25
80802	电力系统及其自动化	工学	3	80
80804	电力电子与电力传动	工学	3	11
80902	电路与系统	工学	3	20
81001	通信与信息系统	工学	3	59
81002	信号与信息处理	工学	3	36
81101	控制理论与控制工程	工学	3	29
81102	检测技术与自动化装置	工学	3	17
81104	模式识别与智能系统	工学	3	9
81200	计算机科学与技术	工学	3	37
81401	岩土工程	工学	3	128
81402	结构工程	工学	3	40
81403	市政工程	工学	3	25
81405	防灾减灾工程及防护工程	工学	3	20
81406	桥梁与隧道工程	工学	3	15
81420	土木工程材料	工学	3	3
81501	水文学及水资源	工学	3	104
81502	水力学及河流动力学	工学	3	37
81503	水工结构工程	工学	3	77
81504	水利水电工程	工学	3	42
81505	港口、海岸及近海工程	工学	3	82
81520	生态水利学	工学	3	12
81521	城市水务	工学	3	13
81522	海岸带资源与环境	工学	3	10
81523	水灾害与水安全	工学	3	7
81524	水信息学	工学	3	2
81526	水利水电建设与管理	工学	3	18
81527	水系统科学	工学	3	2
81601	大地测量学与测量工程	工学	3	27
81602	摄影测量与遥感	工学	3	13

续表

专业代码	专业名称	门类	学制	招生人数
81603	地图制图学与地理信息工程	工学	3	8
81800	地质资源与地质工程	工学	3	39
82303	交通运输规划与管理	工学	3	26
82802	农业水土工程	工学	3	39
82803	农业生物环境与能源工程	工学	3	5
83000	环境科学与工程	工学	3	79
85200	农业工程	工学	2	7
85200	环境工程	工学	2	26
85200	工业工程	工学	2	87
85200	机械工程	工学	2	14
85204	材料工程	工学	2	7
90301	土壤学	农学	3	3
120100	管理科学与工程	管理学	3	53
120201	会计学	管理学	3	15
120202	企业管理	管理学	3	31
120204	技术经济及管理	管理学	3	21
120401	行政管理	管理学	3	41
120404	社会保障	管理学	3	8
120405	土地资源管理	管理学	3	14
120502	情报学	管理学	3	6
125100	工商管理(MBA)	管理学	2	242
125200	公共管理	管理学	2	14
125300	会计	管理学	2	10
430108	电气工程	工学	2	36
430109	电子与通信工程	工学	2	7
430111	控制工程	工学	2	2
430112	计算机技术	工学	2	9
430113	软件工程	工学	2	7
430114	建筑与土木工程	工学	2	43
430115	水利工程	工学	2	133
430116	测绘工程	工学	2	18
430118	地质工程	工学	2	3
430123	交通运输工程	工学	2	6

表 3　2011 年全日制研究生基本情况统计表　（人）

	毕业生数		招生数	在学研究生数			
	小计	其中：授学位		小计	一年级	二年级	三年级及以上
总　　计	1954	1954	2897	9431	2897	3285	3249
博　士　生	150	150	375	1974	375	357	1242
硕　士　生	1804	1804	2522	7457	2522	2928	2007
一、国家任务合计	1240	1204	2198	6502	2198	2041	2263
博　士　生	98	98	334	1381	334	302	745
硕　士　生	1142	1142	1864	5121	1864	1739	1518
二、委托培养研究生合计	131	131	106	717	106	159	452
博　士　生	36	36	29	395	29	36	330
硕　士　生	95	95	77	322	77	123	122
三、学校自筹经费研究生合计	583	583	593	2212	593	1085	534
博　士　生	16	16	12	198	12	19	167
硕　士　生	567	567	581	2014	581	1066	367

注：截止时间：2011 年 10 月。

表 4　2011 年非全日制研究生基本情况统计表　（人）

	授予学位数	招生数	在学研究生数			
			小计	一年级	二年级	三年级及以上
非全日制硕士生	504	1194	3641	1194	710	1737

注：截止时间：2011 年 10 月。

获全国优秀博士学位论文提名情况

2011 年河海大学获全国优秀博士学位论文提名一览表

作　者	学科专业	学位论文题目	指导教师
杨传国	水文学及水资源	区域陆面—水文耦合模拟研究与应用	余钟波
丁选明	岩土工程	PCC 桩纵向振动响应试验与解析方法研究	刘汉龙

获江苏省优秀博硕士学位论文情况

2011 年河海大学获江苏省优秀博硕士学位论文一览表

类别	作　者	学科专业	学位论文题目	指导教师
博士学位论文	宋　丹	材料科学与工程	等通道转角挤压制备单相/多相超细晶块材腐蚀行为研究	林萍华 马爱斌
	鞠　琴	水文学及水资源	长江流域气候变化及水循环响应研究	余钟波
	李　波	水工结构工程	碾压混凝土坝力学参数渐变规律和层面综合分析方法研究	顾冲时
	张　弛	港口、海岸及近海工程	沙质海岸横向泥沙输运动力机制与数值模拟	王义刚
	雷智鹢	海岸带资源与环境	长江口湿地宏观整体模型与保护对策研究	严以新

续表

类别	作　者	学科专业	学位论文题目	指导教师
硕士学位论文	孔德财	技术经济及管理学	水利科技 R&D 投入产出绩效评价	袁汝华
	王开庆	社会学	丧葬仪礼与亲属关系——以鲁中陈村为个案	王毅杰
	毕　娟	思想政治教育	城市社区党组织在社区建设中的作用研究——以B社区党组织为例	孙其昂
	石　丹	通信与信息系统	基于多尺度几何分析的水下侧扫声纳图像处理方法	李庆武
	陆春艳	计算机软件与理论	路网数据流的聚集查询技术研究	冯　钧
	史江伟	岩土工程	粗粒土应力路径试验及本构模型研究	朱俊高
	赵文涛	结构工程	风力发电塔架结构性能研究	曹平周
	韩志刚	防灾减灾工程及防护工程	基于 MIEX 技术的微污染湖泊水净水处理工艺研究	陈　卫
	程勤波	水文学及水资源	水文地质参数推求的试验方法及数值反演	陈　喜
	辛小康	水力学及河流动力学	河网水流智能模拟及可视化开发研究	唐洪武
	汤　宇	港口、海岸及近海工程	长江口潮流盐度对航道工程响应的数字模拟	郑金海
	沈金星	交通运输规划与管理	城市路网中交通事件影响范围扩散模型构建研究	郑长江
	许　燕	社会学	城市准公益性拆迁利益冲突及政府管理研究	施国庆

研究生就业情况

2011 届毕业研究生就业流向按地区情况统计表　（%）

地　区	华东	华南	华北	华中	西南	西北	东北
占毕业生人数比例	74.4	6.9	6.2	5	3.4	2.2	1.9

2011 届毕业研究生就业流向按单位性质情况统计表　（%）

单位性质	机关、事业	部队	升学、出国	企业	二次就业	其他
占就业毕业生人数比例	36.5	0.1	2.5	32.6	5.5	22.8

2011 届毕业研究生到重点行业就业情况统计表　（%）

单位性质	到中水、中交、国电等单位	到其他重点单位	到其他一般单位
占就业毕业生人数比例	59	32	9

（研究生院、学生就业指导中心供稿）

本科教育

概　　况

一、招生工作

1. 招生计划执行情况

2011 年，教育部下达我校普通本科招生计划 5000 名，其中校本部 3600 名，常州校区 1400 名，招生专业 48 个，面向全国招生。学校今年新增新能源科学与工程、物联网工程两个本科专业。

我校实际面向全国 31 个省(区、市)招收本科生 5072 人，圆满完成招生计划。其中校本部普通类本科生 3647 人，常州校区 1425 人。

2. 生源情况

全国总体招生质量全面提升。2011 年理科录取最低分高出当地本一线 20 分以上的省份 22 个，高出 30 分以上的省份 18 个，高出 40 分以上的省份 12 个，高出 50 分的省份 8 个，高出 60 分以上的省份 6 个，高出 70 分以上的省份 2 个。学校在安徽、浙江录取理科考生的排名位次均进入了所在省份的前 9000 名，安徽理科录取最低分列全省排名 6500 位，取得了新的突破。

江苏生源质量稳步推进。2011 年在江苏省理科最低录取分数线为 370 分，高出本一省控线 25 分，列本一批次 193 所招生高校第 21 名。录取最高分超出本一省控线 42 分，达 387 分。但文科录取位次因有效填报生源不足出现下滑，投档线 352 分。

自主选拔录取率显著提高。自主选拔录取率进一步提高，总录取比率达到 37.47%，江苏录取比率达到 38.42%。

二、就业工作

2011 届本科毕业生 4630 人，初次就业率为 96.5%，年终就业率达 98.03%；毕业生就业去向以江、浙、沪、粤等沿海发达城市为主，分布在全国水利、电力、交通、金融等行业的国家机关、科研院所、企事业单位。

1. 制度建设

组织开展校、院二级就业指导，做好全校毕业生的就业指导、服务工作；颁布了《关于开展河海大学毕业生质量跟踪调查的通知》、《关于河海大学就业考核评估工作的实施意见》等实施目标考核等。

2. 就业工程

继续推进五大就业工程。收集、汇总、公布 2100 余家用人单位和 2 万余条需求信息；为 2011 级新生发放《“开启规划之门，成就精彩人生”职业生涯规划手册》，组织 40 余场职业生涯规划、就业指导、求职技能、公务礼仪、公务员招考等内容讲座；举办校内外大型毕业生供需洽谈会 3 场，参加行业、地方人才市场招聘会近 20 次，举办各类中、小型专场招聘会 500 余场；与常州市人才服务中心、如皋市人才服务中心等单位签订合作协议。其中，到基层就业人数为 722 人，占就业人数的 10.1%，共有 4 名学生报名参加大学生入伍预征。

3. 创业指导

通过“百业竞赛”、“百家讲坛”、“百个社团”、“百企多岗”等“四百工程”，加强大学生创业服务、教育、培训工作。2011 年有 2 个创业团队注册了自己的公司。“鑫鑫”打印创业团队中 15

位毕业生成立自己公司，其创业历程被多家媒体报道。

4. 帮扶特困

关心爱护特殊困难毕业生，重点关注、帮扶、服务就业困难学生，积极组织、推荐特困毕业生参加“江苏省2011年特困家庭大学生就业援助”活动。

三、教学工作

1. 教学管理

日常教务管理。落实2008版人才培养方案，做好排课(含4校文化素质课、民族生单独编班的公共基础课)、选课、调停课管理、教室调度、录播教室建设等。共排研究生课程1500多门次，本科生课程4195门次和204门次人文素质课，教学秩序正常。组织全国大学英语四六级考试、江苏省高校计算机等级考试的报名及考试工作。全年共有17243人次参加英语四六级考试；2011年秋参加全国计算机等级考试717人次，2011年参加省高校计算机等级考试8181人次。选拔转专业学生158人，赴法学生60人，其中里尔科技大学工程师项目16人，里尔科技大学本科项目33人，杜埃矿业学院工程师项目11人。商学院“2＋2”项目学生9人。做好推荐免试研究生工作，推荐校内600人，校外124人。

学籍管理。完成2010—2011学年学籍处理工作，转入下一年级有62人，退学42人，休学30人，复学17人，转学2人，转专业194人(含大禹学院选拔和动态调整)。完成2011届毕业生4602人的学历注册工作。照片和数据匹配率100%，数据准确率100%，全部通过审核。2011届学位上报计有普通本科生4335人，成教学士学位551人，来华留学本科生学士学位9人，共计4978人次。结业换证人数为87人，补授学位91人。完成2011级新生学籍注册4983人，保留学籍4人，预科资格校验44人，预科转正41人，学年注册14141人，实现在校学生全程化信息管理。

开设辅修专业。2011年，2007级本科生有162人获得辅修专业证书。

外语培训。继续开展雅思、口语培训。两期雅思培训共71人报名，口语培训共33人报名。39人参加雅思考试，成绩均在6.0分及以上，累计发放奖金44500元，并计人文素质课2个学分。

青年教师培养与教师表彰。继续开展新教师岗前试讲工作，实施“青年教师课堂教学质量再提高工程”。岗前试讲培养了53名新教师，“再提高工程”培养了43名教师。举行了第八期“再提高工程”开班典礼、经验交流会并为参与项目的教师颁发证书。继续实施青年教师讲课竞赛、优秀主讲教师评选活动。2010—2011学年评出青年教师讲课竞赛一等奖5人、二等奖12人，优秀主讲教师8人，为优秀主讲教师配备助教100余人次。成立教师发展中心，组织国家级教学名师等优秀教师公开示范课、教学研讨会10余次，组织新教师研习营开营仪式，组织教学系列讲座，编制《教师教学能力发展记录本》，并为100余名教师建立了教学档案。对8支校级教学团队进行检查、验收。制(修)订了相关教务管理规定。完成提高公选课教学质量的建议报告，修订《河海大学全校性公共选修课教学与管理工作暂行规定(修订)》。完成班导师的考核工作，评选河海大学优秀班导师55人。完成国家级、省级教学名师的推荐、评选、申报工作，2名教授被评为省级教学名师。

公共课选修工作。开展公共选修课检查工作，提高公共选修课教学质量。发布《河海大学全校性公共选修课教学与管理工作暂行规定(修订)》，每学期定期组织相关人员进行公选课巡查。

2. 教学成果奖与教改立项

2011年获江苏省高等教育教学成果奖特等奖1项、一等奖2项和二等奖1项，并成功申报8项江苏省高等教育教改立项课题。

3. 专业建设

学校各专业成立专业建设指导委员会并出台了《河海大学本科人才培养方案(2012版)修订工作指导意见》，全面启动2012版本科人才培养方案修订工作。新增新能源科学与工程和物联网工程两个专业入选为第七批国家级特色专业建设点。机械工程及自动化专业入选教育部2011年度卓越工程师教育培养计划。

4. 课程建设

遴选建设30门课程作为公共选修课核心课程，15门课程作为双语教学示范课程，14门课程作为研究性教学示范课程。获5项江苏省高等学校优秀多媒体教学课件，其中，特等奖1项、一等奖1项、二等奖3项。

5. 教材建设与教材管理

完成2011年度教材招标工作和2011年度春秋两季本科生及研究生教材选用、征订、发放与结算工作。完成对2006年以前自编教材库存报废以及相关账目核销工作。完成对部分2006年以前出版教材转赠工作。卢廷浩教授主编的“十一五”国家级规划教材《土力学》入选2011年普通高等教育精品教材。组织2011年省级精品教材推荐申报工作，我校有7部教材入选2011年江苏省高等学校精品教材建设。启动“十二五”本科校级规划教材立项建设工作。全校共申报了54部教材，其中新编教材40部，修订教材14部。

6. 教学评估及督导工作

进一步做好学生网上评教工作，增加期中学生评教环节，在每学期第11周至第12周评教全校前10周结课的课程。2010—2011学年第二学期学生评教统计的问卷有效记录为133119条，参评比例为97.62%。2011—2012学年第一学期学生评教统计的问卷有效记录为178807条，参评比例为98.52%。每学期定期召开3次本科教学督导例会，交流近期听课情况，研讨新进教师培养、优秀主讲教师、讲课竞赛、实验教学检查、毕业设计(论文)检查等项目成效。

7. 实践教学

我校已被教育部批准成立2011年度“本科教学工程”项目中的3个工程实践教育中心。工程训练中心、土木工程实验教学中心入选省级实验教学示范中心建设点。测绘工程和工程材料省级实验教学示范中心接受省教育厅专家组网上评议和现场考察。做好水利水电工程专业认证工作和给水排水工程专业复评工作。完成教师本科实践教学工作量及教学编制核算。制定《河海大学本科学生实习基地建设与管理暂行办法》，2011年新设立实习基地13个。获评省教育厅组织的2011年江苏省普通高等学校本专科毕业设计(论文)二等奖论文6篇，三等奖论文5篇，优秀团队3支。

8. 学生创新训练

获国家级创新计划项目50项，省级实践创新训练计划项目38项，校级创新训练计划立项175项。在教育部第四届大学生创新论坛上，1篇论文被收录为全国大学生创新论坛优秀论文，2个项目作为大会优秀项目展示。举办2011年度河海大学大学生创新训练成果展暨创新训练项目论坛，由学生投票评选出10件“我最喜爱的作品”，并将优秀项目、论文和专利分别汇编成册。举办第八届“电气创新杯”设计制作竞赛、第四届“水工创新杯”校内竞赛，重启河海大学力学创新思维大赛，新增河海大学大学生英语演讲比赛。积极鼓励学生参加校外竞赛，2011年，我校学生在校外各项学科竞赛中获国家级奖158项，省级奖324项。学生新申请专利138项，其中发明专利8项；授权120项，其中发明专利2项。

9. 工程训练与工程训练中心建设

举办创新训练讲座3场、专利培育讲座2场、大禹学院专场创新训练与专利培育讲座4场，举办“2011年度河海大学大学生创新训练成果展暨创新训练项目论坛”。对现有实验室进行了改造，并做好学校实验中心大楼中工程训练中心的规划。

10. 国家大学生文化素质教育基地工作

组织4校学生代表团奔赴山东日照开展“水韵和谐”暑期社会实践。基地代表参加大学素质教育研究会成立大会暨2011年大学素质教育论坛，我校申请成为中国高等教育学会大学素质教育研究分会理事单位，叶鸿蔚同志担任理事。“博雅大讲堂”共组织讲座13次，参与人数达4000余人次；“博雅剧场”共举办64场活动，参与人数达7000余人次。编印《文化素质教育简报》2期。

11. 水利学科教学指导委员会、水利教育协会高等教育分会工作

组织推荐水利类专业认证专家人选；与中国水利教育协会联合开展“全国水利院校首届十佳未

来水利之星”评选、“第三届全国水利优秀毕业生”评选、“第二届全国大学生水利创新设计大赛”等活动；在三峡大学召开 2011 年水利学科教学指导委员会全体(扩大)会议，审议通过了水利学科教学指导委员会 2010 年度工作报告，讨论并修订了水利学科专业介绍，研讨了“十二五”期间水利学科专业教材规划等；开展水利类专业认证院校申请等相关工作。

开展了“十二五”水利高等教育研究工作，最终评审 6 项重点课题、9 项一般课题；召开中国水利教育协会高等教育分会四届三次理事会议；组织开展中国水利教育协会高等教育分会优秀会员单位和优秀工作者申报工作。

四、本科生教育管理

1. 思想政治教育

完善新生入学教育工作体系，强化“爱国、爱水、爱校”教育。2011 级新生入学教育的内容主要围绕七大模块进行，包括思想政治、校纪校规、心理健康、专业学习、诚实守信、职业生涯及安全防范教育，采用学校、学院、班级三个层面相结合的方式进行，以专题讲座、座谈交流、参观学习、主题班会、环境陶冶、榜样示范、问卷调查、朋辈辅导、个别谈心、征文、演讲、朗诵、文艺汇演等形式进行。

弘扬“十佳学子”的优秀事迹，组织十余场事迹报告会和座谈会。组织“十佳学生”赴台湾交通大学和台湾成功大学学习参观和交流。

举行“中华诵”红色经典诵读比赛。全校 16 支代表队共 200 多名师生参加了“中华诵”红色经典诵读比赛，向中国共产党 90 周年华诞献礼。

加强网络思政教育。常州校区完成“学工在线”网站改版更新工作，完善网站各项服务功能，发挥网络平台优势，大力宣传学生工作主旋律，网站受到学生普遍关注。

在毕业生中开展感恩、奉献教育，围绕“感恩母校”主题，扎实开展毕业生文明离校工作，鼓励毕业生进入水利一线行业、西部艰苦行业工作。2011 年共计 73 名毕业生赴西部工作，73 名毕业生荣获西部创业奖学金。

指导学生公寓自管会积极开展社区文化建设，以上半年“学生物业一家亲”和下半年第九届学生公寓文化节两大特色系列活动为主轴，坚持社区周末影院及电器义务维修两大特色服务，自管会全年组织各项活动 30 余次，举办了自管会成立 10 周年历届学生干部代表座谈会。完成了文明宿舍及特色宿舍评选工作。

2. 学风建设与学生管理

完善优良学风班和张闻天班评选机制，着力开展优良学风创建活动。引导班级学生形成“比学赶帮超”的良好学习氛围，加强学生自主性学习；促进课堂、宿舍及食堂三个文明建设，强化学生的自律意识；推动各学院对班级学风现状进行深入调研，努力解决学风建设中存在的问题。

3. 评奖评优工作

充分发挥奖学金激励作用，7000 人次荣获奖学金，总额超过 700 万元。共有 195 名学生获国家奖学金，23 名学生获严恺奖学金，6 名学生获徐芝纶力学奖学金，25 名学生获新生奖学金，6 名学生获宝钢奖学金，20 名学生获和汇奖学金，4 名学生获潘家铮水电奖学金，3 名学生获张光斗科技教育基金奖学金，1 名学生获茅以升工程教育学生奖，73 名毕业生获西部创业奖学金，近 5300 名学生获优秀学业奖学金，78 名学生被评为优秀毕业生，近 1300 名学生获毕业班奖学金。全校共有 12 名学生被评为“省级三好学生”，9 名学生被评为“省级优秀学生干部”，10 个班级被授予“省级先进班集体”荣誉称号。

4. 学生骨干队伍建设

完成“1442 工程”2008 级学员班的结业工作、2009 级学员的考核评优以及 2010 级学员的选拔工作。开设了十余场讲座，组织学员赴南京航空航天大学进行校际交流，组建了 8 支社会实践小分队，举办了辩论赛、模拟联合国大会等特色活动，培养了学生综合素质。

开展2011级新生骨干培训工作。培训采用理论和实践相结合的方式。邀请了校党委书记朱拓教授、校党委副书记王济干教授、校党委原副书记郑大俊教授等为新生骨干做了精彩报告；学生骨干还参加了素质拓展训练，参观校本部校史陈列馆、梅园新村等教育场馆，并赴常州校区进行了交流等。培训结业典礼举行了“文明公约”宣誓仪式和“我心中的河海”主题演讲汇报。全校共有257名新生骨干参加了培训，255名学生顺利结业。

5. 队伍与制度建设

推动“以学生为中心”教育管理模式的构建和5个工作体系的建设，设立“学生工作研究会年会”制度。依托学生工作研究会及下属学生党建与思想政治教育、学生事务管理、学生心理健康教育、学生素质拓展、学生就业指导5个分会，设立和完成解决学生工作实际困难的研究课题，2011年辅导员共撰写12篇论文；以辅导员工作坊为依托，创新辅导员培训模式；拟订《辅导员管理办法》，完善了辅导员考核体系。

6. 解困工作

设立新生入学“绿色通道”。共有467名学生通过绿色通道入学，发放现金1.66万元，赠送生活用品106套，减免卧具费用70份，发放电话卡20张。

建立贫困生库。进行全校家庭经济困难本科学生认定工作，确定经济困难学生5332名，其中特困生2151名。

国家助学贷款。发放2011—2012年度国家助学贷款第一批837人，金额502.2万元；校本部发放生源地贷款582人，共计346.51万元。常州校区发放90余人，共计56.44万元。

校内贷款。发放西部就业贷偿、学费代偿及征兵代偿，资助144笔，代偿金额125.3576万元。办理新疆、西藏学生校内无息贷款222人，审批贷款金额74.25万元。

评定国家励志奖学金和国家助学金。评出全校541名国家励志奖学金获得者，资助总额270.05万元；评出全校国家助学金一等奖1179人，二等奖2552人，资助总额618.6万元；续发2010年国家助学金资助对象3497人，发放金额609万元。

减免学费。2011年度共为7名学生减免学费2.99万元。

生活补助。发放生活补助7521人次，共计230.86万元；发放秋季临时伙食补贴4124人，共计123.72万元；发放少数民族学生资助50万元。

勤工助学。全校3714人次通过勤工助学获得补助，发放补助229.05万元。

社会资助。校本部学生获社会资助共计193人，43余万元。其中：真维斯助学金39名，资助额10.4万元；招行银行一卡通奖学金25人，资助额5万元；周玲雅奖学金50人，资助额10万元；和汇助学金50人，资助额10万元；五星电器资助18人，资助额4.5万元；宁波商会资助10人，资助额3万元；江苏省五台山体育中心资助1人，资助额3000元。我校教职工和离退休老同志也经常给予学生多种形式的关心和资助。

教育储蓄。2011年度共办理教育储蓄利息减免证明6人。

社会捐赠。爱心超市共接受社会捐款25万元，实现营业收入10万元，接收各类物资捐赠1万余件。9月中旬爱心超市全国首个爱心微博开通，受到《中国青年报》、《光明日报》、新浪等30多家媒体争相报道，引起极大反响。12月14日省教育厅、省慈善总会及在宁30多所高校代表在我校召开在宁高校超市助学工作座谈会并参观爱心超市。

社会实践。组织经济困难学生成立5支小分队，开展暑期社会实践活动，其中2支小分队被评为校级优秀团队。

7. 大学生心理健康教育

加强大学生心理健康教育队伍建设。成立大学生心理健康教育专家指导委员会，聘请南京大学心理健康教育与研究中心主任桑志芹教授为主任委员，南京脑科医院医学心理科主任李箕君教授、东南大学心理健康教育与研究中心邓旭阳教授等为委员。组织16名辅导员参加国家心理咨询师培训及考试。组织开展2011级心理委员培训。指导校级心理健康协会召开第九次代表大会，选举产生了心理健康协会第九届委员会。培训并考核2010级大学生朋辈辅导员。

举办第八届“5・25”大学生心理健康活动月。编辑制作学生心理健康教育杂志《心翼》2期。开设“大学生心理健康”、“幸福的学问：积极心理学”等公选课，近600名学生选修。

个体心理咨询室接待来访学生300余人次，开展成长成才训练营系列团体辅导10余场，覆盖学生近千名。完成2011级新生心理普查，并对246名检出学生开展约谈和跟踪干预。做好心理健康信息月报工作，与辅导员沟通干预和处理方案；做好学生突发性危机事件的心理干预工作。

五、国防生教育管理

2011届毕业国防生共62人，其中党员60人，党员比例达到97%。21名学生考取或保送研究生；63%的学生获得校级以上奖励，13人次获评“海军优秀国防生”。

优化国防生骨干组织架构，深化国防生大部制改革，调整国防生大部人员名单，深化国防生学长制管理模式。继续推行党员四级考核体系，实行牵手工程。加强海军国防生各级组织建设，举行各级骨干培训活动10余期。

结合国防生第六届“大力培育当代军人核心价值观”主题文化月活动，举办各类国防生教育管理活动30余场。开展理论教育活动，安排国防生参加党的基础理论知识培训班11次，组织国防生各支部开展学习党的十七届六中全会精神等活动。除常规的赴雨花台开展悼念先烈活动、带训高年级国防生训练、军政训练大赛、海上体验性实习活动之外，还组织开展第八期国防生骨干培训、创建国防生“党员之家”、河海大学第一届网络模拟红蓝对抗大赛、国防生大队军政训练月、国防协会真人CS活动、骨干学员野外拉练、庆祝建党90周年系列活动、江苏省测绘杯定向越野比赛、培养签约高校篮球联赛、国防生先进经验交流会和“感知祖国历史，树立强国意识”主题党日活动等。

编辑国防生杂志《海魂》2期。

扩充军乐队的规模，添置了10余件乐器，并对新队员进行了集中培训，在2011年新生军训汇报表演和迎接省教育厅军训成果检查团等活动中承担3场演奏任务。

本科专业设置

2011年本科专业设置一览表

院（系）别	学　制	专业名称
水文水资源学院	4年 4年 4年	水文与水资源工程 资源环境与城乡规划管理 水务工程
水利水电学院	4年 4年 4年	水利水电工程 农业水利工程 设施农业科学与工程
港口海岸与近海工程学院	4年 4年	港口航道与海岸工程 海洋科学
土木与交通学院	4年 4年	土木工程 交通工程

续表

院(系)别	学　制	专业名称	
环境学院	4年	环境科学类	环境工程
			环境科学
	4年	给水排水工程	
能源与电气学院	4年	电气工程及其自动化	
	4年	自动化	
	4年	热能与动力工程	
	4年	风能与动力工程	
	4年	新能源科学与工程	
计算机与信息学院	4年	计算机科学与技术	
	4年	通信工程	
	4年	电子信息工程	
力学与材料学院	4年	工程力学	
	4年	材料科学与工程	
地球科学与工程学院	4年	地理信息系统	
	4年	地质工程	
	4年	测绘工程	
理学院	4年	数学类	数学与应用数学
			信息与计算科学
	4年	应用物理学	
商学院	4年	工商管理类	人力资源管理
			财务管理
			会计学
			市场营销
			工商管理
	4年	管理科学与工程类	工程管理
			信息管理与信息系统
			电子商务
	4年	经济学类	经济学
			国际经济与贸易
公共管理学院	4年	劳动与社会保障	
	4年	广播电视新闻学	
	4年	播音与主持艺术	
法学院	4年	法　学	
马克思主义学院	4年	思想政治教育	
外国语学院	4年	英　语	
大禹学院	4年	水利类(大禹学院强化班)	
	4年	工程力学(大禹学院徐芝纶班)	

续表

院(系)别	学　制	专　业　名　称
机电工程学院	4年 4年 4年 4年 4年	机械工程及自动化 材料科学与工程 工业设计 热能与动力工程 数字媒体艺术
计算机与信息学院(常州)	4年 4年 4年 4年 4年 4年	通信工程 自动化 电子信息工程 计算机科学与技术 电子科学与技术 物联网工程
商学院(常州)	4年 4年 4年 4年	信息管理与信息系统 国际经济与贸易 会计学 工商管理

本科人才培养方案

一、指导思想

(1) 贯彻党的教育方针，坚持以邓小平理论和“三个代表”重要思想为指导，全面落实科学发展观；立足“建设有特色的高水平研究型大学”的定位，面向现代化、面向世界、面向未来，以学生为本，主动适应经济社会发展对人才的要求，培养“具有创新精神、宽口径、厚基础、重实践、高素质”的高级人才。

(2) 坚持“致高、致用、致远”的教育理念，推行理论教学、实践教学和科学研究“三元结合”的人才培养模式，通过“精炼理论讲授，强化实践教学，倡导自主研学”的育人方式，实现科学教育与工程教育、人文教育的融合，注重通识教育与专业教育的贯通，突出实践与创新教育，使学生多途径获取知识、锻炼能力、提高素质。

(3) 将修订培养方案和推进本科专业评估工作相结合。按多模式多层次思路，重新评估各专业的培养目标和培养规格，积极探索多规格、多层次、个性化的人才培养模式，科学构建具有河海特色的刚柔相济的人才培养方案。

二、培养目标

坚持以人为本、持续地提高人才培养质量的根本宗旨，培养德智体美全面发展有扎实的理论与专业基础、一定的工程实践与创新能力、良好的合作与竞争意识的、具有国际视野和跨文化的交流能力的高素质人才。

三、基本原则

(1) 继承传统，深化改革，合理定位，创建特色。秉承学校优良传统，遵循“艰苦朴素、实事求是、严格要求、勇于探索”的校训，以建设有特色的高水平研究型大学发展目标为指导，坚持“致高、致用、致远”的教育理念，按照以人为本、现代化、国际化的思路，探索多规格、多层次、个性化刚柔相济的人才培养模式。

(2) 以人为本，立足素质，强化能力，体现创新。以学生全面主动发展为中心，进一步加强工程教育，培养学生发现与解决工程实际问题的能力，培养学生成为现代工程师所必备的能力与素质。以实现科学教育与工程教育、人文教育的融合，通识教育与专业教育的贯通。

(3) 锤炼课程，优化体系，分类指导，因材施教。坚持以人为本，以学生为本，继续推进公共课、基础课教学改革，进一步加大高等数学、大学物理、大学英语、计算机信息技术、大学语文等课程改革力度，实施小班化、分层次教学，充分利用计算机辅助教学，加强实验教学改革，积极探索思想政治课理论与实践教学的改革，进一步加强双语教学质量。

四、具体要求

1. 学分要求

总学分：约180学分，包括计划内学分(165～170学分)与素质拓展学分(10学分)。计划内学分：理工类专业约170学分，其中实践环节约占总学分的25%以上；经管与人文类专业约165学分，其中实践环节约占总学分的15%以上。

2. 课程设置

由公共基础课、学科基础课、专业课、实践教学体系等模块组成。课程性质分为必修与选修。

课程体系总体框架

课程类型＼专业类别		理工类专业(学分)	经管、人文类专业(学分)
计划内学分	公共基础课	约65	约65
	学科基础课	约50	约55
	专业课	约15	约20
	小　计	约130	约140
	实践教学体系	约43	约25
	总学分数	约170	约165
素质拓展学分(学分)		10	

(1) 公共基础课。公共基础课模块由公共必修课和全校性选修课组成。公共必修课包括思想政治理论课程、高等数学、物理、大学外语、大学计算机信息技术、体育、军事理论等课程。

公共选修课包括面向全校学生开设的自然科学类、艺术类、人文素质类以及工程技术类等课程。学生在校期间必须修读8学分，其中理工、经管类学生必须选修人文艺术类课程4学分，自然科学或工程技术类2学分，人文类学生必须选修自然科学类与工程技术类4学分，人文艺术类2学分。

(2) 学科基础课。学科基础课模块是学生必须掌握的本学科的基本知识、基本理论和基本技能，主要包括专业大类所属学科的基础课与技术基础课以及与专业大类相关学科的基础课。按专业大类招生培养的专业，应设置学科基础课平台课(或者根据具体情况设置学院平台课)；没按专业大类招生培养的专业也应按一级学科设置相应的平台课。

(3) 专业课。专业课模块是加深专业基础与专业技能的课程，分为专业(方向)必修课和选修课，专业(方向)课是体现专业办学特色的核心课程。专业方向的设置要面向经济社会发展需求，专业选修课要注意面向本学科前沿知识领域，体现以人为本、因材施教的本科教育教学思路。对于招生量大、涉及面广的宽口径专业可根据需要设置若干个专业方向课程模块，每个方向模块不超过10学分，每门专业课程原则上不超过3学分。

(4) 实践教学体系。实践教学体系主要包括实验、实习、社会实践、课程设计、课程论文、毕业论文与毕业设计等，是培养学生获得对实际工程问题或现实社会中实际问题的分析和解决能力的重要环节。根据学校人才培养目标的总体要求，实践性教学环节要充分体现理论教学、实践教学与科学研究三元结合，重点培养学生的工程与创新意识、实践能力、分析和综合能力以及合作精神。各专业在人才培养方案中应明确实践教学的目标、任务及实施措施，建立以学生为主体、以学生自我学习和训练为主的、开放式的、与理论教学联系紧密的实践教学体系。

实验教学模块：凡教学内容层次分明，实验内容超过0.5学分课程应单列实验课程，其中基础性实验、综合性实验以及研究与设计性实验所占的比例至少要满足教育部本科教学水平评估的要求，实验示范中心所开实验要分别满足国家和省的相关规定；实验学时从1学分计24学时恢复到1学分计16学时。

技能训练模块：完成国家规定的军事训练，在外语教学中增加外语应用能力训练，充分利用现代教育技术，提高学生外语听、说、写等应用能力；在学科基础和专业课中，通过课程设计(论文)，提高学生对该课程知识的综合分析、应用能力，促进专业素质与技能的提高。

工程训练模块：根据专业教学特点，低年级到工程训练中心，高年级到实际工程，让学生接受工程概念教育，通过实验模拟、仿真，进行专业认识实习、专业课程实习、专业考察、生产(毕业)实习等，形成工程概念，巩固和强化学生的专业知识，拓展专业视野。

科研训练模块：将毕业设计(论文)总学分中拿出约1/5学分放在第七学期，毕业设计(论文)安排在第七学期至第八学期完成。为培养学生动手能力，训练学生开展科研实践，让学生尽早介入教师的科研课题。

社会实践与创新训练模块：利用思想政治理论课程实践、第二课堂、署期社会实践，增加社会调查、社会体验的实践时间和内容，加深学生对社会的认识，密切学生与社会的联系，培养学生适应社会能力、研究社会的能力。积极开展大学生创新训练计划，激发学生的创新思维和创新意识，着力提高大学生的学习、实践和创新能力。

相 关 统 计

招生情况统计

表1　2011年普通本科招生计划及招生执行计划统计表　　　　(人)

专业代码	专 业 名 称	科类	学制	招生计划	计划执行数
	总　计			5000	5072
	校本部			3600	3647
0201	经济学类(国际经济与贸易)	文、理	4年	70	75
030101	法　学	文、理	4年	90	71
030404	思想政治教育	文史	4年	0	0
050201	英　语	文、理	4年	100	95
050302	广播电视新闻学	文、理	4年	70	63
050419	播音与主持艺术	艺术	4年	45	40
0701	数学类(数学与应用数学、信息与计算科学)	理工	4年	140	92
070202	应用物理学	理工	4年	70	52

续表

专业代码	专业名称	科类	学制	招生计划	计划执行数
070702	资源环境与城乡规划管理	理工	4年	35	40
070703	地理信息系统	理工	4年	65	49
071001	海洋科学类(海洋科学、海洋技术)	理工	4年	60	36
0714	环境科学类(环境工程、环境科学)	理工	4年	105	93
0808	水利类(大禹学院强化班)	理工	4年	100	154
080106	地质工程	理工	4年	105	90
080205	材料科学与工程	理工	4年	105	73
080501	热能与动力工程	理工	4年	105	110
080507	新能源科学与工程(含风能、太阳能方向)	理工	4年	70	73
080601	电气工程及其自动化	理工	4年	115	187
080602	自动化	理工	4年	70	63
080603	电子信息工程	理工	4年	70	45
080604	通信工程	理工	4年	145	111
080605	计算机科学与技术	理工	4年	180	109
080703	土木工程	理工	4年	185	231
080705	给水排水工程	理工	4年	105	106
080709	水务工程	理工	4年	105	121
080801	水利水电工程	理工	4年	105	216
080802	水文与水资源工程	理工	4年	115	158
080803	港口航道与海岸工程	理工	4年	135	213
080901	测绘工程	理工	4年	105	86
081202	交通工程	理工	4年	70	65
081701	工程力学(大禹学院徐芝纶班)	理工	4年	30	29
081701	工程力学	理工	4年	80	68
081904	农业水利工程	理工	4年	170	174
1101	管理科学与工程类 (工程管理、信息管理与信息系统)	理工	4年	180	113
1102	工商管理类 (人力资源管理、财务管理、会计学、市场营销)	文、理	4年	230	279
110303	劳动与社会保障	文、理	4年	70	67
常州校区				1400	1425
020102	国际经济与贸易	文、理	4年	110	127
080205	金属材料工程	理工	4年	70	69
080303	工业设计	理工	4年	60	64
080305	机械工程及自动化	理工	4年	250	250
080501	热能与动力工程	理工	4年	70	96

续表

专业代码	专 业 名 称	科类	学制	招生计划	计划执行数
080602	自动化	理工	4 年	120	116
080603	电子信息工程	理工	4 年	0	0
080604	通信工程	理工	4 年	120	121
080605	计算机科学与技术	理工	4 年	100	96
080606	电子科学与技术	理工	4 年	80	79
080623	数字媒体艺术	理工	4 年	60	56
080640	物联网工程	理工	4 年	70	65
110102	信息管理与信息系统	理工	4 年	100	98
110201	工商管理	文、理	4 年	90	91
110203	会计学	文、理	4 年	100	97

表 2　2011 年普通本科分地区录取情况统计表　（人）

序号	省、自治区、直辖市	理　科					文　科					录取人数
		省控线	投档线	最低分	平均分	最高分	省控线	投档线	最低分	平均分	最高分	
1	北京市	484	484	484	529	612	524	524	524	543	566	52
2	天津市	515	568	568	578	602	519	561	561	569	576	134
3	河北省	581	613	613	619	638	562	588	588	592	603	182
4	山西省	570	588	588	605	640	543	543	543	563	586	90
5	内蒙古区	482	492	505	547	584	486	493	516	529	539	56
6	辽宁省	520	574	577	587	619	535	570	570	576	593	124
7	吉林省	548	585	585	599	620	537	558	558	561	564	77
8	黑龙江省	551	558	573	596	632	540	552	554	570	585	79
9	上海市	462	453	454	463	482	468	461	461	464	476	35
10	浙江省	550	610	610	619	651	571	603	603	606	612	185
11	安徽省	534	604	604	605	628	547	582	582	580	589	247
12	福建省	573	618	618	627	649	564	591	591	596	602	169
13	江西省	531	566	566	573	599	532	558	558	562	571	179
14	山东省	567	607	609	616	637	570	573	573	598	617	219
15	河南省	582	615	615	618	634	562	587	587	589	594	210
16	湖北省	571	596	596	601	620	547	563	563	566	569	148
17	湖南省	572	601	601	606	626	583	602	602	605	613	170
18	广东省	568	575	573	584	615	580	588	588	591	597	100
19	广西区	506	549	549	560	601	519	546	546	555	567	126
20	海南省	615	681	681	701	739	670					30
21	重庆市	533	564	564	576	603	564	566	566	570	574	61
22	四川省	519	537	537	548	593	533	547	547	551	558	135
23	贵州省	448	516	516	525	552	516	546	546	551	558	88
24	云南省	465	530	531	543	590	495	539	539	543	546	87

续表

<table>
<tr><th rowspan="2">序号</th><th rowspan="2" colspan="2">省、自治区、直辖市</th><th colspan="5">理　科</th><th colspan="5">文　科</th><th rowspan="2">录取人数</th></tr>
<tr><th>省控线</th><th>投档线</th><th>最低分</th><th>平均分</th><th>最高分</th><th>省控线</th><th>投档线</th><th>最低分</th><th>平均分</th><th>最高分</th></tr>
<tr><td>25</td><td colspan="2">陕西省</td><td>540</td><td>581</td><td>581</td><td>590</td><td>620</td><td>543</td><td>566</td><td>566</td><td>570</td><td>578</td><td>129</td></tr>
<tr><td>26</td><td colspan="2">甘肃省</td><td>501</td><td>505</td><td>513</td><td>549</td><td>578</td><td>504</td><td>508</td><td>508</td><td>517</td><td>529</td><td>69</td></tr>
<tr><td>27</td><td colspan="2">青海省</td><td>380</td><td>380</td><td>380</td><td>454</td><td>516</td><td></td><td></td><td></td><td></td><td></td><td>50</td></tr>
<tr><td>28</td><td colspan="2">宁夏区</td><td>486</td><td>524</td><td>524</td><td>534</td><td>564</td><td>500</td><td>512</td><td>512</td><td>519</td><td>526</td><td>48</td></tr>
<tr><td>29</td><td colspan="2">新疆区</td><td>473</td><td>547</td><td>547</td><td>560</td><td>588</td><td>504</td><td>563</td><td>563</td><td>565</td><td>570</td><td>63</td></tr>
<tr><td>30</td><td colspan="2">西藏区(汉族)</td><td>450</td><td>470</td><td>470</td><td>470</td><td>470</td><td>485</td><td></td><td></td><td></td><td></td><td>2</td></tr>
<tr><td rowspan="3">32</td><td rowspan="3">江苏省</td><td>校本部</td><td rowspan="2">345</td><td>370</td><td>370</td><td>372</td><td>387</td><td rowspan="2">343</td><td>351</td><td>351</td><td>364</td><td>371</td><td>1080</td></tr>
<tr><td>常州一本</td><td>347</td><td>347</td><td>352</td><td>369</td><td>355</td><td>355</td><td>357</td><td>367</td><td>351</td></tr>
<tr><td>常州二本</td><td>320</td><td>342</td><td>342</td><td>344</td><td>354</td><td>319</td><td>340</td><td>340</td><td>343</td><td>349</td><td>212</td></tr>
</table>

注：以上录取人数不含新疆预科转本科 41 人，新疆内高班 21 人，西藏内高班 21 人。

表 3　2011 年招生计划分类完成情况统计表　　(人)

项目＼类别	总　计	校本部	常州校区
计划数	5000	3600	1400
录取数	5072	3647	1425
其中：国防生	110	95	15
艺术类	40	40	
保送生	25	25	
自主选拔	166	166	
艺术特长生	11	5	6
高水平运动员	39	39	
新疆内地班	21	21	
西藏内地班	21	21	
新疆预转本	41	41	

表 4　2011 年录取新生基本情况统计表

项　目		人数(人)	占招生总人数的比例(%)
录取新生	本 科	5072	100
新生性别	男	3279	64.65
	女	1793	35.35
政治面貌	党 员	6	0.12
	团 员	1712	33.75

续表

项　目		人数(人)	占招生总人数的比例(%)
生源类别	城镇应届	2632	51.89
	城镇往届	308	6.08
	农村应届	1686	33.24
	农村往届	446	8.79
志愿情况	第一志愿	5046	99.49
	第二志愿	24	0.47
	第三志愿	2	0.04
	服从志愿	/	/

在校生分类统计

表 1　2011 年本科学生按学科、年级分布情况统计表　　(人)

	毕业生数		招生数	在　校　学　生　数				
	小计	授学位人数		小计	一年级	二年级	三年级	四年级
总　　计	4456	4345	5034	19078	5052	4883	4594	4549
哲　　学								
经 济 学	240	237	201	807	201	197	211	198
法　　学	96	96	71	374	71	704	94	105
教 育 学								
文　　学	128	127	197	726	197	191	180	158
历 史 学								
理　　学	267	256	358	1212	360	334	253	265
工　　学	2928	2844	3465	12960	3480	3327	3136	3017
农　　学	44	38		126		44	41	41
医　　学								
管 理 学	753	747	742	2873	743	686	679	765

表 2　2011 年本专科学生按学院分布情况统计表　　(人)

	毕业生数		招生数	在　校　学　生　数				
	小计	授学位人数		小计	一年级	二年级	三年级	四年级
总　　计	4456	4345	5034	19078	5052	4883	4594	4549
水文水资源学院	230	224	318	1080	322	313	230	215
水利水电学院	343	329	389	1398	392	338	301	367
港口海岸与近海工程学院	264	257	249	991	250	236	253	252
土木与交通学院	237	228	296	1057	298	298	261	200
环境学院	190	186	199	821	199	208	213	201

续表

	毕业生数		招生数	在校学生数				
	小计	授学位人数		小计	一年级	二年级	三年级	四年级
能源与电气学院	303	296	431	1517	435	390	346	346
计算机与信息学院	306	291	264	1159	264	289	279	327
力学与材料学院	135	129	141	583	141	146	164	132
地球科学与工程学院	168	165	222	789	224	231	165	169
理学院	133	127	140	527	141	127	122	137
商学院	566	560	466	1866	467	452	439	508
公共管理学院	85	85	170	602	170	171	135	126
法学院	71	71	71	289	71	75	67	76
马克思主义学院	25	25	0	85	0	29	27	29
外国语学院	83	82	94	347	94	83	91	79
大禹学院	0	0	183	471	183	161	127	0
机电工程学院	493	483	522	2085	522	525	519	519
计算机与信息学院(常州)	437	423	469	1820	469	443	450	458
商学院(常州)	387	384	410	1591	410	368	405	408

等级考试情况统计

2011年应届毕业生参加英语四级考试情况统计表

院 别	修读人数	累计通过人数	累计通过率(%)
合 计	4427	4157	93.9
水文水资源学院	215	202	94.0
水利水电学院	367	348	94.8
港口海岸与近海工程学院	235	223	94.9
土木与交通学院	212	203	95.8
环境学院	190	181	95.3
能源与电气学院	313	285	91.1
计算机与信息学院	330	301	91.2
力学与材料学院	143	129	90.2
地球科学与工程学院	178	164	92.1
理学院	141	123	87.2
商学院	556	545	98.0
公共管理学院	112	109	97.3
法学院	57	57	100.0
机电工程学院	517	479	92.6
计算机与信息学院(常州)	466	416	89.3
商学院(常州)	395	392	99.2

说明：修读人数以2008年9月学籍库中学生在籍名单统计而成，不含特指民族生体育特招生。

竞赛获奖情况统计

2011年学生参加省部级竞赛获奖情况统计

<table>
<tr><th>竞赛名称</th><th>获奖等级</th><th>获奖数量</th></tr>
<tr><td rowspan="4">第十二届“挑战杯”全国大学生课外学术科技作品大赛</td><td>全国二等奖</td><td>1</td></tr>
<tr><td>省特等奖</td><td>1</td></tr>
<tr><td>省二等奖</td><td>3</td></tr>
<tr><td>省三等奖</td><td>3</td></tr>
<tr><td rowspan="5">全国大学生数学建模竞赛</td><td>全国一等奖</td><td>1</td></tr>
<tr><td>全国二等奖</td><td>3</td></tr>
<tr><td>省一等奖</td><td>3</td></tr>
<tr><td>省二等奖</td><td>4</td></tr>
<tr><td>省三等奖</td><td>10</td></tr>
<tr><td rowspan="2">2011年美国大学生数学建模竞赛</td><td>二等奖</td><td>2</td></tr>
<tr><td>三等奖</td><td>2</td></tr>
<tr><td rowspan="4">全国第二届大学数学竞赛</td><td>全国一等奖</td><td>1</td></tr>
<tr><td>全国二等奖</td><td>3</td></tr>
<tr><td>省一等奖</td><td>9</td></tr>
<tr><td>省二等奖</td><td>8</td></tr>
<tr><td rowspan="6">第八届全国周培源大学生力学竞赛暨第七届江苏省大学生力学竞赛</td><td>全国特等奖</td><td>1</td></tr>
<tr><td>全国二等奖</td><td>5</td></tr>
<tr><td>全国三等奖</td><td>33</td></tr>
<tr><td>省特等奖</td><td>23</td></tr>
<tr><td>省一等奖</td><td>54</td></tr>
<tr><td>省二等奖</td><td>79</td></tr>
<tr><td rowspan="3">“瑞萨杯”2011年全国大学生电子设计竞赛</td><td>全国二等奖</td><td>2</td></tr>
<tr><td>省一等奖</td><td>3</td></tr>
<tr><td>省二等奖</td><td>13</td></tr>
<tr><td rowspan="4">第六届全国大学生“飞思卡尔杯”智能汽车竞赛</td><td>全国一等奖</td><td>2</td></tr>
<tr><td>全国二等奖</td><td>3</td></tr>
<tr><td>华东赛区一等奖</td><td>4</td></tr>
<tr><td>华东赛区二等奖</td><td>8</td></tr>
<tr><td rowspan="2">第四届全国大学生节能减排社会实践与科技竞赛</td><td>全国二等奖</td><td>3</td></tr>
<tr><td>全国三等奖</td><td>4</td></tr>
<tr><td rowspan="2">第四届全国大学生广告艺术大赛</td><td>省二等奖</td><td>1</td></tr>
<tr><td>省三等奖</td><td>5</td></tr>
</table>

续表

竞赛名称	获奖等级	获奖数量
中国机器人大赛	冠军	3
	二等奖	1
全国机器人大赛	冠军	3
	一等奖	1
2011年“外研社杯”全国英语演讲大赛	省二等奖	4
	省三等奖	1
全国大学生英语竞赛	特等奖	3
	一等奖	15
	二等奖	49
	三等奖	92
江苏省第一届工程训练综合能力竞赛	省二等奖	1
	省三等奖	2
“国信蓝点杯”全国软件专业人才设计与开发大赛	全国二等奖	1
	全国三等奖	5
	省二等奖	8
	省二等奖	11
	省三等奖	19
全国电子专业人才设计与技能大赛	全国一等奖	1
	全国二等奖	1
	省一等奖	4
	省二等奖	1
	省三等奖	2
第六届全国大学生交通科技大赛	二等奖	1
第二届全国大学生水利创新设计大赛	全国特等奖	2
	全国一等奖	1
	全国二等奖	2
“则泰杯”全国大学生测绘科技创新论文大赛	省一等奖	1
	省二等奖	2
	省三等奖	2
江苏省高校第八届大学生物理及实验科技作品创新竞赛	省特等奖	1
	省一等奖	2
	省二等奖	5
	省三等奖	7
全国大学生管理决策模拟大赛	全国一等奖	1
	半决赛一等奖	4
	半决赛二等奖	4

续表

<table>
<tr><th>竞 赛 名 称</th><th>获 奖 等 级</th><th>获 奖 数 量</th></tr>
<tr><td rowspan="3">中国数学建模网络挑战赛</td><td>特等奖</td><td>2</td></tr>
<tr><td>一等奖</td><td>1</td></tr>
<tr><td>三等奖</td><td>2</td></tr>
<tr><td rowspan="6">全国 3D 大赛</td><td>全国一等奖</td><td>1</td></tr>
<tr><td>全国三等奖</td><td>1</td></tr>
<tr><td>省特等奖</td><td>3</td></tr>
<tr><td>省一等奖</td><td>9</td></tr>
<tr><td>省二等奖</td><td>4</td></tr>
<tr><td>省三等奖</td><td>1</td></tr>
<tr><td rowspan="3">江苏省普通高等学校本专科优秀毕业设计(论文)</td><td>二等奖</td><td>7</td></tr>
<tr><td>三等奖</td><td>6</td></tr>
<tr><td>优秀团队</td><td>4</td></tr>
<tr><td rowspan="4">江苏省高校第八届大学生物理及实验科技作品创新竞赛</td><td>特等奖</td><td>1</td></tr>
<tr><td>省一等奖</td><td>2</td></tr>
<tr><td>省二等奖</td><td>5</td></tr>
<tr><td>省三等奖</td><td>7</td></tr>
<tr><td rowspan="2">第四届江苏省机器人大赛</td><td>省二等奖</td><td>1</td></tr>
<tr><td>省三等奖</td><td>2</td></tr>
<tr><td rowspan="2">2011 年江苏省“领航杯”大学生数字媒体作品竞赛</td><td>省二等奖</td><td>1</td></tr>
<tr><td>省三等奖</td><td>6</td></tr>
<tr><td>第七届“用友杯”全国大学生创业暨沙盘模拟经营大赛</td><td>省一等奖</td><td>1</td></tr>
</table>

大学生获授权专利情况统计

2011 年大学生获得国家授权专利项目情况

<table>
<tr><th>学 院 名 称</th><th>项目数</th><th>项目类型</th></tr>
<tr><td>水文水资源学院</td><td>3</td><td>实用新型</td></tr>
<tr><td rowspan="2">水利水电学院</td><td>1</td><td>发　明</td></tr>
<tr><td>27</td><td>实用新型</td></tr>
<tr><td>土木与交通学院</td><td>6</td><td>实用新型</td></tr>
<tr><td>港口海岸与近海工程学院</td><td>4</td><td>实用新型</td></tr>
<tr><td>环境学院</td><td>9</td><td>实用新型</td></tr>
<tr><td rowspan="2">能源与电气学院</td><td>1</td><td>发　明</td></tr>
<tr><td>17</td><td>实用新型</td></tr>
<tr><td>计算机与信息学院</td><td>13</td><td>实用新型</td></tr>
<tr><td>力学与材料学院</td><td>8</td><td>实用新型</td></tr>
</table>

续表

学院名称	项目数	项目类型
地球科学与工程学院	8	实用新型
理学院	13	实用新型
商学院	6	实用新型
	1	外观新型
大禹学院	3	实用新型
合　计	120	

免试推荐攻读硕士学位情况统计

表 1　免试推荐攻读硕士学位情况统计表

学　　院	被外校录取	被本校录取		录取人数
		学术型	专业学位型	
合　　计	124	362	238	724
水文水资源学院	9	24	20	53
水利水电学院	7	62	32	101
港口海岸与近海工程学院	11	32	23	66
土木与交通学院	8	37	22	67
环境学院	8	20	5	33
能源与电气学院	9	22	6	37
计算机与信息学院	7	28	14	49
力学与材料学院	5	6	9	20
地球科学与工程学院	5	19	13	37
理学院	3	6	5	14
商学院	11	26	7	44
公共管理学院	3	11	3	17
马克思主义学院	1			1
法学院	1	7	1	9
外国语学院	3	4	5	12
机电工程学院	13	19	41	73
计算机与信息学院(常州)	11	20	14	45
商学院(常州)	9	19	18	46

表2 2011年被本校接收免试硕士生名单(校内学术型)

序号	姓 名	性别	本科所在学院	本科生专业	研究生专业
1	陈 娟	女	水文与水资源学院	水文与水资源工程	水文学及水资源
2	克来木汗·买买提	女	水文与水资源学院	水文与水资源工程	水文学及水资源
3	孙 晨	女	水文与水资源学院	水文与水资源工程	水文学及水资源
4	孙银凤	女	水文与水资源学院	水文与水资源工程	水文学及水资源
5	覃春乔	男	水文与水资源学院	资源环境与城乡规划管理	水文学及水资源
6	杨 烨	女	水文与水资源学院	水文与水资源工程	水文学及水资源
7	张琼楠	女	水文与水资源学院	水文与水资源工程	水文学及水资源
8	郑 雪	女	水文与水资源学院	水文与水资源工程	水文学及水资源
9	刘 宇	男	水文与水资源学院	水文与水资源工程	水文学及水资源
10	穆尼热·赛买提	女	水文与水资源学院	水文与水资源工程	水文学及水资源
11	苏明珍	女	水文与水资源学院	水文与水资源工程	水文学及水资源
12	汪洪泽	男	水文与水资源学院	水文与水资源工程	水文学及水资源
13	卫晓露	女	水文与水资源学院	水文与水资源工程	水文学及水资源
14	彭焱梅	女	水文与水资源学院	资源环境与城乡规划管理	生态水利学
15	王友恒	男	水文与水资源学院	资源环境与城乡规划管理	生态水利学
16	贾 晨	女	水文与水资源学院	水务工程	城市水务
17	李巧琳	女	水文与水资源学院	水务工程	城市水务
18	朱 靖	男	水文与水资源学院	水务工程	城市水务
19	杨 琳	女	水文与水资源学院	水务工程	水利水电工程
20	安蒙华	男	水文与水资源学院	水文与水资源工程	港口、海岸及近海工程
21	江禾芝	女	水文与水资源学院	水文与水资源工程	市政工程
22	陈 康	男	水文与水资源学院	水文与水资源工程	环境科学与工程
23	张 龙	男	水文与水资源学院	水文与水资源工程	电力系统及其自动化
24	李 燕	女	水文与水资源学院	水务工程	流体力学
25	吉 昭	男	水利水电学院	水利水电工程	水力学及河流动力学
26	郎 韵	女	水利水电学院	水利水电工程	水力学及河流动力学
27	李勇涛	男	水利水电学院	农业水利工程	水力学及河流动力学
28	魏小旺	男	水利水电学院	水利水电工程	水力学及河流动力学
29	吴书鑫	男	水利水电学院	水利水电工程	水力学及河流动力学
30	周 庆	女	水利水电学院	农业水利工程	水力学及河流动力学
31	阿衣丁别克·居马拜	男	水利水电学院	水利水电工程	水力学及河流动力学
32	杜 倩	女	水利水电学院	水利水电工程	水力学及河流动力学
33	宋荣华	男	水利水电学院	水利水电工程	水力学及河流动力学
34	王春红	女	水利水电学院	水利水电工程	水力学及河流动力学
35	都 辉	男	水利水电学院	水利水电工程	水工结构工程
36	孔维耀	男	水利水电学院	水利水电工程	水工结构工程

续表

序号	姓　名	性别	本科所在学院	本科生专业	研究生专业
37	李季琼	女	水利水电学院	水利水电工程	水工结构工程
38	邵潮鑫	男	水利水电学院	水利水电工程	水工结构工程
39	石永超	男	水利水电学院	水利水电工程	水工结构工程
40	孙良辰	女	水利水电学院	水利水电工程	水工结构工程
41	薛向华	男	水利水电学院	水利水电工程	水工结构工程
42	杨　磊	男	水利水电学院	水利水电工程	水工结构工程
43	张晶梅	女	水利水电学院	水利水电工程	水工结构工程
44	祖丽胡玛·吐尔逊	女	水利水电学院	水利水电工程	水工结构工程
45	曹　聪	男	水利水电学院	水利水电工程	水工结构工程
46	丁　林	男	水利水电学院	水利水电工程	水工结构工程
47	李经纬	男	水利水电学院	水利水电工程	水工结构工程
48	刘　权	男	水利水电学院	水利水电工程	水工结构工程
49	齐慧君	男	水利水电学院	水利水电工程	水工结构工程
50	王锦锋	男	水利水电学院	水利水电工程	水工结构工程
51	王　婧	女	水利水电学院	水利水电工程	水工结构工程
52	王　瑞	女	水利水电学院	水利水电工程	水工结构工程
53	赵开伟	男	水利水电学院	水利水电工程	水工结构工程
54	郑宏伟	男	水利水电学院	水利水电工程	水工结构工程
55	周奕琦	女	水利水电学院	水利水电工程	水工结构工程
56	崔　巍	男	水利水电学院	水利水电工程	水利水电工程
57	何　格	女	水利水电学院	水利水电工程	水利水电工程
58	金　晶	女	水利水电学院	水利水电工程	水利水电工程
59	谢幼琼	女	水利水电学院	水利水电工程	水利水电工程
60	张　末	女	水利水电学院	水利水电工程	水利水电工程
61	范呈昱	男	水利水电学院	水利水电工程	水利水电工程
62	高　力	男	水利水电学院	水利水电工程	水利水电工程
63	官云飞	男	水利水电学院	水利水电工程	水利水电工程
64	孟　楠	女	水利水电学院	水利水电工程	水利水电工程
65	时　蕊	女	水利水电学院	水利水电工程	水利水电工程
66	钟大莉	女	水利水电学院	水利水电工程	水利水电工程
67	陈静茹	女	水利水电学院	水利水电工程	水利水电建设与管理
68	王　宁	男	水利水电学院	水利水电工程	水利水电建设与管理
69	傅兆庆	男	水利水电学院	水利水电工程	水灾害与水安全
70	李　佳	女	水利水电学院	水利水电工程	水灾害与水安全
71	薛　瑶	女	水利水电学院	水利水电工程	水利水电建设与管理
72	朱艳梅	女	水利水电学院	水利水电工程	水利水电建设与管理

续表

序号	姓　名	性别	本科所在学院	本科生专业	研究生专业
73	郭　杰	女	水利水电学院	农业水利工程	农业水土工程
74	黄万勇	男	水利水电学院	农业水利工程	农业水土工程
75	刘　懿	女	水利水电学院	设施农业科学与工程	农业水土工程
76	曹德君	男	水利水电学院	农业水利工程	农业水土工程
77	陆红飞	男	水利水电学院	设施农业科学与工程	农业水土工程
78	王　辉	男	水利水电学院	农业水利工程	农业水土工程
79	张　颖	男	水利水电学院	水利水电工程	农业水土工程
80	陈　盛	男	水利水电学院	农业水利工程	农业生物环境与能源工程
81	刘　钰	女	水利水电学院	农业水利工程	土壤学
82	李　砚	男	水利水电学院	水利水电工程	岩土工程
83	杜妍平	女	水利水电学院	水利水电工程	岩土工程
84	张　龙	男	水利水电学院	水利水电工程	岩土工程
85	张　灿	男	水利水电学院	水利水电工程	水系统科学
86	孙振江	男	水利水电学院	水利水电工程	工程力学
87	张　吉	女	港口海岸与近海工程学院	海洋技术	物理海洋学
88	赵建丽	男	港口海岸与近海工程学院	海洋技术	物理海洋学
89	安杰晶	女	港口海岸与近海工程学院	港口航道与海岸工程	港口、海岸及近海工程
90	陈　悦	女	港口海岸与近海工程学院	港口航道与海岸工程	港口、海岸及近海工程
91	程晗怿	女	港口海岸与近海工程学院	港口航道与海岸工程	港口、海岸及近海工程
92	崔江浩	男	港口海岸与近海工程学院	港口航道与海岸工程	港口、海岸及近海工程
93	李卫文	男	港口海岸与近海工程学院	港口航道与海岸工程	港口、海岸及近海工程
94	李　泽	男	港口海岸与近海工程学院	港口航道与海岸工程	港口、海岸及近海工程
95	厉佳卉	女	港口海岸与近海工程学院	港口航道与海岸工程	港口、海岸及近海工程
96	石麒琳	女	港口海岸与近海工程学院	港口航道与海岸工程	港口、海岸及近海工程
97	王　骏	男	港口海岸与近海工程学院	港口航道与海岸工程	港口、海岸及近海工程
98	王　衎	男	港口海岸与近海工程学院	港口航道与海岸工程	港口、海岸及近海工程
99	王　娜	女	港口海岸与近海工程学院	港口航道与海岸工程	港口、海岸及近海工程
100	闫晓璐	女	港口海岸与近海工程学院	港口航道与海岸工程	港口、海岸及近海工程
101	杨第昌	男	港口海岸与近海工程学院	港口航道与海岸工程	港口、海岸及近海工程
102	张　丽	女	港口海岸与近海工程学院	港口航道与海岸工程	港口、海岸及近海工程
103	曹　坤	男	港口海岸与近海工程学院	港口航道与海岸工程	港口、海岸及近海工程
104	陈小婷	女	港口海岸与近海工程学院	港口航道与海岸工程	港口、海岸及近海工程
105	顾　茜	女	港口海岸与近海工程学院	港口航道与海岸工程	港口、海岸及近海工程
106	韩正权	男	港口海岸与近海工程学院	港口航道与海岸工程	港口、海岸及近海工程
107	雷　蕾	女	港口海岸与近海工程学院	港口航道与海岸工程	港口、海岸及近海工程
108	林尚飞	男	港口海岸与近海工程学院	港口航道与海岸工程	港口、海岸及近海工程

续表

序号	姓　名	性别	本科所在学院	本科生专业	研究生专业
109	马舒文	女	港口海岸与近海工程学院	港口航道与海岸工程	港口、海岸及近海工程
110	钱　浩	男	港口海岸与近海工程学院	港口航道与海岸工程	港口、海岸及近海工程
111	魏　祥	男	港口海岸与近海工程学院	港口航道与海岸工程	港口、海岸及近海工程
112	吴　乔	男	港口海岸与近海工程学院	港口航道与海岸工程	港口、海岸及近海工程
113	习　宇	男	港口海岸与近海工程学院	港口航道与海岸工程	港口、海岸及近海工程
114	朱晓波	女	港口海岸与近海工程学院	港口航道与海岸工程	港口、海岸及近海工程
115	董晓伟	男	港口海岸与近海工程学院	港口航道与海岸工程	海岸带资源与环境
116	齐华萍	女	港口海岸与近海工程学院	海洋技术	海岸带资源与环境
117	钱　伟	男	港口海岸与近海工程学院	港口航道与海岸工程	海岸带资源与环境
118	王时悦	女	港口海岸与近海工程学院	港口航道与海岸工程	海岸带资源与环境
119	陈晖东	男	土木与交通学院	土木工程	岩土工程
120	黄文君	男	土木与交通学院	土木工程	岩土工程
121	史海岭	男	土木与交通学院	土木工程	岩土工程
122	孙振东	男	土木与交通学院	土木工程	岩土工程
123	王启贵	男	土木与交通学院	土木工程	岩土工程
124	熊　雄	男	土木与交通学院	土木工程	岩土工程
125	张　超	男	土木与交通学院	交通工程	岩土工程
126	张　浩	男	土木与交通学院	土木工程	岩土工程
127	刁红国	男	土木与交通学院	交通工程	岩土工程
128	傅海燕	女	土木与交通学院	土木工程	岩土工程
129	陆志浩	男	土木与交通学院	土木工程	岩土工程
130	史策辉	男	土木与交通学院	交通工程	岩土工程
131	王莹莹	女	土木与交通学院	土木工程	岩土工程
132	王由国	男	土木与交通学院	土木工程	岩土工程
133	谢　军	男	土木与交通学院	交通工程	岩土工程
134	郑　龙	男	土木与交通学院	土木工程	岩土工程
135	周文斌	男	土木与交通学院	土木工程	岩土工程
136	周友进	男	土木与交通学院	土木工程	岩土工程
137	朱俊淦	男	土木与交通学院	土木工程	岩土工程
138	霍　浩	女	土木与交通学院	土木工程	结构工程
139	岳春伟	男	土木与交通学院	土木工程	结构工程
140	庞　飞	男	土木与交通学院	土木工程	结构工程
141	郁金珠	女	土木与交通学院	土木工程	结构工程
142	黄晓锋	男	土木与交通学院	土木工程	防灾减灾工程及防护工程
143	陆阳洋	男	土木与交通学院	土木工程	防灾减灾工程及防护工程
144	孙平玉	男	土木与交通学院	土木工程	防灾减灾工程及防护工程

续表

序号	姓 名	性别	本科所在学院	本科生专业	研究生专业
145	王 众	男	土木与交通学院	土木工程	防灾减灾工程及防护工程
146	潘 哲	男	土木与交通学院	土木工程	桥梁与隧道工程
147	田 圆	女	土木与交通学院	土木工程	桥梁与隧道工程
148	王建民	男	土木与交通学院	土木工程	桥梁与隧道工程
149	王满满	男	土木与交通学院	土木工程	桥梁与隧道工程
150	高晓月	女	土木与交通学院	交通工程	交通运输规划与管理
151	陆志慧	女	土木与交通学院	交通工程	交通运输规划与管理
152	袁 媛	女	土木与交通学院	交通工程	流体机械及工程
153	师晋红	女	土木与交通学院	土木工程	工程力学
154	薛道骏	男	土木与交通学院	交通工程	工程力学
155	周 旋	男	土木与交通学院	土木工程	工程力学
156	陈 惠	女	环境学院	给水排水工程	市政工程
157	冯 博	男	环境学院	给水排水工程	市政工程
158	乔松玲	女	环境学院	给水排水工程	市政工程
159	杨林燕	女	环境学院	给水排水工程	市政工程
160	程康睿	男	环境学院	给水排水工程	环境科学与工程
161	丁 珏	女	环境学院	环境工程	环境科学与工程
162	李秋兰	女	环境学院	环境工程	环境科学与工程
163	冒文娟	女	环境学院	给水排水工程	环境科学与工程
164	秦 琴	女	环境学院	环境工程	环境科学与工程
165	张 奕	男	环境学院	环境科学	环境科学与工程
166	朱心悦	女	环境学院	环境工程	环境科学与工程
167	胡琦玉	女	环境学院	环境科学	环境科学与工程
168	黄 晶	女	环境学院	环境工程	环境科学与工程
169	江 慧	女	环境学院	环境工程	环境科学与工程
170	陶 美	女	环境学院	环境科学	环境科学与工程
171	王 莹	女	环境学院	给水排水工程	环境科学与工程
172	肖 曼	女	环境学院	环境工程	环境科学与工程
173	李 静	女	环境学院	给水排水工程	思想政治教育
174	王维莉	女	环境学院	环境科学	流体力学
175	雷镕甄	女	环境学院	环境科学	流体力学
176	朱 峰	男	能源与电气学院	热能与动力工程	水利水电工程
177	李玲玉	女	能源与电气学院	热能与动力工程	流体机械及工程
178	蔡冬阳	女	能源与电气学院	自动化	电力系统及其自动化
179	曹 静	女	能源与电气学院	电气工程及其自动化	电力系统及其自动化
180	陈大宣	男	能源与电气学院	电气工程及其自动化	电力系统及其自动化

续表

序号	姓　名	性别	本科所在学院	本科生专业	研究生专业
181	曹春建	男	能源与电气学院	热能与动力工程	流体机械及工程
182	张蓝国	男	能源与电气学院	热能与动力工程	流体机械及工程
183	陈　刚	男	能源与电气学院	电气工程及其自动化	电力系统及其自动化
184	郭园园	女	能源与电气学院	电气工程及其自动化	电力系统及其自动化
185	王荃荃	女	能源与电气学院	电气工程及其自动化	电力系统及其自动化
186	王永贵	男	能源与电气学院	电气工程及其自动化	电力系统及其自动化
187	赵宏飞	男	能源与电气学院	电气工程及其自动化	电力系统及其自动化
188	朱跃光	男	能源与电气学院	电气工程及其自动化	电力系统及其自动化
189	姜　凯	男	能源与电气学院	电气工程及其自动化	电力系统及其自动化
190	梁　伟	男	能源与电气学院	电气工程及其自动化	电力系统及其自动化
191	刘冠群	男	能源与电气学院	电气工程及其自动化	电力系统及其自动化
192	吴兴扬	男	能源与电气学院	电气工程及其自动化	电力系统及其自动化
193	谢洁宇	男	能源与电气学院	电气工程及其自动化	电力系统及其自动化
194	薛　忠	男	能源与电气学院	电气工程及其自动化	电力系统及其自动化
195	张　杰	男	能源与电气学院	自动化	控制理论与控制工程
196	周　芸	女	能源与电气学院	自动化	控制理论与控制工程
197	李　敏	男	能源与电气学院	自动化	控制理论与控制工程
198	张芳玲	女	计算机与信息学院	电子信息工程	电路与系统
199	李春娟	女	计算机与信息学院	电子信息工程	电路与系统
200	万雅文	女	计算机与信息学院	电子信息工程	电路与系统
201	胡晓雯	女	计算机与信息学院	通信工程	信号与信息处理
202	瞿永钢	男	计算机与信息学院	通信工程	信号与信息处理
203	孔　飞	男	计算机与信息学院	通信工程	信号与信息处理
204	周林燕	女	计算机与信息学院	通信工程	信号与信息处理
205	孟祥薇	女	计算机与信息学院	通信工程	信号与信息处理
206	钱惠玲	女	计算机与信息学院	通信工程	信号与信息处理
207	施惠娟	女	计算机与信息学院	通信工程	信号与信息处理
208	徐华珺	女	计算机与信息学院	电子信息工程	模式识别与智能系统
209	戴鸿宇	女	计算机与信息学院	通信工程	模式识别与智能系统
210	高加猛	男	计算机与信息学院	电子信息工程	模式识别与智能系统
211	曹　震	男	计算机与信息学院	计算机科学与技术	计算机科学与技术
212	成　艳	女	计算机与信息学院	计算机科学与技术	计算机科学与技术
213	顾昕辰	男	计算机与信息学院	计算机科学与技术	计算机科学与技术
214	凌兵勇	男	计算机与信息学院	计算机科学与技术	计算机科学与技术
215	滕美林	女	计算机与信息学院	计算机科学与技术	计算机科学与技术
216	王雪婷	女	计算机与信息学院	计算机科学与技术	计算机科学与技术

续表

序号	姓　名	性别	本科所在学院	本科生专业	研究生专业
217	杨　莉	女	计算机与信息学院	计算机科学与技术	计算机科学与技术
218	周文欢	男	计算机与信息学院	计算机科学与技术	计算机科学与技术
219	刘　天	男	计算机与信息学院	计算机科学与技术	计算机科学与技术
220	倪立显	男	计算机与信息学院	计算机科学与技术	计算机科学与技术
221	盛震宇	男	计算机与信息学院	计算机科学与技术	计算机科学与技术
222	张晓雪	女	计算机与信息学院	计算机科学与技术	计算机科学与技术
223	赵鹏飞	男	计算机与信息学院	计算机科学与技术	计算机科学与技术
224	何庆升	男	计算机与信息学院	计算机科学与技术	水系统科学
225	李永强	男	计算机与信息学院	通信工程	通信与信息系统
226	路　维	女	力学与材料学院	材料科学与工程	工程力学
227	杜甜甜	女	力学与材料学院	材料科学与工程	工程力学
228	钱　玲	女	力学与材料学院	材料科学与工程	材料学
229	闫玉蓉	女	力学与材料学院	无机非金属材料工程	材料学
230	陈　健	男	力学与材料学院	材料化学	土木工程材料
231	刘　蓉	女	力学与材料学院	材料科学与工程	土木工程材料
232	左　婧	女	地球科学与工程学院	地理信息系统	岩土工程
233	陆冰冰	女	地球科学与工程学院	地理信息系统	电力系统及其自动化
234	步晨仪	男	地球科学与工程学院	地理信息系统	思想政治教育
235	宋晓含	女	地球科学与工程学院	地质工程	思想政治教育
236	张楠楠	女	地球科学与工程学院	地理信息系统	地理学
237	孙咸磊	男	地球科学与工程学院	地理信息系统	地理学
238	王　喆	女	地球科学与工程学院	地理信息系统	地理学
239	陈喜凤	女	地球科学与工程学院	测绘工程	大地测量学与测量工程
240	袁　豹	男	地球科学与工程学院	测绘工程	大地测量学与测量工程
241	祖力比亚·阿布都热西	女	地球科学与工程学院	测绘工程	大地测量学与测量工程
242	李成仁	男	地球科学与工程学院	测绘工程	大地测量学与测量工程
243	热比亚	女	地球科学与工程学院	测绘工程	大地测量学与测量工程
244	沈月千	男	地球科学与工程学院	测绘工程	大地测量学与测量工程
245	吴铭飞	男	地球科学与工程学院	测绘工程	摄影测量与遥感
246	李　伟	女	地球科学与工程学院	地质工程	地质资源与地质工程
247	路文龙	男	地球科学与工程学院	地质工程	地质资源与地质工程
248	武立军	男	地球科学与工程学院	地质工程	地质资源与地质工程
249	徐媛媛	女	地球科学与工程学院	地质工程	地质资源与地质工程
250	荀志国	男	地球科学与工程学院	地质学	地质资源与地质工程
251	张　敏	女	理学院	信息与计算科学	物理海洋学
252	梁旭燕	女	理学院	信息与计算科学	岩土工程

续表

序号	姓 名	性别	本科所在学院	本科生专业	研究生专业
253	郑 强	男	理学院	信息与计算科学	岩土工程
254	申映华	男	理学院	信息与计算科学	管理科学与工程
255	陈声伟	男	理学院	应用物理学	凝聚态物理
256	尹亚川	男	理学院	数学与应用数学	固体力学
257	姜 玲	女	商学院	财务管理	国民经济学
258	李晓宇	女	商学院	国际经济与贸易	区域经济学
259	沙妍君	女	商学院	国际经济与贸易	国际贸易学
260	杨 芳	女	商学院	经济学	金融学
261	陈伟伟	女	商学院	工程管理	管理科学与工程
262	刘 媛	女	商学院	工程管理	管理科学与工程
263	施攀峰	男	商学院	工程管理	管理科学与工程
264	郑胜强	男	商学院	工程管理	管理科学与工程
265	卢亚琼	女	商学院	工程管理	管理科学与工程
266	倪 洁	女	商学院	工程管理	管理科学与工程
267	黄惠娟	女	商学院	会计学	会计学
268	倪 晨	女	商学院	会计学	会计学
269	范 凯	男	商学院	工程管理	企业管理
270	付宏艳	女	商学院	人力资源管理	企业管理
271	姚 远	男	商学院	人力资源管理	企业管理
272	姜凯曦	男	商学院	电子商务	企业管理
273	曲文凤	男	商学院	人力资源管理	企业管理
274	王 洁	女	商学院	工商管理	企业管理
275	李 芳	女	商学院	财务管理	技术经济及管理
276	张 歌	女	商学院	国际经济与贸易	技术经济及管理
277	赵 璐	女	商学院	国际经济与贸易	技术经济及管理
278	王芬芬	女	商学院	会计学	技术经济及管理
279	王钰云	女	商学院	人力资源管理	技术经济及管理
280	薛 菲	女	商学院	财务管理	技术经济及管理
281	蔡玉霜	女	商学院	经济学	社会学
282	汪 洋	男	商学院	财务管理	行政管理
283	张莉婷	女	公共管理学院	广播电视新闻学	社会学
284	白新珍	女	公共管理学院	广播电视新闻学	社会学
285	孙晓蕾	女	公共管理学院	思想政治教育	思想政治教育
286	吴 迪	女	公共管理学院	思想政治教育	思想政治教育
287	柴志尚	男	公共管理学院	广播电视新闻学	高等教育学
288	乔洁琼	女	公共管理学院	高等教育管理	高等教育学

续表

序号	姓 名	性别	本科所在学院	本科生专业	研究生专业
289	孙淑萍	女	公共管理学院	广播电视新闻学	传播学
290	徐晓萍	女	公共管理学院	劳动与社会保障	行政管理
291	秦 群	女	公共管理学院	劳动与社会保障	行政管理
292	王炳宏	男	公共管理学院	劳动与社会保障	土地资源管理
293	李 篁	女	公共管理学院	劳动与社会保障	体育教育训练学
294	卢庭庭	女	法学院	法学	宪法学与行政法学
295	黄 震	男	法学院	法学	民商法学
296	李 霞	女	法学院	法学	民商法学
297	孙良琪	女	法学院	法学	环境与资源保护法学
298	张红娇	女	法学院	法学	环境与资源保护法学
299	卢茂春	男	法学院	法学	体育教育训练学
300	严 啸	男	法学院	法学	体育教育训练学
301	韩 甜	女	外国语学院	英语	英语语言文学
302	李雪虹	女	外国语学院	英语	英语语言文学
303	李 艳	女	外国语学院	英语	英语语言文学
304	石 莹	女	外国语学院	英语	英语语言文学
305	王浠浠	女	机电工程学院	热能与动力工程	水文学及水资源
306	柳 杨	女	机电工程学院	热能与动力工程	水力学及河流动力学
307	黄笑同	男	机电工程学院	热能与动力工程	水利水电工程
308	刘鹏鹏	男	机电工程学院	机械工程及自动化	水利水电工程
309	栗金文	男	机电工程学院	机械工程及自动化	岩土工程
310	孔 剑	男	机电工程学院	机械工程及自动化	结构工程
311	陶 宇	男	机电工程学院	机械工程及自动化	交通运输规划与管理
312	曹 婷	女	机电工程学院	热能与动力工程	流体机械及工程
313	孙 悦	女	机电工程学院	数字媒体艺术	高等教育学
314	徐晓艳	女	机电工程学院	数字媒体艺术	应用心理学
315	李凯英	女	机电工程学院	数字媒体艺术	传播学
316	倪 扬	男	机电工程学院	热能与动力工程	行政管理
317	郝运涛	男	机电工程学院	金属材料工程	材料加工工程
318	沈 彬	男	机电工程学院	金属材料工程	材料加工工程
319	马建军	男	机电工程学院	金属材料工程	工程力学
320	李全海	男	机电工程学院	金属材料工程	工程力学
321	陈丽艳	女	机电工程学院	金属材料工程	材料物理与化学
322	何 青	男	机电工程学院	金属材料工程	材料学
323	时蕾蕾	女	机电工程学院	热能与动力工程	民商法学
324	霍政界	女	计算机与信息学院(常州)	电子科学与技术	电力系统及其自动化

续表

序号	姓　名	性别	本科所在学院	本科生专业	研究生专业
325	谭　超	女	计算机与信息学院(常州)	自动化	电力电子与电力传动
326	张　雪	女	计算机与信息学院(常州)	自动化	控制理论与控制工程
327	隋建凯	男	计算机与信息学院(常州)	自动化	模式识别与智能系统
328	张　钰	男	计算机与信息学院(常州)	电子信息科学与技术	计算机科学与技术
329	冯　鹏	男	计算机与信息学院(常州)	电子信息工程	水信息学
330	沈　洁	女	计算机与信息学院(常州)	电子信息工程	高等教育学
331	巢　佳	女	计算机与信息学院(常州)	通信工程	通信与信息系统
332	郭　惠	女	计算机与信息学院(常州)	电子信息工程	通信与信息系统
333	李　雪	女	计算机与信息学院(常州)	通信工程	通信与信息系统
334	宋加才	男	计算机与信息学院(常州)	电子信息工程	通信与信息系统
335	徐　昕	女	计算机与信息学院(常州)	通信工程	通信与信息系统
336	张　伟	女	计算机与信息学院(常州)	电子信息工程	通信与信息系统
337	孟　雨	女	计算机与信息学院(常州)	通信工程	通信与信息系统
338	束代群	女	计算机与信息学院(常州)	电子信息工程	通信与信息系统
339	顾丽萍	女	计算机与信息学院(常州)	自动化	检测技术与自动化装置
340	邵通广	男	计算机与信息学院(常州)	自动化	检测技术与自动化装置
341	孙　浩	男	计算机与信息学院(常州)	自动化	检测技术与自动化装置
342	杨玉正	男	计算机与信息学院(常州)	自动化	检测技术与自动化装置
343	孟东阳	男	计算机与信息学院(常州)	电子信息工程	摄影测量与遥感
344	赵伟伟	女	商学院(常州)	会计学	人口、资源与环境经济学
345	陈陆滢	女	商学院(常州)	国际经济与贸易	金融学
346	颜　霖	女	商学院(常州)	工商管理	金融学
347	郝　壮	男	商学院(常州)	国际经济与贸易	产业经济学
348	王珮斐	女	商学院(常州)	会计学	产业经济学
349	赵丁璐	女	商学院(常州)	国际经济与贸易	国际贸易学
350	刘桂云	男	商学院(常州)	信息管理与信息系统	管理科学与工程
351	张　玮	女	商学院(常州)	信息管理与信息系统	管理科学与工程
352	王雪萍	女	商学院(常州)	会计学	会计学
353	戴雪滢	女	商学院(常州)	工商管理	企业管理
354	高　云	女	商学院(常州)	会计学	企业管理
355	赵可人	女	商学院(常州)	国际经济与贸易	技术经济及管理
356	莫卫GX	女	商学院(常州)	国际经济与贸易	情报学
357	章嘉俊	男	商学院(常州)	工商管理	社会学
358	徐红玲	女	商学院(常州)	会计学	行政管理
359	赵　宁	女	商学院(常州)	信息管理与信息系统	行政管理
360	夏正海	男	商学院(常州)	会计学	土地资源管理

续表

序号	姓　名	性别	本科所在学院	本科生专业	研究生专业
361	杨立娜	女	商学院(常州)	信息管理与信息系统	社会保障
362	王建龙	男	商学院(常州)	信息管理与信息系统	数学

表3　2011年被本校接收免试硕士生名单(校内专业学位型)

序号	姓　名	性别	本科所在学院	本科生专业	研究生专业
1	陈思宁	女	水文水资源学院	水文与水资源工程	水利工程
2	石　军	男	水文水资源学院	水文与水资源工程	水利工程
3	张晓玲	女	水文水资源学院	水文与水资源工程	水利工程
4	王超兴	女	水文水资源学院	水文与水资源工程	水利工程
5	王红艳	女	水文水资源学院	水文与水资源工程	水利工程
6	杨　彬	女	水文水资源学院	水文与水资源工程	水利工程
7	徐微薇	女	水文水资源学院	水文与水资源工程	水利工程
8	郭勉辰	女	水文水资源学院	资源环境与城乡规划管理	工业工程
9	李亚函	女	水文水资源学院	资源环境与城乡规划管理	工业工程
10	丁吾鹏	男	水文水资源学院	水文与水资源工程	工业工程
11	黄益双	女	水文水资源学院	水务工程	工业工程
12	刘婷婷	女	水文水资源学院	水文与水资源工程	工业工程
13	柳煦颖	女	水文水资源学院	水文与水资源工程	工业工程
14	陆　斌	男	水文水资源学院	水文与水资源工程	工业工程
15	王冰冰	女	水文水资源学院	水文与水资源工程	工业工程
16	曾　瑞	女	水文水资源学院	水文与水资源工程	工业工程
17	王小祥	男	水文水资源学院	水务工程	工业工程
18	王银丽	女	水文水资源学院	资源环境与城乡规划管理	工业工程
19	虞　静	女	水文水资源学院	水务工程	工业工程
20	张皓月	女	水文水资源学院	资源环境与城乡规划管理	工业工程
21	陈小平	女	水利水电学院	水利水电工程	水利工程
22	成永健	男	水利水电学院	设施农业科学与工程	工业工程
23	邓　茜	女	水利水电学院	农业水利工程	水利工程
24	陆　扬	女	水利水电学院	水利水电工程	水利工程
25	欧玉鹏	男	水利水电学院	设施农业科学与工程	工业工程
26	张钦杰	男	水利水电学院	水利水电工程	水利工程
27	张　鑫	男	水利水电学院	水利水电工程	水利工程
28	王　凯	男	水利水电学院	农业水利工程	农业工程
29	陈华雷	男	水利水电学院	水利水电工程	水利工程
30	冯　闪	女	水利水电学院	设施农业科学与工程	水利工程
31	胡　淼	男	水利水电学院	水利水电工程	水利工程

续表

序号	姓　名	性别	本科所在学院	本科生专业	研究生专业
32	梁丽妮	女	水利水电学院	水利水电工程	水利工程
33	田始光	男	水利水电学院	水利水电工程	水利工程
34	吴漩灏	男	水利水电学院	水利水电工程	水利工程
35	朱旭洁	女	水利水电学院	水利水电工程	水利工程
36	陈功鎧	男	水利水电学院	农业水利工程	农业工程
37	冯远周	男	水利水电学院	农业水利工程	农业工程
38	黄聪波	男	水利水电学院	农业水利工程	农业工程
39	毛沄芝	女	水利水电学院	水利水电工程	水利工程
40	瞿莉君	女	水利水电学院	水利水电工程	工业工程
41	李　署	男	水利水电学院	水利水电工程	工业工程
42	柳　璐	女	水利水电学院	水利水电工程	工业工程
43	彭　迪	女	水利水电学院	水利水电工程	工业工程
44	翟奕菡	女	水利水电学院	水利水电工程	工业工程
45	戚鑫珑	男	水利水电学院	农业水利工程	工业工程
46	钱　萍	女	水利水电学院	设施农业科学与工程	工业工程
47	王怡然	女	水利水电学院	水利水电工程	工业工程
48	姚怡红	女	水利水电学院	水利水电工程	工业工程
49	张晶芳	女	水利水电学院	水利水电工程	工业工程
50	张添烨	男	水利水电学院	水利水电工程	工业工程
51	周　亮	男	水利水电学院	水利水电工程	工业工程
52	朱天瑶	女	水利水电学院	水利水电工程	工业工程
53	张奕泽	男	港口海岸与近海工程学院	港口航道与海岸工程	水利工程
54	曹滨榕	男	港口海岸与近海工程学院	港口航道与海岸工程	水利工程
55	顾　威	男	港口海岸与近海工程学院	港口航道与海岸工程	水利工程
56	韩立茹	女	港口海岸与近海工程学院	港口航道与海岸工程	水利工程
57	胡招波	男	港口海岸与近海工程学院	港口航道与海岸工程	水利工程
58	李　浩	男	港口海岸与近海工程学院	港口航道与海岸工程	水利工程
59	聂　鑫	男	港口海岸与近海工程学院	港口航道与海岸工程	水利工程
60	钱　宽	男	港口海岸与近海工程学院	港口航道与海岸工程	水利工程
61	云　霄	男	港口海岸与近海工程学院	港口航道与海岸工程	水利工程
62	张　璐	女	港口海岸与近海工程学院	港口航道与海岸工程	水利工程
63	周子乐	男	港口海岸与近海工程学院	港口航道与海岸工程	水利工程
64	李　皓	女	港口海岸与近海工程学院	港口航道与海岸工程	水利工程
65	李林青	男	港口海岸与近海工程学院	港口航道与海岸工程	水利工程
66	李　悦	女	港口海岸与近海工程学院	港口航道与海岸工程	水利工程
67	吴志龙	男	港口海岸与近海工程学院	港口航道与海岸工程	水利工程

续表

序号	姓　名	性别	本科所在学院	本科生专业	研究生专业
68	夏　静	女	港口海岸与近海工程学院	港口航道与海岸工程	水利工程
69	何井姝	女	港口海岸与近海工程学院	港口航道与海岸工程	工业工程
70	陈　茜	女	港口海岸与近海工程学院	港口航道与海岸工程	工业工程
71	陆　薛	男	港口海岸与近海工程学院	港口航道与海岸工程	工业工程
72	万昌彬	男	港口海岸与近海工程学院	港口航道与海岸工程	工业工程
73	夏昊凉	男	港口海岸与近海工程学院	港口航道与海岸工程	工业工程
74	卫琳静	女	港口海岸与近海工程学院	港口航道与海岸工程	工业工程
75	张小璐	女	港口海岸与近海工程学院	港口航道与海岸工程	工业工程
76	程　相	男	土木与交通学院	土木工程	建筑与土木工程
77	欧阳于	男	土木与交通学院	土木工程	建筑与土木工程
78	秦　磊	男	土木与交通学院	土木工程	建筑与土木工程
79	侍　成	男	土木与交通学院	土木工程	建筑与土木工程
80	赵　益	男	土木与交通学院	土木工程	建筑与土木工程
81	丁光亮	男	土木与交通学院	土木工程	建筑与土木工程
82	莫家权	男	土木与交通学院	土木工程	建筑与土木工程
83	倪　飞	男	土木与交通学院	土木工程	建筑与土木工程
84	吴　斌	男	土木与交通学院	土木工程	建筑与土木工程
85	张　弛	男	土木与交通学院	土木工程	建筑与土木工程
86	赵枢楠	男	土木与交通学院	土木工程	建筑与土木工程
87	刘津铭	男	土木与交通学院	交通工程	交通运输工程
88	张雪松	女	土木与交通学院	交通工程	交通运输工程
89	周志将	男	土木与交通学院	交通工程	交通运输工程
90	顾康辉	男	土木与交通学院	土木工程	工业工程
91	范诗浩	女	土木与交通学院	交通工程	工业工程
92	欧阳燕	女	土木与交通学院	交通工程	工业工程
93	邵卫东	男	土木与交通学院	交通工程	工业工程
94	唐　勇	男	土木与交通学院	土木工程	工业工程
95	张媛君	女	土木与交通学院	交通工程	工业工程
96	郑述隆	男	土木与交通学院	交通工程	工业工程
97	张叶超	男	土木与交通学院	土木工程	工业工程
98	钱日成	男	环境学院	给水排水工程	环境工程
99	吴天明	男	环境学院	给水排水工程	环境工程
100	赵　薇	女	环境学院	给水排水工程	环境工程
101	姜圣韬	男	环境学院	给水排水工程	环境工程
102	喻　石	女	环境学院	给排水科学与工程	工业工程
103	宫建峰	男	能源与电气学院	电气工程及其自动化	电气工程

续表

序号	姓　名	性别	本科所在学院	本科生专业	研究生专业
104	李　由	女	能源与电气学院	电气工程及其自动化	电气工程
105	钱程晨	男	能源与电气学院	电气工程及其自动化	电气工程
106	邱　鹏	男	能源与电气学院	自动化	电气工程
107	唐一铭	男	能源与电气学院	电气工程及其自动化	电气工程
108	季　巍	男	能源与电气学院	自动化	控制工程
109	崔盈雪	女	计算机与信息学院	通信工程	电子与通信工程
110	方　磊	男	计算机与信息学院	电子信息工程	电子与通信工程
111	付言章	男	计算机与信息学院	计算机科学与技术	计算机技术
112	胡一帆	男	计算机与信息学院	电子信息工程	电子与通信工程
113	潘学威	男	计算机与信息学院	通信工程	电子与通信工程
114	庞灿灿	女	计算机与信息学院	计算机科学与技术	计算机技术
115	郭腾飞	男	计算机与信息学院	计算机科学与技术	软件工程
116	盛爱晶	男	计算机与信息学院	通信工程	软件工程
117	章　勇	男	计算机与信息学院	计算机科学与技术	计算机技术
118	杜　龙	男	计算机与信息学院	计算机科学与技术	软件工程
119	杨　丰	男	计算机与信息学院	计算机科学与技术	软件工程
120	凌　科	男	计算机与信息学院	通信工程	工业工程
121	李　璞	男	计算机与信息学院	通信工程	工业工程
122	王赵玺	男	计算机与信息学院	通信工程	工业工程
123	代春林	男	力学与材料学院	工程力学	工业工程
124	楼益龙	男	力学与材料学院	材料科学与工程	工业工程
125	陆　佳	女	力学与材料学院	材料科学与工程	工业工程
126	王　越	女	力学与材料学院	材料科学与工程	工业工程
127	杨传铎	男	力学与材料学院	材料科学与工程	工业工程
128	史燕南	女	力学与材料学院	材料科学与工程	工业工程
129	伍　峰	男	力学与材料学院	工程力学	工业工程
130	周　洲	男	力学与材料学院	工程力学	工业工程
131	梁鹏飞	男	力学与材料学院	材料科学与工程	材料工程
132	姜婷婷	女	地球科学与工程学院	地质工程	工业工程
133	柯元英	女	地球科学与工程学院	测绘工程	工业工程
134	曹　晨	男	地球科学与工程学院	测绘工程	工业工程
135	黄　佳	男	地球科学与工程学院	地理信息系统	工业工程
136	王荣其	男	地球科学与工程学院	测绘工程	工业工程
137	王　华	女	地球科学与工程学院	地理信息系统	工业工程
138	王佳添	男	地球科学与工程学院	测绘工程	工业工程
139	蔡淑野	女	地球科学与工程学院	测绘工程	测绘工程

续表

序号	姓　名	性别	本科所在学院	本科生专业	研究生专业
140	尤文进	男	地球科学与工程学院	测绘工程	测绘工程
141	赵元忆	男	地球科学与工程学院	测绘工程	测绘工程
142	张志浩	男	地球科学与工程学院	地质工程	地质工程
143	施月涛	男	地球科学与工程学院	地质学	地质工程
144	吴金凡	女	地球科学与工程学院	地质工程	地质工程
145	刘咏飞	男	理学院	数学与应用数学	电气工程
146	孙　玲	女	理学院	数学与应用数学	金融
147	杨　正	男	理学院	数学与应用数学	金融
148	李丹丹	女	理学院	信息与计算科学	工业工程
149	荣　昊	男	理学院	数学与应用数学	工业工程
150	高　媛	女	商学院	会计学	资产评估
151	燕陈飞	男	商学院	财务管理	资产评估
152	陆　超	男	商学院	电子商务	国际商务
153	梁曦匀	女	商学院	财务管理	资产评估
154	张　琛	女	商学院	会计学	会计
155	付　饶	女	商学院	财务管理	会计
156	蒋领兵	男	商学院	会计学	会计
157	金明珠	女	公共管理学院	劳动与社会保障	社会工作
158	高佳琪	女	公共管理学院	广播电视新闻学	法律(非法学)
159	皇甫姣	女	公共管理学院	劳动与社会保障	法律(非法学)
160	那　函	男	法学院	法学	法律(法学)
161	李小艳	女	外国语学院	英语	翻译
162	刘美英	女	外国语学院	英语	翻译
163	邵泉媛	女	外国语学院	英语	翻译
164	李　玲	女	外国语学院	英语	翻译
165	王昊堃	男	外国语学院	英语	翻译
166	吕　婧	女	机电工程学院	热能与动力工程	水利工程
167	钱　瑭	男	机电工程学院	热能与动力工程	水利工程
168	邹亮亮	男	机电工程学院	热能与动力工程	金融
169	陈晓聪	女	机电工程学院	热能与动力工程	工业工程
170	陈　勇	男	机电工程学院	机械工程及自动化	工业工程
171	刘传宝	男	机电工程学院	机械设计制造及其自动化	工业工程
172	黄　涛	男	机电工程学院	机械设计制造及其自动化	工业工程
173	马　莉	女	机电工程学院	机械工程及自动化	工业工程
174	邵晓峰	男	机电工程学院	机械工程及自动化	工业工程
175	万　源	男	机电工程学院	热能与动力工程	工业工程

续表

序号	姓　名	性别	本科所在学院	本科生专业	研究生专业
176	王靖坤	男	机电工程学院	机械工程及自动化	工业工程
177	王玉星	女	机电工程学院	工业设计	工业工程
178	许晟勋	男	机电工程学院	金属材料工程	工业工程
179	彭　鹏	男	机电工程学院	机械工程及自动化	工业工程
180	孙龙娟	女	机电工程学院	机械设计制造及其自动化	工业工程
181	吴海洋	男	机电工程学院	机械工程及自动化	工业工程
182	于智锋	男	机电工程学院	机械工程及自动化	工业工程
183	张晟恺	男	机电工程学院	机械工程及自动化	工业工程
184	赵　昕	女	机电工程学院	金属材料工程	工业工程
185	郑永鹏	男	机电工程学院	工业设计	工业工程
186	徐艺玮	女	机电工程学院	数字媒体艺术	社会工作
187	曹　娟	女	机电工程学院	数字媒体艺术	社会工作
188	李俊贤	女	机电工程学院	数字媒体艺术	机械工程
189	王建军	男	机电工程学院	机械工程及自动化	机械工程
190	张　宇	男	机电工程学院	热能与动力工程	机械工程
191	张玉全	男	机电工程学院	机械工程及自动化	机械工程
192	邹志辉	男	机电工程学院	机械设计制造及其自动化	机械工程
193	殷　旭	男	机电工程学院	机械工程及自动化	机械工程
194	张经炜	男	机电工程学院	机械工程及自动化	机械工程
195	张　磊	男	机电工程学院	工业设计	机械工程
196	陈　亮	男	机电工程学院	机械工程及自动化	机械工程
197	樊文露	男	机电工程学院	机械工程及自动化	机械工程
198	郝珊珊	女	机电工程学院	机械工程及自动化	机械工程
199	纪荣成	男	机电工程学院	机械工程及自动化	机械工程
200	卢　建	男	机电工程学院	热能与动力工程	机械工程
201	罗正亮	女	机电工程学院	机械工程及自动化	机械工程
202	周　蕊	女	机电工程学院	金属材料工程	机械工程
203	周永新	男	机电工程学院	工业设计	机械工程
204	邵　飞	男	机电工程学院	机械工程及自动化	机械工程
205	唐建国	男	机电工程学院	机械工程及自动化	机械工程
206	崔　立	男	机电工程学院	工业设计	材料工程
207	费雯靖	女	计算机与信息学院(常州)	电子信息工程	电子与通信工程
208	王　勇	男	计算机与信息学院(常州)	电子信息工程	电子与通信工程
209	陆相成	男	计算机与信息学院(常州)	计算机科学与技术	计算机技术
210	王祥忠	男	计算机与信息学院(常州)	计算机科学与技术	计算机技术
211	王胜凯	男	计算机与信息学院(常州)	计算机科学与技术	软件工程

续表

序号	姓　名	性别	本科所在学院	本科生专业	研究生专业
212	徐　帅	男	计算机与信息学院(常州)	计算机科学与技术	计算机技术
213	樊　杰	女	计算机与信息学院(常州)	计算机科学与技术	软件工程
214	陈　磊	男	计算机与信息学院(常州)	计算机科学与技术	工业工程
215	丁振文	男	计算机与信息学院(常州)	电子信息工程	工业工程
216	马　腾	男	计算机与信息学院(常州)	电子信息工程	工业工程
217	欧阳明垄	男	计算机与信息学院(常州)	通信工程	工业工程
218	王剑南	男	计算机与信息学院(常州)	通信工程	工业工程
219	王　驰	男	计算机与信息学院(常州)	通信工程	工业工程
220	肖　磊	男	计算机与信息学院(常州)	自动化	机械工程
221	陈晓霞	女	商学院(常州)	国际经济与贸易	金融
222	胡旸阳	男	商学院(常州)	工商管理	金融
223	叶　航	男	商学院(常州)	信息管理与信息系统	金融
224	居　菁	女	商学院(常州)	国际经济与贸易	国际商务
225	孙晓慧	女	商学院(常州)	国际经济与贸易	国际商务
226	苏晓鹭	女	商学院(常州)	信息管理与信息系统	资产评估
227	周月雯	女	商学院(常州)	国际经济与贸易	资产评估
228	兰　鑫	男	商学院(常州)	会计学	国际商务
229	沈佳丽	女	商学院(常州)	会计学	国际商务
230	郝晓琳	女	商学院(常州)	工商管理	资产评估
231	李忠艳	女	商学院(常州)	国际经济与贸易	资产评估
232	陈华燕	女	商学院(常州)	会计学	会计
233	邓静静	女	商学院(常州)	会计学	会计
234	王　璇	女	商学院(常州)	会计学	会计
235	刘　朵	女	商学院(常州)	会计学	会计
236	常　娜	女	商学院(常州)	信息管理与信息系统	社会工作
237	纪慧敏	女	商学院(常州)	信息管理与信息系统	翻译
238	李明帆	女	商学院(常州)	国际经济与贸易	翻译

表 4　2011 年被外校接收免试硕士生名单

序号	姓　名	性别	本科所在学院	本科生专业	接收单位及专业
1	朱敏喆	女	水文水资源学院	水文与水资源工程	同济大学港口海岸及近海工程
2	王琳瑛	女	水文水资源学院	水文与水资源工程	中国科学院大气物理研究所气象学
3	张　波	男	水文水资源学院	水文与水资源工程	武汉大学水文学及水资源
4	焦伟杰	男	水文水资源学院	水文与水资源工程	武汉大学水文学及水资源
5	姜姗姗	女	水文水资源学院	水文与水资源工程	北京师范大学水文学及水资源
6	王雪梅	女	水文水资源学院	水务工程	中国水利水电科学研究院水资源学

续表

序号	姓　名	性别	本科所在学院	本科生专业	接收单位及专业
7	孙　亚	女	水文水资源学院	水务工程	大连理工大学水文学及水资源
8	陈静逸	女	水文水资源学院	资源环境与城乡规划管理	中国科学院南京地理与湖泊研究所自然地理学
9	杨宝林	女	水文水资源学院	资源环境与城乡规划管理	武汉大学水利水电工程
10	杨小龙	男	水利水电学院	水利水电工程	大连理工大学水工结构工程
11	朱　昆	男	水利水电学院	水利水电工程	大连理工大学水工结构工程
12	吕　玮	女	水利水电学院	水利水电工程	中国水利水电科学研究院力学及河流动力学
13	林先炜	男	水利水电学院	农业水利工程	天津大学水利工程
14	侯静文	女	水利水电学院	农业水利工程	武汉大学水利水电工程
15	荀　刚	男	水利水电学院	设施农业科学与工程	大连理工大学港口海岸及近海工程
16	朱太宜	男	水利水电学院	设施农业科学与工程	中南大学土木工程
17	龚婷婷	女	港口海岸与近海工程学院	港口航道与海岸工程	清华大学水利工程
18	陈家悦	女	港口海岸与近海工程学院	港口航道与海岸工程	大连理工大学港口海岸及近海工程
19	宋晓阳	女	港口海岸与近海工程学院	港口航道与海岸工程	天津大学水利工程
20	单恒年	男	港口海岸与近海工程学院	港口航道与海岸工程	大连理工大学港口海岸及近海工程
21	樊　翔	男	港口海岸与近海工程学院	港口航道与海岸工程	上海交通大学力学
22	章　旭	男	港口海岸与近海工程学院	港口航道与海岸工程	大连理工大学港口海岸及近海工程
23	徐　鹏	男	港口海岸与近海工程学院	港口航道与海岸工程	上海交通大学船舶与海洋工程
24	李高阳	男	港口海岸与近海工程学院	港口航道与海岸工程	大连理工大学港口海岸及近海工程
25	丁伟伟	男	港口海岸与近海工程学院	港口航道与海岸工程	上海交通大学船舶与海洋工程
26	杨淯淮	女	港口海岸与近海工程学院	港口航道与海岸工程	天津大学水利工程
27	蔡相芸	女	港口海岸与近海工程学院	港口航道与海岸工程	南京水利科学研究院港口航道与海岸工程
28	薛荣军	男	土木与交通学院	土木工程	同济大学结构工程
29	汤晓波	男	土木与交通学院	土木工程	同济大学结构工程
30	马腾远	男	土木与交通学院	土木工程	同济大学土木工程计算机仿真
31	詹　阳	男	土木与交通学院	交通工程	同济大学道路与铁道工程
32	樊　宇	男	土木与交通学院	土木工程	同济大学结构工程
33	吴东鹏	男	土木与交通学院	交通工程	同济大学交通运输工程
34	严克非	男	土木与交通学院	土木工程	同济大学结构工程
35	唐少将	男	土木与交通学院	土木工程	同济大学防灾减灾工程及防护工程
36	朱克东	男	能源与电气学院	电气工程及其自动化	东南大学电气工程
37	陈嘉宁	男	能源与电气学院	电气工程及其自动化	浙江大学电气工程
38	何茂慧	男	能源与电气学院	电气工程及其自动化	华中科技大学电气工程
39	朱　成	男	能源与电气学院	电气工程及其自动化	华中科技大学电气工程
40	李　婷	女	能源与电气学院	风能与动力工程	浙江大学电机与电器

续表

序号	姓　名	性别	本科所在学院	本科生专业	接收单位及专业
41	于　安	男	能源与电气学院	热能与动力工程	清华大学动力工程及工程热物理
42	秦　鑫	男	能源与电气学院	热能与动力工程	中国科学院光电研究院飞行器设计
43	李婷婷	女	能源与电气学院	热能与动力工程	武汉大学水利水电工程
44	张新春	男	能源与电气学院	热能与动力工程	武汉大学水利水电工程
45	韩　娜	女	计算机与信息学院	通信工程	东南大学信息与通信工程
46	王雅芳	女	计算机与信息学院	通信工程	东南大学电子与通信工程
47	徐红梅	女	计算机与信息学院	通信工程	东南大学信息与通信工程
48	谢宏伟	男	计算机与信息学院	计算机科学与技术	南京大学计算机软件与理论
49	张　城	男	计算机与信息学院	计算机科学与技术	东南大学计算机与应用技术
50	李正波	男	计算机与信息学院	电子信息工程	东南大学信息与通信工程
51	郭梦琪	女	公共管理学院	广播电视新闻学	北京师范大学社会医学与卫生事业管理
52	孙　璐	女	公共管理学院	劳动与社会保障	南京大学社会保障
53	诸晓玲	女	公共管理学院	劳动与社会保障	华中科技大学社会保障
54	卜　珂	女	商学院	财务管理	中南大学工商管理
55	张菲菲	女	商学院	财务管理	厦门大学财务学
56	孟　彤	女	商学院	财务管理	中国科技大学工商管理
57	于娟娟	女	商学院	工程管理	华东理工大学管理科学与工程
58	夏妮妮	女	商学院	工程管理	天津大学管理与经济学部工程管理
59	陆　强	男	商学院	工程管理	浙江大学管理科学与工程
60	乐怡倩	女	商学院	工程管理	厦门大学国际贸易学
61	马　丽	女	商学院	国际经济与贸易	南京大学工业工程
62	李润天	女	商学院	国际经济与贸易	南京大学法律
63	任栋莹	女	商学院	会计学	湖南大学工商管理(会计学)
64	王怡然	女	商学院	会计学	财政部财政科学研究所会计学
65	高　双	女	地球科学与工程学院	地理信息系统	武汉大学地图学与地理信息系统
66	向　涛	男	地球科学与工程学院	测绘工程	武汉大学大地测量学与测量工程
67	刘　芸	女	地球科学与工程学院	地质工程	同济大学岩土工程
68	张　晗	男	地球科学与工程学院	地理信息系统	陕西师范大学地图学与地理信息系统
69	杨　准	男	地球科学与工程学院	测绘工程	中国地质大学测绘科学与技术
70	常宴会	男	马克思主义学院	思想政治教育	中国人民大学马克思主义基本原理
71	顾闻阳	男	理学院	应用物理学	南京理工大学通信与信息系统
72	朱　昇	女	理学院	数学与应用数学	复旦大学应用数学
73	韦　韡	女	理学院	数学与应用数学	中国科学技术大学基础数学
74	徐　婷	女	环境学院	给水排水工程	同济大学市政工程

续表

序号	姓　名	性别	本科所在学院	本科生专业	接收单位及专业
75	史佳媛	女	环境学院	给水排水工程	东南大学市政工程
76	葛华飞	男	环境学院	给水排水工程	同济大学环境工程
77	周　琴	女	环境学院	环境工程	中国人民大学环境工程
78	赵桃桃	女	环境学院	环境工程	浙江大学市政工程
79	李闪星	女	环境学院	环境工程	湖南大学环境工程
80	杨倩倩	女	环境学院	环境工程	南京水利科学研究院环境工程
81	陈聪聪	女	环境学院	环境工程	厦门大学环境管理
82	樊　悦	女	外国语学院	英语	上海外国语大学英语语言文学
83	康赏赐	女	外国语学院	英语	上海外国语大学英语语言文学
84	庄冠群	男	外国语学院	英语	南京师范大学外国语言学及应用语言学
85	邓贤扬	男	力学与材料学院	工程力学	同济大学隧道及地下建筑工程
86	张　勉	男	力学与材料学院	工程力学	同济大学隧道及地下建筑工程
87	夏　强	男	力学与材料学院	材料科学与工程	同济大学材料学
88	圣兆兴	男	力学与材料学院	材料科学与工程	东南大学材料科学与工程
89	田曼丽	女	力学与材料学院	材料科学与工程	同济大学材料学
90	袁　珩	女	法学院	法学	南京大学宪法与行政法
91	彭　晨	男	机电工程学院	机械工程及自动化	浙江大学船舶与海洋结构物设计制造
92	李帮建	男	机电工程学院	机械工程及自动化	东南大学机械电子工程
93	吕明星	男	机电工程学院	机械工程及自动化	北京航空航天大学控制科学与工程
94	储佳伟	女	机电工程学院	机械工程及自动化	东南大学机械制造及其自动化
95	薛　飞	男	机电工程学院	机械工程及自动化	东南大学机械制造及其自动化
96	曾鹏飞	男	机电工程学院	机械工程及自动化	南京航空航天大学机械制造及其自动化
97	付建英	女	机电工程学院	热能与动力工程	浙江大学能源环境工程
98	蒋　淳	男	机电工程学院	热能与动力工程	上海交通大学动力工程及工程
99	李淑星	女	机电工程学院	金属材料工程	中国科学院上海硅酸盐研究所材料学
100	朱玉婷	女	机电工程学院	工业设计	东南大学工业设计
101	陈圣鹏	男	机电工程学院	数字媒体艺术	南京航空航天大学设计学
102	李　近	男	机电工程学院	工业设计	同济大学设计学
103	赵冠兴	男	机电工程学院	金属材料工程	清华大学材料工程
104	刘　权	男	计算机与信息学院(常州)	通信工程	中国科学技术大学信号与信息处理
105	吴　莉	女	计算机与信息学院(常州)	通信工程	东南大学信息与通信工程
106	陈文仙	女	计算机与信息学院(常州)	自动化	南京航空航天大学电力电子与电力传动

续表

序号	姓　名	性别	本科所在学院	本科生专业	接收单位及专业
107	荀　倩	女	计算机与信息学院(常州)	自动化	南京航空航天大学电力电子与电力传动
108	陈　玲	男	计算机与信息学院(常州)	电子信息工程	东南大学电磁场与微波技术
109	李枭雄	男	计算机与信息学院(常州)	电子信息工程	东南大学信息与通信工程
110	肖正陶	男	计算机与信息学院(常州)	计算机科学与技术	浙江大学软件工程
111	王　珊	女	计算机与信息学院(常州)	电子科学与技术	东南大学信息与通信工程
112	牛玉祥	男	计算机与信息学院(常州)	电子科学与技术	东南大学微电子学与固体电子学
113	张　骏	男	计算机与信息学院(常州)	通信工程	东南大学信息与通信工程
114	顾　铖	男	计算机与信息学院(常州)	计算机科学与技术	南京理工大学计算机应用技术
115	卞昊穹	男	计算机与信息学院(常州)	计算机科学与技术	中国人民大学计算机应用技术
116	毕经兰	女	商学院(常州)	会计学	东南大学会计
117	李　弘	女	商学院(常州)	会计学	天津大学金融
118	董云杰	女	商学院(常州)	会计学	中国海洋大学会计学
119	姜　萌	女	商学院(常州)	会计学	同济大学会计
120	吴晓云	女	商学院(常州)	工商管理	南京农业大学金融
121	赵九茹	女	商学院(常州)	信息管理与信息系统	华南理工大学工业工程与管理工程
122	姚　倩	女	商学院(常州)	信息管理与信息系统	浙江大学管理科学与工程
123	刘翘楚	女	商学院(常州)	工商管理	清华大学科技哲学
124	张　静	女	商学院(常州)	国际经济与贸易	中国矿业大学金融学

国家级、省级“质量工程”项目情况统计

表1　2011年新增国家级、省级“质量工程”项目一览表

项目名称	数量	获批项目
国家第七批特色专业建设点	2个	新能源科学与工程 物联网工程
专业认证	1个	水利水电工程
工程实验教育中心	3个	常州宝菱重工机械有限公司工程实践教育中心 江苏国光信息产业股份有限公司工程实践教育中心 中国交通建设集团第三航务工程局有限公司工程实践教育中心
江苏省高等学校精品教材	7部	产品造型设计材料与工艺 检测技术及仪表 高频电子线路实践教程 土木工程建设法规(第2版) 工程水文学(第4版) 水工钢筋混凝土结构学(第4版) 理论力学(第2版)
省级实验教学示范中心建设点	2个	工程训练中心 土木工程实验教学中心

表 2　2011 年新增国家级、省级实践教学“质量工程”项目一览表

项目名称	获批项目数
国家级大学生创新性实验计划	50
省级大学生实践创新训练计划	38

表 3　河海大学“十二五”本科校级规划立项建设教材一览表

序号	学院名称	教材名称	主编	拟交稿时间	新编/修订	评审结果	启动经费(元)
1	水文水资源学院	生态保护与修复	朱永华	2012.12	新编	一般立项	5000
2	水利水电学院	中国水利发展史教程	陈　菁	2013.6	新编	重点立项	8000
3	港口海岸与近海工程学院	水运工程检测、评估与加固	庄　宁	2013.9	新编	重点立项	8000
4		航道疏浚工程	吴　腾	2013.10	新编	重点立项	8000
5		水运工程设计软件应用	欧阳峰	2013.9	新编	一般立项	5000
6		水利工程制图	苏静波 王环玲 钟春欣	2013.6	修订	立项不资助	
7		港口物流概论	封学军 王　伟	2013.3	新编	立项不资助	
8	土木与交通学院	钢结构(第 4 版)	曹平周	2013.2	修订	重点立项	5000
9		水工钢筋混凝土结构学(第 5 版)	汪基伟	2012.12	修订	重点立项	5000
10		土木工程建设法规(第 3 版)	吴胜兴	2012.12	修订	重点立项	5000
11		水工钢筋混凝土结构学习辅导及习题(第 2 版)	丁晓唐	2012.12	修订	一般立项	4000
12	能源与电气学院	水力机组监测与故障诊断	郑　源	2013.6	新编	重点立项	8000
13		智能配电网及其高效运行	陈星莺	2012.12	新编	重点立项	8000
14		汽车概论	赵恒文	2012.8	新编	一般立项	5000
15		电力系统计算机辅助分析	潘学萍	2012.9	新编	立项不资助	
16		机械工程制图	郭建斌	2012.12	修订	立项不资助	
17	地球科学与工程学院	遥感与图像处理	周绍光	2012.6	新编	重点立项	8000
18		ArcGIS 基础数据生产与管理	许捍卫	2012.8	新编	一般立项	5000
19		水文地质勘察技术及应用	王建平	2012.6	新编	一般立项	5000
20	环境学院	固体废物处理与处置	朱　伟	2012.3	新编	重点立项	8000
21		环境影响评价	李　勇	2012.3	新编	一般立项	5000
22	力学与材料学院	理论力学(第 3 版)	武清玺	2013.9	修订	重点立项	5000
23		理论力学	河海大学理论力学课程组	2013.4	修订	重点立项	5000
24		土木工程材料	蒋林华	2013.6	新编	一般立项	5000

续表

序号	学院名称	教材名称	主编	拟交稿时间	新编/修订	评审结果	启动经费(元)
25	理学院	大学物理实验	朱卫华	2013.1	修订	重点立项	5000
26	商学院	市场营销管理(第三版)	钱旭潮 王 龙	2013.6	修订	重点立项	5000
27		国际结算(双语)	杨恺钧	2012.11	新编	一般立项	5000
28		工程项目管理——估价理论与实务	谈 飞	2012.5	新编	一般立项	5000
29		组织行为学	刘 戎	2012.12	新编	一般立项	5000
30		新编财务管理	杜晓荣	2013.6	新编	一般立项	5000
31		FIDIC 实务英语(英文)	周申蓓	2014.8	新编	立项不资助	
32		会计学	沈菊琴	2012.12	新编	立项不资助	
33		销售管理	张静中	2011.6	新编	立项不资助	
34		战略性人力资源管理	汪 群	2014.5	新编	立项不资助	
35	公共管理学院	大学生写作训练教程	沈晓静	2012.10	新编	重点立项	8000
36	法学院	商法教程	王建文	2013.5	修订	重点立项	5000
37		中国水资源法教程	王建文	2013.8	新编	一般立项	5000
38		国际河流法教程	王志坚	2012.12	新编	一般立项	5000
39	马克思主义学院	思想政治教育学基本原理	孙其昂	2012.12	修订	重点立项	5000
40		行政管理学	刘爱莲	2014.5	新编	立项不资助	
41	外国语学院	读经典翻译案例学英汉互译	祝吉芳	2013.6	新编	一般立项	5000
42	常州校区	材料成形技术基础	赵占西	2012.12	修订	重点立项	
43		设计工学概论	周 丰	2013.6	新编	重点立项	
44		NS 网络模拟器原理及应用	韩光洁	2013.12	新编	重点立项	
45		物联网技术与应用	胡 钢	2012.12	新编	重点立项	
46		新编管理信息系统	杜 栋	2012.12	修订	重点立项	
47		信息网络实验教程	潘江波	2013.11	新编	重点立项	
48		工业设计创新设计实验训练指南	严 波	2013.6	新编	一般立项	
49		多媒体艺术设计(基础篇)	全 鹰	2012.7	新编	一般立项	
50		数据库原理实践教程与案例开发	陈慧萍	2012.11	新编	一般立项	
51		跨文化交际英文教程	杨永东	2013.8	新编	一般立项	
52		羽毛球学习教程	刘宏玉	2013.6	新编	立项不资助	
53	学生处	大学生就业与创业指导	黄林楠	2012.12	新编	重点立项	8000
54	工程训练中心	创新思维训练与方法	娄保东	2012.12	新编	一般立项	5000

编写教材情况统计

2011 年编写教材情况统计表

教 材 名 称	编 写 人	出 版 单 位
风力机原理与应用	郑　源、赵振宇、高玉琴	中国水利水电出版社
模拟电子技术基础教程	李东新、王友仁	科学出版社
电气工程制图	赵恒文、刘皓明	中国水利水电出版社
IT 项目估价与定价	李　明、丰景春、张富洁	清华大学出版社
水轮机	郑　源	中国水利水电出版社
水利工程概论	沈振中	中国水利水电出版社
航道整治	徐金环	人民交通出版社
水文统计学	黄振平、陈元芳	中国水利水电出版社
微机原理与接口技术	张颖超、叶彦斐	电子工业出版社
国际河流与地区安全	王志坚	河海大学出版社
数字信号处理——原理、实验及综合应用	朱金秀	北京航空航天大学出版社
工程材料实践教程	杨顺贞、赵建华	机械工业出版社
产品改良设计	严　波、丁治中、冯亚娟、严春妍	河海大学出版社
产品概念设计	严　波、严春妍	河海大学出版社
数控加工工艺	庄曙东	电子工业出版社
色　彩	张　衡、谢　玓	河海大学出版社
素　描	张　衡	河海大学出版社
焊接结构分析与制造	陆亚珍、傅　强	中国水利水电出版社
高频电子线路实践教程	朱昌平、高　远、盛惠兴、殷　明、姚　澄、刘　艳	机械工业出版社
数字信号处理——原理、实验及综合应用	朱金秀、江　冰、吴　迪、周　妍	北京航空航天大学出版社
初高级排球重点技战术解析	孔令峰	中国商务出版社

实习基地、实验室建设情况统计

表 1　河海大学校外实习基地一览表

序号	基 地 名 称	相 关 学 院
1	江苏省宜兴市善卷洞管理处实习基地	水文水资源学院
2	安徽省芜湖市水文水资源局实习基地	水文水资源学院
3	江苏省南京市测绘勘察研究院实习基地	水文水资源学院

续表

序号	基地名称	相关学院
4	江苏省测绘工程院实习基地	水文水资源学院
5	黄河水利委员会水文局实习基地	水文水资源学院
6	江苏省张家港市水利局实习基地	水文水资源学院
7	江苏省张家港市水资源监测站实习基地	水文水资源学院
8	上海市徐汇区水务署实习基地	水文水资源学院
9	江苏省常熟市水利局实习基地	水文水资源学院
10	江苏省太仓市水利(水务)局实习基地	水文水资源学院
11	江苏省南通市水利勘测设计研究院实习基地	水文水资源学院
12	上海市水文总站实习基地	水文水资源学院
13	江苏省南京市浦口区水务局实习基地	水文水资源学院
14	江苏省无锡市文博旅游发展有限公司实习基地	水文水资源学院
15	安徽省黄山市水文水资源局实习基地	水文水资源学院
16	广西壮族自治区水文水资源局实习基地	水文水资源学院
17	浙江省新安江水力发电厂实习基地	水利水电学院
		能源与电气学院
		商学院
		理学院
18	江苏省镇江市谏壁发电厂实习基地	水利水电学院
19	江西省柘林水电开发有限责任公司实习基地	水利水电学院
20	浙江省安吉县水利局实习基地	水利水电学院
21	三峡水利枢纽实习基地	水利水电学院
		港口海岸与近海工程学院
		土木与交通学院
22	江苏省沙河抽水蓄能发电有限公司实习基地	水利水电学院
23	江苏省南京市蔬菜花卉科学研究所实习基地	水利水电学院
24	浙江省富春江富士水电设备有限公司实习基地	水利水电学院
25	华东电网有限公司富春江水力发电厂实习基地	水利水电学院
26	浙江省余姚市水利局实习基地	水利水电学院
27	安徽省淠史杭灌区管理总局实习基地	水利水电学院
28	上海市松江现代农业园区五库示范区管理委员会实习基地	水利水电学院
29	南京航空航天大学工程训练中心实习基地	水利水电学院
		计算机及信息学院
		力学与材料学院
30	江苏省连云港市港务局实习基地	港口海岸与近海工程学院
31	中港三航江苏公司实习基地	港口海岸与近海工程学院
32	江苏省连云港市交通局实习基地	港口海岸与近海工程学院

续表

序号	基地名称	相关学院
33	中港三航宁波分公司实习基地	港口海岸与近海工程学院
34	浙江省水利河口研究所实习基地	港口海岸与近海工程学院
35	江苏省连云港市三航局第五工程公司实习基地	港口海岸与近海工程学院
36	江苏省连云港市建港指挥部实习基地	港口海岸与近海工程学院
37	江苏省泰州市华通公路工程有限公司实习基地	港口海岸与近海工程学院
38	江苏省海宏建设工程有限公司实习基地	港口海岸与近海工程学院
39	江苏省扬州市航道管理处实习基地 *	港口海岸与近海工程学院
40	中交第三航务工程局有限公司实习基地 *	港口海岸与近海工程学院
41	江苏省大丰市港口管理局实习基地 *	港口海岸与近海工程学院
42	中电投江苏滨海港务有限公司实习基地 *	港口海岸与近海工程学院
43	江苏省地质测绘院测绘工程实习基地	地球科学与工程学院
44	华东天荒坪抽水蓄能有限责任公司测绘工程实习基地	地球科学与工程学院
45	南京师范大学人武学院测绘工程系实习基地	地球科学与工程学院
46	黄河勘测规划设计公司实习基地	地球科学与工程学院
47	广东省水利水电勘测研究院地质队实习基地	地球科学与工程学院
48	南京政治学院军事训练基地测绘工程系实习基地	地球科学与工程学院
49	江苏省邳州市水务局实习基地	土木与交通学院
50	江苏省南京矿用电缆厂实习基地	土木与交通学院
51	江苏埃菲尔钢结构有限公司实习基地	土木与交通学院
52	江苏省南通六建建设集团有限公司实习基地	土木与交通学院
53	浙江省杭州特诚地基工程有限公司实习基地	土木与交通学院
54	江苏省南京深圳装饰安装工程有限公司实习基地	土木与交通学院
55	陕西省交通公路设计有限公司实习基地	土木与交通学院
56	江苏省苏州天狮建设监理公司实习基地	土木与交通学院
57	上海市上海远洋国际集装箱储运有限公司实习基地	土木与交通学院
58	江苏省南京科冠工程技术有限公司实习基地	土木与交通学院
59	江苏省交通工程集团有限公司实习基地	土木与交通学院
60	陕西省宝鸡秦峰建筑有限责任公司实习基地	土木与交通学院
61	江苏省武进建筑安装工程有限公司二分公司实习基地	土木与交通学院
62	安徽省马鞍山市超强置业有限公司实习基地	土木与交通学院
63	江苏省拓进建设工程有限公司实习基地	土木与交通学院
64	北京市六建集团公司实习基地	土木与交通学院
65	江苏省广宇建设集团有限公司实习基地	土木与交通学院
66	江苏省南通六建建设集团有限公司南京分公司实习基地	土木与交通学院
67	河北省同晟建筑有限公司实习基地	土木与交通学院
68	江苏省南通百盛建筑工程有限公司实习基地	土木与交通学院

续表

序号	基地名称	相关学院
69	江苏省新湖宝华置业有限公司实习基地	土木与交通学院
70	江苏省南通建工集团股份有限公司实习基地	土木与交通学院
71	江苏省南京河海工程检测咨询有限公司实习基地	土木与交通学院
72	江苏省南京悦成建设工程有限公司实习基地	土木与交通学院
73	广西壮族自治区河海建筑工程有限责任公司实习基地 *	土木与交通学院
74	广东省珠海市中良房地产投资有限公司实习基地 *	土木与交通学院
75	江苏省仪征化纤股份有限公司给排水厂实习基地	环境学院
76	江苏省南京市江心洲污水处理厂实习基地	环境学院
77	江苏省无锡市太湖新城污水处理厂实习基地	环境学院
78	长江水利委员会长江下游水文水资源勘测局实习基地	环境学院
79	江苏省兆盛水工业装备集团有限公司实习基地	环境学院
80	江苏省无锡市城北污水处理厂实习基地	环境学院
81	江苏省南京市环境保护科学研究院实习基地	环境学院
82	浙江省天荒坪抽水蓄能电站实习基地	能源与电气学院
83	浙江省天荒坪抽水蓄能电站实习基地	理学院
84	江苏省扬州市飞龙气动液压设备有限公司实习基地	能源与电气学院
85	江苏省南京磐能电力科技股份有限公司实习基地	能源与电气学院
86	江苏省南京浩昇科技有限公司实习基地	能源与电气学院
87	江苏省中江信息技术培训学校实习基地	理学院
88	江苏省南京东软人才实训中心实习基地	计算机及信息学院
89	江苏省科泰技术服务有限公司实习基地	计算机及信息学院
90	江苏省南京通达海信信息技术有限公司实习基地	计算机及信息学院
91	江苏省东大建设有限公司实习基地	计算机及信息学院
92	江苏省南京思创信息技术有限公司实习基地	计算机及信息学院
93	江苏省苏宁电器连锁集团股份有限公司人力资源部实习基地	商学院
94	江苏省淮安市投资公司实习基地	商学院
95	江苏省南京北方光电有限公司实习基地	商学院
96	江苏省南京博文职业技术培训学校实习基地	商学院
97	江苏省南京市三益监理有限公司实习基地	商学院
98	江苏省南京市鸿信房地产开发有限公司实习基地	商学院
99	江苏省南通五建集团实习基地	商学院
100	江苏省南京市建发监理有限公司实习基地	商学院
101	江苏省外事服务中心实习基地	商学院
102	国电南自人力资源部实习基地	商学院
103	小浪底工程建设管理局实习基地	商学院
104	江苏教育电视台实习基地	公共管理学院

续表

序号	基地名称	相关学院
105	江苏省互联网新闻中心实习基地	公共管理学院
106	江苏省南京市劳动就业服务管理中心实习基地	公共管理学院
107	江苏省南京大有保险经纪有限公司实习基地	公共管理学院
108	江苏省南京市雨花区政府实习基地	公共管理学院
109	江苏省南京市鼓楼区政府实习基地	公共管理学院
110	江苏省南京市秦淮区政府实习基地	公共管理学院
111	江苏省南京市劳动监察大队实习基地 *	公共管理学院
112	江苏省心连心心理与健康咨询研究中心实习基地	公共管理学院
113	江苏省劳动和社会保障学会实习基地	公共管理学院
114	江苏省南京新善恒基混凝土有限公司实习基地	力学与材料学院
115	江苏省南京大地普瑞顶制件房司有限公司实习基地	力学与材料学院
116	江苏省南京水利建筑工程检测中心实习基地 *	力学与材料学院
117	安徽省天长市人民检察院实习基地	法学院
118	上海市协力律师事务所苏州分所实习基地 *	法学院
119	河海大学文天学院实习基地	外国语学院
120	江苏省外文书店实习基地 *	外国语学院
121	浙江省绍兴市水利局实习基地	大禹学院
122	江苏省常州兰翔机械总厂实习基地	机电工程学院
123	江苏省水利机械制造总厂实习基地	机电工程学院
124	江苏省利港电力有限公司实习基地	机电工程学院
125	江苏省常州飞天集团公司实习基地	机电工程学院
126	上海市上海锅炉厂实习基地	机电工程学院
127	江苏省华电戚墅堰发电有限公司实习基地	机电工程学院
128	上海市上海汽轮机厂实习基地	机电工程学院
129	江苏省常州爱斯特空调设备有限公司实习基地	机电工程学院
130	江苏省常州赛德热电厂实习基地	机电工程学院
131	江西省水利科学研究所实习基地	机电工程学院
132	江苏省常州市戚墅堰机车车辆厂实习基地	机电工程学院
133	江苏省常州飞天集团公司常州齿轮厂实习基地	机电工程学院
134	振华港口机械集团股份(有限)公司常州基地实习基地	机电工程学院
135	上海市上海宝钢集团常州冶金机械厂实习基地	机电工程学院
136	江苏省常州格力博工具有限公司实习基地	机电工程学院
137	江苏省常州宝菱重工机械有限公司实习基地 *	机电工程学院
138	江苏省常州三浦灵狐动漫产业有限公司实习基地	机电工程学院
139	江苏省常州银河半导体有限公司实习基地	计算机与信息学院(常州)
140	广东省广州周立功单片机发展有限公司实习基地	计算机与信息学院(常州)

续表

序号	基 地 名 称	相 关 学 院
141	江苏省常州市致远通用控制技术有限公司实习基地	计算机与信息学院(常州)
142	江苏省常州市东株电子有限公司实习基地	计算机与信息学院(常州)
143	江苏省常州新区加贝电器设备有限公司实习基地	计算机与信息学院(常州)
144	江苏省常州市国税局信息中心实习基地	计算机与信息学院(常州)
145	江苏省常州华城常半微电子有限公司实习基地	计算机与信息学院(常州)
146	水利部淮河水利委员会通信总站实习基地	计算机与信息学院(常州)
147	上海市上海微创软件有限公司实习基地	计算机与信息学院(常州)
148	江苏省常州市武进区横林镇人民政府实习基地	计算机与信息学院(常州)
149	水利部南京水利水文自动化研究所实习基地	计算机与信息学院(常州)
150	江苏省常州天成数码科技有限公司实习基地	计算机与信息学院(常州)
151	江苏省常州太平洋电力设备(集团)有限公司实习基地	计算机与信息学院(常州)
152	江苏省常州市金源南方铁路器材有限公司实习基地	计算机与信息学院(常州)
153	江苏省常州天合光能股份有限公司实习基地	商学院(常州)
154	铁道部戚墅堰机车车辆制造厂实习基地	商学院(常州)
155	江苏省常州大华进出口(集团)有限公司实习基地	商学院(常州)
156	江苏省常州机械设备进出口集团公司实习基地	商学院(常州)
157	江苏省武进外贸集团实习基地	商学院(常州)
158	江苏省常州高新技术产业开发进出口公司实习基地	商学院(常州)
159	江苏省常州新区发展(集团)总公司实习基地	商学院(常州)
160	江苏省常州金蝶软件有限公司实习基地	商学院(常州)
161	上海市上海制皂(集团)如皋有限公司实习基地	商学院(常州)
162	江苏省江阴市传澄制袜有限公司实习基地 *	商学院(常州)
163	江苏省南京市高淳县水产局实习基地 *	商学院(常州)

注：* 为当年新增实习基地。

表 2　河海大学教学实验室(中心)分布一览表

责任单位	个数	实验室(中心)
教务处	1	工程训练中心
水文水资源学院	1	水资源环境实验中心
水利水电学院	3	水利水电实验中心
		施工实验室
		农业工程实验室
港口海岸与近海工程学院	1	港口航道及海岸工程实验中心
土木与交通学院	2	结构工程实验室
		岩土力学实验室
环境学院	3	环境学院实验中心

续表

责任单位	个数	实验室(中心)
能源与电气学院	4	电工电子实验中心
		电气自动化实验中心
		水动实验室
		机械与金属结构监测实验室
计算机与信息学院	2	计算机基础实验中心
		信息技术实验中心
力学与材料学院	3	材料工程实验室
		力学实验中心
		水力学实验室
地球科学与工程学院	2	地质工程实验室
		测绘工程实验室
理学院	2	物理实验中心
		数学技术实验室
商学院	1	管理实验中心
公共管理学院	1	文科实验室
外国语学院	1	语音实验室
机电工程学院	3	常州校区工程训练中心
		机械基础实验教学中心
		机电工程学院实验中心
计算机与信息学院(常州)	3	计算机基础实验教学中心
		电子与信息技术实验教学中心
		电气信息专业综合实验中心
商学院(常州)	1	经济与管理实验教学实验中心
常州校区数理教学部	1	物理实验中心
常州校区外语教学部	1	语音实验室

就业情况统计

表 1　2011 届本科毕业生就业地区流向统计表　　(%)

地　区	华东	华南	华北	华中	西南	西北	东北
占毕业生人数比例	69.1	5.8	8	5	5.9	3.8	2.4

表 2　2011 届本科毕业生就业单位性质统计表　　(%)

单位性质	机关、事业	部队	升学、出国	企业	二次就业	其他
占就业毕业生人数比例	5	1.5	28.8	60.6	3.5	0.6

表 3　2011 届本科毕业生到重点行业就业情况统计表　　(%)

单位性质	到中水、中交、国电等单位	到其他重点单位	到其他一般单位
占就业毕业生人数比例	25.6	54.2	20.2

(教务处、学生处、研究生院、学生就业指导中心、常州校区供稿)

继续教育

概 况

一、办学规模与发展

按照“稳定发展学历教育，加强非学历培训，扩大自学考试专业领域，继续提高教育质量”的办学思路。在2011年全国继续教育大会上，教育部为我校授牌“高等学校继续教育示范基地”；校自考工作面向社会开办了环境工程(本科)、公共管理(本科)和行政管理(专科)(和南京大学合办)2.5个专业；新增福建、吉林省等6个校外教学点；鉴于在水利普查培训工作中所取得的成绩，国务院第一次全国水利普查领导小组办公室为我校颁发了“第一次全国水利普查国家级培训突出贡献单位”奖牌。

通过机制创新，2011年成人学历教育招生规模再创新高，招生人数达5571名，比上年增加38.47%。学生覆盖14个省(自治区)，成人学历教育在籍学生达7946名(2011年毕业生4806名，自考毕业生847名)，自考助学专业在读学生为3562名。

举办培训班48期，培训人数7619名，其中国家级水利普查培训班4期，共1958人；江苏省水利普查培训班8期，共3556人；其他面向水利行业常规培训班29期，共2105人。极大提高了学校的社会声誉。

“土木工程”和“电气工程及其自动化”入选2011年江苏省成人高等教育省级特色专业；“工程水文学”、“水文信息采集与处理”和“结构力学”入选2011年江苏省成人高等教育省级精品课程。

结合远程教育，成功申报国家级课题2项，省级教改重点课题1项，省成人教育协会和研究会重点课题各1项。参与教育部举办的“2011年继续教育数字化学习资源共享与服务成果展览会”。

根据《江苏省中长期教育改革和发展规划纲要(2010—2020年)》中关于改革考试招生制度的有关精神，为积极探索分类考试、综合评价、多元录取的成人高校招生模式，开展了面向艰苦行业推荐考核择优入学的试点工作。

二、教学改革与教学管理

加强成人教育教学过程管理，切实把工作重心转移到加强教学工作和提高人才培养质量上来，7946名学生教学秩序有条不紊，完成4806名毕业生毕业设计教学工作。

稳步开展远程教育平台和资源建设，以及现代教育模式研究；规划“继续教育综合教务管理信息系统”；建设了百个专题的远程教育学习资源；完成基于远程教育体系的成人高等教育培养方案(2011年版)，启动了远程教育平台建设。

“基层水利队伍培训工程”是我校发起的面向基层水利队伍培训的创新模式和手段。汇集了全国60余所水利行业定点培训机构和相关水利科研院所组成水利行业职工培训联盟，搭建开放式继续教育优质资源的供需与信息交互平台，为基层水利人才业务素质提升提供教育服务。已建成了基于“云服务”的联盟培训平台，开展的示范培训项目有：“全国水文站长培训班”、“全国乡镇水利站长培训班”和“全国水情预报员培训班”等，其中“全国乡镇水利站长示范培训班”是水利部“十二五”人才规划中的主要任务之一。

加强规范管理，提高办学质量。通过河海大学继续教育教学指导委员会，开展了校外教学点教育教学工作的评估、实施教师和巡考员派遣制度、全面梳理自考助学在籍学生等工作，促进了成人教育教学质量的提高。

加强校外教学点的建设与管理。通过建设校外学习中心(点)，促进教育资源重组和结构优化，稳定生源，提高管理效率；督导校外教学点和函授站，做好省、市教育部门对其进行的审批(备案)、年检、评估、清查等工作；2011 年新增加校外学习中心 6 个，目前校外学习中心已达 26 个。

召开 2011 年度继续教育校外教学点工作年会。主要围绕成人高等教育教学 2010 年工作总结和 2011 年工作目标、自学考试 2010 年工作总结和 2011 年工作打算、校外教学点招生宣传工作、我校继续教育的发展模式以及教学点的教学管理等进行专题研讨，研究、布置 2011 年教学、招生工作安排，总结交流上一年度函授教育教学管理工作及函授站招生工作经验。评选先进“校外教学点”1 个；表彰 2011 学年函授生“三好生”162 名、“优秀学生干部”36 名、“优秀函授站干部”12 名；表彰 2011 学年夜大学“优秀学生干部”20 名、“三好学生”54 名。对下一年度函授教育教学工作及函授站招生等工作进行了研讨和部署。

三、网络学院筹备工作

向教育部申请建设网络教育学院，构建现代远程继续教育的硬件支持系统，新建 2 台服务器；开发了现代远程继续教育的软件支持系统，组织开发了集网络教育、函授教育、夜大教育、自考教育、培训教务管理于一体的综合教务管理系统，设计并合作开发了基于“云服务”模式下面向水利行业的现代远程培训系统；完善了远程教育资源建设基础条件，建设了 2 个专业远程教育课程录播(答疑)教室，建设了可以同时支持 2 套教学现场课程录制的移动录播设备；加强了远程教育的数字化资源建设，录制了 112 余门远程教育课程。

专业设置情况

2011 年成人高等教育专业设置情况一览表

办学类型	学制	专业名称
函授(专科起点本科)	2.5 年	电气工程及其自动化 测绘工程 工程管理 会计学 水利水电工程 水文与水资源工程 土木工程 工商管理 机械工程及自动化 给水排水工程 焊接技术与工程
函授(高中起点本科)	5 年	电气工程及其自动化 水利水电工程

续表

办学类型	学制	专业名称
函授(专科)	2.5年	水利水电工程管理 土木工程 水利水电工程 财务管理 供用电技术 测绘工程技术 经济管理 机电一体化技术 工商企业管理 电气工程及其自动化 水文与水资源 农业水利技术 计算机信息管理
夜大(专科起点本科)	2.5年	会计学 工程管理 人力资源管理
夜大(高中起点本科)	5年	机械工程及自动化 人力资源管理 会计学 焊接技术与工程
夜大(专科)	2.5年	财务管理 人力资源管理 国际经济与贸易 数控技术 计算机信息管理 建筑工程管理 经济管理 机电一体化技术

学生分布情况

2011年成人高等教育学生分布情况 (人)

	毕业生数			招生数			在校学生数			毕业班学生数		
	计	本科	专科	计	本科	专科	计	本科	专科	计	本科	专科
总计	4806	2670	2136	4023	2595	1428	7946	5360	2586	3178	2020	1158
函授本专科	3179	2460	719	2997	2367	630	5869	4906	963	2198	1865	333
夜大本专科	1605	188	1417	1026	228	798	2077	454	1623	980	155	825
成人脱产班	22	22										
专升本	2648	2648		2095	2095		4115	4115		2020	2020	
高中起点本专科	2158	22	2136	1928	500	1428	3831	1245	2586	1158		1158

培训情况

2011年培训办班情况

序号	培训班名称	委托单位	培训时间	结业人数
1	江苏省第一次全国水利普查灌区专项普查培训班	江苏省水利普查办公室	2011.1.4	242
2	江苏省第一次全国水利普查行业能力建设情况普查培训班	江苏省水利普查办公室	2011.1.6	242
3	江苏省第一次全国水利普查数据处理培训班	江苏省水利普查办公室	2011.1.9	242
4	第一次全国水利普查清查登记阶段数据处理业务及专用软件国家级培训班	国务院第一次全国水利普查领导小组办公室	2011.2.21	330
5	第一次全国水利普查清查登记阶段数据处理业务及专用软件国家级培训班	国务院第一次全国水利普查领导小组办公室	2011.2.25	341
6	连云港领导干部培训班	连云港市水利局	2011.3.7	43
7	长江水利委员会水文局处级干部轮训班	长江水利委员会	2011.4.7	29
8	专升本成人高考补习班	继续教育学院	2011.4.15	10
9	淮安市水利系统领导干部培训班(第一期)	淮安市水利局	2011.4.19	55
10	江苏省第一次全国水利普查清查登记阶段数据处理业务及专用软件国家级培训班	江苏省水利普查办公室	2011.4.22	242
11	淮安市水利系统领导干部培训班(第二期)	淮安市水利局	2011.4.26	56
12	江苏省水利普查软件培训班	江苏省水利普查办公室	2011.5.5	242
13	河北省水务局局长培训班	河北省水利厅	2011.5.5	69
14	淮安市楚州区水利职工培训班	淮安市楚州区	2011.5.11	187
15	河北省农村饮水安全培训班	河北省水利厅	2011.5.14	150
16	海河水利委员会海河下游局领导干部培训班(第一期)	海河水利委员会海河下游局	2011.5.18	22
17	全国水文站长培训班 (第八期)	中国水利教育协会	2011.5.23	48
18	海河水利委员会海河下游局领导干部培训班(第二期)	海河水利委员会海河下游局	2011.5.25	23
19	《人水和谐与可持续发展》研修班	南京市委组织部	2011.6.7	70
20	江苏省第一次全国水利普查水土保持情况普查培训班	江苏省水利普查办公室	2011.8.11	242
21	海河水利委员会引滦局领导干部培训班(第一期)	海河水利委员会引滦局	2011.8.22	34
22	宁波市原水集团成人高考补习班	宁波市原水集团	2011.9.2	42
23	海河水利委员会引滦局领导干部培训班(第二期)	海河水利委员会引滦局	2011.9.12	28
24	连云港市水利局成人高考补习班	连云港市水利局	2011.9.16	70
25	遵义市水利局成人高考补习班	遵义市水利局	2011.9.17	109
26	第一次全国水利普查地下水取水井专项普查表上报国家级培训班	国务院第一次全国水利普查领导小组办公室	2011.9.20	346
27	淮河水利委员会2011年水利基础知识培训班	淮河水利委员会	2011.9.24	35
28	第一次全国水利普查水利工程基本情况普查填表上报国家级培训班	国务院第一次全国水利普查领导小组办公室	2011.9.25	458

续表

序号	培训班名称	委托单位	培训时间	结业人数
29	南京市建设工程拟聘评标专家培训班	南京市建设委员会	2011.9.25	412
30	苏州市水利专业知识高级研修班	苏州市水利局	2011.10.9	41
31	贵州省水利改革发展高级研修班	贵州省水利厅	2011.10.16	33
32	第二期全国水情预报员培训班	水利部水文局	2011.10.18	103
33	南京市领导干部进高校选学	南京市委组织部	2011.10.18	30
34	首期全国乡镇水利站长示范培训班	水利部人事司	2011.10.23	72
35	洪水预报预警技术国际研讨班	水利部水文局	2011.10.24	32
36	江苏省第一次全国水利普查第二阶段省级水利工程培训班	江苏省水利普查办公室	2011.10.25	280
37	江苏省第一次全国水利普查第二阶段省级灌区培训班	江苏省水利普查办公室	2011.10.27	280
38	江苏省第一次全国水利普查第二阶段省级行业能力培训班	江苏省水利普查办公室	2011.10.29	280
39	江苏省第一次全国水利普查第二阶段省级经济社会用水培训班	江苏省水利普查办公室	2011.11.1	280
40	江苏省第一次全国水利普查第二阶段省级河湖开发治理培训班	江苏省水利普查办公室	2011.11.3	280
41	江苏省第一次全国水利普查第二阶段省级地下水取水培训班	江苏省水利普查办公室	2011.11.5	280
42	江苏省第一次全国水利普查第二阶段省级档案培训班	江苏省水利普查办公室	2011.11.7	180
43	松辽水利委员会青年干部培训班	松辽水利委员会	2011.11.2	33
44	第二期全国乡镇水利站长示范培训班	水利部人事司	2011.11.13	71
45	第九期全国水文站站长培训班	中国水利教育协会	2011.11.14	158
46	淮河水利委员会专业技术人员高级研修班	淮河水利委员会	2011.11.20	40
47	第 次全国水利普查填表上报阶段数据处理业务及专用软件国家级培训班	国务院第一次全国水利普查领导小组办公室	2011.11.28	483
48	江苏省第一次全国水利普查填表上报阶段数据处理业务及专用软件培训班	江苏省水利普查办公室	2011.12.22	244
合计				7619

校外教学点

继续教育校外教学点分布情况

序号	校外教学点	通讯地址	备注
1	安徽水利水电职业技术学院	安徽省合肥市东门合马路18号	
2	安徽省水文局职工培训中心	安徽省合肥市桐江路19号	
3	安徽蚌埠交通局	安徽省蚌埠市沿淮路255号	

续表

序号	校外教学点	通讯地址	备注
4	山西水利职业技术学院	山西省太原市滨河西路北段2号	
5	云南省水利水电学校	云南省昆明市龙泉路669号	
6	浙江同济科技职业学院	浙江省杭州市萧山区钱江科教园区规划二路8号	
7	浙江水利水电专科学校	浙江省杭州市下沙高教园区学林街583号	
8	新疆水利水电学校	新疆维吾尔自治区乌鲁木齐市喀什东路50号	
9	黄河水利职业技术学院	河南省开封市西门大街115号	
10	沈阳农业大学高等职业技术学院	辽宁省沈阳市沈北新区虎石台镇建设南一路	
11	福建水利电力职业技术学院	福建省三明市永安市东门路199号	
12	广东水利电力职业技术学院	广东省广州市天河天寿路冶益直街1号	
13	广西南宁水电技工学校	广西壮族自治区南宁市大学西路可利路86号	
14	苏州工业园区职业技术学院	江苏省苏州工业园区杨东路211号	
15	昆山市人才培训中心	江苏省昆山市前进中路305号	
16	扬州中共江都市委党校	江苏省江都市龙城路80号	
17	中共如东县委党校	江苏省如东县掘港镇碧霞南路24号	
18	东海县人才管理办公室	江苏省东海县牛山镇海陵东路227号	
19	湖南省水文局	湖南省长沙市韶山北路370号	
20	四川水利职业技术学院	四川省都江堰市水校路88号	
21	陕西省水利技工学校	陕西省咸阳市泾阳县永乐镇北	
22	洪泽新东方学校	江苏省洪泽县人民路27号	
23	贵州省水利电力学校	贵州省贵阳市宝山南路82号	
24	江西环境工程职业学院继续教育学院	江西省赣州市章贡区湖边	
25	常熟市沙家浜镇职教中心	江苏省常熟市沙家浜镇唐市中环路10号	2011年新增
26	长春水利电力学校	吉林省长春市绿园区正阳街1841号	2011年新增
27	连云港市水利局	江苏省连云港市海昌南路11号	2011年新增
28	宁波原水集团有限公司	浙江省宁波市鄞州区天银路55号	2011年新增
29	遵义市水利局	贵州省遵义市汇川区	2011年新增
30	淮安市水利局	江苏省淮安市深圳路9号	2011年新增
31	河海大学常州校区	江苏省常州市新北区河海路5号	
32	南京金陵石化技工学校	江苏省南京市集庆门凤游寺49号	
33	江宁区工会职工学校	江苏省南京市江宁区东山镇上元大街707号	
34	徐州工业职业技术学院	江苏省徐州市黄河北路90号	
35	扬州职业大学	江苏省扬州市盐阜西路6号	
36	南通农业职业技术学院	江苏省南通市青年东路148号	
37	常州建设高等职业技术学院	江苏省常州市花园新村西大袁家塘55号	
38	江苏农林职业技术学院	江苏省句容市长江路3号	
39	扬州环境资源职业技术学院	江苏省扬州市润扬南路33号	
40	江苏经贸职业技术学院	江苏省南京市石门坎104号	

（继续教育学院供稿）

高教研究

概　　况

一、研究机构

我校高等教育研究的组织机构主要有高等教育研究所、公共管理学院高等教育学硕士点和高等教育研究会等。

高等教育研究所创建于1984年5月，其前身为高等教育研究室，挂靠教务处。1987年成立高等教育研究所，1987—2003年期间为独立处级部门。2004—2006年挂靠教务处，2007年挂靠发展规划处。

高等教育学硕士点始建于2001年，设置在公共管理学院，有教育史、教育管理、学位与研究生教育、大学德育4个研究方向。现有教师12人，其中教授8人，副教授3人，讲师1人；具有博士学位的教师5人，硕士学位教师4人，在校研究生55人。

高等教育研究会主要围绕教育管理、大学生心理健康、高等教育质量评估、高等学校发展规划、专业建设、课程建设等开展研究工作，现有17位常务理事，34位理事。

二、研究课题

结合学校当前改革与发展实际在全校范围内征集、拟定和发布选题，广泛组织全校研究力量申报河海大学“十二五”高等教育科学研究课题。围绕大学文化建设、大学章程研究、师资队伍建设和教师发展、卓越工程师培养、创新创业人才培养、研究生教育、大学生培养、高校管理、科研管理等方面立项课题19项，其中重点课题3项，面上课题16项。

组织申报江苏省高等教育学会“十二五”高等教育科学研究课题，我校有6项课题获立项，其中重点资助课题1项，资助课题1项，立项不资助课题4项，获资助经费2.3万元，获中国高等教育学会“十二五”高等教育研究课题1项。

组织申报“十二五”水利高等教育研究规划课题，我校有6项研究课题获立项，其中重点课题1项，一般课题5项，获资助经费1.5万元。

组织申报江苏省教育科学“十二五”规划课题，我校有7项课题获立项，其中重点资助课题2项，重点自筹课题2项，立项课题3项，获资助经费2.4万元。

进一步推进课题研究工作。完成了我校“十一五”立项的1项江苏省高教学会重点资助课题《独立学院(民办二级学院)的现状及发展趋势研究——以江苏省为例》和1项规划课题《高校创新创业人才培养与创业教育课程设置研究》以及2项江苏省教育科学规划课题重点资助课题《借鉴欧洲工程教育改革，创新课程体系的研究》、《高校质量文化建设与评价研究》；1项重点自筹课题《流动儿童基础教育公平研究》和1项青年自筹专项课题《江苏理工科院校创新人才培养课程体系设计与评价》以及4项立项课题《基于“研究型”理念的创新人才培养模式的研究》、《江苏籍院士成长规律的研究》、《西方高等教育学说研究》、《大学生学习适应性特点及其影响因素研究》的结题和报送工作。对校高等教育研究2010年度课题进行中期检查。

三、学术活动

举办校庆95周年高等教育研究成果报告会，报告会形式有专家报告会、青年学者论坛等。

加强与上级主管部门、学会以及兄弟院校之间的联系。配合中国高等教育学会进一步深入落实

《教育部办公厅关于进一步加强高等教育研究机构建设的意见》的文件精神，统计我校相关数据，提交《高等教育研究机构普查表》。

宣传高教研究成果，扩大学术交流。参加了江苏省教育科学“十二五”规划课题申报培训会议，在组织我校研究力量申报课题的同时，学习和借鉴省级研究课题管理相关工作思路以指导我校高教研究课题的管理工作。参加了由江苏省教育厅主办的全省教育科研工作会议，提交以《围绕学校重点工作，深入开展高等教育研究》为题的我校教育科研工作经验交流材料，被选为大会书面交流材料印发，参加各级高等教育学会主办的学术会议 5 人次。为江苏省高等教育学会 2011 年度以“建设高教强省·综合改革”为主题的学术研讨会征集论文，我校报送论文 3 篇，1 篇入选《江苏高教评论 2011》。

四、研究成果

总结我校“十一五”高等教育研究成果，参加省部级优秀成果评奖活动。全年共发表论文 30 多篇，获“十一五”水利教育优秀研究成果奖一等奖 2 项，二等奖 3 项；获江苏省高等教育学会第十次高等教育科学研究成果奖三等奖 6 项。

五、其他

完成《河海大学学报(哲学社会科学版)》2011 年高等教育与管理专辑的组稿工作，共组织稿件 45 篇。

做好资料室管理、建设与服务工作，完成 2011 年期刊借阅、整理、装订工作。

对我校教职人员在教育学术团体中任职情况进行了调查和统计。2 人次获“江苏省教育科研先进个人”、“江苏省教育科研先进工作者”称号。

高等教育研究新立项课题

表 1　2011 年度高等教育科学研究课题

序号	课题编号	课题名称	主持人	课题类别
1	20111101	传承、发展和弘扬河海大学文化对策研究	万国彤	重点课题
2	20111102	高校人才队伍系统化构建与培养的理论与实践分析	曹继平	重点课题
3	20111103	国内外大学章程比较研究	郭继超	重点课题
4	20111201	具有河海特色廉洁文化及其教育体系研究	高德华	面上课题
5	20111202	基于创新人才培养的大学文化建设研究	张友琴	面上课题
6	20111203	拔尖创新型人才培养模式与我校实践研究	李冠华	面上课题
7	20111204	“卓越工程师教育培养计划”的创新与实践研究——以“港口航道与海岸工程”工程实践教育中心为例	陈　达	面上课题
8	20111205	计算机专业“卓越工程师教育培养计划”课程体系及教学规范研究	陈慧萍	面上课题
9	20111206	基于“卓越计划”的高校实验教学模式的创新与保障	段　蓉	面上课题
10	20111207	研究生职业生涯规划与我校实践研究	黄林楠	面上课题
11	20111208	基于“大教务”信息平台的研究生与本科生课程教学管理融合研究	于　伟	面上课题

续表

序号	课题编号	课题名称	主持人	课题类别
12	20111209	基于"新生研讨课"视角的中美研究型大学创新人才培养体系比较研究	沈蓓绯	面上课题
13	20111210	数字环境下大学生信息素养及培养策略研究	胡　钢	面上课题
14	20111211	高校积极组织系统因素对家庭经济困难大学生心理健康的影响效应研究——以河海大学为例	施春华	面上课题
15	20111212	工程领域人才外语口语能力培养模式及我校实践研究	尤　震	面上课题
16	20111213	高校突发事件应急机制及应对策略研究	宋瑞平	面上课题
17	20111214	水利行业院校优势特色学科建设探索——以河海大学为例	李　枫 赵海伟	面上课题
18	20111215	我校优势学科科研产出质量评估	谢友宁	面上课题
19	20111216	中央高校基本科研业务费管理模式研究	于　娜	面上课题

表2　中国高等教育学会"十二五"教育科学规划立项课题情况

序号	课题编号	课题名称	主持人	课题类别
1	11YB089	基于韧性理论的家庭经济困难大学生心理健康机制研究	施春华	一般课题

表3　江苏省高等教育学会"十二五"教育科学规划立项课题情况

序号	课题编号	课题名称	主持人	课题类别
1	11YB089	基于韧性理论的家庭经济困难大学生心理健康机制研究	施春华	重点资助课题
2	KT2011174	"卓越计划"课堂有效教学方法的研究	朱昌平	资助课题
3	KT2011171	基于素质能力培养的大学生创新创业教育模式研究	黄林楠	立　项
4	KT2011181	基于社会需求导向的大学创新(创业)教育目标及评价体系研究	安　文	立　项
5	KT2011182	基于创业教育的中美高校拔尖创新人才培养模式比较研究	沈蓓绯	立　项
6	KT2011183	构建模块化实践教学体系提升IT大学生工程实践能力	齐本胜	立　项

表4　江苏省教育科学"十二五"规划2011年度立项课题情况

序号	课题编号	课题名称	主持人	课题类别
1	B-a/2011/01/007	江苏城乡义务教育均衡发展的财政保障政策研究	陈静漪	重点资助
2	C-a/2011/01/02	中美研究型大学通识教育的比较研究	沈蓓绯	重点资助
3	C-b/2011/01/06	基于校企联合培养的高等工程教育课程开发研究	吴　洁	重点自筹
4	T-b/2011/09	江苏普通高校军事课师资队伍建设现状、问题与对策研究	王建中	重点自筹
5	D/2011/01/008	创新型工程人才的领导力培养——兼论郑肇经工程教育思想与实践研究	姜晓平 潘　静	立　项
6	D/2011/01/009	大学生志愿者行为的调查和实验研究	施春华	立　项
7	D//2011/03/009	以学为主的产学研合作平台机制研究——以企业研究生工作站为例	沈金荣	立　项

表5 “十二五”水利高等教育研究课题立项课题情况

序号	课题名称	主持人	课题类别
1	新时期水利类高校多元化人才培养模式的研究与实践	叶鸿蔚	重点
2	卓越工程师教育培养体系研究与实践	江冰	一般
3	融产学研、产业集群和学科集群三位一体的卓越工程型水利人才培养模式研究与实践	邓建高	一般
4	基于水利发展需求导向的创新教育目标及评价体系研究	安文	一般
5	工程教育视阈下的水利类教师专业发展途径研究	刘丹平	一般
6	水利高等院校课堂教学成本调查研究	刘晓农	一般

(高等教育研究所、常州校区供稿)

科技工作

概况

一、科技经费

全年新增科技经费总量达7.92亿元,其中科研合同经费4.83亿元,到账经费3.74亿元;科技产业和科研成果转化支持经费3.1亿元。

二、重点科技项目

坚持强化基础理论研究,提升学术水平,加强国家科技计划项目组织与申报,在国家自然科学基金、国家社科基金、重大科技专项、国家科技支撑计划、“973”计划等方面取得重大突破。共获得国家自然科学基金资助项目122项,较去年增长65%;总资助经费7444万元,项目数和经费数均创历史新高。其中,获得国家自然科学基金重大项目1项,课题1项;在水利、土木、电工、力学、地学等学科获得国家自然科学基金重点项目5项;在水利学科和力学学科获国家自然科学基金杰出青年基金项目2项;获面上项目46项,青年基金66项,国际合作与交流及会议项目2项。国家社科基金也获重大进展,获批国家社科基金重大项目1项(首次),国家社科面上基金7项。获批“973”课题4项;获批国家科技重大专项2项;申报“十二五”国家科技支撑计划社发领域项目8项,启动1项,入库2项,还有若干联合申报项目入库;申报“十二五”国家科技支撑计划高技术发展与产业领域项目9项,入库3项;获批“十二五”武器装备预研(教育部支撑计划)项目2项。创新团队及人才计划建设项目也取得较好成绩,获批教育部长江学者和创新团队发展计划1项、高等学校学科创新引智计划项目1项、江苏高校优秀科技创新团队1个。

充分发挥中央高校基本科研业务费的作用,在人才培养、科技创新方面形成稳定的科研资助体系,加大科技创新团队及其高层次领军人才培育,加大重大项目培育,继续加大青年教师科研能力培养。本年度核拨业务费总额1933万元,共资助立项163项,其中高等教育研究课题17项,青年教师项目31项,新引进教师科研启动项目70项,人文社科专项基金项目10项,专项资助项目11

项，学校专项项目 20 项。

三、科技成果

全年共获省部级奖 58 项，其中我校主持 29 项。以我校为主持单位获得国家科学技术奖 3 项，其中首次作为主持单位获得国家发明奖二等奖 1 项，获国家科技进步二等奖 2 项。

全年专利申请量达到 729 件，其中申请发明专利 460 件；专利授权数达到 309 件，其中获发明专利授权 94 件。发明专利申请及授权数取得新高。

高水平论文数有较大增长，2011 年中信所公布我校 2010 年度被检索论文总数为 2300 篇，其中 SCI 219 篇、EI 494 篇、ISTP 431 篇、中信所 1156 篇；CSSCI 检索论文 347 篇。

做好科技成果的宣传、转化和项目转让对接等工作，及时更新和维护网站上的成果信息，建设河海大学技术转移中心网站。及时搜集各项科技成果信息，汇编各类科技成果宣传册，组织学校专家和可转化成果材料参加在江苏省、南京市、宿迁市、盐城市、长沙市等地举办的科技成果展示洽谈会。

四、科研基地

水资源高效利用与工程安全国家工程研究中心高标准通过国家发改委验收，验收委员会充分肯定水资源高效利用与工程安全国家工程研究中心建设期所取得的成绩，一致认为其已全面超额完成了建设期的目标和任务，在运行机制、人才队伍、条件建设、技术转移等方面成效显著，一致同意通过验收。

疏浚技术教育部工程研究中心、江苏省水资源与可持续发展研究中心以及南京市土工合成材料工程研究中心均高质量通过验收。

新增江苏省大型工程地基基础稳定性与安全监控工程技术研究中心、江苏省建筑物裂缝控制工程技术研究中心和江苏企业国际化发展研究基地——江苏省决策咨询基地。

加强与各级政府合作，成立水利部人力资源研究院、水利政策法制研究与培训中心以及江苏省高校技术转移中心(河海大学)、河海大学南通海洋与近海工程研究院。

五、学术交流

全年共组织各类学术活动近 1300 场次。根据《河海大学关于资助教职工参加国内外学术活动的有关规定》，利用学校专项资金，共资助由我校主办或协办的大型学术活动 15 场次，资助 90 余名教师参加国内外各类学术活动。加强对学术交流专项经费资助的管理，重点资助参加国际性、专业性大型学术会议。

六、科技管理

完善办事流程，规范办事程序，进一步提高办事效率与服务水平。每月召开科技工作例会，发布会议纪要，每月编写并发布《河海科技简报》等材料。举办科技管理研修、科学基金工作会议、各类专项课题和重大工程课题申报研讨等，提高科技管理队伍业务能力与管理水平。完善各项科技管理政策，修订河海大学中央高校基本科研业务费专项资金管理实施细则，制定国防科技项目管理办法，选派人员参加军工工作相关资格认定培训，国军标质量体系通过认证。

2011 年校科技处被江苏省哲学社会科学规划办授予江苏社科基金项目管理先进单位(2006—2010 年)；我校的技术市场统计工作被江苏省技术市场管理办公室评为先进单位(2010 年度)；被江苏省科协授予江苏省高校科协工作先进集体(2010 年度)。

七、科普工作

举办 2011 年“世界水日”、“中国水周”系列活动，举办“第二十三届校园科普周活动”、第九届学生“科普画”大赛、第六届及第七届“科普杯”知识竞赛、2011 年全国科普日迎新生科普知识竞赛。参加了江苏省举办的“2011 年全国科技活动周暨江苏省第二十三届科普宣传周活动”。

国家科技平台

水文水资源与水利工程科学国家重点实验室

一、研究工作和水平

1. 承担研究项目情况

2011 年，实验室共承担研究项目 61 项，到款经费 8120.35 万元，较 2010 年增长 22.5%(见表1)。其中国家级项目 43 项，经费 5659.45 万元，占经费总额的 69.7%。国家自然科学基金工作取得重大突破，首次获批主持 1 项国家自然科学基金重大项目，同时获批杰出青年基金项目和重点项目各 1 项。

表 1 实验室 2011 年度在研项目构成情况

	国家级						省部级	国际合作	横向合作
	“973”计划	“863”计划	科技支撑	科技重大专项	国家重大工程	国家自然科学基金			
课题(项)	5	1	1	3	4	29	8	6	4
经费(万元)	916.46	18	32	82.7	3597.79	1012.5	1152.9	349	959

2. 研究成果及其影响

2011 年，发表论文 498 篇，其中在国内外重要学术期刊发表论文 468 篇，SCI 检索论文 86 篇，较 2010 年增长 41%；EI 检索论文 151 篇，较 2010 年增长 31%。出版学术专著 5 部。新授权发明专利 15 项，软件著作权 4 项。

2011 年度获国家科技进步奖二等奖 2 项(主持单位)，省部级科技进步奖 7 项，其中省部级特等奖 2 项(主持单位 1 项)，一等奖 2 项(主持单位)，二等奖 2 项(主持单位 1 项)。

二、队伍建设和人才培养

1. 实验室队伍基本情况

2011 年，实验室继续凝聚优势团队力量，建设实验室方向团队，形成了由固定研究人员、流动人员及博士后、博硕士研究生组成且具有稳定研究方向的研究团队。

实验室现有 80 名在职人员，其中固定研究人员 71 人，专职技术支撑与管理人员 9 人。固定研究人员中具有正高级技术职务 45 人(占 63.4%)，有博士学位 66 人(占 93.0%)，45 岁以上人员 26 人(占 36.6%)，35～45 岁人员 28 人(占 39.4%)，35 岁及以下人员 17 人(占 23.9%)。现有中国工程院院士 2 人，长江学者奖励计划特聘教授 1 人，“千人计划”引进人才 2 人，国家杰出青年基金获得者 2 人，新世纪百千万人才工程国家级人选 7 人，教育部新世纪优秀人才支持计划 5 人，江苏省“333 高层次人才培养工程”首席科学家 1 人，江苏省“333 高层次人才培养工程”中青年科技领军人才 7 人，江苏省“333 高层次人才培养工程”首批中青年科学技术带头人 15 人，教育部“长江学者和创新团队发展计划”创新团队 1 个，“111 引智基地”2 个。

2. 人才培养与成效

2011 年，余钟波教授入选“海外高层次人才引进计划(千人计划)”，唐洪武教授获国家杰出青年基金资助。肖洋教授、雍斌教授、石朋副教授、龚政副教授、王卫光副教授、陈军飞副教授、张蔚副教授分别赴英国剑桥大学、美国俄克拉荷马大学、德国斯图加特大学、荷兰代尔夫特理工大学、澳大利亚联邦科学与工业研究组织、荷兰乌得勒支大学进行为期1年的交流访问。

现有博士后在站人员32人，出站6人。博士研究生在读148人，硕士研究生在读299人。

三、学术交流与运行管理

1. 学术交流

2011年，实验室先后举办、承办国际国内学术会议7场，包括2011中国(南京)农业水利与自然农法国际论坛、水灾害预测与防治国际研讨会、气候变化与水问题国际研讨会、第二届中国—西班牙水论坛。

2011年度实验室邀请国内外知名专家学者60人次到实验室进行学术交流，包括吉林大学林学钰院士、联合国教科文组织(UNESCO)Shahbaz Khan教授和澳大利亚墨累—达令流域管理局(MDBA)Tariq Rana博士、美国内布拉斯加大学自然资源学院Kyle D. Hoagland教授、澳大利亚联邦科工组水土所Susan Cuddy和Yun Chen博士、德国基尔大学Georg Hoermann博士、新西兰国立水与大气研究所(NIWA)王铁军博士、澳大利亚联邦科工组织迪帕克·阿迪卡力高级研究员等。美国威廉玛丽学院弗吉利亚海洋研究所Jerome P. Y. Maa教授、韩国海洋研究院的首席科学家李东永博士来室进行为期2个月的客座研究。

实验室建立“学术午餐会”制度，每月1次。搭建了不同学术观点、不同学科背景、不同层次的研究人员进行交流的平台，本年度共连续举行了7场。本年度实验室有54人次参加国际会议，136人次参加国内会议，10人次在国内会议上做特邀报告。大会特邀报告包括：张建云教授在“2011中国水战略与水安全高层论坛”上做《关于我国江河治理中几个问题的思考》大会特邀报告；唐洪武教授在“第四届长江论坛”上做《涉河工程(群)与河势控制》大会特邀报告；彭世彰教授在“第九届海峡两岸农村水利技术研讨会”上做《灌排调控的稻田节水生态效应》大会特邀报告等。

2. 国际合作

2011年度，实验室人员主持、参与了6项国际合作项目。张建云院士与荷兰UNESCO-IHE合作，开展了“气候变化对黄土高原典型支流水资源的影响及适应对策”项目研究；王国庆教授级高级工程师与英国国际发展部、瑞士发展合作署合作，主持的“气候变化对中国区域水资源影响评估”国际合作项目进展顺利；郑金海教授承担了韩国海洋研究所开放基金课题“异常波浪分析和预测的基础研究”。

3. 实验平台建议与开放共享

实验室不断完善基础实验设施，2011年新增价值30万元及以上大型仪器设备6台(套)。实验室实验设施向国内外应用基础研究和高层次人才培养开放共享，2011年有160余项科研项目使用实验平台，大型仪器设备使用率最高为100%，平均使用率为69.88%，共享率最高96.2%，平均共享率为67.50%。实验平台全年接待实验人数380多人，接待实验1800多人/次。平台为多项科研项目提供实验支持，其中“973”项目(含课题和子课题)5项，“863”项目(含子课题)2项，国家自然科学基金重点项目4项，国家科技重大专项2项，国家重大工程项目3项，国家自然科学基金面上项目23项，国家科技支撑计划项目课题2项，博士点基金3项，省部级及其他项目20余项。

实验室进一步丰富数据资源、软件资源、文档资源，利用基于校园网的“信息资源共享平台”，为相关研究人员提供基于自愿原则的资源共享服务。

四、实验室公众开放活动

2011年度共接待参观访问约790人次，举办科技夏令营1次、科普讲座5次，组织学生社会实践5次。接待大学生250人次，中学生140人次，小学生50人次，其他人员350人次。其中，2011年6月15日，以布隆迪高等教育与科研部长朱利安·尼穆博纳为团长的布隆迪教育代表团一行5人来到实验室进行访问；10月14日，来自台湾大学、成功大学、嘉义大学、淡江大学以及台湾海洋大学的共约20位师生来到实验室进行访问；10月17日，南京大学大气科学学院袁慧玲教授师生一行10余人访问实验室。

五、依托单位与主管部门的支持

2011年，实验室的依托单位和主管部门继续完善和落实“学术特区”的相关政策，在实验室建设方向团队、培养高层次人才、培育重大科研项目、完善访问学者制度、促进学术交流与合作等方面给予大力支持。

2011年12月11日，依托单位双方领导在实验室学术委员会会议上进一步明确要强化对实验室建设与运行的领导与投入，为实验室的评估准备工作提供强有力的条件保障，以评估工作促进实验室的发展。

水资源高效利用与工程安全国家工程研究中心

一、优质通过国家发改委验收

2011年12月16日，中心以优异成绩通过国家发改委验收。此次验收委员会以中国工程院郑守仁院士为主任、中国科学院汪集旸院士为副主任，由11位相关领域的学术权威和行业专家组成，审查了总结报告的支撑材料原件及各类档案资料572卷，查验了中心和依托单位相关部处的信息系统，对11个现场环境及其设备使用情况进行实地考察，对工作报告进行审议和质询，最后给予高度评价，认为中心定位准确，机制创新，管理规范，特色鲜明，优势突出，一致同意通过验收。

二、修订中心战略规划，完善运行体系

2011年1月20日召开了中心建设管理委员会会议，王乘校长担任建委会主任，会议协调了中心建设与管理工作，决策验收、条件建设、技术孵化大楼建设等相关重大事项，保障了中心建设工作顺利进行。

2011年11月14日，中心第二届技术委员会第一次会议在江宁校区召开。本届技术委员会继续聘任陆佑楣院士为主任，另聘请7位院士、11位教授或教授级高级工程师担任委员。本届技术委员会既可以从研究开发前沿给中心提出前瞻性意见，也可以从技术产品需求高端为中心提供指导性建议，为中心实现国家要求的建设目标发挥巨大作用。

三、技术领域

中心根据国家水利行业和产业发展需求，在水资源、水环境、水工程安全三大领域的水资源利用、水资源合理配置、长距离调水调度与仿真、水污染控制与治理、水工程安全5个研发方向，以及拓展的新能源(风电)等业务，进行了行业及产业关键共性技术的研发和技术扩散与转移，形成实时水文预报与梯级水库群调度、极值洪水计算、流域水文模拟、水信息采集与处理、水资源合理配置、水力学与河流动力学、水利水电工程、河口城市水环境及其模拟、淤泥污泥资源化及水生态修复、水环境模拟系统及监控技术、污水处理新技术关键设备产业化、高边坡及大型地下洞室群工程安全、大坝安全监控与分析、岩土工程安全与加固、海上风电运行与控制等15个技术集群。

四、研发实验/试验基地

构建了10个实验/试验/测试平台，2个小试/中试环境，在中试/产业化基地(南京河海南自水电自动化有限公司)建成1个检测平台、1条设备成套生产线；重点建设了江宁校区博学楼内的水资源综合计算与分析研发实验平台等5个实验/试验/测试平台(建筑面积950平方米)，及水资源大

厅内的水文水资源、水电模拟测试中试环境(建筑面积 400 平方米)。2011 年累计完成 840.4983 万元国家补助资金采购，签订采购合同 12 份。在南京河海科技有限公司建设技术支撑平台和技术孵化基地(科技园)，在中国长江三峡集团公司实施科研项目示范工程，建设了 3 个工程化验证基地。

五、产学研合作

2011 年，进一步推进连云港科技园项目建设前期的准备工作，就一期土地征地工作进行谈判；推进常州基地建设，与常州亚罗克机械有限公司的合作协议正在修改中，与常州市久林工具有限公司的合作正在商谈中；与上海东方雨虹签订组建联合工程研发中心协议；启动与无锡聚慧、宜兴环科院、镇江句容科技园等地方、企业的合作商谈。

六、学(技)术交流活动

2011 年承办在南京举行的“全国农业节水技术交流报告会暨首届农业节水科技奖颁奖大会”，举办中心学(技)术报告专场等学术报告 7 场次，组织专家参加第四届长江论坛(南京)等 5 次；参加江苏省第三届产学研成果洽谈会、南京重洽会、中国(长沙)科技成果转化交易会等活动 4 场；接待德国水资源系统工程研究所所长、中德水资源研究所水资源论坛主席 Stefan kaden 教授、美国内布拉斯加大学游金生博士等 40 余人次。

七、科技项目与成果

2011 年，以中心名义组织或参与申报项目 26 项，其中国家级科技项目 5 项、部省级科技项目 12 项、中国长江三峡集团公司科技计划项目 7 项、南京市科技计划项目 2 项；新增项目 23 项，合同总额 1466.93 万元，到款总额 1220.99 万元；申请专利 14 件，其中发明专利 9 件；授权专利 3 件，其中发明专利 1 件；获国家科技进步二等奖 1 项；参与发表学术论文 89 篇，其中 SCI 9 篇、EI25 篇；参与编制省级工法 1 项，省级技术规程 1 项。

八、运营公司建设和发展

运营公司“南京河海科技有限公司”自成立以来，积极申报并获得一般纳税人资格、软件企业资质、技术贸易证书、ISO9001 质量管理体系认证、AAA 资信等级证书、高新技术企业、计算机系统集成资质等资质证书，有效提升了公司的核心竞争力。2011 年公司完成了安庆市花凉亭灌区信息化管理系统工程、东莞市东引运河(职教城段)淤泥处理、三峡水库水环境自动监测系统分析、溪洛渡向家坝水库水文预报方案研究及软件开发等多个项目，经营状况良好。全年主营业务收入 1506.46 万元，实现净利润 354.16 万元。

相关统计

科研基地统计

表 1 国家级科研基地一览表

序号	名称	主要负责人	批准部门	批准时间
1	水文水资源与水利工程科学国家重点实验室	彭世彰	科技部	2004 年
2	水资源高效利用与工程安全国家工程研究中心	陈星莺	国家发改委	2005 年

表 2 省部级科研基地一览表

序号	名称	主要负责人	批准部门	批准时间
1	东部资源环境与持续发展研究中心	郑垂勇	江苏省、中国科学院、水利部	1985 年
2	水利部水利经济研究所	袁汝华	水利部	1985 年
3	水利部水工金属结构检测中心	郑圣义	水利部	1993 年
4	水利部水库移民经济研究中心	施国庆	水利部	1993 年
5	水利部节水园	俞双恩	水利部	2000 年
6	江苏省交通基础技术工程研究中心	吴　中	江苏省发改委	2000 年
7	水电工程安全教育部工程研究中心	顾冲时	教育部科技司	2001 年
8	江苏省岩土工程技术工程研究中心	刘汉龙	江苏省发改委	2003 年
9	浅水湖泊综合治理与资源开发教育部重点实验室	王　超	教育部科技司	2003 年
10	教育部城市环境与可持续发展联合研究中心河海大学分中心		教育部	2005 年
11	海岸灾害及防护教育部重点实验室	郑金海	教育部科技司	2005 年
12	江苏省循环经济工程研究中心	郑垂勇	江苏省发改委	2005 年
13	岩土力学与堤坝工程教育部重点实验室	刘汉龙	教育部科技司	2007 年
14	疏浚技术教育部工程研究中心	倪福生	教育部科技司	2007 年
15	南方地区高效灌排与农业水土环境教育部重点实验室	俞双恩	教育部科技司	2008 年
16	可再生能源发电技术教育部工程研究中心	鞠　平	教育部科技司	2009 年
17	江苏省水灾害监控与决策支持系统工程中心	朱跃龙	江苏省发改委	2009 年
18	江苏省输配电装备技术重点实验室	范新南	江苏省科技厅	2009 年
19	江苏省水资源与可持续发展研究中心	郑垂勇	江苏省教育厅	2009 年
20	水利部人力资源研究院	王　乘	水利部	2011 年
21	水利政策法制研究与培训中心	邢鸿飞	水利部	2011 年
22	江苏省大型工程地基基础稳定性与安全监控工程技术研究中心	周志芳	江苏省科技厅	2011 年
23	江苏省建筑物裂缝控制工程技术研究中心	吴胜兴	江苏省科技厅	2011 年
24	江苏企业国际化发展研究基地——江苏省决策咨询基地	张　阳	江苏省哲学社会科学界联合会	2011 年

表 3 地市级科研基地一览表

序号	名称	主要负责人	批准部门	批准时间
1	南京市土工合成材料工程研究中心	束一鸣	南京市科技局	2002 年
2	常州市数字化制造技术重点实验室	朱天宇	常州市科技局	2007 年
3	常州市输配电及节电技术重点实验室	范新南	常州市科技局	2008 年
4	常州市传感网与环境感知重点实验室	李庆武	常州市科技局	2010 年

表 4 境外合作科研基地一览表

序号	名 称	合作单位	负责人	成立时间
1	中德水资源研究所	德国柏林水资源与系统工程研究所	李致家	2002 年
2	中港水利建设 3s 技术应用联合实验室	香港理工大学	何秀凤	2003 年
3	中荷环境岩土工程合作研究中心	荷兰代尔夫特岩土研究所	刘汉龙	2004 年
4	中加瞬变流仿真与控制研究中心	加拿大多伦多大学	刘德有	2005 年
5	中德海岸及海洋工程研究所	德国达姆斯特科技大学	严以新	2005 年
6	中美全球变化与水循环联合研究中心	美国沙漠研究所	余钟波	2007 年

表 5 校内科研基地一览表

序号	名 称	挂靠/所属单位
1	新材料新能源研究开发院	河海大学
2	高等教育研究所	发展规划处
3	水文预报研究所	水文水资源学院
4	工程水文及水文气象研究所	
5	水资源研究所	
6	干旱研究所	
7	水文水利自动化研究所	
8	水生态环境研究所	
9	城市水务工程研究所	
10	全球变化与水循环研究中心	
11	平原河流与湖泊水文研究中心	
12	水问题研究所	
13	国际河流研究所	
14	水工结构研究所	水利水电学院
15	水利水电工程研究所	
16	水力学及河流研究所	
17	农业水利研究所	
18	农业环境研究所	
19	水运工程科学研究所、高坝通航研究所、水运规划与物流工程研究所	港口海岸与近海工程学院
20	物理海洋研究所	
21	海岸带资源与环境研究所、风暴潮与减灾防灾研究所	
22	海岸及海洋工程研究所	
23	工程 CAD 与图学研究所	

续表

序号	名　　称	挂靠/所属单位
24	岩土工程科学研究所	土木与交通学院
25	结构工程研究所	
26	安全与防灾工程研究所	
27	桥梁工程研究所	
28	隧道与城市轨道工程研究所	
29	道路与铁道工程研究所	
30	交通运输工程研究所	
31	建筑与景观研究所	
32	水资源保护研究所	环境学院
33	现代水处理技术研究所	
34	环境与生态水力学研究所	
35	环境规划与评价研究所	
36	固体废弃物处理及资源循环利用研究所	
37	环境水利科学研究所(非实体)	
38	电力系统自动化研究所	能源与电气学院
39	电力电子与运动控制研究所	
40	水电自动化研究所	
41	能源与动力研究所	
42	河海大学可再生能源研究所	
43	河海大学智能电网研究所	
44	计算机应用技术研究所	计算机与信息学院
45	智能科学与技术研究所	
46	通信与信息系统研究所	
47	探测与对抗研究所	
48	工程力学研究所	力学与材料学院
49	结构与材料力学研究所	
50	计算力学研究所	
51	水力学流体力学研究所	
52	工程材料研究所	
53	金属材料与防护研究所	
54	网格与高性能计算研究所	
55	工程地质与灾害研究所	地球科学与工程学院
56	水文地质与环境研究所	
57	同位素水文研究所	
58	测绘工程研究所	
59	遥感与空间信息工程研究所	
60	地理信息科学与工程研究所	
61	地下水科学与工程研究所	

续表

序号	名　　　称	挂靠/所属单位
62	数学研究所	理学院
63	应用物理研究所	
64	水利经济研究所	商学院
65	战略管理研究所	
66	管理科学研究所	
67	投资研究所	
68	知识产权研究所	
69	工程管理研究所	
70	产业经济研究所	
71	环境会计与资产管理研究所	
72	技术创新与经济发展研究所	
73	规划与决策研究所	
74	人力资源研究所	
75	项目管理信息化研究所	
76	国际工程与海外项目管理研究所	
77	日韩企业研究所	
78	工程哲学与管理研究中心	
79	基础设施投融资研究中心	
80	科技经济研究中心	
81	东方管理研究中心	
82	河海大学游艇管理研究中心	
83	应用心理学研究所	公共管理学院
84	政治学研究所	
85	社会保障研究中心	
86	环境与社会研究中心	
87	政府水管理研究所	
88	河海大学普通话测试站	
89	社会发展研究所	
90	性别与发展研究中心	
91	国土资源管理研究所	
92	人口与发展研究中心	
93	河海大学中国移民研究中心	
94	公用事业法研究所	法学院
95	环境法研究所	
96	商法研究所	

续表

序号	名　　称	挂靠/所属单位
97	思想政治教育研究所	马克思主义学院
98	马克思主义与当代研究所	
99	水利与社会发展研究所	
100	河海大学社区研究中心(挂靠)	
101	河海大学张闻天研究所(挂靠)	
102	外国语言文化研究所	外国语学院
103	大学体育教育科研所	体育系
104	热能工程研究所	常州校区
105	工业设计研究所	
106	机电控制及水下机器人研究所	
107	机械设计与制造研究所	
108	焊接技术与金属结构研究所	
109	焊接技术与金属结构研究所	
110	电子与信息技术研究所	
111	电气与控制工程研究所	
112	计算机技术研究所	
113	物联网工程研究所	
114	水下信息感知技术研究中心	
115	输配电技术研究中心	
116	低碳经济与技术研究所	
117	水利信息统计与管理研究所	
118	中小企业管理研究所	
119	企业信息化与工业工程研究所	
120	区域经济研究中心	
121	苏南经济发展研究所	
122	地方文化研究所	
123	法律与政策研究所	

科研项目、科研经费统计

表1　2011年承担国家自然科学基金项目统计表

序号	项目批准号	项 目 名 称	负责人	批准金额(万元)	单　位
1	51190090	变化环境下工程水文计算的理论与方法	陈　喜	1500	水文水资源学院
2	41130639	半湿润半干旱流域用于水文预报的新一代降雨径流水文模型研究	李致家	200	水文水资源学院

续表

序号	项目批准号	项 目 名 称	负责人	批准金额（万元）	单 位
3	41172203	西南岩溶裂隙—管道介质地下水流运动规律试验研究	束龙仓	75	水文水资源学院
4	41171220	基于新安江模型的淮河上游土地利用变化对产水产沙影响的模拟研究	李琼芳	65	水文水资源学院
5	51179044	基于多 Agent 系统的流域防洪智能调度研究	钟平安	62	水文水资源学院
6	51179045	洪水预报降雨径流分布式水文模型中新一代流域汇流模型及尺度规律研究	李致家	59	水文水资源学院
7	51179046	实时洪水概率预报方法研究	梁忠民	59	水文水资源学院
8	41101014	塔里木河流域水文内循环强度研究	何　海	28	水文水资源学院
9	41101016	淮河流域浅层地下水对陆面水文过程的影响机理研究	杨传国	28	水文水资源学院
10	41101017	基于 GIS 与 RS 技术的无资料地区洪水预报模型研究	姚　成	28	水文水资源学院
11	41101018	西南喀斯特坡地产汇流过程及表层岩溶泉流量变化的水动力机制研究	张志才	28	水文水资源学院
12	41101015	包气带变化对平原区水文过程影响的实验研究与模拟	鞠　琴	27	水文水资源学院
13	51109054	基于贝叶斯理论的洪水实时预报调度关键技术研究	王　军	26	水文水资源学院
14	41102144	超采地下水对近地表热岛效应影响研究	傅志敏	24	水文水资源学院
15	51109053	雨雪混合补给型可能最大洪水计算方法研究	李国芳	25	水文水资源学院
16	51139001	多因素协同作用下混凝土坝长效服役的理论与方法	顾冲时	290	水利水电学院
17	51125034	水沙运动过程及模拟	唐洪武	200	水利水电学院
18	51179049	稻田灌溉排水耦合机理及其生态效应	彭世彰	62	水利水电学院
19	51179066	病险坝除险加固效应多源多尺度跟踪监控与评析	苏怀智	61	水利水电学院
20	51179050	农田土壤干缩裂隙对土壤优先流的产生与影响机理研究	张展羽	60	水利水电学院
21	51179059	考虑颗粒破碎的临界状态理论与本构模型	刘斯宏	60	水利水电学院
22	51179048	南方湿润区水稻灌溉风险调控理论研究	罗玉峰	59	水利水电学院
23	51179051	地下滴灌土壤水分分布对氧化亚氮排放的影响机理及其灌水技术参数优化	徐俊增	59	水利水电学院
24	51179055	动水条件下河湖泥沙对磷吸附/解吸规律和机理研究	肖　洋	59	水利水电学院

续表

序号	项目批准号	项 目 名 称	负责人	批准金额（万元）	单 位
25	51179058	密度层化深水库内波模拟及其环境效应研究	王玲玲	59	水利水电学院
26	51179057	片流水动力学特性研究	吴龙华	58	水利水电学院
27	51179054	畜禽养殖废水生态处理技术及其灌溉模式研究	邵孝候	57	水利水电学院
28	51179056	侧向齿坎收缩式消能工的研究	吴建华	57	水利水电学院
29	51179062	多场耦合下高混凝土坝水力劈裂机理及数值模拟	沈振中	57	水利水电学院
30	51179065	管袋坝接缝渗透破坏机理与判别方法研究	束一鸣	57	水利水电学院
31	51109064	多沙河流高含沙洪水传播失稳机理研究	丁 赟	26	水利水电学院
32	41101198	长期施肥下稻田土壤结构变化及其对养分供应的影响	毕利东	25	水利水电学院
33	51109057	水稻节水灌溉的品质效应及其分子机理研究	郭龙珠	25	水利水电学院
34	51109059	胶体在河流中潜流交换机制及沉积分布特征	金光球	25	水利水电学院
35	51109063	海涂围垦区粉砂土坡面降雨—径流—泥沙水动力学过程试验研究	佘冬立	25	水利水电学院
36	51109065	植物对明渠悬移质输移的影响机理研究	吕升奇	25	水利水电学院
37	51109066	植物条件下明渠紊流拟序结构和紊流类型研究	闫 静	25	水利水电学院
38	51109067	非充分充填结构面的变形破坏机理及力学模型研究	徐 磊	25	水利水电学院
39	51109071	快速浇筑条件下混凝土坝施工期应力特性和防裂方法研究	强 晟	25	水利水电学院
40	51109060	基于ABM技术的典型水体重金属污染生物标记物研究	刘 慧	24	水利水电学院
41	51109056	基于能值理论的灌区水土资源生态经济效应定量研究	陈 丹	23	水利水电学院
42	51179067	南黄海辐射沙脊群海域水沙通量与演变机制	张长宽	62	港口海岸与近海工程学院
43	41106001	深水畸形波非线性动力机制与有效模拟研究	陶爱峰	25	港口海岸与近海工程学院
44	51109074	河口海岸污水排放近区的密度效应研究	陶建峰	26	港口海岸与近海工程学院
45	51109075	台风浪预报中初始场的资料同化研究	冯向波	26	港口海岸与近海工程学院
46	51150110157	High-order Bragg resonance of surface waves by bottom ripples with and without the effect of current	郑金海 (Reza Alam)	20	港口海岸与近海工程学院

续表

序号	项目批准号	项 目 名 称	负责人	批准金额（万元）	单 位
47	U1134207	高速铁路软土地基沉降变形规律与控制方法研究	刘汉龙	270	土木与交通学院
48	11172090	岩石渗流应力耦合流变力学实验及本构模型研究	徐卫亚	75	土木与交通学院
49	41172234	大型垃圾填埋场组合破坏特性及稳定分析理论研究	施建勇	74	土木与交通学院
50	51174076	冲击载荷下散体岩石材料动态响应的实验与仿真研究	刘 军	60	土木与交通学院
51	51178160	超长细比路堤桩屈曲理论分析及透明土模型试验研究	陈永辉	60	土木与交通学院
52	51178161	非饱和固化淤泥中重金属的迁移规律及离心机模拟研究	赵仲辉	60	土木与交通学院
53	51178162	钢筋混凝土结构极端地震倒塌分析本构关系试验研究	吴胜兴	60	土木与交通学院
54	51179060	多尺度非均质深部咸水层二氧化碳地质封存运移规律与俘获机制	王 媛	58	土木与交通学院
55	51108159	膜结构的施工成形模拟与误差控制研究	伞冰冰	25	土木与交通学院
56	51108152	通风孔影响下混凝土箱梁桥温度场与温度应力研究	雷 笑	25	土木与交通学院
57	51108153	钢与混凝土混合梁结合部长期作用传力机理研究	刘 荣	25	土木与交通学院
58	51108154	跨海桥行车安全评估理论和行车瞬态气动力机理/现场实测方法研究	马 麟	25	土木与交通学院
59	51108155	PCC桩桩承式路堤土拱效应与地基—垫层—路堤共同作用机理研究	庄 妍	25	土木与交通学院
60	51108157	矿料表面微米级沥青薄膜的老化机理及流变特性研究	吴建涛	25	土木与交通学院
61	51109069	水力耦合作用下岩石流变力学特性与渗透性试验研究	王 伟	25	土木与交通学院
62	51109070	超软土排水体防淤堵方法及机理研究	周 源	25	土木与交通学院
63	51178159	磁性介质对饮用水中有机污染物净化效应及机理研究	陈 卫	65	环境学院
64	41101479	纳米碳管与新型有机污染物的相互作用及对其生物有效性的影响	纪靓靓	26	环境学院
65	51179052	弯段分层流被波浪胁迫作用下扰动、失稳及破坏机制研究	华祖林	60	环境学院
66	51179053	太湖底泥悬浮沉降规律及对水环境影响研究	逄 勇	60	环境学院

续表

序号	项目批准号	项 目 名 称	负责人	批准金额（万元）	单 位
67	51109058	流动水域生物膜附着更替过程及净污活性研究	侯 俊	26	环境学院
68	51109061	水动力和蓝藻水华对镉元素在太湖水土界面迁移转化的耦合效应	倪利晓	26	环境学院
69	51108158	石墨烯基可见光响应型磁性复合光催化剂的研制及其光催化性能研究	敖燕辉	25	环境学院
70	51108156	固化土的持水特征和水分转化规律研究	张春雷	24	环境学院
71	51109062	基于微固相萃取技术研究类固醇类雌激素在太湖中的分布特征及迁移过程	王永花	26	环境学院
72	51137002	近海可再生能源综合发电基础研究	鞠 平	270	能源与电气学院
73	51190102	大规模风电场多时空尺度聚合建模理论与方法	鞠 平	220	能源与电气学院
74	51177039	双馈异步发电机电气故障及其诊断技术基础研究	马宏忠	66	能源与电气学院
75	51107033	基于等离子体的飞机进气道隐身关键技术研究	何 湘	27	能源与电气学院
76	51106042	抽水蓄能机组水泵工况断电过程数值试验与瞬变机理研究	周大庆	25	能源与电气学院
77	51107032	分布式发电系统的谐波状态估计研究	孙国强	25	能源与电气学院
78	61104045	基于数据的基因调控网络动态模糊建模及动态特性研究	孙永辉	24	能源与电气学院
79	61104081	神经网络联合逆控制理论及其应用研究	王万成	23	能源与电气学院
80	11173010	低频日像仪及其关键技术研究	殷兴辉	70	计算机与信息学院
81	51179047	数据驱动和基于计算仿真的水资源复杂系统建模及适应性调控	徐立中	61	计算机与信息学院
82	61170089	图文法关键技术研究及应用	曾晓勤	58	计算机与信息学院
83	61170200	基于鉴别特征分析的遥感图像检索方法研究	李士进	57	计算机与信息学院
84	61170297	面向多媒体内容版权保护的视频水印理论研究	严 勤	55	计算机与信息学院
85	61103017	基于志愿计算的信息元数据应用关键技术研究	王 宇	22	计算机与信息学院
86	11132003	灾变条件下特高混凝土坝失效破坏的关键力学问题	任青文	320	力学与材料学院
87	11125208	复杂介质分数阶导数力学模型的数值模拟方法和理论	陈 文	200	力学与材料学院
88	11172088	颗粒材料中的偶应力效应及 Cosserat 介质本构模拟研究	黄文雄	70	力学与材料学院

续表

序号	项目批准号	项 目 名 称	负责人	批准金额（万元）	单 位
89	11172089	点阵材料新型结构设计及关键力学问题研究	范华林	70	力学与材料学院
90	11172091	小波域多尺度动力分析诊断结构损伤关键理论与方法	曹茂森	68	力学与材料学院
91	51179064	含初始缺陷混凝土坝地震灾变行为与破坏过程研究	章 青	62	力学与材料学院
92	51179061	胶凝堆石坝坝料弹塑性本构模型研究	蔡 新	61	力学与材料学院
93	51105129	电磁场调控下等离子束原位合成定向排列M7C3涂层研究	程江波	26	力学与材料学院
94	51179063	高水压力作用下岩体水力劈裂的扩展有限单元法模拟	余天堂	60	力学与材料学院
95	11102058	金属夹芯双层石墨烯力学行为的多尺度研究	王 磊	25	力学与材料学院
96	51101051	温敏型掺杂镧锰氧化物热控材料发射率转变机制及控制方法研究	江少群	25	力学与材料学院
97	51109068	动力荷载作用下堆石料尺寸效应研究	杨 贵	25	力学与材料学院
98	51109072	多核集群上水工结构有限元分析的多层次混合粒度并行算法与程序	张健飞	25	力学与材料学院
99	51109073	硫酸盐环境中含石灰石组分水泥基材料胶结性损伤历程与机理	张风臣	25	力学与材料学院
100	51141002	连续SPD制备大块超细/纳米晶金属的腐蚀行为、机理与控制	江静华	10	力学与材料学院
101	41173049	东昆仑山北缘尾闾富硼锂盐湖—流域水体的硼、锂、锶同位素组成及物源示踪	谭红兵	80	地球科学与工程学院
102	41172204	基于井流波动方程确定岩体渗透参数的理论和方法研究	周志芳	79	地球科学与工程学院
103	41174002	融合形变遥测技术与数据处理方法研究	岳建平	70	地球科学与工程学院
104	41101308	复杂地形条件下多源遥感数据森林生物量协同反演研究	何祺胜	25	地球科学与工程学院
105	41101374	融合LIDAR点云与高分辨率影像的复杂建筑物轮廓信息自适应提取方法的研究	李 勇	25	地球科学与工程学院
106	41102162	岩体结构面粗糙度3D精细识别、剪切破坏机理及工程应用研究	魏继红	25	地球科学与工程学院
107	11171090	非自治微分系统的非一致行为及其稳定性	储继峰	45	理学院
108	11104062	基于富勒烯的新型纳米材料储氢性能研究	唐春梅	28	理学院
109	11104061	玻色凝聚体中的自发对称性破缺	陶成君	26	理学院
110	61103184	布尔函数的非线性度量及其构造	孙光洪	23	理学院
111	11101120	无限支集的小波及其应用	杨建斌	22	理学院

续表

序号	项目批准号	项目名称	负责人	批准金额(万元)	单位
112	11101121	带耗散结构双曲方程组解的存在性及渐近性态	徐红梅	22	理学院
113	61103183	基于私钥进化的密码体制的研究	万中美	22	理学院
114	11101122	周期结构的数值方法研究及其在模拟与优化光子晶体器件中的应用	胡　真	21	理学院
115	71101043	动态不确定环境下残缺模糊判断的群决策方法及应用	许叶军	20	商学院
116	51109055	区域用水行为智能模拟与结构适应性调控研究	张玲玲	25	公共管理学院
117	41101504	风暴潮洪灾综合风险的传导机理及耦合计算模型研究	张文婷	26	水资源高效利用与工程安全国家工程研究中心
118	51175146	重型伸缩吊臂截面形状协同优化设计理论研究	纪爱敏	60	常州校区
119	51101050	马氏体不锈钢硬面合金氮合金化的研究	杨　可	25	常州校区
120	61101158	基于凸优化理论的数字 IIR 滤波器设计研究	蒋爱民	25	常州校区
121	31101643	鸟类定向与导航行为生理学研究	史　远	23	常州校区
122	11105039	超冷费米原子气体中涡旋态的动力学研究	文　文	22	常州校区

表 2　2011 年承担教育部博士点基金统计表

序号	课题编号	课题名称	负责人	资助经费(万元)	单位
1	20110094110011	基于水热平衡的流域坡面水文循环分布式模拟研究	张行南	12	水文水资源学院
2	20110094110013	黑河上游高寒地区复杂条件下分布式水文模型研究	郝振纯	12	水文水资源学院
3	20110094120019	复杂水网区高分辨率汇流模型研究	向小华	4	水文水资源学院
4	20110094110015	节水灌溉稻田氮素迁移转化规律与高效水肥模式	彭世彰	12	水利水电学院
5	20110094120004	胶体在潜流带中迁移的机制研究	金光球	4	水利水电学院
6	20110094120012	基于数据同化方法的河道型水库支流水华生消机制研究	毛劲乔	4	水利水电学院
7	20110094120020	纯黏土矿物絮凝特性及其差异研究	周晶晶	4	港口海岸与近海工程学院
8	20110094120002	非达西渗流应力耦合作用下深埋隧洞渗透破坏细观机理研究	倪小东	4	土木与交通学院
9	20110094110002	粗粒土 K0 压缩剪切特性及初始各向异性弹塑性模型研究	朱俊高	12	土木与交通学院

续表

序号	课题编号	课题名称	负责人	资助经费（万元）	单位
10	20110094130002	深部咸水层封存二氧化碳俘获机理与有效性的尺度效应研究	王 媛	40	土木与交通学院
11	20110094120016	高效可磁分离多元纳米复合光催化剂的制备及其降解抗生素废水的研究	敖燕辉	4	环境学院
12	20110094120011	新一代多卫星遥感降水反演的水文评估及其与分布式水文模型的集成研究	雍 斌	4	地球科学与工程学院

表3 2011年为主承担水利公益性行业科研专项项目统计表

序号	项目批准号	项目名称	负责人	批准金额（万元）	单位
1	201101017	海河流域生态环境变化与驱动力分析研究	董增川	241	水文水资源学院
2	201101024	平原河网水文水动力实时模拟预报关键技术	王船海	237	水文水资源学院
3	201101022	三江平原水土资源生态经济综合调控技术研究	陈 菁	242	水利水电学院
4	201101020	珠江湖库水生态修复技术	王沛芳	388	环境学院
5	201101014	水工建筑物健康修复方法及关键技术研究	陈 文	262	力学与材料学院

表4 2011年承担国家"973"课题统计表

序号	课题编号	课题名称	负责人	资助经费（万元）	单位
1	2012CB417005	江湖关系变化的湖泊和洲滩湿地生态效应	李 凌	660	水利水电学院
2	2012CB417006	长江中游江湖关系优化调控原理与对策	戴会超	180	水利水电学院
3	2011CB013504	复杂环境下工程边坡岩体时效力学特性	邵建富	560	土木与交通学院
4	2012CB719804	填埋场渗沥液污染地下环境及防污屏障	朱 伟	500	环境学院

表5 2011年承担江苏省自然科学基金项目统计表

序号	项目批准号	项目名称	负责人	批准金额（万元）	单位
1	BK2011742	养殖场废水灌溉—施肥模式研究	廖林仙	10	水利水电学院
2	BK2011744	大跨度新型闸门关键水动力问题研究	傅宗甫	10	水利水电学院
3	BK2011749	胶体沉积对水沙界面潜流交换的影响	金光球	10	水利水电学院
4	BK2011743	基于无线传感器网络的高边坡实时安全监控系统研究	梁桂兰	10	港口海岸与近海工程学院

续表

序号	项目批准号	项 目 名 称	负责人	批准金额(万元)	单 位
5	BK2011745	城市交通拥堵条件下的交通流疏导关键技术研究	郑长江	10	土木与交通学院
6	BK2011746	温拌橡胶沥青降粘机理及流变性能研究	于 新	10	土木与交通学院
7	BK2011747	超载预压卸荷后海相软粘土的蠕变特性试验研究	李国维	10	土木与交通学院
8	BK2011748	基于拉压杆模型的既有混凝土梁桥承载力评估和加固研究	袁爱民	10	土木与交通学院
9	BK2011025	废弃生物质(污水厂污泥)超临界水气化产氢能源利用	朱 伟	200	环境学院
10	BK2011026	江苏沿海大规模潮流能发电技术基础研究	鞠 平	200	能源与电气学院
11	BK2011741	地震斗篷的力学机理及试验模拟研究	范华林	10	力学与材料学院
12	BK2010091	江苏省农村水库型水源地水质安全保障技术研究	李 磊	8	地球科学与工程学院
13	BK2011258	高铌管线钢焊接冷裂纹敏感性及机理研究	严春妍	10	常州校区
14	BK2011257	氮合金化马氏体不锈钢堆焊硬面合金及其抗磨机理研究	杨 可	10	常州校区

表 6 2011 年承担国家社科基金项目统计表

序号	项目批准号	项 目 名 称	负责人	批准金额(万元)	单 位
1	11&ZD168	中国与周边国家水资源合作开发机制研究	周海炜	80	商学院
2	11BGL088	重大水利工程项目建设的社会稳定风险评估机制研究	黄德春	12	商学院
3	11CZZ039	流域水环境网络治理模式研究	范仓海	12	公共管理学院
4	11CRK002	极端气候影响下的人口迁移安置政策研究	何志扬	12	公共管理学院
5	11CFX033	应对气候变化的水资源适应性立法研究	陶 蕾	12	法学院
6	11FFX043	国际河流法的理论与实践	王志坚	15	法学院
7	11BKS008	马克思主义科学社会学思想及其当代意义	王 英	12	马克思主义学院
8	11CKS026	网络传播背景下我国主流意识形态建设研究	黄世虎	12	马克思主义学院
9	11BGL029	基于循环经济的资源价值流承办管理创新研究	王普查	12	常州校区

表 7　2011 年承担教育部人文社科基金项目统计表

序号	项目批准号	项目名称	项目类别	负责人	批准金额（万元）	单位
1	11YJC630073	资源与环境双约束下中小企业自主品牌成长机制与路径选择	青年项目	黄永春	7	商学院
2	11YJC630285	上司—下属关系对下属绩效的影响：匹配视角的研究	青年项目	张　龙	7	商学院
3	11YJC790124	我国审计师法律惩戒后果的实证研究——以行政处罚为重点	青年项目	刘笑霞	7	商学院
4	11YJC630025	水权冲突中弱势群体行为机理与利益保护机制研究	青年项目	陈艳萍	7	商学院
5	11JHQ024	IT 项目投融资管理的理论、方法及应用研究	后期资助项目	黄德春	9	商学院
6	11YJC840012	农村住房流转的社会福利评估	青年项目	顾金土	7	公共管理学院
7	11YJC860056	转型期社会中国电视媒体的价值传播研究	青年项目	易前良	7	公共管理学院
8	11YJC760007	中国乡土电影史论	青年项目	陈家洋	7	公共管理学院
9	11YJC820142	垄断行业搁置成本法律规制研究	青年项目	徐金海	7	法学院
10	11JD710023	针对不同群体特点推进马克思主义大众化的规律研究	专项项目	吴　远	3	马克思主义学院
11	11YJA870011	新媒体时代网络文献集群与资源整合背景下区域高校图书馆联盟建设与发展战略研究	规划项目	高新陵	7	图书馆
12	11YJA790142	后危机时代中国企业境外投资的风险预警与避险机制研究——基于江浙沪企业数据分析	规划项目	田　泽	9	常州校区
13	11YJA870007	基于知识生态的本体动态构建研究	规划项目	冯兰萍	7	常州校区

表 8　2011 年承担江苏省社科基金项目统计表

序号	项目批准号	项目名称	项目类别	负责人	批准金额（万元）	单位
1	11GLA001	江苏用水结构调控策略研究	重点	张玲玲	5	公共管理学院
2	11WWA002	约翰·厄普代克作品在中国的译介和接受研究	重点	蔡　斌	5	外国语学院
3	11FXB006	江苏城乡水务一体化发展的法律制度研究	一般	徐金海	3	法学院
4	11GLC011	金融创新与水利现代化研究	一般	徐　敏	3	商学院
5	11TQC007	三网融合与江苏电视新闻创新研究	一般	易前良	3	公共管理学院
6	11GLD017	统筹城乡社会保障体系研究	自筹	陈际华	2	公共管理学院

表 9　2011 年承担江苏省软科学研究项目统计表

序号	项目批准号	项 目 名 称	负责人	批准金额（万元）	单　位
1	BR2011040	节能减排约束下江苏经济转型升级的对策措施研究	田贵良 许长新	2	商学院
2	BR2011041	江苏科技项目监管制度创新研究	史安娜	2	商学院

表 10　2011 年为主承担部分科技计划项目统计汇总表　　（项）

序号	项　目　类　别	项目批准数
1	国家自然科学基金项目	122
2	江苏省自然科学基金项目	14
3	国家社会科学基金项目	9
4	江苏省软科学研究项目	2
5	江苏省社科基金项目	6
6	教育部人文社科一般项目	13
7	教育部博士点基金	12
8	水利部公益性行业科研专项项目	5
9	国家“973”课题	4

表 11　2011 年各单位科技合同经费统计表　　（万元）

单 位 名 称	一类		二类		三类		合计项数	合计经费数
	项目数	经费数	项目数	经费数	项目数	经费数		
水文水资源学院	21	2409	33	1380.55	107	4076.08	161	7865.63
水利水电学院	36	2548	30	1709.86	112	3579.97	178	7837.83
港口海岸与近海工程学院	7	173	17	1080	69	3389.1	93	4642.1
土木与交通学院	27	1624	32	1928.93	58	2226.29	117	5779.22
环境学院	14	1067	17	961.85	59	1067.7	90	3096.55
能源与电气学院	9	880	8	909.5	59	1297.05	76	3086.55
计算机与信息学院	6	323	12	276.2	16	334.66	34	933.86
力学与材料学院	17	1092	13	555	45	804.67	75	2451.67
地球科学与工程学院	8	316	13	110	41	1380.68	62	1806.68
理学院	9	214	4	28	2	11	15	253
商学院	9	104	28	639.6	45	1416.09	82	2159.69
公共管理学院	8	76	30	744.4	39	1171.31	77	1991.71
法学院	2	18	2	30.5	1	10	5	58.5
马克思主义学院	5	52.5	3	49	2	9	10	110.5
外国语学院	2	6	1	1			3	7

续表

单位名称	一类		二类		三类		合计项数	合计经费数
	项目数	经费数	项目数	经费数	项目数	经费数		
体育系			1	1.5			1	1.5
水文水资源与水利工程科学国家重点实验室			2	844			2	844
水资源高效利用与工程安全国家工程研究中心	1	26	4	398	3	76	8	500
常州校区	11	208.1	18	169.5	60	1627.3	89	2004.9
其　他	1	7	6	154.5	10	159.63	17	321.13＋589(军工)＋1933(业务费)
合　计	193	11143.6	274	11971.89	728	22636.53	1195	48274.02

表 12　2011 年各单位科技项目到账经费统计表　　（万元）

单位名称	一类		二类		三类		合计项数	合计经费数
	项目数	经费数	项目数	经费数	项目数	经费数		
水文水资源学院	34	938.86	55	1492.93	158	2816.27	247	5248.06
水利水电学院	54	1111.02	60	1446.44	175	3208.45	289	5765.91
港口海岸与近海工程学院	13	215.56	36	1426.84	91	2475.68	140	4118.08
土木与交通学院	37	894.95	42	1008.55	95	1316.32	174	3219.82
环境学院	26	982.9	30	947.18	76	1021.71	132	2951.79
能源与电气学院	18	505.8	10	504.58	81	1087.41	109	2097.79
计算机与信息学院	12	303.82	20	423.31	27	312.27	59	1039.4
力学与材料学院	23	735.15	20	447.81	83	956.22	126	2139.18
地球科学与工程学院	13	311.2	24	408.7	58	1048.36	95	1768.26
理学院	9	158.3	4	34.6	3	27	16	219.9
商学院	10	111.1	40	689.88	62	972.65	112	1773.63
公共管理学院	10	69.6	47	600.88	72	733.01	129	1403.49
法学院	2	15.3	5	51.9	1	30	8	97.2
马克思主义学院	6	47.4	5	43.9	2	8	13	99.3
外国语学院	2	4	1	0.8			3	4.8
体育系			1	1.5			1	1.5
水文水资源与水利工程科学国家重点实验室	1	29	3	581			4	610
水资源高效利用与工程安全国家工程研究中心	1	18.2	7	333.12	5	112.6	13	463.92

续表

单位名称	一类		二类		三类		合计项数	合计经费数
	项目数	经费数	项目数	经费数	项目数	经费数		
常州校区	14	122.4	9	3	71	1417.45	94	1542.85
其　他	1	5.6	6	182.99	7	475.83	14	664.42＋233.1(军工)＋1933(业务费)
合　计	286	6580.16	425	10629.91	1067	17739.23	1778	37395.4

科技成果统计

表1　2011年各类科技成果汇总表

学院(系)	奖励(项)				论文(篇)(2010年)							著作(部)	专利(项)					鉴定(项)
	申报国家奖	获得国家奖	申报省部级奖	获得省部级奖	SCI光盘	SCIE	EI光盘	ISTP	中信所	人大复印	CSSCI		申请发明专利	申请实用新型	授权发明专利	授权实用新型	软件著作权	
水文水资源学院			5	6	12	8	38	24	171		1	6	9	1	6	8	3	
水利水电学院	1	1	14	9	11	14	81	42	232		3	2	37	4	14	31	1	1
港口海岸与近海工程学院	1	1	13	5	4	14	21	26	54			2	16	8	3	11		
土木与交通学院	6	1	23	12	2	9	106	38	158			2	79	43	19	27	12	5
环境学院	1		7		25	21	49	30	78		2	2	48	16	20	22	2	
能源与电气学院			6	2	9		44	43	83			2	50	9	8	23	8	
计算机与信息学院			7	6	2	4	13	33	35			2	57	18	3	19	5	
力学与材料学院			3	2	23	12	64	20	67				47	6	8	10	5	4
地球科学与工程学院			4	1	3	2	21	5	51			1	4	3	3	10	2	
理学院					16	11	12	3	21		3		3			13		
商学院			12	6		7	10	103	89	7	164	5	1			6	3	
公共管理学院			1	2				10	10	13	121	2						
法学院									2		17							
外国语学院											3	3						
体育系										1	2	1						
常州校区			7	7	1	9	33	35	84	1	18	8	101	30	10	31		
其　他							2	19	21		13	1	8	131		3		
共　计	10	3	102	58	108	111	494	431	1156	22	347	39	460	269	94	214	41	10

表 2　2011 年度专利授权情况统计表(发明专利)

序号	专利名称	专利号	发明人	校内单位
1	基于最近距离优先的渠道土石方迁移方法	200910036190.1	薛联青、靳宏昌、曲卓杰	水文水资源学院
2	一种适用于底泥中微生物群落结构分析的DNA提取方法	200910180630.0	赵大勇	水文水资源学院
3	三翻斗自动蒸发站	200910185017.8	舒大兴	水文水资源学院
4	一种用于测量土壤垂向饱和渗透系数的方法	201010018237.4	陈　喜、程勤波、张志才、谢永玉	水文水资源学院
5	一种强化生物脱氮除磷功效的水体自富氧复合浮床	201010164360.7	刘　凌、刘俊伟、刘玉洪、燕文明	水文水资源学院
6	一种带PH等多参数测量的雨量计	201010233769.X	鞠　琴、余钟波、郝振纯、王加虎、李　丽、杨传国、徐海卿、佘　超	水文水资源学院
7	便携式现场和室内两用直剪试验仪及其取样测试方法	200710025380.4	刘斯宏、臧德记、汪易森	水利水电学院
8	一种堤坝三维渗流场导电液试验模型制作方法	200910031234.1	赵　坚、余钟波、速宝玉、张祝添、郭笑娥、付长生	水利水电学院
9	施工现场混凝土流变性动态检测方法	200910027849.7	田正宏、顾冲时、武良金、刘兆磊、徐敏钟	水利水电学院
10	淤堵透水模板布的再生处理方法	200910034224.3	田正宏、乔丕忠、王永泉、张振丹、郭金婷	水利水电学院
11	一种渠道导渗止逆系统	200910185329.9	张展羽、张文祥、朱成立、马华华	水利水电学院
12	一种混凝土氯离子渗透性测试的加载装置及测试方法	200910212680.2	顾冲时、方永浩、包腾飞、郑东健、苏怀智、吴中如	水利水电学院
13	一种碾压混凝土坝的施工方法	200910039917.1	谢祥明、强　晟、谢彦辉、石爱军、林建伟、弓毅伟、李　科	水利水电学院
14	复合型絮凝剂的制备方法	200910145181.6	邵孝侯、罗德芳、金　秋、徐姗姗	水利水电学院
15	液压水下卧倒门闸的闸下清淤用射流管及其应用方法	2010101022654.0	唐洪武、卢永金、肖　洋、王继保、于朋朋、田志军	水利水电学院
16	具有自动测量功能的泥沙沉速测量装置及方法	201010156124.0	陈　红、唐洪武、唐立模、王　浩	水利水电学院
17	一种适于工字形钢架结构的仪器安装平台	201010175590.3	陈　红、唐洪武、黄建通	水利水电学院
18	一种土工袋减震隔震建筑基础及其施工方法和应用	201010239164.1	刘斯宏、王艳巧、胡晓平、李亚军	水利水电学院
19	基于多目标的群闸自动调度系统	201010278653.8	唐洪武、汪迎春、刘贵平、戴文鸿、陈　红、王得祥、肖　洋、唐立模、吕升奇	水利水电学院

续表

序号	专利名称	专利号	发明人	校内单位
20	一种船舶对闸墙碰擦力测试方法	200910035364.2	陈　达、张　玮、廖迎娣、江朝华	港口海岸与近海工程学院
21	淤泥质海岸近海风电塔基局部冲刷预报方法	201010118794.3	张　玮、濮　勋、廖迎娣、韩菲菲、夏丽敏、杨　星	港口海岸与近海工程学院
22	土体快速三轴试验的制样器及其制样方法	200810243977.0	陈志波、朱俊高	土木与交通学院
23	用于淤泥堆场和吹填场地的压入式转叶取样器及取样方法	200910026822.6	高玉峰、周　源、洪振舜、陶　辉、黎　冰、桂　跃、张　建	土木与交通学院
24	用于淤泥堆场和吹填场地的压入自流式取样器及取样方法	200910032041.8	高玉峰、周　源、洪振舜、陶　辉、黎　冰、桂　跃、张　建	土木与交通学院
25	用于获取稀软泥样的压入式滑片取样器及取样方法	200910032066.8	高玉峰、周　源、洪振舜、陶　辉、黎　冰	土木与交通学院
26	一种直接测定早龄期混凝土轴向拉伸强度的自平衡测试装置及测定方法	200910181394.4	沈德建、吴胜兴、杨　榕、解学娟、宋　玲	土木与交通学院
27	普通混凝土导热系数随龄期发展预测模型的构建方法	200910181390.6	沈德建、吴胜兴、李　杰、贾德庆、佘小劼	土木与交通学院
28	一种 PCC 桩桩芯土上升的处理方法	200910183523.3	刘汉龙、丁选明、周　密	土木与交通学院
29	一种掺砾料大三轴试验电渗固结法	200910183525.2	刘汉龙、丁选明、杨　贵、沈　扬	土木与交通学院
30	一种 PCC 桩桩模及超长 PCC 桩的施工方法	200910183526.7	刘汉龙、丁选明、陈育民、沈　扬	土木与交通学院
31	一种现浇 X 形混凝土桩活瓣桩尖结构装置及使用方法	200910213162.2	刘汉龙、王智强、丁选明、孙俊康、雍　君	土木与交通学院
32	平面应变侧向应变控制式三轴仪	200910233692.3	李守德、孙　飞、王保田、张福海、张文慧、张海霞、林　如	土木与交通学院
33	一种路堤沉降测量装置及测量方法	200910185326.5	周　密、刘汉龙、丁选明、肖　杨	土木与交通学院
34	防渗膜防渗效果探测方法	200910234282.0	陈　亮、梁　越、吴郡华、王宇铭	土木与交通学院
35	一种液化砂土表观粘度测量装置和方法	201010017936.7	陈育民、丁选明、刘汉龙、杨　贵、于　陶、沙小兵	土木与交通学院
36	袋装挤密浆固小直径碎石桩复合地基施工方法	201010159536.8	王保田、郭帅杰、张海霞、张文慧、张福海	土木与交通学院
37	一种清理河道污染沉积物的绞吸包裹抽气法	201010180039.8	李国维、贺冠军、翟立新、盛维高、魏曙红	土木与交通学院
38	一种土石坝的抗震组合面板及其施工方法	201010163299.4	刘汉龙、丁选明、肖　杨、朱俊高、于　陶	土木与交通学院

续表

序号	专利名称	专利号	发明人	校内单位
39	一种防止现浇X形混凝土桩拔模时带出桩周土的装置	201010215957.X	丁选明、孔纲强、刘汉龙、陈育民	土木与交通学院
40	一种钢筋混凝土深梁的配筋方法及其配筋装置	201010508468.3	杨文军、洪宝宁	土木与交通学院
41	污泥固化/稳定化处理机	200810018795.3	朱　伟、汪顺才、李　磊、张春雷、郑修军	环境学院
42	污水厂污泥固化/稳定化循环处理方法	200810235422.1	朱　伟、李　磊、张春雷、汪顺才、屈　阳	环境学院
43	污水厂污泥固化/稳定化材料	200810235409.6	朱　伟、李　磊、张春雷、汪顺才、郑修军	环境学院
44	污水厂污泥固化/稳定化处理设备	200810235407.7	朱　伟、李　磊、张春雷、汪顺才、徐志荣	环境学院
45	速测污泥固化/稳定化处理过程中材料添加量方法	200810235408.1	朱　伟、李　磊、汪顺才、张春雷、徐志荣	环境学院
46	一种深层剖面土壤取样器及其采样方法	200910028076.4	黄靖宇、朱　伟、张春雷、汪顺才	环境学院
47	一种人工湿地填料磷吸附饱和的原位再生方法	200910026476.1	朱　伟、赵联芳、华国芬、董　婵、黄靖宇	环境学院
48	一种人工湿地有机碳源的补充方法	200910026475.7	朱　伟、赵联芳、华国芬、董　婵、黄靖宇	环境学院
49	活性炭中空纤维聚砜膜及其制备方法	200910033412.4	李　轶、雷洪犇、黄　芸	环境学院
50	水质自净能力递增器	200910032089.9	陈铭钊、丁训静	环境学院
51	饮用水活性炭工艺出水中炭菌复合体的UV/TiO_2光催化消毒方法	200910181335.7	陈　卫、赵金辉、林　涛、谢成塔、王磊磊	环境学院
52	一种混凝剂自动加药控制系统及操作方法	200910183364.7	刘志刚、李　轶	环境学院
53	净水厂的排泥水悬浮固体浓度SS监测方法	200910232888.0	孙　敏、陈　卫、林　涛、付永华、周　华	环境学院
54	一种可调式多功能人工湿地反应装置及应用方法	200910235094.X	李　轶、刘　建、胡　啸	环境学院
55	垂直驳岸活枝捆生态护岸成型方法	200910234041.6	王　超、侯　俊、王沛芳、钱　进	环境学院
56	一种节能曝气填料装置及包含该装置的一体化氧化沉淀池	200910234340.x	李　轶、刘志刚	环境学院
57	一种基于甲烷化、反硝化和厌氧氨氧化耦合过程的污水处理工艺	201010017607.2	操家顺、周文理	环境学院
58	一种厌氧—缺氧—低氧一体化反应器及其应用	201010017608.7	操家顺、蔡健明、周碧波、白王军、方　芳、赵　静	环境学院
59	基于短程同步脱氮的一体化生物反应器及其应用	201010017606.8	操家顺、蔡健明、周碧波、白王军、方　芳、赵　静	环境学院

续表

序号	专利名称	专利号	发明人	校内单位
60	一种适用于高泥沙大流速水体的生态浮窗	201010159154.7	王　超、侯　俊、彭志诚、王沛芳、钱　进	环境学院
61	水轮发电机组转动部分混合磁浮承重系统	200810196389.6	马宏忠、鞠　平、韩敬东、王　斌	能源与电气学院
62	一种直流开关电源启动电路	200910181334.2	周　岩、王柏林	能源与电气学院
63	城市电网运行的自愈控制方法	200910032589.2	陈星莺、余　昆、刘皓明、但唐军、王　平、王　冰、廖迎晨、袁晓玲	能源与电气学院
64	电力变压器有载分接开关触头脱落故障诊断方法	200910183543.0	马宏忠、鞠　平、陈　琳、王付宗、陆　林、姜　宁、王春宁、韩敬东	能源与电气学院
65	基于自动微分的电力系统状态估计方法	200910234998.0	孙国强、卫志农、叶　芳	能源与电气学院
66	计及多平衡机影响的电力系统状态估计方法	200910234999.5	孙国强、卫志农、叶　芳	能源与电气学院
67	定频变点电网谐波检测方法及其测量仪	200910232708.9	梅　永、王柏林	能源与电气学院
68	一种带有限速装置的垂直轴直叶片升力型风轮	201010230618.9	赵振宙、郑　源、范江山、丁　琳、陈　冷、刘立群、刘军峰	能源与电气学院
69	一种基于身份的数字签名方法	200910027375.6	李继国、姜年进	计算机与信息学院
70	全向超声波除藻浮子	200910213590.5	张　振、黄　炜、王慧斌、张家华	计算机与信息学院
71	基于特征选择和半监督学习的遥感图像检索方法	201010195139.8	李士进、朱佳丽、朱跃龙、万定生、冯　钧、余宇峰	计算机与信息学院
72	水泥基材料的增粘剂和制备方法及其应用	200710192003.X	蒋亚清、杨培杰、潘云峰	力学与材料学院
73	一种脉冲电沉积修复混凝土裂缝的方法及装置	200810155117.1	蒋林华、储洪强、蒋　俣、于丽波、徐金霞	力学与材料学院
74	静定与超静定结构内力特性对比试验装置	200910029993.4	王山山、邱　玲、孙立国、杨海霞、徐　炜	力学与材料学院
75	一种球墨铸铁用球化剂	200910036043.4	王泽华、吴宇宁、周泽华、江少群	力学与材料学院
76	混凝土氯离子渗透性电量法测试加载装置及测试方法	200910184937.8	方永浩、葛兆祥、肖玉明、李夕强、顾冲时、贾丽丽、陈逸群	力学与材料学院
77	河流航标灯塔标灯自动供电装置	201010190254.6	刘孝洋	力学与材料学院
78	垂直射流动量方程测力仪	201010190294.0	刘孝洋	力学与材料学院
79	无风洞马格努斯效应演示实验装置	201010279481.6	刘孝洋、王　泽、于恒志	力学与材料学院
80	一种多向采集水样的方法和装置	200910031738.3	刘建刚	地球科学与工程学院

续表

序号	专利名称	专利号	发明人	校内单位
81	弹梁式侧壁默阻力仪	200910263089.x	王　建、王锦国、周志芳、阮　静、陈　策	地球科学与工程学院
82	灌注桩桩底应力测试装置	201010017633.5	王　建、王锦国、周志芳、冯兆祥、阮　静	地球科学与工程学院
83	ADSL/VDSL分离器多模块自动检测系统	200710021417.6	陈秉岩、周　娟、陈济民、周振涛	常州校区
84	一种水处理声反应器的频率效应研究装置	200810025460.4	朱昌平、黄　波、韩庆邦、倪才华、单鸣雷、李　建、王瑞华、段红恩、张　振	常州校区
85	基于视觉仿生的铜带表面质量智能检测装置及方法	200910232677.7	张学武、梁瑞宇、奚　吉、张　卓、丁燕琼、段敦勤、林善明、李庆武、范新南、徐立中	常州校区
86	基于图像视觉的水位监视测量系统	200910232679.6	奚　吉、梁瑞宇、张　卓、张学武、丁燕琼、顾　灏、钱萧诚、孙　浩、顾丽萍	常州校区
87	集中循环式六氟化硫气体浓度的超声波检测系统及方法	200810025458.7	朱昌平、单鸣雷、齐本胜、王　庭、殷冬梅、脱桢龙、陈秉岩、邓志祥	常州校区
88	三维微纳结构印章的制备及批量复制方法	200910181533.3	孙洪文、林善明	常州校区
89	视频模糊图像的多尺度几何分析超分分辨处理方法	200910181634.0	霍冠英、李庆武、徐立中	常州校区
90	太阳测向智能传感器	200810234087.3	沈金荣	常州校区
91	一种镁合金表面微弧氧化陶瓷层表面活化溶液及活化方法	200910232926.2	蒋永锋、包晔峰	常州校区
92	一种用于纯铜表面防变色的稀土盐处理溶液及其使用方法	200910232927.7	蒋永锋、包晔峰	常州校区
93	船舶吃水超限预警系统及预警方法	200910305821.5	杨　正、娄保东、陈　达、陈波涛、管大为、冯　曦	港口海岸与近海工程学院
94	立体波浪发电装置	200910183479.6	倪钧钧	水利水电学院

注：序号93、94为本科生获得专利。

表3　2011年度水利授权情况统计表(实用新型专利)

序号	专利名称	类型	发明人	校内单位
1	电容法土壤水分测量仪	201020247018.9	鞠　琴、郝振纯、余钟波、杨传国、徐海卿、张大伟、朱长军、佘　超	水文水资源学院
2	一种带PH等多参数测量的雨量计	201020267525.9	鞠　琴、余钟波、郝振纯、王加虎、李　丽、杨传国、徐海卿、佘　超	水文水资源学院

续表

序号	专利名称	类　型	发明人	校内单位
3	等时段雨量雨样计	201020512135.3	万思成、瞿思敏、黎先友、赵金赛、李　浅、刘　敏、李　燕、沙亮华、刘露沁、陈　甫、李晓菁、穆妮热、李志坤、徐振博、索朗帕珠	水文水资源学院
4	等雨量雨样计	201020512125.X	徐　洁、瞿思敏、张亚力、陆凯锋、陆柯鑫、马龙伟、杨　彬、杨　烨、申泽亮、王　旭、陈　帅、周洋洋、巴桑次仁、王勇为	水文水资源学院
5	一种活塞式磁浮传动可直读多功能风速计	201120058672.x	鞠　琴、陆桂华、郝振纯、吴志勇、何　海、董贵明、田　娟、陈　玺	水文水资源学院
6	一种土工袋减震隔震建筑基础	201020274502.0	刘斯宏、王艳巧、胡晓平、李亚军	水利水电学院
7	一种包覆复合外包滤料的农田排水暗管	201020279962.2	俞双恩、佘冬立、冯　硕、谢升申	水利水电学院
8	农田排水沟三角形止水分层控制堰	201020257454.4	殷国玺、许亚群、孔俐丽、刘方平、王少华、黄永忠、佘冬立、宋培青、吴润兰、李秀梅、徐　佳、张小兵、林荣玉、刘　叶	水利水电学院
9	一种农田暗管排水出口控制及量水装置	201020273734.4	俞双恩、佘冬立、谢升申、冯　硕	水利水电学院
10	脚手架轴向荷载超限预警系统	201020256705.7	廖迎娣、陈　达、管大为、李　正	港口海岸与近海工程学院
11	一种分体式防尘鼻罩	201020265952.3	徐雯雯	港口海岸与近海工程学院
12	一种基于超声波传感器的船舶吃水深度超限预警系统	201020518516.2	廖迎娣、陈　达、杨　正、管大为、陈波涛	港口海岸与近海工程学院
13	电动可变速微调阀门装置	201020511670.7	张馨竹、李　姐、陈　祥	港口海岸与近海工程学院
14	一种非平整墙壁水泥基材料均厚喷涂装置	201020585066.9	廖迎娣、陈　达、杨　正、王庄园	港口海岸与近海工程学院
15	一种混凝土分层浇筑装置	201020632044.3	廖迎娣、陈　达、范江山、李　莉	港口海岸与近海工程学院
16	爬升脚手架安全监控装置	201120122032.0	廖迎娣、陈　达、李　正、杨　正、江朝华、范　可	港口海岸与近海工程学院
17	岩土工程参数无线便携式移动测试平台	201020224046.9	付长静、陈　亮、梁　越、李　刚、姚国友	土木与交通学院
18	以温度为示踪剂探测堤坝渗漏通道位置的系统	201020224047.3	李　刚、陈　亮、王宇铭、付长静、闫晓璐	土木与交通学院

续表

序号	专利名称	类　型	发明人	校内单位
19	桥墩钢制抱柱梁	201020253923.5	袁爱民、徐声亮、傅中秋、吉伯海	土木与交通学院
20	基于感应控制的路段人行道护栏	201020261064.4	郑长江、张毅华、沈才华、何赏璐	土木与交通学院
21	可以改变梯级长度的扶梯	201020274527.0	王嵩林、于　新	土木与交通学院
22	一种土体液化前的流动特性测量装置	201020548770.7	沙小兵、陈育民、林　奔、丁选明	土木与交通学院
23	岩土材料微观结构自动跟踪测试仪	201020522080.4	方庆军、洪宝宁、刘　鑫、胡　昕、崔　猛	土木与交通学院
24	一种风机支座承载力检测系统	201020521894.6	方庆军、洪宝宁、查文华、刘　鑫、朱俊杰	土木与交通学院
25	新型复合加筋绿色护坡砌块	201020684785.6	王保田、张文慧、蓝日彦、朱竖和、阮志新、蔡宁生、叶琼瑶、阳明慧、潘钦生	土木与交通学院
26	空心圆柱粘土试样的饱和装置	201020684950.8	闫　俊、沈　扬、张朋举、徐国建	土木与交通学院
27	桥墩钢—混凝土组合结构抱柱梁	201020626417.6	吉伯海、汤修华、章宇强、袁爱民、徐声亮	土木与交通学院
28	一种高精度早期混凝土导温和导热系数同时测量装置	201120005877.1	沈德建、吴胜兴、沈德飞、栾　澔、魏珍中、程意国	土木与交通学院
29	一种土体裂隙深度的探测装置	201120047891.8	陈　亮、袁俊平、高　英、殷宗泽、张红宇	土木与交通学院
30	垃圾填埋场测斜管	201120059546.6	艾英钵、施建勇、刘晓东、徐建国、严镝飞、黄　兴	土木与交通学院
31	垃圾填埋场沉降监测仪	201120059414.3	艾英钵、施建勇、刘晓东、徐建国、严镝飞、黄　兴	土木与交通学院
32	垃圾填埋场防渗层位移温度传感器	201120059512.7	艾英钵、施建勇、刘晓东	土木与交通学院
33	一种含水层渗透系数测试系统	201120059731.5	李　刚、陈　亮、林　统、詹沪成、付长静	土木与交通学院
34	液压式钢桥墩减震结构	201120110482.8	吉伯海、陈冬华、陈　策、傅中秋、瞿　涛	土木与交通学院
35	复式充油钢管混凝土桥墩结构	201120111379.5	吉伯海、陈冬华、陈　策、傅中秋、瞿　涛	土木与交通学院
36	一种测试盾构衬砌管片接头变形的装置	201120164293.9	张福海、高玉峰、佟宏伟、李玉龙、杨立国、洪望曦、吕子鑫	土木与交通学院
37	挡土墙土压力模型试验装置	201120190507.X	袁俊平、丁国权、曲晨飞、叶　欣、王　豹	土木与交通学院
38	一种立体耦合净化水体的装置	201020200684.7	侯　俊、王　超、李丽娜、王沛芳、唐标文	环境学院

续表

序号	专利名称	类型	发明人	校内单位
39	横向调节式太阳能电池板支架	201020200681.3	李　铁、刘志刚、丁　珏、张洪光	环境学院
40	一种小型自动化多级处理含油废水装置	201020219558.6	吴云海、蒋　力、倪利晓、朱　亮、谢正威、胡　玥	环境学院
41	一种过水坝面上复合插板的受污水体增氧装置	201020284163.4	华祖林、顾　莉、褚克强、刘晓东、季丽君	环境学院
42	一种可变倾角的连续式单轴尾矿固化处理机	201020598826.X	张春雷、汪顺才、靳　伟、余学勇	环境学院
43	应用光能自养生物膜的水处理装置	201020690036.4	操家顺、陆文涛、薛朝霞、冯　骞、方　芳、王　超	环境学院
44	双层生物—砂滤池	201120044376.4	马　天、李　铁、刘林华、虞静静、刘志刚	环境学院
45	一种污水脱氮除磷装置	201120071184.2	虞静静、李　铁、马　天、陆孙琴、刘志刚	环境学院
46	A2/o 系统好氧池曝气量变频控制装置	201120070971.5	虞静静、李　铁、马　天、陆孙琴、刘志刚	环境学院
47	一种生物抑制性实时监控预警装置	201120130652.9	李　铁、马　天、虞静静、严小飞、刘志刚	环境学院
48	一种小型自动调节 PH 氧化还原及活性炭处理含铬废水装置	201120133936.3	吴云海、周健欣、温亚军、蒋　力、谢正威、胡　玥、戴　琦、余小坤	环境学院
49	中小水库、水电站远程自动化测控设备	201120074948.3	王　超、徐立中、李臣明	环境学院
50	河岸式尾水处理系统装置	201120160000.X	朱　亮、吴　薇、李　勇、倪利晓、汤　颖、钱　静、陈　阳、赵鑫磊	环境学院
51	一种限制转速超速的垂直轴风轮	201020264304.6	赵振宙、郑　源、范江山、丁　琳、陈　冷、刘立群、刘军峰	能源与电气学院
52	太阳能多孔介质空气加热器及检测系统	201020240459.6	许　昌、刘德有、郑　源、郭　苏	能源与电气学院
53	太阳能空气吸热器测控系统	201020240471.7	许　昌、刘德有、郑　源、郭　苏、白凤武、王志峰	能源与电气学院
54	风光互补发电储能装置	201120050506.5	任　岩、郑　源、李正勇、陈德新、李延频	能源与电气学院
55	一种具有最大功率跟踪的光伏逆变系统	201120057567.4	郭晓玲、李世军、张　叶、王　闯、周雪婵、陈宇斌	能源与电气学院
56	一种适用于多机进相运行的恒无功控制系统	201120167197.X	卫志农、胡文旺、王成亮、孙国强、韦延方	能源与电气学院
57	工业控制通讯接口扩展板	201020225871.0	王　宇、郭　文、许　峰、王志坚	计算机与信息学院

续表

序号	专利名称	类　型	发明人	校内单位
58	视觉型人机交互系统	201020620982.1	许　峰、史团委、徐新坤	计算机与信息学院
59	意外建模和数据驱动的水质控制系统	201020599208.7	魏晓东、徐立中、李臣明	计算机与信息学院
60	一种用于脑循环系统的治疗仪	201020665605.X	顾　燕、侯　勇	计算机与信息学院
61	微型语音识别电子装置	201020664124.7	张丽丽、俞春华	计算机与信息学院
62	用于水库、水电站的液压启闭机双边平衡测量控制设备	201120115451.1	郭　锐、徐立中、殷兴辉	计算机与信息学院
63	非金属材料破坏过程超声波测试辅助装置	201020257519.5	王山山、邱　玲、王京荣、管英杰	力学与材料学院
64	涂膜附着力测试装置	201120043345.7	张今阳、陈　文、沈德飞、黄从斌、杨　杰	力学与材料学院
65	一种以温度为示踪剂的地下水流速流向探测装置	201020105886.3	梁　越、陈建生、陈　亮、王宇铭	地球科学与工程学院
66	一种自动测量水位变化的测量装置	201020105883.X	梁　越、陈建生、陈　亮、王宇铭	地球科学与工程学院
67	剥壳器	201020175513.3	张洪双	常州校区
68	一种带有书立的书架	201020189706.4	陈家骏、丁本洲、朱末霞、姚　娟	常州校区
69	采用水力冲蚀的抛光装置	201020224954.8	纪秀林、杨顺贞、赵建华	常州校区
70	基于无线传感器网络的水电机组状态在线监测装置	201020022355.8	胡　钢、江　冰、张学武、张　伟、章　盼、吴　迪	常州校区
71	用于单元楼的太阳能集中供热装置	201020115415.0	白建波、李龙华	常州校区
72	一种基于四腿和履带的复合行走机构的打桩机	201020237013.8	朱灯林、卞新高、梅志千、钱雪松	常州校区
73	基于无线传感器网络的仓库环境在线监测节点装置	201020282539.8	胡　钢、魏钦伟、夏心江、江　冰	常州校区
74	试件表面冲蚀磨损测试装置	201020224942.5	纪秀林、赵立娟、朱乃龙	常州校区
75	数字电压表	201020584830.0	苗红霞、齐本胜、邓志祥	常州校区
76	一种数字电压表	201020584846.1	苗红霞、齐本胜、邓志祥	常州校区
77	基于单片机的断路器在线监测系统	201020600110.9	苗红霞、顾春雨、齐本胜、邓志祥	常州校区
78	锂电池电芯叠片机	201020600098.1	何　钢、朱灯林、张　敏	常州校区
79	带有竖刷的电动牙刷刷头	201020503841.1	何　钢、朱灯林、朱　川	常州校区
80	磁压堵漏贴	200920283059.0	唐亚鸣、张东祥、尹硕辉、莫静玲	常州校区
81	基于视觉的智能轨迹诱导倒车辅助装置	200920284275.7	张学武、奚　吉、梁瑞宇、张　卓、段敦勤、丁燕琼、林善明、李庆武、徐立中	常州校区
82	电动牙刷刷头	201020299491.1	何　钢、朱灯林、朱　川	常州校区

续表

序号	专利名称	类型	发明人	校内单位
83	支座	201020520529.3	倪福生、李洪彬、蒋　爽、顾　磊	常州校区
84	振动打桩机的桩锤操纵机构	201020573879.6	朱灯林、石国国、何　钢	常州校区
85	锂电池电芯叠片机压片机构	201020600103.9	何　钢、朱灯林、潘振宇	常州校区
86	基于无线传感器网络的便携式水下节点装置	201020679728.9	胡　钢、江　冰、刘宴佳、张　瑞	常州校区
87	一种凸包形表面扁平绞刀刀齿	201120013179.6	唐亚鸣、任晓敏、刘　飞、张　晓、莫静玲	常州校区
88	DC/DC 升压变换的 LED 恒流驱动器	201120019572.6	翟潘飞、苗红霞、齐本胜、牛玉祥、邓志祥	常州校区
89	一种带降压功能的 LED 恒流驱动器	201120021671.8	苗红霞、齐本胜、牛玉祥、翟潘飞、邓志祥	常州校区
90	一种插入式直通快换管接头拔管器	201120075115.9	张洪双	常州校区
91	刀口厚度可调的一字螺丝刀	201120075118.2	张洪双	常州校区
92	便携式光伏电源	201120095090.9	郝玉哲、白建波、张　宇	常州校区
93	磨粒磨损试验机	201120111195.9	杨　可	常州校区
94	带极堆焊机头	201120111233.0	杨　可	常州校区
95	基于分形缺陷结构的等边三角形微带带通滤波器	201120156437.6	肖建康、祖霄鹏	常州校区
96	基于分形缺陷结构的等腰直角三角形微带带阻滤波器	201120157691.8	肖建康、祖霄鹏	常州校区
97	带电压变换的 LED 恒流驱动器	201120019871.X	牛玉祥、苗红霞、齐本胜、翟潘飞、邓志祥	常州校区
98	多功能灌溉植物装置	201020645526.2	程　群	水文水资源学院
99	一种智能足疗鞋	201020645786.x	李雅琴	水文水资源学院
100	自净水水龙头	201020508658	刘冬青	水文水资源学院
101	一种盆景自动浇灌设备	201020508762.X	赵伏田	水利水电学院
102	一种仿生炸弹	201020508807.3	孟庆祥、樊舒婕	水利水电学院
103	一种简易救生球	201020508793.5	孟庆祥、樊舒婕	水利水电学院
104	一种可以处理秸秆的收割机	201020508873	孟庆祥、樊舒婕、李　觅	水利水电学院
105	一种楼顶风力发电机	201020508803.5	孟庆祥、樊舒婕	水利水电学院
105	一种确定钢筋与混凝土界面损伤的装置	201020508805.4	孟庆祥、樊舒婕	水利水电学院
107	一种室内除湿装置	201020508808.8	孟庆祥、樊舒婕	水利水电学院
108	一种污染土原位修复装置	201020508791.6	孟庆祥、游　波、樊舒婕、尹德顺	水利水电学院
109	一种自发电式路灯	201020508796.9	孟庆祥、樊舒婕	水利水电学院
110	一种自供电式测速仪	201020508764.9	孟庆祥、樊舒婕	水利水电学院

续表

序号	专利名称	类　型	发明人	校内单位
111	一种改进污染土修复装置	201020508813.9	孟庆祥、游　波、樊舒婕、尹德顺	水利水电学院
112	新型感温发光水杯	201020508804.X	陈维梁、刘秀莉	水利水电学院
113	多功能防堵、防臭卫生公共系统	201020505888.1	杨　才、黄显峰	水利水电学院
114	活塞式固体压碎机	201020508809.2	杨　才	水利水电学院
115	可控式滴眼液眼镜	201020645504.6	杨　才	水利水电学院
116	智能报警锁	201020508810.5	单彬彬	水利水电学院
117	下水管过滤器	201020645781.7	高林冬	水利水电学院
118	运放芯片内部温度的测控装置	201020645789.3	苟　刚	水利水电学院
119	移动式插座墙面	201020507744.X	孙汉文	水利水电学院
120	双渠道及潮汐电站工程机构	200920231912.4	王　飞	水利水电学院
121	水压自控阀门	201020645502.7	吴　都、吕弯弯、满瑞成、张　丽	水利水电学院
122	冬用保温淋浴袋	201020647995.8	徐延强	水利水电学院
123	一种座椅式行李箱	201020647987.3	许　伟	水利水电学院
124	芯片钥匙	201020508749.4	曾小董	水利水电学院
125	一种以磷酸铁锂为材料的快速充电手机套	201020647999.6	赵修龙	水利水电学院
126	一种稻田自动控制排水装置	201020645528.1	周　庆	水利水电学院
127	分温节能开水器	201020645529.6	朱　峰	水利水电学院
128	新型多功能眼罩	201020505889.6	葛珂楠、张凯旗	港口海岸与近海工程学院
129	360 度旋转插排	201020508756.4	葛珂楠、张凯旗、王　娜、张　茜	港口海岸与近海工程学院
130	无线遥控爆竹点火器	201020508812.4	葛珂楠、张凯旗、王　娜、张　茜	港口海岸与近海工程学院
131	电控可变速微调阀门装置	201020265949.1	张馨竹、李　姐、陈　祥、徐雯雯	港口海岸与近海工程学院
132	一种防烫伤暖壶	201020508746	宋文智、刘立群	土木与交通学院
133	便捷型小车	201020508656.1	田　瑞、张　龙、杨钧文、毛　畅、胡　杰	土木与交通学院
134	360 度旋转推拉窗	201020647979.9	杨　沫、杨梦洁、陈依琳	土木与交通学院
135	绿色环保捶背椅	201020647993.9	曾垂昌	土木与交通学院
136	一种改进型的红绿灯	201020645809.7	詹　阳	土木与交通学院
137	新型洗浴用提兜	201020645790.6	赵帅军	土木与交通学院
138	河岸多级阶梯式增氧消能护坡结构	201020508758.3	戴星星、吴晓露、段育辉、邓巴曲加、钟芝、王亚琳、胡　渊	环境学院

续表

序号	专利名称	类　型	发明人	校内单位
139	河岸消能净化护坡结构	201020508757.9	戴星星、王德胜、王锐意、喻　炜、覃花鲜、邵　华、段育辉、钟　芝	环境学院
140	可切换处理反应类型的生物滤池处理系统	201020508750.7	戴星星、吴晓露、程琴琴、白　蕾、陈　梅、汪　洋、丁　鑫、耿凌燕、杨林燕	环境学院
141	用于处理微污染水的接触氧化—砂滤组合工艺系统	201020508761.5	戴星星、王文蔚、钱日成、姜圣韬、娄方荣、王硬知、陈　凯、段育辉、冒文娟	环境学院
142	便捷式供风保健木梳	201020508763.4	陈飞飞	环境学院
143	一种简易高效的生物淋滤反应器	201020645780.2	姜圣韬	环境学院
144	一种音乐眼镜	201020508799.2	林俊雄	环境学院
145	一种可吹出水雾的电风扇	201020647988.8	刘凯辉	环境学院
146	洗漱间节水装置	201020507714.9	王文杰	环境学院
147	一种水管清理器	201020507745.4	居俐洁、任慧建、孙　树	能源与电气学院
148	多功能音乐牙刷	201020508657.6	邓　杰	能源与电气学院
149	气体净化车	201020645530.9	付　伟	能源与电气学院
150	温控自动洒水护栏	201020507713.4	葛　浩	能源与电气学院
151	多功能药盒	201020649802.2	李倩雯	能源与电气学院
152	一种微型风力发电的教学模型	201020645812.9	李栅栅	能源与电气学院
153	测曲线长度笔	201020648005.2	梁　妍	能源与电气学院
154	一种暖手鼠标	201020649808.x	刘跃飞	能源与电气学院
155	一种静脉输液器	201020647997.7	罗　棣	能源与电气学院
156	一种新型节约空间圆形插槽式接线板	201020648002.9	王安其	能源与电气学院
157	多功能智能充电器	201020647994.3	王炜杰	能源与电气学院
158	可折叠可拼凑的椅子	201020649799.4	谢青青	能源与电气学院
159	太阳能保温杯	201020648001.4	张　博	能源与电气学院
160	单机电动窗帘	201020649812.6	张　凯	能源与电气学院
161	安全防漏阀	201020645810.x	张蓝国、黄笑同、谭庆慧、张源深	能源与电气学院
162	多功能防丢U盘	201020647991.x	周　杨	能源与电气学院
163	轮径可变式消防战车	201020645531.3	朱　成、王森林、尚于杰	能源与电气学院
164	高层公寓排水管道发电装置	201020505886.2	石亮亮	计算机与信息学院
165	一种防漏瓶口	201020648000.x	徐　曦	计算机与信息学院
166	带牙签的筷子	201020505870.1	徐　鑫	计算机与信息学院
167	一种可有效避免久坐带来不良影响的座椅	201020508747.5	蔡晓权	计算机与信息学院

续表

序号	专利名称	类　型	发明人	校内单位
168	基于离心机的飞行模拟系统	201020647990.5	伏　潜	计算机与信息学院
169	一种数字化可控温电热水器	201020649797.5	韩　娜	计算机与信息学院
170	可储能的智能节能照明靴	201020645527.7	李正波、马漫漫	计算机与信息学院
171	一种自动统计门口进出人数的监控系统	201020645791.0	刘子源	计算机与信息学院
172	储能式光控自行车自发电照明系统	201020648008.6	陆郭琦	计算机与信息学院
173	节能分合防水手机	201020649804.1	彭　暄	计算机与信息学院
174	多功能床用电脑学习桌	201020647996.2	王　洋	计算机与信息学院
175	智能汽车安全带	201020648003.3	余　敏	计算机与信息学院
176	一种汽车智能限速和制动系统	201020648009.0	张宏军	计算机与信息学院
177	一种电风扇自发电照明装置	201020508760	夏　强	力学与材料学院
178	一种电开水器节水底座	201020508806.9	夏　强	力学与材料学院
179	一种方便特殊人群使用的冷暖水杯	201020508797.3	夏　强	力学与材料学院
180	一种控温砂浆凝结时间测定仪	201020645783.6	夏　强	力学与材料学院
181	吸烟式烟套	201020507717.2	王海涛	力学与材料学院
182	光电磁炉	201020647998.1	姜远松	力学与材料学院
183	便捷收放式床上小书桌	201020648006.7	吴有奇	力学与材料学院
184	机械千斤顶式老虎钳	201020649798.x	周　童	力学与材料学院
185	便利旅行桌	201020508659.5	张　晗	地球科学与工程学院
186	一种便利袋手提套	201020507743.5	张　晗	地球科学与工程学院
187	一种感压笔式绘图鼠标	201020645496.5	杨　朴	地球科学与工程学院
188	经纬仪激光对中装置	201020647992.4	杨　朴	地球科学与工程学院
189	全自动控制伸缩门系统	201020645787.4	刘　浩	地球科学与工程学院
190	手握式感应鼠标	201020649796.0	刘志强、韩依颖	地球科学与工程学院
191	多功能新型手机	201020648007.1	赵　鹏、吴洁镟	地球科学与工程学院
192	学习及考试压力测试器	201020645784.0	庄　超	地球科学与工程学院
193	一种可定时和休闲的台灯	201020505887.7	王国良、王淳茗、徐　能、高　欢、刘建锋	理学院
194	一种安全防酒驾车载系统	201020507237.6	付　冲、张杰峰、张晴晴、黄侦芬、刘　闻	理学院
195	一种节水分压圆面喷灌器	201020507716.8	张欢明、蔡　冯、芮梦娜、赵　飞、朱振龙	理学院

续表

序号	专利名称	类型	发明人	校内单位
196	指纹识别防盗手机	201020507257.3	张小兵、李丹丹、梁旭燕、吴新海、陆一洵	理学院
197	防漏防烫手不倒吸管杯	201020645505.0	安　宁、潘宇峰、顾倚婧、荣　昊、刘咏飞	理学院
198	一种遇盗自动锁死的汽车防盗锁	201020507756.2	曹　伟、冯敬文、朱余清、付志攀、王培信	理学院
199	随身防盗器	201020508748.X	李　波、牛　岩、尤海浪、王建霞、陈　毅	理学院
200	商场快捷3D模拟试衣机	201020507256.9	马　旭、贾万银、陈涵宇、张小龙、邹　洋	理学院
201	一种可防止漏电的多功能电源线整理器	201020508792	王　宇、陈　森	理学院
202	一种具有水汽循环利用功能的滴灌式温室棚顶	201020507719.1	杨　正、潘　菲、李伟欣、朱星晨、廖志辉	理学院
203	一种多功能台灯	201020507238	尹亚川、秦　健、刘冬冬、刘千驹、陈国霁	理学院
204	一种蓝牙摄像眼镜	201020508765.3	赵敏敏、蔡　旺、顾银松、陆苏杭	理学院
205	一种兼顾戴眼镜者使用的3D眼镜	201020507240.8	郑　强、朱广洋、聂　鑫、李　屹、史　磊	理学院
206	简易收缩式晒被杆	201020649807.5	赵梅西	商学院
207	防雨晾衣架	201020649946.8	曹艳辉	商学院
208	折叠卡口式把手纸杯	201020648004.8	董　喆	商学院
209	心率监测腕表	201020647989.2	吴　鹏	商学院
210	节水器具	201020507757.7	杨　骏	商学院
211	纸面浏览器系统	201020645808.2	周梅馨	商学院
212	手机定位式生命探测装置	201020645788.9	金　飞	大禹学院
213	自发光波光泉装置	201020645811.4	赵英华	大禹学院
214	新型多用途爬楼梯装置	201020649785.2	柏　宁	大禹学院

注：序号98～214为本科生获得专利。

表4　2011年度水利授权情况统计表(外观新型专利)

序号	专利名称	类型	发明人	校内单位
1	生物浮床	201030296060.5	范　凯	商学院

注：外观新型专利为本科生获得专利。

主办或承办重要学术活动统计

2011 年主办或承办重要学术活动统计表

序号	活动名称	时间	规模（人）	活动地点	主办、承办、协办单位
1	第三届江苏省青年科学家年会——沿海滩涂开发关键工程技术分论坛	2011.1.6	100	河海大学	河海大学、南京水利科学研究院、水文水资源与水利工程科学国家重点实验室、海岸灾害及防护教育部重点实验室、岩土力学与堤坝工程教育部重点实验室承办
2	第 18 届国际计算与实验科学工程大会	2011.4.18	400	南京	河海大学承办
3	全国农业节水技术交流报告会暨首届农业节水科技奖颁奖大会	2011.4.26	300	河海大学	中国农业节水和农村供水技术协会、中国灌溉排水发展中心主办，河海大学、水文水资源与水利工程科学国家重点实验室、水资源高效利用与工程安全国家工程研究中心承办
4	首届“激光雷达与合成孔径雷达测图技术与应用”国际研讨会	2011. 5.26	300	河海大学	河海大学、香港理工大学联合主办，国际制图协会、国际摄影测量与遥感学会(ISPRS)、国际测量师联合会(FIC)协办
5	2011 国际化背景下的翻译与翻译研究学术研讨会	2011. 5.26	160	河海大学文天学院	江苏省翻译协会、南京翻译家协会主办，河海大学外国语学院、河海大学文天学院承办
6	2011 中国(南京)农业水利与自然农法国际论坛	2011.6.28	200	河海大学	河海大学南方地区高效灌排与农业水土环境教育部重点实验室、水文水资源与水利工程科学国家重点实验室、日本自然农法国际研究开发中心主办，河海大学水利水电学院、日本自然农法普及协会承办
7	2011 年中俄双边动物磁导航暨环境感知与行为观测技术研讨会	2011.8.9	50	河海大学	河海大学主办
8	水利政策法制研究与培训中心成立大会暨高层论坛	2011.10.18	400	河海大学	河海大学承办
9	第三届全国水工抗震防灾学术交流会	2011.10.21	120	大连	河海大学、中国水力发电工程学会抗震防灾专业委员主办，大连理工大学等单位承办
10	第六届亚洲组织发展峰会暨 2011“亚洲组织发展”国际学术会议	2011.10.21	150	河海大学	河海大学商学院、亚洲组织发展网络(AODN)主办
11	第一届全国防灾减灾工程学术会议	2011.10.22	120	河海大学	中国灾害防御协会、国家自然科学基金委员会工程与材料科学部、江苏省地震局、《防灾减灾工程学报》编辑部联合主办，河海大学、南京工业大学承办
12	江苏省力学学会成立 50 周年暨纪念徐芝纶院士诞辰 100 周年学术大会	2011.10.28	260	河海大学	江苏省力学学会主办，南京航空航天大学、中国矿业大学、解放军理工大学、南京水利科学研究院、东南大学、南京工业大学、盐城工学院、江苏大学、无锡市力学学会协办，河海大学承办

续表

序号	活动名称	时间	规模(人)	活动地点	主办、承办、协办单位
13	第三届全国土工合成材料加筋土学术研讨会	2011.10.28	150	河海大学	中国土工合成材料工程协会、国际土工合成材料学会中国委员会、中国土木工程学会土力学及岩土工程分会主办，中国土工合成材料工程协会加筋专业委员会、河海大学、南京水利科学研究院、宜兴市华泰土工材料有限公司承办
14	第八届全国泥沙基本理论研究学术讨论会	2011.11.24	300	河海大学	中国水利学会泥沙专业委员会主办，水文水资源与水利工程科学国家重点实验室、河海大学、南京水利科学研究院承办
15	首届中国湖泊论坛——“水科技创新与产业转型升级”分论坛	2011.12.10	200	南京	河海大学承办，中国农学会、中国水产学会、中国国土经济学会、南京大学、东南大学、南京农业大学、南京工业大学、南京林业大学为支持单位

（科技处、水文水资源与水利工程科学国家重点实验室、水资源高效利用与工程安全国家工程研究中心、常州校区供稿）

人事工作

概　　况

一、师资队伍建设

1. 加强人才引进力度，完善师资队伍结构

实施新的人才引进办法，推进人才引进工作。做好人才引进、管理、服务工作。依据各院系三年任期目标以及师资规划，落实教师岗位人员补充计划，加强招聘信息公布与宣传，广纳贤才。进一步优化教师队伍结构，扩大教师队伍规模，严格控制进人质量。全年引进接收各类人员 109 人，专任教师的博士比有了大幅提升。

2. 积极创造条件，构建人才培养工程体系

落实学校人才工作会议精神，依托优势学科创新平台、国家科研基地等，探索和实践“人才特区”建设模式，重点关注高端拔尖人才和青年骨干教师的培养，实施领军人才支持计划；进一步加强青年学术带头人队伍建设，首批 8 名青年教师受聘为河海大学“青年教授”；实施了第二批优秀创新人才选拔工作；形成一个层次分明、相互衔接、各有侧重、配套平衡的人才汇聚和培养工程体系。

2011 年，新增中国工程院院士 1 人，国家“千人计划”2 名，国家杰出青年基金获得者 2 人，江苏省“双创人才计划”项目获资助 1 人，江苏省特聘教授 1 人，江苏省高等学校优秀科技创新团队 1 支，江苏省“六大人才高峰”资助项目获资助 4 人，江苏省第四期“333 工程”第一层次培养

对象2人、第二层次培养对象8人、第三层次培养对象15人，南京市有突出贡献中青年专家1人。

3. 采取有力措施，促进青年教师成长

大力加强对年轻教师的培养，切实做好培训工作。做好新进人员的岗前培训工作，全年完成了97名新进人员的岗前培训工作，组织了12场报告会、团队拓展训练、基础理论的学习和考试等活动。

拓宽青年教师国际视野，加快国际化进程，对国家公派、国家和学校合作派遣、学校公派计划进行统筹安排。2011年3人获得国家公派全额资助出国留学项目资助，10人获得青年骨干教师出国研修项目1∶1配套资助项目，15人获得学校中青年学术骨干教师出国研修项目资助，5人获得省教育厅首批高校优秀中青年教师和校长赴境外研修项目资助。根据财政部、教育部调整国家公派留学人员奖学金资助标准的通知精神，结合其他高校出国人员选拔方案，对我校2011年选派教师出国留学资助方案进行优化调整。继续做好国际合作培养项目人选推荐工作，进一步加强出国人员的管理工作。

开展教授博士柔性进企业活动。全年共推荐我校50名教职工和博士到企业挂职锻炼，推动建立学校与企业合作的新机制和人才培养机制。同时，通过制定和完善教师到行业企业挂职锻炼管理办法、各种人才选拔和奖励政策等，推动教师挂职锻炼，做到有章可循，促进青年教师成长。

4. 加强内涵建设，做好博士后流动站工作

进一步加大博士后工作力度，注重内涵建设。完成了2011年博士后流动站评估工作；完成2011年江苏省博士后基金评估工作，完成了第49批、第50批国家博士后基金申报和二次省基金申报工作。博士后管理工作成效明显。2011年博士后进站40人，在站规模达到149人；申请博士后基金工作获得双丰收，16人获得国家博士后基金资助，资助金额达到50万元，是历年获得人数和金额最多的一次；17人获得江苏省博士后基金资助，资助金额达到28万元，也是历年获得省资助最多的一次。

5. 发挥校外人才优势，促进师资队伍建设水平提升

加强各类兼职人员的审批与管理。继续实施《河海大学“河海学者”聘用办法(试行)》(河海校人〔2009〕47号)，出台《河海大学“河海学者”聘用办法补充规定》(河海校人〔2011〕51号)，重点做好特聘教授和兼职教授的管理与考核工作。2011年新增兼职教授30人。

二、人事制度改革

贯彻落实学校第十二次党代会和学校人才工作会议精神，实施“人才强校”战略，坚持以师资队伍建设为核心，以高层次人才队伍建设和创新团队建设为重点，以构筑优势学科领域人才高原、人才高峰为主要任务，统筹推进并全面加强各类人才队伍建设。推进岗位设置及人员聘用制改革，科学制定岗位职责和考核评估办法，进一步推进学校收入分配制度改革工作。

1. 专业技术人员的聘期考核和续聘工作

组织开展岗位聘用后的首次聘期考核，执行《河海大学教师及其他专业技术岗位人员2008—2010年聘期考核实施办法》，在认真总结聘期岗位任务完成情况并进行合格性评估的基础上，按照受聘人对学校事业发展关键性指标提升所做贡献进行评优，考核结果与第二轮岗位聘用挂钩。通过本次聘期考核，强化了岗位竞争激励机制，优化了师资队伍结构。全校受聘在专业技术岗位上且参加聘期考核的人员以及从其他岗位转至专业技术岗位的人员共有1676人，均参加此次聘用。其中教师岗位1295人中，371人晋级，924人续聘，其中4人暂聘；其他专业技术岗位381人中，91人晋级，290人续聘，其中1人暂聘，4人不予聘用，2人未聘。

2. 实施七级、八级职员晋级工作

制定《河海大学2011年七级及其以下职员职级晋升评聘办法》，依据学校管理岗位聘用文件精神，对管理岗位人员职级晋升进行了规定，拓宽了人员晋级途径，调动了管理人员的积极性。今年共有94人申请晋级。申请晋升七级的共49人，25人通过考核聘用在七级岗位上。申请晋升八级

的共 45 人，17 人通过考核聘用在八级岗位上。

3. 各系列专业技术职务评聘工作

2011 年度专业技术职务层级初聘工作继续强调“设岗聘用”原则，2011 年申报晋升专业技术职务人员共计 146 人，经评审共有 101 人受聘高一级专业技术岗位。针对专业技术岗位聘用工作的实际情况，为了进一步规范我校专业技术岗位聘用工作，对专业技术职务初次聘用基本任职条件进行了补充和完善。

4. 分配制度改革工作

进一步完善校内岗位津贴分配制度，努力提高教职工收入水平。2011 年，校内岗位津贴进一步体现向教学一线教师倾斜，加大岗位津贴分配的激励和导向作用。在 2010 年年终分配方案的基础上，完善学院(系)绩效考核津贴分配方案和党政管理部门、直属业务单位绩效考核津贴分配方案，全校教职工人均收入增加 11%。

师资队伍现状

一、中国科学院、中国工程院院士

中国科学院、中国工程院院士一览表

序号	姓 名	性别	出生年月	当选年份	院 士 名 称	从 事 领 域	受聘时间	备 注
1	吴中如	男	1939.10	1997 年	中国工程院院士	大坝安全监测、监控和水工结构领域		
2	王　超	男	1958.7	2011 年	中国工程院院士	水资源保护与水质改善		
3	王思敬	男	1934.12	1995 年	中国工程院院士	工程地质学、环境工程地质学和岩石力学	2000.12	双聘院士
4	卢耀如	男	1931	1997 年	中国工程院院士	水文地质、工程地质及环境地质	2001.3	双聘院士
5	周君亮	男	1925.2	1995 年	中国工程院院士	水利和航运建筑物设计	2001.5	双聘院士
6	梁应辰	男	1928.8	1994 年	中国工程院院士	水道与港口工程	2001.5	双聘院士
7	汪集旸	男	1935.10	1995 年 2001 年	中国科学院院士	地热和水文地质	2001.5	双聘院士
8	陈厚群	男	1932.5	1995 年	中国工程院院士	水工结构、水利水电工程抗震	2001.6	双聘院士
9	张耀明	男	1943.12	2001 年	中国工程院院士	太阳能热利用、无机非金属和纤维光学	2004.4	双聘院士
10	陆佑楣	男	1934.1	2003 年	中国工程院院士	水利水电工程	2004.8	双聘院士
11	茆　智	男	1932.9	2003 年	中国工程院院士	农田水利、节水灌溉	2004.7	双聘院士
12	符淙斌	男	1939	2003 年	中国科学院院士	气候学、全球变化科学领域	2005.10	双聘院士
13	王　浩	男	1953.8	2005 年	中国工程院院士	水文水资源	2005.12	双聘院士
14	李圭白	男	1931.9	1995 年	中国工程院院士	给水排水工程	2006.12	双聘院士
15	周丰峻	男	1938.7	1999 年	中国工程院院士	岩土工程	2007.1	双聘院士
16	张建云	男	1957.8	2009 年	中国工程院院士	水文、水资源、水利信息系统工程	2010.9	双聘院士

二、"千人计划"人选

"千人计划"人选一览表

序号	姓名	性别	出生年月	单　位	从事专业	受聘时间	备　注
1	邵建富	男	1961.10	土木与交通学院	岩土力学	2009 年	第二批"国家重点学科平台"
2	李　凌	男	1968.3	水利水电学院	水力学及河流动力学	2009 年	第三批"国家重点学科平台"
3	余钟波	男	1964.11	水文水资源学院	水文和水文地质	2011 年	第六批"国家重点实验室平台"

三、教育部"长江学者奖励计划"特聘教授、讲座教授

教育部"长江学者奖励计划"特聘教授、讲座教授一览表

序号	姓名	性别	出生年月	单　位	从事专业	受聘时间	备注
1	李　凌	男	1968.3	水利水电学院	水力学及河流动力学	2003.1	特聘教授
2	余钟波	男	1964.11	水文水资源与水利工程科学国家重点实验室	水文和水文地质	2005.2	特聘教授
3	乔丕忠	男	1968.9	土木与交通学院 水利水电学院	水工结构工程	2007.3	特聘教授
4	刘汉龙	男	1964.3	土木与交通学院	岩土工程	2008.5	特聘教授
5	吴宏伟	男	1962.2	土木与交通学院	岩土工程	2010.2	讲座教授

四、国家杰出青年科学基金获得者

国家杰出青年科学基金获得者一览表

序号	姓名	性别	出生年月	单　位	项目名称	获得时间
1	李　凌	男	1968.3	水利水电学院	河流、海岸动力学及泥沙研究	2004 年
2	鞠　平	男	1962.7	能源与电气学院	基于 WAMS 的电力系统在线整体建模与协调控制	2007 年
3	刘汉龙	男	1964.3	土木与交通学院	高土石坝静、动力学特性与应力变形分析	2008 年
4	戴会超	男	1965.1	水利水电学院	水力学与水信息学	2010 年
5	唐洪武	男	1966.9	水利水电学院	水沙运动过程及模拟	2011 年
6	陈　文	男	1967.2	力学与材料学院	复杂介质分数阶导数力学模型的数值模拟方法和理论	2011 年

五、"河海学者"讲座教授

"河海学者"讲座教授一览表

序号	姓名	工作单位	国籍	学位	合作单位	合作教授	从事专业	受聘时间
1	马平亚	美国威廉玛丽学院维吉尼亚海洋科学研究所	美国	博士	港口海岸与近海工程学院	郑金海	物理海洋学	2009.5
2	李　军	加拿大滑铁卢大学	加拿大	博士	地球科学与工程学院	何秀凤	大地测量与导航	2010.4

六、2011 年聘任兼职教授

2011 年聘任兼职教授一览表

序号	姓　名	现工作单位	行政职务(技术职务)	兼职单位
1	秦伯强	中国科学院南京地理与湖泊研究所	原所长、研究员、博导	水文水资源学院
2	杨大庆	加拿大国家水文研究中心	研究员	水文水资源学院
3	刘志雨	水利部水文局	副总工、教授级高级工程师	水文水资源学院
4	张　奇	中国科学院南京地理与湖泊研究所	副室主任、研究员	水文水资源学院
5	Florian Pappenberger	可预测性室欧洲中期天气预报中心	高级研究员	水文水资源学院
6	林祚顶	水利部水文局	副局长、教授级高级工程师	水文水资源学院
7	潘　杰	江苏省水利厅信息中心《江苏水利》期刊部	期刊部主任、主编、研究员	水文化研究所
8	李代鑫	中国灌区协会、中国农业节水和农村供水技术协会	会长、常务副会长、教授级高级工程师	水利水电学院
9	张学清	香港科技大学土木及环境工程系	助理教授、教授	水利水电学院
10	Refaat A. Abdel-Malek	国际水电协会	主席、研究员	水利水电学院
11	顾为同	中交上海航道局有限公司	总经理、高级工程师	港口海岸与近海工程学院
12	胡亚安	南京水利科学研究院水工所	所长、教授级高级工程师	港口海岸与近海工程学院
13	戴明新	交通运输部天津水运工程科学研究院	副院长、研究员	港口海岸与近海工程学院
14	李宇为	美国 Qksystems 公司	总裁	港口海岸与近海工程学院
15	刘瑞朝	总参工程兵防护工程研究所	研究室主任、研究员	土木与交通学院
16	谢先启	武汉市政建设集团有限公司	董事长、教授级高级工程师	土木与交通学院
17	武焕陵	南京重大路桥建设指挥部	副指挥长、研究员级高级工程师	土木与交通学院
18	王　霆	南京城建隧桥经营管理有限公司	董事长、总经理、研究员级高级工程师	土木与交通学院
19	陈云飞	英国华威大学	副教授	计算机与信息学院
20	陈贵海	南京大学计算机系	副主任、教授	计算机与信息学院
21	C. S. Chen	美国南密西西比大学	教授	力学与材料学院
22	杨晓华	北京师范大学	教授	理学院
23	冷　夏	香港调查研究中心	首席研究员	公共管理学院
24	叶南客	南京市社会科学院	院长、研究员	公共管理学院
25	陈　如	南京市社会科学院	副院长、研究员	公共管理学院
26	袁松龄	国务院南水北调办公室征地移民司	司长、研究员	公共管理学院

续表

序号	姓 名	现 工 作 单 位	行政职务(技术职务)	兼职单位
27	余小宁	英国 ex4e. LTD	总经理	计算机与信息学院(常州)
28	李兆平	清华大学计算神经科学实验室	主任、教授	计算机与信息学院(常州)
29	方 俊	电子科技大学	教授	计算机与信息学院(常州)
30	樊邦人	常州宝菱重工机械有限公司	总经理、研究员级高级工程师	机电工程学院

七、享受国务院政府特殊津贴人员名单

于维忠 马良筠 乌守恭 方开泽 毛定一 王 超 王 瑚
王云球 王文修 王木兰 王世泽 王世夏 王惠民 王锡第
王德信 卢永生 卢盛松 史金松 包为民 叶秉如 左东启
石高玉 任立良 任青文 刘大恺 刘汉龙 刘启钊 刘景麟
刘新仁 向大润 孙一清 孙小鹏 孙其昂 朱元甡 许炳楠
过 达 严以新 何才法 吴中如 吴胜兴 宋太炎 应勤杰
张 常 张 阳 张二骏 张长宽 张东生 张发祥 张君伦
李开运 李立功 李安中 杨仲侯 杨有为 杨建基 汪龙腾
汪德爟 沈祖诒 沈家荫 芮孝芳 陆兆溱 陈玉璞 陈宏赉
陈怀先 陈国启 陈定圻 陈建生 陈慧远 卓家寿 周 氏
周之豪 周志芳 周恩济 周耀庭 孟庆生 林劲松 林益才
林毓梅 经士农 范永法 范钟秀 郑大俊 郑金海 郑垂勇
金雅鹤 姚敬之 姜弘道 施国庆 洪广文 洪佩孙 胡沛成
胡维俊 赵光恒 赵振兴 赵渭钧 夏兆镛 夏颂佑 席与耀
唐洪武 徐卫亚 徐友仁 徐志英 徐泽中 徐道远 殷宗泽
袁银忠 速宝玉 郭志平 钱孝星 陶碧霞 顾冲时 顾家龙
顾淦臣 商学政 崔广柏 康清梁 符丕大 黄 瑾 龚崇准
傅作新 傅春台 彭世彰 董增川 程文辉 谢金赞 解启庚
詹维源 蔡志长 樊期曾 薛鸿超 薛朝阳 戴寿椿 戴明生
鞠 平 魏震木

八、教育部创新团队及新世纪优秀人才支持计划资助人员

教育部创新团队及新世纪优秀人才支持计划资助人员一览表

序号	负责人	项目批准号	研 究 方 向	资助金额(万元)	单 位	类 别
1	刘汉龙	IRT1125	坝堤工程安全与减灾	300	土木与交通学院	教育部创新团队
2	包腾飞	NCET—11—0628	水工结构工程安全监控理论、方法及应用	50	水利水电学院	新世纪优秀人才
3	范华林	NCET—11—0629	固体力学/复合材料	50	力学与材料学院	新世纪优秀人才

九、江苏省"双创计划"人选

江苏省"双创计划"人选一览表

序号	姓名	性别	出生年月	单位	从事专业	受聘时间	备注
1	费峻涛	男	1969.1	计算机与信息学院(常州)	计算机科学与技术	2010年	重点实验平台
2	戴会超	男	1965.1	水利水电学院	水利工程	2011年	重点学科平台

十、江苏省"六大人才高峰计划"资助人选

2011年

B类：吴胜兴(建筑)

C类：许　峰(教育)

D类：何秀凤(农业)　郭祥林(经信)

十一、江苏省第四期"333高层次人才培养工程"培养对象

第一层次：王　超　唐洪武

第二层次：周志芳　郑金海　王沛芳　王慧敏　郑东健　顾冲时　刘汉龙　戴会超

第三层次：苏怀智　储继峰　曹茂森　费峻涛　袁　越　韩立新　高玉峰　肖　洋
杨　涛　王玲玲　吕海深　蒋永锋　王建文　金林南　黄德春

十二、江苏省特聘教授

2011年：邵全喜

十三、教工公派出国培训

教工公派出国培训一览表

序号	院(系)、部门	姓名	出国时间	回国时间	出国类别	出国性质	去往国家(地区)
1	港口海岸与近海工程学院	冯向波	2011.9		留学基金委全额资助项目	国家公派	美国
2	理学院	徐　燕	2011.9		留学基金委全额资助项目	国家公派	美国
3	港口海岸与近海工程学院	张　蔚	2011.12		留学基金委 1∶1 配套项目	国家公派	美国
4	土木与交通学院	张　华	2011.9		留学基金委 1∶1 配套项目	国家公派	美国
5	计算机与信息学院	许卓明	2011.6		留学基金委 1∶1 配套项目	国家公派	美国
6	计算机与信息学院	张丽丽	2011.6		留学基金委 1∶1 配套项目	国家公派	美国
7	力学与材料学院	黄　丹	2011.3		留学基金委 1∶1 配套项目	国家公派	美国
8	水文水资源学院	薛联青	2011.4		学校优秀创新人才计划	单位公派	美国
9	环境学院	倪利晓	2011.8		学校优秀创新人才计划	单位公派	美国
10	力学与材料学院	杨东辉	2011.5		学校优秀创新人才计划	单位公派	美国

续表

序号	院(系)、部门	姓　名	出国时间	回国时间	出国类别	出国性质	去往国家（地区）
11	水文水资源学院	陈新芳	2011.12		学校骨干教师出国计划	单位公派	美国
12	水利水电学院	夏继红	2011.12		学校骨干教师出国计划	单位公派	美国
13	计算机与信息学院	雍　斌	2011.6		学校骨干教师出国计划	单位公派	美国
14	理学院	张学莹	2011.9		学校骨干教师出国计划	单位公派	美国
15	商学院	宋　敏	2011.8		学校骨干教师出国计划	单位公派	美国
16	公共管理学院	范仓海	2011.11		学校骨干教师出国计划	单位公派	美国
17	外国语学院	严又萍	2011.9		学校骨干教师出国计划	单位公派	加拿大
18	外国语学院	顾　翔	2011.9		学校骨干教师出国计划	单位公派	英国
19	外国语学院	沈　琦	2011.8		学校骨干教师出国计划	单位公派	美国
20	常州校区	纪秀林	2011.9		学校骨干教师出国计划	单位公派	美国
21	商学院	许叶军	2011.5	2011.10	MBA 教师培训计划	单位公派	美国

十四、博士后工作

2011 年博士后在站情况一览表　　（人）

流动站名称	所　在　学　院	进站人数	出站人数	在站人数	
				小计	其中：企业博士后数
水利工程	水文水资源学院	1		14	
	水利水电学院	6	1	24	
	港口海岸与近海工程学院	3	1	9	
土木工程	土木与交通学院	10	2	39	
	地球科学与工程学院	1	1	2	
力　学	力学与材料学院	3	1	12	
环境科学与工程	环境学院	6	1	14	
工商管理	商学院	3		10	
管理科学与工程	商学院	1	1	7	
测绘科学与技术	地球科学与工程学院	2		5	
计算机科学与技术	计算机及信息学院	2		9	1
电气工程	能源与电气学院	2		4	
合　　计		40	8	149	1

十五、一至三级岗教授名单

教师系列

一级岗：吴中如　王　超

二级岗：王　乘　王慧敏　左军成　任立良　任青文　刘汉龙　朱　伟　阮怀宁　余钟波　张　阳　张长宽　张行南　李同春　陈　喜　陈建生　周志芳　郑垂勇　施国庆　郝振纯　唐洪武　唐德善　徐卫亚　顾冲时　彭世彰　戴会超　鞠　平

三级岗：丁长青　卫志农　马宏忠　方国华　王媛　王义刚　王志坚
王建民　王泽华　王保田　王济干　王玲玲　冯钧　冯卫兵
包为民　卢廷浩　史安娜　任旭华　刘凌　刘爱莲　刘斯宏
华祖林　孙其昂　安天庆　朱拓　朱天宇　朱昌平　朱俊高
朱跃龙　许长新　邢鸿飞　严忠民　何秀凤　吴远　吴凤平
吴玉萍　吴建华　吴胜兴　吴继敏　宋汉周　张玮　张子明
张友静　张展羽　李致家　李琼芳　杜成斌　束一鸣　束龙仓
杨晨　杨海霞　汪基伟　汪德爟　沈长松　沈菊琴　邵孝侯
邵国建　陆光华　陈卫　陈文　陈菁　陈才生　陈元芳
陈正鸣　陈守伦　陈志坚　陈阿江　陈绍军　陈金水　陈青生
陈星莺　周建方　武清玺　范新南　郑源　郑大俊　郑东健
郑金海　施建勇　赵坚　赵永乐　赵振兴　逄勇　钟平安
骆祖江　倪福生　夏自强　徐立中　徐向阳　袁越　顾圣平
高玉峰　尉天骄　曹平周　梁忠民　章青　章仁俊　黄腾
黄明理　黄振平　黄涛珍　曾晓勤　董增川　蒋亚清　蒋林华
谢悦波　韩立新　韩龙喜　鲁子爱

图书档案系列

三级岗：张鸿业　高新陵

十六、高级技术职务人员名单

(一) 校本部

1. 水文水资源学院

教　　授： 王文　王建群　王船海　包为民　艾萍　刘俊　刘凌
吕海深　余钟波　吴志勇(青年教授)　张行南　李光炽　李杰友
李致家　李琼芳　杨侃　杨涛(青年教授)　陈喜　陈元芳
姜翠玲　荣艳淑　郝振纯　钟平安　夏自强　徐向阳　梁忠民
黄振平　葛朝霞　谢悦波　薛联青

副 教 授： 王玲　王卫光　王加虎　叶亚平　石朋　刘金涛　朱永华
张丹蓉　张秀菊　张静怡　李丽　李国芳　杨涛　陆宝宏
陈启慧　陈新芳　罗健　徐慧　袁飞　曹丽青　舒大兴
瞿思敏

副 研 究 员： 王卫平　刘震　周密　温忠辉

高级实验师： 王万杰

高级政工师： 刘德友

2. 水利水电学院

教　　授： 方国华　王玲玲　包腾飞　刘斯宏　朱晟　严忠民　吴中如
张健　张展羽　张燎军　李同春　束一鸣　沈长松　沈振中
苏超　苏怀智　邵孝侯　陈菁　陈守伦　陈界仁　郑东健
俞双恩　赵兰浩(青年教授)　唐德善　徐俊增(青年教授)　郭相平
顾圣平　顾冲时　盛金昌　詹美礼　蔡付林　缴锡云　戴文鸿

研 究 员： 方部玲　宫必宁　黄细彬

教授级高级工程师： 吴建华

副 教 授： 于永海　毛劲乔　王建　王为木　王润英　王高鹏　冯宝平
冯建刚　田正宏　刘慧　刘永强　刘晓青　朱成立　吴建纲

岑威钧　张　洁　张齐兴　李俊宏　肖　洋　周建旭　罗玉峰
赵兰浩　郝树荣　唐立模　夏继红　殷国玺　郭龙珠　曹　青
强　晟

副研究员：邢文刚　吴龙华　张志诚　周春天　徐锡荣　傅宗甫　缪名芬
戴妙林

高级实验师：王志良　刘明明　阮善发　武良金　郭　震　陶艳芝

3. 港口海岸与近海工程学院

教　　授：王义刚　王如云　冯卫兵　左军成　张　玮　张长宽　张淑华
李瑞杰　陈永平　郑金海　徐福敏　诸裕良　鲁子爱

教授级高级工程师：陈国平

副 教 授：王　震　王环玲　吕秋灵　朱首贤　江朝华　何良德　吴德安
张　蔚　李　熙　沈丽宁　苏静波　陈　达　陈　君　林　祥
郑桂兰　徐　青　殷佩生　陶建峰　陶桂兰　曹雪山　龚　政
童朝峰　谭　亚

副研究员：朱志敏　陈德春　黄　蕙　蔡　辉

高级实验师：丁　坚　马洪蛟　李　宇　茅丽华

4. 土木与交通学院

教　　授：王　媛　王保田　卢廷浩　刘汉龙　吉伯海　朱召泉　朱俊高
朱珍德　余湘娟　汪基伟　陈景雅　洪宝宁　高玉峰　曹平周
雷国辉　颜素珍

研 究 员：曹菱红

副 教 授：丁晓唐　于　新　王　伟　邓　安　韦芳芳　刘　军　吴二军
吴跃东　张　华　张文慧　张坤勇　张富有　张福海　李守德
沈　扬　沈德建　陈　亮　陈永辉　陈育民　周　坚　周云东
周继凯　郑长江　钟小春　聂利英　袁俊平　郭海庆　顾长存
曹　朗　曹雪山　彭　劼

副研究员：艾英钵　李国维　宗国庆

高级实验师：张海霞　高明军

高级政工师：楼林义

5. 环境学院

教　　授：王　超　王沛芳　华祖林　朱　亮　杨汉培　汪德爟　陆光华
陈　卫　祝建中　逄　勇　徐　颖　袁旭音　韩龙喜　操家顺

副 教 授：刘　成　孙　敏　孙　琴　吴云海　吴俊明　张松贺　李　轶
李　勇　李一平　李继洲　陈德强　林　涛　赵振华　赵联芳
倪利晓　敖燕辉　笪学军

副研究员：丁训静　郑孝宇　洪凌成

6. 能源与电气学院

教　　授：丁晓群　卫志农　马宏忠　王宏华　王柏林　严登俊　吴　峰
李训铭　周　军　郑　源　赵晋泉　袁　越　潘文霞

研 究 员：李　龙

副 教 授：尹　斌　方红庆　王　冰　王亦红　乐秀璠　左　潞　刘皓明
吕国芳　孙黎霞　许　昌　余一平　吴　新　张德虎　李志华
余一平　杨光明　苏建元　陈　谦　周　玲　周大庆　周海强
屈　波　郑圣义　胡鹤轩　赵恒文　徐　群　秦战生　袁晓玲

郭建斌　潘学萍　霍志红　魏　萍
高级工程师：王惠庆　冯　晔　张卫存
高级实验师：严慧敏　韩敬东

7. 计算机与信息学院
教　　授：万定生　王志坚　王慧斌　冯　钧　刘惠义　许　峰(青年教授)
许卓明　李继国　殷兴辉　陈金水(2011.8退休)　周晓峰　徐立中
曹　宁　曹　敬　曾晓勤
研 究 员：严　勤　蒋德富　韩立新
副 教 授：马贞立　王　敏　许国艳　严锡君　吴学文　李士进　李东新
李臣明　孟朝辉　胡吉明　胡居荣　张丽丽　石爱业　沈明威
郭学俊　廖小平　谭国平
副研究员：李岳衡　李晓芳　周金陵　周爱群　黄凤辰
高级工程师：郑金陵　俞金龙　娄渊胜
高级实验师：杨　方

8. 力学与材料学院
教　　授：马爱斌　方永浩　王　泽　王向东　王泽华　任青文　朱为玄
许庆春　何建京　余天堂　吴玉萍　张子明　杜成斌　杨海霞
邵国建　陆晓敏　陈　文　陈国荣　周星德　武清玺　申明霞
范华林(青年教授)　赵　引　赵振兴　秦忠国　钱向东　章　青
黄文雄　蒋林华
研 究 员：彭宣茂
教授级高级工程师：蒋亚清　黄淑萍
副 教 授：江静华　严湘赣　何　辉　张　研　张旭明　张淑君　李　煜
杨东辉　陈玉泉　陈建清　周泽华　苟晓凡　姜云鹏　姜冬菊
徐金霞　殷德顺　郭兴文　梅明荣　黄　丹　黄莉妙(2011.7退休)
谢国治　雷　冬
副研究员：王山山　江　泉　李兴贵
高级工程师：尚作平
高级实验师：刘大智　邱　玲

9. 地球科学与工程学院
教　　授：丁贤荣　田林亚　刘建刚　孙树林　安　如　何秀凤　宋汉周
张友静　张发明　张宏兵　李　浩　陈志坚　陈建生　周志芳
岳东杰　岳建平　骆祖江　袁宝远　雍　斌(青年教授)
研 究 员：饶文波　黄　腾　谭红兵
副 教 授：王　红　王建平　王锦国　兰孝奇　冯广将　孙少锐　朱　琰
许捍卫　阮仁宗　李　艳　李筱艳　杨凤根　杨英宝　杨保全
陈仁喜　周绍光　郑德华　侯玉宾　徐　军　高正夏　黄　勇
黄张裕　葛　莹　颜梅春　魏继红
副研究员：李　磊　祁长青　龚友平　董海洲
高级工程师：王山东
高级实验师：吕民康(2011.2退休)　陈建华　周西振　罗增益　赵仲荣　高亚成

10. 理学院
教　　授：叶国菊　安天庆　朱卫华　朱永忠　陈才生　夏乐天　袁永生

储继峰(青年教授)

副　教　授: 丁万平　丁根宏　方小华　印凡成　孙合明　吴　坚　吴建伟　吴道明　张学莹　李晓军　杨际青　陆志军　周继东　林建伟　郁大刚　郑苏娟　姚健康　胡庆云　钮　群　徐小明　徐红梅　董祖引　唐春梅

高级工程师: 宋建平

高级实验师: 郑松鹤

11. 商学院

教　　　授: 于　金　丰景春　王卓甫　王慧敏　许长新　张　阳　张静中　杜晓荣　杨　晨　汪　群　沈菊琴　陈京民(2011.2退休)　周海炜　武　博　赵永乐(2011.11退休)　钱旭潮　章仁俊　章恒全　黄德春　童纪新

研　究　员: 赵　敏　袁汝华

教授级高级工程师: 何有山

副　教　授: 仇　蕾　尹庆民　王　飞　王保乾　卢小广　厉　伟　刘双芹　华　坚　吕苏榆　朱智洺　许纪校　宋　敏　张　龙　张云宁　李　芒(2011.7退休)　李　锋　李红仙　杨恺钧　杨高升　肖　煜　谷文林　陈军飞　陈柳鑫　孟庆军　岳金桂　郑峋如　姜翔程　施国良　洪玉振　胡震云　荆宁宁　唐　震　谈　飞　鹿　翠　简迎辉　蔡成喜　潘海英　魏长升

副 研 究 员: 曲正平　陈建明

副　编　审: 史　虹

12. 公共管理学院

教　　　授: 毛春梅　王　萍　许加军　杨文健　陈友庆　陈阿江　陈绍军　施国庆　施春华　黄健元　黄涛珍　韩振燕

研　究　员: 余文学　姜晓平

副　教　授: 于　红　王毅杰　张　鑫　张玲玲　沈晓静　陈滔娜　易前良　顾金土　高　燕　曹海林　朱秀杰　周　伟

副 研 究 员: 杨正联

13. 法学院

教　　　授: 王建文　邢鸿飞　李义松

副　教　授: 刘英国　刘惠明　成　红　朱　强　沈绿野　陈广华　陈秀萍　徐　军　徐安住　晋　海　郭英华　龚鹏程

副 研 究 员: 梁志建　傅伟群

14. 马克思主义学院

教　　　授: 丁长青　王　英　王集权　刘爱莲　孙其昂　毕　霞　余达淮　吴　远　宋开芝　郑大俊　金林南　尉天骄　黄明理　戴　锐

副　教　授: 张　雁　李　宁　陈继红　单连春　谈育明　黄晓晔　韩凤鸣

15. 外国语学院

教　　　授: 郑亚南　梁建萍　祝吉芳　杜　辉

副　教　授: 尤　震　王为民　王国权　孙宁宁　朱志梅　朱桂成　吴益华　张　帆　沈　琦　邹　亚　孟　军　范　锐　范晓慧　徐　薇　袁一平　谈玉光　顾　翔　崔　霞　笪鸿安　彭辰宁　韩卫红　蔡　斌

副 研 究 员：王明珍(2011.7 退休)
高级工程师：于风香
高级政工师：钱 微

16. 体育系
教 授：王建民 李育林 周 强 郭 平 褚宇帆
副 教 授：刘安兵 成 宇 张迎春 张建滨 张晓欣 李 云 苏正南 陈庆平 胡晓娟 赵 玲 唐 鹏 薛 涛 戴祖民

17. 大禹学院
副 教 授：李冠华

18. 党委办公室、统战部
教 授：王济干 朱 拓
研 究 员：陈德奎
副 教 授：王建青
副 研 究 员：郭继超

19. 组织部、党校
教 授：张 勤

20. 纪委、监察处
副 教 授：王志峰 高德华

21. 宣传部
副 教 授：万国彤
副 研 究 员：王如高
高级工程师：孙成群 孟 凯 胡富斌
主 任 编 辑：贾克香

22. 校工会
副 教 授：舒红缨
高级政工师：金 华
高级会计师：王玉霞

23. 校长办公室
教 授：王 乘 朱跃龙 唐洪武 徐卫亚 鞠 平
研 究 员：赵 坚
副 教 授：李乃富
副 研 究 员：李 枫 刘 江

24. 合作发展委员会办公室、校友会办公室、教育发展基金会办公室
副 教 授：马成志

25. 发展规划处
教 授：董增川
高级实验师：龚静怡

26. 教务处、国家大学生文化素质教育基地建设办公室
教 授：阮怀宁
副 教 授：叶鸿蔚 蔡正林
副 研 究 员：陈耀庭(2011.10 退休) 武 荣
高级工程师：娄保东

27. 科技处
教 授：史安娜 任旭华

副　教　授：陈毓陵
副 研 究 员：王绍泉　陆宏生　金建新　赵启芳
高级工程师：虞希光　翟立群

28. 研究生院、党委研究生工作部
教　　授：束龙仓　施建勇
研　究　员：姚纬明
副　教　授：张海军
副 研 究 员：高雪梅

29. 人事处
教　　授：丰土根
副　教　授：蒋来娣

30. 人才交流中心
副　教　授：张心怡
副　编　审：吴俊燕

31. 财务处
高级会计师：刘继明(2011.1退休)　孙万新　吴凤华　张李杰　杜荣江
周语明　欧阳芳　黄　宁
副 研 究 员：倪晓红

32. 审计处
副　教　授：韩绪军
高级会计师：张超豪

33. 学生工作(部)处、人武部、校团委
副　教　授：刘　嵩　缪子梅
副 研 究 员：刘兴平　张静芬　黄林楠

34. 国际合作处、国际教育学院、港澳台事务办公室
教　　授：任立良
副　教　授：管仪庆

35. 后勤管理处
副主任医师：马红兵　王　泳　王达军　王澄农　华明亚　汤海兰　李振陶
浦　卫　蔡京巧(2011.8退休)
副主任药师：马剑宁　赵淑玲

36. 资产管理处、信息中心
教　　授：胡　明
副　教　授：江　红
副 研 究 员：万亦农　吴宁萍　陆国宾　梁正和
高级工程师：李金方

37. 离退休人员工作处
研　究　员：郭祥林

38. 设计院
高级工程师：李　晶　李梦侠　倪　军　黄　波　彭新宣　蒋　华

39. 出版社
副　教　授：王　平
副 研 究 员：武　青　施　萍
副　编　审：毛积孝　朱　辉　吴劭文　周　勤　魏　连

40. 档案馆

研 究 馆 员：张鸿业

副研究馆员：王　清

41. 继续教育学院

教　　　授：陈青生

副 研 究 员：王瑞庆　王世军

高级工程师：张　军

高级政工师：许圣斌

42. 图书馆

教　　　授：卞艺杰　高新陵

研 究 馆 员：吴东敏　谢友宁

副　教　授：符晓陵

副 研 究 员：扈昌鑫

副研究馆员：王美珍　史宇清　朱兰芳　余清芬　吴立志　武晓峰

高级政工师：王冰花

43. 期刊部

编　　　审：马敏峰

副 研 究 员：马　民

副　编　审：许宇鹏　吴　玲　陈玉国　张志琴　陈吉平(2011.3 退休)　彭桃英　高渭文　熊水斌

高级工程师：高建群

高级实验师：施　业

44. 校办产业管理办公室

副　教　授：封学军

副 研 究 员：董维武

高级工程师：马晓辉　余志颀　杨光中

45. 水文水资源与水利工程科学国家重点实验室

教　　　授：彭世彰

46. 水资源高效利用与国家工程安全研究中心

教　　　授：朱　伟　陈星莺

副 研 究 员：丁选明　张亚群

高级政工师：祁本华

(二) 江宁校区

江宁校区管委会

副 研 究 员：王　捷

(三) 常州校区

1. 机电工程学院

教　　　授：包晔峰　朱天宇　朱灯林　纪爱敏　周　军　姚河清(2011.3 退休)　赵占西　倪福生　梅志千　廖华丽

副　教　授：丁　坤　于东玖　卞新高　王占军　田松亚　白建波　刘　巍　朱炳麒　汤炳新　纪秀林　张根元　张　敏　肖　洪　苏　洲　陆亚珍　周　丰　林　岗　胡友安　唐亚鸣　徐立群　钱雪松　康　兰　傅　强　蒋永锋　谢智雄

副 研 究 员：李龙华

高级实验师： 杨顺贞 周美英 傅 雯

2. 计算机与信息学院（常州）

教　　授： 刘小峰 朱昌平 李庆武 陈正鸣 范新南 费峻涛 薛云灿 韩庆邦

副 教 授： 丁海军 刘国高 刘 景 孙洪文 朱金秀 齐本胜 何坤金 张学武 张金波 杨启文 陈慧萍 林善明 倪建军 康桂华 盛惠兴 黄 皎 景雪琴 将爱民 韩光洁

高级工程师： 牟 艳

高级实验师： 宋凤琴 张亚新 李书旗 殷 明

3. 商学院（常州）

教　　授： 王普查 吴凤平 张继国 杜 栋

副 教 授： 邓建高 冯兰萍 田 泽 刘晓农 安 文 吴庆平 杨志明 徐绪堪 梁 伟 龚艳冰 潘江波

副 研 究 员： 田晶华 刘奇洪

4. 人文社科部

教　　授： 纪玲妹 郑忠梅

副 教 授： 沈蓓菲 赵晓春 秦卫明

5. 数理教学部

教　　授： 张斌武

副 教 授： 马会礼 王建永 何春元 熊传华

6. 外语教学部

教　　授： 周自强 郝雁南

副 教 授： 任锡平 李永生 赵 婵

7. 体育教学部

副 教 授： 沈丽英 孔令峰 周 霏 窦延军

8. 公共课教学部

副 教 授： 蒋建平

9. 党委办公室、管委会办公室、保卫工作办公室

教　　授： 吴继敏 周建方 潘洪林

副 教 授： 刘丹平

10. 教务部

教　　授： 江 冰

副 教 授： 王 萍

11. 科技与国际合作部

教授级高级工程师： 蔡 新

12. 资产管理部

副 研 究 员： 秦进东

高级工程师： 徐留粉

13. 财务部

高级会计师： 王 静 张晓春 李德生

14. 信息中心、图书馆

教　　授： 胡 钢

副 教 授： 陈家骏

副 研 究 员： 葛海蓉(2011.5退休)

副研究馆员：朱末霞　　谭德维

15. 后勤管理部

副　教　授：陆劲松

副主任医师：马　蓓

16. 成人教育部

副 研 究 员：仲兆宏

教职工基本情况分类统计

教职工结构统计

2011年教职工人员分布情况统计表　　（人）

	教职工数							
	合计	专任教师	行政人员	教辅人员	工勤人员	科研机构人员	校办企业职工	其他附设机构人员
总　计	3383	1844	416	324	135	286	90	288
其中：女	1333	642	219	162	52	86	34	138
正高级专业技术职务	351	327	3	7		14		
副高级专业技术职务	656	502	36	46		39	7	26
中级专业技术职务	1551	908	266	133		172	14	58
初级专业技术职务	302	84	77	74		52	1	14
未定专业技术职务	523	23	34	64	135	9	68	190

专任教师情况统计

表1　2011年专任教师学历(位)情况统计表　　（人）

	合计	博士研究生			硕士研究生			本科		
		小计	其中：获学位		小计	其中：获学位		小计	其中：获学位	
			博士	硕士		博士	硕士		博士	硕士
总　计	1844	784	784		715		687	345		35
其中：女	642	227	227		277		269	138		20
正高级专业技术职务	327	237	237		65		56	25		2
副高级专业技术职务	502	244	244		154		141	104		13
中级专业技术职务	908	295	295		443		437	170		20
初级专业技术职务	84				49		49	35		
未定专业技术职务	23	8	8		4		4	11		

表 2　2011 年专任教师年龄情况统计表　（人）

	合计	30 岁及以下	31～35 岁	36～40 岁	41～45 岁	46～50 岁	51～55 岁	56～60 岁	61～65 岁	66 岁及以上
总　计	1844	278	473	335	207	357	113	61	17	3
其中：女	642	124	182	139	78	89	15	12	3	
正高级专业技术职务	327		7	18	40	153	60	29	17	3
副高级专业技术职务	502	5	61	119	92	156	46	23		
中级专业技术职务	908	214	380	181	73	44	7	9		
初级专业技术职务	84	47	20	13	2	2				
未定专业技术职务	23	12	5	4		2				

表 3　2011 年专任教师学科分布情况统计表　（人）

	合计	正高级专业技术职务	副高级专业技术职务	中级专业技术职务	初级专业技术职务	未定专业技术职务
总　计	1844	327	502	908	84	23
其中：女	642	60	153	383	37	9
哲　学	44	18	9	17		
经济学	49	8	15	25	1	
法　学	62	7	19	36		
教育学	97	9	19	59	9	1
文　学	148	6	30	96	15	1
历史学	1			1		
理　学	169	18	47	90	10	4
工　学	1103	227	313	500	46	17
农　学	23	7	13	3		
医　学						
管理学	148	27	37	81	3	

离退休职工情况统计

表 1　离退休人员情况统计表　（人）

	合计	教师				干部				工人
		正高级专业技术职务	副高级专业技术职务	中级专业技术职务	初级专业技术职务	司局级	处级	科级	其他	
总　计	1486	225	432	211	4	32	111	139	20	312
其中：2011 年退休	42	4	8	3			5	9		13
离　休	67	4	17	2		22	14	3	5	
退　休	1419	221	415	209	4	10	97	136	15	312

表 2 2011 年退休人员名单

姓 名	性别	出生年月	退休前		参加工作时间	退休时间	备 注
			单 位	行政(技术)职务			
王世和	男	1951.1	环境学院	实验师	1968.12	2011.1	
刘继明	男	1951.1	财务处	高级会计师	1970.3	2011.1	
吕民康	男	1951.2	地球科学与工程学院	高级实验师	1969.1	2011.2	
章爱华	女	1951.2	能源与电气学院	高级政工师	1977.1	2011.2	
陈京民	男	1951.2	商学院	教 授	1969.1	2011.2	
周焕琴	女	1956.2	基建处	工程师	1974.12	2011.2	
张 艳	女	1956.3	水利水电学院	助理工程师	1982.7	2011.3	
刘 亮	女	1956.3	外国语学院	讲 师	1975.3	2011.3	
由晨光	男	1951.3	校长办公室	高级工	1969.2	2011.3	
陈吉平	男	1951.3	期刊部	副编审	1969.2	2011.3	
罗发根	男	1951.4	后勤集团	助理会计师	1969.12	2011.4	
沈秀芳	女	1961.5	后勤集团	高级工	1977.12	2011.5	
陈志贵	男	1951.6	保卫处	高级工	1969.12	2011.6	
张学强	男	1951.6	后勤管理处	高级工	1969.2	2011.6	
徐性林	男	1951.6	后勤集团	中级工	1968.12	2011.6	提前退休转正式退休
黄莉妙	女	1951.7	力学与材料学院	副教授	1968.12	2011.7	
李 芒	女	1951.7	商学院	副教授	1968.10	2011.7	
王明珍	女	1951.7	外国语学院	副研究员	1968.12	2011.7	
王仁林	男	1951.7	校办产业管理办公室	高级工	1969.2	2011.7	
薛成敬	男	1951.7	后勤集团	高级工	1970.12	2011.7	
夏绿云	女	1961.7	后勤集团	高级工	1987.12	2011.7	
陈金水	男	1949.8	计算机与信息学院	教 授	1969.8	2011.8	
蔡京巧	女	1951.8	后勤管理处	副主任医师	1968.12	2011.8	
胡秋生	男	1951.8	校办产业管理办公室	高级工	1969.4	2011.8	提前退休转正式退休
王春龙	男	1951.8	后勤集团	干 部	1969.2	2011.9	提前退休转正式退休
钱荣根	男	1951.9	能源与电气学院	高级工	1969.2	2011.9	
金 萍	女	1956.9	保卫处	助理研究员	1973.3	2011.9	
朱宁生	女	1956.9	继续教育学院	馆 员	1977.7	2011.9	
王敬忠	男	1951.9	后勤集团	高级工	1969.12	2011.9	提前退休转正式退休
石柏林	男	1951.10	商学院	工程师	1969.1	2011.10	
陈耀庭	男	1951.10	教务处	副研究员	1968.8	2011.10	
赵 平	男	1951.10	后勤管理处	工程师	1968.11	2011.10	

续表

姓　名	性别	出生年月	退　休　前		参加工作时　间	退休时间	备　注
			单　位	行政(技术)职务			
许万发	男	1951.10	继续教育学院	高级工	1969.1	2011.10	
何晓宁	女	1956.10	校办产业管理办公室	工程师	1974.11	2011.10	提前退休转正式退休
赵永乐	男	1946.11	商学院	教　授	1965.8	2011.11	
董华南	男	1951.11	外国语学院	讲　师	1968.9	2011.11	
张　晴	女	1956.11	团委	正　科	1974.1	2011.11	
解慧玲	女	1956.11	工会	助理研究员	1974.6	2011.11	
黄和平	男	1951.11	离退休处	助理研究员	1969.2	2011.11	
夏义玲	女	1961.11	后勤集团	高级工	1982.12	2011.11	
潘洪山	男	1951.12	地球科学与工程学院	高级政工师	1969.11	2011.12	
顾长才	男	1951.12	后勤集团	高级工	1969.3	2011.12	
戴新京	男	1951.12	后勤集团	高级工	1990.3	2011.12	
姚河清	男	1951.2	机电工程学院	教　授	1969.11	2011.3	
葛海蓉	女	1951.4	常州校区图书馆、信息中心	副研究员	1969.3	2011.5	
奇龙布和	男	1951.7	常州校区工会	讲　师	1966.8	2011.7	
潘秋琴	女	1961.8	常州校区后勤服务集团	中级工	1994.4	2011.8	

教职工增减情况统计

表 1　2011 年教职工增加情况统计表　　(人)

	合计	新　增　人　数(人)											
		当 年 毕 业 生				博士后出站留校	回国定居	转业复员	招工	调　入			其他
		博士生	硕士生	本科生	大专中专生					省外调入	省内调入	市内调入	
小　计	115	48	36	2		6	6	1		8		4	4
其中:女	52	14	26			2	3			5		1	1
正高级专业技术职务	6									4		1	1
副高级专业技术职务	8					3	1	1		1		2	
中级专业技术职务	12	11					1						
初级专业技术职务	4		3							1			
未定专业技术职务	85	37	33	2		3	4			2		1	3

表 2 2011 年教职工减少情况统计表 (人)

	合计	减少人数									
		升学	自费留学	出国定居	合同期满	辞职	离退休	除名	死亡	调出	其他
小　计	66				1	14	45	2		4	
其中：女	33				1	10	20	1		1	
正高级专业技术职务	4						4				
副高级专业技术职务	12						11			1	
中级专业技术职务	19					6	11			2	
初级专业技术职务	7					2	2	2		1	
未定专业技术职务	24				1	6	17				

死亡人员情况统计

2011 年河海大学教职工死亡人员名单

姓　名	性　别	出生年月	原工作单位	原行政(技术)职务	死亡时间
张玲芬	女	1934.3.22	土木与交通学院	助　教	2011.1.8
徐英兰	女	1934.9.19	保卫处	工　人	2011.1.12
王法华	男	1929.9.18	商学院	编辑、正科级	2011.1.19
林金麟	男	1929.10.4	商学院	副教授	2011.2.1
李竞雄	女	1933.7.9	财务处	高级会计师	2011.2.1
桑新圃	男	1926.5.8	校工会	副主席	2011.2.3
吴崇厚	男	1934.7.9	公共管理学院	副教授	2011.2.20
汪　翙	女	1942.7.25	环境学院	副教授	2011.3.18
姜　政	男	1927.8.13	港口海岸与近海工程学院(海工所)	高级工程师	2011.4.2
秦　煊	女	1926.11.10	水利水电学院	副研究员	2011.4.18
任荣祖	男	1915.11.8	理学院	教　授	2011.4.22
潘剑秋	男	1935.4.28	劳动服务公司	副处、助理研究员	2011.5.28
刘忠文	男	1935.8.9	印刷厂	正处、经济师	2011.6.7
詹道江	男	1919.6.25	水文水资源学院	教　授	2011.6.15
杨承枝	女	1932.8.29	幼儿园	幼　教	2011.6.18
张志铁	男	1943.8.22	水利水电学院	副教授	2011.7.19
方　庆	女	1929.3.4	港口海岸与近海工程学院	副教授	2011.7.23
何宗宜	男	1930.10.19	理学院	讲　师	2011.7.27
李中庸	男	1926.9.26	外国语学院	副县(处)级、副教授	2011.8.3
朱明发	男	1930.2.13	图书馆	工　人	2011.8.13
张　静	男	1932.2.17	环境学院	工　人	2011.9.1
欧阳智勤	女	1929.8.29	人事处	工　人	2011.10.3

续表

姓　名	性　别	出生年月	原 工 作 单 位	原行政(技术)职务	死亡时间
林振江	男	1921.1.1	保卫处	讲　师	2011.10.15
王安继	男	1933.2.13	公共管理学院	副教授	2011.10.16
季一峰	男	1936.7.26	能源与电气学院	副教授	2011.11.7
卜纯英	女	1935.9.16	出版社	副编审	2011.11.18
陈耀汉	男	1948.1.6	商学院	正科级、助理工程师	2011.11.16
徐坚华	男	1933.12.21	理学院	副教授	2011.12.25
杨显明	男	1930.1.12	外国语学院	副教授	2011.12.27
谢凤娣	女	1945.12	常州校区后勤服务集团	初级工	2011.3.8
胡瑞生	男	1933.3	机电学院	高级工程师	2011.3.17
钱耀华	男	1931.3	常州校区资产部基建办公室	副主任	2011.11.29
唐裕德	男	1941.10	常州校区数理教学部	讲　师	2011.12.3
李荣官	男	1936.8	常州校区后勤服务集团	主任科员	2011.12.23

（人事处、离退休工作处、常州校区供稿）

合作与交流

国际(境外)合作与交流

一、国际及与港澳台合作交流

2011 年，按照学校布署，国际合作与交流工作积极布局，广开渠道，开辟途径，巩固成果，取得新进展，确保了我校国际化进程的顺利实施。

做好交流来访常规工作。2011 年全年来访专家学者 546 人，其中港澳台访问团 6 批次、69 人，长期外籍语言及科技专家 18 人，境外大学校长、院士及国际协会主席等重要人士 30 余人。

做好师生派出工作。2011 年全年出访团组 109 批次，227 人次出国访问或参加学术会议；共派出研究生、本科生出国攻读学位及交流 266 人，校际合作项目中赴法学生 60 人，赴荷兰学生 4 人，赴英国学生 14 人，赴美国学生 15 人，赴加拿大学生 1 人。同时，2011 年新增了与美国 University of Nebraska-Lincoln “2+2” 学分互认、双学位项目。

2011 年我校与境内外合作与交流日趋频繁，与境外大学、研究机构新签合作协议及备忘录 10 份，举办国际会议 5 次。新增教育部和国家外专局“高等学校学科创新引智计划”（“111”计划）、“海岸带滩涂资源开发与安全学科创新引智基地”(5 年，批准号 B12032)、“海外名师计划项目”(5 年，批准号 MS2011HHDX033)、“学校特色项目”(3 年，批准号 TS2011HHDX035)各 1 项。顺利完成教育部对台重点项目 2 项，即水科学水工程与水文化主题交流营、台湾健美操训练交流项目，扩大了对港澳台的交流与合作。依托水文水资源与水利工程科学国家重点实验室平台，顺利实施“水文学及水资源学科创新引智计划”（“111”计划)项目(5 年，批准号 B08048)。

加大国外智力的引进力度，加强与境外高校的人才培养与科研合作，促进学校师资队伍建设和学科建设，提升了学校教学、科研和管理水平，通过国际会议、学术研讨会等形式，为我校师生与国外专家搭建交流平台，使学校在教学、科研、学科建设和师资队伍建设等方面的综合实力得到提升，获评省教育厅2011年“江苏省教育国际合作交流先进学校”和省外国文教专家工作研究会“2011年度外国专家管理工作先进单位”称号。

二、外国留学生教育

2011年，教育部国际司和国家留学基金委批准我校2012年中国政府奖学金自主招收留学生名额由3名增加到8名。留学生规模继续扩大，全年来校留学生376人，比上一年同期人数增长32%。留学生培养层次稳步提高，形成了以长期学历生为主，特别是研究生占学历生比例较高的格局。在校留学生中学历生占52%，学历生中研究生占63%，研究生中博士生占34%。汉语教学形成自己的特色，汉语生人数增长势头强劲。

继续开拓生源渠道，留学生来源进一步多样化。在校生中有中国政府奖学金生、外国政府奖学金生、联合国机构组织奖学金生、学校奖学金生、企业奖学金生、交换生、自费生等，分别来自75个国家。

搭建国际教育合作平台，将更多的外国优秀学生和友好合作学校学生引进来，2011年交换生项目明显增多。开办了首届韩国南首尔大学中国语言文化研修班；首批英国威尔士班戈大学海外学习项目落户我校；美国杰克逊州立大学中国语言和就业培训项目继续推进；美国德克萨斯州团组常规项目正常进行；商学院组织的美国加州州立大学北岭分校女子合唱团来我校演出交流。

优化留学生学习与生活环境，完成了博士楼整体转为留学生宿舍楼的宿舍维修整理、教室多媒体改造等工作，有效缓解了留学生宿舍、教室不足的困难，为进一步扩大留学生规模创造了有利条件。

国内合作与交流

一、校友会工作

11月13日，河海大学江西校友会成立大会在南昌市举行，江西省水利、电力、交通等系统的86名校友代表参加了大会。代表们听取了《河海大学江西校友会筹备工作报告》，审议通过了《河海大学江西校友会章程》，选举产生了由39名理事组成的理事会，其中常务理事17人。理事会一致选举孙晓山、徐俊如为名誉会长，杨丕龙为会长，文林、张文捷、邹永明、陈国华、石荣国、林军为副会长，张文捷兼秘书长。

11月19日，河海大学校友会2011年度常务理事会暨校友分会秘书长会议在南京举行，第二届常务理事以及来自上海、浙江、吉林、广西、江西、甘肃、宁夏、重庆、广州、大连、新疆喀什地区和阿勒泰地区以及淮河水利委员会校友分会的秘书长出席会议。与会代表审议通过了河海大学校友会2011年度工作报告，同意增补江苏省人民政府办公厅处长强培和常州市永安公共自行车系统有限公司董事长孙继胜为校友会副秘书长。

12月16日，广州校友会召开理事会会议，总结了本年度校友会工作，并就下一阶段工作进行部署。12月17日，第十一届深圳市河海大学校友联谊会在深圳召开，300余位校友代表参加了会议。会议选举产生了新一届理事会，王乘校长一行专程到会祝贺。

12月18日，河海大学浙江校友会成立大会在杭州市举行，浙江省水利、电力、交通等各行各业的160余位校友代表参加了大会。代表们听取了《河海大学浙江校友会筹备工作报告》，审议通过了《河海大学浙江校友会章程》，成立了“河海大学浙江校友发展基金”。会议选举产生了由90名理事组成的理事会，其中常务理事43人。理事会一致选举段小平为会长，叶舟为常务副会长，周毅为专职副会长，刘恒、程夏蕾、钱建明、唐巨山、施俊跃、任忠、肖建宝为副会长，王光华为秘书长，聘请章国方、黄廷兰、叶烈瑶为名誉会长。河海大学党委书记朱拓、副校长唐洪武、校党委原副书记郑大俊及学校有关部门负责人出席了江西、浙江两省成立大会。

校友信息管理系统建设完成并正式开通。校友信息管理系统目前收录了1952年至2010年毕业的校友信息8.17万余条，可以方便地实现校友基本信息查询，校友之间的在线互动，母校与校友之间的信息交流。校友会网站进行了改版，版面更加清新，布局更加合理，内容更加详实。编辑出版了《校友通讯》期刊4期，顺利通过2010年度校友会和2011年度《校友通讯》的年检。参加“全国高校校友工作第十八次研讨大会”和“江苏省高校校友工作第八次研讨会”，与苏州大学、华中科技大学等兄弟院校及常州校区交流探讨高校校友工作的经验和做法。

继续加强与各地校友分会和广大校友的联系与交流。一年来，先后走访了广州、吉林、深圳、大连、江西、浙江、厦门、四川、常州、苏州、泰州、淮安、定远等10多个省市校友会，召开校友座谈会11场，与200多位校友进行了面对面的交流，汇报学校发展情况，听取校友对学校发展的建议。接待各类返校访问的校友共40多批次。9月17日，全国水利厅(局)长专业理论培训班暨校友返校活动在我校举行，校党委书记朱拓和校长王乘出席座谈会，朱拓书记衷心感谢校友们长期以来为学校发展所做出的贡献，希望大家一如既往地关心和支持学校发展。王乘校长介绍了学校近期建设发展的情况以及未来的发展规划。校友们感谢河海的悉心培养和老师们的谆谆教诲，希望能进一步加强与母校的合作，共同为水利建设事业服务。

二、教育发展基金会工作

召开河海大学教育发展基金会理事会会议两次，听取河海大学教育发展基金会2011年度运作情况和财务状况的报告，审阅基金会2010年度工作报告和2010年度审计报告，讨论基金会接受的非定向捐赠款项的投向使用，决定支持河海大学教育事业的发展和建设，资助河海大学经济困难学生完成学业，奖励优秀学生和教师，支持河海大学改善办公环境与条件。

资金的筹措。基金会充分利用学校的人才、技术、设施等资源优势和学校良好的社会影响，通过社会捐赠、盘活资产、开展合作等途径，本年度为学校事业发展筹措7400万元资金，签订捐赠协议400余份。资助经济困难学生完成学业，奖励学业优秀学生，支持学校事业的建设与发展。协助水文水资源学院做好“刘光文水文科技教育基金”的筹资工作。

在省教育厅和省民政厅的指导和监督下，在有关部门的配合下，认真准备，完成了2010年度基金会年检工作和免税资格的年度审核工作。完成了本年度“严恺教育科技基金”、“徐芝纶教育基金”、“宝钢教育奖”、“潘家铮水电奖学金”、“张光斗科技教育基金——优秀学生奖学金”、“和汇奖学金、助学金”的评审、颁奖、发放奖金等一系列工作。做好对各类基金的综合管理、日常捐赠和基金运作方面的工作，加强了基金捐赠人与学校有关部门的联络与协调工作。

三、合作交流工作

河海大学合作发展委员会在平等互利、优势互补、相互协作、共同发展的原则基础上，积极为成员单位提供优秀毕业生和各种规格的人才培养服务，与成员单位共享优质资源。进一步加强科技合作，促进科技成果转化向纵深发展。做好合作发展委员会成员单位考生的本科招生工作和推荐免试研究生的工作。做好合作发展委员会成员单位之间的日常沟通和联系工作，确保成员单位与学校的联络与协调工作正常进行。

签订合作协议。2011年，共对外签订协议10份，主要有：《河海大学与南水北调东线江苏水源有限责任公司、江河水务有限公司共同设立河海大学设计研究院有限公司合作框架协议》、《河海大学与华能澜沧江水电有限公司战略合作框架协议》、《河海大学与福建省水利厅全面合作协议》、《河海大学与淮安市人民政府战略合作框架协议》、《河海大学与宿迁市人民政府战略合作框架协议》、《河海大学与南京市鼓楼区共建科技园协议书》、《河海大学与宿迁市人民政府设立河海大学技术转移中心宿迁分中心协议》、《河海大学与铜仁行署战略合作框架协议》、《河海大学与云南省移民开发局框架性合作协议》、《河海大学与盐城市人民政府设立河海大学技术转移中心东台分中心协议》。

访问合作发展委员会成员单位。校领导朱拓、王乘等分别率团访问合作发展委员会的成员单位，与成员单位保持了密切的联系与合作。2011年走访的成员单位主要有：水利部、水利部黄河水利委员会、水利部海河水利委员会、水利部珠江水利委员会、福建省水利厅、贵州省水利厅、广东省水利厅、贵州省铜仁地区行政公署、宿迁市人民政府、淮安市人民政府、南京市水利局、盐城市水利局、南京市社会科学院、上海勘测设计研究院、浙江省水利河口研究院、济南军区海军工程指挥部、华能澜沧江水电有限公司、中国水电顾问集团贵阳勘测设计研究院、中国水电顾问集团华东勘测设计研究院、中国水电顾问集团北方勘测设计研究院、江苏省交通规划设计院有限公司、中国水利水电第十六工程局有限公司等单位，并与贵州省铜仁地区行政公署、淮安市人民政府、宿迁市人民政府、福建省水利厅、华能澜沧江水电有限公司、云南省移民开发局等单位签署全面合作框架协议。

接待合作发展委员会成员单位来访。合作发展委员会成员单位多次来访学校，与我校在人才培养、科学研究、成果转化等方面进行了深入的交流与探讨，对河海大学的改革发展给予高度的评价。来访单位主要有：国务院南水北调办公室、中国长江三峡集团公司、水利部长江水利委员会、水利部松辽水利委员会、水利部珠江水利委员会、水利部太湖流域管理局、江苏省水利厅、江西省水利厅、黑龙江省水利厅、新疆自治区水利厅、广东省水利厅、南京市鼓楼区人民政府、广西水利电力勘测设计研究院、中电投云南国际电力投资有限公司、南水北调东线江苏水源公司、中国水电顾问集团昆明勘测设计研究院、黄河水利科学研究院、江苏红豆实业股份公司等。

相关统计

国(境)外合作项目统计

2011年国(境)外合作项目统计表

国家(地区)	合作单位	协议内容	签订时间	期限
日本	日本中央大学	河海大学与日本中央大学学术交流协定书	2011.3.17	5年
荷兰	荷兰三角洲研究所	河海大学与荷兰三角洲研究所合作备忘录	2011.4.22	5年
台湾	台湾逢甲大学	河海大学与台湾逢甲大学学术交流合作协议书	2011.4.26	5年
英国	英国阿伯里斯特威斯大学	河海大学与英国阿伯里斯特威斯大学合作备忘录	2011.6.10	5年
韩国	韩国南首尔大学	河海大学与韩国南首尔大学合作备忘录	2011.6.10	5年
印度尼西亚	印度尼西亚万隆天主教大学	河海大学与印度尼西亚万隆天主教大学合作备忘录	2011.7.21	5年
美国	美国内布拉斯加大学—林肯	河海大学与美国内布拉斯加大学—林肯合作协议	2011.11.11	5年
台湾	台湾海洋大学	河海大学与台湾海洋大学学术交流合作协议书	2011.11.14	5年
美国	美国沙漠研究所	河海大学与美国沙漠研究所科技合作备忘录	2011.11.21	5年
法国	法国尼斯大学	河海大学与法国尼斯大学合作备忘录	2011.12.1	5年

聘请外籍教师统计

聘请外籍教师情况统计表

序号	姓 名	性别	国 籍	任 教 时 间	从 事 工 作
1	Andrew Trapp	男	美 国	2011.1—2011.12	英 语
2	Natalie Lynch	女	美 国	2011.8—2011.12	英 语
3	Alexander Baron	男	美 国	2011.1—2011.12	期刊部编辑
4	Goncalves Vagner	男	巴 西	2011.6—2011.12	地 质
5	Jonathan Stewart	男	美 国	2011.6—2011.12	英 语
6	Paul Selby	男	英 国	2011.3—2011.12	英 语
7	Kenneth Hall	男	英 国	2011.3—2011.12	英 语
8	David Kindred	男	加拿大	2011.2—2011.12	英 语
9	Chris Moyer	男	美 国	2011.9—2011.12	英 语
10	Deborah Wang	女	美 国	2011.1—2011.6	英 语
11	Rodney Hiel	男	美 国	2011.2	战略结构与决策
12	Richard Magner	男	美 国	2011.5	组织发展
13	Chester Legenza	男	美 国	2011.12	企业家精神
14	Vincent Liu	男	美 国	2011.12	战略管理
15	Reevers	男	美 国	2011.8	营销管理
16	Blain Blazina	男	美 国	2011.10	领导力与伦理学
17	Lee. Lu	男	美 国	2011.9	组织行为学
18	Yeqing Bao	男	美 国	2011.6	国际商务

留学生培养统计

2011 年留学生培养情况统计表

国 别	本科	硕 士 研究生	博 士 研究生	普通 进修	高级 进修	访问 学者	短期	其他	小计
合 计	72	80	41	148	1		34		376
阿尔及利亚	2	4	1						7
埃塞俄比亚		1		2					3
爱沙尼亚				2					2
安哥拉	1								1
巴基斯坦		1	1	2					4
巴勒斯坦	2								2
保加利亚							2		2
贝 宁		2	1						3

续表

国 别	本科	硕 士 研究生	博 士 研究生	普通 进修	高级 进修	访问 学者	短期	其他	小计
布隆迪	8	4	1	5					18
赤道几内亚	5	1		1					7
丹 麦				2					2
多 哥		5		3					8
俄罗斯				1					1
厄立特里亚		1							1
法 国		7		10			2		19
佛得角	1	1							2
冈比亚	1								1
刚 果(布)	3	2		3					8
刚 果(金)				1					1
哥伦比亚		1		1					2
哥斯达黎加				2					2
哈萨克斯坦				1					1
韩 国				15					15
荷 兰			1	1					2
洪都拉斯	1								1
几内亚	1	1	1						3
几内亚比绍	1								1
加拿大				1					1
加 纳		10	6	10					26
加 蓬	2	1							3
柬埔寨	5	1							6
津巴布韦		1							1
喀麦隆	1	2		4					7
科特迪瓦	1	1							2
肯尼亚	1			3					4
拉脱维亚							1		1
老 挝	5	2		1					8
卢旺达	2	2		4					8
马达加斯加	1		1						2
美 国		1		31			9		41
孟加拉国		1							1
缅 甸		1	4						5
摩洛哥			1						1

续表

国　别	本科	硕　士 研究生	博　士 研究生	普通 进修	高级 进修	访问 学者	短期	其他	小计
莫桑比克	1								1
尼泊尔				2					2
尼日尔	1			1					2
尼日利亚	2	2	2	5					11
挪　威				1					1
瑞　士				1					1
塞拉利昂	1	3							4
塞舌尔	3								3
沙特阿拉伯	2			3					5
斯里兰卡	1								1
斯洛文尼亚				2					2
苏　丹		2	2	1					5
索马里				1					1
泰　国		1							1
坦桑尼亚	2	3		1					6
突尼斯				1					1
土耳其		1		1					2
乌干达	2								2
西班牙				1					1
希　腊				1					1
叙利亚	1	4	2	3					10
也　门	3			4					7
伊拉克		1	4	3					8
伊　朗		2	1	1					4
意大利				2			1		3
印度尼西亚	1	1		2					4
英　国				2	1		19		22
约　旦	3								3
越　南	3	4	12	2					21
赞比亚	1	1		1					3
乍　得	1								1
中　非		1							1

国际会议统计

主办、承办国际会议情况统计表

时　间	会议名称及主题	会议地点	主 办 单 位	学校代表(人)	境外学者(人)	境内学者(人)	境内论文(篇)	境外论文(篇)	学校论文(篇)
2011.10.21—24	2011 年亚洲组织发展国际学术会议	河海大学	商学院		90				
2011.4.18—21	2011 年计算与实验科学工程国际会议	河海大学	力学与材料学院		180	270			
2011.12.18—22	国际岩土力学进展与可持续发展论坛	河海大学	水资源高效利用与工程安全国家工程研究中心、岩土力学与堤坝工程教育部重点实验室		15	110			
2011.6.27—29	2011 年农业水利与自然农法国际论坛	河海大学	水利水电学院		6	200			
2011.8.9—13	2011 年中俄动物磁导航研讨会	河海大学	计算机与信息学院(常州)		5	10			

来访人员情况统计

境外来访人员情况统计表

国别(地区)	来 访 单 位	来访专家或负责人姓名	行政(技术)职务	来访目的	来访时间	接 待 单 位
美　国	阿拉斯加大学	杨大庆	教　授	学术报告	2011.1.24	国际合作处
台　湾	成功大学	游保杉等 6 人	所　长	学术交流	2011.2.22	国际合作处 水文水资源学院 水利水电学院 土木与交通学院
加拿大	麦克马斯特大学	陈万华 (M. W Luke Chan)	副校长 教　授	合作访问	2011.2.25	国际合作处 商学院 公共管理学院
美　国	乔治梅森大学	Anne Schiller 等 2 人	副校长	合作交流	2011.3.11	国际合作处
美　国	杰克逊州立大学	陈美琪等 3 人	处　长	合作交流	2011.3.11	国际合作处
菲律宾	亚洲发展银行	L. Fedon 等 2 人	高级顾问	合作交流	2011.3.18	公共管理学院
英　国	斯特莱斯克莱德大学	罗国麟	院　士 教　授	合作交流	2011.3.22	国际合作处 能源与电气学院
台　湾	交通大学防灾与水环境研究中心	杨锦钏等 7 人	教　授	合作交流	2011.3.24	国际合作处
香　港	香港调查研究中心	冷　夏	教　授	学术访问	2011.3.28	公共管理学院

续表

国别（地区）	来访单位	来访专家或负责人姓名	行政(技术)职务	来访目的	来访时间	接待单位
法　国	杜埃矿业学院	Jean-Claude Duriez 等 3 人	校　长	合作访问	2011.4.12	国际合作处
美　国	美国陆军工程兵团	杰佛理多科等 11 人	少　校	考察访问	2011.4.18	国际合作处
荷　兰	Deltares	Huib de Vriend	教　授	合作交流	2011.4.22	国际合作处
荷　兰	联合国教科文组织水利环境学院	轩云卿	教　授	合作交流	2011.4.22	国际合作处
法　国	里尔工程师学院	Hussein Mroueh 等 2 人	院　长	合作访问	2011.5.3	国际合作处
德　国	柏林水资源研究所	斯特瓦·卡登	所　长 教　授	学术交流	2011.5.5	水文水资源学院
丹　麦	奥胡斯大学	Tambu Ndoro 16 人	教　师	合作访问	2011.5.10	商学院(常州)
加拿大	Dalhousie 大学	申锦瑜	教　授	学术交流	2011.5.12	港口海岸与近海工程学院
德　国	Darmstadt 科技大学	Ulrich Zanke 等 2 人	教　授	学术交流	2011.5.16	港口海岸与近海工程学院
美　国	布莱恩特大学	张　晨	副教授	学术访问	2011.5.16	商学院(常州) 计算机与信息学院(常州)
美　国	德州 A&M 大学	宋得臻	教　授	学术访问	2011.5.20	计算机与信息学院(常州)
加拿大	圭尔夫大学	杨先一	主　任 教　授	学术访问	2011.5.20	计算机与信息学院(常州)
新西兰	奥克兰大学	Caroline Daley 等 2 人	院　长	合作访问	2011.5.24	国际合作处
奥地利	奥地利行政法院	雅伯罗纳	院　长	学术交流	2011.5.28	法学院
美　国	加州大学北岭分校	Katherine Ramos Baker 等 19 人	教授	合作交流	2011.6.2	商学院
美　国	尼亚加拉大学	周宗青	教　授	学术访问	2011.6.3	商学院(常州)
荷　兰	荷兰 Utrecht 大学	Piet Hoekstra	教　授	学术交流	2011.6.3	港口海岸与近海工程学院
法　国	里尔科技大学	Jacky Lessage 等 5 人	副校长	合作访问	2011.6.8	国际合作处
英　国	阿伯里斯特维斯大学	埃尔德琼斯等 3 人	副校长	合作交流	2011.6.10	国际合作处
日　本	长冈科技大学	陆旻皎	教　授	合作访问	2011.6.10	国际合作处
布隆迪	高等教育与科研部	朱利安·尼穆博纳等 6 人	部　长 博　士	合作交流	2011.6.15	国际合作处
英　国	国家海洋中心	邢久星	高级研究员	学术交流	2011.6.16	港口海岸与近海工程学院
英　国	邓迪大学	Jisheng Zhang	博　士	学术交流	2011.6.19	港口海岸与近海工程学院
印度尼西亚	Katolik Parahyangan 大学	Doddi Yudianto 等 2 人	校　长	合作访问	2011.6.22	国际合作处

续表

国别(地区)	来访单位	来访专家或负责人姓名	行政(技术)职务	来访目的	来访时间	接待单位
美国	乔治·华盛顿大学	迈克尔·塞尼	教授	学术交流	2011.6.23	公共管理学院
荷兰	代尔伏特科技大学	Cees Timmers	主管	合作科研	2011.6.28	国际合作处
台湾	逢甲大学	许少华等17位	教授	合作交流	2011.6.28	国际合作处
美国	乔治亚理工学院	姚华明	教授	学术交流	2011.7.6	水利水电学院
韩国	韩国海洋研究所	Dong-Young Lee	教授	学术交流	2011.7.8	港口海岸与近海工程学院
爱尔兰	爱尔兰国立 Galway 大学	Michael Hartnett	博士	学术交流	2011.7.8	港口海岸与近海工程学院
英国	University of Plymouth	Shunqi Pan	博士	学术交流	2011.7.28	港口海岸与近海工程学院
俄罗斯	俄罗斯科学院动物所	尼基塔·切尼佐夫	博士	学术交流	2011.8.8	常州校区
德国	德国奥尔登堡大学	亨利·莫理循	教授	学术交流	2011.8.8	常州校区
丹麦	丹麦气象局	佘军	博士	学术交流	2011.8.12	港口海岸与近海工程学院
以色列	内盖夫 Ben-Gurion 大学	Yossef Hodara Hatzor	教授	学术交流	2011.9.13	土木与交通学院
英国	南安普敦大学	Ian Townend	博士	学术交流	2011.9.15	港口海岸与近海工程学院
美国	国际水电协会	瑞法特	主席 博士	学术交流	2011.9.21	水利水电学院
奥地利	格拉兹技术大学	Erich Bauer	教授	学术交流	2011.9.21	水利水电学院
美国	TEREX 公司	Tim Ford 等5人	总裁	合作访问	2011.9.28	国际合作部 机电工程学院
澳大利亚	墨尔本大学	Michael Webber	院士 教授	学术交流	2011.10.14	水利水电学院
香港	香港理工大学	Jiangang Chen	教授	学术交流	2011.10.17	力学与材料学院
台湾	成功大学	周乃昉等18人	教授	学术交流	2011.10.18	港澳台事务办公室
荷兰	水教育学院	周仰孝	教授	学术访问	2011.10.19	国际合作处
法国	法国南特大学	王雪平	教授	学术交流	2011.10.25	理学院
意大利	博洛尼亚大学	Ezio Todini	教授	学术交流	2011.10.26	水文水资源学院
美国	犹他州立大学	王志强	教授	学术交流	2011.10.28	理学院
德国	世界气象组织气候与水资源司水文预报与水资源处	沃尔夫刚·格瑞波斯	处长 教授	学术交流	2011.11.1	继续教育学院
丹麦	丹麦水利研究所中国部	张海平	总工程师	学术交流	2011.11.1	继续教育学院
瑞典	波立登公司	李静等2人	所长	合作交流	2011.11.3	国际合作处
塞尔维亚	贝尔格莱德大学	Marko Srpsko	副校长 教授	合作交流	2011.11.4	国际合作处
德国	波茨坦气候研究所	Frank Wechsung	博士	学术交流	2011.11.4	水文水资源学院

续表

国别（地区）	来访单位	来访专家或负责人姓名	行政(技术)职务	来访目的	来访时间	接待单位
新西兰	怀卡托大学	David Hamilton	教授	学术交流	2011.11.4	环境学院
澳大利亚	国家地下水研究中心	辛沛	博士	学术交流	2011.11.10	港口海岸与近海工程学院
加拿大	EnviroSim 环境咨询公司	胡之荣	博士	学术交流	2011.11.13	环境学院
德国	若斯托克大学	Peter Fröhle 等 3 人	博士	学术交流	2011.11.15	港口海岸与近海工程学院
英国	班戈大学	约翰·休斯等 2 人	校长	合作访问	2011.11.18	国际合作处
美国	沙漠研究所	史蒂夫·威尔斯等 8 人	所长	学术交流	2011.11.19	水文水资源学院 国际合作处
美国	路易斯维尔大学	关健	博士	学术访问	2011.12.6	常州校区外语教学部
台湾	台南市体育总会体操协会	陈世卿等 20 人	总干事	学术交流	2011.11.21	体育系 港澳台事务办公室
美国	西北大学	Surendra P. Shah	院士 教授	学术交流	2011.11.23	力学与材料学院
英国	胡佛汉顿大学	Yves Milhavy	主任	合作交流	2011.11.24	商学院(常州)
美国	俄克拉荷马大学	罗伯特帕默等 15 人	教授	学术交流	2011.11.29	水文水资源学院 国际合作处
加拿大	瑞尔森大学	Alan Shepard 等 5 人	副校长	合作交流	2011.11.29	国际合作处
新加坡	新加坡资讯研究院	周建英	教授	学术交流	2011.11.29	计算机与信息学院
加拿大	渥太华大学	Ioan Nistor	博士	学术交流	2011.11.30	水文水资源与水利工程科学国家重点实验室
美国	北德克萨斯大学	Jim Meernik 等 2 人	院长	合作访问	2011.12.8	国际合作处
澳门	澳门大学	Lianjie Shu	副教授	学术交流	2011.12.9	理学院
法国	法国里尔一大	Beatrice 等 3 人	主任 博士	合作访问	2011.12.13	国际合作处
美国	Purdue 大学	Rodrigo Salgado	教授	学术访问	2011.12.16	土木与交通学院
美国	佛罗里达大西洋大学	蔡启泰	教授	学术交流	2011.12.14	力学与材料学院
美国	科罗拉多大学	郭纯园	博士	学术访问	2011.12.19	水文水资源学院
新西兰	国立水与大气研究所	王铁军	博士	学术交流	2011.12.22	水文水资源与水利工程科学国家重点实验室

公派出国(境)人员情况统计

短期公派出国(境)人员情况统计表

序号	姓名	单　位	专业技术职务(或行政职务)	国家(地区)	时　间
1	唐洪武	河海大学	副校长	香　港	2011.1.4—1.7
2	徐卫亚	河海大学	副校长	法　国	2011.1.15—2.15
3	陈育民	土木与交通学院	副教授	澳大利亚	2011.2.12—2.17
4	卢小慧	地球科学与工程学院	讲　师	新加坡	2011.2.25—2.29
5	陈　文	力学与材料学院	教　授	台　湾	2011.3.13—3.25
6	吉伯海	土木与交通学院	教　授	日　本	2011.3.16—3.26
7	邢鸿飞	法学院	教　授	美　国	2011.3.27—4.10
8	施国庆	公共管理学院	教　授	埃塞俄比亚	2011.3.29—4.2
9	黄德春	商学院	教　授	美　国	2011.3.30—4.7
10	张　阳	商学院	教　授		
11	华祖林	环境学院	教　授	美　国	2011.4.3—4.12
12	褚克坚	环境学院	讲　师		
13	顾　莉	环境学院	讲　师		
14	刘晓东	环境学院	讲　师		
15	许长新	商学院	教　授	美　国	2011.4.6—4.14
16	施国庆	公共管理学院	教　授	美　国	2011.4.24—4.27
17	陈绍军	公共管理学院	教　授		
18	蒋德富	计算机与信息学院	教　授	斯里兰卡	2011.4.25—5.15
19	陈　卫	环境学院	教　授	澳大利亚	2011.5.8—5.13
20	刘　成	环境学院	讲　师		
21	陶　辉	环境学院	讲　师		
22	张长宽	港口海岸与近海工程学院	教　授	意大利	2011.5.11—5.17
23	陈永平	港口海岸与近海工程学院	教　授		
24	周晶晶	港口海岸与近海工程学院	讲　师		
25	洪凌成	环境学院	教　授	台　湾	2011.5.11.—5.18
26	蒲晓东	学生处	副处长	台　湾	2011.5.14—5.21
27	宋利民	常州校区学生处	副处长		
28	张济韬	学生处	调研员		
29	刘汉龙	土木与交通学院	教　授	印度尼西亚	2011.5.16—5.21
30	王　媛	土木与交通学院	教　授		
31	余湘娟	土木与交通学院	教　授		
32	杨　贵	土木与交通学院	讲　师		

续表

序号	姓名	单 位	专业技术职务（或行政职务）	国家(地区)	时 间
33	任立良	国际合作处	教 授	美 国	2011.5.21—5.27
34	吴志勇	水文水资源学院	教 授		
35	袁 飞	水文水资源学院	副教授		
36	施建勇	研究生院	教 授	香 港	2011.5.22—5.28
37	王建民	体育系	主 任	台 湾	2011.5.22—5.30
38	刘斯宏	水利水电学院	教 授	香 港	2011.5.22—5.28
39	施国庆	公共管理学院	教 授	德 国	2011.5.26—5.30
40	刘丹平	常州校区管委会	副教授	法国、奥地利	2011.6.5—6.16
41	周晶晶	港口海岸与近海工程学院	讲 师	澳大利亚	2011.6.7—7.1
42	陶建锋	港口海岸与近海工程学院	讲 师		
43	洪凌成	环境学院	教 授	加拿大	2011.6.8—6.17
44	曹 宁	计算机与信息学院	教 授	英 国	2011.6.9—6.17
45	李乃富	河海大学	副校长	台湾、新加坡	2011.6.12—6.21
46	吴胜兴	校长办公室	校长助理		
47	娄 健	基建处	处 长		
48	汪北华	后勤集团	书 记		
49	雷贵荣	后勤管理处	处 长		
50	彭 雷	常州校区管委会	副主任		
51	施国庆	公共管理学院	教 授	巴 西	2011.6.13—6.18
52	徐 青	港口海岸与近海工程学院	教 授	美 国	2011.6.18—6.25
53	陈永平	港口海岸与近海工程学院	教 授		
54	余达淮	公共管理学院	教 授		
55	林 祥	港口海岸与近海工程学院	副教授		
56	鞠 平	河海大学	副校长	希腊、荷兰	2011.6.20—6.30
57	韩敬东	能源与电气学院	教 授		
58	吴 峰	能源与电气学院	讲 师		
59	吴东敏	图书馆	研究员	美 国	2011.6.22—7.20
60	张长宽	港口海岸与近海工程学院	教 授	澳大利亚	2011.6.24—7.3
61	郑金海	港口海岸与近海工程学院	教 授	澳大利亚、新西兰	2011.6.25—7.6
62	张其成	水文水资源学院	讲 师	澳大利亚	2011.6.27—7.8
63	陈 星	水文水资源学院	讲 师		
64	任立良	国际合作处	教 授	澳大利亚	2011.6.29—7.8

续表

序号	姓名	单位	专业技术职务（或行政职务）	国家(地区)	时间
65	俞双恩	水利水电学院	教授	美国	2011.7.1—7.6
66	郭相平	水利水电学院	教授	美国	2011.7.1—7.6
67	蒋元勋	水利水电学院	教授	美国	2011.7.1—7.6
68	邢文刚	水利水电学院	副教授	美国	2011.7.1—7.6
69	佘冬立	水利水电学院	讲师	美国	2011.7.1—7.6
70	邵光成	水利水电学院	讲师	美国	2011.7.1—7.6
71	李艳	商学院	主任	新加坡	2011.7.10—7.23
72	徐卫亚	河海大学	副校长	法国	2011.7.10—8.10
73	郑金海	港口海岸与近海工程学院	教授	德国	2011.7.15—8.16
74	冯向波	港口海岸与近海工程学院	讲师	德国	2011.7.15—8.16
75	杜成斌	力学与材料学院	教授	美国	2011.7.24—8.7
76	蔡正林	教务处	副教授	香港	2011.7.19—7.23
77	李妍	国际合作处	助理研究员	香港	2011.7.19—7.23
78	李君钰	国际合作处	助理研究员	香港	2011.7.19—7.23
79	张玲彬	大禹学院	辅导员	香港	2011.7.19—7.23
80	宋鑫	商学院	秘书	香港	2011.7.19—7.23
81	申明霞	力学与材料学院	副教授	加拿大	2011.7.30—8.6
82	吴胜兴	校长办公室	校长助理	美国	2011.8.1—8.16
83	郭继超	党委办公室	主任	美国	2011.8.1—8.16
84	高德华	纪委	副书记	美国	2011.8.1—8.16
85	张海军	研究生院	副院长	美国	2011.8.1—8.16
86	周语明	财务处	处长	美国	2011.8.1—8.16
87	缪子梅	学生处	处长	美国	2011.8.1—8.16
88	任立良	国际合作处	教授	美国	2011.8.1—8.16
89	娄健	基建处	处长	美国	2011.8.1—8.16
90	张鸿业	档案馆	馆长	美国	2011.8.1—8.16
91	朱宏亮	港口海岸与近海工程学院	书记	美国	2011.8.1—8.16
92	陈杰	环境学院	书记	美国	2011.8.1—8.16
93	何有山	商学院	书记	美国	2011.8.1—8.16
94	李可	离退休处	副处长	美国	2011.8.1—8.16
95	宋瑞平	地球科学与工程学院	副书记	美国	2011.8.1—8.16
96	张秋野	公共管理学院	副书记	美国	2011.8.1—8.16
97	吴永强	后勤集团	副总经理	美国	2011.8.1—8.16
98	彭雷	常州校区管委会	副主任	美国	2011.8.1—8.16
99	潘洪林	常州校区党委	副书记	美国	2011.8.1—8.16
100	康红强	常州校区宣传部	部长	美国	2011.8.1—8.16
101	江冰	常州校区教务部	部长	美国	2011.8.1—8.16
102	蔡新	常州校区科技与合作部	部长	美国	2011.8.1—8.16
103	孙彦歆	常州校区后勤服务集团	总经理	美国	2011.8.1—8.16
104	唐震	商学院	副教授	新加坡	2011.8.9—8.12

续表

序号	姓名	单 位	专业技术职务（或行政职务）	国家(地区)	时 间
105	袁旭音	环境学院	教 授	捷 克	2011.8.13—8.20
106	陈 文	力学与材料学院	教 授	德 国	2011.8.31—9.22
107	张长宽	港口海岸与近海工程学院	教 授	荷 兰	2011.9.13—10.31
108	陈元芳	水文水资源学院	教 授	德国、丹麦	2011.9.15—9.23
109	谢悦波	水文水资源学院	教 授		
110	李致家	水文水资源学院	教 授		
111	石 朋	水文水资源学院	副教授		
112	杨东辉	力学与材料学院	副教授	韩 国	2011.9.17—9.21
113	陈建清	力学与材料学院	副教授		
114	王 乘	河海大学	校 长	美国、英国	2011.9.18—9.27
115	吴 瑶	国际合作处	助理研究员		
116	吉伯海	土木与交通学院	教 授	日 本	2011.9.19—9.23
117	崔 霞	外国语学院	副教授	日 本	2011.9.21—11.11
118	高 成	环境学院	讲 师	日 本	2011.9.26—9.30
119	王 乘	河海大学	校 长	奥地利	2011.9.28—10.1
120	管仪庆	国际合作处	副教授		
121	赵仲辉	土木与交通学院	副教授	加拿大	2011.9.30—10.7
122	徐卫亚	河海大学	副校长	美 国	2011.10.1—10.20
123	吉伯海	土木与交通学院	教 授	肯尼亚	2011.10.8—10.13
124	周海炜	商学院	副教授	新加坡	2011.10.8—10.12
125	黄永春	商学院	讲 师		
126	李 婕	商学院	讲 师		
127	张 颖	商学院	讲 师		
128	张行南	水文水资源学院	教 授	澳 门	2011.10.10—10.14
129	施国庆	公共管理学院	教 授	孟加拉	2011.10.16—10.21
130	余庆年	公共管理学院	讲 师		
131	施国庆	公共管理学院	教 授	韩 国	2011.10.20—10.24
132	陈阿江	公共管理学院	教 授		
133	傅伟群	公共管理学院	副教授		
134	张虎彪	公共管理学院	讲 师		
135	胡 亮	公共管理学院	讲 师		
136	杨 方	公共管理学院	讲 师		
137	余庆年	公共管理学院	讲 师		
138	袁 飞	水文水资源学院	副教授	德 国	2011.10.23—10.29
139	杨传国	水文水资源学院	讲 师		

续表

序号	姓名	单　位	专业技术职务（或行政职务）	国家(地区)	时　间
140	胡　真	理学院	讲　师	日　本	2011.10.29—11.2
141	黄林楠	学生处	副研究员	英　国	2011.11.4—11.24
142	刘汉龙	土木与交通学院	教　授	澳大利亚	2011.11.5—11.16
143	余湘娟	土木与交通学院	教　授		
144	顾长存	土木与交通学院	副教授		
145	陈育民	土木与交通学院	副教授		
146	李国维	土木与交通学院	副教授		
147	卢小慧	地球科学与工程学院	讲　师	加拿大	2011.11.5—2012.1.4
148	张鹏程	计算机与信息学院	讲　师	美　国	2011.11.5—11.11
149	唐洪武	河海大学	副校长	美国、加拿大	2011.11.7—11.16
150	余达淮	马克思主义学院	教　授		
151	张　阳	商学院	院　长		
152	任立良	国际合作处	教　授		
153	王济干	河海大学	副书记	美　国	2011.11.14—12.4
154	施国庆	公共管理学院	教　授	德国、英国	2011.11.17—11.22
155	任　黎	水文水资源学院	讲　师	意大利	2011.11.19—12.3
156	杨　侃	水利水电学院	教　授	挪　威	2011.11.23—11.29
157	李　嘉	地球科学与工程学院	讲　师		
158	陈　卫	环境学院	教　授	台　湾	2011.11.26—12.2
159	刘　成	环境学院	副教授		
160	孙　敏	环境学院	副教授		
161	郑晓英	环境学院	讲　师		
162	王　乘	河海大学	校　长	香　港	2011.12.1—12.2
163	王　媛	土木与交通学院	教　授	美　国	2011.12.4—12.10
164	林春进	理学院	讲　师	香　港	2011.12.6—12.10
165	施国庆	公共管理学院	教　授	尼泊尔	2011.12.10—12.16
166	张长宽	港口海岸与近海工程学院	教　授	香　港	2011.12.13—12.17
167	施国庆	公共管理学院	教　授	柬埔寨	2011.12.10—12.19
168	管仪庆	国际合作处	副教授	台　湾	2011.12.27—12.30
169	秦　川	能源与电气学院	讲　师	澳大利亚	2011.12.30—2012.1.12
170	顾冲时	水利水电学院	教　授	美　国	2011.12.30—2012.1.7
171	李同春	水利水电学院	教　授		
172	苏　超	水利水电学院	教　授		
173	沈振中	水利水电学院	教　授		
174	束一鸣	水利水电学院	教　授		
175	刘晓青	水利水电学院	副教授		

合作发展委员会组成名单

名誉主任

中国工程院院士、全国政协原副主席 钱正英

名誉副主任

中国科学院院士、中国工程院院士、中国工程院原副院长 潘家铮

中国水力发电工程学会理事长 周大兵

主　　任

中国工程院院士、国务院三峡工程建设委员会原副主任、

中国长江三峡工程开发总公司原总经理 陆佑楣

辽宁省省委书记 王　珉

常务副主任

河海大学原校长 张长宽

副 主 任

中国水利教育协会副会长 陈自强

江苏省教育厅副厅长 丁晓昌

长江水利委员会 (＊)①

黄河水利委员会 (＊)

太湖流域管理局 (＊)

中国港湾工程有限责任公司 (＊)

中国水利水电规划设计总院 (＊)

中国水电工程顾问集团有限公司总经理 晏志勇

民进中央副主席 朱永新

上海市水务局局长 张嘉毅

江苏省水利厅厅长 吕振霖

新疆维吾尔自治区水利厅副厅长 邓铭江

中国葛洲坝水利水电工程集团有限公司副总经理 陈邦峰

南京水利科学研究院副院长 蔡跃波

江苏红豆实业股份有限公司董事长 周海江

华中科技大学常务副校长 林萍华

个人委员

中国科学院院士 沈珠江（框） 汪集旸

中国工程院院士 王思敬 陈厚群 吕志涛 卢耀如 周君亮 郑守仁 徐乾清 梁应辰 吴中如

中国水利文协理事会主席 李昌凡

中国水利学会原理事长 朱尔明

新华日报报业集团总经理 许洪祥

山东省政协原副主席 汪　峡

全国政协委员、岳麓书社编审 唐浩明

---

① ＊为因单位人员变动，副主任人选尚未明确。

香港大学副校长	李焯芬
台湾成功大学副校长	欧善惠
新加坡南洋理工大学原副校长	陈长宁
荷兰代尔夫特高校与科研院所联盟原科技主席、国际水力学会秘书长	Overbeek
日本长冈科技大学教授	早川典生
美国佛罗里达农工大学、佛罗里达州立大学工学院院长	陈景仁
美国印地安纳大学、印地安纳波利斯普渡大学工程与技术学院终身教授	陈耀兵
法国里尔科技大学教授	邵建富
江苏省人民政府副省长	黄莉新
国务院南水北调工程建设委员会专家委员会秘书长	汪易森
国务院南水北调办公室投资计划司司长	刘春生

秘 书 长

致公党中央副主席　严以新

办公室

主任　马成志

成员单位(排名不分先后)

水利部人事劳动教育司　国家防汛抗旱总指挥部办公室
水利部信息中心　水利部长江水利委员会
水利部黄河水利委员会　水利部珠江水利委员会
水利部海河水利委员会　水利部松辽水利委员会
水利部淮河水利委员会　水利部太湖流域管理局
河南省水利厅　江西省水利厅
山东省水利厅　山西省水利厅
江苏省水利厅　四川省水利厅
云南省水利厅　安徽省水利厅
甘肃省水利厅　福建省水利厅
辽宁省水利厅　北京市水利局
青海省水利厅　西藏自治区水利厅
新疆维吾尔自治区水利厅　河北省水利厅
湖南省水利厅　海南省水利局
宁夏回族自治区水利厅　天津市水利局
上海市水务局　上海航道局
广东省水利厅　深圳市水务局
南京市水利局　厦门市水利局
连云港市水利局　盐城市水利局
天津航道局　广州航道局
中国水利报社　中国水利学会
水利部水利水电规划设计总院　青海省水文水资源勘测局
中国水电工程顾问集团公司　中国水利水电科学研究院
中国水利投资公司　南京水利科学研究院
水利部天津勘测设计研究院　长江勘测规划设计研究院
中国水力发电工程学会　中水北方勘测设计研究有限公司
南京水利水文自动化研究所　江西柘林水电开发有限责任公司

黄河万家寨水利枢纽有限公司
上海勘测设计研究院
南京电力自动化设备总厂
连云港市交通局
中港第二航务工程局
中港第三航务工程局
中港第四航务工程局
上海航道勘察设计研究院
上海东海工程局
水利部南水北调规划设计管理局
中国水电顾问集团西北勘测设计研究院
中国水电顾问集团中南勘测设计研究院
中国水电顾问集团贵阳勘测设计研究院
黄河勘测规划设计有限公司
江苏省高速公路集团有限公司
广东省航道局
中国科学院南京地理湖泊研究所
江苏省建筑科学研究院
江苏省环保厅
江苏省交通厅
无锡市人民政府
盐城市人民政府
邳州市人民政府
中共宿迁市委
江宁区人民政府
中国葛洲坝水利水电工程集团有限公司
江苏红豆实业股份公司
颐中(青岛)实业有限公司
国电自动化研究院(南瑞集团)
中国人民武装警察部队水电指挥部
江宁房地产开发总公司
中国农业银行江苏省分行营业部
中国民生银行南京分行
福建兴业银行南京分行
中信实业银行南京分行
山东省水利科学研究院
南京南瑞继保电气有限公司
南京市海事局
小浪底水利枢纽建设管理局
江苏省水利勘测设计研究院
咸阳市供电局
长江口航道建设有限公司
河海大学
中港第三航务工程勘察设计院
中港第四航务工程勘察设计院
中国水利水电第四工程局
上海市水务工程设计研究院
中国水电顾问集团华东勘测设计研究院
中国水电顾问集团成都勘测设计研究院
中国水电顾问集团昆明勘测设计研究院
水利部东北勘测设计研究院有限责任公司
南京港口集团有限公司
海军后勤部海军工程设计研究局
江苏省社会科学院
江苏省教育厅
江苏省科技厅
南京市环保局
苏州市人民政府
常州市人民政府
泰州市人民政府
连云港市人民政府
鼓楼区人民政府
中国长江三峡工程开发总公司
中国港湾建设(集团)总公司
扬州曙光电缆厂
常州宏发土工复合材料工程有限公司
海军后勤部军港机场营房部
上海浦东发展银行南京分行
中国建设银行江苏省分行营业部
中国工商银行江苏省分行营业部
招商银行南京分行
华夏银行南京分行
贵州乌江水电开发有限责任公司
连云港港口集团有限公司
南通市人民政府
天津市引滦饮用水源保护工程有限责任公司

河海大学校友会组织机构[①]

顾问(以姓氏笔画为序)

钱正英　中国工程院院士、全国政协原副主席

(以下以姓氏笔画为序)

严以新　全国人大常委、致公党中央副主席

张长宽　河海大学原校长

张世英　北海舰队副司令员

张基尧　国务院南水北调办公室原主任

李菊根　中国水电顾问集团公司原总经理

汪　峡　山东省政协原副主席

陆佑楣　中国工程院院士、中国长江三峡工程开发总公司原总经理

陈　云　中国交通建设集团副总裁

周大兵　中国水力发电工程学会理事长

林萍华　华中科技大学常务副校长

姜弘道　河海大学原校长

胡四一　水利部副部长

索丽生　全国人大常委、民盟中央副主席

曹广晶　国务院三峡建设委员会副主任、中国长江三峡集团公司董事长

梅锦煜　武警水电指挥部总工程师

黄莉新　江苏省人民政府副省长

翟浩辉　水利部原副部长

会长

王　乘　河海大学校长

副会长(以姓氏笔画为序)

王　凯　南京市水利局局长

王济干　河海大学党委副书记

冯　军　江苏省电力公司总经理

吕振霖　江苏省水利厅厅长

朱　拓　河海大学党委书记

朱跃龙　河海大学副校长

张建云　南京水利科学研究院院长

钟建驰　江苏省交通厅副巡视员、泰州长江大桥指挥长

唐洪武　河海大学副校长

徐卫亚　河海大学副校长

鲍永安　南京市政协副主席

鞠　平　河海大学副校长

秘书长

赵　坚　河海大学校长办公室主任

---

① 第二届河海大学校友会组织机构，2010年10月26日第一次全体会议通过。

副秘书长

马成志　河海大学合作办、校友办、基金办主任兼校长办公室副主任
彭　雷　河海大学常州校区管委会副主任兼办公室主任
孙继胜　常州永安公共自行车系统有限公司董事长
强　培　江苏省人民政府办公厅处长

常务理事(以姓氏笔画为序)

王　凯　南京市水利局局长
王　乘　河海大学校长
王兴华　泰州中盛光电集团总经理
王济干　河海大学党委副书记
冯　军　江苏省电力公司总经理
冯晓东　苏州香山工坊建设投资发展有限公司董事长
叶志才　宿迁市水务局副局长
吕振霖　江苏省水利厅厅长
孙宗凤　连云港市水利局局长
孙继胜　常州永安公共自行车系统有限公司董事长
朱　拓　河海大学党委书记
朱洪高　河海大学文天学院董事长
朱跃龙　河海大学副校长
许书平　泰州市科技局局长
张　涛　华泰证券副总裁
张伏林　无锡市水利局处长
张建云　南京水利科学研究院院长
张爱军　徐州市人民政府副秘书长
邵建林　苏州市交通局局长
邹允祥　南京建工集团总经理
陆小伟　江苏省水利勘察设计研究院院长
陈　杰　镇江市人民政府副市长
郑垂勇　河海大学校长助理
胡永法　淮安市水利局副局长
赵　坚　河海大学校长办公室主任
钟建驰　江苏省交通厅副巡视员、泰州长江大桥指挥长
唐洪武　河海大学副校长
徐　辉　南通市人民政府副市长
徐卫亚　河海大学副校长
顾强生　江苏省盐城技师学院党委书记
鲍永安　南京市政协副主席
鞠　平　河海大学副校长

理事(以姓氏笔画为序)

马成志　河海大学合作办、校友办、基金办主任兼校长办公室副主任
毛龙泉　南京市建设工程局副局长
王　凯　南京市水利局局长
王　乘　河海大学校长
王卫国　南通港口集团董事长、总经理

王兴华　泰州中盛光电集团总经理
王济干　河海大学党委副书记
王培君　江苏省教育学院副院长
王雪峰　南京工业大学党委副书记
王德明　南京工业大学党委书记
冯　军　江苏省电力公司总经理
冯晓东　苏州香山工坊建设投资发展有限公司董事长
叶　健　江苏省水利厅党组成员、规划办主任
叶志才　宿迁市水务局副局长
刘　平　南通市水利局副局长
刘　恒　南京水利科学研究院副院长、国际小水电中心主任
刘　超　扬州大学原副校长
刘永忠　淮安市市委书记
刘金东　常州南方电器元件厂有限公司董事长
吕振霖　江苏省水利厅厅长
孙京忠　南京水利水文自动化研究所副所长
孙宗凤　连云港市水利局局长
孙金华　南京水利科学研究院副院长、南通市人民政府副市长
孙继胜　常州永安公共自行车系统有限公司董事长
庄娱乐　中国科学院南京植物研究所书记
成长春　盐城师范学院院长
朱　宇　江苏省知识产权局局长
朱　拓　河海大学党委书记
朱洪高　河海大学文天学院董事长
朱海生　江苏省水利厅党组成员、办公室主任
朱跃龙　河海大学副校长
许书平　泰州市科技局局长
吴　远　河海大学原副校长
吴朝国　南京审计学院党委副书记
张　涛　华泰证券副总裁
张伏林　无锡市水利局处长
张建云　南京水利科学研究院院长
张爱军　徐州市人民政府副秘书长
李乃富　河海大学副校长
李亚平　江苏省水利厅副厅长
李洪天　南京晓庄学院院长
杨建明　苏州水利设计研究院院长
杨展里　南通市人民政府副市长
苏春海　江苏省委组织部处长
邵　强　南京市供销合作社主任
邵建林　苏州市交通局局长
邹允祥　南京建工集团总经理
陆小伟　江苏省水利勘察设计研究院院长
陆永泉　江苏省水利厅副厅长

陆桂华　　江苏省水利厅副厅长
陈　杰　　镇江市人民政府副市长
陈永红　　南通市通州区区委副书记
陈生水　　南京水利科学研究院副院长
陈伟斌　　常州市新北区人民政府副区长
陈辉东　　连云港市人民政府副秘书长
陈德奎　　河海大学党委副书记
陈德静　　南京工程学院党委副书记、副院长
周海江　　红豆集团董事长
郑大俊　　河海大学教育发展基金会理事长
郑垂勇　　河海大学校长助理
金乃冰　　昆山市人民政府副市长
段红飚　　新华海集团总裁
胡永法　　淮安市水利局副局长
胡金波　　江苏省教育厅副厅长
赵　坚　　河海大学校长办公室主任
钟文乐　　泰州市职业技术学院副院长
钟建驰　　江苏省交通厅副巡视员、泰州长江大桥指挥长
唐洪武　　河海大学副校长
徐　辉　　南通市人民政府副市长
徐卫亚　　河海大学副校长
殷翔文　　江苏省教育厅副厅长
秦伯强　　中国科学院南京地理与湖泊研究所副所长
耿国平　　无锡市惠山区人民政府副区长
郭继超　　河海大学党委办公室主任
钱　钢　　新沂市委副书记
陶长生　　江苏省水利厅副厅长
顾强生　　江苏省盐城技师学院党委书记
章　跃　　淮阴工学院党委书记
彭　雷　　河海大学常州校区管委会副主任兼办公室主任
强　培　　江苏省人民政府办公厅处长
鲍永安　　南京市政协副主席
蔡跃波　　南京水利科学研究院副院长
樊友国　　天技科技集团董事长
潘元志　　连云港市副秘书长
薛建良　　无锡市公共事业局副局长
鞠　平　　河海大学副校长

河海大学教育发展基金会理事会①

理事长

郑大俊　　河海大学党委原副书记

① 第一届河海大学教育发展基金会理事会，2007年6月29日第一次理事会会议通过。

副理事长

严以新　　致公党中央副主席

吴　远　　河海大学原副校长

秘书长

朱宏亮　　河海大学港口海岸与近海工程学院党委书记

理事(按姓氏笔画排序)

朱宏亮　　河海大学港口海岸与近海工程学院党委书记

严以新　　致公党中央副主席

吴　远　　河海大学原副校长

郑大俊　　河海大学党委原副书记

周语明　　河海大学财务处处长

徐卫亚　　河海大学副校长

缪子梅　　河海大学学生工作处处长

监事

黄莉妙　　河海大学力学与材料学院原调研员

(国际合作处、合作发展委员会办公室、校友会办公室、教育发展基金会办公室、常州校区供稿)

体育工作

一、群众体育

开展校内群体竞赛活动。全面贯彻落实“阳光体育运动”的体育教育理念，树立“健康第一”的指导思想，广泛开展内容丰富、形式多样的群众性体育活动。

10 月 28 日上午，河海大学第三届学生体育文化节、第四十七届田径运动会暨第十三届老年人运动会开幕。河海大学校长王乘，党委副书记陈德奎、王济干，校长助理王华栋，海军驻河海大学选培办主任乔光玉大校以及各学院、各部门负责人出席开幕式典礼。王济干副书记致开幕词，王乘校长宣布运动会开幕。港口海岸与近海工程学院、土木与交通学院、水利水电学院获评“最佳入场方队”，老年体协获评“最佳荣誉方队”。2011 级本科新生表演了大型团体操《活力河海》。

第三届体育文化节活动时间为 10 月 28 日至 11 月 27 日，内容包括：① 健身性体育活动：广播操、太极拳推广，学生体质测试。② 竞技性体育活动：趣味性体育项目和传统特色体育项目。③ 娱乐性体育活动：体育社团趣味体育游戏、传统体育活动等。④ 创造性体育活动：自编操表演、体育征文、体育摄影等。⑤ 观赏性体育活动：团体操表演、观赏体育赛事等。⑥ 综合性体育活动：体育科普宣传、体育人文知识讲座、专家讲座、咨询等。

体育文化节的首项活动“河海大学第四十七届田径暨第十三届老年人运动会”于 10 月 28—29 日在江宁校区体育场举行。竞赛分学生组、教工组和老年人组，其中学生组分男生组、女生组和男女生混合集体，教工组分青年组和中老年组，老年人组由离退休人员组成。参加竞赛的学生代表队 14 支，教工代表队 16 支。竞赛项目：学生男生 13 个、女生 12 个，男女生混合集体项目 4 个；教工青年组男女各 5 个项目，中老年组男女各 2 个项目。团体总分排名情况如下：

学生男女混合团体总分前六名是：商学院、大禹学院、地球科学与工程学院、公共管理学院法学院马克思主义学院、能源与电气学院、水利水电学院。

学生男子团体总分前六名是：商学院、地球科学与工程学院、水利水电学院、大禹学院、能源与电气学院、公共管理学院法学院马克思主义学院。

学生女子团体总分前六名是：公共管理学院法学院马克思主义学院、商学院、能源与电气学院、地球科学与工程学院、大禹学院、水利水电学院。

体育文化节其他竞赛活动有：拉丁舞、舞狮、武术、"新生杯"和"河海杯"羽毛球赛、三人制和"河海杯"篮球赛、中国象棋赛、国际象棋赛、围棋赛、五子棋赛、"河海杯"排球赛、校园定向越野赛、女子篮球赛、篮球嘉年华、男女网球赛、趣味棒球赛、五人制和"河海杯"足球赛、"我运动，我快乐，我健康"体育征文大赛、电子竞技赛、轮滑赛。同时举办了体育科普知识讲座。教师学生积极参与裁判、志愿者工作和课余体育锻炼活动。各学院在体育文化节期间也举办了形式多样、丰富多彩的体育竞技及趣味项目活动。

12月14日，以"我运动、我健康、我快乐"为主题的河海大学第三届学生体育文化节闭幕暨颁奖仪式在江宁校区举行。校党委副书记王济干出席仪式，江宁校区管委会、研究生院、教务处、团委、体育系和各学院有关负责人及师生代表参加了仪式。王济干副书记对文化节的举办给予了高度评价，并为获得2011年河海大学群众体育先进单位的商学院、环境学院、大禹学院、公共管理学院法学院马克思主义学院、水利水电学院、港口海岸与近海工程学院颁奖。同时还颁发了河海大学第四十七届田径运动会学生团体奖、单项奖和第三届学生体育文化节优秀社团奖、优秀组织奖。2011年河海大学优秀社团为：足球协会、好逑女篮社、排球协会、SALSA拉丁舞协会、夏日天堂瑜伽社、E时代电子竞技协会。第三届学生体育文化节优秀组织奖为：校学生会体育部、地球科学与工程学院体育部、万象摄影。

2011年度除了举办第三届学生体育文化节外，我校还举办了"河海杯"系列赛事：足球、篮球、排球、乒乓球、网球和羽毛球赛；"新生杯"系列赛事：足球、篮球、羽毛球和一些趣味性体育竞赛。校园体育活动丰富多彩，做到"月月有比赛，周周有看点，人人都参与"。

体质测试工作。完成我校2008级至2011级学生《国家学生体质健康标准》测试工作，并按时将所有学生的《国家学生体质健康标准》测试数据，通过中国学生体质健康网报送至教育部"国家学生体质健康标准数据管理系统"。

学生分年级、性别、样本数的综合评定等级人数比例统计表

年　级		样本数	优秀(%)	良(%)	及格(%)	不及格(%)
大学一年级	总体	3486	0.95	31.58	40.71	26.76
	男	2215	1.08	37.25	37.83	23.84
	女	1271	0.71	21.72	45.71	31.86
大学二年级	总体	3429	3.30	57.25	36.45	3.00
	男	2206	4.31	53.31	38.53	3.85
	女	1223	1.47	64.35	32.71	1.47
大学三年级	总体	3115	0.06	14.38	74.96	10.60
	男	1995	0.10	16.04	70.58	13.28
	女	1120	0.00	11.43	82.77	5.80
大学四年级	总体	3026	0.20	13.91	75.21	10.68
	男	1947	0.21	17.00	70.21	12.58
	女	1079	0.19	8.34	84.24	7.23
大学总体	总体	13056	1.18	30.12	55.76	12.94
	男	8363	1.49	31.71	53.37	13.43
	女	4693	0.62	27.30	60.03	12.05

二、运动队伍

我校高水平运动队实施“教体结合”发展战略和办队模式。自教育部对普通高校高水平运动队建设重新评估后，我校高水平运动队主要项目有足球(男、女)、健美操、乒乓球等3项，其他项目有田径、篮球、羽毛球、游泳、跆拳道、定向越野、男女排球、男女沙滩排球、武术、棋类、网球、垒球等。在严抓管理，实行“两不误”的前提下，高水平运动队在全国大学生比赛以及省、市高校比赛中，取得了令人瞩目的成绩。2011年为迎接第九届全国大学生运动会，组建了江苏省大学生健美操队和男子足球队，我校已入选大运会运动员42名。

表1　2011年河海大学运动队取得成绩(高水平组)

序　号	内　　容	成　　绩
1	2010—2011李宁中国大学生足球联赛(南区)决赛	冠军
2	2010—2011李宁中国大学生足球联赛总决赛	第三名
3	2011—2012李宁中国大学生足球联赛江苏赛区暨2011年江苏省大学生足球高水平组比赛	冠军
4	健美操运动员林峻先入选国家队，代表中国参加第二十六届世界大学生运动会	有氧舞蹈(10人)项目金牌、有氧踏板(3人)项目金牌，并获得团体冠军
5	2011年全国啦啦操锦标赛	技巧组冠军
6	2011年全国啦啦操联赛总决赛	大学组集体技巧六级第一名
7	2011年江苏省高校乒乓球比赛	男子团体第四名、女子团体第五名、男双第三名、第四名、女双第四名、男单第七名
8	我校田径队冯彬代表江苏省参加2011年“中国海运杯”中国扬州鉴真国际半程马拉松赛暨2011年全国半程马拉松锦标赛	10公里男子组冠军
9	2011年世界大学生选拔赛	男子跳高第三名、女子三级跳远第五名、女子跳远第八名
10	2011年全国大学生田径锦标赛	女子三级跳远第二名、女子跳远第二名、男子200米第三名
11	2011年江苏省田径锦标赛	女子三级跳远第二名、女子跳远第四名、链球第三名、标枪第五名、铅球第四名、100米第七名、200米第八名、男子4×100米第八名

表2　2011年河海大学运动队取得成绩(普通组)

序号	内　　容	成　　绩
1	2011年南京高校健美操、啦啦操比赛	自由操自编套路二等奖、大众健美操自编套路一等奖、技巧啦啦操一等奖和团体一等奖
2	2011年“体彩杯”第七届中国黄山国际登山大会	高校团体冠军、大会最高荣誉——男子个人“迎客松杯”总冠军、高校男子冠军、大会优秀组织奖
3	2011年南京市高校普通大学生足球联赛	第五名
4	第二届全国大学生阳光体育乒乓球比赛	二等奖

表 3　历年参加各类田径比赛最好成绩

项　目		姓　名	单　位	成　绩	名　　称	地 点	时 间
学生男子	100 米	陈　述	公共管理学院	10″42	全国第六届大学生运动会	成都	2000. 9
	200 米	陈　述	公共管理学院	21″83	全国第八届大学生田径锦标赛	广州	2001. 8
	400 米	刘建波	公共管理学院	49″00	全国第六届大学生运动会	成都	2000. 9
	800 米	王　佳	公共管理学院	1′58″50	江苏省第十五届高校田径运动会	南京	2002. 5
	1500 米	王　佳	公共管理学院	4′09″30	全国第九届田径锦标赛	大连	2002. 7
	5000 米	冯　彬	法学院	14′21″00	全国田径大奖赛	肇庆	2009. 4
	10000 米	冯　彬	法学院	30′21″50	全国青年锦标赛	淮安	2008. 11
	110 米栏	张建民	公共管理学院	15″07	江苏省第十五届高校田径运动会	南京	2002. 5
	400 米栏	德　苏	留学生	56″50	南京市高校田径运动会	南京	1988. 5
	4×100 米	余　力、奚　波 黄传广、陈　述	校　队	42″61	南京市大学生田径运动会	南京	2003. 10
	4×400 米	闻绍波、王　舰 姜胜虎、刘建波	校　队	3′26″10	南京市大学生田径运动会	南京	1997. 5
	跳高	徐雪峰	商学院	2. 15 米	第四十四届校运会	南京	2008. 10
	跳远	黎　亮	常州校区	7. 20 米	常州校区第四十六届校运会	常州	2010. 10
	撑杆跳高	葛　伟	公共管理学院	4. 60 米	江苏省第十五届高校田径运动会	南京	2002. 5
	三级跳远	黎　亮	常州校区	15. 23 米	江苏省大学生田径锦标赛	苏州	2009. 5
	铅球	李　根	商学院	12. 99 米	南京市大学生田径运动会	南京	2005. 4
	标枪	胡晓强	常州校区	56. 12 米	南京市大学生田径运动会	南京	2005. 4
	铁饼	韩建欧	商学院	43. 30 米	南京市大学生田径运动会	南京	2003. 10
	链球	张海涛	公共管理学院	48. 92 米	全国大学生田径锦标赛	成都	1997. 8
	十项全能	张建民	公共管理学院	6110 分	江苏省第十五届高校田径运动会	南京	2002. 5
学生女子	100 米	李　篁	公共管理学院	12″40	第四十五届校运动会	南京	2009. 10
	200 米	宋　微	常州校区	25″81	全国第八届大学生田径锦标赛	广州	2001. 8
	400 米	贺恒艳	商学院	58″57	江苏省大学生田径锦标赛	苏州	2009. 5
	800 米	党璞瑜	公共管理学院	2′20″16	全国第九届大学生田径锦标赛	大连	2002. 7
	1500 米	党璞瑜	公共管理学院	4′48″80	江苏省第十五届高校田径运动会	南京	2002. 5
	3000 米	陈海燕	公共管理学院	10′41″30	江苏省第十五届高校田径运动会	南京	2002. 5
	5000 米	陈海燕	公共管理学院	18′30″00	江苏省第十五届高校田径运动会	南京	2002. 5
	5 公里竞走	陈海燕	公共管理学院	26′31″00	全国第九届大学生田径锦标赛	大连	2002. 7
	100 米栏	王　晨	公共管理学院	16″90	江苏省第十一届高校田径运动会	苏州	1990. 5
	400 米栏	贺恒艳	商学院	1′04″39	“耐克杯”第十一届全国大学生田径锦标赛	武汉	2010. 7
	4×100 米	王　晨、刘丽侠 史腊华、吴雪梅	校　队	52″90	江苏省第十一届高校田径运动会	苏州	1990. 5
	4×400 米	张传爱、宋　微 党璞瑜、陈海燕	校　队	4′08″63	江苏省第十五届高校田径运动会	南京	2002. 5

续表

项　目		姓　名	单　位	成　绩	名　　　称	地 点	时 间
学生女子	跳高	沈媛媛	公共管理学院	1.65 米	南京市大学生田径运动会	南京	1997.5
	跳远	李　篁	公共管理学院	5.98 米	江苏省第十七届高校运动会	南京	2010.5
	三级跳远	李　篁	公共管理学院	13.07 米	江苏省大学生田径锦标赛	苏州	2009.5
	铅球	刘　莉	公共管理学院	12.50 米	河海大学田径运动会	南京	1994.10
	标枪	班如乙	公共管理学院	42.90 米	南京市大学生田径运动会	南京	1998.5
	铁饼	孙耀先	商学院	40.58 米	南京市大学生田径运动会	南京	2005.4
	七项全能	史腊华	公共管理学院	3248 分	江苏省十一届高校田径运动会	苏州	1990.5

三、场馆建设

草拟了河海大学体育场馆 2011 年度整体维修方案与体育设备添置计划。

江宁校区足球场天然草皮重新翻种改建。江宁校区主体育馆正在建设中。

树立“健康第一”、“服务第一”的指导思想，进一步加强对全校师生员工及社会服务的理念。落实阳光体育运动，充分利用现有场馆资源，在高峰时间段(周一至周五 16：00—19：00)拿出部分场地为全校教职工提供无偿服务，免费活动，丰富了校园师生文化体育生活，提高了教职工的健康指数。

四、承办赛事

2011 年 6 月，承办了 2010—2011 李宁中国大学生足球联赛总决赛 2 个主场的比赛任务。

2011 年 12 月 5—12 日，承办了 2011—2012 李宁中国大学生足球联赛(江苏赛区)暨 2011 年江苏省大学生甲 A 组足球比赛。

五、对外合作与交流

(1) 7 月，我校与中国 NBA 公司及美国 NBA 总部全力合作，成功地邀请美国篮球职业联赛湖人队当红球星科比 · 布莱恩特来到我校，完成了“2011 科比中国行”最后一站南京站的活动，增强了国际性体育交流，此项活动引起了全社会各阶层对我校的关注。

(2) 11 月，举办“2011 年海峡两岸体操交流暨友谊赛”，来自台湾台南市体育总会体操协会、中山大学、成功大学、体育大学、体育学院等 12 家学校的 20 名健美操运动员和教练员与我校学生进行了健美操训练和比赛，开展了一系列文化交流活动。

(3) 4 月，我校当选为江苏省学生体协高校工作委员会南京高校分会主任单位，成立了教学科研、运动竞赛、群众体育 3 个工作组。年内制定了 2011 年工作计划；5—6 月召开分会主任和副主任会议，研究南京分会工作目标任务并布置了落实开展各项活动和相关问题的研究；发动在宁高校积极参加省论文报告会和第九届全国大学生运动会论文科报会的投稿工作；举办了如下 4 项赛事：普通大学生足球比赛，南京高校体育教师健美操、啦啦操培训，南京高校健美操和啦啦操比赛，在宁高校体育教师乒乓球比赛；年终召开南京分会年会，总结 2011 年工作，制定 2012 年工作计划，评选了南京高校优秀体育教师和优秀体育管理干部。

(体育系、常州校区供稿)

财务与审计

财 务 工 作

一、财务收支总况

2011 年，学校总收入 139370 万元，总支出 120138 万元，年度结余 19232 万元。

二、财务管理工作

1. 加强预算管理与控制，充分发挥预算在资源配置中的主导作用

进一步推进以任务目标为资源分配基础的绩效预算改革，贯彻学校提出的保证人员经费有较大增长、保障学校重点项目资金落实的要求。学校各项事业活动所发生的财务收支都纳入预算管理的范围，学校执行的年度预算与主管部门批准的部门预算在收支口径上保持一致。预算执行的责任分解到校内各部门、各单位。预算的调整按规定程序进行，加强预算执行的控制与分析，提供完整、准确的财务信息，为学校加强财务管理提供可靠依据。

2. 开拓筹资渠道，积极加强收入管理，为学校发展筹措经费

财政投入得到上级部门大力支持，全年超收 2 亿元；推进银校合作，积极做好教育发展基金会财务工作；从银行系统筹措资金 2500 万元，专项用于学校数字化校园建设。严格执行国家对教育收费管理的若干规定，认真做好收费项目审批、收费公示等环节工作，高质量通过省物价局的收费检查，收费工作规范有序。财务处作为学校唯一的学生收费部门，收取的费用全部计入学校银行账户，任何部门不得另收、截留和挪用，从制度层面和源头规范教育收费。加强学杂费收缴管理，本科生管理到位率为 99.09％。

3. 加强专项资金进度管理，推动财务信息化建设

加强与学校相关职能部门的沟通协商，通过网络、工作例会等方式定期公布通过财政专项资金的实施进度，提高财政专项资金执行力度。进一步完善财务系统的信息查询工作，启动“一卡通”平台建设工作，经充分调研和论证完成建设方案的设计工作。

审 计 工 作

一、审计管理

制定《河海大学“江苏高校优势学科建设专项资金跟踪审计方案”》，并据以实施对省优势学科建设专项资金使用的跟踪审计。制定《常州校区审计工作办法》、《常州校区基建、修缮工程项目审计实施办法》，规范校区审计工作。

二、专项审计工作

1. 强化基建、修缮项目审计，认真开展全过程跟踪审计

完成学校基建、修缮工程项目审计 204 项，送审金额 13052 万元，为学校节约资金 607 万元。对学校基本建设工程项目实行全过程跟踪审计，工程预算 12000 万元。审计过程中不断总结、积累

经验，在做好审前调查、制订审计计划、把握好审计重点、明确审计目的基础上，根据项目规模、重要性、建设周期、力量投入等因素确立跟踪审计的内容与重点，抓住建设项目的前期决策、设计、招标投标、隐蔽工程验收、材料与设备的采购、重大变更、竣工验收、工程财务结算等重点关键环节，在这些关键环节上开展跟踪审计。

2. 注重财务收支审计，着力加大专项资金使用的审计力度

为规范专项资金的使用，发挥专项资金的使用效益，加大了对专项资金管理力度，要求审计及时介入，监督与客观评估专项资金的使用情况和使用效果。

受商学院委托，对商学院财务收支实施审计。

针对江苏高校优势学科建设工程资助的专项资金的使用与管理，发布“江苏高校优势学科建设工程”跟踪审计工作方案，从建设项目实施期内资金筹措、预算编制与执行、资金使用与管理及绩效考核等方面确定审计内容与重点，遵循“全程跟踪、突出重点、立足服务、着眼防范、促进发展”原则，跟踪项目建设并按省教育厅要求适时报告项目建设资金的使用与管理情况。

针对“973”、“863”等重大科研项目资金使用与管理，组织实施相关审计。审计中，以项目资金使用的合规性为基础，重点关注项目资金的使用效益。

针对学校公费医疗经费支出持续增长的情况，从“管理体制、预算及其执行、内部控制制度、报销审核与批准、相关凭证处理”等角度，对学校公费医疗经费使用与管理情况进行了持续审计，提出了意见建议。

3. 开展领导干部任期经济责任审计

继续开展对学校多个重要部门、重要岗位领导干部的经济责任审计工作，完成了对10位领导干部的经济责任审计，涉及审计金额近3亿元，提出合理化建议20余条。

4. 参与学校专项工作监督审计

强化对银行账户资金检查；参与学校物资采购的监督；组织社会中介机构参与学校审计、造价咨询准入招标。通过公开招标，物色信誉好、执业质量较高的中介机构作为候选单位，为进一步做好委托审计业务奠定良好基础；参与学校产业改制相关工作，促进校办产业的规范化建设。

（财务处、审计处供稿）

图书、档案与信息化

图书馆工作

一、概况

学校两地3校区共设有3座图书馆建筑，馆舍总面积为4.3万平方米，其中校本部主楼1.10万平方米、辅楼0.20万平方米，江宁校区图书馆1.89万平方米，常州校区图书馆0.93万平方米，学校各院系分图书馆或资料室面积合计约0.2万平方米。依据学校学科建设、专业设置、教学、科研需要和发展规划，图书馆进行了文献资源建设及共享服务建设、个性信息服务和创新服务模式建设，还进行了特色文献数字化建设，推广信息工作。

图书馆设有办公室、读者服务部一至三部、技术部、信息部、资源建设部等7个部门。图书馆

信息部承担现代信息检索利用等信息服务工作；资源建设部承担学校的图书期刊和电子资源信息资源的采访、采购和编目、验收工作；数字化技术部负责图书馆的各类现代技术平台及设备的日常维护及文献数字化项目的建设等工作，保证图书馆的正常稳定运行；读者服务部一至三部分别负责各校区图书馆面向读者的日常窗口服务；图书馆还设有科技查新站，该站拥有教育部、水利部授权的部级查新站资质。

二、馆藏资源建设

除纸质文献外，图书馆加大电子版文献资源建设力度，为全校师生的教学和科研服务提供坚实保障。图书馆积极参与国家和江苏省的文献资源保障项目建设，与水利部科技发展中心合作建设水利数字化图书馆第二期工程，与东南大学等 6 个江宁区的院校合作开展资源共享，与南京工业大学、盐城工学院、淮海工学院等兄弟院校联合开展信息服务和查新工作，与江苏省有关高校及南京水利科学研究院等省内外多家科研单位签订资源共建共享协议，与全国各高校图书馆同步使用全国性的电子资源数据库及科技信息。

图书馆纸质图书文献收藏量达 233 万册，水科学文献积累是我校图书馆馆藏特色，例如水文水资源、水力发电工程、土木工程、海洋港口工程、环境、交通工程等特色收藏有较深厚的历史积淀。图书馆收藏了国内外著名数据库及行业特色电子文献数据库，如 Science Direct、IEEE/IET Electronic、SpringerLink、Ebsco：host、Web of Science(SCIE、CPCI)、美国心理学会(APA)数据库、硕博士论文(PQDD)、工程索引(EI)、中国学术期刊数据库(CNKI)、中文科技期刊数据库(VIP)、万方数据库，以及超星数字图书馆、读秀、书生之家、方正电子图书、水利古籍数字文献、民国文献等。2010 年图书馆成立了古籍阅览室，在加强水利史文献建设方面迈进了一大步。图书馆目前有 40 多个独立购置的文献数据库，其中电子图书 108 万种。全文电子期刊近 3 万种。数字图书馆极大地丰富了馆藏资源，为读者提供了丰富的信息咨询和全天候的读者服务。此外图书馆还承担了全国水利系统信息中心的责任，收藏的大量水利及相关学科的文献资源，为全国水利战线科技工作者做了大量信息服务工作。图书馆也是水利数字图书馆的主要成员馆，今后还将不断充实水利文献，更有力地支撑学校总体事业发展。

图书馆已自建数据库，和教务处联合开发的“河海大学本科教学资源信息管理与服务系统”包含大量的教学管理信息和教学资源信息，已经成为师生获取教学信息的重要平台；图书馆建设的重点学科导航数据库也受到有关专业读者的好评。截至 2011 年底，图书馆自建的硕博研究生学位论文数据库已收藏论文 13579 篇，图书馆自建的随书光盘数据库收藏光盘信息 11503 件。

图书馆采购工作始终规范，圆满完成 2011 年学校下达的经费建设数额 950 万元。2011 年引进电子报刊，读者能在各种电脑终端上看到当天的 200 种报纸。通过与教务共同论证，采购自主考试资源库供学生使用。继续开展院系专家推荐书目工作，各学院对资源建设的满意度较高。图书馆与学生会合作建有图书馆学生读者协会，引导学生参与图书馆网站新书推荐通道，通过计算机参与图书馆的资源建设之中。这些举措有力提高了读者对图书馆资源建设的满意度。

三、读者服务工作

读者服务主要通过各分馆的服务窗口和图书馆网络来实现。先进的图书管理软件平台支持图书开架服务。图书馆主要读者服务项目有：馆内阅览、图书外借、电子阅览、视听服务、馆际互借、文献传递、科技查新、学科服务、定题跟踪、竞争情报等。由于数字图书馆建设，图书馆服务内容增加迅速，2011 年图书馆网页数据库使用量为 500 万人次，每天进入图书馆阅览学习的读者达到上万人次。

为了让更多的师生了解和使用我校的网上数据库，图书馆除承担有关专业的信息检索课程教学外，还定期对全校师生开办数据库使用培训班及其专题讲座，例如“文献资源检索利用”、“中外文文献传递服务”、“SCI 数据库利用”、“如何利用文献数据库申请基金项目”、“如何利用文献数据库撰写论文”等。全年举办各类数据库检索利用培训、专题报告会等合计 65 场，参加人数有 2000 多人；完成院系教学任务累计 2 个学分；学科馆员走进学院服务，人均 8 次到学院宣传推广；图书馆加强对书目数据库的管理和维护，进一步完善文献信息检索系统，满足读者的检索需求。

2011 年图书馆举办的“读书月”活动，在继承往年的“读书之星”评选、“主题征文”、“专家学术报告”和“电子资源培训”等优秀项目的基础上，创新推出了“走进图书馆台前幕后——图书馆开放日”、爱心书架募书活动和志愿者爱心修补图书活动以及“馆员草根泥塑展”等馆员和读者之间的互动项目。通过“读书月”活动，图书馆员工与读者深入接触沟通，共同构建图书馆的爱书读书文化，促进了图书馆事业和环境和谐发展。

图书馆科技查新中心，面向江苏省及临近省份的高校、政府机构、工矿企业、科研院所开展科技查新与咨询服务，查新数量及质量都在教育部科技查新站中保持先进水平。2011 年全年科技查新 928 项(包括高校申报博士点基金，新教师专项基金完成 50 余项)，大部分查新均使用了 DIALOG 数据库进行检索，提高了查全率。作者论文收录引用检索课题 365 项。在科技查新课题中，有 60%项目获得了江苏省各类科技产业发展项目支持，为地方经济发展提供了有效的信息咨询服务。此外，图书馆还积极配合研究生院，完成博士点基金申报的查新工作，受到广大教师和博士生的好评。科技查新站面向水利行业和地方经济开展服务，在水利行业和江苏地区有较高影响力。

四、图书科研与学术交流

图书馆自身建设不断加强，近 5 年来，学术成果丰硕。累计发表论文近百篇，获得发明专利 1 项，全馆取得省、市、行业的各种奖励 20 多项；图书馆积极申报教育部、江苏省、学校等科研项目，2011 年获得教育部社会科学基金项目 1 项，江苏省高等教育与改革项目 2 项；完成河海大学第五届“图书馆工作委员会”换届工作，召开“图书馆工作委员会”新一届委员第一次会议。此外，2011 年成功举办了“江苏省高校图工委情报咨询委员会学术年会”，牵头组织图书馆界与省电工界共同成功举办“射频识别(RFID)技术与物联网建设”学术研讨会。

2011 年，图书馆继续积极参与江苏省高等学校数字图书馆(JALIS)三期数字图书馆 7 个项目建设，例如《南京高校(江宁地区)文献资源共享服务》项目、《精品课程教学资源数据库系统》项目、《江苏省高校数字图书馆技术应用与服务平台建设》项目、《江苏省高等学校图书馆事业管理数据库》项目、《RFID 技术在图书馆管理系统中的应用》项目等，上述项目在江苏 JALIS 三期项目中期检查或验收中均受到好评。

2011 年图书馆情况统计表

项目			2011 年
一般服务状况	读者	学生(人)	41283
		教师(人)	3933
		校外读者(人)	4986
	开架书刊	图书(册)	2097465
		现刊(种)	3879
	外借书刊	文献(册次)	374359

续表

<table>
<tr><th colspan="3">项　　目</th><th>2011 年</th></tr>
<tr><td rowspan="15">文献资料收集状况</td><td rowspan="6">现有文献</td><td>文献累积总量(册)</td><td>2330517</td></tr>
<tr><td>中文书刊(册)</td><td>2106098</td></tr>
<tr><td>外文书刊(册)</td><td>228209</td></tr>
<tr><td>电子文献(光盘)(件)</td><td>11503</td></tr>
<tr><td>中文文献数据库(个)</td><td>38</td></tr>
<tr><td>外文文献数据库(个)</td><td>22</td></tr>
<tr><td rowspan="9">当年购置文献</td><td>中文图书(册)</td><td>87172</td></tr>
<tr><td>外文图书(册)</td><td>2885</td></tr>
<tr><td>其中：原版书(册)</td><td>1269</td></tr>
<tr><td>中文报刊(种)</td><td>33898</td></tr>
<tr><td>外文报刊(种)</td><td>2820</td></tr>
<tr><td>其中：原版报刊(种)</td><td>1839</td></tr>
<tr><td>中文文献数据库(个)</td><td>36</td></tr>
<tr><td>外文文献数据库(个)</td><td>22</td></tr>
<tr><td>光盘电子文献(件)</td><td>700</td></tr>
<tr><td rowspan="5">馆舍设备情况</td><td rowspan="2">馆舍</td><td>建筑面积(平方米)</td><td>49096</td></tr>
<tr><td>阅览室座位(个)</td><td>5637</td></tr>
<tr><td rowspan="3">设备</td><td>复印机、扫描仪(台)</td><td>21</td></tr>
<tr><td>计算机、服务器(台)</td><td>557</td></tr>
<tr><td>资源存储量(TB)</td><td>51</td></tr>
<tr><td rowspan="11">年度经费情况</td><td rowspan="2">文献</td><td>文献购置费(元)</td><td>11565345</td></tr>
<tr><td>实际使用购置费(元)</td><td>11515457</td></tr>
<tr><td rowspan="6">图书报刊</td><td>购中文图书(元)</td><td>2414728</td></tr>
<tr><td>购外文图书(元)</td><td>608713</td></tr>
<tr><td>其中：原版书(元)</td><td>564136</td></tr>
<tr><td>购中文报刊(元)</td><td>843088</td></tr>
<tr><td>购外文报刊(元)</td><td>2989036</td></tr>
<tr><td>其中：原版报刊(元)</td><td>2379537</td></tr>
<tr><td rowspan="3">音像及数据库</td><td>购音像资料(VCD 光盘)(元)</td><td></td></tr>
<tr><td>购中文数据库(元)</td><td>2539392</td></tr>
<tr><td>购外文数据库(元)</td><td>2158210</td></tr>
</table>

档 案 工 作

一、基本情况

贯彻教育部、国家档案局《高校档案工作管理办法》及水利部《水利部科技档案管理办法》、《加强水利科技档案的意见》文件精神，制定完善了《河海大学科研档案管理办法》等学校档案制度。强化档案资源建设，推进档案工作现代化管理水平，积极参与学校历史文化资源开发与利用，主动将业务建设成果化为提高服务于学校、社会各项工作的能力，努力做好档案的收集、归档、利用服务工作，积极为学校工作提供档案信息保障。全年接收整理档案 5092 卷(含常州校区)，拍摄采集归档标准照 315 张。完成了约 230 项科研、房屋维修项目的档案接收、整理归档与部分档案数字信息采集工作，协助相关方面完成了“江苏近岸重点海域环境质量评价”、“江苏海岸带与海岛调查”项目档案，通过国家海洋局系统档案专项验收工作；完成了学校各项专业评估、项目验收、宣传纪念活动、资质认证、学历清查等重点工作的档案利用保障工作。

二、信息化建设

根据档案信息化建设面临着技术、管理、投入、局部与全局等方面的相互制约与动态的不确定性，在技术应用和开发中，加强档案信息安全、数据库建设、信息鉴定与获取途经、历史载体信息转化、信息发布与利用等方面的分析和研究，确保档案信息系统的先进性和实用性。在此基础上，根据学校信息化建设总体要求，进行档案信息管理系统的完善与开发工作，对档案管理系统和学校系统对接问题进行研究，提出初步方案。在档案管理系统中进行了安全和信息利用模块开发、学生成绩翻译系统的改造和开发，逐步建立与学生成绩库相容的数据自动读取翻译系统。在档案归档模块开发中，建立了与学校信息管理系统数据能够自动归档采集的通道。在档案利用和统计模块中，完善统计和利用数据的报表打印和数据分析功能。在数据库建设中，加强数据的安全防护功能，对进库数据进行了校对，使数据的错误率减少。完成库房门禁一卡通的安装，实现了档案库房管理与档案管理信息系统的数据对接和管理。

三、编研与利用

档案资源开发与档案编研选题侧重现实利用需求。参与徐芝纶院士 100 周年纪念活动并完成《徐芝纶画册》编排制作和《徐芝纶陈列室》改建设计与编辑工作。建党 90 周年之际与市党史办、市电视台、区文化局等单位合作，采用发表专稿、拍摄专题片、向社会公众开放展馆等形式，对杰出校友张闻天进行广泛宣传，加深了社会各界对张闻天在党史上地位和贡献的进一步了解，扩大了学校的社会影响。编辑制作新生入学教育校史橱窗展览。参与《河海大学年鉴(2010)》、《河海大学专业史(第二册)》、《河海大学画册(2011 版)》编辑工作。积极参与校史研究工作，完成《河海大学大事记》、《河海大学各类领导小组汇编》、《河海大学各类委员会汇编》、《河海大学各种奖励汇编》等近 10 种约 13 万字的常规档案编研任务。张闻天陈列馆列为驻区共享红色文化资源，在对社会公众开放中，获评鼓楼区委宣传部、文化局“‘幸福鼓楼’2011 鼓楼区社区文化艺术节”组织奖。全年接待档案利用 1579 人、提供档案利用 3514 卷；德育基地接待参观人员约 40 批 1600 人。

四、科研服务与业务培训

发挥学校档案业务人才优势，开发档案科研为社会服务功能，为扩大学校影响发挥作用。结合学校档案信息安全防护研究，完成了江苏省档案局《档案信息安全防护研究》科研报告，并获评江苏省高校档案研究会 2011 年度优秀论文二等奖。完成了《全国水利普查档案管理办法与水利普查档案分类实施细则》编制工作，并通过国家档案局、水利部组织的专家评审。完成了《南水北调工程档案信息化建设的方案研究》课题报告。《南水北调工程档案专项验收管理规则与管理信息系统设计》通过国家相关部门组织的评审。

积极开展档案学术活动，鼓励员工结合工作撰写业务论文在行业学术组织、学术会议、刊物上交流、发表。重视新人培养，完成了新上岗人员的岗前培训与档案业务培训工作，从源头上推进从业人员业务素质的全面提高。

五、常州校区档案工作

举办校区兼职档案员档案知识培训暨校区档案工作研讨活动，校区 30 多名专兼职人员参加会议。校档案馆馆长张鸿业在会上做《当前国内高校档案管理现状及发展前景》报告，与会人员参观了常州市档案馆档案展示厅并研讨和总结了校区的档案工作。全年完成各类档案立卷归档 666 卷，完成了高基表、能源表等省、部、市各类统计报表并为校区各部门提供基础数据，参与校区年鉴编写、审核工作。

不断改进和完善档案信息化管理系统，充实档案电子信息内容，目前网站可查询从 1999 级至今毕业生学籍、成绩信息 15282 条，在校生信息 6884 条。实现了库内照片资料的网上查询，档案网上可直接查询近 300 个主题的图片资料和库内所有实物照片、光盘资料的目录。

校区档案网已录入包括学生学籍、党政文件、科技成果、本科优秀论文等各类信息 34429 条，电子照片信息 2950 多条。档案网访问量累计 18312 次。

2011 年档案情况统计表

指　标　名　称		单　位	数　量
馆存全部档案	全　宗	个	2
	案　卷	卷	94124
	以件为保管单位档案	件	6447
	录音、录像、影片档案	盘	465
	照片档案	张	58646
	底　图	张	840
本年接收档案	案　卷	卷	5092
	以件为保管单位档案	件	823
	录音、录像、影片档案	盘	54
	照片档案	张	333
	底　图	张	0
档案利用情况		人次	2044
		卷次	4333
		件次	156
馆　存　资　料		册	4398
档案编目情况	案卷目录	册	157
	全引目录	册	179
	专题目录	册	64
	重要文件目录	册	57

信息化建设

一、数字校园建设

1. 建立信息化工作机制

成立河海大学信息化建设工作领导小组，由校长担任组长，负责学校信息化建设总体规划方案的审定，负责年度重大信息化项目的计划、立项、经费预算与总结验收；协调解决信息化建设和管理中的重大问题。信息化领导小组下设信息化办公室，主要负责信息化工作的具体协调，研究制定《河海大学信息化工作管理办法》(草拟)，规范数字校园建设中的各项工作。

2. 全面启动数字校园一期建设项目

3月，学校对有关高校进行调研，全面启动河海大学数字校园一期项目建设工作，成立了河海大学数字校园一期建设的组织机构，包括综合办公室、专家咨询组、建设条件保障组，系统建设办公室以及10个项目工作组和用户体验组，制定了相关的工作制度。完成了《河海大学数字校园一期工程》的软件系统、Web网站群系统开发合作商的招标工作，确定了一卡通合作银行。

8月，完成了数字迎新系统的上线、运行；9月，办公自动化系统完成定制开发、用户培训，系统上线运行；完成原办公自动化系统的硬件环境升级及迁移工作；信息编码标准的制定工作已形成初稿；人事系统、学工系统、信息门户、统一身份认证系统已完成原形系统部署。

根据学校“十二五”信息化建设要求，对学校数字校园的硬件做了整体规划方案，确定数据中心的布局方案，提出数字校园一期工程数据中心(校本部)的硬件方案。

3. 提供信息化服务

加强学校主页的维护和二级单位网站的虚拟主机服务和管理。以虚拟化软件VMware支撑虚拟主机平台，承担着学校120多个部门级Web网站、Web业务应用系统的运行工作。虚拟服务器运行状态稳定，大大提高了资源的利用率和系统的稳定性。

二、校园网络基础设施与应用建设

1. 网络基础设施建设

利用“河海大学校园网IPV6技术升级和应用示范”项目，购置了多台PC企业级服务器，支持数字校园一期工程应用系统运行。

2月，与移动公司合作，实现江宁学生四期公寓网络接入，该区域作为校园的一个组成部分，可顺畅访问校园网及图书期刊等资源。

6月，利用教育部修购资金，完成网络馆的数据中心机房的招标工作，11月，启动建设，为今后数字化校园的硬件设备提供良好的运行环境。

8月，完成学生9舍的网络改造，由无线接入改为有线接入。

9月，完成教育部科技支撑计划项目《新一代可信任互联网试验网》子课题的项目财务决算、系统建设工程等项目的验收工作，继续稳步推进下一代互联网项目的建设。

2. 网络基础应用建设

加强校园网安全管理，满足所有教职工的办公上网需求。保证河海大学的主网站和托管的100多个虚拟网站、教务系统、科研管理系统等信息系统安全稳定运行。全年收发电子邮件280多万封，处理垃圾邮件510多万封。

三、校园网络用户服务

在窗口服务方面，坚持微笑服务，热情接待上门办理业务的师生，帮助他们解决问题。设置热线电话7582，面向用户提供电话咨询和报障服务，提高接线员的综合业务水平，尽量通过电话帮助用户解决问题。上门服务要求快速及时响应，迅速解决问题，并做好耐心解释工作。对于用户终端问题，也能主动帮助其解决。建立了服务质量跟踪机制，及时对用户进行回访，为及时掌握服务情况，提高服务水平、服务质量和用户满意度，切实维护广大用户的利益发挥了重要作用。据统计，全年用户满意度为98%。

组织技术维护人员对校本部学生宿舍、江宁校区教学区学生宿舍的网络端口和线路进行检测，对1舍、10舍、11舍无线网络进行检测。下半年开学后大大减少了网络故障的发生率，从而有效地提高了用户满意度。

及时处理用户投诉，做到及时响应，耐心解释，快速解决，用户回访努力做到贴心服务。

完成校内许多大型活动的网络保障工作，如本科网上招生、国际学术会议、院士论坛等，确保了活动正常进行。加强数字校园各个应用系统的操作培训工作，先后培训400人次。

四、常州校区信息化建设

继续深入开展信息化校园建设工作，完成校区卫生所医疗系统、学工迎新系统、教务管理系统、视频会议系统等多个软件系统的调研和测试。

使用高校网站群平台，完成校区计算机与信息学院、机关党委、商学院、财务部等多个部门网站的设计或改版工作，进一步完善了校区网站的系统化建设。

对一卡通系统进行维护，确保一卡通系统的正常运行。全年共制作、发放校园卡4000余张，充值1.7万元，协助发放补助133万元。

开发VPN校外访问平台，使师生不受时间、地域的限制，在校外可直接访问校区网络资源，为数字化校园建设提供技术支持。

完成校区科研实验综合楼配套网络设施基础建设，并对网络相关设备进行了科学合理配置，使大楼网络按期接入校园网并投入正常运行。

进一步完善校园网络基本建设，对老实验楼的网络设施进行改造，将部分网络扩容升级为千兆接入。

配合图书馆积极拓展为地方经济发展服务的深度，加强信息服务工作，开展“信息资源软件开发与服务”等项目的研究，为常州市重点企事业单位提供深层次的信息服务。

完成与校本部信息中心、江苏网络协会、中国教育科研网、公安局常州网监处、常州各大ISP及相关单位的有效沟通协作。

配合常州市公安局完成校区信息安全大检查，参加常州市网监处召开的安全会议并落实相关精神，有效保障了2011年度多个重要节日及重大事件期间的网络信息安全。

完成校园网的日常维护，包括网络线路、网络接入设备的日常检测维护。积极开展网络协会、网络协管员的日常培训及宣传活动。

（图书馆、档案馆、信息中心、常州校区供稿）

后勤保障与安全保卫

基 本 建 设

一、基建工程建设概况

2011年，承担基本建设项目8项，建设规模185731平方米，建设总投资为52089万元，2011年度完成9244万元。交付使用的工程有常州校区科研实验综合楼、江宁校区四期学生公寓15号、16号楼。同时，还承担了江宁校区西区189项目溢洪河整治工程和水利馆C、D区域的维修工程。189项目溢洪河整治工程于2011年12月初开工，总投资1300余万元，截至12月底已完成投资额约500万元。水利馆C、D区域的维修工程于2011年9月15日开工，11月11日竣工验收，总投资额88万元。

2011年度，我校江宁校区商学楼工程荣获由江苏省住房和城乡建设厅颁发的省建设工程质量最高荣誉奖——“江苏省‘扬子杯’优质工程奖”；常州校区科研实验综合楼(一期)获“常州市优质结构工程”称号。

二、基建项目管理

1. 校本部国际学术交流中心

校本部国际学术交流中心总建筑面积33142.8平方米，总投资2.3亿元。该项目的前期手续已经办理完成，建设区域内的进校高压电缆、自来水总管道等管线已经全部移除，工程于5月18日开工建设。

2. 江宁校区文体中心

江宁校区文体中心位于江宁校区东大门南侧，总建筑面积22000平方米，总投资10000万元。本年度办理了规划许可证、建设工程施工许可证、施工图的设计审查合格证等相关手续。至年底，工程结构已经封顶，工程主体已通过政府质量监督主管部门验收。

3. 常州校区科研实验综合楼(一期)

常州校区科研实验综合楼(一期)总建筑面积15600平方米，总投资4800万元，其中，国拨资金2903万元。该工程9月底已经通过政府有关质量部门验收，10月下旬正式交付使用。科研实验综合楼(一期)工程获得“江苏省2010年度下半年建筑工程省级文明工地”称号。

4. 江宁校区四期学生公寓15号、16号楼

江宁校区四期学生公寓15号、16号楼共13100平方米，工程于8月竣工，同时完成了测量、环评、消防、防雷、规划、质监等各项验收工作。8月下旬移交物业，保证了博士生8月26日正式入住。

5. 江宁校区学生四食堂

江宁校区学生四食堂是进一步改善学生生活环境的一项重大工程，建筑面积为5429平方米，可容纳1128人同时就餐。2011年底完成室外电缆铺设、草坪灯具及电梯安装、幕墙施工等室内外工程。

6. 江宁校区西区189亩试验基地

江宁校区西区189亩试验基地拟建成学校承接国家级大型、特大型研究项目的国内一流的研究平台。本年度主要工作有：基地土地证指标已通过国务院批复，预计土地证于2012年4—5月获

取。经过学校 6 轮审核，确定了试验基地项目设计方案。通过公开招标，确定了监理、设计单位。桩基一期工程已经结束，共完成桩基 632 根，占桩基工程总量的 81%。编制上部工程工程量清单并确定施工队伍。按照南京市水利局要求，成立了 189 项目溢洪河整治工程建设处，溢洪河整治工程已完成 200 米河道建设，工程进程过半。

7. 江宁校区行政楼

江宁校区行政楼总建筑面积约 30780 平方米，是一座融校级党政机关办公、会议、接待、服务、校史陈列室等功能为一体的综合性建筑。经两轮方案比选，确定河海大学设计院为设计单位，工程于 10 月 27 日开工。

8. 江宁校区综合实验楼

江宁校区综合实验楼位于江宁校区西南角，建筑面积为 51990 平方米，是集水文水资源学院、力学与材料学院、地球科学与工程学院以及工程训练中心为一体的综合性建筑，该项目已经申请 2013 年国拨投资 3600 万元。经过两轮方案比选，确定该项目的设计单位为南京百市建筑设计研究院有限公司，项目可行性研究报告已经通过专家评审并报送教育部，工程的消防、地勘、桩基施工图等前期手续已相继完成。

9. 校本部水利馆 C、D 区维修工程

水利馆 C、D 区维修工程内容涵盖屋顶渗漏、外墙粉刷、门窗更换、室内装饰以及水电安装等项目，工程于 9 月 15 日开工，11 月 11 日提前 4 天竣工验收。

10. 江宁校区游泳馆改造工程

江宁校区游泳馆是 2003 年建成的标准游泳馆，建筑面积 5741 平方米。由于屋顶大面积漏雨，钢结构屋架锈蚀严重以及泳池水温常年较低等原因，学校决定对其进行改造。改造包括维修网架屋面、维修破损管道、增加维护结构、增加太阳能或者其他新能源设备提供供热系统、完善水电系统改造等内容，以保证泳池达到室内全年使用的标准。目前，该项目已经立项批准建设。游泳馆改造方案的设计招标公告已经发布，争取 2013 年 3 月交付使用。

11. 江宁校区电力增容

基于我校整体资源向江宁校区转移的战略规划以及不断提升教学科研综合实力的发展要求，江宁校区东区、西区都将建设大量的教学、试验、行政基础设施，这必然对江宁校区整体电力的增容提出了更高要求。经与南京供电公司磋商并勘查现场，11 月 3 日，供电公司正式通过了江宁校区 10 kV 电力增容的方案，由南京供电公司佛城变电站负责供电。

12. 中央级普通高校修购专项新增项目申报

在 2011 年度“中央级普通高校修购专项资金”的申报工作中，成功申报了游泳池改造(480 万元)、电力增容(2930 万元)、音响设备购置(290 万元)、基础设施改造(300 万元)4 项修购资金，共申报资金 4000 多万元，占学校新增修购专项总额的近 67%。

三、基建规划

完成《“十二五”河海大学校园与基础能力建设专项规划》，并报学校有关部门审定，进一步明确了学校未来 5 年内基本建设的发展思路。

根据学校“十二五”发展规划，组织编制校本部概念性规划。校本部概念性规划将进一步补充国际教育、交流和网络教育等办学功能，进一步弘扬学校的传统，建设成为一座厚重历史和现代文明互补，自然科学与人文精神相融的绿色校园、景观校园。

2011 年基建项目建设基本情况一览表

项目名称	建设性质	建设规模(平方米)	总投资(万元)	施工面积(平方米)	建筑层次	开工年月	完成投资额		竣工面积(平方米)	主要功能
							累计	当年1月—12月		
常州校区科研实验综合楼(一期)	续建	15600	4800	16726	12	2010.3	4800	1897	16716	教学、科研
江宁校区四期学生公寓	续建	32900	6400	32780	6	2010.1	5200	749	13100	生活服务
江宁校区第四食堂	续建	5540	1250	5790	5	2010.6	1073	433		生活服务
江宁校区文体中心	续建	22000	10000	22100	4	2010.12	4996	4826		体育实施
189 项目高性能计算大楼	新建	14987	4040	14987	5	2011.2	230	230		教学、科研
189 项目结构试验大厅	新建	14672	3107	14672	5	2011.2	265	265		教学、科研
189 项目水流试验大厅	新建	49232	10793	49232	1	2011.2	736	736		教学、科研
江宁校区行政楼	新建	30800	11699	30780	12	2011.11	108	108		行政办公
189 项目溢洪河整治工程	新建		1300				500	500		基础实施
水利馆维修 C、D 工程	维修	1200	88	1200	4	2011.9	88	88		教学、科研

校舍构成情况

2011 年校舍构成情况一览表 (平方米)

	学校产权建筑面积				正在施工面积	非学校产权建筑面积		
	小计	其中:危房	其中:当年新增	其中:被外单位借用		小计	独立使用	共同使用
总计	662590		25862		190097	75000	75000	
一、教学及辅助用房	320651		25862		130157			
教室	85783				6500			
图书馆	39132							
实验室、实习场所	160230		25862		32766			
专用科研用房	3921				78891			
体育馆	23509				8000			
会堂	8076				4000			
二、行政办公用房	41510				11000			
三、生活用房	283272				48940	75000	75000	
学生宿舍(公寓)	181066				32900	75000	75000	
学生食堂	33296				4540			
教工宿舍(公寓)	20035				1000			

续表

	学校产权建筑面积				正在施工面积	非学校产权建筑面积		
	小 计	其中：危房	其中：当年新增	其中：被外单位借用		小 计	独立使用	共同使用
教工食堂	916							
生活福利及附属用房	47959				10500			
四、教工住宅	12621							
五、其他用房	4536							

注：1. 统计截止时间为 2011 年 9 月底。
2. 正在施工面积中含江宁校区商学楼(37550 平方米)。
3. 教工住宅面积为未出售面积。

校 舍 维 修

通过学校网站发布修缮工程招标信息，实行招标信息公开化，采取随机抽签的方式从专家库抽取评标专业人员评标，保证了评标过程的公平、公正、公开，并有效地降低工程造价。

拟订 2011 年教育部修购专项项目及校内自筹经费维修项目工作计划，完成 2012—2015 年教育部修购专项(房屋及基础设施)项目申报汇总工作。

2011 年房屋修缮建筑面积共计约 38800 平方米，完成签订工程施工合同 15 份、工程监理合同 1 份、设计合同 2 份。校本部及江宁校区共完成 2011 年教育部修缮专项 1476 万元及学校自筹资金项目修缮任务。完成水利馆 A/E 区维修工程组织实施前期工作；完成江宁水资源实验大厅电力计量改造工程招标工作；完成校园及职工住宅区各类房屋和基础设施小型及零星维修项目管理工作，项目总数 260 余项，工程造价约 80 万元；完成 10 万元以下及小型维修工程主要有：老留学生楼房间及过道乳胶漆粉刷、西康路 22 号屋面防水、水电中心卫生间维修、汉口西路 134 号院内下水管道维修等工程。完成 10 万元以上维修项目主要如下表：

维修项目一览表

序号	项目名称	合同造价（万元）	具体实施单位
1	学生 9 舍维修工程	329	后勤管理处
2	学生 8 舍维修(含 10 舍、11 舍排水)	99	后勤管理处
3	学生 8 舍铝合金窗工程(博学楼阳光房)	35	后勤管理处
4	学生 8 舍、9 舍节水系统安装	10	后勤管理处
5	老管理馆 4 楼、5 楼维修	72	后勤管理处
6	研综楼 4 楼、5 楼办公室、闻天馆走道墙面维修	41	后勤管理处
7	信息馆、闻天馆屋面维修	10	后勤管理处
8	经管楼、电力馆等维修	54	后勤管理处
9	后勤集团打包工程(友谊山一号楼)	100	后勤管理处
10	后勤集团打包工程(学生 8 舍附属工程)	50	后勤管理处
11	图书馆二期地坪改造(芝纶馆一楼水电安装)	11	后勤管理处
12	信息中心机房维修	66	信息中心
13	水利馆消防系统	34	基建处
14	水利馆 C/D 区维修	88	基建处

常州校区主要完成的修缮项目有：实验楼一期大修改造工程，学生宿舍 3 号、8 号、10 号、12 号楼迎新(土建)维修工程，5 号楼上水管、电气线路改造工程，实验楼大修综合布线及零星电气线路改造工程，科研实验综合楼路灯安装工程，实验楼屋面防水等零星维修工程，学生宿舍3 号、8 号、12 号楼迎新水电维修工程，科研实验综合楼配套绿化工程，科研实验综合楼周边环境整治工程等。

房产管理

商学院、计算机与信息学院、能源与电气学院退出了校本部用房，整体搬迁至江宁校区。此外，地球科学与工程学院、港口海岸与近海工程学院、环境学院、水文水资源学院、公共管理学院、土木与交通学院、法学院、理学院、大禹学院在校本部或江宁校区办公、研究用房都按配置标准进行了部分调整。

完成部分周转房及引进人才住房出售工作，共办理 76 户产权证和土地证。办理 31 户接龙房的回购工作。办理部分散户房租的收缴工作。办理西康路 26 号房改房遗留的换证工作。完成 23 户用户退房及 54 户住房手续。

完成江宁二舍教职工单身公寓出新验收及家具配置等工作，共办理入住 32 人。

完成《2011 年度国有资产年度统计报表》和《高校建筑基本信息资产清查报表》的编制和上报工作。对全校已调整变动的办公、研究用房进行了平面图的修正。

校园绿化

学校连续 9 年被南京市绿化委评为“南京市绿化先进单位”。2011 年江宁校区被评为“南京市绿化先进单位”。

校园绿化情况表

绿化种类	校本部	江宁校区	常州校区
应绿化面积(平方米)	158800	237000	179812
已绿化面积(平方米)	158700	240000	175875
绿化覆盖率(%)	51.18	45	58
人均绿地面积(平方米)	15.88	30.2	23.2
乔木灌木(株)	46650	29800	25000
草坪、地被(平方米)	43208	150000	118000
花坛、花带(平方米)	1640	2000	850
绿篱(米)	2235	1500	3000
垂直绿化(平方米)	16400	1500	250
盆花(盆)	5000	8000	50000
花房、苗圃(平方米)	2300		2250

水电维修

水电费回收工作。2011年校本部水电费总支出892.5万元，回收320万元，净支出572.5万元。江宁校区全年水电费总支出706万元，回收106万元，实际净支出600万元。常州校区全年水电费总支出411.8万元，回收163.4万元，实际净支出248.4万元。

水电运行工作。完成教职1舍、7舍直供水改造，对全校所有楼顶水箱和水库进行清洗、消毒，并对全校8座供水泵房设备和供水管道设施做定期维护、保养，保障教学、科研及师生正常用水，没有发生停水事故。常州校区对校区2座高压变电所进行维修、保养，对二次供水设施进行清洗、检修，不定期对水泵房和管道进行维护，保证了正常供水，提高了供水质量。制定了常州校区科研实验综合楼供电方案，组织实施了科研实验综合楼的电缆招投标及敷设工作，制定了校区供电应急预案。

计量改造工作。安装电表285只、水表65只，安装和更换各种型号阀门32只，安装中水回收冲厕装置20套，安装照明节电器70套(当年节电4.67万度)、节水减压节流阀500只。

节水节电工作。利用橱窗、板报、印发学习材料等形式，进行节水节电宣传活动；加强水平衡测试工作，查测到漏点4处，并即时组织修复；严格控制供电线路无功损耗，全年功率因素维持在0.93以上；及时调整全校路灯和家属区路灯开闭时间。常州校区制定年度节水节电目标任务，安装节水节电设施，组织校园管网测漏工作，全年查漏9处，并及时组织修复；利用假期完善校区水网控制，安装控制阀门11只、水表125只，更换节水器47只，更换安装红外开关228只，安装节水龙头245只。

医疗卫生

学校在校本部设有医院，在江宁校区和常州校区设有卫生所，其中江宁校区卫生所的工作人员由校本部医院派出。学校医院(校本部、江宁校区卫生所和常州校区卫生所)承担了学校师生及社区的医疗、预防、保健、健康教育、康复、计划生育指导等六位一体的服务工作。

表1　2011年医院医生情况统计表　(人)

专业技术职务	校本部、江宁校区	常州校区
副主任医师	8	1
主治医生	3	3
医　师	7	
副主任药师	2	
主管药师	1	1(外聘)
药　士	2	
主管检验师	2	
检验师	1	1
主管护师	11	
护　师	4	1
护　士	6	1
其　他	2	1
合　计	50	9

表 2 2011 年医院医疗情况统计表

项 目	校本部、江宁校区	常州校区
配 方(份)	66895	6286
急 诊(人)	1217	275
治疗输液(人)	6099	1068
肌肉注射(人)	345	218
心电图检查(人)	310	13
24 小时心电图(人)	28	
B 超检查(人)	116	
胸 透(人)	14268	
摄 片(人)	28	
临床化验(项次)	4454	393
生 化(项次)	2365	1653
收治病人(人)	92	
全年体检(人)	13998	1395
接种疫苗(人)	1241	1350
无偿献血(人)	376	

幼儿园工作

学校幼儿园为省级示范园，2011 年共招收托班 99 人，幼儿班 57 人，共 156 名新生。在园幼儿总数为 524 名，17 个班级。教职工 69 人，其中正式编制 32 人，人才派遣 14 人，劳务用工 23 人。幼儿园注重加强教师队伍的素质、技能的培训，聘请幼儿音乐教育专家来园指导音乐教研，彰显办学特色。2011 年青年教师执教的音乐教学活动在鼓楼区教学赛课活动中获得一等奖。全年对不同级别的幼教同行进行公开教学活动 23 节，全园教师有 19 篇论文和活动设计获奖或发表，提升了办学水平。

表 1 2011 年幼儿园幼儿入园情况统计表 （人）

班级	个数	在园幼儿人数					在园幼儿人数中第二代子女数
		合计	大托	小班	中班	大班	
合 计	17	524	99	148	165	112	179
大 托	4		99				43
小 班	5			148			56
中 班	5				165		51
大 班	3					112	29

表 2　2011 年幼儿园教师情况统计表　　（人）

		合　计	其　中					
			高级教师	一级教师	二级教师	三级教师	未定级教师	其　他
总人数		69	13	16			11	29
教　师	大　托	8	2	4			1	1
	小　班	10	1	6			2	1
	中　班	10	4	1			5	
	大　班	6	1	3			2	
保育员		17						17
园　长		4	3	1				
后勤人员		14	2	1			1	10

设备家具购置及管理

制度化建设。出台《河海大学物资采购审计实施办法(暂行)》(河海校政〔2011〕8 号)、《河海大学采购监督工作实施细则(试行)》(河海校政〔2011〕9 号)、《河海大学采购评审专家及评审专家库管理办法(试行)》(河海校政〔2011〕10 号)。制定《河海大学采购评标(审)工作主要流程及工作纪律》,以及《专业设备招标评标办法》、《电脑、空调类设备招标评标办法》、《实木油漆类家具招标评标办法》、《板式、钢制类家具招标评标办法》等 4 个评标办法。草拟完善《河海大学货物(服务)集中采购实施细则》、《河海大学贵重仪器设备使用效益评价方案》。试运行《河海大学仪器设备验收办法》。

信息化建设。建立并启用“河海大学仪器设备竞价网系统”进行货物的采购工作,完成试运行采购项目 20 多项。本年度共发布招投标信息 310 条。加强供应商信息库建设,已建立供应商库信息 350 条,涵盖能源、电讯、服务、服装 、化学、化工、计算机、消防、零售、批发、机械制造等行业。加强采购评审专家信息库建设,已建立专家库信息 400 条,涵盖水利、土木、电气、环境、信息类、测绘专业以及家具、公共设施类等行业。

日常采购。全年完成设备、家具等货物类采购任务 5466 万元,其中:公开招标采购 2335 万元,竞争性谈判采购 2624 万元,询价采购 78 万元,单一来源采购 427 万元。共采购 134 次,节约资金 840 万元。同时,进一步规范了评标专家的使用和管理程序,建立了由资产管理处提出需求、由监察处负责抽取和通知的制约机制,体现评标过程的客观和公正。

日常管理。验收登记仪器设备 4972 件,计 5206 万元。验收登记家具 7053 件,计 302 万元。报废仪器设备 3108 件,原值 1171 万元。报废家具 761 件,原值 48 万元。调拨仪器设备 1178 件,原值 1129 万元。调拨家具 188 件,原值 11 万元。完成 2011 年新增设备 4972 件计 5206 万元和家具 7053 件计 302 万元的对账工作。完成 2010 年报废设备的报废申报工作,共计 9046 件,金额 3880.21 万。完成教育部、省教育厅《2010/2011 年度高校实验室信息统计报表》、《中央国家机关所属单位能耗统计表》(每季度)、《中央行政事业单位 2010 年决算报表》、《行政事业单位资产管理信息统计报表》、《公务用车情况统计》、《中央行政事业单位资产存量情况表》的统计上报工作。完成报废物资的清点和回收工作。完成原机械工厂报废物品的处置工作。完成江宁校区体制调整后有关单位报废资产的调拨报废处置工作。2011 年处理报废物品 11 次,回收资金 45.8 万元。

后 勤 服 务

通过严格管理，完善激励机制，强化内部挖潜，着力提高服务质量和经营水平，达到了每年“满意率85%，产值增加8%，减亏8%”的指令性目标。其中：服务对象的满意率较去年有所提高，如学生食堂87%、教工食堂93%，教室物业92%、办公楼物业98%；营业额4780万元，较去年增加13%，利润逐年减亏，较去年减亏12%。全年没有发生违纪事件和重大伤亡等不安全事故。

食堂、物业两项重点工作。食堂建立了基于统一采购、统一配送、统一价格、统一清洗要求的定额管理办法，降低了运行成本，保证了食品安全和价格的稳定，全年营业额1744万元，创历史新高，学生就餐出现回流现象。物业中心通过加强员工培训，强化服务意识，探索楼宇服务、绿化保洁等新方法，社会效益不断提升。物业全年营业额950万元，较2010年收入增加140万元，增长17.28%，基本实现盈亏损平衡。

常规服务性工作。劳动服务公司在处理好历史遗留问题的同时，做好责任范围内的门面房管理，确保国有资产的保值增值；修缮中心努力做好校内小型修建和修建工作，强化施工过程管理，保证工程质量，全年营业额429万元，较去年增加80万元，零修项目满意率90%；车队积极为师生提供安全、准时的班车服务，全年营业额346万元，班车运行误班率为零；综合服务中心在为师生提供便捷的复印、教具收发、办公用品供应的基础上，积极开辟河海特色文化用品等新的服务项目，全年营业额1179万元，超市投诉率为零。

安 全 保 卫

一、稳定工作

落实学校安全稳定工作预案，完善信息队伍建设，拓宽信息来源，多方位搜集情报信息，重视掌握学校师生员工的思想动态，采取公开和秘密相结合手段，及时做好各类信息的搜集处理，全年上报各类信息41期，在防范“非法聚集”活动、“梧桐树”事件、“占领华尔街”活动中，积极正面宣传引导，有效维护了学校的稳定。全年完成各类重大活动安保任务13起，处理7起学生与校外人员之间的矛盾纠纷，妥善处置了3起公安机关下传的涉嫌案件。全年未发生进京上访、越级上访事件，未出现新的法轮功分子、宗教骨干分子，未出现团契组织。

加强校园网信息安全监控工作，及时向上级领导机关和公安部门报送重大信息。进一步规范重大、重要活动请示报告审批制度，坚持“谁主管、谁负责”的原则，确保重大活动顺利进行。

二、综合治理工作

消防安全检查、宣传教育工作。全年开展教职工安全教育4次，学生安全教育8次，开展消防演习2次，组织安全知识竞赛1次，发放安全手册6000余册。全年未发生重大消防事故，顺利通过江苏省消防安全教育示范学校的验收和南京市消防局消防四个能力建设验收。全年安全检查300多次，整改安全隐患100多处，发出隐患整改通知书11份，消防友情提醒8份，举办消防培训6期。

校园治安状况。2011年，校本部发案率比2010年下降40%以上，江宁校区发案率比2010年降低23%，未发生重大刑事案件。江宁校区学生宿舍发案情况得到了有效控制。“一桥二线三支队伍”的安防网络体系得到有效发展，尤其是学生安全检查队伍作用明显显现，一年内学生安全检查队共发现安全隐患600多起，协助抓获嫌疑人2人，处置消防火情1起，协调学生矛盾纠纷4起，有效阻止多起侵财性案件。积极推进平安校园建设长效管理，以优异成绩通过江苏省平安校园验收。

校园交通安全管理。校园车辆实行了限时限行的方案，大大降低了校园交通安全隐患。处理违停车辆1167车次、校内车辆碰擦5次、闯入校园摩托车56次，发放校内免费券6500张。外来车辆进校园数量明显减少，而且主要集中在双休日进入校园，对校外车辆的收费约13万元全部上缴学校。学校拨专款为每个校区购置1辆巡逻电动汽车，加强校园巡逻力量和密度，增强师生安全感。

有效整合校本部、江宁校区两校区的保卫资源，江宁校区保卫部工作统一归口保卫处管理。

三、户籍、证件管理工作

全年为全校师生办理户口迁入1767人、迁出2951人；为集体户口的教工子女报出生户口38人；查阅、出具各类证明材料346份，办理新进校教工落户口60人次、离校5人次。为师生办理出国、结婚、购房贷款和学习驾驶等各项事宜借出《常住人口登记表》6210人次，接待电话咨询千余人次，来人咨询办事千余人次，做到了零差错、零投诉。

指导各学院做好新生户口迁移证的收集和核对工作，及时更新户籍管理系统的相关信息，保证全校学生户籍数据在源头的无误性和零遗失率。严格审核户籍迁入、迁出和常住户口登记表借用申请。

（后勤管理处、资产管理处、后勤集团、保卫处、常州校区供稿）

离退休与关心下一代工作

离退休工作

一、政治活动

以创先争优为契机，创先创优支部建设。学习国家“十二五”规划内容，学习领会中央一号文件精神和党的十七届五中、六中全会精神。组织纪念建党90周年征文、书画、摄影、大合唱、舞蹈等系列活动。开展创先争优和评选“四好”、“五好”活动。开展最佳党日活动，参与校园廉洁文化月活动，获评党建工作优秀创新奖、最佳党日活动二等奖和廉洁文化月活动作品三等奖和优秀奖。开展有关学校医疗改革、“十二五”规划专题和支部建设、年终辞旧迎新等座谈会，向离退休人员发放《河海大学公费医疗管理与健康教育知识宣传手册》，及时通报离退休人员关心的问题，做好政策传达工作，确保离退休人员的和谐稳定。

发挥老同志作用，参与教学督导、心理咨询和兼职组织员、纪检员等工作，开展技术、科普讲座和关心下一代等工作。

二、文体活动

先后组织了7批共766人参加春游、秋游、祝寿、观光等活动。配合老年文体协会、退教协会组织在宁高校老年人围棋赛、乒乓球赛、门球赛、在宁高校第十二届健身运动会、校第十三届老年人运动会、常州校区第十二届老年人健身运动会和电脑培训班等活动。会同学生处、爱心超市、相关学院开展老少共建、书画笔会、爱心联谊等活动。组织老同志参加老年大学、兴趣小组的各项活动。

三、服务管理

完成待遇发放、房差补贴、健康体检、大病互助、年终慰问等工作。组织离退休老同志参加体检，做好146位离退休去世人员遗属的慰问工作。为离退休人员办理出国出境手续，做好公证、函调、去世人员的查档工作，全年查档72人次，开具工资证明、介绍信60人次，办理就近医疗申请70人次，探望、慰问住院病人174人次，为行走不便及外地老同志报销医药费、办理住院支票等服务工作。全年处理丧事27件。走访、慰问了43位定居在外地的离退休老同志。全年为老同志服务，安全行车2万公里，收转信件2000多件。

四、信访宣传

认真对待老同志来信来访，加强落实督办。做好老龄工作的宣传、报道工作。在网站、校级及以上媒体发表宣传报道稿件54篇，展出6期宣传橱窗，完成省级及以上报告、征文稿件5篇。

关心下一代工作

推进创先争优“十员”活动，即争当特邀组织员、教学督导员、党课宣讲员、党风监督员、心理疏导员、创新辅导员、爱心帮扶员和社区工作员，倡导老党员走进课堂、走进师生，发挥自己的先进性，做好关心下一代工作。5月28日，组织离休老同志与“青马工程”大学生党员座谈，面对面地交流入党动机，提高学生的思想认识。多名退休教师受聘担任巡视员，全年审查入党材料85份，与入党积极分子和新党员谈心100人次。

开展各项活动。围绕中央大力发展水利事业的一号文件精神，校关工委副主任钱自立教授为学生和老同志解读中央一号文件精神，介绍我国水利的现状以及水利发展的重要意义，极大地激发了大学生学好水利、献身水利的热情；特邀老校长姜弘道教授为学生做题为《纪念一代力学宗师徐芝纶院士百年诞辰》的讲座；在建党90周年之际，老同志与学生开展文娱活动，宣传党的光荣历史，激发学生的自豪感；组织老同志与环境学院学生开展“反腐倡廉廉洁文化月老少书画笔会”活动；开展离退休教师与爱心超市和爱心协会180名学生“朝阳夕阳共欢乐”联谊活动，老同志向爱心超市每位学生赠送了生活用品；继续推进“三进”活动，配合学工、社团、教务、学院等部门，深入学生工作一线，做好学生思想教育工作。

不断完善工作机制，推进关心下一代工作常态化。获评全省关心下一代工作先进工作者1人，全国教育系统关心下一代工作先进工作者1人。

（离退休工作处、常州校区供稿）

编辑与出版

期刊编辑出版情况

2011年，由河海大学主办的期刊共6种：《河海大学学报(自然科学版)》、《河海大学学报(哲学社会科学版)》、《水利水电科技进展》、《水资源保护》、《水利经济》和 Water Science and

Engineering。全年共出版期刊37期，其中正刊32期，增刊5期。共刊登论文833篇，其中正刊刊登论文633篇，增刊刊登论文200篇。

一、《河海大学学报(自然科学版)》

《河海大学学报(自然科学版)》创刊于1957年，国际标准连续出版物号为ISSN 1000－1980，国内统一连续出版物号为CN 32－1117/TV，双月刊。2011年出版正刊6期，增刊1期，其中正刊刊登论文128篇，增刊刊登论文47篇。

收录、转载《河海大学学报(自然科学版)》的数据库或检索工具有：中文核心期刊要目总览(全国中文核心期刊)、中国科技期刊引证报告(中国科技论文统计源期刊或中国科技核心期刊)、中国科学引文数据库(CSCD)、RCCSE中国核心学术期刊、中国学术期刊综合评价数据库(CAJCED)、中国科技论文与引文数据库(CSTPCD)、中国期刊全文数据库、中文科技期刊数据库、中国数字化期刊群、中国期刊网、俄罗斯《文摘杂志》(AJ)、美国《数学评论》(MR)、美国《化学文摘》(CA)、美国《剑桥科学文摘》(CSA)、波兰《哥白尼索引》(IC)等。

《河海大学学报(自然科学版)》第十届编辑委员会名单

顾　　问：(以姓氏笔画为序)

王思敬　卢耀如　严以新　李行伟　张佑启　张耀明　汪集旸
邵建富　陆佑楣　陈厚群　周君亮　茆　智　姜弘道　索丽生
梁应辰

主任委员：王　乘

副主任委员：吴中如　王　超　鞠　平　朱跃龙　严忠民

委　　员：(以姓氏笔画为序)

马　民　马敏峰　王志坚　王卓甫　王　乘　王　超　包为民
许长新　朱天宇　朱跃龙　刘汉龙　任立良　阮怀宁　张子明
张长宽　张展羽　陈　卫　陈才生　陈　喜　吴中如　吴胜兴
吴继敏　何秀凤　严忠民　余钟波　李瑞杰　周志芳　周建方
郑金海　赵　坚　徐卫亚　顾冲时　高建群　唐洪武　袁　越
章　青　彭世彰　蒋林华　董增川　鞠　平

主　　编：严忠民

副 主 编：高建群

二、《河海大学学报(哲学社会科学版)》

《河海大学学报(哲学社会科学版)》创刊于1999年，国际标准连续出版物号为ISSN 1671－4970，国内统一连续出版物号为CN 32－1521/C，季刊。2011年出版正刊4期，增刊2期，其中正刊刊登论文85篇，增刊刊登论文104篇。

收录、转载《河海大学学报(哲学社会科学版)》的数据库或检索工具有：中国学术期刊综合评价数据库(CAJCED)、中国期刊网、中国数字化期刊群、中国核心期刊(遴选)数据库、中国期刊全文数据库、中文科技期刊数据库、中国社会科学文摘、中国人民大学书报资料中心复印报刊资料、超星数字图书馆、水信息网等。2011年《河海大学学报(哲学社会科学版)》再次被评为全国理工农医院校社科学报联络中心优秀学报，“社会学”栏目被评为全国理工农医院校社科学报联络中心特色栏目，并首次入选江苏省委宣传部省直重点社科理论期刊资助对象。

《河海大学学报(哲学社会科学版)》第三届编辑委员会名单

主任委员：朱　拓

副主任委员：郑大俊　吴　远　王济干

委　　员：(以姓氏笔画为序)

马　民　王济干　王　萍　王慧敏　史安娜　刘爱莲　孙其昂
朱　拓　许长新　邢鸿飞　吴　远　吴　玲　张　阳　李义松
杨　晨　陈阿江　郑大俊　郑亚南　郑垂勇　施国庆　徐　军
尉天骄　章仁俊　黄明理　黄德春　颜素珍

主　　编：吴　远

副 主 编：尉天骄　黄明理　吴　玲

三、《水利水电科技进展》

《水利水电科技进展》创刊于 1981 年，国际标准连续出版物号为 ISSN 1006－7647，国内统一连续出版物号为 CN 32－1439/TV，双月刊。2011 年出版正刊 6 期，增刊 2 期，其中正刊刊登论文 131 篇，增刊刊登论文 49 篇。

收录、转载《水利水电科技进展》的数据库或检索工具有：中文核心期刊要目总览(全国中文核心期刊)、中国科技期刊引证报告(中国科技论文统计源期刊或中国科技核心期刊)、RCCS 中国核心期刊、中国学术期刊综合评价数据库(CAJCED)、中文科技期刊数据库、中国期刊全文数据库、中国数字化期刊群、中国期刊网、中国核心期刊(遴选)数据库、俄罗斯《文摘杂志》(AJ)、美国《剑桥科学文摘》(CSA)等。2011 年《水利水电科技进展》被《中国科学引文数据库(CSCD)》列为来源期刊。

《水利水电科技进展》第四届编委会名单

顾　　问：王思敬　卢耀如　朱尔明　吴中如　张超然　张蔚榛　张耀明
汪集旸　陆佑楣　陈厚群　陈祖煜　周君亮　郑守仁　姜弘道
胡四一　索丽生　梁应辰　韩其为　潘家铮

主任委员：王　乘

副主任委员：鞠　平　汪易森　芮孝芳

委　　员：(以姓氏笔画为序)
马敏峰　方红卫　王义刚　王　乘　王银堂　冯树荣　孙才志
孙树林　邢大韦　严忠民　吴时强　吴昌瑜　张友静　张春生
张荣安　张展羽　李文学　李光伟　李纪人　李英能　束一鸣
杨泽艳　汪易森　汪基伟　沈凤生　芮孝芳　陈美发　周厚贵
周　健　周维博　周惠成　郑东健　金　峰　金菊良　姚文艺
姜文来　姜翠玲　施国庆　胡铁松　逄　勇　唐洪武　徐世烺
徐宗学　柴军瑞　谈广鸣　高建群　曹叔尤　黄岁樑　蒋林华
谢新民　鞠　平

主　　编：芮孝芳

副 主 编：马敏峰　高建群

四、《水资源保护》

《水资源保护》创刊于 1985 年，国际标准连续出版物号为 ISSN 1004－6933，国内统一连续出版物号为 CN 32－1356/TV，双月刊。2011 年出版正刊 6 期，刊登论文 137 篇。

收录、转载《水资源保护》的数据库或检索工具有：中国科技期刊引证报告(中国科技论文统计源期刊或中国科技核心期刊)、RCCSE 中国核心学术期刊、中国期刊网、中国数字化期刊群、中文科技期刊数据库、中国学术期刊综合评价数据库(CAJCED)、中国核心期刊(遴选)数据库、中国期刊全文数据库、波兰《哥白尼索引》(IC)等。

《水资源保护》第七届编辑委员会名单

顾　　问：(按姓氏笔画为序)

方子云　左东启　刘昌明　刘鸿亮　张宗祜　张蔚榛　胡四一
夏　青　索丽生　薛禹群

主任委员：孙雪涛

副主任委员：王　乘　程晓冰　梅锦山　黄振平

委　　员：（按姓氏笔画为序）

马　军　孔繁翔　方红卫　王　乘　王　浩　王　超　邓铭江
史振华　石秋池　石效卷　任立良　刘　恒　刘国纬　刘树坤
刘静玲　孙　成　孙雪涛　朱　威　朱党生　许新宜　吴亚蒂
张林生　李　兰　李青山　连　煜　陈　卫　陈守煜　陈建生
林　超　郑西来　姜加虎　施国庆　洪一平　逄　勇　袁　鹏
高乃云　高学平　高渭文　黄振平　黄维波　梅锦山　彭世彰
程晓冰　程绪水

主　　编：黄振平

副 主 编：石秋池　朱党生　高渭文

五、《水利经济》

《水利经济》创刊于1983年，国际标准连续出版物号为ISSN 1003－9511，国内统一连续出版物号为CN 32－1165/F，双月刊。2011年出版正刊6期，刊登论文111篇。

收录、转载《水利经济》的数据库或检索工具有：中国科技期刊引证报告（中国科技论文统计源期刊或中国科技核心期刊）、RCCSE中国核心学术期刊、中国期刊网、中国数字化期刊群、中文科技期刊数据库、中国学术期刊综合评价数据库（CAJCED）、中国核心期刊（遴选）数据库、中国期刊全文数据库、中国人民大学书报资料中心复印报刊资料、CEPS中文电子期刊服务网等。

《水利经济》第六届编辑委员会名单

顾　　问：张光斗　汪集旸　张楚汉　綦连安　王　超

主任委员：刘　宁

副主任委员：王　乘　王　海　郑垂勇

委　　员：（以姓氏笔画为序）

万　隆　马　民　方国华　毛春梅　王　乘　王　海　王文生
王文珂　王亚华　王冠军　史安娜　田以堂　刘　宁　刘冬顺
刘栓明　孙国升　孙金华　朱卫东　许文海　邢援越　齐玉亮
余文学　吴文庆　吴宏伟　张　旺　张仁杰　张志琴　张学俭
张展羽　张淑华　张瑞美　李　鹰　杨小柳　杨得瑞　肖　幼
陈　献　陈绍军　郑垂勇　侯京民　姜　斌　姜文来　施国庆
柳长顺　段红东　祖雷鸣　胡继连　赵　卫　赵　敏　倪文进
徐　洪　徐　乘　徐子恺　袁汝华　贾绍凤　曹应超　章仁俊
黄涛珍　游赞培　谢志强　赫崇成　魏山忠

主　　编：郑垂勇

副 主 编：陈　献　章仁俊　张志琴

六、Water Science and Engineering

《Water Science and Engineering》（水科学与水工程）创刊于2008年，国际标准连续出版物号为ISSN 1674－2370，国内统一连续出版物号为CN 32－1785/TV，季刊。2011年出版正刊4期，刊登论文41篇。

收录、转载《Water Science and Engineering》的数据库或检索工具有：美国《化学文摘》（CA）、美国《剑桥科学文摘》(Pro Quest—CSA)、波兰《哥白尼索引》(IC)、美国《工程索引》(EI)、荷兰《文摘与引文数据库》(Scopus)、中国学术期刊综合评价数据库(CAJCED)、中国核心期刊(遴选)数据库、中文科技期刊数据库等。

《Water Science and Engineering》第二届编辑委员会名单

主任委员：王　乘

副主任委员：汪德爟

委　　员：(国内按姓氏笔画为序，国外按姓氏字母为序)

王　乘　王　超　任立良　刘汉龙　刘国纬　刘　恒　刘斯宏
许唯临　余钟波　吴中如　吴丰昌　吴吉春　张建民　杨金忠
汪德爟　陈厚群　陈　喜　郑金海　施国庆　唐洪武　索丽生
董国海
李凌(澳大利亚)　乔丕忠(美国)　邵建富(法国)
Asit K. Biswas(墨西哥)　Michael Cernea(美国)
Dong-sheng Jeng(澳大利亚)　Frank W. Schwartz(美国)
Thayer Scudder(美国)　Vijay P. Singh(美国)
Ulrich C. E. Zanke(德国)

主　　编：吴中如　Vijay P. Singh(美国)

常务副主编：汪德爟

副 主 编：刘汉龙　余钟波　施国庆　乔丕忠(美国)

图书编辑出版情况

2011年，出版社以中央一号文件精神为指导，以国家加快水利改革发展为契机，认真谋划水利职工培训教材的编写工作，大力推进水利科技重点学术专著的出版工作，积极争取政府项目资助，进一步深化内部管理体制改革，切实加强出版人才的培养工作。

一、图书效益

全年新出图书173种，较2010年增长34%；图书生产码洋4300万元，较2010年增长72%；图书销售码洋3133万元，较2010年增长65%；全年营业收入2036万元，较2010年增长53%；实现利税394万元，较2010年增长23%。

二、图书结构

坚持专业出版和特色出版，不断优化图书结构。全年完成的出版选题中，学术专著、高校教材、培训教材的比例达61%。面向"三农"图书市场，自主策划、出版了《新农村与水丛书》(9本)；面向高职高专院校设计艺术专业，自主策划、出版了《高职高专设计艺术系列教材》(6本)。

在提高自主策划能力的基础上，进一步开展与行业协会、民营文化公司的合作，合作出版的图书品种和规模有较大改善。出版了《江苏省二级注册建筑师继续教育培训教材》(4本)、《江苏省建设专业管理人员岗位培训教材》(8本)以及几十种中小学教学辅助读物。

三、品牌建设

完成国家"十一五"重点出版规划项目、国家出版基金资助项目《太湖流域水资源保护规划及新技术丛书》(5本)的出版工作。以基层水利职工观念更新、知识更新和技能提高为目标，主动联系水利部相关部门、部分水利厅局，深入挖掘出版资源，认真谋划水利职工继续教育培训教材的出版工作，获得了江苏省、安徽省、湖南省基层水利职工培训教材(22本)的专有出版权。

四、政府资助

“水利教育培训数字化资源库与远程教育平台”获得2011年度江苏省文化产业引导资金80万元项目资助；“水利教育培训数字化出版工程”获得2011年度财政部文化产业发展资金200万元项目资助；“水利教育数字出版工程”通过教育部审核并向财政部申报2012年度中央国有资本经营预算项目；“服务‘三农’多媒介出版工程”入选新闻出版总署新闻出版改革发展项目库。

五、规范管理

牢固树立大局意识、阵地意识和责任意识，严格执行重大选题、敏感选题备案制度和送审制度。切实加强出版环节管理，严格执行出版物选题论证制度、三审制度，努力提高出版物内容质量、编校质量、印制质量和装帧质量。

为进一步调动和促进全体员工的积极性和创造性，开展了新一轮岗位聘用工作。制定了岗位聘用实施意见、岗位设置及任职条件，修订了绩效工资计算办法、聘期考核与奖惩办法，与应聘人员签订了聘用合同。

2011年出版社图书出版情况统计表

类　别	种　数(种)		总印数(万册)		总印张(千印张)		定价总金额(万元)	
	合计	新出	合计	新出	合计	新出	合计	新出
图书总计	315	202	164.65	123.02	21483	16102	4351.70	3342.17
使用《中国标准书号》部分合计	315	202	164.65	123.02	21483	16102	4351.70	3342.17
马克思列宁主义，毛泽东思想	5		2.13		268		37.03	
哲　学	2		0.42		63		10.64	
社会科学总论	7	5	2.83	2.45	555	484	111.94	99.54
政治、法律	18	14	6.48	5.02	1386	842	447.70	241.48
军　事	1		0.32		50		7.62	
经　济	12	7	18.85	17.89	3535	3304	484.78	443.13
文化、科学、教育、体育	113	74	85.08	68.46	8038	6435	1511.56	1245.76
语言、文字	11	6	3.70	2.37	709	476	118.50	80.03
文　学	8	7	0.83	0.71	137	109	33.84	30.48
艺　术	15	6	3.35	1.23	414	125	92.25	40.78
历史、地理	7	7	1.38	1.38	217	217	63.92	63.92
自然科学总论	8	8	0.81	0.81	46	46	9.20	9.20
数理科学、化学	16	5	3.38	1.02	514	140	89.00	26.03
天文学、地理科学	4	3	0.57	0.52	62	55	22.65	21.75
生物科学								
医药、卫生								
农业科学	12	7	2.47	1.62	201	131	47.08	31.95
工业技术	62	39	30.63	18.11	4852	3299	1046.64	790.78
交通运输	1	1	0.06	0.06	9	9	3.30	3.30
航空、航天								
环境科学	12	12	0.99	0.99	127	127	30.45	30.45
综合性图书	1	1	0.41	0.41	301	301	183.60	183.60

（期刊部、出版社供稿）

校办产业

一、产业规范化建设工作

2011年，校办产业切实贯彻学校“十二五”发展战略，发挥学校学科综合优势，积极吸引外部资金与技术，优化产业结构，深入推进校办产业规范化建设工作，加快经营性资产划转和全资企业改制工作，强化校办企业风险管控。全年完成营业收入31000万元。

按照学校“十二五”发展战略要求，加快科技产业综合体建设。学校于2010年9月成立河海大学设计院改制工作领导小组和工作组，并于2011年6月完成设计院改制工作，注册成立了河海大学设计研究院有限公司，其中河海大学占40%股权，南水北调东线江苏水源有限责任公司与江河水务有限公司各占30%股权。

根据教育部文件精神，完成南京河海大学出版社有限公司股权划转工作，南京河海大学出版社有限公司股东由河海大学变更为江苏河海大学资产经营有限公司。

启动江苏河海工程技术总公司改制为一人有限公司工作，拟定了改制方案和改制后公司章程，并聘请中介机构对总公司进行净资产审计和资产评估。

完成江苏河海资产经营有限公司新一届董事会、监事会成员及公司法人的工商及税务变更备案工作，并按照《公司法》要求，定期召开经资委会议、董事会、监事会会议，完善公司治理结构，积极加强对下属控股、参股企业经营情况的监督管理。

向教育部财务司提交2012年度中央国有资本经营预算资金申请报告。

认真贯彻落实教育部党组、学校党委关于党风廉政建设和反腐败工作的总体部署，把党风廉政建设贯穿于产业规范化建设工作始终。按照“一岗双责”和“谁主管，谁负责”的要求，签订“遵纪守法经营承诺书”，落实党风廉政建设责任制。举办企业廉政建设专题宣讲会，营造廉政教育氛围。

开展产业规范化建设系列活动，推出以廉政建设、安全生产、采购招标、制度管理为主题的专题活动，从各方面保证校办产业健康、可持续发展。

委托上海旦瑞投资管理有限公司为我校校办企业管控模式提供专业咨询服务，量身定做符合我校产业发展的管理模式和规章制度。

二、主要校办企业

校办企业一览表

序号	企业名称	学校股权（%）	主要经营范围
1	江苏河海工程技术总公司	100	水利水电工程施工总承包(二级)、地基与基础工程专业承包(二级)，水工建筑物基础处理工程专业承包(二级)，桩基础工程检测，地基基础工程测试及技术服务，工程地质勘测，仪器仪表、新型装饰材料的研制、开发，电力线载波通讯设备、电力设备制造、销售
2	河海大学设计研究院有限公司	40	建筑行业建筑工程设计甲级、水利行业(灌溉排涝)工程设计甲级、水运行业(港口工程)工程设计甲级。电力行业(水力发电)工程设计乙级、水利行业(水库枢纽、引调水、河道整治、城市防洪、围垦)工程设计乙级、水运行业工程设计乙级、市政公用行业(给水、排水)工程设计乙级。工程总承包(乙级)。工程咨询。建筑材料、水暖器材、五金、交电销售

续表

序号	企业名称	学校股权（%）	主要经营范围
3	河海大学印刷厂	100	书刊印刷；饮食服务(仅限分支机构)
4	江苏河海大学资产经营有限公司	100	经营、管理学校的经营性资产和对外投资的股权和收益；资产受托管理；企业经营策划；实业投资；财务咨询；技术服务；高新技术成果转让
5	南京河海大学出版社有限公司	江苏河海大学资产经营有限公司持有其100%股权	许可经营项目：出版发行本校设置的主要学科、专业、课程所需要的教材、教学参考书、教学工具书(含电子音像制品)；与本校专业方向相一致的学术专著、译著；适合高等学校教学需要的通俗政治理论读物；为尚未成立出版社的高校出版相关系列的高校教材和学术著作。一般经营项目：设计、制作、代理、发布国内广告；文化体育用品销售
6	南京河海科技有限公司	江苏河海大学资产经营有限公司持有其50%股权	资源、环境、能源、水利、电力、土木、材料、交通、信息、海洋、工程安全领域的产品研发、设计、生产、销售及相关工程的技术咨询、技术服务
7	南京河海南自水电自动化有限公司	南京河海科技有限公司持有其36.29%股权	水电站自动化系统、水利工程自动化系统、水情自动测报系统、水资源监控与调度系统、环境自动监测系统、岩土工程及大坝安全监测自动化系统、数字流域、电力系统自动化等自动化产品以及仪器仪表的研制、生产、销售、服务；水利、电力、冶金和石化等行业自动化系统的设计、咨询与工程总承包
8	南京河海电力软件有限公司	25	电力系统软硬件开发、零售；计算机软件设计、开发、安装及技术转让、技术咨询、技术服务
9	江苏河海工程建设监理有限公司	80(其中江苏河海大学资产经营有限公司持有其40%股权，河海大学设计研究院有限公司持有其20%股权，江苏河海管理咨询公司持有其20%股权)	水利水电工程、工业与民用建筑工程、道路与桥梁工程、港口与航道工程、市政公用工程、通讯工程、机电安装工程建设监理和咨询，电子计算机及电器技术服务

（校办产业管理办公室供稿）

党建工作

组织工作和党校工作

一、创先争优活动

根据教育部党组《关于在教育系统党的基层组织和党员中深入开展创先争优活动的通知》和省委

教育工委《关于在全省教育系统基层党组织和党员中深入开展创先争优活动的实施意见》的通知精神，全校深入开展创先争优活动，以开展公开承诺、学习教育、分类创建、点评评议等方式推进创先争优活动持续开展。省委教育工委简报以《改革创新促党建，创先争优谱华章》为标题全文报道我校创先争优和党建创新实践。

二、党员队伍建设

1. 党员发展工作

建立党员教育管理质量保障体系，结合年度计划依照“坚持标准，保证质量，改善结构，慎重发展”的方针，坚持党员入党全过程管理，出台大学生党员发展规定，严格党员发展程序和要求，定期进行材料审查。全年发展党员3088人，其中教工党员10人，本科生党员2500人，研究生党员578人。2011年12月在校教职工党员占在职教职工总数的56.37%，研究生党员占比为66.57%，本科生党员占比为22.42%。

2. 党员教育管理工作

制订2011年度党内组织生活安排计划，发挥校、院两级党校的作用，由校、院两级共同实施对党员的教育培训。利用组织生活和政治学习时间，组织党员学习有关文件，引导和教育党员坚定正确的世界观、人生观、价值观，忠诚党的教育事业，发扬敬业奉献精神。坚持“三会一课”制度、党员民主生活会制度、民主评议党员制度等。

组织党员、部分入党积极分子参加各种党内教育活动；通过组织部党校网页向各党委、党总支推荐党员教育录像片10余部，发放各种学习资料、期刊杂志、学习光盘万余份。

党员日常管理规范化、制度化、科学化。利用统一信息系统开展党员日常管理、党内统计、党费管理、组织生活等工作。根据中组部要求，进一步强化党费收缴、组织关系接转、流动党员管理等基础工作。

积极做好关怀和激励工作，关心爱护党员及生活困难党员。在“七一”期间，召开老中青党员座谈会，开展慰问老党员活动，为相关党员送去校党委和同志们的关爱。

3. 庆祝建党90周年和推优表彰工作

开展庆祝建党90周年系列活动，组织收看中央庆祝大会和学习胡锦涛总书记重要讲话，开展校党委书记上主题党课、千名新党员入党宣誓仪式、评选表彰等活动，校党委表彰优秀共产党员、优秀党务工作者60名，先进党支部29个。

按照年初确定的党员教育活动主题，各基层党组织在党建工作的理论研究、制度建设、工作方法和组织活动等方面积极探索，开展了最佳党日和党建创新工作，校党委表彰2011年最佳党日活动43项、党建工作创新优秀奖8项、党建工作创新奖10项。

三、基层党组织建设

1. 围绕学校发展抓好党建工作

加强党支部建设，指导各党委科学合理设置党支部，继续实施党支部目标管理，切实发挥党组织的作用。落实组织生活、党员发展工作制度。实施学生党员目标管理检查和党支部目标考核评估验收。

2. 党员学习和党建研究

组织各级党组织贯彻落实十七大和十七届六中全会精神，学习《国家中长期教育改革和发展规划纲要》、《国家中长期人才发展规划纲要(2010—2020年)》、《2010—2020年深化干部人事制度改革规划纲要》、《关于推进学习型党组织建设的意见》、《中共中央关于深化文化体制改革、推动社会主义文化大发展大繁荣若干重大问题的决定》。要求各党委、总支、直属支部认真落实校党委关于党内组织生活学习内容的意见。

做好党建工作调研。设立专门的党建研究基金，重点资助与学校党建工作实践相关的30项课题，组织课题规划、立项评审、结题验收和有关学术交流活动。完成全国高校党建研究会、全国高校组织工作会、全国高校党建会三大会议材料。

四、干部工作

1. 干部选拔、调整、挂职工作

落实《领导干部选拔任用工作条例》，坚持任人唯贤、德才兼备的标准，加大干部工作改革创新力度，依法按章办事，做好各项干部工作。贯彻落实培养与使用干部并重的工作方针，抓好干部使用与培养教育，关心基层一线干部的成长。做好缺岗干部的补充工作，全年涉及调整变动 17 人次，提拔 3 人。做好考察材料、干部审批表、干部年度考核表等整理归档工作。

做好挂职干部的服务和考核，为到地方挂职、校区间交流干部做好后勤服务及工作安排。做好“中组部博士团”选派工作，选派 1 人赴云南挂职；根据教育部要求选派 1 人赴新疆农业大学挂职；做好“科技干部挂职服务沿海”选派工作，现有 2 人在盐城任职；做好“科技镇长团”人选推荐工作，8 人挂职科技镇长；另有 1 人挂职南京青奥组委会，2 人挂职河北省衡水市和江苏省南通市共青团组织。

2. 干部队伍管理工作

加强干部的考核与管理，制订干部年度考核及个人重大事项报告制度，对全校中层干部进行年度述职考评。落实干部任前征求纪委意见的制度、校领导与中层干部谈话制度、干部任前及廉政谈话制度以及校领导联系学院制度。

落实教育部对校领导班子及成员年度考核工作要求，组织完成校领导班子及成员考核工作。

3. 做好优秀大学生选调工作

组织落实省委组织部在优秀大学生中开展选调生推荐工作，为地方基层选拔培养优秀年轻干部，完成 2011 届毕业生的选调、推荐、考察的组织协调工作，有 9 名选调生被选派到江苏各地工作。

4. 做好其他干部选送工作

选送 1 人赴法国大使馆教育处工作。落实省委扶贫工作任务，挂钩帮扶淮安市楚州区复兴镇，筹措扶贫资金 6 万元。

五、党校工作

1. 干部教育培训

落实《干部教育培训工作条例》，突出“三结合”和干部教育培训精细化的工作思路，针对不同层级、不同岗位的工作要求，结合干部不同经历、不同阶段的成长状态，开展分类分层、多元组合的教育培训，举办了教师党支部书记、科级干部、组织员、党群部门和民主党派负责人培训班，全年共培训干部 357 人。加大对基层党支部书记的培养力度，举办了培训班 6 批次，培训 320 人。选送 15 名干部参加国家教育行政学院、江苏省委党校以及江苏省委教育工委的专题培训，选送 22 名中层干部赴美研修。编印《河海党校》4 期。

2. 入党积极分子和党员培训工作

举办学生党支部书记培训班、新生党员培训班，组织各分党校做好学生入党积极分子的培训工作和结业统考工作。全年培训入党积极分子 4398 人次。

3. 提高党课教学质量

通过专题研讨、集体备课和党课教学改革试点等形式，改进入党积极分子培训工作，做到理论讲解求“精”，课程内容求“新”，教学形式求“活”。校党委书记、副书记亲自给学员上党课，还邀请省委党校党史研究专家开设讲座，取得良好效果。

4. 做好“河海大学管理者在线学习中心”运行和维护工作

及时更新课程内容，制定中层干部网上学习计划，为全体中层干部学习提供了一个便捷、高效、资源丰富、个性化的学习平台。

纪检监察工作

一、惩治和预防腐败体系建设

顺利通过了教育部对我校贯彻落实《关于实行党风廉政建设责任制的规定》和《中国共产党党员领导干部廉洁从政若干准则》、《直属高校党员领导干部廉洁自律“十不准”》专项督导检查，开展了对二级党委执行党风廉政建设责任制和《中国共产党党员领导干部廉洁从政若干准则》情况的检查和整改。

加强对国家、江苏省优势学科平台建设等重大教育项目配套资金安全使用情况的监督检查，对检查中发现的在使用中央高校基本科研业务费中个别不规范行为进行了纠正，并在全校开展了专项教育活动。认真开展“小金库”的专项检查治理工作，对检查中发现的问题及时进行调查处理和纠正。加强对教育收费问题的内部督察，确保中央重大教育政策的执行力和公信力。

加强纪检监察工作人员的业务培训和业务学习，参加了教育部直属高校、省属高校纪检监察工作研讨会，组织撰写了《深入实施高校校务公开，在阳光治校中推进科学民主依法办学》、《关注公平，关注弱势群体——纪检监察干部下访手记》等文章；赴南京农业大学、华中师范大学、北京邮电大学等高校进行学习调研；派出人员参加鼓楼区检察院组织的赴新加坡、北京等地关于预防职务犯罪的专题调研学习活动；参加教育部、监察部举办的“纪检、监察案件审理”和中国招投标培训中心举办的“招投标业务及风险防范”专题业务学习培训等。

建立纪检监察工作每周台账制度，及时更新网站内容，进一步增强工作的前瞻性和主动性。加强信息报送制度，全年共向教育部组局、省教育纪工委报送我校纪检工作信息简报 14 篇。

2011 年，我校以完善惩治和预防腐败体系为重点的党风廉政建设得以不断推进，以优异成绩通过了鼓楼区“无职务犯罪先进单位”的申报和评估工作。

二、落实党风廉政建设责任制

出台了《河海大学落实党风廉政建设责任制实施办法》。将反腐倡廉要求和任务写入学院、部门年度工作计划中，与业务工作一起部署、一起落实。健全检查考核机制，制定了《河海大学党风廉政建设考核办法》，做好年度领导干部述职述廉和二级单位党风廉政建设的考评工作。

新年开学第一周，校党委召开学校主要职能部门负责人参加的党风廉政建设座谈会，各单位汇报了过去一年本单位党风廉政建设责任制落实情况，并对加强学校党风廉政建设提出了建议。校党委书记朱拓就进一步落实党风廉政建设责任制做出部署。

落实三委部《关于加强高等学校反腐倡廉建设的意见》要求，开展了校级领导班子成员听取分管部门和联系学院 2011 年度党风廉政建设专题汇报，并对工作情况进行点评。

三、反腐倡廉宣传教育工作

4 月 18 日，中纪委驻教育部纪检组组长、教育部党组成员王立英到校视察指导工作，校党委书记朱拓做了工作汇报，党委宣传部、学生处、基建处及水利水电学院负责人汇报了本单位反腐倡廉工作做法，王立英做了讲话。4 月 22 日，校党委中心组专题学习王立英讲话精神，并观看了警示教育片《背叛与忏悔》。

5 月 4 日，学校召开党风廉政建设工作会议，部署 2011 年反腐倡廉工作主要任务，两个二级单位做了大会交流发言。

邀请江苏省教育纪工委副书记张亚平为各级干部做题为《关于实行党风廉政建设责任制的规定》

专题辅导报告；江宁区检察院副检察长汤文国为中层干部做题为《廉洁执教，远离职务犯罪——驻宁高校职务犯罪案件剖析及预防》报告，并为重点岗位人员做警示教育。

组织开展第五届“校园廉洁文化活动月”活动，包括廉洁诗词创作、廉政摄影征集、廉洁漫画大赛、廉政警言警句征集和廉洁文化创新活动等内容，对优秀作品进行了评选和表彰。举办了“2007—2011校园廉洁文化活动月”作品图片橱窗展，对5年来校园廉洁文化成就进行了全面回顾和展示。各单位也积极开展各具特色的廉政教育活动，环境学院开展的“老少廉政书画笔会”、能源与电气学院开展的“廉洁承诺时间囊”、常州校区开展的“崇廉敬洁”电子杂志设计竞赛等均取得了良好的教育效果。

四、党内监督和行政监察工作

加强对重点部位和关键环节的监督。全年共参加采购监督活动300多次，涉及仪器设备采购金额5710万元、基建工程招标金额9000万元。充分利用与鼓楼区检察院建立的校检合作机制，开展工程建设投标方诚信档案查询工作，起到防范在先的作用。与南京市江宁区人民检察院签订预防职务犯罪共建协议，开展了综合体育馆廉洁工程共建签字仪式暨警示教育活动，增强预防工作的针对性和实效性。

配合相关部门做好工程建设领域突出问题专项治理等检查工作，在基建处开展廉政风险点分析查找工作，提出并落实风险防范管理的具体措施。继续推进招生“阳光工程”，进一步规范特殊类型招生程序，加强对试卷管理、测试、考场管理等关键环节的监督，严把招生录取关，提高招生录取工作的规范化、科学化水平。加强对中层干部选拔任用、技术职务评审、评优评奖等工作的监督。

五、信访和查办案件工作

纪检监察全年接待来信、来访、来电22件(不含专项监督工作中的投诉和申诉)，已处理20件。

调查处理一起私设“小金库”违纪违规案件，并形成案件调查报告和案件剖析报告，上报驻教育部纪检组和江苏省教育纪工委。

宣传与精神文明建设工作

一、理论学习和思想政治教育工作

1. 重点组织做好学习宣传和贯彻落实中央一号文件精神与党的十七届六中全会精神的工作

分别组织召开校院两级党委中心组和师生员工专题集体学习会议；组织编辑2本学习中央一号文件辅导读本，编辑《学习贯彻十七届六中全会精神专辑资料》提供党委中心组和教职工学习参考；组织参加水利部中央一号文件知识竞赛，获水利部颁发的“优秀组织奖”；召开“贯彻落实十七届六中全会精神　加强学校文化建设”专题研讨会。

2. 组织纪念建党90周年系列活动

组织收看纪念大会实况，学习胡锦涛总书记“七一”重要讲话精神，开展系列学习活动；开展党史国情教育工作，邀请省委党校专家做专题报告；举办“辉煌历史”图片展和河海大学优秀共产党员事迹展；开展“颂歌献给伟大的党”歌咏活动；组织参加中共中央宣传部、中共中央对外宣传办公室、中央文明办、中共中央党史研究室、教育部、共青团中央联合举办的中国共产党成立90周年网上系列活动，获中央六部委“伟大历程”全国作品大赛优秀组织奖，《在希望的田野上》获红歌优秀作品奖。

3. 坚持党委中心组理论学习制度

制定《2011 年党委中心组理论学习计划》，围绕胡锦涛总书记在庆祝中国共产党成立 90 周年大会上的重要讲话、在清华大学百年校庆大会上的重要讲话和中央一号文件精神、十七届六中全会精神，组织 10 次党委中心组学习，编印 6 期党委中心组学习参考资料。

4. 落实师生理论学习教育工作

制定《2011 年宣传思想工作意见》和《2011 年教职工理论学习教育活动计划》。组织师生学习中央一号文件和十七届六中全会精神、胡锦涛总书记在庆祝中国共产党成立 90 周年大会和在清华大学百年校庆大会上的重要讲话精神，邀请全国人大代表、全国政协委员传达“两会”精神，组织 4 次形势报告会，编印 6 期教职工学习参考资料。

5. 做好师生思想政治教育工作

积极推进大学生思想政治教育工作的“河海模式”，扎实推动中国特色社会主义理论体系和社会主义核心价值体系“进教材、进课堂、进学生头脑”工作；做好思想政治理论课建设指导工作，开展思想政治理论课建设情况专项检查、马克思主义经典著作教研情况调查、马克思主义理论研究质量提升和成果转化调研；做好网络思想政治教育工作，组织参加教育部中国大学生在线发展中心主办的第八届中国大学生在线摄影大赛，做好学校创先争优专题网站日常维护工作，编发简报 50 余期。

6. 深化反腐倡廉宣传教育工作

制定《关于进一步加强廉政文化建设的实施意见》，召开 2011 年反腐倡廉教育联席会议，下发《关于分解 2011 年反腐倡廉宣传教育工作任务的通知》，开展第五届“校园廉洁文化月”系列活动，保证反腐倡廉宣传教育工作做到统一规划、协调部署、有序开展。

二、精神文明创建活动

1. 做好年度精神文明创建工作

制定《河海大学 2011 年精神文明建设工作意见》，开展 2009—2010 年度精神文明建设先进单位、先进窗口和先进个人的评选表彰活动，做好 2010—2011 年度江苏省高等学校和谐校园申报工作，编印精神文明建设简报 12 期。

2. 做好法制宣传教育工作

一是做好“五五”普法验收总结工作。围绕学校中心工作，坚持法制教育与法治实践、道德教育、制度建设相结合，为学校改革发展营造良好的法治环境，获“2006—2010 年江苏省法制宣传教育先进单位”称号。二是做好“六五”普法规划工作。制定《河海大学法制宣传教育第六个五年规划》，提出法制宣传教育具体内容，对教育的时间、人员、考核做出明确规定。

3. 开展群众性精神文明创建活动

开展“讲文明树新风”活动、以“热爱河海、奉献河海”为主要内容的凝聚力建设工程和“弘扬中华传统美德　推进师生道德建设”主题道德教育实践活动。加强江宁校区精神文明阵地建设，努力建设高品位的人文环境。

三、宣传工作

1. 重点做好“百团行动”宣传工作

做好简报编写工作。共编发简报 55 期并分送各有关部委、流域机构、水利单位和新闻媒体，《教育部简报》2011 年第 31 期编发了以《河海大学组织开展“百团行动”服务基层水利建设》为标题的有关报道。做好新闻媒体报道工作，《光明日报》、《中国青年报》、《中国教育报》、《中国水利报》、《科技日报》等 10 余家省级以上媒体刊发专版或以较大篇幅报道“百团行动”，人民网等近 30 家网站转载。

2. 做好对外宣传常规工作

组织校外新闻媒体采访 25 次，省级以上媒体报道 180 余件次，其中在《光明日报》、《中国教育报》、《科学时报》、《中国水利报》、《新华日报》、《扬子晚报》等中央和地方报刊发表千字以上文章 29 篇，其他各类媒体报道 1000 余件次。

3. 做好对内宣传常规工作

制定《新闻危机事件处理预案》，举行 2 次新闻发布会。组织徐芝纶院士诞辰 100 周年纪念宣传活动。启动河海大学网站主页改版工作和新闻网建设工作。完成校报改版工作，加大舆论引导力度。学校主页新闻共编发河海要闻 675 件。校电视台全年共组织拍摄校内各项活动 210 次，制作视频新闻 117 件、专题片 5 个。校广播站全年播出节目共计 240 小时，完成部分节目改版工作。新闻中心全年参与拍摄校内活动 230 余场次，获得图片资料 1 万余张。制作 50 余期宣传橱窗。

统 战 工 作

一、深化共识教育

协助各民主党派基层组织学习传达党的十七届六中全会精神、全国“两会”精神和“十二五规划纲要”精神，深化学习践行社会主义核心价值体系活动。

组织召开统一战线纪念中国共产党成立 90 周年座谈会，组队参加学校庆祝中国共产党成立 90 周年大合唱获特别奖。组织召开纪念辛亥革命 100 周年座谈会，组织新加入民主党派成员赴“总统府”参观《孙中山与南京临时政府》辛亥革命史料展。

与社会主义学院共同举办暑期民主党派、统战团体负责人学习研讨班，考察遵义会议会址，回顾中国共产党的丰功伟绩，巩固统一战线共同的思想政治基础。全年选送 4 位党外人士到中央和省、市社会主义学院参加学习培训。

二、民主党派自身建设和党外人才队伍建设

积极与各民主党派省委进行沟通，支持和协助各民主党派基层组织做好换届工作。顺利完成民盟、农工、九三、民革的换届工作，一批学术水平高、发展潜力大的年轻党派成员进入基层领导班子。

协助民主党派加强组织建设，做好新成员发展前的考察工作，全年共有 13 名教师加入民主党派组织(其中民盟 8 人、九三 2 人、致公党 2 人、民革 1 人)。支持各民主党派开展基层组织活动，加强党派自身建设。7 个民主党派基层组织全部受到各党派省委或省直工委的表彰，校民盟委员会被评为省“先进基层组织”，校侨联被省侨联评为“2010 年文化宣传先进单位”。

做好调查摸底工作，调整充实党外代表人物数据库，为各民主党派省委和区政协换届做好人才举荐准备工作。

三、参政议政与发挥作用

召开提案征集会，支持各级人大代表、政协委员履行职责。各级代表、委员全年共提交提案和建议 30 多件。全国人大代表章青教授走进新华网设在人民大会堂的访谈间接受记者专访，全国政协委员陈星莺的提案《建议在江苏开展新台币和人民币双向兑换试点》引起了社会的广泛关注，《新华日报》、中国新闻网、新浪网等媒体纷纷予以报道。

组织统一战线成员参与学校民主监督和民主管理。日常注意听取收集统一战线成员的意见和建议，及时反馈给有关部门，以改进和完善相关工作。

组织学术讲座，参与校园文化建设。组织第二届“我与教授面对面”系列报告会，邀请民主党派中的 5 位知名教授分别在江宁校区和常州校区作 6 场讲座，受到学生欢迎。

参与“百团行动”计划，组织民主党派专家组赴甘肃省开展基层水利现状调研，提供多层次、全方位的咨询服务和对策建议，受到当地政府和有关部门好评。

团结和带领各党派成员深入学习朱岳明同志的精神，立足本职，争创一流，建功立业，为学校建设高水平特色研究型大学多做贡献。农工成员余钟波教授入选国家“千人计划”，九三成员陈喜教授、民盟成员李致家教授分别获批主持国家自然科学基金重大项目和重点项目，民进成员陈文教授获国家杰出青年基金。党派成员及党外人士获 3 项大禹水利科技奖。

四、侨、台与民族宗教工作

支持校侨联参加省侨联组织的在宁高校侨界庆祝建党 90 周年文艺演出活动。组织侨联、台谊会成员赴常州校区参观及秋游活动。认真落实党的民族宗教政策，开展各种形式的教育活动，维护学校和谐稳定大局。

五、统战宣传与理论研究

承办省委统战部高校统战工作联系点会议，全省 22 所高校统战部长参加了会议。积极开展统战理论研究，向全国高校统战工作经验交流会报送工作总结 1 篇，论文《高校党的建设与民主党派建设相互促进探讨》入选华东高校统战工作理论研讨会论文集。

人民武装工作

一、国防教育和宣传活动

举办重大节日升旗活动，举办国防、军事、时事讲座 8 场，举办 2011 年教职工国防教育日活动，指导“国防协会”和军乐团、国旗护卫队、定向越野队开展活动。

组织学生参加鼓楼区国防知识宣传和学雷锋活动。

二、新生军事技能训练工作

开展新生军训工作，完成了解放军三大条令教育、队列、轻武器射击、军体拳训练及解放军光荣传统教育等系列内容，评选出“军训积极分子”、“军训队列标兵”等先进个人 305 名、“军训先进宿舍”等先进集体 28 个。

继续实行高年级国防生带训模式，64 名高年级国防生和带训部队官兵一起实施新生军训工作，独立承担相关排的带训任务，达到了“会讲、会教、会做，会做思想工作”的要求。

三、大学生征兵工作

做好大学生征兵工作，开展各项宣传活动，1 名男生光荣入伍。

（组织部、纪委办公室、监察处、宣传部、统战部、人武部供稿）

工会、教代会和共青团工作

工会与教代会工作

一、教代会工作

3 月 30 日，学校第五届教代会第六次会议召开。与会代表听取了学校工作报告、财务工作报告和提案工作报告，审议通过了《河海大学公费医疗管理暂行办法》。教代会闭会期间，“两代会”委员审议并通过了《河海大学教师转岗实施办法(试行)》、《河海大学“十二五”发展规划纲要》，讨论了教育部《教职工代表大会规定(讨论稿)》并提出修改意见。

教代会闭会期间，各专门工作委员会根据工作条例，认真履行职能，积极开展工作，落实教代会职权，协调落实“两代会”决议和提案处理工作，提案落实答复率为 100%。

开展二级教代会建设工作。校党委下发了《关于加强二级教代会制度建设的通知》，根据通知要求，校工会帮助和指导各学院按照《河海大学院(系)教职工代表大会暂行条例》规定，陆续开展二级教代会换届选举和会议筹备工作，力学与材料学院召开了学院调整后的首届教职工代表大会。

二、工会工作

继续在全校范围内开展创建“教工之家”、建设和谐人文校园活动。落实二级“教工之家”建设标准及考核工作，严格按照《关于开展创建二级“模范教职工之家”活动的意见》，稳步推进基层工会的“小家”建设。

中华全国总工会授予以王超院士为带头人的水资源保护与生态修复团队“全国工人先锋号”称号；江苏省教科工会授予以陈元芳为带头人的水文专业教学团队、邵国建为带头人的力学教学基地团队、廖华丽为带头人的足球机器人创新团队“工人先锋号”称号；中国教科文卫体工会授予校工会全国教科文卫体系统“模范职工之家”称号。

继续在教职工中开展以“三育人”为中心的“展师德风采、创优秀群体、树文明新风”活动，表彰了水利水电学院水电系和计算机及信息学院(常州)两个“三育人”先进集体和王娟等 32 位“三育人”先进个人；表彰了“巾帼示范岗”、“女工工作先进个人”和“文明新风家庭”。

加大帮扶力度，为教职工做好事、办实事、解难事。做好教职工大病互助工作，全年共有 130 多人获补助 50 多万元。常州校区建立了教职工特困救助基金，510 名教职工参加并缴纳特困救助基金 27660 元，对 9 名生活困难教职工发放补助 24000 元。

建立了劳动模范个人档案，组织教职工暑期疗休养活动。召开了女教师座谈会，举办了健康知识讲座、教职工子女教育经验交流会、女教职工趣味运动会等系列活动。举办了两委委员、工会干部培训班。利用工会宣传橱窗、工会网站等宣传阵地做好宣传工作。

开展丰富多彩的文体活动，推进校园文化建设。组织了纪念建党 90 周年“颂歌献给伟大的党”全校师生大合唱，近 2000 名师生参加；组织学校第四十七届运动会开幕式太极拳表演、单身青年教师交友联谊活动；开展乒乓球、羽毛球、篮球、排球、足球、棋牌、钓鱼等各类文体活动；组建了 13 个教职工文体协会。

共青团工作

一、基层组织建设

围绕学校中心工作和上级团组织重点工作，坚持以生为本的育人理念，以思想引导为核心，以队伍建设为保证，以服务学生成长为宗旨，重点打造“六大工程”(青马工程、素质拓展工程、志愿服务工程、创新创业工程、文化建设工程和团建凝聚工程)。有2个学院被评为省“五四”红旗团委创建单位，2人被评为全省优秀共青团员。全年共评选了591名优秀共青团员、320名优秀团干部、23个先进团支部，2804人被推荐为党组织发展对象。强化思想引导与典型示范，先后组织了“我的青春故事”先进事迹报告会、“与信仰对话”党史国情报告会、“党史校史我来讲”主题团日活动。重视校院两级青马工程学员选拔、培养、输送工作，进一步丰富和完善了培养计划，从理论学习、课外实践、志愿服务、课题研究和对外交流等五个方面开展培养工作。1人被推选为江苏省5名青年代表之一，赴京参加第七期优秀青少年中共中央党校党史教育学习班，4人参加团中央举办的大学生骨干培训班，4人参加团省委举办的菁英学校。

二、社会实践

秉承“受教育、长才干、做贡献”的宗旨，按照“立足特色，发扬传统，取得实效”的总体要求以及“事业化规划、组织化推进、社会化运作、项目化支撑、特色化提升”的总体思路，组织开展暑期社会实践活动，同时推进“百团行动”第三阶段的深入开展。组织123个校级团队、400多个院级团队共万余名学生，主要围绕了解国情、宣传水利、参与研究、开展调研、建立基地、采访校友等方面开展活动。共得到国家级媒体报道20次，地方媒体报道168次，受到地方政府、单位及群众好评。

三、科技创新

根据“以项目为抓手，以竞赛为导向，以普及为目标”的指导思想，以“挑战杯”竞赛为龙头，以大学生创新训练计划为平台，以校园科技节为基础，在全校学生中营造“想创新、爱创新、去创新”的良好氛围。参加第十二届全国“挑战杯”课外学术科技作品竞赛获1个二等奖和优秀组织奖；参加第四届全国节能减排大赛获3个二等奖、4个三等奖和优秀组织奖。评选了2011年创新训练计划175项，其中校级重点36项。开展了2010年124项创新训练计划的中期检查和结题验收工作。启动了全国创业计划大赛的组队工作。举办了第二十三届校园科技节。举办学术讲座18场，播放科技影片32次，组织世界水日、市民科普宣传周2场大型科普宣传活动。选送1名学生参加中央电视台主办的全国海峡两岸知识竞赛决赛。

四、志愿服务

推进高校和地方的志愿服务对接计划，分别和南京下关区、常州金坛市结成志愿服务对接单位，开展了农村务工人员培训工作。动员和组织学生参与西部计划、苏北计划服务项目。在全校倡导“奉献、友爱、互助、进步”的志愿者精神，先后组织以“弘扬雷锋精神，参与志愿服务，构建和谐校园”为主题的志愿月活动、青奥会倒计时1000天活动、“感恩节”系列活动、“创绿色世界”环保志愿活动等各类志愿服务活动34次，11人次获市级以上奖励，1人获全省百名优秀志愿者称号。

五、校园文化

组织参加第三届江苏省大学生文艺展演活动，在合唱、小品、器乐类比赛中获得了好成绩。成功举办第二十三届校园文化艺术节，开展了25项校园文化活动。举办第九届社团巡礼月，86个社团开展的各类活动吸引了千余名学生加入社团组织。组织廉政文化进校园活动，开展了廉政征文、廉洁短信评选。全年组织参加省级以上文艺比赛8次，获省级特等奖1个、一等奖4个、二等奖7个、三等奖5个。校级文化艺术活动40多次，其中欢送毕业生晚会、新年音乐会、高雅艺术进校园等大型文艺演出6次。

（校工会、校团委、常州校区供稿）

对口支援

概　　况

2011年，我校圆满完成“十一五”期间与新疆农业大学签署的《对口支援和援疆学科建设备忘录》和与西藏大学农牧学院签订的《河海大学对口支援西藏大学农牧学院框架协议》中的各项任务。在2011年12月教育部组织的对口支援西部高校10年工作总结评比中，我校被评为先进对口支援西部高校典型经验集体，两位教师被评为突出贡献个人。

一、对口支援西藏大学农牧学院情况

1. 合作协议情况

2011年7月26日，为贯彻落实《新一轮高校团队对口支援西藏大学协议》精神，进一步明确双方工作目标和责任，我校副校长唐洪武带领党办、校办、常州校区、研究生院、法学院等部门和学院负责人赴西藏大学农牧学院进行了工作访问。双方领导、部门负责人和教师代表就新一轮对口支援的内容和任务进行了沟通和磋商。我校代表团参观了西藏大学农牧学院的实验室和教学基本条件，通过实地考察和深层次的交流，为下一步建设水利类实验室、水利学科、水利专业等具体工作的开展打下了良好的基础。8月28日，校党委副书记陈德奎带队赴拉萨参加教育部对口支援西藏大学高校团队协作组会议，商讨援助计划和措施，并结合我校实际，围绕《高校团队对口支援西藏大学框架协议书》，与西藏大学农牧学院讨论拟签订对口支援备忘录，进一步明确援助任务和细节。

2. 师资队伍建设方面

鼓励西藏大学农牧学院骨干教师通过少数民族骨干人才计划报考我校博士、硕士研究生，并全免培养费、住宿费，目前有5名教师在读我校博士研究生，2名教师在读硕士研究生。农牧学院1名教师通过“西藏少数民族专业技术人才特殊培养计划”圆满完成学业。

2011年10月，学校选派了1名水文专业教师到西藏大学农牧学院讲授《水机水文学》课程，3个学分。接受西藏大学农牧学院曹志强老师到我校做访问学者。

根据农牧学院师资情况，在相同学科选拔具备高级技术职务教师对他们进行一对一帮扶，利用计算机网络通讯手段，帮助农牧学院教师提高教学和科研水平。

3. 实验室建设方面

农牧学院教师达娃在我校参加“西藏特培”期间，帮助西藏农牧学院完成水工结构实验室建设前期规划申报书的编制工作。

二、对口支援新疆农业大学情况

基于国家“本科教学质量和教学改革工程”的实施，2011年3—12月，接受新疆农业大学牧

振侠、何英两位教师到我校水文水资源学院进修，共选修18门课程。我校派出土木与交通学院袁俊平老师到新疆农业大学水利学院挂职担任副院长。

学校积极与新疆农业大学开展合作研究，由河海大学、新疆农业大学等于2007年在新疆共同启动的“十一五”国家科技支撑计划项目“干旱区绿洲农业节水技术研究与示范”实施4年来取得了丰硕成果。

2011年5月，新疆维吾尔自治区教育纪工委书记阿曼古力·依明江一行来我校开展调研和宣讲工作。我校党委副书记王济干向阿曼古力·依明江书记一行介绍了学校民族学生教育培养工作开展的情况和取得的成绩，阿曼古力·依明江书记对河海大学培养民族学生的工作，特别是对口支援新疆农业大学工作表示充分肯定和衷心感谢。调研期间，阿曼古力·依明江书记在我校还召开了教师座谈会、学生座谈会和宣讲会，深入了解新疆少数民族学生的学习和生活情况，并对他们提出了殷切希望。

三、西藏、新疆少数民族专业技术人才特殊培养工作

2011年我校继续以高度的政治责任感全力做好西藏少数民族专业技术人才特殊培养工作，将“西藏特培”工作列入学校的重要工作，积极为西藏地区培养优秀的专业技术人才，为西藏的经济社会发展提供人才支撑。自2011年起，我校开始承担新疆少数民族科技骨干特殊培养工作，首批学员共4人，培训时间为1年。

2011年6月2日，学校召开第二批“西藏特培”学员结业座谈会，唐洪武副校长出席座谈会。4名“西藏特培”学员及其导师、学校有关职能部门负责人和部分学院负责人参加了会议。我校承担的第二批4名“西藏特培”学员顺利完成学业，洛珠尼玛学员获得了全国“西藏特培”优秀学员奖。11月5日，学校召开西藏、新疆少数民族“特培”学员迎新座谈会，唐洪武副校长出席会议，来自西藏、新疆的8位“特培”学员及其导师，以及学校相关部门和学院负责人参加了会议。

学校根据学员自身情况和学习要求，通过双向选择，确定各自的导师。学员与各自导师交流了培养计划及选课安排后，进入正常学习阶段。“特培”学员每个人根据自身情况及工作需要，选修6～7门课程，包括水工建筑物、水文预报、工程项目管理、钢筋混凝土结构、坝工新材料及新技术等。课程学习期间，我校组织西藏、新疆“特培”学员分别到浙江省新安江水库，江苏省淮安水利枢纽、淮安水上立交、洪泽湖三河闸等水利工程进行参观考察，旨在提高学员实践技术能力。学校各部门为学员们的学习、生活提供大力支持和帮助，采取各种措施努力为他们营造良好的学习和生活环境，及时帮助他们解决实际困难，在“十一”、元旦、藏历新年、古尔邦节等节日都组织了相关庆祝活动。

相关统计

表1　2011年第二批西藏少数民族专业技术人才特殊培养人员结业名单

姓　名	选派单位	接受单位	结业时间
洛珠尼玛	西藏自治区水文水资源勘测局	水文水资源学院	2011.6
小巴桑	西藏自治区防汛机动抢险队	水利水电学院	2011.6
达　娃	西藏大学农牧学院	水利水电学院	2011.6
米玛次仁	西藏拉萨市水利局	水利水电学院	2011.6

表 2 2011 年第三批西藏少数民族专业技术人才特殊培养人员名单

姓　名	工作单位	接受学院	进修时间
尼玛旦增	西藏自治区水利电力勘测设计研究院	水利水电学院	2011.9—2012.6
扎　桑	西藏自治区满拉水利枢纽管理局	能源与电气学院	2011.9—2012.6
王　云	西藏自治区洛隆县水利局水利队	商学院	2011.9—2012.6
扎西达瓦	西藏林芝地区水利局水利工程建设质量与安全监督站	水利水电学院	2011.9—2012.6

表 3 2011 年第一批新疆少数民族科技骨干特殊培养人员名单

姓　名	工作单位	接受学院	进修时间
阿尔欣·斯拉木江	新疆伊犁州水利电力勘测设计研究院	地球科学与工程学院	2011.9—2012.6
胡新功	新疆伊犁水文水资源勘测局	水文水资源学院	2011.9—2012.6
艾尼瓦·艾拉	新疆伊犁州水利电力勘测设计研究院	水利水电学院	2011.9—2012.6
周阿京	新疆国土资源规划研究院	地球科学与工程学院	2011.9—2012.6

（校长办公室供稿）

第四部分　校区与院系工作

常州校区

一、概况

河海大学常州校区前身为1986年成立的河海大学机械学院，1996年5月更名为河海大学常州分校，2000年6月更名为河海大学常州校区。常州校区位于常州国家级高新技术产业开发区内，占地436亩。校区设有机电工程学院、计算机与信息学院(常州)、商学院(常州)和人文社科、数理教学、外语教学、体育教学4个公共课教学部，拥有15个本科专业；有机械工程1个一级学科硕士点，机械设计及理论、机械电子工程、机械制造及自动化、材料加工工程、通信与信息系统、检测技术与自动化装置6个二级学科硕士点，机械工程、电子与通信工程、项目管理、物流工程、工业工程5个工程硕士授权领域。有教职工592人，其中具有高级技术职务教职工125人；本科生5496人。

二、研究生教育

常州校区有博士生导师12人，硕士生导师87人。招收2011级硕士研究生140人。校区坚持质量并重方针，持续提高研究生培养质量和水平，继续以提高研究生学位论文质量为切入点，加强研究生培养过程管理和控制，严把研究生论文质量关，研究生培养质量持续提高，省硕士论文抽查合格率达到100%，获江苏省优秀硕士论文1篇。研究生就业率100%。

三、本科教育

探索教育教学改革，构筑有特色的工程英才、学术英才和管理英才的人才培养新体系。“创新型工程人才培养体系的构建与实践”获评2011年江苏省高等教育教学成果一等奖。启动个性化“英才计划”，“机械工程及自动化”专业申报成功教育部“卓越计划”，校区“卓越计划”专业已达3个。物联网工程专业申报成功国家级特色专业并首次招生。1人获评省级教学名师，2部教材入选省精品教材，9项课题获得部省级教学改革立项，4项成果获评江苏省高教学会高等教育科研成果三等奖，2人获评江苏省高教研究先进个人。1个中心入选省级示范中心建设点，2个中心申报成功教育部工程实验教育中心。2011届本科生毕业率97.2%，学位授予率94.6%，英语四级一次通过率95.5%，毕业生就业率98.7%。

四、公共课教学

公共课教学部下设人文社科、外语教学、数理教学、体育教学4个教学部门，共有教职工94人，其中教授2人，副教授15人。人文社科部主要承担思想政治理论、大学语文等方面的教学以及学生人文素质教育工作，开设系列人文社科类选修课，主办各种人文素质教育活动，指导学生社团，将第一课堂与第二课堂紧密结合，推进校园文化建设。数理教学部主要承担高等数学、大学物理等课程的教学实验任务。外语教学部主要承担大学生的英语教学工作。体育教学部主要承担体育教学、训练与竞赛、群体活动、场馆管理等工作，同时还开设了系列体育选修课，主办各类小型竞赛活动，指导学生体育协会工作，将课内教学与课外教学紧密结合，推进校园体育文化建设。

五、学生创新教育

2011 年立项建设大学生创新训练项目，有国家级 18 项、省级 12 项、校级 35 项，立项资助校内外各级各类竞赛 28 项。获省部级以上奖 411 人，获省级优秀硕士论文 1 篇、优秀本科毕业设计(论文)2 项及团队 1 项。200 名“卓越计划”学生为深圳大运会、东亚运动会提供信息技术保障，受到大赛组委会的肯定和赞赏，多家媒体进行了报道。足球机器人创新团队被江苏省教育科技工会授予“工人先锋号”称号。

六、科技工作和服务地方工作

新增科研合同经费 2107 万元，申报发明专利 101 项，发表三大检索论文 124 篇。获国家自然科学基金 5 项、国家社科基金 1 项，实现了校区国家社科基金零的突破。获省自然科学基金、省高校哲学社会科学基金各 2 项，留学归国人员科研启动基金 3 项，教育部人文社会科学研究一般项目 2 项，常州市科技计划项目 2 项。获评 2011 年度大禹水利科技二等奖 1 项，2011 年中国水运建设行业协会科学技术一等奖 1 项，第三届中国商业联合会服务业科技创新三等奖 1 项。承办中国水利学会水利量测技术专业委员会会议、中俄双边动物磁导航暨环境感知与行为观测技术研讨会等大型国内外学术会议。推进疏浚技术教育部工程研究中心、江苏省输配电装备技术重点实验室、常州市数字化制造技术重点实验室、常州市输配电及节电技术重点实验室、常州市传感网与环境感知重点实验室等科研平台建设，其中疏浚技术教育部工程研究中心顺利通过教育部验收。继续实施“开放合作”战略，完善与政府、行业、企业的交流合作、科技研发、咨询服务平台，与金坛市签订产学研合作协议。积极参与学校“百团行动”计划，赴常州市水利局、苏州市水利局等开展服务水利对接活动。

七、人才队伍建设

新进教师 14 人，其中博士 11 人、硕士 3 人。新进教师中有教授 2 人，特评副教授 1 人。选派 7 位教师出国进修。2 人入选江苏省第四期“333 高层次人才培养工程”第三层次培养对象，1 人入选学校“领军人才培养支持计划”，2 人入选学校“优秀创新人才支持计划”。1 人获评江苏省高等学校教学名师，1 人获评常州市师德标兵。

八、党建、思想政治工作与和谐校园建设

召开校区第五次党代会，确定校区未来 5 年发展战略、工作思路和奋斗目标。组织开展庆祝建党 90 周年系列活动，推进创先争优活动。4 人获学校优秀共产党员称号，3 人获学校优秀党务工作者称号，4 个支部获先进党支部称号，1 人获常州市教育系统优秀共产党员称号。推荐市教育系统优秀党建品牌 3 个，其中获三等奖 1 项。召开校区党建与思想政治工作研讨会，提出了加强党建与思想政治工作的基本原则、基本思路和主要任务。加强校园文化建设，打造特色鲜明的校区文化，积极构建师生员工团结奋斗的精神家园。深入开展全民健身活动，进一步提高师生身心健康水平。加强平安校园建设，全年无重大安全责任事故，无重大不稳定事件发生。

（组稿人：徐忠敏）

江 宁 校 区

一、概况

河海大学江宁校区位于南京市江宁经济技术开发区，总面积1666亩，距校本部约20公里，于2001年9月投入使用。校区东临机场高速公路，南傍牛首河，西接牛首山风景区，北靠将军山、翠屏山，交通便利，环境优美。

江宁校区四期学生公寓15号、16号楼于9月份投入使用，新增建筑面积1.31万平方米，目前校区总建筑面积达40.61万平方米。

10月27日，河海大学行政楼在江宁校区举行开工典礼。行政楼工程总投资1.15亿元，占地面积8745平方米，建筑面积30780平方米，是一座融校级党政机关办公、会议、接待、服务、校史陈列室等功能为一体的综合性建筑。

二、管理体制

4月11日，学校发布《关于调整江宁校区管理体制的通知》(河海校政〔2011〕29号)，对江宁校区的管理体制做出调整，江宁校区管委会作为学校的派出机构，代表学校在江宁校区行使业主权利，下设党政办公室。原江宁校区管委会下设的保卫办公室、后勤管理办公室、信息办公室按职责分别划入学校保卫处、后勤管理处、资产管理处和信息中心，江宁校区的信息支持、安全保卫、后勤保障及社区管理方面工作，由学校相关职能部门统一管理。

随着学校工作重心转移，教务处、学生处、团委、基建处、图书馆等部门和商学院、能源与电气学院、计算机与信息学院、理学院、公共管理学院、法学院、外国语学院、大禹学院、体育系等学院(系)的主体已进驻江宁校区。

三、办学情况

按照学校资源配置与校区布局规划，江宁校区与校本部是统一的办学整体，主要承担低年级本科生、部分高年级本科生和部分研究生的教育培养任务。目前，江宁校区共有学生14847人，其中本科生10292人，硕士生3804人，博士生751人。

(组稿人：吴娟)

水文水资源学院

一、概况

河海大学水文水资源学院前身为1952年建立的水文系，1984年更名为水资源水文系，1995年成立水文水资源及环境学院，2002年更名为水资源环境学院，2007年调整为水文水资源学院。

学院设有水文与水资源工程系、水务工程系、城市资源环境系以及水文预报研究所、工程水文及水文气象研究所、水资源研究所、水文水利自动化研究所、城市水务工程研究所、水生态环境研究所、干旱研究所、中德水资源研究所、全球变化与水循环研究中心、平原河流与湖泊水文研究中心、水资源环境实验中心，河海大学水问题研究所和国际河流研究所挂靠学院。学院拥有水文学及水资源国家重点学科，设有水文学及水资源、城市水务、生态水利学3个博士学位授权点，水文学及水资源、城市水务、生态水利学、自然地理学、人文地理学 5 个硕士学位授权点，水文与水资源工程、水务工程、资源环境与城乡规划管理 3 个本科专业。学院现有教职工 102 人，其中教授 33 人，副教授 26 人，博士生导师 27 人，45 人具有国外学术背景，74 人具有博士学位。有双聘院士 5 名。学院现有博士生 101 人，硕士生 404 人，全日制工程硕士 54 人，非全日制工程硕士 306 人，留学硕士和博士研究生 13 人；本科生 1090 人，其中留学生 10 人。

学院与国内外水文水资源领域著名的学术机构建立了良好的合作关系。

二、学科建设

完成“211 工程”三期设备采购任务和所购设备验收工作。开展“211 工程”三期验收的准备工作，并凝炼出 3 项标志性成果。

完成国家优势学科平台仪器设备采购工作，全面启动“江苏高校优势学科建设工程一期项目”建设。

与安徽省水文局合作申报的“新安江流域水文综合实验基地”项目建议书已获水利部批复，正落实征地、现场勘测、建房等相关事宜。

三、人才培养

2011 年新招收博士生 31 人，学术型硕士生 129 人，全日制工程学位硕士生 30 人，非全日制工程硕士 138 人。毕业生中博士 16 人，硕士 135 人，非全日制工程硕士 68 人，留学生 1 人，研究生就业率达 98.83%。招收本科生 318 人，本科生毕业率 97.4%，学位授予率 94.5%，继续深造率 47.46%。大学生英语四级考试一次通过率 91.9%，英语四级考试累计通过率 94.0%，英语六级考试累计通过率 60.5%。教授、副教授给本科生上课率 100%。

获评国家优秀博士论文提名 1 篇，江苏省优秀博士论文 1 篇和优秀硕士论文 1 篇。获江苏省普通高校研究生科研创新计划项目 6 项，江苏省研究生教育教学改革研究与实践课题 1 项。国务院学位办博士论文抽检 D 类为零，江苏省和学校学位论文抽查合格率 100%。获省级毕业设计三等奖 1 项、毕业设计优秀团队奖 1 项。

出版高等教育“十二五”规划双语系列教材 1 部、“十二五”精品规划教材 1 部、高校专业规范核心课程教材 1 部。获省级精品课程 2 门，入选省精品教材 1 部，获徐芝纶教材奖 1 项。获省级教学成果二等奖 1 项，校级教学成果一等奖 1 项、二等奖 4 项。获省优秀多媒体教学课件二等奖 1 项。获校级公选课核心课程建设 1 门。共建本科教学实习基地 17 个，教学实践基地 1 个。

四、科技工作

获国家自然科学基金 14 项，其中重大 1 项、重点 1 项。以学校名义申报的“十二五”国家科技支撑计划课题“沿海围垦区水资源保障关键技术研究”和参与申报的“十二五”科技支撑项目“干旱半干旱区域旱情监测与水资源调配技术开发与应用”已获准立项。获水利部公益性项目 9 项。获省级以上科技奖 7 项，其中国家科技进步奖二等奖 1 项。新增合同经费 7865 万元，到账经费 5248 万元。发表 SCI 论文 23 篇，EI 论文 126 篇。出版著作 6 部，译著 1 部。

举办变化环境下的水灾害预测预防国际研讨会、海峡两岸水科学水工程与水文化学术会议和高寒地区水循环对气候变化响应学术会议等大型国内外学术会议。

五、实验室建设与管理

完成水文测验、气象、自然地理(两个专业)课程的实验准备、实验课教学等工作。

完成水文综合实验楼的规划与设计工作，对综合楼的实验室、办公用房进行布局及详细设计。

完成气象实验场的建设工作，安装了包括自动气象站、卫星云图接收系统、百叶箱、雨量计、蒸发器等设施的自动观测和人工观测系统。

继续推进实验室开放，根据社会发展需求更新仪器设备，充实实验内容，更新实验手段，为科研、教学提供服务。

六、师资队伍建设

新增博士生导师1名、硕士生导师5名，引进博士5名。

1人当选国际水文科学协会副主席，1人入选国家“千人计划”，1人入选中国科学院“百人计划”，1人当选“江苏省特聘教授”，2人入选江苏省“333工程”优秀学术带头人培养人选，1人当选南京市有突出贡献专家，1人当选全国工程教育专业认证专家委员会水利类专业分委员会副主任委员，2人入选学校“青年教授”。完成新一轮教师岗位聘任，新增二级岗教授3名、三级岗教授4名。聘任8名校外专家为兼职教授。

水文专业教学团队获江苏省教育科技系统“工人先锋号”称号。

七、学生工作

注重队伍建设。坚持每月两次的辅导员例会制度，定期开展工作研讨。严格按要求配备班导师，充分发挥班导师作用，完善辅导员和班导师联动机制。学工队伍发表论文4篇。

强化学生思想政治教育。结合实际开展学习中央一号文件和“立志成才做表率，创先争优促发展”等主题教育实践活动。

1人获评全国水利优秀毕业生，1人获评江苏省“三好学生”。全国大学生英语竞赛一、二、三等奖各有2人获奖。在第七届全国大学生文学作品大赛中有2人获二等奖，1人获三等奖。在第三届全国大学生数学竞赛中有2人获一等奖，1人获二等奖，2人获三等奖。在全国大学生英语演讲比赛中有1人获优秀奖。在中央电视台希望英语风采大赛中有1人获特等奖。获评江苏省大学生数学建模大赛三等奖1项，“挑战杯”江苏省三等奖1项。获大学生创新训练计划国家级项目3项、省级项目1项。本科生发表论文6篇，获国家实用新型发明专利4项。水务2009级1班获评江苏省先进班集体称号。

八、党建与精神文明建设

建设学习型党组织，党建工作成效明显，领导班子团结。上半年2007级本科毕业生党员比例达50.84%。年末研究生党员比例达70.79%，本科生党员比例为24.84%。党员发展材料抽查合格率为100%。完成收缴党费11816.40元。围绕庆祝建党90周年、弘扬廉洁文化等主题，开展党日、团日活动。承担党建研究课题3项，发表研究论文2篇。

分党校教学管理规范，档案管理到位。专人负责统战工作，重视理论学习。为老同志做好服务工作。

在校园网、校报等校内媒体发表各类文章514篇，《中国水利报》、《新华日报》、《中国日报》等校外媒体报道5篇，水利部网站、华禹教育网等校外网站报道5篇。学院获学校文明单位，院办获学校精神文明窗口，1名教职工获精神文明先进个人。

（组稿人：张秋玲）

水利水电学院

一、概况

水利水电学院前身是1952年建立的水力发电系、水工结构系和水利土壤改良系。1954年水力发电系和水工结构系合并为河川系，1958 年水利土壤改良系改名为农田水利工程系，1985 年河川系改名水力发电工程系。1995 年以水力发电工程系、农田水利工程系、水利水电科学研究所等系所为基础组建成立了水利水电工程学院，2009 年更名为水利水电学院。

学院内设机构为五所二系一中心，即水工结构研究所、水利水电工程研究所、水力学及河流研究所、农业水利研究所、农业环境研究所、水利水电工程系、农业水利工程系和水土保持工程研究中心。学院有 6 个博士点、9 个硕士点和 3 个本科专业。现有教职工 143 人，其中中国工程院院士 1 人，长江学者特聘教授 3 人，杰出青年基金获得者 1 人，博士生导师 24 人；有教授 35 人，副教授 36 人。另有双聘院士 3 人，兼职博导 6 人，兼职教授 33 人。学院现有本科生 1398 人，硕士生 700 余人，工程硕士生 300 余人，博士生 200 余人。

二、学科建设

完成“211 工程”三期建设、国家优势学科创新平台建设及江苏省优势学科平台建设项目。完成农业工程一级学科建设及评估和农业水土环境保护二级学科申报工作。完成水利工程、农业工程硕士学位授权一级学科基本状态数据填报工作。完成水利工程《授予博士、硕士学位和培养研究生的二级学科目录》简介编写工作，包括水力学及河流动力学、水工结构工程、水利水电工程、水利水电建设与管理、水灾害与水安全 5 个二级学科。

三、人才培养

高质量通过水工专业认证。获学校教学成果特等奖、一等奖和二等奖各 1 项。以“复合创新型水利水电工程专业培养体系探索与实践”为主题，开展省级教学成果奖申报工作。

2 门课程入选学校双语教学示范课程，4 门课程入选学校第一批公共选修课核心课程建设项目。水工专业成功申报校级“卓越工程师教育培养计划”试点专业。优化调整专业结构，修订 2012 版人才培养方案。完成农水专业结构优化调整，确定农水按大类招生，实行“2+2”新型培养模式。出版国家级教材 2 部。

新增研究生联合培养基地 3 个。有 53 名硕士生到长江、黄河、西部水电开发等基地进行联合培养。实施国家建设高水平大学公派研究生项目，派出研究生 7 名。接收留学博、硕士生 7 名。完成第二批 3 名西藏“特培”学员培养工作，承担第三批 3 名西藏、新疆“特培”学员培养工作。

引进 6 名博士后，3 人获中国博士后科学基金资助。获江苏省研究生培养创新工程项目 20 项，江苏省优秀博士论文 1 篇、优秀硕士论文 1 篇。

招收本科生 389 人，硕士生 299 人，工程硕士生 170 人，博士生 41 人。本科生英语四级、六级考试累计通过率分别为 94.8%、54.5%，毕业生深造率为 48.6%；本科生、研究生毕业率分别为 99.5%、98.9%。

四、科学研究

新增合同经费 7837.83 万元，到账经费 5765.91 万元，获国家自然科学基金 26 项，其中杰出青年基金 1 项、重点项目 1 项、面上项目 13 项、青年项目 11 项，总经费 1528 万元。

获国家科技进步二等奖 1 项，部省级奖 10 项。SCI 检索论文 36 篇，EI 检索论文 147 篇。获发明专利授权 14 项。

举办国内国际学术会议 8 场，组织学术报告 78 次。教师参加国内外学术会议 146 人次，其中出境参加学术交流活动 40 人次。

五、实验室建设与管理

制定实验室仪器设备共享管理办法，建立完善实验人员考评机制，通过在岗抽查、平时考核和年终考核等措施，加强对实验人员的管理与考核。

完成实验室信息统计任务(包括实验室基本信息、仪器设备信息、实验项目信息等内容)。做好大型仪器设备的购前论证、规范管理、效益考核工作。创建学院实验室网络建设平台。

六、师资队伍建设

全院具有博士学位教师 94 人，占教师总数的 81%。新增博士生导师 2 人、硕士生导师 8 人。引进青年教师 11 人，其中博士 6 人，硕士 5 人。聘请校外专家 4 人为兼职教授，1 人为江苏省“双创计划”引进人才。

1 人成功申报第五批“千人计划”，1 人获杰出青年基金，1 人入选江苏省“333 高层次人才培养工程”第一层次培养对象，3 人入选第二层次培养对象，3 人入选第三层次培养对象，1 人获第四届水利青年科技英才称号，1 人入选教育部“新世纪优秀人才支持计划”，1 人获评第十二届中国青年科技奖，1 人获评宝钢教育奖，1 人获评学校优秀主讲教师，1 人获评青年教师讲课竞赛一等奖，5 人获评优秀班导师。“水工特色专业教学团队”通过校级优秀教学团队建设检查验收。

继续实施“青年教师引进导师制”，11 人获国家自然科学基金青年项目。1 人获评霍英东教育基金青年教师奖，1 人获评学校青年教师讲课竞赛一等奖，2 人入选江苏省首批高校优秀中青年教师境外研修项目。

七、学生工作

学院本科生就业率达 99%，研究生就业率达 98.9%。开展毕业生质量跟踪调查活动，新增就业基地 3 个。加强心理健康教育工作，健全心理辅导站。举办新生入学教育报告 6 场，加强安全、诚信教育。做好新生“两早一晚”工作，早操、晚自习出勤率达 98%。

开展本硕博科技联动和“坝气十足”坝型设计大赛。35 人获评 15 项国家级学科竞赛奖，53 人获评 28 项省级学科竞赛奖。组织参加全国水利创新设计大赛，获评特等奖 1 项。加强班集体建设，获评省级优秀班集体 1 个，“张闻天班” 1 个。

八、党建与精神文明建设

举办纪念建党 90 周年活动 10 多场。召开创先争优推进会，开展“党员公开承诺”活动，每位教师党员均递交了承诺书。

建立“党员之家”活动室，购买书籍、光盘，丰富师生业余生活。开展“水利水电学院优秀共产党员”评选活动，共评出 10 名优秀教工党员、31 名优秀学生党员、4 个优秀党支部。分党校举办入党积极分子培训班 4 期，共培训 398 人。举办学生党支部书记培训班 1 期。全年发展学生党员 270 人，现有学生党员 1006 人，党员比例 43.3%，其中本科生党员 348 人，党员比例 24.9%。开展党建课题研究，发表管理类文章 8 篇。

开通电信短信通平台，及时通报学院重大事务。更新学院网站，发布各类信息 530 条。在校外媒体刊物发表文章 10 篇。

(组稿人：胡旭宇)

港口海岸与近海工程学院

一、概况

港口海岸与近海工程学院前身是 1952 年建立的水道及港口工程系。

学院现下设水港系、海洋系、工程 CAD 与图学教研室 3 个教学机构，水运工程与科学研究所、海岸及海洋工程研究所、海岸带资源与环境研究所、物理海洋研究所、工程 CAD 与图学研究所以及港口航道工程与海岸海洋科学实验中心等科研机构。现有港口海岸及近海工程、海岸带资源与环境、物理海洋学 3 个博、硕士点，港口航道与海岸工程、海洋科学 2 个本科专业。港口海岸及近海工程学科为国家重点学科，物理海洋学为江苏省重点学科，港口航道与海岸工程专业为国家特色专业建设点。教育部高等学校水利学科港口航道与海岸工程专业教学指导委员会挂靠学院。

学院现有教职员工 105 人，其中教授 16 人、副教授 32 人；博士生导师 15 人、硕士生导师 36 人；双聘院士 1 人。博士生 92 人，学术型硕士生 407 人，全日制专业学位研究生 64 人，非全日制专业学位研究生 691 人，本科生 991 人。

二、学科建设

根据“十二五”学科规划，落实“港口、海岸及近海工程”国家重点学科和“物理海洋学”江苏省重点学科建设工作。落实优势学科创新平台“河口海岸水灾害过程与防灾减灾”和“211 工程”三期“河口海岸灾害与防护”建设项目，使用设备经费已达九成，全部仪器已投入使用。牵头编制江苏省优势学科建设项目“海岸带资源开发与安全学科群”经费预算及执行计划，落实部省共建协议项目“江苏省海岸带资源开发基础创新平台”建设。

以港口、海岸及近海工程学科为主干学科，以海岸灾害及防护教育部重点实验室为主要平台申报的“海岸带滩涂资源开发与安全学科创新引智基地”获教育部、国家外国专家局“111 计划”立项。

三、人才培养

全年招收博士研究生 23 人，学术型硕士研究生 102 人，全日制专业学位研究生 38 人，非全日制专业学位研究生 72 人。授予博士学位 6 人，硕士学位 95 人，工程硕士专业学位 51 人。

聘请国外知名教授进行研究生双语教学，完善研究生新一轮课程体系建设的改革。江苏省研究生学位论文抽检合格率 100％。获江苏省研究生双语授课教学试点项目 1 项、普通高校研究生科研创新计划 9 项、优秀博士学位论文 2 篇、优秀硕士学位论文 1 篇。

招收本科生 249 人，毕业 264 人，毕业率 97.9％，学位授予率 95％，毕业生深造率 29.8％，就业率 99％。大学生英语四级考试一次通过率 89.8％，累计通过率 94.9％。

强化港口航道与海岸工程国家特色专业建设，获评学校教学成果特等奖 1 项、一等奖 1 项、二等奖 3 项，并被确定为“卓越工程师教育培养计划”试点专业。入选江苏省高等教育教改课题 1 项、学校公共选修课核心课程 1 门、研究性教学示范课程 1 门、“十二五”本科校级规划教材 5 部、国家大学生创新训练计划 3 项、校级大学生创新性实验计划 7 项、学校本科优秀毕业设计 14 项。

四、科学研究

新增合同经费 4642.1 万元，其中纵向经费 878 万元；到账经费 4118.08 万元。

获评国家科技进步奖二等奖 1 项，省部级奖 6 项。授权发明专利 2 项，实用新型专利 10 项。

出版专著 2 部，发表学术论文 122 篇，其中 SCI 和 EI 检索论文分别为 15 篇和 36 篇。

制定学院资助教师参加国内外学术会议补充规定，提高教师学术交流积极性。邀请 16 人次国内外著名学者来学院进行交流，为学院师生做多场学术报告。组织学院师生 50 人次参加国内外学术会议，其中 21 人次参加国(境)外学术会议。

完成海域使用论证资质年检工作，组织 17 名教师参加海域使用论证培训班，提交海域使用论证乙级资质晋升甲级资质申请。3 名教师入选新一届国家海洋局海域使用论证评审专家，8 名教师入选新一届江苏省海域使用论证评审专家库专家。

五、实验室建设与管理

建设海岸灾害及防护教育部重点实验室。制定港口航道工程与海岸海洋科学实验中心管理办法。

实验教学(含课内实验)开出率 100%，有综合性、设计性实验的课程占有实验课程总数的比例达 90%，实验项目中综合性、设计性实验达 40%。加强创新能力培养和实验室开放工作，每个实验室至少有 1 门实验课程实施开放式实验教学，为学生参加科研、各类竞赛和课外科技活动提供条件。

六、师资队伍建设

新聘副教授 2 人，新聘实验师 1 人；引进副教授 2 人，进站师资博士后 1 人。

2 人赴国外知名高校访学，5 人结束访学回国。1 人入选江苏省第四期“333 高层次人才培养工程”第二层次培养对象。

54 名教师具有博士学位，占专任教师的 70%。

七、学生工作

获评学校庆祝建党 90 周年合唱比赛二等奖和庆祝建党 90 周年“中华诵”红色经典诗歌朗诵比赛三等奖，还获学校思想政治理论课学生实践课题优秀调研报告二等奖。

2 项国家大学生创新性实验计划项目参加第四届全国大学生创新年会展示，1 项创新实验计划论文参加创新学术年会交流。1 人获评第八届全国周培源力学赛优秀奖、第七届江苏省大学生力学竞赛个人二等奖。

成立以学院院长、书记为组长，副院长和副书记为副组长，各系主任及辅导员为成员的就业工作领导小组。举办首届毕业生供需洽谈会。

八、党建与精神文明建设

截至年底全院本科生党员比例达 25%，“大一”至“大四”学生党员比例分别为 1.60%、11.86%、33.20%和 52.17%。党员发展材料规范齐全，抽查合格率 100%。培训入党积极分子 214 人。成立 2011 级本科新生党支部。

领导班子、教职工及党员的学习有计划、有记录、有考勤、有总结。组织教职工参加学校太极拳比赛获一等奖。举办“阳光河海，活力港航”首届学院教职工运动会。全年校内宣传报道 254 篇，校外报道 10 篇。发表管理论文 4 篇。

定期向党外人士通报学院发展情况，支持工会、共青团、学生会等群众组织开展工作，组织离退休老同志参加“白鹭岛游”联谊活动。

（组稿人：何春林）

土木与交通学院

一、概况

土木与交通学院由 2 个系、8 个所和 1 个实验中心组成，即：土木工程系、交通工程系、岩土工程科学研究所、结构工程研究所、安全与防灾工程研究所、桥梁工程研究所、隧道与轨道工程研究所、道路与铁道工程研究所、交通运输工程研究所、建筑与景观研究所、土木与交通工程实验中心。

岩土工程为国家重点学科，土木工程为江苏省一级重点学科，“土木工程安全与减灾学科群”为江苏省高校优势学科。设有土木工程博士后流动站，拥有土木工程一级博士学位授予权，岩土工程、结构工程、防灾减灾与防护工程、桥梁与隧道工程、市政工程 5 个二级学科博士及硕士学位授予权，交通运输工程一级学科硕士学位授予权。拥有岩土力学与堤坝工程教育部重点实验室，江苏省岩土工程技术工程研究中心、江苏省交通基础工程研究中心和江苏省建筑物裂缝控制工程技术研究中心等平台。中国岩石力学与工程学会环境岩土工程分会秘书处挂靠学院。

学院现有教职工 113 人，其中教授 26 人，副教授 35 人，博士生导师 20 人；加拿大工程院院士 1 人，双聘院士 3 人，“千人计划”特聘教授 1 人，“长江学者”特聘教授 1 人，讲座教授 1 人，国家杰出青年基金获得者 1 人。学院现有博士研究生 182 人，硕士研究生 735 人，本科生 1057 人。

与荷兰代尔夫特研究所、法国里尔科技大学、新加坡南洋理工大学、日本东京工业大学、日本国立土木研究所等国外著名大学和科研院所建立了长期合作关系，成立了中—荷环境岩土工程合作研究中心、中法环境岩土力学研究中心。

二、学科建设

“土木工程安全与减灾学科群”获批为江苏高校优势学科，完成《江苏高校优势学科建设工程一期项目增列立项学科项目任务书》编制工作及预算申报工作。完成土木工程及交通运输工程两个硕士学位授权一级学科点的基本状态数据填报工作。

经学科申请、学院审核、专家评议及校学位委员会审定，自主增设交通运输工程一级硕士学科点下道路与铁道工程、交通信息工程及控制、载运工具运用工程 3 个二级学科。

完成“211 工程”三期及优势学科创新平台建设工作。

三、人才培养

全年招收博士生 32 人，硕士生 276 人，工程硕士生 153 人。毕业博士 24 人，硕士 106 人。研究生就业率为 98.6%。完成研究生培养方案修订工作，获评全国优秀博士学位论文提名奖 1 篇、江苏省优秀硕士论文 3 篇、江苏省研究生培养创新工程 8 项、校优秀博士论文 2 篇、优秀硕士学位论文 4 篇。

招收本科生 296 人。本科生毕业率 94%，学位授予率 90%，深造率 33.3%。获“十二五”本科校级规划立项建设教材 4 项，校级双语教学课程、研究性教学示范课程建设 2 项，省级教学成果奖 9 项，省级学科竞赛奖 5 项。

四、科学研究

新增科研合同经费 5779.22 万元，到账经费 3219.82 万元。主持国家自然科学基金重点项目 1 项、面上项目 16 项、“973”计划 2 项、国家科技支撑计划 1 项、江苏省自然科学基金 4 项、江苏省科技支撑计划 1 项、国际合作项目 3 项。获国家发明二等奖 1 项，教育部技术发明一等奖 1 项，其他省部级奖 13 项。发表 SCI 论文 19 篇，EI 论文 204 篇。授权发明专利 19 件、实用新型专利 27 件、软件著作权 12 件。举办国内国际学术报告会 25 场次，教师参加国内外学术会议 120 余人次，其中国际会议 81 人次。

获建江苏省建筑物裂缝控制工程技术研究中心。牵头与江苏省地质矿产勘探局、江苏省交通规划设计研究院、无锡市交通规划设计研究院、江苏省中设集团及南京市水利规划设计院共建产学研合作基地。成功申报“江苏弘盛建设工程集团有限公司”江苏省企业院士工作站。

五、实验室建设与管理

完成军工资质计量认证、文件制定、队伍建设、人员培训、运行管理工作。

完成“211 工程”三期建设“岩土力学与工程安全”中渗流与高边坡、土石料基本特性、地基变形理论 3 个子项目和优势学科平台子项目建设任务，设备购置经费近 1000 万元。

完成全校土木、水利类本科生土力学实验、研究生土工测试技术实验、土木工程专业 6 个班和大禹学院土木方向 1 个班的结构检验试验和钢筋混凝土试验等实验教学，完成研究生论文实验任务和本学科及相邻学科科研实验任务。申报成功江苏省土木工程实验教学示范中心。

六、师资队伍建设

加强人才引进和培养工作力度，为新引进的青年教师设专项津贴。

新增教育部“长江学者创新团队”1支、“青年千人计划”特聘教授1人、第四期江苏省“333工程”中青年学科带头人1人、江苏省高校教学名师1人。

七、学生工作

开展观影、演讲、唱红歌、书画赛等形式多样的主题教育活动20多场次，开展新生入学教育活动20场次，在2011级新生中试行《学海泛舟——本科学生成长手册》中所定要求，每月编写《学生工作简报》。辅导员参与各类培训50余人次，参与校级课题2项，发表管理论文4篇。入选“1442工程”39人，入选“青马工程”32人。

2011届本科毕业生保研考研率34%，本科生和研究生就业率分别为98.66%和98.34%。新增就业基地3个。

八、党建与精神文明建设

全院建有28个党支部，党组织生活有计划、有记录、有考勤、有总结。党员比例本科生为22%，研究生为64.1%，教职工为70.4%。党员发展材料抽查合格率100%。举办两期入党积极分子培训班，共培训学员393名，开展学生党支部书记培训工作。

创办党员之家、创先争优活动简报、教工党员QQ群，搭建党员交流学习平台。获评校“最佳党日活动”二等奖2项，第五届“校园廉洁文化活动月”奖3项。

支持工会、关工委、共青团、学生会的工作，学院“工会之家”被评为“江苏省教科系统模范职工小家”。开展各类文体活动，获评“颂歌献给伟大的党”庆祝建党90周年大合唱比赛一等奖以及校运会开幕式“最佳入场方队”、太极拳比赛二等奖。

（组稿人：汤茂买）

环境学院

一、概况

学院二级机构设置分为教学、科研、实验三类平台。教学平台有环境工程系、市政工程系、环境科学系、化学中心；科研平台有水资源保护与生态修复研究所、现代水处理技术研究所、环境与生态水力学研究所、环境规划与评价研究所、固体废弃物处理与资源化循环利用研究所、环境水利科学研究所等机构；实验平台有实验中心，同时负责建设和管理教育部浅水湖泊综合治理与资源开发重点试验室。

拥有环境科学与工程一级学科博士学位授予权，环境工程、环境科学、景观生态学、市政工程4个二级学科博士学位授予权，环境工程、环境科学、景观生态学、市政工程4个硕士点，并设有环境科学与工程博士后流动站。有环境工程、给水排水工程、环境科学3个本科专业。环境工程为江苏省重点建设学科。

全院现有教职工78人，其中教授13人，副教授20人；博士生导师14人。有本科生821人，博士、硕士研究生409人。

二、学科建设

开展《“环境工程”国家重点(培育)学科建设与发展规划》相关建设工作。完成“211 工程”三期重点学科建设项目“水环境保护与水污染控制”2011 年度建设计划任务。完成优势学科创新平台“水环境综合治理与水质安全”方向 2011 年度建设计划任务。配合学校优势学科创新平台监理专家工作组完成相关工作。完成“江苏高校优势学科建设工程一期项目”项目任务书、年度和季度经费预算。完成江苏省重点学科信息年度报告工作。开展江苏省硕士学位授权一级学科点自评工作。根据《“环境工程”“十一五”期间江苏省重点学科建设计划任务书》开展 2011 年度学科建设工作。

三、人才培养

全年招收硕士研究生 130 人，博士研究生 20 人。毕业硕士研究生 68 人，博士研究生 4 人，就业率 98%。省、校学位论文抽查合格率 100%。获评江苏省优秀硕士论文 1 篇，校优秀博士学位论文 1 篇、优秀硕士学位论文 4 篇。

招收本科生 199 人。本科生毕业率 96.4%、学位率 95%。推荐免试研究生 34 人

获环境科学专业学士学位授予权，获江苏省高等教育教改立项研究课题 1 项、“十二五”本科校级规划教材 2 项、校级双语教学示范课程 1 项、校公共选修核心课程 1 项，1 人被评为校优秀班导师。

四、科学研究

新增合同经费 3512.55 万元，到账经费 3170.99 万元。成功申报国家自然科学基金 9 项，其中面上项目 3 项，青年项目 6 项。

获国家科技进步二等奖 1 项，发表 SCI 论文 44 篇，EI 论文 70 篇，授权发明专利 20 项。

组织各类学术活动 20 余次，教师参加国内外学术会议 60 余人次。

五、实验室建设

理顺实验室管理运行机制，健全规章制度，大型实验设施管理和运行状况良好。

完善实验室建设规划，强化公共平台建设，新购及安装大型仪器设备 600 余万元。

六、师资队伍建设

王超教授当选为中国工程院院士，获评江苏省先进工作者。

入选江苏省第四期“333 高层次人才培养工程”第一层次培养人选 1 人、第二层次培养人选 1 人。入选江苏省首批高校优秀中青年教师境外研修项目 1 人。“水资源保护与生态修复”团队获江苏高等学校优秀科技创新团队和全国工人先锋号称号。

新增博士生导师 1 人，硕士生导师 7 人。完成博士生、硕士生导师信息库工作。引进具有博士学位的专任教师 1 人，博士后研究人员 5 人。

七、学生工作

成功申报大学生创新项目 16 项，其中校级项目 8 项、省级项目 4 项、国家级项目 4 项。41 人次在部省级以上各类学科和科技竞赛中获奖。本科生发表学术论文 5 篇，获国家发明专利 4 项。1 人获江苏省优秀本科毕业设计二等奖。

八、党建与精神文明建设

加强基层组织建设，深入开展创先争优活动，实施“党员先锋岗”、“ 党员之家”创建工作。2

人获评校优秀共产党员，1 人获评校优秀党务工作者，办公室党支部获评校先进党支部。学院获评校精神文明建设先进单位，办公室获评精神文明建设先进窗口，6 人获评精神文明建设先进个人。1 人获评校“三育人”先进个人。学院获评校优秀单位。

截至年底本科生党员比例为 18.99%，研究生党员比例为 56.8%，教师党员比例为 68.9 %。党员发展材料抽查合格率 100%。培养入党积极分子 210 人。党建研究 2 项课题结题。

坚持党外人士联系制度，支持工会、共青团、研究生会、学生会及学生社团工作。走访看望老同志 10 人，组织退休教师进行重阳节登高活动。

（组稿人：薛峰）

能源与电气学院

一、概况

能源与电气学院下设电力工程系、自动化工程系、动力工程系、新能源系、电工电子实验中心、电气自动化实验中心、能源与动力实验中心、电力系统自动化研究所、电力电子与运动控制研究所、水电自动化研究所、能源与动力研究所、河海大学可再生能源研究所(挂靠学院)以及河海大学智能电网研究所(挂靠学院)。拥有电气工程博士后流动站，电气工程一级学科博士点，电气工程、控制科学与工程、动力工程及工程热物理 3 个一级学科硕士点和测试计量技术及仪器二级学科硕士点，电气工程、控制工程 2 个工程硕士授权领域，电力系统及其自动化高校教师硕士专业学位点，电气工程及其自动化、自动化、热能与动力工程、新能源科学与工程 4 个本科专业。现有教职工 110 人，其中教授 17 人，副教授 38 人；博士生导师 16 人，硕士生导师 50 人；国家杰出青年科学基金获得者 1 人，河海特聘教授 1 人。现有本科生 1517 人，博士研究生 39 人，学术型硕士研究生 395 人，全日制专业学位硕士研究生 57 人，非全日制专业学位硕士生 242 人。

二、学科建设

完成电力系统及其自动化、控制理论与控制工程、流体机械及工程 3 个校级重点学科建设任务。

开展优势学科创新平台建设工作，开展“江苏高校优势学科建设工程——海岸带资源开发与安全学科群”项目建设工作，制定专项经费使用管理办法，完成年度建设目标和任务。

三、人才培养

新增江苏省企业研究生工作站 1 个，选拔高水平公派研究生 1 人，培养学术类留学生 6 人。获评校级优秀博士论文 1 篇、优秀硕士论文 3 篇，江苏省学位论文抽检合格率 100%。新增本科专业实习基地 3 个，获评江苏省高等学校精品教材 1 部、本专科优秀毕业设计 1 项。

举办第七届“电气创新杯”电子设计制作竞赛，共有 407 人参赛。获评第六届全国大学生“飞思卡尔”杯智能汽车竞赛一等奖 1 项、二等奖 2 项，华东赛区一等奖 3 项、二等奖 3 项。获评 2011 全国电子专业人才设计与技能大赛一等奖 1 项、二等奖 1 项、优秀奖 2 项，江苏赛区一等奖 4 项、二等奖 1 项、三等奖 3 项、优秀奖 3 项。获评 2011 全国大学生电子设计竞赛二等奖 1 项，江苏赛区一等奖 1 项、二等奖 3 项。

招收博士生 14 人、硕士生 186 人、本科生 431 人、工程硕士生 122 人。毕业博士生 19 人，就业率 100%；硕士生 128 人，就业率 97.66%；本科生 303 人，毕业率 98.1%，学位授予率 95.8%。

四、科学研究

获国家自然科学基金重点项目 1 项、面上项目 1 项、青年基金 5 项、国家自然科学基金重大项目 1 项、省自然科学基金重点项目 1 项。新增科研合同经费 3186.55 万元，到账经费 2097.79 万元。获评中国机械工业科技三等奖 1 项。发表 SCI 论文 5 篇、EI 论文 81 篇。授权发明专利 3 项，出版专著和教材 3 部。

教师、研究生参加国际学术会议 30 余人次，参加全国学术年会 60 余人次。

五、实验室建设与管理

完成电工电子实验中心、电气自动化实验中心、能源与动力实验中心的建设及运行管理。完成工艺实践、单片机课设 2 门实验教学课程的建设与改革。

承担大学生创新训练计划项目国家级 3 项、省级 5 项、校级 27 项。

六、师资队伍建设

专任教师 76 人中有博士 43 人，博士比为 57%。

特聘教授 1 人、副教授 3 人，晋升副教授 2 人。入选江苏省第四期“333 工程”第三层次培养对象 1 人，校优秀创新人才 1 人。

七、学生工作

修订了 14 项规章制度，将学生基本素质的培养融入到日常管理工作之中。

以“七大主题”为抓手，开展新生入学教育工作，即思想政治教育、校纪校规教育、心理健康教育、专业学习教育、诚实守信教育、职业生涯教育、安全防范教育。以学风建设、党团建设、“三困生”帮扶为重点加强学习型学生工作团队建设。

八、党建与精神文明建设

加强学习型党组织建设，推进“创先争优”活动开展，举办了首届“印象能电”图片展、“考察红色圣地，弘扬井冈山精神”等庆祝建党 90 周年系列活动。获评校“颂歌献给伟大的党”庆祝建党 90 周年大合唱比赛第一名、校第五届“校园廉洁文化月”活动优秀组织奖、校廉洁文化创新活动二等奖。获评校“三育人”先进个人 1 人，校精神文明建设先进个人 1 人，校优秀共产党员 2 人，校优秀党务工作者 1 人，电力系党支部获校先进党支部称号。

全院设有党支部共 30 个，其中教工党支部 6 个，本科生党支部 14 个，研究生党支部 10 个。党员 738 人，其中教工党员 74 人，本科生党员 324 人，研究生党员 340 人。发展学生党员 264 人。

（组稿人：徐爽）

计算机与信息学院

一、概况

计算机与信息学院设有计算机科学与技术系、信息与通信工程系、电子信息工程系、计算机基础教学部、计算机应用技术研究所、智能科学与技术研究所、通信与信息系统研究所、探测与对抗研究所、信息工程实验中心、计算机基础实验中心，同时负责建设和管理江苏省水灾害监控与决策支持系统工程中心。建有计算机科学与技术博士后科研流动站，计算机科学与技术、信息与通信工程、软件工程3个一级学科博士点，水信息学二级学科博士点，计算机科学与技术、信息与通信工程、电子科学与技术3个一级学科硕士点，模式识别与智能系统、水信息学2个二级学科硕士点，计算机技术领域、软件工程领域、电子与通信工程领域3个工程硕士点，计算机应用技术高校教师硕士点，计算机科学与技术、通信工程、电子信息工程3个本科专业。计算机应用技术学科团队2002年被评为江苏省普通高校“青蓝工程”优秀学科梯队，计算机科学与技术专业2004年被评为江苏省特色专业，2008年获批国家级特色专业，通信工程专业2008年被评为江苏省精品专业，2010年获批国家级特色专业。

全院现有教职工114人，其中教授及正高级技术职务17人，副教授及副高级技术职务25人；博士生导师14人；具有博士学位44人；江苏省“333工程”培养对象5人，江苏省六大人才高峰培养对象3人，江苏省高校“青蓝工程”中青年学术带头人3人。本科生1159人，硕士研究生400余人，工程硕士200余人，博士研究生68人。

二、学科建设

计算机科学与技术、信息与通信工程、软件工程获一级学科博士学位授予权，电子科学与技术学科获一级学科硕士学位授予权。

完成国家优势学科平台和“211工程”三期年度建设任务。

三、人才培养

全年招收本科生264人，本科生毕业率96.3%，学位授予率91.6%，继续深造率24.4%，英语四级考试累计通过率96.5%。新增实习基地7个。教授、副教授给本科生上课率100%。获评省级教学成果奖1项，主编教材2本。获大学生实践创新训练项目10项，其中国家级4项，省级2项。参加全国软件专业人才设计与开发大赛、全国信息技术应用水平大赛、“北斗杯”全国青少年科技创新大赛、全国大学生信息安全竞赛、江苏省机器人大赛，获评国家级奖10项13人次，省级奖31项37人次。

招收博士生31人，硕士生131人，研究生就业率98%。获评省级优秀硕士论文1篇，省研究生创新工程1项。

四、科学研究

新增科研合同经费1198.7万元，到账经费1134.2万元，均比上年增长50%以上。

主持国家自然科学基金6项，获评省级三等奖2项。发表SCI论文21篇、EI论文61篇，获发明专利授权8项。

五、实验室建设与管理

完善信息工程实验中心和计算机基础实验中心管理办法及规章制度。实验教学开出率达70%，综合性、设计性实验的课程占有实验课程总数的比例达89%，实验项目中综合性、设计性实验达70%。

完成国家及江苏省大学生计算机等级考试任务。

六、师资队伍建设

入选江苏省“333工程”培养对象1人、“六大人才高峰”项目1项。公派访问学者2人。

引进专任教师2人，师资队伍博士比例为52.4%。

七、学生工作

加强学生工作制度建设和队伍建设，鼓励辅导员参加心理咨询师考试、学生思想政治教育课题研究，新增心理咨询师 1 人，完成党建和学生工作课题 2 项，发表党建文章 1 篇、学生管理文章 1 篇。无重大责任事故发生。

分团委创办电子团刊，开展校园文化活动，获评校园文化节和暑期社会实践优秀单位奖。青年志愿者向专业化与基地化方向发展。

八、党建与精神文明建设

以纪念建党 90 周年为契机开展创先争优活动，组织师德师风主题实践、党员承诺、党史教育等活动。教工党支部组织了以“走进梅山　探寻学研产新模式”、“追寻先辈的脚步，践行励学”、“缅怀历史—爱国爱民，放眼未来—从我做起”、“追溯红色足迹，唱响红色旋律”等为主题的特色党日活动。学生党团支部开展了“缅怀革命先烈，探访水利设施，传承河海精神”、“党史校史我来讲”、“12·9 寻找红色记忆”、“党员服务站”、“关爱留守儿童”等党日、团日活动。

本科生党员比例为 20%，研究生党员比例为 64%。

（组稿人：高强）

力学与材料学院

一、概况

力学与材料学院成立于 2009 年 10 月 10 日，由原材料科学与工程学院和土木工程学院工程力学系、环境科学与工程学院水力学与流体力学中心合并组建。

学院现有工程力学国家重点学科、力学一级江苏省重点学科、材料科学与工程校级重点学科，力学博士后流动站，力学一级学科博士学位授权点，土木工程材料博士学位授权点，力学、材料科学与工程 2 个一级学科硕士学位授权点，材料工程领域专业硕士学位授权点，工程力学、材料科学与工程 2 个本科专业。工程力学专业为国家特色专业和江苏省品牌专业。建有国家工科基础课程(力学)教学基地、国家级力学实验教学示范中心、国家级力学基地教学团队和江苏省工程材料实验教学示范中心。

学院设有工程力学系、材料科学与工程系、力学与材料实验中心、工程力学研究所、结构与材料力学研究所、计算力学研究所、水力学流体力学研究所、工程材料研究所、金属材料与防护研究所等 9 个教学、科研机构。现有教职工 110 人，其中教授 34 人，副教授 29 人，博士生导师 22 人。千人计划、长江学者特聘教授 1 人，国家杰出青年科学基金获得者 1 人，全国教学名师 3 人。本科生 583 人，硕士研究生 302 人，博士研究生 94 人。

二、学科建设

获力学一级学科博士学位授权点，完成相应二级学科博士学位点的设置工作。协助完成并成功获得土木工程与防灾减灾学科群江苏高校优势学科建设工程一期项目增列工作。

完成“211 工程”三期和国家优势学科创新平台子项目建设任务，完成力学一级国家重点学科和“十二五”省重点学科申报工作，完成“十二五”学科规划制定工作。

三、人才培养

招收硕士生 98 人、博士生 23 人，进站博士后 3 人。毕业硕士生 70 人、博士生 2 人，研究生就业率 100%。公派留学研究生 3 人，培养国际留学生 3 人。招收本科生 141 人，本科生就业率 98%，继续深造率 38.2%。

获评江苏省优秀博士论文 1 篇，校优秀博士论文 2 篇、优秀硕士论文 2 篇。获江苏省研究生科研创新计划项目 4 项、江苏省研究生双语授课教学试点项目 1 项、江苏省研究生教育教学改革研究与实践课题 1 项、江苏省教学成果一等奖 1 项及高等学校精品教材 1 项。1 名博士生获评宝钢优秀学生特等奖，1 名硕士生获评省级优秀学生干部称号。

组织学生参加各类竞赛，获评国家级奖 23 项、省级奖 30 项。

四、科学研究

新增合同经费 2672 万元，到账经费 2176 万元。获国家自然科学基金 15 项，其中重点项目 1 项、杰出青年基金项目 1 项；新世纪优秀人才计划 1 项，江苏省自然科学基金 1 项；省部级科技一等奖 1 项、二等奖 2 项、三等奖 3 项。发表 SCI 论文 63 篇、EI 论文 99 篇。获授权发明专利 8 项、实用新型专利 8 项。

举办学术会议 6 次，邀请国内外学者做学术报告 37 场次，教师参加国内外学术会议 100 余人次，其中出境学术访问交流 30 余人次。

五、实验室建设与管理

购置 100 吨动静万能试验机等多台套大型实验设备以及智能材料力学机理分析系统等，完成江苏省工程材料实验教学示范中心建设工作，完成江宁校区综合实验大楼规划设计工作。

力学实验中心承办以“青奥会创意体育馆”为主题的学校第六届力学创新思维大赛，有 144 个团队、437 名队员报名，提交实物作品 116 件，是该项竞赛举办以来参赛队伍和参赛人员最多的一次，共评选出特等奖 1 项、一等奖 2 项、二等奖 5 项、三等奖 8 项、单项奖 11 项。组织学生参加青奥会组委会主办的第一届南京青年奥林匹克文化节。

六、师资队伍建设

新增国家杰出青年基金获得者 1 人、国家千人计划特聘教授 1 人、教育部新世纪人才计划 1 人、江苏省“333 工程”培养对象 1 人、江苏省首批产业教授 1 人。

引进具有博士学位的专任教师 6 人，师资队伍博士比为 78%。公派赴国外高水平大学进修 3 人，获中国博士后科学基金资助 3 人。有 2 人晋升正高级技术职务、3 人晋升副高级技术职务。

七、学生工作

制定辅导员联系任课教师制度、课堂考勤制度、学业督导制度、学业预警制度以及期末考试纪律管理办法。辅导员中有 2 人考取国家心理咨询师三级证书。

新增 3 个就业基地，获大学生创新训练计划国家级项目 3 项、校级项目 18 项，学生科技创新成果获得实用新型专利 8 项。获评第八届周培源大学生力学竞赛暨江苏省大学生力学竞赛全国二等奖 2 项、三等奖 6 项、优秀奖 13 项，江苏省特等奖 3 项、一等奖 10 项、二等奖 12 项。获评数学建模竞赛全国二等奖 1 项，江苏省二等奖 1 项、三等奖 1 项。获评第二届大学生非数学专业数学竞赛全国二等奖 1 项，江苏省一等奖 1 项、二等奖 2 项。

获评学校“文明示范宿舍”17 个、“文明宿舍”27 个、“特色宿舍”5 个。

八、党建与精神文明建设

全院有本科生党员 108 人，研究生党员 233 人，教工党员 63 人。举办第三期、第四期入党积极分子培训班，193 人参加学习培训。发展本科生党员 101 人、研究生党员 44 人。本科生党员比例为 18%，研究生党员比例为 65%。

开展争先创优活动，开展公开承诺、创建党员之家和党员先锋岗活动，材料系党支部获评学校先进党支部、1 名教师和 1 名学生分别获评学校优秀党员称号。参加学校“颂歌献给伟大的党”庆祝中国共产党成立90周年大合唱获评三等奖。

召开学院第一届教职工代表大会。力学教学基地团队被江苏省教育科技工会授予“工人先锋号”称号。

（组稿人：霍晓军）

地球科学与工程学院

一、概况

地球科学与工程学院于2009年10月成立，由原土木工程学院地球科学与工程系、测绘科学与工程系，水文水资源学院地理信息科学系以及科学研究院同位素水文研究所组建而成。下设地质科学与工程、测绘科学与工程、地理信息科学3个系，工程地质与灾害、水文地质与环境、同位素水文、测绘工程、遥感与空间信息、地理信息科学与工程6个研究所和地下水科学与工程1个挂靠研究所，地质工程、测绘工程、地理信息系统与遥感3个实验室，并设有江苏省测绘实验教学示范中心、水利建设“3S”技术应用联合实验室(与香港理工大学共建)。

学院现有地质工程1个省级重点学科，测绘科学与技术和地图学与地理信息系统2个校级重点学科，地质资源与地质工程、大地测量学与测量工程、地下水科学与工程3个博士点，地质工程、地球探测与信息技术、矿产普查与勘探、大地测量学与测量工程、摄影测量与遥感、地图制图与地理信息工程、地下水科学与工程、地图学与地理信息系统8个硕士点，地质工程、测绘工程2个工程硕士专业学位领域，地质工程、测绘工程、地理信息系统3个本科专业。全院有教职工111人，其中教授23人，副教授36人；博导25人。有本科生789人，全日制硕士研究生377人，博士研究生58人。

二、学科建设

成功合作申报江苏高校优势学科建设工程一期项目土木工程安全与减灾学科群。

完成地质资源与地质工程、测绘科学与技术、地理学、地质学4个一级学科点基本状态数据填报工作，完成优势学科创新平台年底建设任务。

三、人才培养

招收博士生8人、硕士生108人。获江苏省研究生科研创新计划4项，获评校级优秀博士论文1篇，新增联合培养及实践教学基地2个。

全年招生本科生222人。本科生毕业率97.09%，学位授予率95.34%，升学率42.53%，就业率98.28%，英语四级考试通过率94.12%。获大学生创新训练计划国家项目5项、省级项目2项、校级项目9项。参加各类竞赛获评国家级奖4项、省级奖5项、校级及其他奖49项，校级本科优秀毕业设计(论文)9项。成功申报测绘工程省高等学校教学示范中心。

四、科学研究

获国家自然科学基金项目3项、青年项目3项。新增科研合同经费1806.68万元，到账经费1768.26万元。

获省部级以上奖2项，发表SCI论文7篇，EI论文48篇，授权专利1件。

组织开展各类学术交流和社会服务活动。主办激光雷达与合成孔径雷达测图技术与应用国际研讨会。教师参加国际国内学术会议50人次，学生参加国际会议30人次、校际交流200人次。邀请国外专家学者3人次、国内专家学者10人次来校讲学。先后与南京市测绘勘察研究院有限公司、江苏省工程勘测研究院有限责任公司、无锡市测绘院有限责任公司签订产学研合作协议。成立江苏省大型工程地基基础稳定性与安全监控工程技术研究中心。

五、实验室建设与管理

实验室各项管理制度健全，规章明确。实验用房总面积1775平方米，设备资产总值近1000万元，承担实验课程25门、实验项目148个，涉及到18个专业的2000多名本科生、研究生。

六、师资队伍建设

新增博士生导师4人、硕士生导师3人。新增教授1人、副教授2人。

引进1名外籍教师为专职教师，引进具有博士学位的专任教师7人，专任教师博士比63%，招收脱产博士后1人。

选派3人出国留学或做访问学者。

七、学生工作

加强学生日常管理工作，开展新生入学教育、心理健康教育、廉洁文化教育、素质教育等活动。

完成《加强“90后”大学生党员教育培训工作研究》课题。

组建25支团队、400多名学生参加暑期社会实践活动，建立暑期社会实践基地5个。加强团组织建设，打造“我们的爱”特色主题活动，获评学校优秀分团委称号。

八、党建与精神文明建设

学院现有党支部20个，其中教工党支部5个，学生党支部15个；党员481人，其中教工党员69人，本科学生党员159人，研究生党员253人。发展学生党员143人，培训本科生入党积极分子260人。

开展创先争优活动，院党委委员参加各支部会议并进行督导，推进学习型党组织建设。获评“校园廉洁文化月”活动8项奖。获评“颂歌献给伟大的党”大合唱比赛第八名，“三育人”先进个人、精神文明建设先进个人、优秀共产党员、优秀党务工作者各1人，院办公室党支部被评为先进党支部。

（组稿人：唐宏）

理 学 院

一、概况

理学院下设数学系、大学数学部、物理系、物理实验中心、数学技术实验室、数学研究所、应用物理研究所等机构。现有数学与应用数学、应用物理、信息与计算科学3个本科专业，数学、统计学2个一级学科硕士学位授予点，凝聚态物理、水系统科学2个二级学科硕士学位授予点和水系统科学博士学位授予点。

学院现有教职工95人，其中教授8人，副教授23人，高级工程师(实验师)2人。40人具有博士学位。有本科生527人，硕士研究生93人，博士研究生10人。

二、学科建设

新增统计学一级硕士点。

完成江苏省特色专业和校级重点学科和应用数学的建设任务。

三、人才培养

招收博士生 6 人；招收硕士生 24 人，毕业 29 人，就业率 100%；招收本科生 140 人，毕业 133 人，就业率 97.12%。

获江苏省本科优秀毕业论文 1 篇、江苏省高等教育教学改革立项研究课题 1 项，申报成功校级公选课核心课程 1 门、校级双语教学示范课程 1 门、校级研究性教学示范课程 2 门。

在 2011 年全国大学生数学建模竞赛中，学院组织辅导的参赛队获评研究生数学建模竞赛全国二等奖 1 人，三等奖 2 人；大学生数学建模竞赛国家一等奖 1 人、二等奖 3 人，省一等奖 3 人、二等奖 4 人、三等奖 8 人。获评大学生数学竞赛(非数学专业)全国一等奖 1 人、二等奖 3 人。获评第十二届“挑战杯”大学生课外学术科技作品竞赛国家二等奖 1 人，省特等奖 1 人。获评“中天科技杯”江苏省高校第八届大学生物理及实验科技作品创新竞赛特等奖 1 人、一等奖 3 人、二等奖 1 人、三等奖 3 人。

四、科学研究

新增合同经费 253 万元，到账经费 219.9 万元。发表论文 70 余篇，其中 SCI 检索 28 篇，EI 检索 21 篇。

举办或参加学术交流活动 35 次，邀请国外专家学者 6 人前来讲学。教师出国访问和参加学术会议 6 人次，参加大型全国性、国际性学术会议 35 人次。

五、实验室建设与管理

完成全校 88 个本科班的大学物理实验课程、应用物理专业和海洋专业 3 个班的普通物理实验课程、应用物理专业 2 个班的近代物理实验、光电子学实验、传感器实验、单片机实验的教学工作。完成开放实验室建设和省级实验示范教学中心建设任务。

六、师资队伍建设

新增青年教授 1 人、副教授 2 人。引进具有博士学位教师 4 人。

1 人入选江苏省“333 工程”第三层次培养对象，1 人获“宝钢教育奖”优秀教师。

七、学生工作

新增就业基地 2 个。建立院级心理辅导站，新增 1 名心理健康咨询师。

68 人次获校级以上各类奖学金和荣誉称号，全年无重大安全事故。

八、党建及精神文明建设

全院共有 11 个党支部，其中教工党支部 4 个，本科生党支部 4 个，研究生党支部 3 个。党员 270 人，其中教工党员 48 人，本科生党员 153 人，研究生党员 69 人。发展党员 85 人。

党校举办培训班 1 期，教工 1 人、学生 143 人获结业证书。

（组稿人：马德祥）

商 学 院

一、概况

商学院前身是1983年成立的管理工程系。现设有管理学与人力资源、市场营销、财务金融、会计学、管理科学与信息管理、工程经济与工程管理、经济学与国际贸易7个系，水利经济、战略管理、投资、环境会计与资产管理、知识产权、技术创新与经济发展、管理科学、工程管理、规划与决策、人力资源、产业经济、项目管理信息化、国际工程与海外项目管理、日韩企业、工程哲学与管理、基础设施投融资、科技经济、东方管理、游艇管理、水利管理创新、营销行为21个研究机构和MBA教育中心、工程硕士教育中心、国际教育中心、高级管理培训与咨询中心职业教育与社会服务机构等。

学院设有管理科学与工程、工商管理2个博士后流动站，管理科学与工程、工商管理2个一级学科博士学位授予点，管理科学与工程、工商管理、应用经济学、理论经济学4个一级学科硕士点，工商管理硕士(MBA)、项目管理、物流工程、工业工程、会计学、资产评估、工程管理、国际商务、金融学9个专业学位硕士点，管理科学与工程、工商管理、应用经济学3个大类本科专业共16个专业方向。技术经济及管理是国家重点(培育)学科及江苏省重点学科，工商管理是江苏省重点一级学科，工程管理与项目管理是江苏省重点学科。

学院现有教职工189人，其中专任教师117人。有教授25人，副教授41人。具有博士学位教师占全院教师的66.7%。有学生4598人，其中博士研究生508人、硕士研究生409人、专业学位硕士生1815人、本科生1866人。

学院正式成为国际商学院联合会会员。

二、学科建设

工商管理获一级学科博士学位授权。

完成“211工程”三期建设项目、国家优势学科创新平台和江苏省优势学科建设任务。

三、人才培养

全年招收博士研究生94人，硕士研究生739人，本科生466人。毕业博士生73人，硕士生368人，研究生就业率99.37%。毕业本科生566人，就业率97.1%。

公派研究生出国留学4人。本科生出国学生52人，其中“2+2”项目30人，“4+1”项目22人。招收国际留学生12人，其中本科生5人，硕士研究生7人。

四、科学研究

新增科研合同经费2159.69万元，到账经费1773.63万元。主持国家自然科学基金1项、国家社科基金2项。

发表论文406篇，其中SCI论文2篇、EI论文107篇。出版论著15部。获省部级以上奖项6项、国家发明专利1项、实用新型专利3项、软件著作权4项。新增江苏企业国际化发展研究基地。

组织各类学术会议30多场，主办第六届亚洲组织发展峰会暨2011亚洲组织发展国际学术会议、第二届游艇产业发展与游艇管理圆桌研讨会(深圳)。教师参加国内外重要学术会议50多人次。

五、实验室建设与管理

启用管理信息系统教学实验室和管理行为实验室。水经济与管理实验室和竞争情报实验室建设进入最后调试阶段。

六、师资队伍建设

全年引进教师4人，其中博士后2人，外校毕业博士1人，海外博士1人。入选江苏省“333人才培养工程”第二层次1人、第三层次1人。进站博士后3人。

与美国阿拉巴马大学亨茨威尔分校共建3支国际学术合作团队，与美国加州大学河滨分校共建2支国际学术合作团队。选派出2人出国进修。

七、学生工作

完善学生工作制度，创建特色宿舍16个。主持完成学生工作相关课题3项，辅导员发表管理论文1篇。

全年违纪率0.37%，就业工作考核为优秀。

八、党建与精神文明建设

学院有党支部46个，其中教工党支部9个，本科生党支部14个，硕士生党支部20个，博士生党支部3个。有党员977人，其中教工党员84人，本科生党员472人，硕士生党员428人，博士生党员77人。发展党员256人，本科生、研究生党员比例分别为23.76%、61.42%。

党课培训418人，培训支部书记80人次。

（组稿人：赵冰）

公共管理学院

一、概况

公共管理学院设有行政管理、社会保障、新闻传播学、社会学4个系和应用心理学研究所、政治学研究所、社会保障研究中心、国土资源管理研究所、政府水管理研究所、环境与社会研究中心、人口与发展研究中心等研究机构。河海大学中国移民研究中心、水利部水库移民经济研究中心、河海大学性别与发展研究中心、河海大学社会发展研究所、河海大学普通话测试站等挂靠学院。

学院设有社会学、移民科学与管理2个二级学科博士点，社会学、公共管理学、新闻传播学、政治学、教育学、哲学6个一级学科硕士点和应用心理学等二级学科硕士点，公共管理、社会工作2个专业学位硕士点，劳动与社会保障、广播电视新闻学、播音与主持艺术3个本科专业。参与技术经济与管理博士点和管理科学与工程、工商管理博士后流动站建设。学院现有专任教师64人，其中教授14人，副教授14人；博士生导师18人。全院学生1190人，其中本科生602人，硕士研究生534人，博士研究生54人。

学院与世界银行、亚洲开发银行、欧洲投资银行、英国国际发展部、澳大利亚国际开发署、日本协力开发银行、世界粮食计划署、国际水资源协会、国际水电协会、福特基金会等国际机构以及美国、德国、英国、荷兰、澳大利亚、日本、韩国等10多个国家的高校和研究机构建立了合作关系，开展学术交流与合作。

二、学科建设

完成校级重点学科的规划与建设任务。

完成学校“211工程”三期技术经济与管理重点学科建设领域移民方向的建设和优势学科创新平台建设工作。

三、人才培养

全年招收本科生170人，毕业85人，毕业率95.5%，学位率95.5%。招收硕士研究生188人，工程硕士65人，博士研究生24人。授予158人硕士学位，研究生就业率92%。

入选学校双语教学示范课程2门、第一批公共选修课核心课程9门、研究性教学示范课程1门、“十二五”本科规划重点立项建设教材1部。

劳动与社会保障专业和广播电视新闻专业人才培养质量持续提高，其中劳动与社会保障专业2011年全国专业排名第八，广电专业学生拍摄的纪录片《砺剑》获2011四川电视节“金熊猫”国际大学生影视作品大赛“评委特别奖”。

与江苏省土地勘察规划研究院共建河海大学公共管理学院研究生实践基地。

四、科学研究

新增合同经费2101万元，到账经费1502万元。获国家社科基金2项，国家自然科学基金1项，教育部人文社会科学研究项目3项，江苏省社科基金2项，江苏省高校哲学社会科学研究项目3项。

获评江苏省第十一届哲学社会科学优秀成果二等奖1项，南京市第十次哲学社会科学优秀成果三等奖1项、优秀奖1项，南京市第九届自然科学优秀学术论文三等奖2项。发表论文154篇，其中国际顶级期刊《Science》1篇，EI论文13篇。出版专著4部。

举办各类学术讲座50多场次。主办第二十一届中国社会学会年会“移民与社会发展”和“环境社会学”论坛、高等教育学第十五届学术沙龙、教育部社会学学科教学指导委员会暨高校社会学系主任会议等。邀请国际国内专家学者20多人次来校举办讲座，师生参加各类学术会议130多人次。

五、实验室建设与管理

完善实验室管理制度，加强实验室日常管理，保证实验室一周6天正常开放，提高实验室服务质量。

六、师资队伍建设

引进专任教师5人，其中具有博士学位教师3人。新增博士生导师2人、硕士生导师4人。公派出国进修1人。

19人在职攻读博士学位，1人做博士后研究。师资队伍博士比为64.5%。

新聘兼职教授4人。

七、学生工作

分团委获评“江苏省五四红旗团委创建单位”，学生会获评校“优秀学生会”。获评第七届国际黄山登山大赛国内男子组第一名，全国大学生“党旗颂”演讲大赛三等奖，校运会女子团体第一名、男子团体第六名，“河海杯”系列赛事女篮冠军、辩论赛团体冠军、“定向闯关”挑战赛三等奖。

入选“挑战杯”全国大学生课外学术科技竞赛省级项目1项、校级项目3项和全国大学生创新训练计划校级项目8项。获校第九届研究生科技文化艺术节优秀组织奖。3人获评优秀研究生会干部，1人获评优秀研究生科协干部，15人获评“金水节先进个人”，1人获评“金水节优秀指导教师”，2人获评科技之星，5人获评优秀研究生。

八、党建与精神文明建设

学院现有党支部37个，其中本科生党支部8个，研究生党支部20个，教职工党支部9个。全院共有党员843人，其中教职工党员106人，学生党员737人。发展党员180人，其中本科生102人，研究生78人。

落实党风廉政责任制，民主建设与廉政建设相结合。

（组稿人：林苍桑）

法 学 院

一、概况

法学院设有环境法研究所、公用事业法研究所、商法研究所、法律援助中心等机构，校法律事务办公室、水利政策法制研究与培训中心（水利部发展研究中心与河海大学共建）挂靠法学院。有环境与资源保护法学、宪法与行政法学、民商法学、经济法学、国际法学5个硕士点和法律硕士专业学位点及法学本科专业。现有教职工38人，专任教师33人，其中教授3人，副教授14人；博士生导师1人。全院学生421人，其中硕士研究生132人，本科生289人。

二、学科建设

以环境与资源保护法校级重点学科为基础，以水利政策法制研究与培训中心为平台，重点开展水利法制研究。

新增经济法学、国际法学2个二级学科硕士学位授权点。

三、人才培养

招收本科生71人，毕业71人，毕业率100%，英语四级考试通过率93.1%，学位授予率100%，就业率97.18%，司法考试通过率44.9%。新增1个校外法学实践基地。

获评第四届“仙林成才杯”模拟法庭大赛合议庭组三等奖。实践教学被中央电视台“社会与法”频道采访并于“庭审现场”栏目播出。

招收全日制硕士研究生41人、专业学位研究生6人，毕业51人，就业率76.56%。《公司法》获评江苏省高等学校精品教材。举办2011年中国环境资源法学研究会教学研讨会。

四、科学研究

新增科研合同经费131万元，到账经费147.9万元。发表CSSCI论文21篇、SSCI论文1篇。获省级科技奖励1项、江苏高校哲学社会科学研究优秀成果奖1项。获国家社科基金青年项目1项、后期资助项目1项、重大项目子课题1项，教育部人文社科基金规划项目1项，青年项目1项，江苏省社科基金青年项目1项、江苏高校哲学社会科学重点研究基地重大项目1项。

参加国际会议9人次、全国性学术会议19人次。

五、师资队伍建设

教师博士比为42%。

入选江苏省第四期“333高层次人才培养工程”中青年科学技术带头人1人、马克思主义理论研究和建设工程教育部高等学校哲学社会科学重点教材编写课题组成员1人。当选中国社会学会法律社会学专业委员会常务理事1人。

六、学生工作

1人代表江苏省参加中央党校优秀青少年党史教育学习班，1人获评江苏省优秀学生干部荣誉称号，1人获评第五届“律苑星辉”江苏高校法律人风采大赛二等奖，2人获评全国英语演讲比赛优秀奖，1人获评全国大运会健美操冠军，1人获评省级创新课题立项。

成立河海大学研究生思源法学研究会，举办第一届河海大学思源法学论坛。

七、党建及精神文明建设

学院现有党支部8个，其中教职工党支部1个，学生党支部7个。本科毕业生和研究生党员比分别为45%和90%。党员发展材料抽查合格率100%。发表党政管理类论文3篇。

坚持党政联席会议制度和民主集中制，推进院务公开，保证教职工在重大事项上的知情权、参与权和监督权。

（组稿人：郑玮炜）

马克思主义学院

一、概况

马克思主义学院成立于2011年5月。设有政治教育、马克思主义哲学2个系，思想政治教育、马克思主义与当代、水利与社会发展3个研究所，学校张闻天研究所、社区研究中心挂靠学院。学院现有思想政治教育、马克思主义基本原理2个博士点，马克思主义理论一级学科硕士点，马克思主义哲学、中共党史、科学社会主义与国际共产主义运动3个二级学科硕士点，思想政治教育本科专业。思想政治教育专业为江苏省特色专业。

学院现有教职员工43人，其中教授16人，副教授8人；博士生导师10人；拥有博士学位教师19人。

二、学科建设

加强马克思主义理论校级重点学科建设，完善马克思主义理论二级学科设置，对马克思主义发展史、马克思主义中国化研究、国外马克思主义研究以及中国近现代史基本问题研究等二级学科的设置进行了论证。

三、人才培养

全年招收博士生26人、硕士生22人，授予博士学位5人、硕士学位25人。本科毕业生25人，就业率88%。

获江苏省优秀硕士毕业论文1篇、江苏省研究生培养创新工程项目2项。1人获评“纵横捭阖全国辩论赛”最佳辩手和南京市16校辩论赛“最佳辩手”，1人获评第七届全国大学生文学作品大赛二等奖，1人获评中央电视台“希望之星”英语风采大赛南京赛区三等奖，1个团队获评2011年度公益创意大赛全国优胜团队。

四、科学研究

获国家社科基金2项、教育部专项项目1项、省教育厅高校哲学社会科学研究项目2项、省社科联应用研究课题 2 项。新增科研合同金费 110.5 万元，到账经费 99.3 万元。

获评江苏省第 11 届哲学社会科学优秀成果三等奖 1 项、南京市第 10 次哲学社会科学优秀成果二等奖 1 项、江苏省社科联学术大会学术成果一等奖 1 项、二等奖 2 项、优秀奖 1 项。发表论文 120 篇，其中 CSSCI 论文 35 篇。出版教材、论著 3 部。

五、师资队伍建设

全年引进博士学位教师 1 人、博士后出站人员 1 人。新增博士生导师 1 人、硕士生导师 2 人。待引进博士 7 人。

入选江苏高校思想政治理论课教学指导委员会 2 人，江苏省第四期“333 高层次人才培养工程”培养对象 1 人。1 人获校优秀主讲教师，2 人获评青年教师讲课竞赛二等奖。思想政治理论课教学团队被评为校优秀团队，“马克思主义基本原理概论”课程组分别获校“巾帼示范岗”和省妇联“巾帼文明岗”称号。

六、学生工作

加强学生辅导员制度建设，建立辅导员、班主任和任课教师联席会议制度。

七、党建与精神文明建设

教师党员 36 人，本科生党员 31 人，研究生党员 67 人。

（组稿人：蓝辛娇）

外国语学院

一、概况

外国语学院下设英语系、大学英语教学一部、大学英语教学二部、研究生英语教学部、俄德法日语教学部、语音实验室、外国语言文化研究所、河海大学外语培训中心等机构。设有英语语言文学硕士点和英语本科专业。

学院现有教职工 89 人，其中教授 4 人，副教授 22 人；研究生学历 56 人，35 岁以下青年教师 26 人。有研究生 96 人，本科生 347 人。

二、学科建设

新增外国语言文学一级学科硕士点。制定翻译硕士专业培养方案。

三、人才培养

招收研究生 28 人，本科生 94 人。英语专业四级考试一次通过率 83.52%，八级考试一次通过率 83.53%。毕业生就业率 97.6%。

教授、副教授承担本科教学任务任课率 100%。举办首次河海大学大学生英语演讲比赛。

获评全国大学生英语竞赛省级特等奖 2 项、一等奖 6 项、二等奖 22 项、三等奖 38 项，获评“外研社杯”全国英语演讲大赛江苏赛区二等奖 1 项、三等奖 1 项，获评全国高师学生教师职业技能大赛江苏赛区二等奖 3 项、三等奖 2 项、优胜奖 3 项，获评 CCTV 希望之星英语风采大赛江苏赛区大学成人组季军。

四、科学研究

获省社科基金重点项目 1 项。发表论文 30 篇，其中 CSSCI 5 篇。出版教材 1 部、译著 3 部、专著 1 部。

参加学术交流活动 30 人次，邀请校内外专家做学术报告 3 次。

承办江苏省 2011 年国际化背景下的翻译与翻译研究学术研讨会。

五、实验室建设与管理

实验开出率 100%，为全校学生提供网教网学的技术支持。新建同声传译室 1 间。

六、师资队伍建设

1 人获硕士学位，1 人获博士学位，4 人在职攻读博士学位。3 人晋升高级专业技术职务。出国进修 4 人。

引进人才 2 人，其中博士后 1 人，特聘教授 1 人。

七、学生工作

举办配音大赛、风筝节、迎新晚会、新生话剧节、校园危机公关大赛等活动。

获评学校举办的第九届研究生科技文化艺术节优秀组织奖、暑期社会实践先进单位。

八、党建及精神文明建设

学院现有党支部 9 个，其中教工党支部 5 个，学生党支部 4 个。有党员 171 人，其中教工党员 39 人，学生党员 132 人。发展学生党员 54 人。

学院两办党支部获评校级先进党支部、精神文明建设先进窗口。

（组稿人：吴桦）

体　育　系

一、概况

体育系成立于 1985 年，前身是体育教研室。承担全校公共体育教学、体育科研、校高水平运动队训练、群体竞赛和学生体质健康测评与管理工作。下设系办公室、体育教育第一教研室、体育教育第二教研室、军事理论教研室、大学体育教育科研所，设有体育教育训练学硕士点。现有教职工 50 人，其中教授 5 人，副教授 13 人；硕士生导师 5 人。教师拥有博士学位 1 人，硕士学位 17 人。

我校是全国首批创建高水平运动队高校，实施“体教结合”发展战略，足球、健美操、田径、乒乓球为重点项目，运动成绩在全国和江苏省高校名列前茅。学校运动场地总占地面积 192765 平方米，其中校本部 43546 平方米，江宁校区 102140 平方米，常州校区 47079 平方米，体育馆与练习馆 12000 平方米。有标准田径场 4 个，人造草皮足球场 3 个，天然草皮足球场 2 个，游泳池 4 个，篮球、排球、网球、手球、棒球教学场地 89 片，健美操、健身房、乒乓球、羽毛球、武术教学场地 25 片以及体质测试室和多媒体教室。

二、学科建设

完成体育教育训练学硕士点年度建设任务。

三、人才培养

完成全校本科生体育课程教学任务，获评江苏省公共体育课程建设考核优秀学校。

完成全校本科生军事理论课教学任务，获评江苏省普通高校军事理论课程评估合格学校、江苏省优秀多媒体教学课件评比一等奖、江苏省第四届普通高校军事课教师授课竞赛一等奖、校研究性示范课程1门。

开设10门人文素质选修课。

全年招收硕士研究生5人。

四、科学研究

完成省教育厅下达的研究课题2项，发表核心期刊论文8篇、正式刊物论文20余篇。获评省体育学科论文报告会二等奖6项、三等奖8项及优秀组织奖。

五、师资队伍建设

新增副教授3人、讲师2人。在职攻读博士学位2人、硕士学位9人，获硕士学位3人。1人获评校青年教师讲课竞赛二等奖。

完善《体育教师岗位职责和规定》，制定《体育系2011—2013年教师岗位设置方案》并完成聘用工作。

六、党建与精神文明建设

教师预备党员转正2人，学生预备党员转正1人。

开展纪念建党90周年党史学习、第五届“校园廉洁文化月”活动。

发布河海主页新闻11篇。

（组稿人：李梅）

机电工程学院

一、概况

机电工程学院设有机械工程、热能与动力工程、材料科学与工程、工业设计4个系，力学、工程图学2个教研室，机电工程学院实验中心、常州校区工程训练中心、机械基础(省级)实验教学示范中心3个实践教学平台，疏浚技术教育部工程研究中心、常州市数字化制造技术重点实验室、河海大学机械设计与制造研究所、河海大学机电控制与机器人研究所、河海大学焊接技术与金属结构研究所、河海大学热能工程研究所、河海大学工业设计研究所、河海大学疏浚教育和研究中心挂靠学院，拥有机械工程一级学科硕士点和材料加工工程二级学科硕士点，机械工程、材料工程2个专业学位硕士点，机械工程及自动化、热能与动力工程、金属材料工程、工业设计、数字媒体艺术5个本科专业。有本科生2085人，硕士研究生174人，工程硕士120余人。有教职工110人，其中专任教师81人；教授10人，副教授及高级实验师29人；博士生导师3人；博士学位教师28人。

二、学科建设

疏浚技术教育部工程研究中心建设项目通过教育部组织专家组验收，常州市数字化制造技术重点实验室获绩效评估优秀，常州校区工程训练中心入选江苏省示范中心建设点。

三、人才培养

全年招收硕士研究生 66 人，研究生毕业率、学位授予率 100%，就业率 96%。招收工程硕士 31 人。新增 4 家江苏省企业研究生工作站。

机械工程及自动化本科专业和机械工程工程硕士领域列入“教育部卓越工程师计划”，继续推进实施校区“英才计划”。

数字媒体艺术专业通过省学士学位授权评审。获评江苏省 2011 年教育教学成果一等奖 1 项、江苏省优秀毕业设计团队 1 支、江苏省高等学校精品教材 1 项、校研究性教学示范课程 2 门。

本科生就业率 98.48%，升学出国率 25%。获评首届全国模拟设计网络大赛二等奖 2 项和第一届江苏省大学生工程训练综合能力竞赛暨全国选拔赛二等奖 1 项、三等奖 2 项，获评 2011 全国 3D 大赛江苏赛区特等奖 3 项、一等奖 9 项、二等奖 3 项，获评 2011 年江苏省“领航杯”大学生数字媒体作品竞赛二等奖 1 项、三等奖 6 项。

四、科学研究

获国家自然科学基金 2 项、江苏省自然科学基金 3 项。新增科研合同经费 847 万元，发表 SCI 论文 2 篇、EI 论文 24 篇。出版专著 2 部。

获评大禹水利科学技术二等奖 1 项、中国水运建设行业协会科学技术一等奖 1 项。获授权发明专利 2 项、实用新型专利 18 项。

五、实验室建设与管理

常州市数字化制造技术重点实验室以优秀成绩通过绩效评估，工程训练中心入选江苏省省级实验教学示范中心建设点。完善实验室开放管理办法，加强实验室安全管理，各专业实验室配备了专门安全员。

购置实验设备 130 台件，总价值 300 万元。

六、师资队伍建设

专任教师博士学位比为 31%。新增硕士生导师 4 人。

足球机器人创新团队被江苏省教育科技工会授予“工人先锋号”称号，1 人获“常州市劳动模范”称号，1 人入选江苏省第四期“333 工程”第三层次培养对象。

七、学生工作

任课教师、班导师、辅导员相互配合，通过“朋辈帮扶”、主题教育活动等进一步探索学生教育管理的新途径。

开展校园文化活动、志愿者服务活动和社会实践活动。

获评全省教育系统廉洁文化周动漫作品一等奖，学生创新团队“E 龙队”获评常州市大学生“十佳社团”。3 人获江苏省高校“三好学生”称号，1 个班获江苏省高校“先进班集体”称号。

八、党建和精神文明建设

全年发展党员 275 人，截至年底本科生党员 448 人，比例为 21.6%。开展“党员之家”、“党员服务先锋岗”、“教师先锋岗”、“学生党员示范岗”等创建活动，编发机电简报 8 期、创先争优简报 10 期，向校区报送新闻 30 条。

获评校优秀党务工作者 1 人、优秀共产党员 1 人、先进党支部 1 个。获评最佳党日一等奖 1 项、二等奖 2 项、党建创新奖 1 项。学院获评校精神文明先进单位，办公室获评精神文明先进窗口。

（组稿人：丁显有）

计算机与信息学院(常州)

一、概况

计算机与信息学院(常州)现设有通信与电子工程系(研究所)、电气与控制工程系(研究所)、计算机技术系(研究所)、物联网工程系(研究所)、水下信息感知技术研究中心、输配电技术研究中心、电子与信息技术实验中心、计算机基础实验中心8个二级机构。

现有通信工程、电子信息工程、自动化、计算机科学与技术、电子科学与技术、物联网工程6个本科专业，通信与信息系统、检测技术与自动化装置2个硕士点，电子与通信工程、计算机技术2个专业学位硕士点。现有教职工103人，其中专任教师86人；教授10人、副教授21人；具有博士学位教师占39%。

有博士研究生8人，硕士研究生189人，工程硕士生128人，本科生1820人。

二、学科建设

与校本部计算机与信息学院合作申报信息与通信工程一级学科博士点获得批准，设立水下探测与通信、智能传感与计算两个研究方向。

三、人才培养

全年招收博士研究生6人，硕士研究生76人，工程硕士37人，本科生469人。硕士研究生毕业51人，毕业率100%，就业率100%。工程硕士毕业33人。本科生毕业率95.9%，学位授予率92.5%，升学出国率27.4%，就业率98.71%。

物联网工程专业入选国家特色专业建设点。获评省教学成果一等奖1项、省精品教材1部、省第十届高等教育科学研究优秀成果三等奖3项、省高校教学管理研究会优秀论文三等奖1项、江苏省高等教育教改研究立项课题1项、省“十二五”高等教育科学研究规划课题2项、省优秀硕士论文1篇、省高校本专科毕业设计(论文)三等奖1项。

获评软件专业人才设计与开发大赛全国三等奖1项、江苏省一等奖1项、二等奖6项、三等奖7项，大学生电子设计竞赛全国二等奖1项、江苏赛区一等奖2项、二等奖10项，第六届大学生“飞思卡尔杯”智能汽车竞赛全国一等奖1项、二等奖1项、华东赛区一等奖1项、二等奖5项，第四届全国大学生节能减排社会实践与科技竞赛二等奖1项、江苏省高校第八届大学生物理及实验科技作品创新竞赛一等奖1项、二等奖3项、三等奖4项。200名师生参加第二十六届世界大学生夏季运动会竞赛信息技术系统的总体设计以及注册报名、计时记分、成绩处理、信息发布、电视字幕等服务工作。

四、科学研究

新增科研合同经费803.95万元，到账经费682.99万元。出版学术专著6本。发表SCI论文11篇、EI论文30篇。授权发明专利7项。获国家自然科学基金2项。

召开2011年中俄双边动物磁导航暨环境感知与行为观测技术研讨会，承办水利量测技术专业委员会六届四次委员会会议。组织学术报告30余场。

五、实验室建设与管理

江苏省输配电装备技术重点实验室通过省科技厅中期检查。常州市输配电及节电技术重点实验室通过常州市科技局验收。常州市传感网与环境感知重点实验室通过常州市科技局中期检查。

完成通信工程国家特色专业实验室建设任务。

六、师资队伍建设

全年新增博士生导师2人、硕士生导师2人、教授1人、副教授1人、高级实验师1人。引进博士4人。

获评江苏省高等学校教学名师奖1人，江苏省教育科研先进工作者1人。入选江苏省“333”人才培养计划1人、校优秀创新人才培养计划1人、校优秀主讲教师1人。

出国进修1人，出国参加学术交流2人。

七、学生工作

获评江苏省优秀班集体1个和江苏省“三好学生”2人。

组织47支暑期社会实践小分队，赴各地开展实践活动。举办就业指导活动37场和招聘会93场，建立就业基地2个。

八、党建与精神文明建设

现有6个教职工党支部、16个学生党支部，有教职工党员69人、学生党员515人。新发展党员269人。举办2期党校培训班，743人参加培训。

获评校“党建工作创新奖”1项、“最佳党日活动”三等奖2项。

学院获评校“三育人”先进集体。

（组稿人：赵国芬）

商学院(常州)

一、概况

商学院(常州)设有会计学、国际经济与贸易、信息管理与信息系统、工商管理4个系，低碳经济与技术、水利信息统计与管理、中小企业管理、企业信息化与工业工程、区域经济研究中心(苏南经济发展研究所合署)5个研究所(中心)，以及经济与管理实验教学中心(省级)、河海大学——金蝶国际软件集团企业信息化研究培训基地，设有会计学、国际经济与贸易、信息管理与信息系统、工商管理4个本科专业，管理科学与工程、应用经济学、工商管理3个硕士点，工业工程、项目管理、物流工程3个工程硕士授权领域。

学院现有教职工64人，其中教授、副教授17人；博士生导师、硕士生导师13人；本科生1591人，硕士生28人，工程硕士生69人。

二、学科建设

根据学科建设规划，重点建设低碳技术经济、苏南经济发展、民生水利服务管理、水利信息统计与管理、水利旅游管理等学科方向。

三、人才培养

教授和副教授上课率100%。招收本科生410人，毕业394人，毕业率98.5%，就业率99.25%，学位授予率97.7%，英语四级考试通过率99.3%，计算机等级考试二级通过率47.9%。

创新人才培养模式，从一年级中选拔优秀学生实施“英才计划”，配备学术导师，制订个性化培养方案。获评省高等学校优秀多媒体教学课件二等奖1项、省普通高等学校本专科毕业设计(论文)二等奖1项、省高等教育学会“十二五”高等教育科学研究规划课题1项。

全年招收研究生14人，工程硕士生15人，本科生410人。

四、科学研究

获国家社科基金1项、教育部人文社科项目2项。新增科研合同经费320万元。发表SCI论文1篇、CSSCI论文14篇、EI论文3篇。获软件著作权6项。出版专著4本。

获评商业联合会服务业科技创新三等奖1项、商业联合会科技进步奖3项、常州市哲学社会科学优秀成果奖4项。

举办学术报告30余次，专家讲座10余次。11人次参加国内外学术会议。

五、实验室建设与管理

加强经济与管理实验教学中心建设，投入20万元新购设备及软件25件(套)。

实验课程开出率达100%。

六、师资队伍建设

新增硕士生导师2人，副教授2人，引进博士1人。

鼓励青年教师攻读博士学位，5人通过博士毕业论文答辩。2人获评学校讲课竞赛二等奖。

七、学生工作

举办“心交流·新起点”新生交流会、“点对点·心交心”班级交流活动、“携手青春·你我同行”素质拓展活动、“大学生应该如何学习”主题班会、“选择+坚持=成功”名师名人讲座等活动。

获评全国大学生管理决策模拟大赛一等奖、全国大学生创业设计暨沙盘模拟经营大赛江苏区一等奖、常州市大学生沙盘模拟大赛特等奖，以及“常州市大学生创新十佳人物”称号。

八、党建和精神文明建设

继续推进创先争优活动和党建品牌建设，获评常州市教育系统优秀党建品牌建设三等奖1项。

完成党支部调整和换届选举工作，现有教工党支部2个，学生党支部21个。有教工党员41人，学生党员356人。发展党员229人。

加强民主集中制建设，成立院务公开领导小组。加强教职工职业道德教育、党性党风党纪教育。

校外媒体报道11篇。

（组稿人：刘小云）

大禹学院

一、概况

大禹学院是学校在举办多年水利类基地强化班的基础上，于2009年7月6日成立的培养拔尖创新人才的专门学院。学院设有水利类(大禹学院强化班)和工程力学(大禹学院徐芝纶班)两个大类本科专业，其中水利类在第三学期结束后分流为水文与水资源工程、水利水电工程、港口航道与海岸工程、土木工程4个专业。另外，学院还负责学校专业学位工业工程(涉外工程管理)硕士的管理工作。现有教职工5人，本科生471人，研究生84人。

二、人才培养

全年招收本科生183人，工业工程(涉外工程管理)硕士生84人。

2009级本科生英语四级考试累计通过率100%，英语六级考试累计通过率73%。2010级英语四级考试累计通过率100%，英语六级考试累计通过率65%。2011级英语四级考试一次通过率89%。

修订大禹学院学生专业分流实施办法，完成2009级学生专业分流。修订大禹学院动态管理机制实施办法，完成2009级和2010级学生动态调整，26人调整至相关学院普通专业，10人选拔至大禹学院2010级。配备2009级本科生专业导师59人。成立大禹学院本科教学指导委员会。

获大学生创新训练计划国家级项目3项，校级项目8项，获评第四届全国大学生节能减排社会实践与科技竞赛二等奖1项，第十二届“挑战杯”全国大学生课外学术科技作品竞赛二等奖1项，江苏省高校第八届大学生物理及实验科技作品创新竞赛特等奖1项，第八届全国周培源大学生力学竞赛特等奖1人、三等奖4人、优秀奖8人，全国大学生英语竞赛二等奖2人、三等奖4人，第三届全国大学生数学竞赛江苏赛区一等奖1人、二等奖1人、三等奖6人。

获评第四届“水工创新杯”一等奖1项、二等奖1项、三等奖3项，第六届力学创新思维大赛二等奖1项、优秀设计奖1项。学生获专利授权4项，在正式刊物上发表论文3篇。

三、学生工作

完成新生入学教育、班干部选举、素质拓展训练、职业生涯规划等工作。开展社区文化节、青年志愿者服务、暑期社会实践和港澳交流等活动。举办在宁高校专业型硕士就业前景论坛。

1人获评全国水利院校首届未来水利之星提名奖，1人获评潘家铮水电奖学金。

四、党建与精神文明建设

学院现有教工党支部1个，研究生党支部3个，本科生党支部3个。有党员149人，其中教工党员5人，研究生党员72人，本科生党员72人。发展党员35人。本科生党员比15.29%，研究生党员比85.71%。举办第三期学生入党积极分子培训班，149人参加，合格率100%。

开展创先争优活动，落实党风廉政建设责任制。获评校先进党支部、优秀团支部、群众体育先进单位、江苏省先进班集体各1项，校最佳党日活动二等奖1项、三等奖1项，优秀共产党员1人。

(组稿人：王娟)

独立学院

文天学院

一、概况

河海大学文天学院是经教育部批准，由河海大学与江苏大业投资有限公司合作举办的全日制普通本科独立学院。学院位于安徽省马鞍山市秀山新区，占地面积 757.28 亩，完成投资 3 亿元。现有校舍面积 26.25 万平方米，各类教学仪器设备总值 4249.8 万元，馆藏图书 75 万册。设有水利水电工程、水文与水资源工程、港口航道与海岸工程、水务工程、交通工程、土木工程、给水排水工程、地质工程、测绘工程、机械工程及自动化、电气工程及自动化、自动化、通信工程、计算机科学与技术、国际经济与贸易、信息管理与信息系统、工程管理、会计学、人力资源管理 19 个专业。现有学生 8202 人、教职工 587 人，专职教师中教授、副教授占 33.22%，有硕士、博士学位的教师占 78.36%。

二、人才培养

制定完善了 19 个专业的人才培养方案和教学大纲，大学数学课程教学团队成功申报省级教学团队。建成一批基础实验室和专业实验室，力学实验中心成功申报省级实验实训中心。建成校外实践实习基地 43 个。在中国机器人大赛、世界杯机器人大赛、全国大学生英语竞赛安徽赛区决赛、全国大学生数学建模比赛、安徽省挑战杯大赛、全国大学生“飞思卡尔杯”智能车大赛等各类比赛中获得省级以上奖项 83 项次。

三、开放办学

积极开展国际交流与合作，学院被国家外国专家管理局批准为“外国专家资格单位”。与美国、日本、澳大利亚、韩国、英国等国家的多所高校和科研机构建立了长期合作关系，与日本西日本工业大学、澳大利亚查理斯特大学、美国尔班纳大学等国外大学开展了土木工程、国际经济与贸易两个专业的合作办学。积极服务地方经济和社会发展，为水利部淮河水利委员会、马鞍山农商行、建设银行、首创水务、马鞍山水利局等多家单位举办了各类培训数千人次。

四、科学研究

扎实推进科研工作，承担各类科研项目 12 项，其中省级以上项目 9 项，科研经费 9 万元。加强科技创新平台建设，成立了马鞍山市工程监测与安全监控工程技术研究中心。组建了马鞍山文天工程技术研究有限公司、马鞍山市河海交通科学研究有限公司、马鞍山市河海水利设计有限公司等 3 个产业公司。

五、党建工作

设立了 6 个党总支、1 个直属党支部和 19 个基层党支部，现有党员 504 人，其中教职工党员 108 人，学生党员 396 人。开展学习实践科学发展观和创先争优活动，规范并加强党员发展工作，成立院系两级党校，举办了 2 期入党积极分子培训班，培训入党积极分子 400 人，发展党员 361 人。

六、校园文化建设

组织开展了第三届科技文化艺术节、大学生电子作品大赛、世博知识竞赛、“挑战杯”大学生创业计划竞赛、“江淮普法行”漫画展、“节能攻坚、全民行动”节能宣传周漫画展、“学习雷锋月”主题活动、“世界水日”宣传活动等各类活动。

（组稿人：葛海蓉）

第五部分　附　录

重要文件

河海大学“十二五”发展规划

一、现实条件与外部环境

1. 取得的成绩与存在的问题

“十一五”期间，学校主动适应高等教育发展和国家经济社会发展的新形势，各项事业取得了新的成绩。学校第十二次党代会的成功召开，为学校今后的发展绘就了建设高水平特色研究型大学的宏伟蓝图。学校“十一五”事业发展规划确定的主要目标和任务基本实现，重点领域取得突破，综合实力和竞争能力明显增强。

以水利工程被评为国家重点一级学科、岩土工程和工程力学被评为国家重点二级学科以及成功争取到“国家优势学科创新平台”建设项目为标志，学校的传统优势得到巩固；环境工程、技术经济及管理等学科评为国家重点二级学科培育学科，学校的特色优势得到扩展；新增多个省部级重点建设学科，形成了水利土木、资源环境、经济管理、电气信息、人文社科、数学物理等学科群，学科布局进一步优化。多个教学改革项目入选国家级“质量工程”或“研究生教育创新计划”，获得国家级教学成果奖和全国优秀博士论文奖，设立拔尖人才培养学院——大禹学院，本科生和研究生生源质量不断提升，毕业生就业率持续保持在95%左右，人才培养质量不断提高。不断完善科技制度建设，积极发挥科技政策导向作用，科研基地、科技项目总量和层次显著提升，科技成果获国家级奖励数、高水平学术论文数大幅增长，科学研究能力得到提高。教师队伍规模稳步增长，年龄结构、学历结构得到优化，具有博士学位的教师比例从24.2%上升到37.1%，入选国家级人才支持计划的人数以及省部级创新团队个数明显增加。

适时调整院系和基层学术组织设置，实施中层领导班子任期目标责任制，推行人事制度改革，启动财务预算改革，内部管理改革进一步深化。建立与行业、地方、国防、企事业单位合作互动机制，成立河海大学文天学院。新征土地563亩，新建各类校舍面积26万多平方米，教学科研仪器设备总值实现翻番，设施设备条件明显改善。完成调配仙霞路公寓房以及发放住房货币化补贴等工作，有效地改善了教职员工的住房条件。

开展深入学习实践科学发展观活动，实现了明确发展思路、解决突出问题、创新体制机制、促进科学发展的目标；实施干部培训计划，加强了领导班子和干部队伍建设；推进基层党组织目标管理，开展党员教育与培训，加强了基层党组织建设和党员教育管理工作。学校惩治和预防腐败体系框架基本形成，较好地预防了各种违法违纪现象的发生，党员干部的廉政意识普遍提高，责任感明显增强。学校加强思想政治教育工作，积极创建精神文明，举办丰富多样的校园文化活动，营造校园文化氛围。积极推进校务公开，学校被评为江苏省校务公开先进单位。

“十一五”规划中确定的学校事业发展的13个关键指标，总体进展良好，见表1。

表 1　"十一五"时期事业发展主要指标进展

类别	指　标	2005 年末	"十一五"规划目标	2010 年末
学科建设	国家重点一级学科(个)	/	2	1
	国家重点二级学科(个)	3	8	7(含一级覆盖)+2
	一级学科博士点(个)	4	8	11
	二级学科博士点(个)	25+14	40	57(自主 14)
人才培养	本科生数(人)	18648	20000	18746
	研究生数(人)	5600	8100	8598 (博士 1761，硕士 6837)
	研究生：本科生	1∶3.5	1∶2.5	1∶1.63
科技创新	五年新增科研经费(亿元)	/	[10]	[13.59]
	三大检索论文(篇)	270	500	2713(SCIE 611，EI 2102)+ISTP 1034
	获国家级奖励(项)	[8]	[10]	[13(一等 2，二等 11)]
	国家科研基地(个)	[2]	[3]	[2]
队伍建设	专任教师总数(人)	1410	2000	1799
	教师中博士学位比(%)	24.2	40	37

注：[] 中数字为累计数，科研经费中不含科技产业经费，专任教师总数中不含兼职教师折算数。

同时应该清醒地看到，学校的建设与发展还存在一些问题，学校目前的地位和影响力与河海人的期盼相比还有较大差距。主要表现在，高水平学术带头人数量不足，尤其是院士等在国际、国内有影响力的领军人物偏少，优秀创新团队缺乏；在学科热点领域或前沿领域的活跃度比较低，国际化程度不高，学科方向凝炼不够，学术资源配置还比较分散；主持的国家层面的大项目及高水平有显示度的学术成果还比较少，发表学术论文的篇数、被引用数、高影响因子数刊物少等。校园规划需要加快制订与实施，一些学科的教学、研究和实验条件亟待改善，校园环境建设亟待加强。

2. 面临的机遇与挑战

当今世界正在发生广泛而深刻的变化，现代科技发展日新月异，我国高等教育已经步入新的发展阶段，学校发展面临着更为严峻的挑战，同时也迎来了重要的发展战略机遇期。

《国家中长期教育改革与发展规划纲要》体现了国家优先发展教育的信心和决心，引领了我国未来十年高等教育改革与发展的方向，明确了对行业特色高校建设与发展的支持，为学校未来发展的定位和路径确立了基准。《国家中长期科学和技术发展规划纲要》和《国家中长期人才发展规划纲要》为学校进一步提高科学研究和人才建设水平提供了机遇。《中共中央国务院关于加快水利改革发展的决定》阐述了新时期水利在国家经济社会全局中的战略地位和重要作用，全面部署了水利改革发展的新思路新举措，为学校特色发展指明了方向。经济发展与水、能源等资源短缺的矛盾，人类活动与全球气候等环境恶化的相互影响等问题，以及我国水利事业转型发展过程中出现的新课题，为学校更好地强化特色和发展优势提供了机遇。江苏省"两个率先"战略和沿海开发国家战略的加快实施，长三角和沿海地区一系列重要区域发展规划的出台，为学校发展提供了广阔的舞台。学校长期办学实践所取得的辉煌成就，所积蓄的自我革新自我发展的潜能，为学校进一步加快发展注入了强大的动力与活力。

与此同时，我们也必须有效应对发展过程中面临的挑战。我国水利事业从工程建设向满足民生、生产安全和生态环境需求等各方面延展，并呈现出目标多样化、管理系统化、技术综合化的趋势；同时，由于全球性的极端气候环境下的自然灾害频发，对新的灾害发生机理和综合防御灾害的制度性、技术性措施进行研究已成为全人类面临的共同课题，这些都开辟了更广阔的水利发展改革新领域，产生了大量亟待研究的新问题，对我校服务水利新需求的科技创新能力和培养创新人才的能力提出了挑战。面对水利新需求，众多高校及水利科研机构加大投入，加快发展，在吸引领军人才、参与重大研究计划策划、开展与服务对象的合作等方面的竞争日趋激烈。

国家教育管理体制改革，在赋予高校更多办学自主权的同时，对学校实施科学管理的能力提出了更高要求，特别是对学校在市场竞争环境中的资金筹集与管理、人才招聘与使用、学科布局与建设等方面的战略管理能力与组织创新能力提出挑战。

在高等教育大众化的宏观背景下，公众和媒体的关注，各类大学排名、事件报道等都对学校的声誉带来很大的影响，这对学校的政治智慧、信息管理和危机管理能力都提出了挑战。

二、指导思想、总体目标与发展思路

1. 指导思想

以邓小平理论和“三个代表”重要思想为指导，深入学习实践科学发展观，全面贯彻党的教育方针；以《国家中长期教育改革和发展规划纲要》和《中共中央国务院关于加快水利改革发展的决定》为指引，勇于承担高等教育发展的新使命，持续提高人才培养质量、科学研究水平和社会服务能力；以学校第十二次党代会确定的建设高水平特色研究型大学为发展目标，适应形势，抢抓机遇，一心一意谋发展，聚精会神搞建设，不断提升学校的办学水平和综合实力。

2. 总体目标

学校“十二五”期间的总体发展目标是：到 2015 年建校 100 周年时，形成高水平特色研究型大学发展格局。具体地说，努力实现水利学科在国际上具有广泛影响，若干优势学科在国内达到一流，围绕学校特色的支撑及相关学科发展更加协调，整体办学实力位居行业特色大学前列。

主要发展指标见表 2。

表 2　学校“十二五”规划主要发展指标

类别	指　标	2010 年	2015 年
学科建设	国家重点一级学科(个)	[1]	[3]
	国家重点二级学科(个)	[7]	[15]
人才培养	本科生数(人)	18746	20000
	全日制研究生数(人)	8598	10000
	留学生人数(人)	285	1000
	国家教学成果奖(项)	[2]	[2～3]
	全国优秀博士论文/提名论文(篇)	[2] / [4]	[3]
科学研究	新增科研合同经费(亿元)	[13.59]	[30]
	SCI/SSCI 论文(篇)	[611]	[1800～2000]
	国家级奖励(项)	[13]	[20，其中 5 项排名第一]
	国家发明专利受理数(项/年)	275	800
	国家级科研基地(个)	[2]	[3～5]
社会服务	新增产业合同经费(亿元)	[7.48]	[25]
	大型科技产业综合体(个)		5～8

续表

类别	指　标	2010年	2015年
国际合作	出国进修(人/年)	40	50
	参加国际会议(人次/年)	190	300
	主办大型国际会议(次)	[9]	[10]
	聘请长期专家来校工作(人次/年)	15	50
队伍建设	专任教师总数(人)	1799	2200
	教师中博士学位比(%)	37	65
	院士(人)	[1]	[2~3]
	千人计划(人)	[2]	[5]
	长江学者(人)	[5]	[10]
	杰青(人)	[4]	[8]
	百千万人才计划(人)	[2]	[10~15]
	国家和省部级创新团队(支)	[4]	[10]
校园建设	“189”建设		建设大型公共实验平台
	校舍建设		约50万平方米
文化建设	校史馆		建成
	百年校庆		成功举办
内部管理	校院两级管理改革		科学设计并实施
	财务预算改革		科学设计并实施
党建与精神文明建设	党建	2005年底考核优秀	优秀
	反腐倡廉	省教育系统先进	全国教育纪检监察先进集体
	精神文明单位	省部级文明单位/年	力争全国先进单位
	共青团工作		创建“五四”红旗团委
	教代会、工会工作		全国科教文卫体系统模范职工之家
	本科学生党员比例	19.7%	25%以上

注：新增科研合同经费是指在我校财务的合同经费，[]中数字为5年累计数。

3. 发展思路

全面贯彻落实学校第十二次党代会精神，围绕高水平特色研究型大学的建设目标，坚持“特色强校、和谐兴校、质量立校、人才名校、环境美校、道德荣校”，实施“特色、改革、开放、和谐”战略，全面提高人才培养质量、科学研究水平和社会服务能力，实现学校科学发展与跨越发展。

——特色战略。社会需求的多样化和高等教育的竞争态势决定了我们必须走特色发展道路。长期的办学传统为我校以特色创优势，以特色促发展积累了深厚的基础。河海特色内涵主要通过服务领域和办学层次不断彰显和丰富。要集全校之力，通过为水利事业发展提供全面的、高水平的智力服务和人才支持，在人才培养、科学研究、社会服务及校园文化等各个方面共同打造我校特色，从而提高学校核心竞争力，促进学校可持续发展。

——改革战略。坚持以人为本，改革并创新人才培养模式、科技管理政策、校院两级管理体制、收入分配制度、财务预算制度和资源配置与使用方式。加快解决国家需求与学校适应能力不强的矛盾、学校发展需要与资源短缺的矛盾、增强办学活力与体制机制约束的矛盾，全面提高管理部门为教学科研服务的能力，为学校各项事业的进步提供强大动力。

——开放战略。现代大学发展与经济社会发展之间的关系已经密不可分。要按照面向现代化、面向世界、面向未来的要求，主动适应国家需求，拓宽办学思路，提高人才培养与科技服务对社会发展的适应能力；大力提高师生跨文化交流的能力，发展留学生教育，加快学校国际化进程；进一步加强产学研结合，完善开放式办学体系，充分利用国际、国内多种资源，增强学校发展后劲。

——和谐战略。着力建设与学校特色紧密相关的互相促进、互相补充、互为依托的学科集群、专业群，促进学校工科、理科、经管和人文社科之间的协调发展，建设健康、和谐的学科生态环境；统筹学校教育科技资源，促进人才培养、科学研究和社会服务功能的整合，构建学校与社会的和谐关系；为教师提供良好的教学科研环境，提高教职工待遇，积极营造和谐校园氛围，最大限度地发挥师生员工的积极性、主动性与创造性，实现学校的可持续发展。

按照上述指导思想、发展的总体目标和发展思路，在“十二五”期间，我们要全力推动办学能力和水平的跨越。在办学能力方面，一是促进学科拓展与提高，实现学科能力的大幅提升；二是推动高水平师资的培养和集聚，实现教师规模、层次和能力的大幅提升；三是加快校园建设与基础能力建设，实现条件支撑能力的大幅提升。在办学水平方面，一是培养创新人才，实现人才培养水平的大幅提升；二是承担国家层面重大项目并产出原创性成果，实现科学研究水平的大幅提升；三是开展有组织高层次的服务社会活动，实现社会服务水平的大幅提升。

三、主要任务

1. 学科建设

(1) 主要目标：围绕学校特色优化由传统优势、新的优势、后发优势学科构成的学科点的结构和层次布局。水利学科在国际上具有广泛影响；若干优势学科在国内达到一流；围绕学校特色的支撑学科、相关学科发展更加协调；人文社科和自然科学等基础学科有较大发展。

(2) 主要指标：水利学科保持全国第一；重点建设土木工程、力学、环境科学与工程等学科，使国家重点一级学科达到 3 个以上；加强建设技术经济及管理、农业水土工程、地质资源与地质工程、测绘科学与技术、物理海洋学等学科，使国家重点二级学科达到 15 个以上。

(3) 主要措施。

① 构筑高水平学科建设平台，建设好优势学科创新平台和“211 工程”。通过平台建设，提升学科研究基础条件，促进跨学科的交流与合作，提高对重大复杂问题的研究能力，进而促成高水平成果产生，使我校学科内涵得以拓展、学科水平得到提高，优势学科的社会影响力扩大。

② 分类规划学科发展路线图，促进各学科提高质量，形成特色优势。优势学科要强化原始创新，支撑学科要强化与优势学科的融合，基础学科要提升水平。

全力建设国际一流水利学科。瞄准我国水利改革发展的战略需求，继续加大投入，确保水利学科的国内领先地位。瞄准国际上水利领域的热点和前沿，拓展研究对象，丰富学科内涵，加强国际性学术交流合作，切实提高水利学科的国际影响力。

全面提升工科优势。在更好支撑水利学科发展的基础上产生更多优势学科。对于已经形成显著特色和明显优势的土木、环境等学科，促进其在继续强化原有特色优势的同时大力发展本学科内涵，进一步提升学科实力和地位；对于快速发展的电气、信息、地质、测绘、机械、交通等学科，支持其围绕水利发展自身特色，加快在特色方向建设上寻求突破、形成优势，以此带动学科水平和影响力的快速提升；对于新能源、新材料等新建学科，引导其充分利用学校已有基础和外部重大机遇寻找发展突破口，建成学科梯队，尽快形成比较优势。

加强经管类学科建设。继续保持经济管理类学科快速发展的态势，强基础，入主流，促进其与水利学科的跨学科合作研究，鼓励其面向水利行业需求拓展学科发展，以特色优势提升经济管理类学科的社会影响力。

加快提高理科实力。力学学科在已经形成的传统优势基础上，要大力拓展学科内涵，进一步提升学科实力和地位。数学学科实力总体上得到提高，力争建成应用数学等博士点。结合特色优势学科，发展物理学科。发展化学学科，对相关学科发挥强有力的支撑作用。加快发展海洋学科，达到国内先进水平。促进地理信息学科特色尽快形成，在国内形成一定的影响。有选择地发展生物类学科。

加大文科建设力度。遵循学科的发展规律，协调好人主流与有特色的关系，建立基础完整并有比较优势的人文社科类学科群。充分发挥其在人才培养、文化建设和社会服务等方面的重要作用。

③ 注重学科间的交叉。学科的交叉有利于产出创新性成果，要把学科平台建设与学科交叉结合起来，充分发挥特色和优势学科的融合作用，与国家发展目标相适应，催生新的学科领域或学科方向。建立有利于学科交叉的机制，特别是人才流动、科研合作和科技奖励等机制，营造有利于学科交叉的制度环境。

④ 加强组织领导，完善学科建设运行机制与管理办法。

确立学科建设在学校各项工作中的龙头地位。学校学科建设领导小组要进一步加强对学科建设的统一领导和协调管理。在学科方向的调整与凝炼、学科队伍的汇聚与建设，重大项目的确定与评估等方面充分发挥教授、专家作用。

建立学校统筹管理、学院目标管理和学科带头人责任管理的层级管理机制。根据目标责任制的要求，建立和完善竞争激励机制。完善资源共享机制，探索建立有效的管理模式。完善学科梯队建设、学科建设立项、基地建设、经费管理等相关环节的管理，使学科建设步入制度化、规范化、科学化轨道。

2. 人才培养

(1) 主要目标：适度扩大办学规模，不断加强内涵建设，全面提高教育质量。构建与高水平特色研究型大学相适应的人才培养体系，形成具有河海特色的高质量人才培养品牌。

(2) 主要指标：在校全日制本科生达到2万人，力争在校全日制研究生达到1万人，力争留学生人数达到1000名，实现在校全日制学生总量在3万人以上；确保本科生生源质量位于江苏省高校前列；保证毕业生就业率在95%以上，本科毕业生继续深造率在35%以上；8～10个优势专业进入全国排名前5%，工科专业和大部分理科、文科专业进入全国前20%；获国家级教学成果奖2～3项；获全国优秀博士论文3篇左右。

(3) 主要措施。

① 加强专业建设。继续优化专业结构和布局；巩固和强化传统学科专业的优势，彰显专业特色；办好支撑专业，培育新兴专业，新办3～4个紧缺新兴专业。

② 改革人才培养模式，完善人才培养方案，加强教学条件建设，着力加强实践教育教学工作。增加教学投入，加强实验室、校内外实习基地、课程教材等教学基本建设。

③ 继续办优本科教育。深度参与国家实施的“高校本科教学质量与教学改革工程”；办好大禹学院，实施好“卓越工程师培养计划”，建设好“青马工程”、“1442工程”，努力培养一批学术英才、工程英才和管理英才；加大课程建设力度，加强实验室和实践建设，完善以培育学生创新精神和实践能力为核心的实践教学体系；完善就业体系建设，确保毕业生就业率和就业质量，提高本科毕业生深造率。

④ 不断提高研究生培养质量。继续推进研究生培养机制改革；着力提高研究生科技创新能力，加强研究生联合培养基地和创新中心的建设；加强导师队伍建设，不断提高导师的学术水平、科研能力和职业道德水平。建立健全研究生培养质量监控和评估体系，完善学位论文评审与监控机制，加大优秀博士论文的培育力度；加快发展专业学位教育。

⑤ 大力发展网络教育，大力发展非学历继续教育。

⑥ 积极推进开放式办学。改进留学生教育管理办法，大幅提高招收留学生人数；制定政策提高国内学生派出积极性，扩大国际交流生的规模，明显提高学生的国际视野和应对全球化的能力。

⑦ 不断完善学生思想政治教育和学生事务管理工作体系。

⑧ 深入开展对口支援西部教育工作。发扬我校传统，进一步加强对新疆、西藏等少数民族地区教育的支持。特别要按照教育部“整体设计、协同工作、重点突出、逐步实施、成效显著”的方针，积极参与七校团队活动，做好对口支援西藏大学的工作。

3. 科学研究

(1) 主要目标：以重点科研方向为引领、以高水平科技创新人才和团队为核心、以科技创新公共服务平台为基础，构建高水平科技创新体系。力争在特色优势学科获得面向国家重大需求的科技项目，产生标志性科技成果。

(2) 主要指标：新增科研合同经费达到30亿元；新增“国家重大专项”、“973计划”、“863计划”、“科技支撑计划”、“国家社科基金”等重大项目(课题)15项以上；SCI和SSCI论文数要力争达到1800～2000篇；国家级科技奖励20项，其中5项排名第一；国家发明专利受理数每年800项；国家级科研基地3～5个。

(3) 主要措施。

① 进一步凝炼重点科研方向，积极组织承担国家层面的重大科技项目。抢抓沿海开发等重大科研发展机遇，充分利用重大工程建设的带动作用，发挥我校多学科研究的综合优势，以问题为导向，引导和凝聚教师科研方向的选择，加快培育新的科研增长点。

② 强化科技创新团队建设。把人事制度改革与科研管理体制及运行机制改革结合起来，根据不同学科类型和科研类型，改革评价激励机制，促进科技创新团队的形成与发展。

③ 建设开放型科技创新平台。充分发挥传统优势，进行组织创新和管理创新，通过科研基地和实验设施的有效整合与发展，建设高水平、开放型科技创新平台。

④ 增强学术交流意识，提高学术成果发表或转化水平。强化高水平原创科技成果、学术成果以及自主知识产权成果建设，建立并完善成果激励机制和成果转化推动机制。

⑤ 强化学术行为的制度约束。高度重视学术道德，切实加强学风建设。加强制度建设，建立行之有效的学术规范体系；加强教育引导，提高科研人员的道德自律水平；加强全面监督，形成良好学术环境氛围。

4. 社会服务

(1) 主要目标：社会服务能力与影响进一步提高。与行业、地方、校友联系更加紧密，形成稳定的合作基地，在产学研结合方面取得突破性进展。积极参加学习型社区和城市文化建设。

(2) 主要指标：建设大学科技园；建设5个以上大型现代化科技产业综合体；新增科技产业经费25亿元以上。

(3) 主要措施。

① 抢抓机遇，主动出击，开放办学。构建学校服务社会、社会支持学校，互赢共进的长效机制。促进各层次合作的畅通落实，形成完备、友好、高效的政策和服务环境。

② 深度推动部部共建、部省共建工作，完善合作发展委员会的管理与运行方式，探索构建新的校友会工作机制。

③ 积极筹建大学科技园。充分发挥科技园的集聚作用，形成以水利科技为特色的科技群体，推动我校科技发展和产业化进程，增强我校对地方经济建设的直接作用。

④ 建设科技产业综合体。紧密结合学校特色和学科优势，着力推进产学研结合，通过举办研究院等方式，建设层次高、影响大、效益明显的产学研结合平台和基地。发展科技产业，促进科学研究成果转化，提高学校服务社会的知名度。

5. 国际合作

(1) 主要目标：建立更加广泛的国际学术交流与合作关系，形成更加开放的办学格局，大幅提高留学生数量，进一步提高学校的国际知名度和影响力。

(2) 主要指标：年均派出教师出国进修50人；年均聘请长期专家来校工作50人次；5年主办大型国际会议10次；年均参加国际会议300人次；留学生人数达到1000名。

（3）主要措施。

① 多渠道开展国际学术交流，扩大与国际上知名大学、科研机构、学术组织的交流，推进实质性的国际教育与科技合作，拓展学校在国际上的发展空间。

② 发挥学科特色与优势，广泛开展高层次学术交流的国际合作项目，建立中外合作研究中心，加强与政府和非政府国际机构的广泛联系。

③ 结合我校特色优势学科的发展需求，积极创造条件，吸引在海内外有重要影响的学者来校交流、工作。

④ 积极推进国际合作办学，稳步发展外国留学生教育。通过课程融合、教学方法改革、教学模式转变、优质教材引进等多种方式，引进、消化和吸收国外优秀教育资源，培养适应国际化的多元人才；扩大留学生规模，加大促进留学生工作发展的软硬件建设力度；扩大学生参与国际交流合作渠道，扩大学生的国际视野，提高学生参与国际竞争的能力。

6. 队伍建设

（1）主要目标：以中青年优秀教师、创新团队和学科领军人才为重点，全力建设一支师德高尚、规模适当、结构优化、优势突出的教师队伍；着力建设一支清正廉洁、作风严谨、善于合作、素质优良的管理干部队伍；努力建设一支政治可靠、素质全面、爱岗敬业的辅导员队伍；努力建设一支数量适当、业务精良、责任心强、服务意识好的专兼职相结合的技术支撑和后勤服务队伍。

（2）主要指标：专任教师达到2200人以上，博士比例达到65%以上。力争拥有院士2～3名；千人计划5名；长江学者奖励计划特聘教授10名；力争国家杰出青年基金获得者8名；百千万工程国家级培养人才10～15名。培养和汇聚50个以上具有一定国际影响的学科带头人，培养和汇聚100个以上45岁以下、学术基础扎实、创新能力突出和发展潜力较大的中青年优秀学术带头人和学术骨干。培养和汇聚10支省部级以上优秀创新团队。

（3）主要措施。

① 提升教师队伍整体水平。以促进教师发展为目标，根据教师发展层次、学科特点和岗位需要，建立健全分类指导制度。支持学术型人才瞄准学科前沿，关注学术发展，潜心研究；鼓励应用型人才深入生产一线，加强产学研结合；稳定骨干教师，着力培养后备力量。

② 优化教师队伍整体结构。大力培育和引进高层次人才，多方面吸纳优秀博士后、博士和国外留学人员，补充专业教师队伍，优化教师队伍的学历结构和学缘结构。

③ 健全高层次创造性人才培育、引进和使用制度。营造浓厚的学术氛围，集聚一批领军人才；加大对领军人才和创新团队的建设与支持力度。

④ 关注中青年教师成长。增加青年教师在实践一线、在国内外的学习锻炼、培训机会，促进中青年教师教学水平、科研创新和社会服务能力持续提高，鼓励中青年优秀教师脱颖而出。

⑤ 树立以人为本的科学人才观，优化人才健康成才和充分发挥作用的环境。

⑥ 适应高校管理干部专业化、职业化、专家化的发展要求，加强对管理干部综合能力的培训；按照政治强、业务精、纪律严、作风正的要求，大力建设专职辅导员队伍；完善实验技术人员的培训和岗位聘任制度，提高实验技术人员专业技术水平和履行相应职责的能力；有计划有针对性地开展后勤服务人员培训，提高后勤服务人员的业务能力和对学校的归属感。

7. 校园建设

（1）主要目标：建设现代化校园，改善学校的办学条件，提高现有土地的使用效益，为师生学习、工作、生活提供良好的物质保障。

（2）主要指标：建设约50万平方米的校舍；建设约20万平方米的教师住宅和公寓。

（3）校区定位：江宁校区逐步成为学校主要的人才培养基地、特色领域的研究基地和学校的党政管理中心。清凉山校区主要为科学研究与成果转化的基地。常州校区具有较完整的办学功能，立足苏南，服务长三角。

(4) 主要措施。

① 加快基本建设进程，促进主校区尽快向江宁转移。江宁校区将充分利用现有土地资源，加快基本建设，力争通过“十二五”的建设，具备成为主校区的完整办学条件，缩短在办学条件上与同类学校的差距，为行政和教学中心向江宁校区转移创造条件。加快江宁校区西区新征地的规划与建设，努力将西区南片189亩地建成具有国际影响的高水平公共实验研究平台，持续提高学校的科技创新能力、教育水平和办学效益。

② 加快绿色、景观校园建设。清凉山校区通过“十二五”国际交流中心、科技园区等建设补充国际教育交流和网络教育等办学功能。将清凉山校区建设成为一个厚重历史和现代文明互补，水科学与水文化交融的绿色校园、景观校园。

③ 常州校区的建设要统筹兼顾发展的需求和学校的总体能力，通过“十二五”继续完善硬件办学条件的建设。

④ 通过网络学院楼、图书及信息基础设施工程等项目的建设，着力建设学校信息服务平台，提高图书、档案资源综合利用率和服务质量，为实现“数字化校园”奠定良好的基础。

⑤ 采取积极措施，加快教师住宅和公寓的建设进度，改善教职员工的住房条件。

⑥ 积极推动学校战略征地工作。从战略的高度审视学校未来发展的愿景，以更加积极的态度为学校的未来事业寻求发展空间。

8. 文化建设

(1) 主要目标：增强文化的引领作用，进一步优化办学理念，弘扬学校精神，形成具有优良校风、浓厚学术氛围、优美校园环境、丰富文化生活的河海文化。

(2) 主要指标：建设校史馆，成功举办百年校庆庆典。

(3) 主要措施。

① 凝炼办学传统，加强精神文化建设。与时俱进，不断培植大学精神，丰富大学精神内涵，建设能够传承学校历史，彰显学校特色的河海精神文化，凝聚人心，夯实全校师生员工建设新河海的共同思想基础。

② 铸造良好校风，推进学术文化建设。弘扬河海“十六字”校训精神和“六字”水利精神，大力开展师德教育，强化学术道德建设，规范师生的学术品行，举办丰富多彩的学术交流活动，营造崇尚创新、探求真知的学术氛围和宽松、和谐、自由的学术研究环境。

③ 弘扬水利精神，建设特色校园文化。重视校园文化软硬件建设，丰富校园文化载体，提高校园建设品位；设立学校形象识别系统，建设校史馆，形成文化传播平台。

④ 精心筹办2015年的百年校庆庆典。

9. 内部管理

(1) 主要目标：完善学校治理结构，依法治校，构建充满活力、富有效率、更加和谐的内部管理体制与机制。

(2) 主要措施。

① 加强学校章程建设，以学校基本法规的形式明确学校内部组织和人员的基本权利义务及其关系，完善学校的议事规则和决策程序。加强学校依法管理、科学管理、民主管理，健全相关制度。

② 深化管理模式改革，充分发挥规划的功能与作用。实施精细化管理，提高工作效率。

③ 深化校院两级管理体制机制改革。进一步科学划分职能部门与学院之间的职责和权限，促进管理重心适度下移，增强办学活力；进一步明确各职能部门职责规范，完善协调机制，提高各级组织的政策执行力。

④ 进行财务预算改革。建立公正合理、激励先进、以目标任务为导向的财务预算制度。进行资金管理改革，进一步研究制定学校各类资金的使用及投融资管理办法。

⑤ 推进实验室管理方式改革，完善相关制度措施。构建公共实验平台，充分发挥实验设施设

备的使用效率。

⑥ 改进学校公共资源配置和使用方式，在校内建立办学成本的合理分担机制，提高各项资源使用的公平程度和实际效益。

⑦ 深化人事制度及收入分配制度改革。完善岗位聘用制度，建立科学的考核评价和激励机制，不断提高教职工的收入水平。

⑧ 深化后勤管理改革。以师生健康保障、校内公共设施的管理和维护等方面为重点，以提供标准化、专业化、人性化的高水平服务为目标，构建与学校发展和师生工作、学习、生活需求相适应的现代后勤服务体系和运行机制。

⑨ 推进学生教育管理模式和方法创新。加强辅导员的选聘、考核工作，不断完善辅导员队伍管理体系与机制；促进建立学生自我管理长效机制。

⑩ 全面加强中层领导班子的作风与能力建设。切实推进任期目标责任制，落实发展责任，树立争先创优意识；建立绩效评估与资源配置和任职考核的关联机制，提高学院和职能部门实现目标的决心和能力。

10. 党建与精神文明建设

(1) 主要目标：深入开展创先争优活动，大力推进学习型党组织建设。以增强治校治教能力建设为重点，加强领导班子和干部队伍建设；以增强党组织的凝聚力、创造力、战斗力为目标，加强基层党组织建设和党员教育管理工作。加强精神文明建设，提高思想政治工作水平，积极推进民主管理，完善惩治和预防腐败体系，为完成第十二次党代会提出的各项任务提供强有力的思想保障和组织保障。

(2) 主要指标：在上级党建考核中保持优秀；争创全国教育纪检监察先进集体；创建省级精神文明先进单位，力争荣获全国精神文明先进单位，力争创建全国科教文卫体系统模范职工之家；力争荣获全国五四红旗团委创建单位；本科学生党员比例达25%以上；建立思想道德教育的长效机制。

(3) 主要措施。

① 切实加强领导班子和干部队伍建设。建立和完善从领导体制、目标设定到监督检查的完整的工作体系，加大对重大决策和重点工作落实情况的督查。建立健全干部任期管理、监督、考核、激励办法，加大党政干部培训和岗位锻炼的力度。切实树立服务意识，加强领导干部作风建设。

② 切实加强基层党组织和党员队伍建设。大力推进学习型党组织建设，积极组织开展创先争优活动，弘扬党内先进典型，以点带面，发挥典型引路作用。继续推进党内民主建设，规范组织生活，创新党日活动，开展党建研究，进一步做好在青年骨干教师和优秀大学生中发展党员的工作，加强入党积极分子的培养和入党后的教育。

③ 全面加强精神文明建设。切实提高思想政治教育的针对性、主动性和实效性，充分发挥“两课”在大学生思想政治教育中的主渠道作用。加强共青团、学生会、研究生会工作，发挥其育人功能。加强教代会、工代会工作，积极开展群众性精神文明创建活动，切实加强师生员工社会公德、职业道德、家庭美德和个人品德建设。加强民主党派和无党派人士工作。贯彻“六有”方针，进一步做好离退休老同志工作。

④ 切实加强反腐倡廉建设。落实党风廉政建设责任制，完善反腐败领导体制和工作机制，全面完成惩防体系工作规划任务，深入开展反腐倡廉教育，积极创建廉洁文化品牌，加强对重要权力行使的制约和监督，严肃查处违纪违规行为。力争建成全国教育纪检监察先进单位。

四、实施方案与动态管理

1. 行动计划

“十二五”期间各年度的重点工作及应实现的主要目标如下：

2011年：做好国家优势学科创新平台建设，以高质量成果通过国家验收，做好国家优势学科创新平台下一阶段的建设规划与论证。做好“211”三期建设，以优秀成绩通过国家验收。做好国家工程中心建设，提升自主创新能力，增强科研成果转化能力，高质量通过国家验收。强化社会服务功能，筹建大型产学研综合体并启动试运行。实施规划目标导向的预算改革，提高预算管理能力。

2012 年：做好国家重点学科的申报与建设，努力实现学校学科建设规模与水平的新突破。完成公共实验平台软硬件建设，营造开放、共享的创新实践环境。

2013 年：做好国家级教学成果奖申报工作。实施并完善学校目标管理制度。实施主校区转移，力争实现校区功能调整到位。

2014 年：完成校史馆建设并试开放，形成文化传播平台。

2015 年：基本完成 50 万平方米校舍建设和景观校区建设。举办大型国际学术会议。精心筹办百年校庆庆典。

2. 动态管理

对规划实施过程实行动态监控，在规划中期和结束等重要阶段对规划实施绩效进行系统性评估，及时公布监控情况，增强执行者规划意识，鼓励执行者不断改进工作，提高实施绩效。有关学院(系)、部门平时密切跟踪规划实施进程，及时解决实施过程中遇到的困难和问题。发展规划处保持与各单位经常性沟通，加强实施情况汇总分析，并组织进行规划实施绩效评估。

实行规划优化修订制度。实施规划是一个创造性过程，在以学校总体目标为导向的原则下，根据学校外部环境变化和内部自身的发展情况，执行者需要对子规划灵活处置、改革创新。经评估需要对本总体规划进行优化修订的，可以向发展规划处提出修订方案，由发展规划处进一步调查、论证；需进行较大修订的，向学校提交修订方案，报校党委会审议、决定。本总体规划涉及的特定领域等内容有重大变化的，学院(系)及专项规划也要相应调整和修订。

3. 风险及规避

建立有效的风险管理机制。通过对国家大政方针政策、科技发展动向、高等教育发展方向等宏观研究，实施决策风险规避；通过对学科研究内容、方向、技术手段的关注，及时调整学科发展策略，实施专业风险规避；通过对财务预算、资金筹措、专项资金的使用监控、投资回报率等财务状况的研究，实施财务风险规避；通过预决算的核算，掌握工程进度，实施基建风险规避；通过各类形式的廉政宣传教育，提高领导干部及教职工的思想道德素质，实施廉政风险规避。

五、经费概算

经初步匡算，为实现“十二五”发展目标，在日常运行等基本支出之外，专项发展资金总需求额度约为 15 亿元。

六、发展保障

本总体规划是对学校未来五年发展的预期和部署，必须精心组织实施，才能取得预期成效。

1. 思想保障

加强实施规划的宣传动员工作。通过多种媒介或活动介绍和讲解规划内容，使校内外各相关单位和人员充分了解学校规划的发展战略和目标任务，为实施规划营造有广泛共识的思想和心理环境。

2. 组织保障

分解总体规划的目标任务，制定系统有序可执行的规划、计划体系，明确责任分工。要实现本总体规划的方向性、战略性目标任务，必须将其分解为彼此有机协调的，有层次的、涵盖学校各专项领域和所有组织部门的若干子规划和年度工作计划。各职能部门、学术组织和服务单位以总体规划为中心，结合各自的特殊使命，制订出本领域、本部门的具体方案，分阶段、分步骤实施。对于涉及学校全局的重大工程项目，要根据本总体规划及相应的专项规划制定明确的工程实施方案，方案中包括建设目标、建设措施、建设计划、经费保障等内容，由相关责任部门分别组织推进，按计划实施。

3. 管理保障

加强规划体系的系统性管理。在各层次的规划、计划实施前，对其与本总体规划的契合程度，以及与关联单位相互协调协作状况进行审查和调控，以保障学校总体战略和目标在日常行动计划中得到落实。规划职能部门负责审查和协调各规划及年度计划的相互结合。

加强规划实施绩效管理。以学校重大项目和关键指标的检查验收为时间节点，明确学校各专项领域、各单位工作的具体年度实施进程，引导规划任务的完成和目标实现。绩效目标与学校资源配置相互挂钩，以规划目标为导向进行办学资源调配，使主要任务所需资金得到保障。学校各年度的工作计划及经费预算，各部门及各院(系)的年度目标任务及资源资金分配，均根据本总体规划及各专项规划精神制定并下达。

七、发展展望

经过“十二五”的建设与发展，河海大学到2015年建校100周年，形成高水平特色研究型大学格局。水利学科在国际上具有广泛影响，若干优势学科在国内达到一流，围绕学校特色的支撑及相关学科发展更加协调，整体办学水平位居行业特色大学前列。

到2020年前后，建成高水平特色研究型大学。水利学科国际一流、若干优势学科具有广泛国际影响、各支撑及相关学科可持续发展，人才培养质量、科学研究水平、服务社会能力等方面基本达到国际知名大学的要求。

展望2050年，我们要努力把河海大学建设成为国际一流的高水平特色研究型大学。

学校工作要点、工作总结

河海大学2011年度工作要点

2011年是中国共产党成立90周年和全面落实国家教育规划纲要的关键年，也是学校“十二五”规划的开局之年。中共中央、国务院发布中央一号文件《关于加快水利改革发展的决定》，是促进学校发展的大好机遇。面对新形势新任务，今年学校工作的总体要求是：抢抓机遇跨大步，厚积薄发上台阶。工作的总体思路是：深入贯彻落实科学发展观，遵循高等教育发展规律，以学校第十二次党代会描绘的发展蓝图为目标，以实施“十二五”发展规划为引领，以对接水利新发展为契机，进一步彰显特色，进一步提高质量，进一步深化改革，进一步创新发展，努力开创学校科学发展的新局面。

一、以学校“十二五”发展规划为引领，对接水利事业新发展，全面提升办学水平

认真贯彻落实今年的中央一号文件精神，落实全国水利工作会议精神和陈雷部长视察学校的讲话精神，认清水利发展新形势，抓住新机遇，实施“百团行动”，促进学校工作更好地与水利事业对接，提升学校为水利服务的能力与水平。

贯彻落实学校第十二次党代会精神，启动实施学校“十二五”事业发展规划，制订好2011年行动计划，明确任务，加强管理，确保规划的顺利实施，为今后五年的科学发展起好步，开好头。根据学校的总体发展规划，进一步完善专项规划和学院规划。

深化任期目标责任制。在2010年工作的基础上，认真总结经验，落实发展责任，加强过程检查和督促，确保领导班子任期目标责任制的中期考核取得优异成绩，为全面完成三年任期目标、全面完成“十二五”的发展目标奠定良好的基础。

二、进一步完善多学科体系，做强优势学科

抓住国家加快水利改革发展的新机遇，充分发挥学校的水利特色和优势，主动围绕“十二五”期间水利发展的十大任务，凝炼学科方向，汇聚学科队伍，构筑学科平台，优化学科布局，以特色优势学科的加快发展促进工科、理科、经管、人文等多学科的协同发展，提高学科的整体水平。

全面完成“211工程”三期和“优势学科创新平台”各项建设任务，重点做好标志性成果的凝炼，争取在验收中取得优秀成绩；组织开展国家重点学科自评和检查，力争新一轮国家重点学科评估与申报工作跨上新台阶；高质量组织开展江苏省优势学科建设工程建设，积极推进省重点学科建设工作，为申报国家重点学科奠定坚实的基础；建立重点学科建设的绩效评价机制，加强学科建设管理，提高学科建设效益。

三、进一步加强教育教学工作，构建创新人才培养体系

认真落实2010年度学校教育教学工作会议精神，筹办好2011年度学校教育教学工作会议；组织申报新一轮质量工程项目；完成往年各项质量工程的验收；做好省级教学成果奖申报工作；做好水利水电工程专业认证工作；进一步深化大禹学院人才培养改革；实施“卓越工程师培养计划”；增加并重点建设公选核心课程；做好本科生与研究生教学管理的融合工作；建立多元的质量评价制度。

进一步加大行业人才培训工作力度，切实推动网络教育工作；积极推进国际合作办学和校企合作办学，留学生规模达到400人。

提升研究生创新能力和实践能力，推进研究生教育教学改革。加强人才培养的一体化设计，优化硕博连读生和直博生培养模式和培养过程；做好江苏省研究生培养创新工程项目申报与建设工作；与国(境)外高水平学者共建研究生核心课程，立项建设研究生精品课程和优秀教材；建立健全校、省、国家三级优秀学位论文培育体系；加大优秀博士学位论文培育计划实施力度，力争全国优秀博士学位论文申报工作取得新的突破；加强与水利等相关行业的合作，重点建设一批研究生联合培养基地；积极探索全日制专业学位研究生培养新模式，抓好研究生培养改革试点工作；加强非全日制专业学位研究生生源组织工作，争取招生规模超过1000人；做好“国家建设高水平大学公派研究生项目”选派工作；组织实施好中外联合培养研究生项目，实施“资助研究生参加国际学术交流”计划。

进一步加强学生教育与管理工作，建立健全大学生思想政治教育管理模式。加强学风建设，开展优良学风创建活动，加强优良学风班和张闻天班的建设，发挥其示范带头作用；加强“1442工程”和“青马工程”建设，促进学生的共同进步与全面成长；加强研究生思想政治教育工作，完善管理体制和教育机制；深入推进“四百工程”建设，提升创业教育水平；组织好“挑战杯”、社会实践等活动，强化学生的实践性教育环节；开展国防生系列教育活动，加强国防教育工作；进一步扩大资助覆盖面，构建合理、有效的资助体系；优化心理健康教育网络机制，切实加强心理健康教育；加强共青团组织建设，发挥社团在学生教育培养中的作用；进一步加强辅导员队伍建设，努力提高辅导员理论水平和业务能力；加强思想政治理论课教师队伍建设；开展毕业生质量跟踪调查工作。

进一步做好招生和就业工作，加强招生宣传，优化选拔机制，稳定提高生源质量。拓展就业基地，拓宽就业渠道，确保毕业生就业率达到95%，提高到重点行业、重点单位工作的毕业生比例。

四、进一步加强能力建设，不断提高关键技术研究和宏观战略研究水平

进一步加大国家重大科技计划项目的组织工作力度，力争在重大及重点项目上有新的突破；力争以团队合作实施为特点的大项目带动科技经费的增长，保持经费总量持续增长势头。进一步加强

与水利行业的沟通与联系，以科技创新积极服务于水利大发展。2011 年，新增科技经费 7 亿元，其中到账科研经费 4.2 亿元。到账科研经费中，校管项目经费要达到 2 亿元以上。

进一步加强科研基地建设，在国家重点实验室继续探索团队管理、平台开放使用等工作的新思路，取得标志性科研成果；在国家工程研究中心加强平台建设，提升自主创新能力，促进科研成果转化，高质量通过验收。积极拓展、深化国际科技合作，力争在国际科技合作基地建设中取得突破。

进一步加强科研管理，加强科技奖励申报工作，力争在国家各级各类奖励方面有新突破。坚持“规范管理，积极发展”的科技产业工作方针，积极推动科技成果转化，深入推进校办产业规范化建设工作，强化校办企业风险管控。

五、进一步加强培养和引进工作，提升师资队伍建设水平

落实好 2010 年度学校人才工作会议精神；做好院士、“千人计划”等人才计划的申报、服务工作，力争在院士、“千人计划”等拔尖人才、高层次人才计划数量上有新的突破。继续实施“河海大学优秀创新人才支持计划”、“河海大学优秀创新团队发展计划”，完善并出台学校创新团队管理办法。

采取强有力的政策措施，加强青年教师的培养。进一步拓宽高层次人才选拔和培养的渠道，积极推进“青年教授”聘用与管理工作；推进专业技术岗位人员的考核及聘用工作；加大选派青年骨干教师与青年管理骨干人员出国研修力度，推进人才国际化建设，对出国研修回国人员做好跟踪管理与服务；加大博士后流动站建设力度；推进七级和八级职员晋级工作。

六、进一步深化改革，努力提高管理效能和服务水平

以“抓落实、抓规范、抓执行”为重点，积极推进内部管理改革，努力提高管理效能和服务水平。积极筹措办学经费，进一步改革完善资源配置制度，切实做好 2011 年校内预算编制工作。推进财政专项资金使用进度。逐步实行办公、科研用房“定额配置，有偿使用”，尽快将学院办公、科研用房调整到位。建立健全大型仪器设备的考核管理机制，进一步完善实验室校院两级管理体制，做好公共试验平台的基础建设工作，制定和完善公共试验平台中心的运行管理办法。

加强各类建设项目管理，全面完成建设任务。推动国际学术交流中心项目进展；做好水科技园的规划和清凉山景观校园建设；加快江宁西区 189 项目建设；推进江宁校区行政楼、青年教师公寓、综合实验楼工程建设；完成江宁校区综合体育馆年度建设任务；确保四期学生公寓、四食堂工程、常州校区科研实验楼一期工程交付使用。加强对重点专项资金使用的审计，继续开展基本建设项目全过程跟踪审计，通过过程控制，在保障工程质量的前提下努力控制工程成本，切实维护学校利益。

统一数字化校园的建设标准，加大信息化建设力度。加强出版(社)、档案馆、图书馆、期刊部的建设与管理，增强服务效能。加大管理和改革力度，积极应对物价上涨和用工成本增高等困难，确保食堂伙食价格与质量基本稳定，进一步提高后勤服务水平。

结合绩效工资改革及新一轮聘任，进一步完善工资及绩效收入分配体制，进一步提高教职员工收入水平。开展“阳光体育”活动和公共卫生健康教育，提升教职员工的身心素质。

七、进一步加强党组织建设，营造和谐奋进的发展氛围

积极开展创先争优活动，继续实施“党员先锋工程”，开展党建工作示范点创建活动、党员承诺活动，大力宣传学校和基层创先争优活动的先进经验；组织开展有特色、有创新的教育活动，表彰一批先进集体和优秀共产党员，形成积极振奋的氛围；按照中央的统一部署，做好建党 90 周年庆祝活动和辛亥革命 100 周年纪念活动；组织开展徐芝纶诞辰 100 周年纪念活动。

进一步发挥宣传工作的引领与激励作用，加强新闻宣传工作，不断提升学校的社会影响；做好

学校重大战略部署的宣传工作。

大力推进党内民主建设，组织实施党委校内巡视制度，规范学院(系)党政联席会议议事制度，规范党支部设置，努力增强基层党组织的创造力、凝聚力和战斗力；充分发挥党代会代表在闭会期间的作用；做好发展大学生党员的工作，加强大学生党支部建设。

进一步加强干部队伍能力建设。加强干部培训和教育工作，组织实施第三批中层干部赴美研修；重视中层后备干部队伍建设，积极选送优秀后备干部到上级有关部门和基层单位挂职锻炼；整合优质资源和师资力量，共同提高党校教学质量和办学水平。

扎实推进干部队伍作风建设。加强领导班子作风建设，完善决策机制，健全和坚持民主生活会制度，加强对领导干部作风建设情况的监督检查；进一步落实党风廉政建设责任制，健全检查考核机制，开展对二级党委执行党风廉政建设责任制情况的考核；落实三委部《意见》，围绕惩防体系建设，加强对制度执行情况的检查，强化对权力运行的监督制约；加强和兄弟高校纪检监察部门的交流，努力提升自身工作的科学化水平。

进一步加强统战工作，继续指导和支持各民主党派的建设。积极发挥教代会、工代会的作用，坚持重大事项向双代会征求意见，认真落实教代会提案，切实为师生员工做好事、办实事。切实做好关心离退休老同志和关心下一代的工作。抓好综合治理和维护稳定工作，落实全校的安全、稳定工作预案，做好稳定信息情报工作，维护学校稳定大局。

各单位、各部门要按照工作要点，结合自身实际，进一步细化目标，统筹贯彻落实。希望广大教师、干部、员工在学校党委的领导下，以真抓实干的工作作风和昂扬奋进的精神状态，明确任务，各负其责，确保各项工作落到实处，用学校改革、发展、稳定的新成果迎接中国共产党成立90周年！

河海大学2011年度工作总结

2011年是河海大学“十二五”规划实施的开局之年。在这一年里，学校在教育部的正确领导下，深入贯彻落实科学发展观，遵循高等教育发展规律，以学校第十二次党代会描绘的发展蓝图为目标，以实施“十二五”发展规划为引领，以对接水利新发展为契机，彰显特色、提高质量、深化改革、创新发展，在全校师生的共同努力下，教学、科研、管理、服务等各项事业继续保持良好发展势头，在若干重要领域取得了历史性突破，在建设高水平特色研究型大学的进程中又取得了新的成绩。

一、学科点建设稳步推进，学科建设水平进一步提升

加强重点学科建设组织工作，全面完成“211工程”三期和“优势学科创新平台”各项建设任务，重点建设学科服务国家重大需求的能力显著提升，产生了一批具有高显示度的标志性成果，建设期内获国家科技奖二等奖及以上奖项10余项，获省部级科技进步奖项40项。

制订完成《十二五学科建设专项规划》，为“十二五”学科发展奠定了基础；江苏高校优势学科建设工程项目申报取得重大收获，水利工程、环境科学与工程、海岸带资源开发与安全、土木工程安全与减灾4个学科建设项目成功入选，江苏省财政已下拨经费6000万元，预计下拨总经费将达到1.7亿元，项目建设将显著提高我校优势学科的核心竞争力和服务地方的能力；我校省一级优势学科、重点学科由原来的4个增加到9个；人文社科等学科发展态势良好，竞争国家重大基金的能力明显提高；学科总体布局得到进一步优化，新增一级学科博士学位授权点8个，一级学科硕士学位授权点14个，我校一级学科博士学位授权点从原来的4个增加到12个，学校的学位授权点建设迈上新台阶。

二、完善科技创新体系，科技服务社会能力进一步增强

进一步加大基础研究项目和国家重大科技计划项目的组织工作力度，并取得新的突破：获得国

家自然科学基金重大项目 1 项，重大项目课题 1 项，重点项目 5 项；国家社会科学基金重大项目 1 项；“973 计划”课题 3 项；“十二五”国家科技支撑计划项目 1 项。进一步加强与水利行业的联系与合作，以科技创新积极服务于水利大发展。加强科研团队建设，以团队合作的形式申报大项目，以大项目带动科技经费的增长，保持经费总量持续增长势头。

截至 12 月 31 日统计，全年新增科技经费总量达 7.92 亿元，比上年增长 29.8%。其中承接科研合同 1130 项，新增经费 4.82 亿元，到账经费 3.42 亿元，分别比上年增长 22.6%和 6.5%；科技产业和科研成果转化支持经费 3.1 亿元。新增科研项目中，国家自然科学基金项目 123 项，经费 7724 万元；国家社会科学基金项目 10 项，经费 345 万元；国家支撑项目 3 项，经费 2649 万元；主持水利公益项目 9 项，参与水利公益项目 38 项，经费 2584 万元；其他纵向项目 217 项，经费 5563 万元。获国家和省部级科技奖 61 项，比 2010 年增加 5 项，创历史新高，其中国家技术发明二等奖 1 项、国家科技进步二等奖 2 项，学校单独完成 2 项、主持完成 1 项，获奖数在全国高校中排名第五；省、部级科技进步特等奖 2 项、一等奖 8 项、二等奖 13 项、三等奖 35 项。发表 SCI 论文 289 篇、EI 论文 1184 篇，分别比上年增长 50.5%和 63.7%；申请国家发明专利 433 件，获国家发明专利授权 96 件，分别比上年增长 57%和一倍。

水资源高效利用与工程安全国家工程研究中心、疏浚技术教育部工程研究中心分别高标准通过国家发改委和教育部验收；新增两个“江苏省工程技术研究中心”、一个江苏省决策咨询研究基地，成立了水利部人力资源研究院和水利政策法制研究与培训中心、江苏省高校技术转移中心(河海大学)，注册成立河海大学南通海洋与近海工程研究院，以服务沿海开发为主题的高等学校学科创新引智计划项目获批启动，学校已成为国家水利等行业与地方经济社会发展重要的科研基地。

三、深入推进人才强校战略，队伍建设水平加速提高

坚持党管人才，将人才工作放在事关发展全局的战略位置。2011 年重点推进高水平科技创新团队建设，召开了战略研讨会，出台了充分向特殊岗位、关键岗位、关键人才倾斜的一系列政策。重点支持培育国内外学术界有重大影响的领军人才，2011 年学校人才工程建设取得标志性成果，王超教授当选为工程院院士，这是学校发展进程中重大的历史性突破。2011 年学校还新增刘汉龙领衔的教育部长江学者创新团队 1 支，新增唐洪武、陈文两名国家杰出青年基金获得者；余钟波入选第六批国家“千人计划”。

深入推进人事分配制度改革，不断完善以岗位聘用为主要内容的用人制度改革，推进形成教师自身持续发展、杰出人才不断涌现的师资队伍建设促进体系。

25 人入选江苏省第四期“333 高层次人才培养工程”，其中第一层次 2 人，第二层次 8 人，第三层次 15 人；1 人进入第二批“青年千人计划”面试考察环节，2 人入选教育部“新世纪优秀人才支持计划”，1 人入选江苏省“双创计划”，1 人入选“江苏特聘教授”，王超领衔的“水资源保护与生态修复”团队入选江苏高等学校优秀科技创新团队；海岸带滩涂资源开发与安全学科群入选 2011 年“111 学科创新引智计划”。为青年教师快速成长提供平台，实施第八期“中青年教师课堂教学质量再提高工程”；实施“青年教授”计划，8 名 35 岁以下青年教师受聘首批“青年教授”岗位。16 人获中国博士后基金资助、17 人获省博士后基金资助。

四、创新人才培养系统，全面持续提高人才培养质量

以“全面提高人才培养质量”为主题，成功召开河海大学 2011 年度教育教学工作会议；深入开展 2012 版人才培养方案修订工作；顺利完成水利水电工程专业认证工作；进一步深化大禹学院人才培养改革；积极做好本科生与研究生教学管理的融合工作；成立教师发展中心，举办新教师研习营活动。2011 年，获批国家级“卓越工程师教育培养计划”试点专业 3 个；获批国家级特色专业建设点 2 个；获得省级教学成果奖特等奖 1 项，一等奖 2 项，二等奖 1 项；获得省级教学名师 2 人；获得省级优秀教学多媒体课件特等奖 1 项，一等奖 1 项，二等奖 3 项；获批立项建设省级实验

示范中心 2 个；获得国家级学科竞赛奖 151 项，省、部级学科竞赛奖 493 项。

创新教育管理工作方式。围绕思想政治、校纪校规、心理健康、专业学习、诚实守信、职业生涯、安全防范教育等主题开展多层次、多形式的教育活动。重点做好辅导员、学生骨干、“1442 工程”及“青马工程”等多层次培训；深入推进大学生朋辈辅导，完善大学生心理健康教育工作三级网络体系，强化特殊群体心理健康教育。建立资困助学体系，开辟资助工作新途径。开设职业生涯规划、大学生就业指导等课程帮助毕业生提高求职能力，截至 12 月就业率达 98%；毕业研究生 2495 人，就业率达 97.1%，名列江苏省高校前列，毕业生中 60%以上到国有大型企事业单位就业，升学出国人数占到 30%以上，就业质量高。学校生源质量持续稳步推进，理科新生分数的个人排名进入全省考生前 8500 名，学校排名在全国 193 所本一批次招生高校中列第 21 位。

以提高高层次人才培养质量和创新能力为主线，拓展研究生教育特色与优势，实现研究生教育教学质量的持续提升。加强研究生教育的规范管理，颁布管理文件 20 余个，形成了与研究生教育改革发展相适应的政策制度体系；加强研究生创新能力与实践能力的培养，组织开展了全国水利工程领域专业学位研究生教育综合改革试点工作，新增研究生培养基地 14 个，应邀在教育部召开的全国专业学位研究生试点工作会议上作典型经验发言；高质量完成 2011 年研究生招生任务，非全日制工程硕士招生规模居全省第一，再次获江苏省研究生招生优秀单位；加强研究生培养的过程管理，保证了研究生培养质量。今年又获得 2 篇全国优秀博士学位论文提名奖，江苏省优秀博士、硕士学位论文分别比上年增长 25%和 18%。在国家首次全随机博士学位论文抽检中，9 篇被检论文全部合格；获江苏省研究生科研创新计划项目 82 项，比去年增长 256%；加强研究生教育的国际化，超额完成国家下达的建设高水平大学公派研究生项目计划，录取数居全省第三。举办研究生党支部书记和研究生骨干培训班，开设研究生综合素质课，规范研究生入学教育工作，全面启动研究生科学道德和学风建设宣讲教育活动，有力促进了研究生综合素质的提高。成功举办第四届研究生体育文化节和第九届金水节，活跃了校园文化氛围。

五、强化办学优势和特色，服务行业发展和地方经济建设力度加大

贯彻落实中央一号文件，积极对接国家水利事业发展新需求，实施“百团行动”。组织了百余个以教授、博士为主组成的调研服务团，分赴全国各省份、自治区和直辖市的水利局、大型水利设施管理单位和基层水利单位开展调研，解读一号文件精神，提供技术咨询、科技攻关、政策研究、职工培训等多层次、全方位的服务。有万余名师生参加，共完成调研报告 600 多份，编印简报 50 多期，帮助基层水利单位开展领导干部和普通职工教育培训数 10 余次，协助基层组织解决水利建设中面临的技术和管理等方面的难题，开展科技咨询 600 多次。还组织抗旱救灾专家工作组赴江西鄱阳湖、湖南洞庭湖、湖北洪湖地区参与抗旱救灾工作。学校的“百团行动”为水利基层送去了实实在在的服务，服务团每到一处都受到了当地政府、基层水利工作者的热烈欢迎和广泛好评。

进一步加强与行业重点单位和各级地方政府的交流互访工作，深化与相关行业和地方政府的合作，与全国主要流域机构、水利交通等行业重大工程建设单位、科研院所以及江苏省内外城市签订合作协议共 10 份，为实现学校发展目标争取了一定的优质资源。

积极开展对口支援西藏大学农牧学院和西藏、新疆少数民族专业技术人才特殊培养工作，在教育部组织的对口支援西部高校十年工作总结评比中，我校被评为先进对口支援西部高校典型经验集体。

六、加强国际合作与交流，积极推进国际化进程

深入实施“国际化战略”，国际化人才培养和办学水平进一步提高。2011 年与境外大学、研究机构新签协议及备忘录 10 份；新增与美国 University of Nebraska-Lincoln “2+2” 学分互认、学位互授的项目；共举办 5 次国际学术会议；全年来访境外专家学者达 546 人；227 人次出国访问或参加学术会议；共派出研究生、本科生出国攻读学位及交流 266 人。

国家外专局经费大幅增长，新增教育部和国家外专局“高等学校学科创新引智计划”（111计划）“海岸带滩涂资源开发与安全学科创新引智基地”、“海外名师计划项目”、“学校特色项目”各1项。顺利完成教育部对台重点项目2项：水科学水工程与水文化主题交流营、台湾健美操训练交流项目，扩大了对港澳台的交流与合作。依托水文水资源与水利工程科学国家重点实验室平台，顺利实施“111计划”“水文学及水资源学科创新引智计划”项目。

加大留学生招生宣传力度，进一步提高留学生来校学习规模和层次，尤其着重招收来校接受学历教育的留学生。2011年留学生人数再创新高，全年来校留学生438人；留学生培养层次稳步提高，在校留学生中学历生占65%，学历生中研究生占65%，研究生中博士生占33%。

七、加强和改进内部管理，切实提高管理水平和后勤保障能力

正式发布《河海大学“十二五”事业发展总体规划》；进一步深化任期目标责任制。6月10日，教育部和水利部在北京举行签字仪式，继续共建河海大学。承担国家教育体制改革3个专项改革试点任务，分别是“江苏高校优势学科建设工程，推进高水平大学、特色大学建设试点”、“招生考试改革试点”和“扩大来华留学生规模”。

加强校区之间的统筹管理，进一步提高办学效益。常州校区坚持重点突破、特色发展、开放合作、和谐发展战略，在教学科研工作上取得了新的进展和突破：积极探索教育教学改革，“机械工程及自动化”专业成功申报教育部“卓越计划”，物联网工程专业成功申报国家级特色专业并首次招生；全年科研合同经费达2107万元，被受理发明专利101项；疏浚技术教育部工程研究中心顺利通过教育部验收；与金坛市签订产学研合作协议；成功举办校区办学25周年系统庆祝活动。江宁校区也保持安全、优质、高效地运行。

以规范管理运行为重点，努力完善条件保障体系建设，进一步优化整合办学资源，办学条件得到了改善。加大多渠道筹措资金力度。充分利用国家政策积极筹措办学资金，并通过基金会面向社会各界募集捐赠经费7400多万元。继续推进预算管理改革，完善以任务、目标为资源分配基础的绩效预算改革，启动预算经费使用的绩效评估工作，狠抓财政专项资金的预算执行进度，保证了学校人员经费有较大幅度的增长和学校重点项目建设资金的落实，同时，加强对重点专项资金使用的审计，深入开展基本建设项目全过程跟踪审计。完善各校区规划，加快基本建设，189项目完成一期桩基、四期学生公寓、学生四食堂、综合体育馆、水利馆C、D区维修等工程顺利完工，启动了国际学术交流中心、行政楼、综合实验楼等工程建设。合理规划和配置办公科研用房，逐步实行办公、科研用房“定额配置，有偿使用”。启动数字校园一期建设，完成迎新管理系统、OA办公系统、招生管理系统的开发与实施，主要依靠社会力量建设的“数字校园”项目被教育部评为“2011高等教育信息化创新项目”。

开展平安校园建设，深入开展综合治理，组织全校安全大检查，确保学校内部良好的治安秩序。积极应对物价上涨的大环境，采取多项措施，使食堂饭菜价格和质量保持基本稳定。进一步深化节约型校园建设，加大节水节电宣传和节能改造力度，全年供水供电运行安全，校园环境卫生整洁。获全国高校节能管理先进院校、江苏省平安校园、南京市绿化先进单位、爱国卫生先进单位等荣誉称号，继续做好档案、图书、期刊和校办产业工作。学校期刊保持较好的发展势头，《水利水电科技进展》成为中国科学引文数据库（CSCD）源期刊，学报社科版首次入选江苏省重点社科理论期刊资助，实现了零的突破。档案馆、图书馆在加强自身建设的同时，继续做好为教师和学生服务的工作；按照“积极发展，规范管理，改革创新”的工作方针，积极推进校办产业规范化建设，深化校办产业体制改革，顺利完成出版社的转企改制工作，推动出版社的高效益发展。

八、进一步加强党建和思想政治教育工作，全面加强党风廉政建设，推动学校事业又好又快发展

1. 创新学校基层党组织建设

加强党委自身建设。在学校领导体制运行方面，坚持《河海大学校级党政领导会议制度》，严格

执行议事范围和程序，健全内部议事决策规则和决策机制；加强“三重一大”制度建设，坚持党委常委会向全委会报告制度、完善党内情况通报制度、情况反馈制度、重大决策征求意见制度等，建设团结奋进、务实创新、勤政廉政的领导班子。在学校管理机制运行方面，深化任期目标责任制，调整任务指标，落实发展责任，加强过程检查和督促，确保领导班子任期目标责任制终期考核取得优异成绩。

铸就高素质干部队伍。一是构建有机统一、良性互动的交流培养模式，为加快年轻干部成长提供制度通道。开拓挂职锻炼渠道，共派出19名党政管理干部和教师到地方政府或相关企业挂职锻炼；提高选人用人的民主程度，做好缺岗干部的补充工作，为教学、科研、管理工作提供支撑，全年涉及调整变动干部17人次；组织完成2011年度楚州区扶贫工作。二是在学习中转变作风。突出干部教育培训精细化的工作思路，针对不同层级、不同岗位的工作要求，结合干部不同经历、不同阶段的成长状态，科学整合开展分类分层、多元组合的教育培训，全年校内外培训干部357人次。三是在研究中提高水平。设立党建研究基金，重点资助与学校党建工作实践相关课题，组织开展学术交流活动。2011年两项党建成果获得全国高校党建研究专委会优秀奖。

强化基层党组织功能。启动校内巡视制度试点工作，以抓落实、抓规范、抓执行为重点，总结经验、凝炼特色、发掘亮点、查找问题，为推进学院科学发展把脉问策。常州校区顺利召开了第五次党代会，确立了未来五年的发展战略、奋斗目标和主要任务。研究制定《河海大学院(系)党政联席会议制度》，完善院(系)党政共同负责制的运转形式、决策程序、参会范围、研究事项等具体内容。重点抓好党支部建设，科学、合理地设置、调整党支部。加强对基层党支部书记的培养力度，提高政治理论素养与党务工作水平。加强二级单位教代会建设，激发师生创造热情，为中心工作提供有力支持和保障。

精心锻造优秀党员队伍。大力加强党员质量保障体系建设，将全校党员组织生活、三会一课的学习情况，民主生活会、民主评议党员的教育活动，组织关系接转、党费收缴的管理过程，纳入统一的体系，进行系统管理；对党员发展全过程进行实时跟踪监控，初步建成融教育、管理、发展全过程为一体的党员质量监控系统。研究制定了《关于加强和改进在大学生中发展党员工作和大学生党支部建设的意见》，全年发展党员3047人，本科生党员比率达26.24%。切实做好党员教育培训工作，培训新生党员和党支部书记370名；充分发挥校、院两级党校的作用，全年培训入党积极分子4398人次。评选表彰优秀共产党员、党务工作者60名，先进党支部29个。

加强党风廉政建设。强化党风廉政建设责任制的落实，出台了《河海大学落实党风廉政建设责任制实施办法》，修订完善《河海大学党风廉政建设考核办法》，健全检查考核机制。顺利通过了教育部对我校贯彻落实《关于实行党风廉政建设责任制的规定》和《廉政准则》情况专项检查。深入开展反腐倡廉宣传教育，积极组织开展第五届“校园廉洁文化活动月”活动。加强制度建设，抓住招生、干部选拔、基建、物资采购等重点部位和关键环节加强监督，在基建处推进建立廉政风险防控机制，“校检共建”有新的举措，与江宁区检察院开展了综合体育馆廉洁工程共建签字仪式暨警示教育活动。

2. 全力维护校园和谐稳定

贯彻落实十七届六中全会精神，开展徐芝纶院士诞辰100周年纪念活动，统一师生的思想，凝聚员工的力量，激发河海人的自信心和自豪感，传承、发展和弘扬河海文化。

改进思想政治理论课教育教学，发挥各门课程的育人功能。拓展素质教育的内容和形式，不断创新思想政治教育的方法和途径，开展富有成效的校园文化和社会实践活动。获全省“五五”普法先进单位称号。

切实推进统战工作制度化、规范化，坚持和完善征求党外代表人士意见制度、民主座谈会制度；探索校领导联系民主党派基层组织的工作制度，大力支持和引导民主党派搞好自身建设；注重发挥关工委及离退休老同志的作用；加强对群团组织的领导，支持工会、团委、学生会、研究生会和科协等群团组织按各自章程积极开展工作，更好地成为党联系群众的桥梁和纽带。

3. 深入推进创先争优活动

以公开承诺作为创先争优活动的实践起点。将学校领导的公开承诺与年度工作计划安排结合起来，将各二级单位党组织的公开承诺与工作要求部署结合起来，将党员承诺与岗位职责要求结合起来。

以学习教育作为创先争优活动的实践基础。多层次多渠道开展理论研讨活动、教育培训和经验交流，开展党史知识学习竞赛，进行爱国爱党爱水爱校教育。

以分类创建作为创先争优活动的实践主题。加强分类指导，组织二级单位党组织开展“党员之家”建设工作；组织教师党员开展“践行师德创先争优”主题活动；组织教职工党员开展“强素质、树形象、作表率、促发展”主题活动；组织学生党员开展“为党旗增辉，做成才表率”主题活动等等。

以点评、评议作为创先争优活动的组织保障。在 2010 年 12 月和 2011 年 6 月两个时间节点，组织各单位和全体党员干部结合年度工作安排，全面开展领导点评工作和群众评议工作。

以选树典型作为创先争优活动的推进动力。推出一批来自学校教学科研一线的先进典型群体，引导党员找差距、抓提高，营造学先进、赶先进、做贡献、当表率的良好风气。

2011 年，学校没有发生大的政治事件，没有发生重特大刑事、治安案件，没有发生重大火灾事故、爆炸事件，没有发生校内交通事故，无民转刑案件。

2011 年取得了新的成绩，但工作中也存在着一些不足，在学科面的拓展方面，依托优势学科发展的速度和态势尚显不足；基本建设状况与学校快速发展的矛盾日益加剧；优良校风教风学风建设有待进一步加强；各级干部为一线教职工服务的意识和责任、能力和效果都需进一步强化等等，这些都要在今后的工作中下大力气予以加强和改进。

2012 年是实施“十二五”规划的关键年，也是学校改革、发展的关键年。我们将进一步增强使命感、责任感和紧迫感，积极主动适应高等教育、水利事业和经济建设的发展新形势，认真落实学校第十二次党代会和“十二五”发展总体规划提出的各项任务，坚定信心，认定目标，团结一心，锐意开拓，在建设高水平特色研究型大学的征程上创造新的辉煌。

部分学校重要文件索引

2011 年部分学校重要文件索引

发文编号	重要文件名称
河海委发〔2011〕10 号	河海大学 2011 年精神文明建设工作意见
河海委发〔2011〕28 号	关于学习贯彻落实胡锦涛总书记在庆祝中国共产党成立 90 周年大会上重要讲话精神的通知
河海委发〔2011〕33 号	关于印发《河海大学“三重一大”决策制度实施办法》的通知
河海委发〔2011〕34 号	关于印发《河海大学领导干部报告个人有关事项的规定》的通知
河海委发〔2011〕35 号	关于进一步加强廉政文化建设的实施意见
河海委发〔2011〕40 号	河海大学关于学习宣传贯彻十七届六中全会精神的通知
河海委发〔2011〕43 号	关于印发《河海大学落实党风廉政建设责任制实施办法》的通知
河海委发〔2011〕49 号	关于印发《河海大学党风廉政建设考核办法》的通知
河海委办〔2011〕8 号	关于印发《河海大学主页新闻发布工作管理办法(试行)》的通知
河海校政〔2011〕8 号	关于印发《河海大学物资采购审计实施办法(暂行)》的通知
河海校政〔2011〕9 号	关于印发《河海大学采购监督工作实施细则(试行)》的通知

续表

发文编号	重要文件名称
河海校政〔2011〕10号	关于印发《河海大学采购评审专家及评审专家库管理办法(试行)》的通知
河海校政〔2011〕42号	关于河海大学就业考核评估工作的实施意见
河海校政〔2011〕48号	关于印发《河海大学本科生校园公益服务活动管理及认定细则(试行)》的通知
河海校政〔2011〕49号	关于印发《河海大学本科生文体艺术竞赛获奖奖励办法(试行)》的通知
河海校政〔2011〕58号	关于印发《河海大学公费医疗管理暂行办法》的通知
河海校政〔2011〕90号	关于颁布《河海大学大学生参加城镇居民基本医疗保险实施办法(试行)》的通知
河海校政〔2011〕98号	关于印发《河海大学学生心理危机干预实施办法》的通知
河海校政〔2011〕99号	河海大学关于本科生档案管理的实施意见
河海校政〔2011〕144号	关于印发《河海大学深入开展"清剿火患"战役实施方案》的通知
河海校人〔2011〕1号	关于印发《河海大学教职工违纪处分规定(试行)》的通知
河海校人〔2011〕22号	关于印发《河海大学教师发展中心工作实施办法》的通知
河海校人〔2011〕42号	关于印发《河海大学教师转岗实施办法(试行)》的通知
河海校人〔2011〕51号	关于印发《河海大学"河海学者"聘用办法补充规定》的通知
河海校人〔2011〕59号	关于印发《水资源高效利用与工程安全国家工程研究中心聘用河海大学人员管理办法》的通知
河海校财〔2011〕9号	关于印发《河海大学采购监督工作实施细则(试行)》的通知
河海校财〔2011〕15号	关于印发《河海大学预算经费使用管理暂行办法》的通知
河海校财〔2011〕18号	关于印发《河海大学2011年"小金库"专项治理工作实施方案》的通知
河海校财〔2011〕26号	关于印发《河海大学研究生培养业务费管理办法》的通知
河海校科教〔2011〕7号	关于印发《河海大学国防科技项目管理办法(试行)》的通知
河海校科教〔2011〕48号	关于印发《河海大学博士研究生指导教师遴选办法》的通知
河海校科教〔2011〕56号	关于申请博士学位发表学术论文补充规定的通知
河海校科教〔2011〕67号	关于印发《河海大学培训项目管理办法(试行)》的通知
河海校科教〔2011〕74号	关于印发《河海大学研究生导师管理规定》的通知
河海校科教〔2011〕75号	关于印发《河海大学研究生荣誉称号管理办法》的通知
河海校科教〔2011〕77号	关于印发《河海大学科研档案管理办法》的通知
河海校科教〔2011〕79号	关于印发《河海大学研究生课程考试纪律及违纪处分办法(修订)》的通知
河海校科教〔2011〕130号	关于印发《江苏省基层水利职工培训教材编写工作管理办法》的通知
河海校科教〔2011〕116号	关于印发《大禹学院学生培养管理模式实施方案》的通知
河海校科教〔2011〕117号	关于印发《河海大学中央高校基本科研业务费专项资金管理实施细则(修订)》的通知
河海校科教〔2011〕118号	关于印发《河海大学科技项目经费管理办法补充规定》的通知
河海校科教〔2011〕128号	关于公布河海大学"江苏高校优势学科建设工程"有关管理办法的通知

(发展规划处、校长办公室、档案馆供稿)

校领导重要讲话

全面落实一号文件精神 加快推进学校实现新跨越

——在2011年度工作大会上的讲话(摘要)

校党委书记 朱 拓

(2011年2月14日)

同志们:

一元复始,万象更新。春节前夕,党中央、国务院审时度势、科学研判、果断决策,出台了新中国成立62年来的第一个关于水利改革发展的综合性文件,奏响了全面加快水利改革发展新号角。这是进入新世纪以来第八个一号文件,充分彰显水利在全局中的战略地位,充分表明中央对水利工作的高度重视,向全党全社会发出了大兴水利的明确信号,预示我国水利改革发展必将迎来新的春天。

一号文件"含金量高,指导性强"(人民日报社论:《推动水利实现跨越式发展》语),深刻阐述了新时期水利工作的战略地位和重要作用,系统谋划了加快水利改革发展的新思路新举措,具体明确了水利发展的新目标新任务。一号文件给学校改革发展指明了方向,注入了新动力,提出了新要求,我们要深入学习、全面领会,坚决把中央的决策部署和要求落到实处,全面推动学校事业科学发展。

下面,我谈四个方面。

一、统一思想,认清形势,全面落实一号文件精神

(一)以新形势下水利的战略定位为首要依托,拓宽办学思路,把握发展方向

水利的战略地位,是关系水利事业长远发展的基本问题,是出台治水兴水政策的重要依据。河海大学因水而生,顺水而长,水利的战略地位是强校兴校的首要依托。

一号文件对新形势下水资源的重要作用和水利的战略地位进行了全新的阐释:水是生命之源、生产之要、生态之基;水利是现代农业建设不可或缺的首要条件,是经济社会发展不可替代的基础支撑,是生态环境改善不可分割的保障系统,具有很强的公益性、基础性、战略性。加快水利改革发展,不仅事关农业农村发展,而且事关经济社会发展全局;不仅关系到防洪安全、供水安全、粮食安全,而且关系到经济安全、生态安全、国家安全。这是第一次在我们党的重要文件中全面深刻阐述水利在现代农业建设、经济社会发展和生态环境改善中的重要地位,第一次将水利提升到关系经济安全、生态安全、国家安全的战略高度,第一次鲜明提出水利具有很强的公益性、基础性、战略性。

"十二五"时期,是加强水利重点薄弱环节建设、加快民生水利发展的关键时期,是深化水利改革、加强水利管理的攻坚时期,也是推进传统水利向现代水利、可持续发展水利转变的重要时期。一号文件提出,力争通过5到10年的努力,从根本上扭转水利建设明显滞后的局面。文件明确了水利改革发展的指导思想:全面贯彻党的十七大和十七届三中、四中、五中全会精神,以邓小平理论和"三个代表"重要思想为指导,深入贯彻落实科学发展观,把水利作为国家基础设施建设的优先领域,把农田水利作为农村基础设施建设的重点任务,把严格水资源管理作为加快转变经济发展方式的战略举措,注重科学治水、依法治水,突出加强薄弱环节建设,大力发展民生水利,不

断深化水利改革，加快建设节水型社会，促进水利可持续发展，努力走出一条中国特色水利现代化道路。文件提出的三个“把”是我国推进水利改革发展的努力方向、战略重点和基本思路，是当前和今后一个时期水利工作的根本遵循。

必须迅速行动起来，抓住重要战略机遇期，全力打好跨越发展的硬仗。当今世界正在发生广泛而深刻的变化，世界科技和产业革命加快推进，中国经济发展长期向好，学校发展面临着更为激烈的竞争和更为严峻的挑战，同时也迎来了一系列重要战略机遇。科技兴国、人才强国、高等教育加快发展等“顶层设计”连续出台，国家进入了教育、科技和人才发展的重要战略机遇期。随着经济社会持续快速发展，我国水资源形势深刻变化，水安全状况日趋严峻，水利内涵不断丰富、功能逐步拓展、领域更加广泛，传统任务与新兴使命叠加，现实需要与长远需求交织，水利对全局影响更为重大，地位更加凸显。2010 年 12 月 23 日，陈部长到河海大学视察指导工作时对学校下一步发展提出明确要求：面对新形势新任务，河海大学要肩负起崇高使命和历史责任，深入贯彻落实科学发展观，继承优良传统，发挥自身优势，以更加广阔的视野、更加奋发的精神、更加开放的姿态、更加执著的努力，建设一流的高等学校、打造一流的创新平台、开展一流的教学科研、凝聚一流的师资队伍、培养一流的水利人才、多出一流的创新成果，为水利事业的新发展作出更大的贡献。学校发展站在新的起点，面临重大机遇，为我们在大调整大变革中抢占先机、推进发展提供了有利条件。在新的起点上开创科学发展新局面，必须全力打好服务水利跨越发展硬仗，抢抓机遇实现又好又快发展。我们一定要增强机遇意识、忧患意识、责任意识，始终坚持以发展为第一要务，聚精会神搞建设，一心一意谋发展，抓住重要战略机遇期，创造一个黄金发展期。

必须以服务水利新跨越为己任，瞄准水利改革发展的战略需求攻坚克难深化改革，为“十二五”开好局奠定基础。对接是一篇大文章，把这篇大文章做好了，就能开辟我校推进建设高水平特色研究型大学的新天地。一批世界一流大学之所以在不太长的时间内在西方发达国家建成，就在于这些大学能够积极主动地适应国家、行业和区域需要，融入行业、产业发展，密切与社会的合作，从而获得了广泛的发展机会和空间，获得了大量的项目和资金。我国很多高水平大学的实践也证明，在对接国家战略这条大道上，谁起步早，谁就抓住了发展的先机；谁走得快，谁就走到了改革发展的前头；谁坚定不移地走下去，谁就享受以服务求发展，以贡献求支持的丰硕成果。学校要紧紧瞄准水利改革发展的战略需求，同水利行业建立稳固、可靠、高效、持久的战略合作关系，要突出发挥特色与优势，注重理论和实践的有机结合，在人才培养、科学研究、决策咨询、技术创新等领域为水利提供广泛服务，共同推进水利改革发展新跨越。

必须将全面落实一号文件精神，促进学校事业发展和办学水平不断提高，当做最关键、最紧迫和最重要的任务。近些年来，纵向比较学校的发展有了长足的进步，但横向比较，发展速度相对滞后；在国际、国内有影响力的领军人物偏少，优秀创新团队缺乏，已经成为学校发展的瓶颈；学校的特色优势在科研上并没有得到充分发挥，主持的国家层面的大项目及高水平成果还很少。学校发展中也面临一些突出矛盾和问题，前进道路上还存在诸多可以预见和难以预见的风险与挑战。我们必须进一步增强危机意识，增强加快学校发展的责任感、紧迫感和使命感；我们必须进一步强化党管人才的责任，花更大精力，做出更大努力，制定一系列政策与措施，营造有利于人才成长、发展的良好环境；我们必须进一步把握国家需求，改革科研管理体制，加强学科交叉，加快构建大的公共研究平台，着力提高学校承担大项目、产出大成果、做出大贡献的能力。

必须始终保持昂扬向上的精神状态，调动一切积极因素，凝聚起建设高水平特色研究型大学的强大力量。2011 年是学校“十二五”规划的开局之年，是统筹规划今后 5 年以及河海百年前后的发展，实现“跨大步，上台阶，厚积薄发”前进的重要一年。2011 年重点工作为：一是对接水利新发展，提升办学新水平；二是深化任期目标责任制，营造“十二五”开局新气象；三是深化改革开放，为学校科学发展抓落实办实事；四是以质量为先导，坚持内涵提升的发展道路；五是加强和改进党的建设，营造和谐奋进的发展氛围。2011 年，学校工作的总体要求是：抢抓机遇跨大步，厚积薄发上台阶；党委工作的主线是：扬创先争优之帆，鼓昂扬振奋之气。贯彻这个总体要求，关键在于紧紧围绕科学发展这个主题，抓住争先奋进的主线，积极行动起来，主动响应中央一号文件的号召，坚决贯彻中央部署，采取有力措施，加大落实力度。

落实是紧迫任务，是重大考验。“落实”是2011年学校工作的关键词、核心词。必须下定决心，大力增强落实意识，努力提高落实能力，以更加坚定的信念、更加坚决的措施、更加积极的行动，狠抓一号文件的全面落实。需要特别强调三点：一要认真学习文件对当前形势的精辟分析，准确把握中央的重大决策。要深刻领会中央对水利的战略定位和总体要求，以及对“十二五”水利改革发展的通盘考虑。二要把中央的决策精神和水利部的部署要求原原本本传达到基层。要召开本部门本单位的专题会，将一号文件精神传达到每一位师生员工，把广大师生员工的认识统一到中央的精神上来，把行动统一到一号文件的要求上来。三要切实吃透中央精神的深刻内涵，结合本部门本单位实际提出贯彻落实一号文件的工作方案。要明确本部门本单位服务跨越发展的目标任务，针对重点、难点和体制机制创新的制约因素，拿出有预见、管长远的措施。

（二）将水利跨越发展的重大机遇转化为新动力，加快推进学校改革发展取得新成就

我们要把学习一号文件作为今年学校贯穿始终的中心工作，在教学、科研及社会服务等各个方面切实落实文件精神。

1. 在人才培养方面

要牢固确立人才培养在学校工作中的中心地位，始终坚持培养水利特色人才的发展方向。“十二五”时期是我国水利建设大发展的关键时期，作为国家重要的水利人才培养基地，学校也面临着前所未有的新机遇和新挑战。学校要适应水利大发展的新形势，围绕水利发展的重点任务，强化办学特色，发挥自身优势，努力探索各类水利人才培养的新模式，向水利行业中的党政领导人才队伍、专业技术人才队伍、经营管理人才队伍输送优秀人才，为国家水利大发展提供人才支持，为推动水利建设事业实现新跨越做贡献。

要加大教学投入，进一步深化专业设置、培养模式、教学内容等方面的改革。继续保持水文水资源、水利水电工程、港口航道工程等传统特色专业的领军地位，培养水利创新人才；在土木、环境、力学等工科专业教学中强化水利相关性，增加涉水课程和研究方向，体现河海特色；重视数学、物理类公共课程基础性作用，开设水利基础知识和水文化选修课，培养非水利专业学生的水利精神，提高综合素质；强化英语、法学专业教育，提高学生国际交流能力和法治意识，培养国际化的水利人才。要支持学生参与科学研究，强化实践教学环节，加强实验室、校内外实习基地、课程教材等基本建设。要全面实施“高等学校本科教学质量与教学改革工程”，充分调动学生学习积极性和主动性。要大力推进研究生培养机制改革，建立以科学与工程技术研究为主导的导师责任制和导师项目资助制，不断提高研究生特别是博士生培养质量。要加强就业创业教育和就业指导服务。

2. 在科学研究方面

要围绕水利发展的重点领域和重点任务，进一步凝炼科技发展方向，认真做好“十二五”开局之年，也是国家级重大科技项目立项非常关键的一年的重大项目组织。要稳步推进科技创新平台建设，按照水利科技创新体系建设总体布局和目标要求积极参与水利部重点实验室、工程中心的申报。要大力加强科技成果推广应用，水利部已决定把科技推广作为近期科技工作的重点，要采取有力措施加强和推进。要面向科学发展前沿，紧密结合国家重大需求，突出特色，努力开展科技创新研究，大力培养优秀的中青年队伍。要推动创新组织模式，拓宽科技管理思路和方式，不断提高科技管理人员素质和水平，培育跨学科、跨领域的科研与教学相结合的团队。要促进科研与教学互动、与创新人才培养相结合，充分发挥研究生在科学研究中的作用。

学校目前在水利学科上的优势，主要集中在学科的相对齐全上，在水平上的优势还不突出，所以我们除了继续保持和发挥水利学科多的优势外，还必须在交叉融合上下工夫，在凝炼方向上下工夫，在提高水平上下工夫，在提高重大问题的发言权上下工夫，切实解决水利现代化进程中的难点、热点和发展中的瓶颈问题，为我国水利科技的发展提供先进理论、方法和技术手段。

比如在水文学科上，要树立大水文的理念，在考虑气候变化对水文循环时空分布的影响，人类

活动对水文循环的影响，地表水与地下水的相互作用条件下的水文学基础研究的同时，要向为经济社会发展包括减灾防灾和水资源管理服务的方向发展。水文测验技术向自动化和数字化方向发展，水文模拟技术要在模型创新、参数识别、不确定性与非线性等前沿课题上取得有效进展，水文气象和实时洪水作业预报要从国情出发围绕提高时效、预报准确率问题在理论和方法上有进一步的创新，水文分析计算要继续发展和完善风险分析的理论与方法。

水资源研究重点要放在现代环境下的流域水资源演变规律与科学调控，生态系统需水与水资源合理配置，各业综合节水与非常规水（包括雨水利用）综合利用，水资源开发利用的生态环境效应和地下水资源开发利用与保护，水资源综合管理“三条红线”的实施等方面。

在水力学面，要针对大型水利水电工程的建设，开展新的、复杂的水力学问题的研究；同时，加强水力学与环境科学、生态科学等的交叉与融合，重视对水流、水环境、水生态的现象与机理研究；开展深入细致的观测、试验和数值模拟技术的研究，开发可以快速、精确模拟复杂三维流场的各类计算软件。

在水土保持方面，要深化对土壤侵蚀机制的认识，对区域土壤侵蚀进行定量评价和预报，建立适合我国特点的土壤侵蚀预报模型及水土保持效益的评价体系。

在水工结构与材料方面，要进行特高坝的设计标准和安全评价准则的研究，开展大坝设计、科研、施工和管理为一体的数字化、可视化、智能化的综合研究。要开展高坝安全和风险评价与管理，老、病坝的安全评估和修补技术的研究。加强混凝土新材料和高分子材料的研发与利用。

在水、旱灾害防治研究方面，要重点研究防洪减灾战略，突发性洪水的应急管理体制与对策，城市防洪与供水安全保障，干旱灾害综合管理与对策，大范围旱情动态监测、评估与预警技术，持续性特大干旱的应急预案与协调机制，抗旱法规及政策等。

在农田水利方面，要加强农业节水灌溉设备研发、污水资源化利用、精准灌溉、农业水环境和水生态的研究和节水技术的成果转化。进一步开展农业节水灌溉管理和灌溉制度的研究，农田灌溉、排水和农业水环境的检测及试验网络的建设，加强基础数据的积累。进行农村安全饮用水的战略研究，以及相关的饮用水标准、处理技术和政策的研究

在环境水利方面，研究方向应侧重：控制水体富营养化、改善水体水质和控制非点源污染的水污染控制技术研究；受损水生态系统的恢复与重建研究；流域梯级开发水利水电工程的生态环境影响评价的理论及方法研究；针对可能发生的重大水污染事件的水污染应急机制与体制研究。

3. 在社会服务方面

要牢固树立主动为社会服务的意识，全方位开展服务，推进产学研用结合，加快科技成果转化。充分发挥传统学科的领先优势和多学科的综合优势，积极与全国水利水电系统及地方政府和相关单位开展产学研合作，进一步加大合作共建的工作力度，主动服务国家和地方经济建设与社会发展，努力为水利现代化建设做贡献。要加强创新团队建设，广泛开展国内外合作与交流，切实提高实验室学术水平、竞争实力和社会服务。要改革学校内部人事管理分配制度，引导和激励教师主动为行业和企业服务。要不断深化对校办产业内涵和功能认识，规范校办产业发展。要更新教育观念，加大投入力度，建立健全继续教育体制机制，发展和规范教育培训服务。

（三）加强组织领导是全面落实一号文件的根本保证

学校要由校领导带队迅速组织上门对接。对接的具体项目和内容层次要站得高一点，要力争在大水文建设、水土保持、水资源配置与调度、节水与水资源的高效利用、水生态与环境保护、水工程安全及管理等领域实现科技新突破，为防洪安全、饮水安全、粮食安全、经济发展用水安全和生态与环境用水安全等方面出新成果、大成果，为水利发展提供科技支撑和保障。

各部门要强化为水利服务的使命感与责任感。要加强力量，加大与水利部各司局、各大流域机构、地方水利厅局、各大水利工程集团公司的联系力度，及时掌握水利发展需求和政策动态，迅速反应，采取措施，组织力量，及时跟进，在水利人才培养、水利科技创新等行业服务方面抢得先机。要由校办、驻京办等部门牵头负责不断细化完善对接的工作机制和政策措施，制订对接行动计

划，成立对接工作领导小组，制定工作方案，召开专门会议，协调推进对接工作。

各学院要主动寻找对接工作中“双赢”的结合点。要坚持改革创新，建立以提高教学质量为导向的管理制度和工作机制，同水利行业密切联系。要掌握水利事业发展对人才的需求变化，改革课程设置，创新教学观念，切实提高学生的学习、实践、创新能力。要主动上门，快速推进，寻找对接工作中“双赢”的结合点，抓住机会。

（四）校友是全面落实一号文件的强大依靠

在中央重大决策部署出台之后，各学院各部门要通过校友及时了解掌握中央和地方与之相配套的政策和方案，抢先作出反应，预先作出谋划。

校友是学校最具亲和力、最具潜力的支持力量。在现代高等教育体系中，校友是评价一所大学水平的重要指标。譬如，美国的高教评估机构所设定的十项评价指标中，涉及校友的就有两项。其一是软指标，毕业生对母校声誉和教学质量的评价，只要有校友不满意学校当初对他的培养，评价积分中就要相应扣减得分；其二为硬指标，要看这个大学发展过程中它的资金来源有多少是来源于校友。

要注意方式方法，多与校友沟通。我认为，校友们建设性、谋略性的智力支持远比财力的支持更为重要，校友们全方位、长足性的健康发展远比眼前的回报更为重要，校友们经常性、多层面的深度交流远比偶尔返校更为重要。大家共同担负联系和服务校友的责任，各学院一把手要亲自负责校友工作，团结带领大家一起，千方百计做好这项工作。无论是一线教师、辅导员，还是离退休老干部、老教师都有责任和义务做好工作。大家要拧成一股绳，多渠道开展工作，发挥自身的信息优势和工作优势，协调配合，形成合力。

二、增强危机意识，化危局为机遇

（一）我们面临的危机

我认为学校当前面临的危机可以从以下几个方面考虑：其一，在水利事业新发展，高等教育格局新调整的新形势下，国家和行业对像我们这样的大学的期望越来越大，要求越来越高；其二，包括我校在内的行业特色型的重点大学，都八仙过海，各显神通，竞争空前的激烈；其三，随着大学改革的不断深入，行政与学术等深层次的问题和矛盾越发突出，现代大学制度亟需建立与完善；其四，由于受多种思想观念的影响，学校中的各类群体，对物质文化需求更趋多样化，统筹兼顾各方面利益难度加大。这一切，使学校面临着严峻的挑战，要求河海人居安思危，未雨绸缪，增强危机感。

从国内有影响的评估机构年度报告的评估情况看，我校的排名还不乐观。对于大学排行榜，我们一方面既不要被各类大学排行榜所迷惑，另一方面也应给予重视。一是，每种排名都是用同一种标准衡量所有的学校，从这个角度讲，应该说是公平的；二是，这种排名的影响是客观存在的，而且它的影响越来越大，不管你对它的态度如何；三是，它通过对比的方式指出了高等学校的发展趋势，以及社会和大众的关注点，仅此一点就应给予足够的重视。

其次，看一下我们在水利行业里面临的挑战。近年来，全国高校纷纷涉及水利学科、设置水利专业，说明水利事业的良好发展势头，但同时也预示着激烈的竞争局面。当前，面对激烈的竞争局面，大家都在思考，都在调整，都在寻找新的突破口，都在部署新的战略。我们也要及早谋划。

第三，现在我们所培养出来的学生还能不能出优秀的领导人才，还能不能出知名的专家，这也是对我们的挑战。从河海的历史看，我校在培养人才方面是有好传统的，在 50 年代、60 年代，就是 70 年代和 80 年代都培养了许多杰出人才。那么，到了今天，我们还能不能培养出优秀的人才？这很值得我们认真地思考。

（二）如何化解危机

从上述分析中，我们可以看到，学校要创建高水平特色研究型大学，可以说难度不小。要在困难重重、竞争激烈中实现大突破、大发展，必须要有大思路、大智慧，必须要坚持辩证地看问题，摈弃惯性推动和小富即安的思想束缚，坚持运用联系和发展的观点与方法，辩证地去分析和解决我们面临的复杂问题，化危局为发展机会。我们特别要重视以下几个方面：

一是思想统一。思想上的不统一，就会显现为局部工作的不协调，继而混乱学校的发展认识和发展思想，涣散人心，对学校发展的危害性最大。特别是我们的各级领导干部，要坚决贯彻执行学校的决策部署，牢固树立整体意识、发展意识和危机意识。整体意识，就是班子成员以学校发展大局为重，具有全校一盘棋的思想。发展意识，就是以先进改变落后，以卓越代替平庸，在决策上有大思路，在行动上有大举措，紧盯高远目标，不动摇、不折腾、不放松。危机意识，就是要跳出学校看学校，从形势与环境变化中、从兄弟高校的突飞猛进中寻找差距和发展的动力，既不固步自封，也不被惯性推着走，而是永不满足，抓住机会，跳跃前进。

希望各级领导干部以身作则，同时教育和引导本部门本单位教职工认同学校的发展理想，认同学校的发展信念，认同学校的精神，坚持十六字校训，用理想凝聚人心、统一认识、化解矛盾、战胜困难、推进发展，自觉地把学校发展战略和行动计划贯彻落实到实际工作中去，在推进学校的改革和发展、建设和谐校园的实践中创造和提升我们的人生价值。

二是建设和谐的学科生态。目前我校在各类排名中，这方面偏弱较多。主要问题是特色学科的优势不突出，优势学科的数量偏少。所以我校学科规划与优化的核心问题就是要正确处理全局与局部、长远与现在、宏观与微观的问题，要努力实现学科的协调发展和可持续发展。

学校的学科建设不是单一学科建设，也不是齐头并进的平衡建设，是由主体学科、主干学科、特色学科和支撑学科组成的生态系统，不同学科占据着不同的生态位，发挥着不同且互补的功用。主体学科引领性的功能、主干学科砥柱性的地位、特色学科标志性的特征、支撑学科奠基性的作用显示了学科之间建设方式和建设力度的差别：发展主体学科、夯实主干学科、彰显特色学科、扶植支撑学科。学科建设要重视优势学科的发展，也要关注支撑学科的建设，以保证优势学科更加突出，主干学科得以加强，主体学科得以发展，一般学科得以兼顾，形成具有可持续发展能力的“学科生态环境”，产生“学科协同效应”。

三是要进一步加强我校基础与应用基础研究。必须采取更为有力的措施，争取首先在SCI收录论文的数量与质量上有较大突破和大幅提高。

要根据不同学院及不同学科的实际情况，调整制定所应达到的目标。要使国家重点实验室以及以基础研究为主的学科和学院成为产出SCI收录论文的重要基地。博士后、博士生和硕士生是我校科研的重要力量，在发表高水平学术论文方面具有潜力，要根据不同学科的特点制定相应的SCI收录论文要求。要加强基础研究的投入力度，要制定更有力度、更有吸引力的资助及奖励办法，充分调动我校科技人员在SCI收录杂志上发表高水平论文的积极性。

四是要提高质量，以质取胜，永远是化解危机的最好选择。人才培养的质量、科学研究的质量、教师队伍的质量、学科建设的质量、各种管理的质量，是学校办学优势和特色的最好注脚，我们必须高度重视。

以科研为例，从2010年我校的实际情况看，科研经费的数量增长很快，与此同时，提高科研质量也应成为我们今后科研管理工作的重点，推进科研向“抓大促新，以质量带数量”转变。从学校发展战略上考虑，科研发展是学校发展的引擎。科技发展对于推动学校的整体发展能够发挥牵引作用，提升学校科技质量是提升学校在社会经济发展中的地位和影响力的重要因素。国家提出了建设创新型国家战略，国家科技投入也逐年增多，但是，国家的科技投入更加瞄准国家发展战略和经济社会重大需求，更加强调科技产出的质量和对国家科技、经济社会发展的实质性贡献。所以，学校科研管理工作的模式要转变：要努力从争取项目到设计项目的转变；从被动服务向主动地服务转变；从重视组织项目到兼顾项目产出转变；从个体为主向积聚大团队转变；要促进教师在思想和认识上的转变。

组织教师加强学习，有长远的发展眼光，学习国家宏观方面的政策，了解国家重大需求和形势，学习世界科技发展趋势，扩大视野。如果只为争取一点科研经费，科研质量就永远上不去。在科研经费有较大增长的同时，更要讲学术规范，防范学术风险。“板凳甘坐十年冷，文章不写一句空”，任何一个学术大家，都有这样的成长经历。要更多地发挥老教师的传帮带作用，关注引进教师和青年教师，通过优化组合，使他们尽快地成为学校科研的生力军。

三、提高执行力，保证行动的统一

目前，我们学校正处在一个特殊的阶段，在这个阶段中我们既有良好的发展机遇，又有巨大的工作压力，如果我们抓住了机遇，心往一处想，劲往一处使，就会进一步推进学校的建设和发展，反之，就会落后于时代的要求。学校要发展、质量要保证、管理要提升，教职工的收入要逐年增长，除了要有好的决策、好的发展战略、好的管理体系外，更重要的是要有好的执行力。

“执行力”是什么呢？美国哈佛大学博士后余世维讲的很清楚，“执行力”就是“按质按量按时完成自己的工作”。可以这样说：一个好的执行效果能够弥补决策方案的不足，而一个再完美的决策方案，也会葬送在滞后的执行中，从这个意义上说，执行力是学校管理成败的关键。要改善学校的执行力，我认为必须从以下几个方面做起：

(1) 提高计划能力。制定计划，首先一定要打开思路，要站得高，看得远，这样思想认识才会高，制定的计划才有前瞻性、发展性，才有真正的指导意义。其次制定计划，要把各项任务按照轻、重、缓、急列出计划表，一一分配，落实到人，在计划的实施时，要预先掌握关键性问题，分清轻重缓急，不能因琐碎的工作，而影响了应该做的重要工作。

(2) 提高指挥能力。好的指挥者不但能激发干部员工的意愿，而且能够提升其责任感与使命感。我们安排工作，既要考虑工作分配，也要考虑指挥的方式。在安排工作时，要提出明确的目标和须达到的标准和要求，关键是自己要以身作则起示范带头作用，要求干部员工做的我们要带头去做，要求员工不做的，我们首先不做。

(3) 增强协调能力。事实上，我们的很多时间都必须花在协调工作上。协调包括内部上下级、部门与部门之间的共识协调，也包括工作与生活之间的利益协调，任何一方协调不好都会影响执行计划的完成。所以，我们在做好工作的同时还要增强协调能力，使我们大家的劲都能够往一个方向使，形成合力，以推进学校整体工作的发展。

(4) 提高创新能力。创新是衡量一个人、一个学校是否有核心竞争能力的重要标志。要提高执行力，除了要具备以上这些能力外，更重要的还要时时、事事都有强烈的创新意识，这就需要不断地学习，把工作的过程本身当作一个系统的学习过程，要学习不间断，创新无极限，唯有学习和创新，才能生存，才能发展。

(5) 注重落实能力。任何一项宏伟战略，即使有很好的计划和方案，也有具体的措施，如果没有按照计划和措施一步一步去落实好，没有坚持标准和质量，不注重结果，再好的计划也是一张废纸。所以，我们一定要在落实计划的时候，注重过程，注重细节，注重效果，培养自己的落实能力。只有这样，才能确保学校各项工作的落实，才能体现计划的正确与否，才能推动学校健康发展。

(6) 提高绩效，重视成本意识。大学作为一种非营利组织，其生存和发展离不开对资源的利用。大学以追求卓越和提高声誉为目标。为了实现这个目标，它需要更新教学和科研设备、选聘优秀教师、开发优质课程、争取更多科研资金、招收更多优秀学生，因而，大学教育的“更好”同时也往往意味着“更加昂贵”。绩效管理作为一种管理方式在企业中的运用已经取得了很好的效果，我们在学校的管理中也要有绩效的理念，提高学校的管理水平，促进学校的效益进一步提高。

由于主管部门往往注重在宏观层面关注大学的办学质量问题，而对于微观层面的资源利用和转化则较少关注和考核，这便导致了重资源获取总量、轻资源利用效益成为不少大学较为普遍的现象。以我校的办学现状来说，从水利部所属划归于教育部所属，资金投入已减少了许多，省部共建还未增加江苏省的实质性投入。因此，我们不可能依赖于高资源投入而获得跨越式发展。随着招生数量的逐步稳定，我们主要的任务不是继续扩大规模，而是要走内涵式发展道路，在巩固已有的规模基础上提高教育教学和科研的质量。

要树立“成本”意识。众所周知，现阶段由于优质教育资源主要集中在公办的普通高等学校，因此所有公立名牌高校都不愁生源。生源就意味着国家拨款和学费收入，也就没有了生存危机。至于各个高校的管理是否科学、合理，运转是否健康，办学效益和社会效益是否达到了应有的成效，却缺乏一种合理的评价和监督机制。国家投入的大量资金是不需返还的，科研投入的回报率、转化率也没有硬性规定，国有资产能否不断升值，高校的办学效率和效益方面是否在不断提高等等，也都由各个高校自行把握。由此形成了高校缺乏成本意识和效率意识，缺乏认真“经营”的观念。所以我们必须树立“经营”理念，树立办学成本意识，通过精心的运作和管理，追求办学效益最大化，尤其是社会效益最大化。

提高年度预算的绩效意识。年度预算，要按照承诺的年度目标和预期绩效为基本依据进行制订。它以学院、职能部门或项目的绩效为目标，在该目标指导下确定事务或服务计划并测算实施成本，以成本为基础确定所需的财力、人力、资本、信息和其他资源计划。在制订年度预算时，应注意：一要做到项目预算与项目目标统一，资金与绩效关系明确。各部门提出预算或支出要求时，必须制订出一套能综合反映部门业绩、便于考评的绩效指标，尽量做到建议的开支与预期的结果之间紧密联系，最好把预期结果与不同的预算开支联系起来，以便根据学校的财力选择恰当的预算，也便于外部考核和监督。二要在做部门预算时，强调项目的优先顺序，确保主要发展目标和重要绩效目标的实现。

要建立动态的管理体系。绩效管理是动态的、持续的、循环的管理过程。没有好的过程管理，就不会产生好的结果。只抓最后的绩效考核，忽略过程，这无异于本末倒置，只会导致考核走形式、教职员工内心反感抵触，徒增管理成本而已。我们必须坚持公平、公正、透明的原则，建立起动态的绩效管理体系，对于我们领导班子来说，就是要建立起问责制，对权力进行监督以及对过失权力进行责任追究。这不仅是学校稳定与发展的一项保障制度，也是提升高等教育质量、实现学校公共服务以及增强学校回应外界能力的重要途径。

要重视个体的发展。虽然绩效管理注重的是学校的整体效率和效益，但整体效益依赖于个体的效率，这正是实现学校的可持续发展、协调发展的基础和关键所在。所以，充分体现以人为本的精神，注重教职员工的个人成长，关注民生问题，是提高学校的员工绩效和组织绩效的最有效方式。一个没有个体积极性的学校，谈不上整体绩效的提高，更谈不上可持续发展和协调发展。

四、改进作风，更加扎实地工作

改进作风，更重视的是一种精神状态。为了实现我们的发展目标，要在全校范围内保持和塑造奋发向上、励志图强、扎实工作的精神状态。这是一个需要经常讲的观点和要求。因为昂扬向上、奋发有为的精神状态和乐观主义心态是取之不尽、用之不竭并年复一年让我们大有作为的精神财富，在一定条件下可以弥补物质条件的不足，克服困难，创造奇迹。

昂扬向上、扎实工作是一种先进意识。有了这种先进意识，就会保持积极的工作状态，提出较高的奋斗目标和工作标准，争创一流，使看起来不大可能的事情成为现实。

昂扬向上、扎实工作是一种进取精神。有了这种进取精神，就会追求新的思想境界、新的工作思路、新的工作方法，就会不断地超越自我，超越现状，实现跨越式发展。

昂扬向上、扎实工作的精神状态是建立在理想和信念之上的，理想和信念能够照亮一切。我们的理想和信念是把河海大学建设成高水平特色研究型大学，有了这个理想和信念，我们对自己的事业和前途就会充满信心，充满希望。要在全校范围内始终保持昂扬向上、扎实工作的精神状态，关键在各级领导干部，在我们领导班子。班子成员除自身要保持奋发有为的精神状态之外，还要在自己领导的部门和单位营造昂扬向上、扎实工作的氛围。

要振奋精神状态，关键是从作风建设入手，从领导班子和各级干部中入手。2009 年上半年，中央纪委、监察部驻教育部纪检组、监察局组织近百所高校纪委开展了关于高校领导干部作风建设的专题调研活动。调查结果反映，高校领导干部在作风方面还存在以下几个突出问题：

在思想作风方面，教条主义、经验主义等问题在部分高校领导干部身上还不同程度地存在，以人为本观念、责任意识、宗旨意识等尚不牢固。个别领导干部对建设中国特色社会主义大学的办学思路还不够清晰，对当前我国高等院校怎样培养人才等基本问题缺乏更加深入的思考。

在学风方面，部分高校领导干部理论与实际脱节，缺乏理论联系实际、学以致用的能力。“对先进教育理念掌握不够”，“浅尝辄止，钻研精神不够”等也是反映较多的问题。

在工作作风方面，部分高校领导干部工作中存在搞“政绩工程”的现象。在领导作风方面，部分高校存在“议而不决，决而不行，会议繁多”等官僚主义作风，部分高校存在“重大决策科学化、民主化不够”的问题。“落实工作部署缺乏针对性、实效性”，“听不得不同意见，个人说了算”等也是比较突出的问题。

在生活作风方面，主要集中在两个方面，一是“公款吃喝、铺张浪费”；二是“办事奢华、好讲排场”。对高校机关工作作风，反映比较突出的两大问题是“不求实效”和“会议较多”。“联系群众不够，问题解决不力”，“统筹协调、科学安排的能力不够”等也比较突出。

要以领导干部的作风带动校风学风教风，为高校科学发展创造良好环境。“风成于上，俗形于下”，各级领导干部是高校教职员工的一面旗帜，只有率先垂范，成为品德和人格的楷模，才能以良好的作风正校风、促学风、带教风。我们要做创先争优的表率，把开展“创先争优”活动与学习贯彻教育规划纲要紧密结合，带领各级党组织和广大党员推动学校科学发展，营造团结奋进、勇于争先的浓厚氛围。

具体来说，要做好以下几点：

(1) 敢于担当。权为民所赋，权为民所用。各级领导干部在处理好改革、发展和稳定三者关系的过程中，必须能够辨明根本利益和表面利益、长远利益和眼前利益。现在师生员工长远利益就是建设高水平特色研究型大学。这是我校一切工作的出发点。看一个领导干部，很重要的是看其有没有担当精神。各级领导干部要珍惜使命、不负重托，在难题面前敢于开拓，在矛盾面前敢抓敢管，在风险面前敢担责任，将岗位赋予的权力和资源真正用于为广大师生员工谋利益上。

(2) 勤奋好学。胡锦涛同志指出：“面对新形势新任务，如果我们的领导干部不抓紧学习，不抓好学习，不在学习和工作中不断提高自己，就难以完成肩负的历史责任，甚至难以在这个时代立足。”高校是培养人才的重要机构，是新思想、新观念、新知识、新科技、新文化的引领之地，作为高校的领导干部，勤奋好学是做好本职工作的基本条件。我们要以学习中国社会主义理论体系为重点，不断提高思想理论水平，坚持理论联系实际，深入学习实践科学发展观，坚持用发挥的马克思主义指导客观世界和主观世界的改造，真正把学习贯彻十七大精神和中国特色社会主义理论体系转化为谋划跨越式发展的正确思路。

(3) 甘于奉献。高校必须立师德，正师风，强师能；弘扬求真务实，淡泊名利，潜心学术，无私奉献的学术风气，树立崇高的职业理想。要达到这些目标，首先要求我们领导干部具备甘于牺牲、乐于奉献的品质和精神境界，正确处理好党委与行政、个人与组织、民主与集中、学术与管理以及领导班子成员之间的关系，努力推进“党委领导、校长负责、教授治学、民主管理”。

(4) 真抓实干。邓小平同志曾经指出：“世界上的事情都是干出来的，不干，半点马克思主义都没有。”对领导干部来说，一定要注重实干，努力作为，少说多做，行胜于言；不搞花架子，不作秀，不赶浪头，不出风头；把心思用在干事业上，把劲头放在搞建设上，把精力投到抓落实中，创造实实在在的工作成绩。我们要坚持用科学发展观武装头脑，把科学发展观的要求转化为谋划发展的正确思路、促进发展的政策措施和领导发展的实际能力，不断提高谋划发展和改革创新的能力，提高工作的预见性和研究解决新情况、新问题的能力，处理好改革、发展与稳定的关系。用改革的精神改进文风、会风和政风，提倡讲实话、讲新话、讲解决问题的话。选人用人要坚持标准，形成重视基层、重视实干、重视实绩的用人导向，创造风清气正的干事环境。

(5) 艰苦朴素。艰苦朴素的工作作风，是毛泽东为抗日军政大学规定的三大教育方针之一，也是我校校训的首句。艰苦朴素的工作作风的基本含义是：必须理论联系实际，不仅会说，而且要做，有勇于实践的求实作风；善于吃苦耐劳，艰苦奋斗，不怕挫折，有敢于向一切困难作坚决斗争的作风；在困难面前有敢于胜利的作风；坦白、诚实，敢讲真话，敢于向一切不良倾向作斗争，有自觉服从党和人民的利益的作风；不为名，不为利，不贪污，不腐化，生活简朴，反对自私自利，保持共产党人廉洁奉公的作风；有自觉的组织纪律，讲团结，讲友爱，谦虚谨慎，不骄不躁，永远和人民群众保持密切联系的作风。

"艰苦朴素"不仅仅指工作作风、生活作风，更是一种人生态度、一种气质，在物质生活优裕的情况下坚持艰苦朴素的传统是对人的一种考验和挑战。

同志们：

水利事业发展的春天，就是河海大学发展的春天。2011 年是中国共产党成立 90 周年，也是"十二五"时期开局之年。在这具有特殊意义的历史关节点上，党中央、国务院从党和国家事业全局的高度全面部署水利改革发展，既为推动水利跨越式发展提供了难得的历史机遇，也为学校改革发展明确了努力方向。

东风吹来满眼春，潮起正是扬帆时。一号文件是希望的信号，更是前进的号角。我们一定要以时不我待、只争朝夕的状态，激越昂扬、扎实苦干的精神，无所畏惧、砥砺前行的勇气，同心同德，锐意进取，圆满完成今年的各项改革发展任务，以优异的成绩迎接中国共产党成立 90 周年！

在第五届六次教代会上的讲话

校党委书记　朱　拓

（2011 年 3 月 30 日）

各位代表、同志们：

在春暖花开、莺飞草长的美好季节，我们召开了第五届教职工代表大会第六次会议。在大家的共同努力下，会议顺利地完成了预定的各项议程，即将闭幕。会议期间，全体代表以高度的责任感和饱满的热情，认真听取、审议了王校长的工作报告，认真听取了《关于修订河海大学公费医疗管理暂行办法的说明》并通过了经过修订的《河海大学公费医疗管理暂行办法》，认真听取、审议了《河海大学 2010 年财务决算及 2011 年财务预算工作报告》和《河海大学第五届五次教代会提案办理及第五届六次教代会提案征集工作报告》，通过了大会决议。在此，我谨代表校党委向大会的圆满召开表示热烈的祝贺！向与会代表和全体工作人员的辛勤付出表示衷心的感谢！

刚刚过去的 2010 年，是河海大学发展进程中十分重要的一年。王校长在工作报告中对学校 2010 年取得的发展成绩作了客观的总结。这些成绩的取得，是全校教职工发挥主体作用、献身使命、奋发图强的结果；是各位代表发挥积极作用、履行职责、群策群力的结果；是教代会发挥桥梁纽带作用、团结教职工同舟共济的结果。学校所取得的每一分成绩，取得的每一个进步，都凝聚了大家的智慧，饱含了大家的心血，借此机会，我也代表校党委再次向大家表示崇高的敬意和诚挚的谢意！

各位代表、同志们，2011 年是"十二五"规划启动之年，也是全面实施《国家中长期教育改革与发展规划纲要》的起步之年。3 月 21 日，学校正式发布了《河海大学"十二五"事业发展总体规划》，对学校发展的现实条件和外部环境进行了分析，明确了"十二五"事业发展的指导思想和总体目标，提出了学科建设、人才培养、科学研究、社会服务、国际合作、队伍建设、校园建设、文化建设、内部管理、党建与精神文明建设 10 大任务和实施方案，明确了经费概算以及思想、组织、管理三个方面的发展保障。王校长在工作报告中，对今年的工作进行了部署，对如何高质量完成今年的各项任务提出了清晰的思路和具体的要求。希望大家认真领会学校"十二五"发展规划和王校长工作报告的精神，并贯彻落实到实际工作中去，推动学校的科学发展。下面，我就做好今年工作再讲四点意见。

一、统一思想，认清形势，全面落实中央一号文件精神

中央一号文件的主要内容以及对水利事业和学校发展的重大意义我们已组织了多次学习和宣讲，这里就不重复。关键的关键，是我们必须抓住这个重要战略机遇期，创造一个黄金发展期，即全力打好服务水利跨越发展的硬仗，在服务中不断提高自身的实力和地位，从而实现学校又好又快发展。因此，我们要把全面落实一号文件作为今年学校贯穿始终的中心工作，在教学、科研及社会服务等各个方面切实落实文件精神。

在人才培养方面，要牢固确立人才培养在学校工作中的中心地位，始终坚持培养水利特色人才的发展方向。作为国家重要的水利人才培养基地，学校要适应水利大发展的新形势，围绕水利发展的重点任务，强化办学特色，发挥自身优势，努力探索各类水利人才培养的新模式，向水利行业中的党政领导人才队伍、专业技术人才队伍、经营管理人才队伍输送优秀人才，为国家水利大发展提供人才支持，为推动水利建设事业实现新跨越做贡献。

在科学研究方面，要围绕水利发展的重点领域和重点任务，进一步凝炼科技发展方向，推进科技创新平台建设，按照水利科技创新体系建设总体布局和目标要求积极参与水利部相关平台和项目申报。要面向科学发展前沿和国家重大需求，努力开展科技创新研究，加强科技成果推广应用，大力培养优秀的中青年队伍。要推动创新组织模式，拓宽科技管理思路和方式，不断提高科技管理人员素质和水平，培育跨学科、跨领域的科研团队。

在社会服务方面，要牢固树立主动为社会服务的意识，充分发挥传统学科的领先优势和多学科的综合优势，积极与全国水利水电系统及地方政府和相关单位开展产学研合作，主动服务国家和地方经济建设与社会发展，努力为水利现代化建设做贡献。“百团行动”计划是学校落实一号文件、主动服务水利的重要举措，学校要及时总结，不断提高，每个服务团也都要写出高质量的调研报告，提出具体的措施与建议，使各项服务落到实处、取得实效。

二、增强危机意识，化危局为机遇

学校当前面临的危机主要有以下几个方面：一是在水利事业新发展，高等教育格局新调整的新形势下，国家和行业对像我们这样的大学的期望越来越大，要求越来越高；二是包括我校在内的行业特色型的重点大学，都八仙过海，各显神通，竞争空前的激烈；三是随着大学改革的不断深入，行政与学术等深层次的问题和矛盾越发突出，现代大学制度急需建立与完善；四是由于受多种思想观念的影响，学校中的各类群体，对物质文化需求更趋多样化，统筹兼顾各方面利益难度加大。

要在困难重重、竞争激烈中实现大突破、大发展，必须要有大思路、大智慧，必须要坚持辩证地看问题，摈弃惯性推动和小富即安的思想束缚，坚持运用联系和发展的观点与方法，辩证地去分析和解决我们面临的复杂问题，化危局为发展机会。我们特别要重视以下几个方面：一是思想统一。思想上的不统一，就会使工作不协调，继而混乱学校的发展认识和发展思想，涣散人心，对学校发展的危害性最大。我们各级领导干部，要坚决贯彻执行学校的决策部署，牢固树立整体意识，同时教育和引导本单位教职工认同学校的发展信念。二是建设和谐的学科生态。目前我校在各类排名中，主要问题是特色学科优势不突出，优势学科数量偏少。所以我校学科规划与优化的核心问题就是要正确处理全局与局部、长远与现在、宏观与微观的问题，努力实现学科的协调发展和可持续发展。三是要进一步加强基础与应用基础研究。我们必须采取更为有力的措施，制定更有吸引力的资助及奖励办法，调动教师发表高水平论文的积极性，争取首先在SCI收录论文的数量与质量上有较大突破和大幅提高。四是要提高质量。以质取胜，永远是化解危机的最好选择。人才培养的质量、科学研究的质量、教师队伍的质量、学科建设的质量、各种管理的质量，是学校办学优势和特色的最好体现。

三、提高执行力，保证行动的统一

目前，我们学校正处在一个特殊的阶段，在这个阶段中我们既有良好的发展机遇，又有巨大的工作压力，如果我们抓住了机遇，心往一处想，劲往一处使，就会进一步推进学校的建设和发展，反之，就会落后于时代的要求。学校要发展、质量要保证、管理要提升，教职工的收入要逐年增长，除了要有好的决策、好的发展战略、好的管理体系外，更重要的是要有好的执行力。

“执行力”就是“按质按量按时完成自己的工作”。可以这样说，一个好的执行效果能够弥补决策方案的不足，而一个十全十美的决策方案也能葬送在滞后的执行中。从这个意义上说，执行力是学校管理成败的关键。要改善学校的执行力，我认为必须从以下几个方面做起：一是提高计划能力。制定计划要有前瞻性、发展性，要把各项任务逐项分配落实到人，突出关键性问题与工作。二是提高指挥能力。安排工作时要提出明确的目标和必须达到的标准和要求，关键是自己要以身作则，起到示范带头作用。三是增强协调能力。包括上下级和部门之间的共识协调以及工作与生活之间的利益协调。协调得好就能形成合力，协调不好就会影响工作计划的执行。四是提高创新能力。创新是衡量一个人、一个学校是否有核心竞争能力的重要标志，而强烈的创新意识需要自觉地、不断地学习。五是注重落实能力。任何一项宏伟战略，如果没有按照计划一步一步去落实好，就是一张废纸。落实计划要注重过程，注重细节，注重效果。六是提高成本意识。绩效管理在企业中已经取得了很好的效果，我们在学校管理中也要有绩效的理念，提高学校的管理水平，促进学校的效益进一步提高。

四、改进作风，更加扎实地工作

为了实现我们的发展目标，要在全校范围内塑造和保持奋发向上、励志图强、扎实工作的精神状态，这是一个需要经常讲的观点和要求。因为昂扬向上、奋发有为的精神状态和乐观主义心态是取之不尽、用之不竭并年复一年让我们大有作为的精神财富，在一定条件下可以弥补物质条件的不足，克服困难，创造奇迹。

要振奋精神状态，关键是从作风建设入手，从领导班子和各级干部中入手。要以领导干部的作风带动校风、学风、教风，为学校科学发展创造良好环境。我们各级领导干部，一要敢于担当，敢抓敢管；二要勤奋好学，不断提高；三要甘于牺牲，乐于奉献；四要真抓实干，努力作为；五要艰苦朴素，廉洁奉公。“风成于上，俗形于下”，各级领导干部是高校教职员工的一面旗帜，只有率先垂范，成为品德和人格的楷模，才能以良好的作风正校风、促学风、带教风。我们要做创先争优的表率，把开展“创先争优”活动与学习贯彻教育规划纲要紧密结合，带领各级党组织和广大党员推动学校科学发展，营造团结奋进、勇于争先的浓厚氛围。

最后，我还想借此机会对教代会的自身建设提几点希望：

第一，要进一步加强教代会建设，推动学校和谐发展。教代会是学校管理体制的重要组成部分，是学校民主管理工作的重要载体。加强教代会建设，能充分体现教职工当家做主的主人翁地位，特别是教师在学校发展中的主体地位，集中反映广大教职工的意志，集思广益把学校的事情办得更好。同时，教代会又是加强民主监督和管理、促进党风廉政建设、协调干群关系的平台，是学校领导密切联系群众的桥梁。因此，我们要进一步统一思想认识，把加强教代会建设和民主管理工作提高到社会主义民主政治的高度去考虑，切实加强教代会的自身建设。

第二，要进一步加强提案工作，提高提案办理质量。希望代表们更加主动地关心学校的改革、建设和发展，积极为学校的改革、建设和发展献计献策；注意收集教职工对学校政策的反映和意见，多提提案，特别是平时要多提提案，要将常年提案与大会提案结合起来，认真做好提案工作。相关部门要高度重视提案工作，加快提案办理进度，对牵涉本部门的提案不拖拉、不推诿；要尽力提高提案办理质量，提高教职工的满意度。

第三，要进一步完善二级教代会，切实发挥二级教代会的作用。凡是新调整成立的、未召开二级教代会的单位，要尽快召开二级教代会，成立二级教代会的组织机构；已建立起二级教代会的单位要继续完善，充分发挥二级教代会在各单位改革发展中的作用，并做到按时换届选举。校党委要将二级教代会的建立和完善作为对各单位民主管理、民主政治建设和精神文明建设考核的重要组成部分，与单位年度考评及其主要负责人的年度考核和任期考核挂起钩来。

各位代表、同志们：

东风吹来满眼春，潮起正是扬帆时，河海大学建设与发展的春天已经到来。五届六次教代会的胜利召开，使我们进一步认清了形势，明确了任务，坚定了信心，凝聚了力量。展望新的一年，前景光明，充满希望。我们要以时不我待、只争朝夕的状态，激越昂扬、扎实苦干的精神，无所畏惧、砥砺前行的勇气，同心同德，锐意进取，奋力开拓，乘势而上，圆满完成今年的各项改革发展任务，以优异的成绩迎接中国共产党成立90周年！

谢谢大家！

在河海大学常州校区第五次党员代表大会上的讲话

校党委书记　朱　拓

（2010年4月22日）

各位代表、同志们：

在即将迎来中国共产党建党90周年喜庆的时刻，中共河海大学常州校区第五次党员代表大会今天隆重开幕了。这是校区发展进程中的一件大事，也是校区全体师生员工政治生活中的一件大事。对这次大会，校党委十分关心、高度重视。首先，我代表校党委、行政对本次大会的胜利召开表示热烈的祝贺！向各位代表和校区广大师生员工致以诚挚的问候！

同志们，自第四次党代会以来，常州校区以发展为第一要务，以改革创新为动力，办学特色更加鲜明，发展内涵更加充实，办学条件更加完善，校园氛围更加和谐，各项事业呈现出科学发展、和谐发展的良好势头，为学校的改革、发展与稳定做出了重要的贡献。在此，我谨代表学校党委、行政，向长期以来支持、关心常州校区建设和发展的常州市委、市政府，向辛勤耕耘、默默奉献的校区全体共产党员和师生员工致以崇高的敬意和衷心的感谢！

当前，国家正处在全面建设小康社会、加快转变经济发展方式的关键期和攻坚期；教育战线正处在贯彻落实国家中长期教育改革和发展规划纲要、全面推动教育事业科学发展的关键期和攻坚期；水利事业正处在凝聚全社会治水兴水力量、加快水利发展与改革的关键期和攻坚期。学校第十二次党代会确定了实施"两步走"发展战略、建设高水平特色研究型大学的目标；刚刚颁布的学校"十二五"总体发展规划和三个专项规划，统筹规划了今后5年以及"百年河海"的发展愿景。在这样一个重要时刻，常州校区召开第五次党员代表大会，具有十分重大的意义，大会将回顾第四次党代会以来的工作，提出校区建设的奋斗目标、工作思路和主要任务，并就加强党建和思想政治工作进行部署安排，这必将对校区今后事业的发展产生积极而深远的影响。

借此机会，我代表学校党委提几点希望和要求。

第一，凝聚力量，共谋发展。希望通过这次大会，常州校区进一步凝聚和调动全体党员和师生员工的积极性、主动性和创造性，持续提高本科人才培养质量，着力提升师资队伍水平，大力加强学科和科研能力建设，不断加强领导班子和党员队伍建设，扎实推进和谐校园内涵建设，认真研究新的历史条件下面临的新情况、新问题、新机遇、新挑战，同心同德，群策群力，一心一意谋发展，聚精会神搞建设，在"十二五"的征程上，不断取得新成绩，实现新跨越。

第二，履行职责，和谐奋进。党员不仅是光荣的称号，更要履行党赋予的使命和职责。校区各基层党组织和党员要围绕中心立足本职，创科学发展之先、争校园和谐之优，在加强师德师风、促进机关作风中弘扬先进，在关注民生、服务群众中体现先进。同时希望各位代表认真履行党代表的神圣职责，提高认识，发扬民主，同心协力，积极为校区的发展献计献策，努力把这次大会开成一个民主团结、务实奋进的大会，开成一个凝聚力量、共谋发展的大会。

第三，不辱使命，再创辉煌。党的领导是事业发展的重要保证。希望即将产生的常州校区新一届党委在学校党委和常州市委的正确领导下，坚持以邓小平理论和“三个代表”重要思想为指导，全面贯彻落实科学发展观，以饱满的政治热情，积极向上的精神风貌，强烈的党性意识和高度的责任感、使命感，团结和带领校区广大师生员工，不辱使命，扎实工作，开创进取，着力增强“四个意识”：一是增强发展意识、提高创新水平，着力改进思想作风；二是增强学习意识、提高理论素养，着力改进学风；三是增强服务意识、提高办事本领，着力改进工作作风；四是增强勤廉意识、提高执政能力，着力改进领导作风。

各位代表、同志们，学校党委对校区开好党代会寄予厚望，校区全体党员和师生员工对开好党代会抱有美好的憧憬和期待。我相信，在学校党委、常州市委的坚强领导下，常州校区党委一定能够团结带领广大师生员工，坚持“特色强校、和谐兴校、质量立校、人才名校、环境美校、道德荣校”，扎实工作，形成合力，为建设高水平特色研究型大学做出新的更大的贡献！

祝大会圆满成功！

谢谢大家！

切实加强新时期党的建设　努力推进学校事业科学发展

——在 2011 年党建工作会议上的讲话

校党委书记　朱　拓

（2011 年 4 月 28 日）

同志们：

这次全校党建工作会议，主要任务是学习贯彻党的十七届五中全会以及全国、全省教育工作会议和全国、全省第十九次党建工作会议精神，研究部署当前和今后一个时期学校党建工作。刚才，5 个单位做了很好的发言。这里，我想讲三点意见。

一、统一思想、提高认识，进一步把握学校党建工作的新形势

党的领导是学校事业科学发展的政治保证和组织保证，党建工作是学校凝聚力、创新力、战斗力的重要源泉。近年来，有三件深刻影响我校事业改革发展的大事。一是深入开展学习实践科学发展观活动，二是胜利召开第十二次党员代表大会，三是科学谋划“十二五”发展大局。这三件大事，确定了今后五年学校事业改革发展的方向、目标、任务，赋予党建工作新的责任和使命；同时从 2010 年 4 月开展的创先争优活动，对新时期党的先进性建设提出了新的要求，为学校党的教育实践提供了新的平台。学校各级党组织要准确把握新形势、新任务、新要求，切实增强做好党建工作的责任感和紧迫感。

第一，高度对接高等教育、科技创新和水利事业的新发展，对学校党建工作提出了新要求。

国家正处在全面建设小康社会、加快转变经济发展方式的关键期和攻坚期。转变发展方式、调整经济结构是时代的主旋律和最强音，着力改善民生、实现公平正义，让人民群众共享改革发展成果，建设发展型社会是社会管理的现实命题。

教育战线正处在贯彻落实国家中长期教育改革和发展规划纲要、全面推动教育事业科学发展的关键期和攻坚期。4 月 24 日，胡锦涛总书记在庆祝清华大学建校 100 周年大会上发表重要讲话，全面阐述了提高高等教育质量的四项要求，明确指出了青年学生健康成长和教师队伍建设的方向。

对照党和国家对建设现代高等教育体系的要求，学校在建立科学合理的大学治理结构，完善人才培养、科学研究、社会服务、文化传承的基本功能，形成开放灵活、内外兼容的办学格局等重要方面也还有较长的路要走。

水利事业正处在凝聚全社会治水兴水力量、加快水利发展与改革的关键期和攻坚期。水利内涵不断丰富、功能逐步拓展、领域更加广泛，传统任务与新兴使命叠加，现实需要与长远需求交织，水利对全局影响更为重大，在新的起点上开创学校科学发展新局面，我们必须全力打好服务水利跨越发展这场硬仗。

第二，推动学校事业科学发展，对学校党建工作提出了新要求。近年来，学校以科学发展观为统领，实事求是，与时俱进，主动适应新形势；深化改革，创造条件，实现重点领域新突破，各项事业得到进一步发展。但是我们也应该清醒地认识到学校发展进程中仍面临特色优势彰显不够、人才资源和创新活力不足等问题；学校党的建设也存在一些与新形势、新要求不相适应的问题，主要表现在：思想理论武装工作在一些党组织和干部中没有得到足够的重视，在具体工作中还不太善于把科学发展观转化为谋划发展的正确思路和促进发展的政策措施；基层党组织建设发展不平衡，党政共同负责制及其议事规则在实际工作中贯彻情况参差不齐，一些基层党组织缺乏活力和动力。特别是新形势下，我们更是要充分调动和保护师生员工争创一流业绩的主体性、积极性、创造性，切实加强针对深层次的价值取向和精神动力问题的体制和机制建设。

第三，应对意识形态和思想文化领域的复杂形势，对学校党建工作提出了新要求。大学历来是思想文化交流、交融、交锋之地，各种社会思潮都希望通过大学来传播、扩大其影响，我们的党建工作面临特殊压力。目前学校意识形态主流和大学生思想主流是健康的、积极向上的，但思想政治工作面临的挑战仍然很多。思想文化阵地管理还存在一些薄弱环节，教育方式和组织形式仍显单调，有的青年学生容易受到不良信息的误导。我们要始终保持忧患意识、责任意识，把加强意识形态工作贯穿学校党建工作始终，研究新情况，解决新问题，帮助青年学生健康成长，把学校思想政治工作的阵地建设好、管理好。

二、围绕中心、把握全局，进一步明确学校党建工作的新要求

党的领导，主要是政治领导、思想领导。善谋大势、认清使命、统一思想、推动工作，是党的执政治校能力的重要体现。学校各级党组织和全体党员，要把思想和行动统一到对发展形势和发展任务的正确判断上来，统一到贯彻落实上级党组织和学校党委的决策部署上来，统一到以创先争优的实际行动推动学校事业科学发展上来，切实发挥各级党组织的领导核心、政治核心、战斗堡垒作用和党员的先锋模范作用。

第一，科学统筹党建和中心工作的关系。为实现学校第十二次党代会和“十二五”发展总体规划提出的奋斗目标，我们要努力把学校党组织的思想建设、组织建设、作风建设、制度建设和党风廉政建设与学校科学发展结合起来，与提高学校党委的领导能力、决策能力结合起来；把学校基层组织工作的创新，与学校的干部培养和干部队伍建设结合起来，与创先争优长效机制的建设结合起来；要不断加强精神文明建设，牢牢把握正确的舆论导向，改进大学生思想政治教育工作。我们要使学校党的工作和精神文明建设更加符合科学发展观的要求，不断凝聚共识，不断增强信心，不断鼓舞士气，以此带动学校建设发展的各项工作，加快特色研究型大学的建设步伐。

第二，积极营造健康振奋的发展氛围。我们要全面把握高等学校办学规律，努力形成学校事业整体推进、持续发展的局面，积极倡导社会主义核心价值观，积极倡导河海整体利益高于局部和个人利益的价值导向，积极传承、弘扬和发展河海优良传统，切实为学校的全面、协调和可持续发展提供强大的精神支撑。要着力推动学校内部各个方面和各个环节相互衔接、相互协调、相互促进，培育和养成水润万物的奉献精神、海纳百川的博大胸襟、诚实谦逊的高尚品质、百折不回的执著追求，不断增强学校的凝聚力、吸引力和影响力，建设河海人的精神家园。

三、突出重点、整体推进，不断提高学校党建工作科学化水平

上级党组织关于高校党建的决策部署，学校事业发展的目标任务，都迫切要求我们坚持整体推进、寻求重点突破，不断提高学校党建工作的科学化水平。我们重点要做好以下四个方面的工作：

1. 着力提升领导改革发展的能力，发挥党委领导的核心作用

一要着力做好学校事业发展的顶层设计。学校党委负有对事关学校发展的战略性、全局性、根本性问题作出决策的重大职责。当前学校“十二五”开局良好，我们要继续加强重点领域和关键环节改革步伐，推动教育观念、培养模式和管理方式的创新，形成有利于学校事业科学发展的压力传递和动力机制，切实提高决策执行力度。要组织力量深入开展学校重大战略问题研究，对制约学校发展的瓶颈问题提出解决方案；对羁绊学校教育质量、办学水平提高的体制性障碍提出改革措施，把科学定位、争创一流的核心任务落实到位。

二要着力完善先进性建设长效机制。一是教育培养机制。以学习型党组织建设为牵引，建立领导班子和干部队伍思想建设长效机制，从源头抓好党员党性修养、干部能力提升。二是科学决策机制。贯彻执行“三重一大”制度要求，完善和执行议事规则，加强党委常委会建设；健全常委会对全委会负责、向全委会定期报告工作并接受监督等制度，发挥全委会在学校重大事项集体决策中的作用；完善党内民主生活制度、党务公开制度，积极探索党代会闭会期间发挥党代表作用的途径。三是考核激励机制。以处级领导班子任期目标责任制为基础，坚持考核评价要求与学校整体发展规划相统一、年度考核与任期考核相统一、处级领导班子集体考核与班子成员考核相统一的原则，进一步深化和推进学校内部管理体制改革，健全符合科学发展要求的考核评价激励体系。四是执行监督机制。建立二级单位巡视制度，加强督查督办制度，强化问责机制，保证学校各项决议落实到位。把反腐倡廉建设放在更加突出的位置，坚持标本兼治、综合治理、惩防并举、注重预防的方针，党风廉政建设做到教育有效、制度管用、监督到位、惩处有力。

三要着力加强干部和人才队伍建设。要坚持“党管干部”原则和“德才兼备、以德为先”的用人标准，完善选拔任用、考核评价、管理监督、激励保障、正常退出机制，注重培养提高干部队伍的管理水平和创新能力。结合学校中长期发展规划，着手研究《河海大学 2011—2020 年中长期中层干部队伍建设规划》；结合学校目标责任制的实施情况，研究修订《河海大学中层干部考核管理办法》。将人才工作放在事关学校发展全局的战略位置，建立健全党政共同负责、统分结合、协调高效的工作机制，形成人才工作的强大合力，努力做到用事业造就人才，用制度保障人才，开创人才强校工作的新局面。

2. 全面贯彻落实《条例》，创新学校基层党组织建设

2010 年 8 月，中央正式颁布新修订的《中国共产党普通高等学校基层组织工作条例》，对学校各级党组织的工作职责、工作内容、工作制度等作出了明确规定，是学校党的工作必须遵循的基本规章。贯彻落实《条例》，是学校各级党组织的政治任务，也是提高党建工作科学化水平的必然要求。

一要坚决贯彻党委领导下的校长负责制。《条例》明确规定了高校党委八个方面的主要职责，使得党委领导下的校长负责制的目标任务更加清晰、实现途径更加明确、落实措施更加具体。学校党委要根据《条例》的要求，按照社会主义政治家、教育家的目标方向，切实增强政治意识，提高引领学校科学发展能力，贯彻党委领导下的校长负责制，建设团结奋进的坚强领导集体。

二要坚持完善院(系)党政共同负责制。《条例》正式将党政联席会议制度确立为院(系)党组织的工作体制和决策方式，扩充了院(系)党组织的职责范围，使院(系)党组织发挥作用和履行职责有了明确的制度保障。我们要进一步完善院(系)党政共同负责制的运转形式、决策程序、参会范围、研究事项等具体内容。要抓好“软实力”建设，重制度建设推动科学管理，重队伍建设树良好师德，重群团建设凝聚人心；着力把握方向、整体规划、利益协调、监督落实、促进和谐；加强二级单位教代会建设，激发师生创造热情，为中心工作提供有力支持和保障。

三要强化基层党组织功能。重点抓好党支部建设，科学、合理地设置、调整党支部。加强对基层党支部书记的培养力度，提高政治理论素养与党务工作水平。选准党支部工作创新的切入点和着力点，推进学习型党支部建设、构建发挥党支部和党员作用的工作机制和平台、建立健全党员联系服务群众的工作机制。

四要精心锻造优秀党员队伍。充分发挥校、院两级党校的作用，加强对入党积极分子的经常性培养教育。严格发展程序，坚持从数量、质量、结构等方面强化党员发展监督机制。加强党员的教育管理，坚持“三会一课”制度、党员学习制度、党员民主生活会制度、民主评议党员制度等；认真实施学生党员目标管理，多渠道完善流动党员管理，构建完善的党员质量保障体系。

3. 全力维护校园和谐稳定，牢牢掌握意识形态工作主导权

思想政治工作是党的政治优势和组织优势的集中体现，是保持正确办学方向的必然要求。加强思想政治工作，必须在中国特色社会主义理论武装上见成效，必须在教育和服务学生成长成才上见成效，必须在确保校园和谐稳定上见成效。

一要努力把握意识形态领域主导权。意识形态工作是党的一项极为重要的工作，在复杂形势下尤需保持头脑清醒，不断增强政治敏锐性和政治鉴别力。要坚持用马克思主义占领思想理论阵地，加强理想信念教育、国情水情教育、形势政策教育和民族团结教育，切实做好社会主义核心价值体系“三进”工作，增强师生对中国特色社会主义的理论认同、政治认同和情感认同。

二要不断增强思想政治工作实效性。大学生思想政治教育要坚持“三贴近”原则，努力把握规律性、富于时代性、增强实效性。要不断改进思想政治理论课教育教学，发挥各门课程的育人功能。要不断拓展素质教育的内容和形式，不断创新思想政治教育的方法和途径，开展富有成效的校园文化和社会实践活动。文化是学校办学能力和水平的重要体现，是学校竞争力、凝聚力、发展力的关键要素，要通过宣传媒体以及群众性文化活动，广泛、深入、持久地开展“献身、求实、负责”的水利精神、“艰苦朴素，实事求是，严格要求，勇于探索”的校训宣传教育，统一师生的思想，凝聚员工的力量，激发河海人的自信心和自豪感，传承、发展和弘扬河海文化。

三要切实维护校园安全稳定。维护校园稳定是实现学校改革发展目标的重要保证。要认真落实稳定是硬任务、是第一责任的要求，各级党政主要领导对所属单位稳定工作负总责，要努力从源头上化解矛盾，对师生中出现的思想认识问题，要耐心沟通、及时引导，对校园内发生的矛盾纠纷，要快速反应、及时处理，努力创建平安校园、和谐校园。要主动加强对影响学校稳定因素的分析研判和把握，不断完善突发事件应急管理机制，妥善处置各种事端，努力把问题解决在基层、解决在萌芽状态。

4. 深入开展创先争优活动，推进学校事业科学发展

以“创建先进基层党组织，争做优秀共产党员”为主题的创先争优活动，是保持和发展党的先进性的经常性活动，是推动科学发展的经常性动力，也是加强基层党组织建设的经常性要求。要以创先争优活动为抓手，丰富工作内容和载体，组织引导基层党组织和党员创科学发展之先、争和谐校园之优。

2011 年我校创先争优活动要围绕三条工作主线：一是立足本职争当先锋，以推动学校事业科学发展为目标创先争优。各二级单位党组织要准确把握学校发挥行业优势、服务国家水利事业发展的历史责任，将开展创先争优活动与贯彻落实学校“十二五”规划紧密结合，把创先争优活动与实施“百团行动”服务基层水利建设各项工作融为一体。二是潜心育人加强修养，以师德建设主题实践为载体创先争优。要紧紧围绕培养高素质教师队伍的目标要求，把师德建设贯穿于学校教学、科研和管理工作的全过程。强化师德师风教育，塑造为人师表良好形象，在创先争优活动中争做表率，在师德师风建设中着力先行。三是深入群众凝聚力量，以深化党群共建为途径创先争优。各级党组织要从群众最关心、最迫切需要解决的问题入手开展工作，解决好影响教职工生活工作的各种问题，发挥群团组织的桥梁和纽带作用，着力推进组织共建、队伍共建、阵地共建、齐争共创，使创先争优真正成为全体教职员工的价值取向和共同行动。

2011年我校创先争优活动要抓住两项重点任务：一是以纪念建党90周年为契机扎实推进创先争优活动。要根据中央、省委关于纪念建党90周年的活动部署，广泛开展党的理论宣传教育活动。坚持典型引路，开展“两优一先”评选表彰活动等。要抓住纪念建党90周年的契机，营造创先争优活动的良好氛围，激发基层党组织和广大党员创造一流业绩的热情和干劲。二是以构建创先争优长效机制为抓手深入推进学校党的先进性建设。创先争优，重在实践，贵在实践，成于实践。我们要在开展公开承诺、领导点评、党员先锋岗创建等教育实践活动基础上，把创先争优感性认识理论化，成功经验系统化，具体做法制度化，努力构建目标明确、组织完备、运行有序的创先争优长效机制，丰富学校新时期党的先进性建设的理论和实践内涵。

同志们，加强和改进新形势下学校党的建设意义重大、使命光荣。全校各级党组织和全体党员一定要增强政治意识、责任意识和忧患意识，坚持解放思想，勇于开拓创新，不断提高党建工作科学化水平，为建设高水平特色研究型大学做出新的更大的贡献，以优异成绩向党的90华诞献礼！

在新的起点上开创教工党支部建设新局面

——在2011年教工党支部书记培训班上的讲话

校党委书记　朱　拓

（2011年6月9日）

2011年是“十二五”发展起步之年，是中国共产党成立90周年，也是创先争优活动健全机制、全面争创的关键阶段。这次教工党支部书记集中培训是经过党委慎重考虑的，希望通过这次培训和研讨，进一步梳理我们的工作，统一思想，提高认识，明确职责，更好地开展基层党建工作，更好地发挥党支部的战斗堡垒作用和共产党员的先锋模范作用，更好地为学校的发展建设做出积极的贡献。这里，我主要讲，面对学校目前的形势和压力，围绕学校和本单位中心工作，我们如何在新的起点上开创教工党支部建设新局面。

一、增强政治意识，把握新形势，明确基层党建工作新要求

在新的历史起点上，我国经济社会和高等教育发展呈现一系列阶段性的新特征。从经济社会发展形势来看，转变发展方式、调整经济结构是时代的主旋律和最强音，着力改善民生、实现公平正义，让人民群众共享改革发展成果，建设发展型社会是社会管理的现实命题。从高等教育发展形势来看，全国全省中长期教育改革和发展规划纲要已经颁布，省委省政府将科教兴省战略提升为科教与人才强省战略，提升教育质量和创新体制机制是高等教育面临的紧迫课题。从学校自身发展来看，政府对教育、科技和水利事业的重视和扶持，为我们提供了良好的外部环境，长期的办学实践使学校事业发展具备了良好的内部条件。特别是在2010年，学校胜利召开了中国共产党河海大学第十二次代表大会，科学谋划“十二五”宏伟蓝图；全校上下以科学发展观为统领，以深入开展创先争优活动为契机，求真务实，团结奋进，各项事业都得到了长足发展。

党对学校的领导，主要是政治领导、思想领导。善谋大势、认清使命、统一思想、推动工作，是党的执政治校能力的重要体现。党支部书记是党支部领导班子的“班长”，在政治上起着把关导向作用，在党支部处于核心地位。党支部书记的素质、能力如何，直接关系到党支部工作的好坏和作用的发挥。党支部书记必须具备较高的政治素质，在政治上、思想上、行动上与党中央保持高度一致。坚定正确的政治信念和立场，树立远大的共产主义理想，善于从政治高度、全局的利益，认识和处理问题，在重大政治问题上分清是非，在执行党的路线、方针、政策和上级指示决定上不走样，这是党支部书记素质的灵魂。

二、增强全局意识，服务中心工作，夯实基层党建工作基础

当前，学校“十二五”事业发展规划已经制定，按照党代会确定的“两步走”战略部署，学校事业发展正步入彰显特色、重点提升的战略发展期。在这个时期，学校要积极推进内涵发展，从布局调整向功能提升转变，从自我循环向与社会互动共赢转变，创新发展理念与模式的任务很重，提高质量优化结构的任务很重，强化特色争创优势的任务很重，办人民满意教育促进教育公平的任务很重。

学校党组织是学校全部工作和战斗力的基础，是事业发展的领导者、组织者和推动者。截止到2010年底，我校共有在职教工党员1666人，党支部142个。其中，院系党支部94个，占66.2%，管理部门党支部48个，占33.8%。在院系支部中，支部建制主要有以下几种类型：一是依托系(所)、教研室、实验室(中心)等以教学科研为纽带的支部77个，占81.9 %；二是依托机关组织以管理服务为纽带的支部15个，占16 %；其他情况的支部约占2.1%。

我们要切实把握围绕中心抓党建、抓好党建促发展的党建工作总要求。落实到支部，就是要为支部所在单位的教学、科研、管理、服务等工作提供坚强的政治组织保证，提供强大的精神动力和文化氛围，这是支部工作的根本所在。教工党支部的工作定位可具体化为三点：一是学校事业改革发展的有力支撑。教工党支部的工作应当围绕学校中心工作，在教学、科研和社会服务中发挥独特的作用。二是对教职工进行思想政治教育的载体和抓手。通过党支部强有力的思想政治工作，统一思想，凝聚人心，将教职工的思想统一到学校发展的愿景上。三是推进师德建设和教风建设，引领和帮助教职工实现人生目标、身心和谐发展。教工党支部分布在教学科研第一线的方方面面，理应成为校、院党组织联系教职工的桥梁和纽带。在学校新的发展时期，不但要努力成为凝聚党员、服务群众的平台，还应致力于成为事业发展引领的平台、思想心灵沟通交流的平台。

三、增强先进意识，忠诚党的教育事业，铸就基层党建工作队伍

学校党委将在政策层面指导教工党支部开展工作，通过主题活动、评选表彰基层党建优秀示范支部和优秀党建工作示范点等方式，弘扬先进，以点带面，加强党委对教工党支部的指导，及时总结并宣传教职工党支部建设中的先进经验；各二级单位党组织要切实担负起教工支部建设的责任，把抓好党支部建设作为最重要的日常工作。要着力加强基层党组织带头人队伍建设，科学设置党支部，选配好支部书记，落实相关政策和待遇。同时，我们要把教工党支部书记培训纳入干部教育培养体系，开展多种形式培训活动，开阔视野，提升支部书记的政治素质和党务工作能力。

我校的党支部书记都是兼职的，既有处级干部，也有科级干部，还有普通教师。做支部书记需要的是敬业奉献的精神，是对党的事业的忠诚与执著。担任支部书记一职，是党组织和党员同志们对我们的信任，在我们内心深处是一副光荣而平凡的担子，需要我们来承担这种信任的重托，需要我们为这种信任付出责任。只有解决好这个认识问题，才会把那些影响工作的思想抛开，愉快地接受这份责任，不辞辛苦地努力工作。作为基层党支部的书记，我们要始终把自己摆在为单位出成绩、出人才、积极争创先进单位的“服务”位置上，要围绕学校和本单位的中心工作，想方设法充分发挥支部成员的积极作用、带头作用和先进性。要经常关注党员、群众的个人实际，特别是年轻教师的思想波动，在他们成长、进步的道路上排忧解难，充当铺路石，让他们安心工作、学习，顺利成长。

四、增强学习意识，不断开拓创新，提升自身能力素质

党支部书记要适应形势发展的需要，树立终身学习、团队学习、学干结合的理念，通过学习解放思想，更新观念，使党支部的工作不断焕发出生机和活力。要有敏锐的思想，增强工作的超前意识，有预见性地开展思想政治工作，及时了解和发现职工思想上存在的问题，有针对性地化解矛盾，把问题解决在萌芽状态。要有创新的思路，善于借鉴经验，敢于创新，把党的路线方针政策及

上级的决策和部署，与本单位、本部门的具体情况相结合，创造性地加以贯彻落实。

党支部书记要想当好群众的主心骨，还必须不断地提高自身的工作能力。重点体现在四个方面：一是组织协调能力。支部书记虽然不是处于行政“领导”的地位上，但其工作性质要求我们必须对形势与任务有整体把握，统筹协调，这样才会赢得同志们的信赖和拥护。二是说服引导能力。要善于作说服引导工作，动之以情，晓之以理。这样才能情理交融，使道理顺耳入心，做到爱护不袒护，关心不戒心，使党支部的工作为群众所接受，变成群众的自觉行动。三是自我调节能力。要善于根据出现的情况和问题，及时调整工作内容和方式、方法，善于控制自己的情绪，保持良好的心态和精神状态。正确看待成绩和挫折，做到成绩面前不沾沾自喜，挫折面前不灰心丧气。四是团结协作能力。团结凝聚智慧，团结产生力量，团结协作能够产生凝聚力、战斗力，增强向心力，稳定队伍、推动工作。作为党支部书记，要有民主的作风，宽广的胸怀，听得进各种不同意见，相互帮助、相互谅解，努力创造一个团结和谐、心情舒畅的工作氛围。特别是在处理个人利益问题方面，支部书记更要增强大局意识、协调意识，培养“锐气、勇气、大气、正气、和气”的人格魅力，做团结协作的模范。

五、增强时代意识，创科学发展之先，争校园和谐之优

党的十七大部署以改革创新精神加强和改进党的建设，明确提出要开展两项活动：一是在全党开展深入学习实践科学发展观活动，二是在党的基层组织和党员中深入开展创先争优活动。这两项活动是有机联系、相互衔接的，其中，学习实践活动是集中性主题教育活动，创先争优是推动基层党组织和党员立足本职发挥先锋模范作用的经常性工作，目的在于强基层打基础。

2011 年我校创先争优活动主题将包括四个方面：一是围绕中心工作促进学校事业科学发展。把创先争优活动与促进改革发展融为一体，围绕中心创先进，立足本职争优秀。二是围绕纪念建党 90 周年营造争当先进浓厚氛围。校党委将于“七一”前夕推出一批来自教学科研一线的先进典型群体，集中表彰一批先进基层党组织、优秀党员和党务工作者；组织开展“学党史，树理想信念；学典型，树人生标杆”活动，重温党的历史，坚定理想信念；举办党的理论研讨会，推动建立创先争优长效机制。三是围绕全心全意为师生服务促进和谐校园建设。创建“党员先锋岗”，充分展示积极上进、爱岗敬业的精神风貌；以“五个好”“五带头”优秀标准，在党支部和全体共产党员中开展公开承诺；组织开展“党员之家”建设工作。四是围绕师德师风建设扎实开展主题实践活动。师德师风决定了校风和学风，体现了学校的核心竞争力，决定着学校的形象和声誉。学校下发了师德师风建设实施方案，将进一步优化工作机制、深化人事改革、强化评估考核，明确教书育人职责，培养爱岗敬业精神，树立为人师表意识，努力营造良好、健康、和谐的师德师风建设氛围。

学校对创先争优活动的实施做了整体的部署，又进行了阶段性布置。但要真正做好关键在基层，创先争优活动的起点和重点在党支部。支部要真正行动起来，每个党支部都要有具体的争创目标，让大家都知道；有具体的争创活动，让大家都参加；有具体的争创结果，让大家来评价。做好这些工作，党支部书记是组织者。支部书记对于创先争优活动的重要性能否深刻认识，对于创先争优活动的主题与载体能否精心谋划，对于创先争优活动的内容与形式能否深入研究，都将直接影响着创先争优活动能否深入开展、取得实效。各级党组织书记要切实履行第一责任人的职责，抓点带面，推进各项活动深入开展。

同志们，这次教工党支部书记集中培训，意义重大，影响深远。希望大家积极行动起来，以奋发有为的精神、求真务实的作风和扎实有效的工作，把基层党组织建设抓好抓实，在建设高水平特色研究型大学的征程上创造新的辉煌。

谢谢大家！

在庆祝中国共产党成立90周年大会上的讲话

校党委书记　朱　拓

（2011年6月29日）

同志们：

今天，在伟大的中国共产党成立90周年即将到来之际，我们隆重集会，热烈庆祝党的生日并对2010—2011年优秀共产党员、优秀党务工作者和先进党支部进行表彰。首先，我代表校党委、校行政向全校各级党组织、广大党员、党务工作者致以节日的慰问，向受到表彰的先进集体、先进个人表示热烈的祝贺！

在此，结合当前和今后一段时间学校党委的工作重心，从弘扬河海优良传统、加强和改进党的建设、推进学校事业发展讲以下三点意见：

一、牢记党的光辉历史，弘扬河海优良传统

中国共产党从诞生到现在，走过了90年波澜壮阔的光辉历程。从90周年这个具有重要纪念意义的时间节点回望，自鸦片战争至中国共产党成立，曾创造人类文明辉煌的中华民族历经无数屈辱和困惑，在迷茫中进行着英勇而艰难的求索和抗争，但始终没有找到一条正确的救国道路。用马克思主义科学理论武装起来的中国共产党勇担历史重任，用忠诚和智慧在中华民族复兴长路上铸起了巍巍丰碑。

为实现国家富强、人民幸福，中国共产党在赢得全国执政地位后开始了从革命党到执政党的重大转变，踏上了探索适合中国实际发展之路的伟大历程。经过几代中国共产党人的不懈努力，中国经济建设、政治建设、文化建设、社会建设取得了举世瞩目的成就，中国人民稳步走上了富裕安康的广阔道路，一个面向现代化、面向世界、面向未来的社会主义中国屹立在世界东方。

无论是在硝烟弥漫的革命战争年代，还是在充满挑战的和平建设时期，中国共产党人始终坚贞如玉，始终站在时代发展的前列和社会进步的潮头。抚今追昔，我们深深缅怀以毛泽东、邓小平为代表的已故的老一辈无产阶级革命家，深深怀念用鲜血染红党旗的千千万万党的优秀儿女。他们的业绩彪炳史册，光照千秋，激励着一代又一代中国共产党人前赴后继，不断夺取新的伟大胜利。

多年来，我们的学校始终与民族共命运，与时代同步伐，走过了坚实而豪迈的光辉历程。“河海”创建于我国内忧外患交困、新旧思潮激烈争斗的动荡时代，有着优良的校风和革命传统。据党史资料记载，1925年初，南京城内成立了最早的党的支部，当时只有6名党员，其中就有曹锐、严绍彭两名河海的学生；在“五四”运动和“五卅”运动中，“河海”师生成为南京学界反帝爱国斗争的旗帜和先锋，曾被称为“红帽子大学”。汹涌澎湃的大革命洪流促进了师生的思想觉悟，“河海”涌现了许多关心国家和民族命运的先进青年，既有汪胡桢、须恺等水利专家和学术权威，成为发展我国水利事业的中坚，还哺育了一批坚强的无产阶级革命先驱。我党在相当长时期的重要领导人张闻天同志就是在河海工程专门学校学习期间，接触并接受了马克思主义，成为南京及江苏地区传播马克思主义第一人，“五四”运动后他离校走上革命道路，由新文化运动的热情战士逐步成为杰出的无产阶级革命家。

在含英咀华之“华水”时期，钱正英院长、严恺两院院士、徐芝纶院士、刘光文大师等著名水利界专家教授齐聚“华水”；蓬勃兴盛的“新河海”时期，培养和成长了众多的政界高层、商业英才、学术泰斗和部队将领。

河孕育文明，海凝聚智慧。96年河海的厚重，不仅在于为国家建设和发展所作的巨大贡献，而且在于已经形成的优良办学传统、独特人文精神和深厚文化底蕴。学校每一次发展战略的确立，每一次历史性的跨越，每一次河海精神的升华，都铭刻着全体河海人团结一致、艰苦奋斗、开拓进

取的足迹；都凝结着全体共产党员和广大教职员工的智慧、心血和汗水；都昭示着河海人虽历经考验而报国之志永存的激情与豪迈。此时此刻，我们怀着激动的心情向为学校建设与发展做出卓越贡献的历代河海开拓者、建设者以及正在耕耘不辍的全体党员、干部和师生员工致以崇高的敬意！

二、凝聚全校智慧和力量，推动事业持续健康发展

辉煌永载史册，重任依然在肩。近年来，在教育部党组的正确领导下，校党委高举中国特色社会主义伟大旗帜，深入贯彻落实科学发展观，坚持特色强校、和谐兴校、质量立校、人才名校、环境美校、道德荣校的发展方略，协调推进教学科研、社会服务、精神文明和党的建设，学校各项事业得到新的快速发展。

1. 坚持用科学的发展思路谋划全局，抓好顶层设计

学校坚持把党的建设与中心工作紧密结合，总揽全局、把握方向，统筹兼顾、突出重点，科学谋划学校发展全局。2010年学校胜利召开了第十二次党员代表大会，明确了建设高水平特色研究型大学的奋斗目标，提出了今后几年的主要工作任务。在总结“十一五”及三年任期目标责任制的基础上，针对实际科学制定学校发展目标及实现目标的各项主要措施，完成了“十二五”总体发展规划，科学谋划了“十二五”发展大局。

学校坚持“水利特色，世界一流”的发展道路，突出特色、质量、人才三项任务：一是彰显学校特色。在学科上依托传统优势，以行业为核心发展若干优势学科和一批支撑学科，同时在人才培养、科学研究、社会服务及校园文化等各个方面强调围绕国家战略、学校发展目标、结合学校具体实际，形成鲜明的河海特色，促进学校可持续发展。二是促进内涵提升。以质量为先导，建立科学合理的大学治理结构，全面完善人才培养、科学研究、社会服务、文化传承各项功能，促进学校教学质量、科研质量、服务质量和管理水平全面提高。三是坚持党管人才。将人才工作放在事关发展全局的战略位置，建立健全党政共同负责、统分结合、协调高效的工作机制，形成人才工作的强大合力，努力做到用事业造就人才，用制度保障人才，促进人的全面发展。

2. 坚持以改革作为学校发展动力，主动寻找和善于抓住各种发展机遇

站在历史的交替点，学校面临难得的发展机遇，《国家中长期教育改革与发展规划纲要》进一步明确了对行业特色高校建设与发展的支持，为学校的发展路径确立了基准；《国家中长期科学和技术发展规划纲要》和《国家中长期人才发展规划纲要》，为学校进一步提高科学研究和人才建设水平提供了指导；《中共中央国务院关于加快水利改革发展的决定》为学校特色发展指明了方向。经济发展与水、能源等资源短缺的矛盾，人类活动与全球气候等环境恶化的相互影响等问题，以及我国水利事业转型发展过程中出现的新课题，为学校更好地强化特色和发展优势提供了机遇；江苏省“两个率先”战略和沿海开发国家战略的加快实施，为学校发展提供了广阔的舞台；学校长期办学实践所取得的辉煌成就，所积蓄的自我革新自我发展的潜能，为学校进一步加快发展注入了强大的动力与活力。

学校紧密结合国家优势学科创新平台建设，通过院系调整、资源力量整合、跨学科平台搭建等，拓展强化特色优势学科，激发产生新的生产力，培育出一系列标志性成果，使人才培养、科学研究、社会服务得到强力支撑，全校总体上形成了良好的发展态势。

围绕水利改革发展的新要求，促进整体办学水平提升。深入贯彻中央一号文件精神，充分发挥水利行业特色优势，紧紧针对当前基层水利亟待解决的问题，将组织百来支服务团为基层水利建设开展多层次、全方位的服务，深入农村基层水利建设第一线，了解地方需求，开展政策与技术咨询，提供智力和人才支撑，促进学校教学、科研与生产实践的结合。

学校主动服务江苏实施沿海开发国家战略，积极为省、市制订相关规划，推荐干部和技术骨干到沿海地区挂职，在重点城市设立研究院，成为省政府沿海开发首席咨询单位。学校充分发挥学科和科技优势，近年在我国旱涝灾害的一线，积极主动参与救灾斗争，受到国家防办、当地政府及各族群众的高度评价。

3. 坚持推进和谐校园建设，构建和谐宽松、团结奋进的校园文化环境

文化是学校办学能力和水平的重要体现，是竞争力、凝聚力、发展力的关键要素。学校坚持用马克思主义占领思想理论阵地，加强理想信念教育、国情水情教育、形势政策教育和民族团结教育，切实做好社会主义核心价值体系“三进”工作，增强师生对中国特色社会主义的理论认同、政治认同和情感认同。积极倡导河海整体利益高于局部和个人利益的价值导向，传承“献身、求实、负责”的水利精神，弘扬“艰苦朴素，实事求是，严格要求，勇于探索”的校训，切实为学校的全面、协调和可持续发展提供强大的精神支撑。各级党组织高度注重凝聚力建设，着力推动学校内部各个方面和各个环节相互衔接、相互协调、相互促进，全面地反映各种群体的利益诉求，同心同德、共同奋斗，在教学、科研、管理、服务等各个层面，涌现出一批爱岗敬业、教书育人的优秀群体和个人。

三、以创先争优为工作主线，全面加强基层党组织和党员队伍建设

以“创建先进基层党组织，争做优秀共产党员”为主题的创先争优活动，是保持和发展党的先进性的经常性活动，是推动科学发展的经常性动力，也是加强基层党组织建设的经常性要求。我们要以创先争优活动为抓手，丰富工作内容和载体，组织引导基层党组织和党员创科学发展之先、争校园和谐之优。

1. 立足本职争当先锋，以推动学校事业科学发展为目标创先争优

胡锦涛总书记在清华大学百年校庆上全面阐述了提高高等教育质量的四项要求，明确指出了青年学生健康成长和教师队伍建设的方向。我们要准确把握学校发挥行业优势、服务国家水利事业发展的历史责任，将开展创先争优活动与贯彻落实学校“十二五”规划紧密结合，把创先争优活动与实施“百团行动”服务基层水利建设融为一体，与创新人才培养体系建设共同推进。

要紧紧围绕培养高素质教师队伍的目标要求，把师德建设贯穿于学校教学、科研和管理工作的全过程。把促进学生健康成长作为学校一切工作的出发点和落脚点，强化师德师风教育，塑造为人师表良好形象，在创先争优活动中争做表率，在师德师风建设中着力先行。

要从群众最关心、最迫切需要解决的问题入手开展工作，解决好影响教职工生活工作的各种问题，发挥群团组织的桥梁和纽带作用，着力推进组织共建、队伍共建、阵地共建、齐争共创，使创先争优真正成为全体教职员工的价值取向和共同行动。

2. 推进基层党组织的建设，以构建先进性长效机制创先争优

创先争优，重在实践，贵在实践，成于实践。我们要在开展公开承诺、领导点评、党员先锋岗创建等教育实践活动基础上，把创先争优感性认识理论化，成功经验系统化，具体做法制度化，努力构建目标明确、组织完备、运行有序的创先争优长效机制，丰富学校新时期党的先进性建设的理论和实践内涵。

一要坚决贯彻党委领导下的校长负责制。2010 年 8 月，中央正式颁布新修订的《中国共产党普通高等学校基层组织工作条例》明确规定了高校党委八个方面的主要职责，使得党委领导下的校长负责制的目标任务更加清晰、实现途径更加明确、落实措施更加具体。学校党委要根据《条例》的要求，按照社会主义政治家、教育家的目标方向，切实增强政治意识，提高引领学校科学发展能力，贯彻党委领导下的校长负责制，建设团结奋进的坚强领导集体。加强党内民主建设，制定实施学校二级单位巡视制度、党代表常任制度等，实现党的先进性建设的经常化、规范化、制度化。

二要坚持完善院(系)党政共同负责制。要进一步完善院(系)党政共同负责制的运转形式、决策程序、参会范围、研究事项等具体内容。要抓好“软实力”建设，重制度建设推动科学管理，重队伍建设树良好师德，重群团建设凝聚人心；着力把握方向、整体规划、利益协调、监督落实、促进和谐；加强二级单位教代会建设，激发师生创造热情，为中心工作提供有力支持和保障。

三要强化基层党组织功能。重点抓好党支部建设，科学、合理地设置、调整党支部。加强对基层党支部书记的培养力度，提高政治理论素养与党务工作水平。选准党支部工作创新的切入点和着

力点，推进学习型党支部建设，构建发挥党支部和党员作用的工作机制和平台，建立健全党员联系服务群众的工作机制。

四是强化干部培养选用机制。以学习型党组织建设为牵引，建立领导班子和干部队伍思想建设长效机制；以处级领导班子任期目标责任制为基础，进一步深化和推进学校内部管理体制改革，健全符合科学发展要求的考核评价激励体系；加大干部挂职、轮岗、交流培训力度，加强领导干部的能力建设。

五是强化执行监督机制。加强督查督办制度，强化问责机制，保证学校各项决议落实到位。把反腐倡廉建设放在更加突出的位置，坚持标本兼治、综合治理、惩防并举、注重预防的方针，党风廉政建设做到教育有效、制度管用、监督到位、惩处有力。

六要精心锻造优秀党员队伍。充分发挥校、院两级党校的作用，加强对入党积极分子的经常性培养教育。严格发展程序，坚持从数量、质量、结构等方面强化党员发展监督机制。加强党员的教育管理，坚持“三会一课”制度、党员学习制度、党员民主生活会制度、民主评议党员制度等；认真实施学生党员目标管理，多渠道完善流动党员管理，构建完善的党员质量保障体系。坚持典型引路，营造创先争优活动的良好氛围，激发基层党组织和广大党员创造一流业绩的热情和干劲。

同志们，百舸争流，千帆竞发。坚持“水利特色、世界一流”的发展道路，为建设创新型国家和中华民族的伟大复兴而奋斗，是学校党委、行政和全体共产党员坚定的理想和目标。展望未来，书写宏图。让我们始终团结一心，进一步增强危机意识、责任意识，进一步确立改革意识、创新意识，为时代增光，为党旗增辉，以优秀的业绩铸就百年河海的光荣与辉煌。

谢谢!

凝心聚力　锐意改革　开创学校科学发展新局面

——在河海大学 2011 年暑期战略研讨会上的讲话(摘要)

校党委书记　朱　拓

(2011 年 8 月 26 日)

同志们:

这次暑期战略研讨会以集中学习科学发展的人才观，提高科技创新能力为主题，重点谋划推进高水平科技创新团队建设的发展思路和政策举措。通过两天来的学习、讨论和交流，会议取得了明显的成效。这是一次主题鲜明、重点突出的会议，也是一次求真务实、团结奋进的会议。

今年是中国共产党成立 90 周年，是“十二五”开局之年。做好今年的工作，实现“十二五”良好开局，对未来 5～10 年学校改革发展具有十分重要的意义。当前和今后一个时期是全面建设小康社会的关键时期，是深化改革开放、加快转变经济发展方式的攻坚时期。今年也是全面落实全国教育工作会议、教育规划纲要和学校第十二次党代会精神的关键一年。

在这个历史的重要关节点上，党的十七届五中全会站在历史的新高度，对未来 5 年我国经济社会发展作出了全面部署，描绘了我国新世纪第三个 5 年的宏伟蓝图，尤其是国家科技规划纲要、人才规划纲要和教育规划纲要均提出了建设高水平大学和高水平科技创新团队的发展目标和主要任务。学校第十二次党代会提出了加快建设我校高水平科技创新团队的总体要求，“十二五”规划进一步明确了其主要目标和政策措施。

下面，我谈四点意见。

一、深入学习贯彻，坚定不移走内涵发展之路

（一）抢抓战略机遇，增强内涵发展的紧迫感和责任感

1. 胸怀全局，牢记使命

国家正处在全面建设小康社会、加快转变经济发展方式的关键期和攻坚期。胡锦涛总书记在中央庆祝建党 90 周年大会上的重要讲话指出："我们已经取得了举世瞩目的伟大成就，但我国仍处于并将长期处于社会主义初级阶段的基本国情没有变，人民日益增长的物质文化需要同落后的社会生产之间的矛盾这一社会主要矛盾没有变，我国是世界上最大的发展中国家的国际地位没有变。"转变发展方式、调整经济结构是时代的主旋律和最强音，着力改善民生、实现公平正义，让人民群众共享改革发展成果，建设发展型社会是社会管理的现实命题。

教育战线正处在贯彻落实国家中长期教育改革和发展规划纲要、全面推动教育事业科学发展的关键期和攻坚期。4 月 24 日，胡锦涛总书记在庆祝清华大学建校 100 周年大会上发表重要讲话，全面阐述了提高高等教育质量的四项要求，明确指出了青年学生健康成长和教师队伍建设的方向。对照党和国家对建设现代高等教育体系的要求，学校在建立科学合理的大学治理结构，完善人才培养、科学研究、社会服务、文化传承的基本功能，形成开放灵活、内外兼容的办学格局等重要方面也还有较长的路要走。

水利事业正处在凝聚全社会治水兴水力量、加快水利发展与改革的关键期和攻坚期。今年年初，中央一号文件首次聚焦水利，成为水利发展史上具有划时代意义的里程碑；半年之后，中央水利工作会议 7 月 8 日至 9 日在北京召开，这是新中国成立以来首次以中央名义召开的水利工作会议，饱含着党中央国务院对水利工作的高度重视和殷切关怀，承载着全国各族人民对加快水利改革发展的热切期盼。胡锦涛总书记在会议讲话中把加快水利改革发展的重要性提到"事关我国社会主义现代化建设全局和中华民族长远发展重大而紧迫的战略任务"的新高度，并进一步强调加快水利改革发展是保障国家粮食安全、转变经济发展方式、保障和改善民生、促进社会和谐稳定的迫切需要，明确了加快水利改革发展要坚持的"五项原则"和"六项重点任务"。新形势下，水利内涵不断丰富、功能逐步拓展、领域更加广泛，传统任务与新兴使命叠加，现实需要与长远需求交织，水利对全局影响更为重大，在新的起点上开创学校科学发展新局面，我们必须全力打好服务水利跨越发展这场硬仗。

我们要紧紧抓住重要战略机遇期，要立足现代化建设全局，进一步增强做好学校改革发展工作的责任感和使命感，以国家战略为引领，把落实党的教育方针，提升人才培养、科学研究、社会服务和文化传承水平贯穿学校工作始终，为学校科学发展提供坚强保障。我们要全力以赴完成学校第十二次党代会精神确定的今后五年的发展目标和主要任务，力争在 2015 年建校 100 周年时，形成高水平特色研究型大学发展格局。

2. 谋划战略，彰显责任

国家颁布实施的中长期教育规划、科技规划和人才规划已经形成了科技、人才、教育相互协调，共同支撑现代化建设的新格局。

(1) 教育规划：特别强调人力资源开发和劳动力市场之间的关系。

中国教育发展的三个核心目标，称之为"两个基本、一个进入"：到 2020 年，高中阶段的毛入学率要达到 90%以上，至少 85%，大学毛入学率达到 40%；基本形成学习型社会；进入人力资源强国行列。其中，进入人力资源强国行列又提出了六项目标，包括实现更高水平的普及教育，形成惠及全民的公平教育，提供更加丰富的优质教育，构建体系完备的终身教育，健全充满活力的教育体制等。

高等教育要从现在的将近 3000 万人达到 3550 万人，增加 550 万人。毛入学率从现在的 24.2%提高到 40%。研究生教育要从现在的在校生 140 万人达到 200 万人。具体量化指标包括：2009 年，中国具有高等教育文化程度以上的，就是大专三年以上人口是 9800 万人，2010 年已经达

到 1.2 亿人，到 2020 年要到 1.95 亿人。主要劳动年龄人口平均受教育年限从 9.5 年提高到 11.2 年，其中受过高等教育的比例从现在的 10%提高到 20%。这是整个教育规划在人力资源开发方面的重要举措。新进入劳动力市场的人力资本受教育情况要从现在的 12.4 年提高到 2020 年的 13.5 年。美国现在是 15.7 年。因此，到 2020 年，中国的全国平均数比美国要低一些，但是除掉农村以外的城市新增劳动力受教育年限应该已经开始超过美国。

(2) 人才规划：进入世界人才强国行列，为在本世纪中叶基本实现社会主义现代化奠定人才基础。

在人才规划中，中国对人才的建设进行了创新。人才在国外基本上是指专业人员，但是中国不同，具有中国特色。

在这次设计的时候主要是强调了几个方面：第一是党政队伍，干部队伍。第二是企业经营管理队伍，包括企业家，包括管理人才。第三是专业技术领域人才。第四是农村实用型人才，实际上还包括属于制造业的熟练工人。此外还有社会组织人才。

从设计的角度来看，又是两个层次：一个是拔尖人才，一个是专业实用人才，这既包括制造业，也包括农村。

从具体指标看，党政人才队伍基本上稳定，大体上要从 700 万人增加到 800 万人。主要扩大的是专业人才，要从 5000 万人达到 8000 万人。包括企业管理人才，从 2300 万人达到 3500 万人，而且特别强调为跻身于世界五百强的企业培养带头人。工程师、教师、医生等专项的技术人才，到 2020 年大体要达到 7500 万人。R&D 人员大体要从 2008 年的 191 万人到 2020 年达到 380 万人，其中工程师和科学家要达到 280 万人。

这次纲要还提出了人才贡献率由现在的 18.9%提高到 35%。此外，人力资本投资占 GDP 比重要从现在的 10.75%提高到 15%。它主要是指三个部分：第一是教育投入，不仅包括政府的投入，也包括非政府的投入，换句话说就是教育总经费支出占 GDP 的比重；第二项是 R&D 支出占 GDP 的比重；第三项是卫生经费总支出占 GDP 的支出，因为健康也是要靠投入保证的。

总的目标来看，人才规划目标是培养造就规模宏大、结构优化、布局合理、素质优良的人才队伍，确立国家人才竞争比较优势，进入世界人才强国行列，为在本世纪中叶基本实现社会主义现代化奠定人才基础。

(3) 科技规划：2020 年中国将从潜在创新国成为创新国。

五个方面的指标反映科技实力：

一个国家和地区的科技创新能力。在这个方面，全世界都用在国际刊物发表论文数来衡量。在 1980 年的时候，中国占全世界的 0.2%，没有地位。但是现在中国在国际发表的论文已经达到世界第二，而且可能会在 2013 年超过美国。

技术创新能力。主要衡量指标是本国居民专利申请量占世界总量比重。中国直到上个世纪 80 年代初才有专利制度，到 1985 年占世界总量比重只有 0.6%，现在达到了 18.2%。日本第一，美国第二，中国第三。从和美国的差距来看，1985 年的时候是 16.5 倍，现在是 1.2 倍。根据新的研究，因为日本这几年经济零增长，中国可能会在 2011 年专利数先后超过美国和日本，而且美国将在 2013 年超过日本。可以说中国早就超过了进入前五名的原定目标。在国际专利数量方面，中国知道有国际专利是很晚的事，直到现在财政部才直接资助申请国际专利。但是现在中国的国际专利数量在迅速上升。1985 年，美国和中国国际专利的数量对比是 2600 倍，1995 年是 166 倍，现在已经缩小到 3.6 倍。由于国家的政策支持，相当多的国内专利转化为了国际专利。

人力资源。这是一个国家最核心的竞争力。量化标准是全时从事研发工作研究人员的数量，包括科学家和工程师。这一指标在 1985 年，美国是中国的 2.4 倍。而后中国迅速发展，到 2007 年第一是欧盟，第二是美国，第三就是中国。而且按照规划，2020 年要达到 280 万人。

研发投入。R&D 的支出美国长期以来相当于中国的 20 倍左右，上个世纪 90 年代以后才开始下降，到 2000 年降到 10 倍，现在下降到 2.5 倍。为什么中国的 R&D 投入增长快，主要是企业在投入。从全国来看，企业投入占整个 R&D 的投入超过了 70%，美国只有 60%多一点。

科技市场能力。选择的标准是高技术产品出口额占世界总量的比重。在这方面，1980 年美国相当于中国的 870 倍。主要是因为中国对外开放，迅速地融入了世界，到 1985 年这一数据对比已经降到了 137.5 倍，2000 年降到 5.3 倍，2005 年降到 1 倍，现在已经超过美国成为了世界第一大国。

建设若干所世界一流大学和一批高水平大学，是我们建设人才强国和创新型国家的重大战略举措。高等学校特别是研究型大学，既是高层次创新人才培养的重要基地，又是基础研究和高技术领域创新成果的重要源泉。我们要积极适应经济社会发展重大需求，开展国家急需的战略性研究、探索科学技术尖端领域的前瞻性研究、涉及国计民生重大问题的公益性研究。要积极提升原始创新、集成创新和引进消化吸收再创新能力，瞄准国际前沿，加强基础研究，推动学科融合，培育新兴学科，建设重大创新平台和创新团队，以高水平科学研究支撑高质量高等教育。要积极同科研机构、企业开展深度合作，建立协同创新的战略联盟，促进资源共享，联合开展重大科研项目攻关，在关键领域取得实质性成果，努力为建设创新型国家作出积极贡献。

（二）对照国际先进，深入分析高等教育发展态势

1. 欧洲：加快实现高等教育一体化

从 10 年前开始，欧洲一直致力于打通教育体制，共享高等教育资源，建立欧洲高等教育区（The European Higher Education Area）。为实现这一目标，欧洲在 10 年前启动了“博洛尼亚进程”（Bologna Process）。“博洛尼亚进程”的总目标是，整合欧洲的高教资源，打通教育体制，到 2010 年，签约国中的任何一个国家的大学毕业生的毕业证书和成绩，都获得其他签约国家的承认，大学毕业生可以毫无障碍地在其他欧洲国家申请学习硕士阶段的课程或者寻找就业机会，实现欧洲高教和科技一体化，建成“欧洲高等教育区”。

这是一个相当庞大的改革计划，涉及各国的高等教育学制改革、课程改革、质量保证、学历文凭认证等关键问题。在过去 10 年中，欧洲建立了学术资格框架、欧洲质量保障机构注册机制以及欧洲质量保障标准与准则，在各国建立起一个以本科和硕士为基础的高等教育体系，并建立了欧洲学分转换及累积制度，同时颁布学历文凭附录，增强高等教育的透明度和认可度。这些措施使学生、教师、科研人员的流动更为便利。这一切为欧洲高等教育区的初步形成奠定了良好基础。

欧洲高等教育区的正式启动标志着博洛尼亚进程迈向一个新的重要的历史起点。可以判断，欧洲将继续沿着这条道路不断探索，它必将增强欧洲高等教育的国际竞争力，对世界范围的高等教育产生重大影响。中国政府和教育政策研究机构非常关注博洛尼亚进程的进展。欧洲高等教育区的正式启动，对加强本科生、研究生以及研究人员的交流合作更为有利，对中欧大学间的教师互换、学生互换、学分互认、学位互授联授、高端人才培养以及开展其他双向性教育、科研平等合作也孕育着更多机会。

2. 美国：高等教育投资新方案

在大量人员失业、经济发展方式面临转型、高等教育辍学率高的背景下，美国总统奥巴马于 2010 年 3 月 30 日签署了《2010 医保与教育协调法》（the Health Care and Education Reconciliation Act of 2010）。其中最关键是对联邦学生贷款方案进行改革——结束当前金融机构作为中间人为学生提供贷款，联邦政府为其提供补助金的历史。奥巴马政府希望到 2020 年，美国将再次成为世界上受高等教育比例最高的国家。

该法案对佩尔助学金投资 400 多亿美元，以确保所有有资格享受的学生都能获得助学金，并在未来几年，不断提高助学金的资助额度以赶上不断上升的高校成本。该法案在未来 4 年将对社区学院投资 20 亿美元，用于“帮助社区学院和其他机构发展、改善以及为那些有资格享受职业调整援助的劳动者提供合适的教育和职业培训项目”。该法案将为黑人学院和大学以及少数民族服务机构提供 25.5 亿美元资金，用于“恢复、改革、扩大项目，以确保这些院校的学生有机会充分发挥他们的潜力”。该法案将扩大已有的基于收入的学生贷款偿还方案，“预计将有 120 多万学生借贷者有

资格参与扩大的基于收入的偿还方案”。

该法案更加关注弱势群体，如，中低收入家庭学生、黑人学生、少数民族学生等接受高等教育的问题。该法案更加关注人才培养模式的创新，致力于促使社区学院能够与商业部门和劳动力投资系统一道创建“职业通道”。该法案更加以人为本，为学生带来实惠，对佩尔助学金投资400多亿美元，未来10年将有80多万个额外的佩尔助学金名额受益于该法。

3. 日本：高等教育“法人化”改革

急速的高等教育大众化、普及化，导致了日本高等教育的一系列结构性问题。一是高等教育的经费负担问题。国立大学接受了政府的大量资金投入，而私立大学却基本上依靠私费负担来维持学校的运营。二是大学教育理念的问题。战前日本大学中的学子应该是从同龄人中选拔出来的佼佼者，在战后高等教育大众化中，这种情况已发生改变，但大学仍固守原来的教育理念，结果导致了大学教育的空洞化。三是在战后高等教育快速扩大的过程中，高等教育一直供不应求，政府对高等教育的支出也保持着一定幅度的连年增长。在这种状况下，大学没有受到过生死存亡的挑战，大学管理者也没有接受真正的考验。四是世界经济全球化和知识社会化的影响，政府财政状况的恶化和来自于经济结构改革的压力，人口结构的变化和个人行为、价值观的变化。

20世纪90年代，日本政府陆续出台了一系列高等教育改革对策：一是高等教育“法人化”改革。日本政府在2004年将现有的国立大学改为“国立大学法人”。通过“法人化”改革的实施，国立大学在拥有人员组织方面的决定权的同时，大学的教职工将失去以往的国家公务员的地位。在财政方面，各个国立大学必须依靠学费等自我收入来维持学校的正常运营。同时，大学的财务管理将改变以往的模式，而采用企业会计制度。二是为了维护和提高大学教育质量而推行的一系列改革。日本大学有自我评估的系统。2000年日本政府又设置了第三者评估机构，以弥补其在自我评估中的不足。同时，为了提高大学的研究水准，日本政府准备在10个学术领域选出30所重点大学，在今后的5年里，政府将对这些大学实行特别的财政支持。三是促进高等教育结构性变化的改革。日本政府已采取了一系列的改革政策，将高等教育的重心，由以高中毕业生为教育对象的本科教育阶段，上升到以培养高层次学术研究人员为目的的传统研究生院，或者是开展职业技术人才培训，训练“职业研究生”。

总之，以教育促创新，以创新促增长，以增长促就业，以就业促和谐，以和谐提升竞争力，正在成为各国应对危机的一个基本思路。进入新世纪以来，为了应对日新月异的科技进步挑战，促进知识经济发展和占领国际竞争制高点，许多国家政府都制定新的高等教育战略。在金融危机的冲击下，各国努力将短期经济刺激与对人力资源、科学研究和基础设施的长期投资结合起来，把科技和教育创新当作加快经济复苏的关键举措，纷纷出台政策鼓励创新，提高高等教育的质量。当今，国内外高校间的竞争日趋激烈，与兄弟院校相比，我校原有的相对优势正在逐步丧失，新的增长点有待进一步突破。在这“前有标兵、后有追兵”的情况下，要想实现“十二五”事业发展目标，必须树立时不我待、慢进亦退的忧患意识。

（三）立足国情校情，科学判断学校的发展方向

1. 跨越历史发展，响应国家需求

在充分肯定我国教育已经取得的巨大成绩、对教育未来充满信心的同时，我们也必须清醒看到，我们是教育大国，还不是教育强国，与国际先进水平相比还有较大差距，与国际竞争的新形势不完全适应，与我国经济社会发展的新要求不完全适应，与人民群众的新期待不完全适应。

2. 落实规划纲要，着力提高质量

在春风送暖的4月，庆祝清华大学建校100周年大会隆重举行，胡锦涛总书记出席大会并发表重要讲话。这次讲话是新世纪新阶段党和国家关于高等教育改革发展的一篇纲领性文献。

在流金铄石的8月，中共中央政治局委员、国务委员刘延东在出席教育部直属高校工作咨询委员会第二十一次会议时指出，要深入学习贯彻胡锦涛总书记在纪念中国共产党成立90周年大会和庆祝清华大学建校100周年大会上的重要讲话精神，坚持正确办学方向，立足经济社会发展大局，

深化改革，科学发展，走以质量提升为核心的内涵式发展道路，建设中国特色现代高等教育体系。

刘延东国务委员对胡锦涛总书记的讲话从九个方面做了深刻解读：

(1) 高度凝炼了我们党推动的中国大学的办学理念和发展道路。

(2) 深刻阐明了中国高等教育在国家发展中的地位和作用。

(3) 突出强调了提高高等教育质量的极端重要性。

(4) 全面阐述了提高高等教育质量的四个必须的科学内涵。

(5) 重点概括了中国大学推进文化传承创新的新职能。

(6) 首次提出了推进协同创新为增强科研能力的动力的重要创新观点。

(7) 明确指出了建设世界一流大学和高水平大学战略思路和方向。

(8) 充分表达了大力提升人才培养质量的三个结合的希望。

(9) 高度肯定了广大教师在提高高等教育质量中的突出作用。

“等闲识得东风面，万紫千红总是春。”贯彻落实讲话精神，我们要做好两个关键点的工作：

第一个关键点：认真学习，深刻领会。

要认清高等教育改革发展的新形势新任务，把握中国特色社会主义教育的基本要求，坚持正确的政治方向，坚持提高质量，实现从以规模扩张为基本特征的外延性发展向以提高质量为核心的内涵式发展转变。

第二个关键点：借势做事，见诸行动。

借总书记讲话之势，借教育部《关于全面提高高等教育质量的若干意见》、《高等学校创新能力提升计划》即将出台之势，做推动学校科学发展之事。如何紧紧抓住党和国家全面加强高等教育质量这一难得机遇，今天的会议就是我们结合学校实际进行思考和谋划重要环节，我们要从科技创新能力和团队建设入手，把这项工作做细、做实、做出成效，更好地按照总书记的要求推动我校事业的科学发展，

我们要把出名师、育英才作为办学的第一理念，把着力培养学生的社会责任感、学习能力、实践能力和创新能力作为办学的第一目标，把高水平、有特色作为教学、科研、服务评价的第一标准，把调动全体教师学生的积极性作为高校工作的第一要求。我们要建立以提高质量为导向的管理制度和工作机制，把人才培养、科学研究、社会服务、文化传承创新紧密结合起来，推动办学模式、管理模式、人才培养模式创新。

3. 强化水利特色，建设一流大学

(1) 坚持一个“根本”，全力打造水利特色新局面。河海大学因水而生，缘水而为，顺水而长。90 多年的办学实践，学校继承发扬中华民族千百年来形成的水利精神，沉淀形成了富有特色的校风学风，在中国高等教育和水利事业发展中找到了自己的位置，我们认为大学的建设与发展应该坚持理想、彰显个性、成为学术和精神的圣殿；应该融于社会、服务社会，成为引领社会发展的源泉。

① 河海特色：引领水利事业发展。科学发展观的第一要义是发展。新时代的大学的社会服务职能正慢慢由服务社会向引领社会发展转变，具有鲜明行业特色的高等院校是行业科技进步的重要技术支撑，在参与国家科技创新体系中具有独特的优势，其优势学科实际上是国家在该行业领域核心竞争力的表现。大学不仅要坚定不移地守护好自己的精神家园，同时要以科学的精神、负责的态度、超前的思想思考，在更高的层次上引导社会向前发展，行业特色高校尤其要有担当引领行业发展的激情与信心。

建校 90 多年尤其是华东水利学院成立以来，学校紧密围绕水利事业的发展，成为水利人才培养的摇篮、科学研究的重要基地，为国家水资源的可持续利用提供了强有力的人才支撑，形成了鲜明的办学特色。根据第十二次党代会精神，学校“十二五”事业发展规划明确了高水平特色研究型大学的发展定位，体现着河海在谋划学校长远发展进程中对中国水利事业的浓厚的感情和强烈责任意识。

源于这样的理念与追求，学校要完善以水利学科为核心的多学科体系。继续重点建设水利学科，使其始终处于国内外领先的水平，选择性地加强与行业发展紧密相关的水利支撑及相关学科的发展，如土木学科、环境学科、海洋学科等，让这些学科尽快成为新的优势学科；积极发展新兴交叉学科，在交叉领域培养高层次人才，为持续保持水利学科的领先地位提供支撑。同时，以“有特色、入主流”的思路推动其他学科的发展，在学科发展过程中通过与水利结合的特色提高竞争力，并逐步推动学科入主流。

源于这样的理念与追求，学校要重点在国家创新体系框架促进水利行业科技创新能力的提高。大力开展水利学科的基础研究，积极组织承接水利及相关领域的国家基金项目和“863”、“973”、“948”等各级各类国家计划项目，注重开展对国家重大水利水电工程建设关键技术的研究。学校要着力建设好已有的水利类部省级重点实验室，积极参与和水利有关的国家基础科技条件平台的建设。

源于这样的理念与追求，学校要广泛开展以行业系统单位为主要对象的国内外合作与交流工作。主动适应国家需求，调整学科布局，改进和加强人才培养与社会服务工作；大力提高师生国际交流的能力，发展留学生教育，加快学校国际化进程；进一步加强产学研结合，完善开放式办学体系，充分利用国际、国内多种资源，增强学校发展后劲。

② 河海精神：行业精神与时代精神的结合。温家宝总理在我校进行考察讲话中说，河海大学多年来为国家培养了大批水利建设人才，他们已成为全国水利水电战线的骨干力量。温总理希望河海大学的师生发扬献身、求实、负责的精神，为国家和人民做出更大贡献。水利是中国最古老的行业之一，几乎是与中华文明相伴而生的，由此积淀的文化丰富而深厚，由此形成的精神影响中国社会生活的方方面面。“献身、求实、负责”的水利精神是对水利行业特殊的行业精神的抽象概括，是经过千百年来无数次锤炼过的实践精神的凝结，蕴涵着丰富而深刻的行业的实践智慧，是水利行业从业人员职业伦理和职业精神的有效提炼，在以水利为特色的一切社会组织中，必然要展示水利精神。

河海精神既吸纳了以水利精神为主体的实践性精神价值，又深深地扎入丰富多彩的实践土壤之中；既把求解人类水问题作为自己的历史责任，又以勇于创新的姿态融入新的时代。河海精神回应了中国水利水电事业发展的需要，汲取现代高等教育发展新成果的滋养，获得了生存与发展的不竭动力。河海精神以中国水利人的实践智慧与精神品格为特质，弘扬“爱国爱水”的民族精神，遵循“艰苦朴素、实事求是、严格要求、勇于探索”的校训。建校之初，“老河海”的教育方针是：注重学生道德思想，以养成高尚之人格；注重学生身体之健康，以养成勤勉耐劳之习惯；教授河海工程必需之学理技术，注重自学辅导、实地练习，以养成切实应用之知识。对于学生，则强调两点：必自问志愿，实有从事河海工程事业之决心然后来学；必自审体格，足胜从事河海工程事业之劳苦然后来学。1952年成立“华东水利学院”后，以严恺院士为代表的“华水人”在总结数十年办学经验的基础上，将学校长期养成的“艰苦朴素，实事求是，严格要求，勇于探索”的校风确定为校训，是对办学理念的新概括。20世纪90年代，学校拓宽专业口径，在加强专业基础、加强爱国爱水教育、培养奉献精神和吃苦精神上下工夫，使河海精神获得丰富和升华。

(2) 探索一条“道路”，努力建设世界一流大学。学校第十二次党代会提出了把河海大学建成高水平特色研究型大学发展目标，实施“两步走”的发展战略，同时指出：展望本世纪中叶，到华东水利学院建院百年之际，我们要努力把河海大学建设成为国际一流的高水平特色研究型大学。为了实现这一目标，我们要做到六个“必须”。

一是必须坚持正确的办学思想。世界一流大学有一些世界公认的标准，我们应当引为参考；同时我们建设世界一流大学必须有“中国特色”，最主要的是坚持党的教育方针，以服务中国特色社会主义事业为办学的根本宗旨，以培育社会主义建设者和接班人为办学的根本目标。

二是必须努力培养世界一流的学生。我们所要培养的世界一流学生，应当不仅有扎实的学术基础和学术创造力、国际竞争力，而且有报效祖国的远大志向和宽广胸怀，有文理兼修、德才兼备的复合素质，有知行合一、脚踏实地的科学精神，成为具有创造能力和实践能力的全面发展的优秀人才。

三是必须造就世界一流的师资队伍。世界一流大学的教师，应当是为人师表的楷模，不仅学术上能为人师，而且品德上堪称表率，即“学为人师，行为世范”。这就要进一步加强师德建设，引导广大教师为祖国教育事业尽心竭力，关爱学生，严谨笃学，淡泊名利，自尊自律，以人格魅力和学识魅力促进学生健康成长。

四是必须创造世界一流的学术成果。刚刚颁布的国家“十二五”规划纲要，贯穿着科学发展这个主题和加快转变经济发展方式这条主线。加快转变经济发展方式，关键是加大科技自主创新力度。大学是我国科技创新的重要力量。要着眼国家需要，立足自身优势，紧盯国际科技前沿，不断推进原始创新、集成创新和引进消化吸收再创新，使更多学科达到世界先进水平，为推进国家科技创新、推动科学发展作出更大贡献。

五是必须不断创新办学机制。要发扬自身优良传统，积极借鉴国际、国内高水平大学的有益经验，不断创新学生培养、师资队伍建设、学科建设、学术交流和教学科研管理等方面的工作机制。

六是必须充分发挥我们的政治优势，切实加强学校党的建设。抓好党建工作，对于保证高校的社会主义方向至关重要。要继续积极探索党委领导、校长负责的实现形式，不断完善学校领导班子的运行机制。要坚持以理想信念教育为核心，以爱国主义教育为重点，以思想道德建设为基础，以大学生全面发展为目标，努力增强思想政治教育的针对性实效性和吸引力感染力，不断提高广大学生的思想政治素质和科学文化素质。要不断增强党组织的服务功能，坚持为教学科研服务、为广大党员服务、为师生员工服务。要紧密结合高校实际推进党员教育管理创新，使广大党员充分发挥先锋模范作用。要大力加强在青年知识分子中发展党员工作，积极吸收符合条件的大学生、青年教师特别是学科带头人和学术骨干入党，充分发挥他们的示范带头作用，把各类优秀人才团结和凝聚在党的周围。

二、正视现实，深入分析我校发展状况

社会关注大学排名，政府也正在为建立全面、独立、系统的高教评价体系提供政策支撑。我们分析大学排名，看重的不是排名，而是利用排名所提供的可比信息，更深入地了解高等教育总体形势和对我校内部发展状况进行诊断。

（一）在学术水平方面

优势学科数量偏少，水利学科在国家层面与国际层面的话语权和影响力、水利学科的优势地位亟待提升和巩固；非水学科与涉水学科之间的相互支撑与促进关系需要进一步加强，多学科协调发展的优势需要进一步发挥；新兴学科的培育与发展亟待加强。

教师平均学术水平以毕业生入学年度的教师数量和研究生数量为基数计算。得分 D_{2K} 的确定：已知 B_{2K} 为 k 大学科学研究得分，设 t'_k 为折合教师数，则有 $D_{2K}=B_{2K}/t'_k$；$t'_k=t_k+u_{3k}/\theta_1+u_{4k}/\theta_2$。

参数 θ_1 表示多少博士生可以折算为一个专任教师，θ_2 表示多少个硕士生可以折算为一个专任教师。本年度 θ_1 取 4，θ_2 取 40。

总体上看，2003 年江苏高校进入武书连《中国大学评价》100 强的有 12 所，2011 年已经发展到有 15 所。因此，江苏省高等教育发展水平高于全国平均水平。我校排名基本未变，说明发展速度相当于全国平均发展水平，低于江苏省的平均发展水平，特别是科学研究水平提升速度较慢。

现有数据表明，我校一些教师的生活比较舒适、比较安逸，没有太大的学术压力。由此判断，我校教师有着相当大的科研潜力。

学校应当制定切实有效的措施，完善科研岗位责任制，使教师的科研潜力转化为科研成果。无力完成科研工作量的教师，应以教学工作量置换科研工作量。科研成果奖励要跟上，加大对 SCI、SCD、专利的奖励力度，在这方面要大气。

（二）在教师规模方面

生师比较高，我校为17.5356，全国平均为17.513。

具有国际影响的高水平学术带头人数量严重不足，院士、长江学者、国家杰出青年基金获得者人数偏少；师资队伍结构不够合理，有的学科具有博士学位的教师比例低，高学历、海外经历教师比例亟待提高。

保持较大的师资规模，在此前提下通盘考虑学校的发展。要增加师资数量，以较大规模的师资形成更高的人均效率，在此基础上与其他学校竞争。现在调进的教师，一定要是人均效率在全校平均水平之上的。同时降低生师比。

（三）在质量建设方面

对创新型人才培养的体制、机制、模式、制度系统研究不够；教师参与创新型人才培养的激励、保障机制不够完善；创新型人才培养的内部和外部环境营造的不够浓厚；学生参与创新活动和能力训练的考评体系不够健全，学生参与的热情不够高；规模大、影响大、标志性的实验平台不多，教学、科研公共实验平台的开放度不够。

高等级期刊论文检出率与河海大学的声誉落差太大。应当提高优质科技论文比例。

由于生源等因素制约，我校的每位理科博士生指导教师每年平均只能招收到1名博士研究生，而每位文科博士生指导教师每年平均可以招收到3名博士研究生。我校理科与文科的论文发表贡献率仅与教师的人力投入比大致相当，反映出：一方面，文科博士研究生的产出效率没有理科博士研究生高；另一方面，理科博士指导教师的培养能力没有被充分挖掘。

学校要优化博士研究生结构，扩大理科博士研究生的招生规模。学校要为保证文科的健康发展提供足够的机会、方便和经费。目前，是否可考虑增设人文社科处，专司学校文科的发展。

（四）在团队建设方面

团队建设相对滞后，尤其是在国内外具有一定影响的优秀创新团队还较缺乏；科研组织的活力不强，科学研究、学科建设与人才培养有机统一、形成合力不够；构建科研大平台、组织跨学科大项目的措施不够有力；岗位聘用、职称晋升、科研绩效评估、学科建设评估等政策体系还不够完善，难以形成群体优势，难以形成大的学术方向和科研成果。

科技平台建设缺乏统筹规划和顶层设计，科技创新缺乏可持续发展后劲。

总之，尽管通过“十一五”的努力，我校综合办学实力得到了显著提升，但是与一流大学相比，在学术水平、队伍素质、创新能力、团队建设等方面都存在一定的差距。

三、锐意改革，加快推进人才强校战略

（一）坚持党管人才，抓好学校事业发展的第一要务

党管人才是指导学校人才工作的根本原则。加强和改进党对人才工作的领导是建设高水平特色研究型大学和建设高水平创新团队的根本保证。坚持党管人才原则，就是要充分发挥我们党的领导核心作用，充分发挥党的思想政治优势、组织优势和密切联系群众的优势，为做好人才工作提供坚强的政治保证。要管宏观、管政策、管协调、管服务，重点做好制定政策、整合力量、营造环境的工作，努力做到用事业造就人才、用环境凝聚人才、用机制激励人才、用法制保障人才。要切实改进方式方法，注意处理好党管人才和尊重人才成长规律的关系、党管人才和市场配置人才资源的关系、党管人才和依法管理人才的关系，不断促进人才工作的制度化、规范化、程序化。要自觉用科学理论指导人才工作、用科学制度保障人才工作、用科学方法推进人才工作，全面提高学校人才工作科学化水平。

要深入贯彻落实科学发展观，把人才工作摆在更加突出的位置。人才问题始终是高校改革与发展的核心问题与头等大事。世界一流大学发展的成功经验和近年来我国高等教育事业跨越发展的历史性成就证明，高校之间的竞争，归根结底是人才的竞争，高校发展最根本、最有效的途径就是加强各类人才队伍建设，着力造就一支师德高尚、业务精湛、结构合理、充满活力的高素质人才队伍和团队。要善于用战略思维、开放视野、发展观点谋划和推动人才工作，把人才发展纳入学校改革

发展的大局之中，深入研究面临的突出矛盾和问题，使人才工作始终体现时代性、把握规律性、富于创造性。要进一步明确党管人才工作的主要内容，建立健全人才工作运行机制，着力创新人才工作理念，统筹人才发展政策，抓好重大人才工程，完善人才工作规划体系。要坚持党委统一领导，履行好管宏观、管政策、管协调、管服务的职责，各级人才工作领导小组要发挥好统筹协调作用，议大事、谋全局、抓战略，更加注重优化资源配置、整合工作力量、解决关键问题。要营造全校关心、支持人才发展的浓厚氛围，迎来群贤毕至、人才辈出、人尽其才的新局面，为学校事业又好又快发展提供更为坚实的人才保证。

未来5年是我校组织、培育和创建优秀学术群体，增强学校核心竞争力的关键时期。党中央、国务院对“十二五”及今后一段时期事关经济发展全局的一系列重大水问题作出安排部署，出台了一系列重大举措推动水利实现跨越式发展。中央一号文件《关于加快水利改革发展的决定》正式发布，水利又迎来了历史性战略机遇和大发展的春天。7月9日闭幕的中央水利工作会议是新中国成立以来首次以中共中央名义召开的水利工作会议。胡锦涛在会议上发表重要讲话，强调加快水利改革发展，是事关我国社会主义现代化建设全局和中华民族长远发展重大而紧迫的战略任务，是保障国家粮食安全的迫切需要，是转变经济发展方式和建设资源节约型、环境友好型社会的迫切需要，是保障和改善民生、促进社会和谐稳定的迫切需要，是应对全球气候变化、增强抵御自然灾害综合能力的迫切需要。我们必须充分认识加快水利改革发展的重要性和紧迫性，积极行动起来，更加扎实地做好水利工作，推动水利事业又好又快发展。在“十二五”时期，我们要在尊重学科之间固有渊源关系的基础上，进一步凝炼学科方向，充分发挥不同学科专业人才的积极性，形成协同效应和团队效应，打破限制人才充分发挥作用的体制性障碍，推动学校重点研究基地与新兴交叉学科建设的发展。我们要进一步认真总结经验，不断创新体制机制，不断推动学校事业全面发展，尤其是要切实发挥创新人才的高端引领作用，努力培养和造就具有国际竞争力的科技帅才和进入学术前沿的创新团队。

团队建设是学科建设的核心，组织建设是团队建设的关键。传统学术组织形态基本上沿袭了以教学为主导的学科划分模式，所承担的任务比较单一，在开展创新性研究活动上存在着突出的弊端。这种模式不能很好地适应当前创新型国家建设要求高校承担高复合性高竞争性科研任务的需要；不能满足跨学科交叉科研项目的综合需求；无法满足创新活动特有的高度不确定性的突发性的资源配置需要。因此，必须以核心竞争力为重心重新思考与设计组织结构。必须从战略和整体的高度，对学术组织结构进行转化与重建；必须立足提高组织效能，创新学术组织管理形态，建立学术组织运作新机制；必须着力提升组织活力，重塑学术组织管理新观念、新价值和新文化。

要建设一支善于推动科学发展、和谐发展的党员干部队伍。人才工作能不能做好，干部是关键。要坚持把干部的德放在首要位置，选拔任用那些政治坚定、有真才实学、实绩突出、群众公认的干部，形成以德修身、以德服众、以德领才、以德润才、德才兼备的用人导向。要坚持凭实绩使用干部，让能干事者有机会、干成事者有舞台，不让老实人吃亏，不让投机钻营者得利，让所有优秀干部都能为党和人民贡献力量。

（二）坚持以人为本，提升学校办学水平

解放思想，转变观念，将人才作为学校科学发展的第一资源。要坚持以人为本，牢固树立促进科学发展的人才观。胡锦涛总书记在“七一”讲话中指出：“人才是第一资源，是国家发展的战略资源。全党同志和全社会都要坚持尊重劳动、尊重知识、尊重人才、尊重创造的重大方针，牢固树立人人皆可成才的观念，敢为事业用人才，让各类人才都拥有广阔的创业平台、发展空间，使每个人都成为对祖国、对人民、对民族的有用之才，特别是要抓紧培养造就青年英才，形成人才辈出、人尽其才、才尽其用的生动局面。”胡锦涛总书记“七一”讲话丰富和发展了促进科学发展的人才观，为做好人才工作提供了根本指针。要认真落实讲话提出的人才是第一资源、人人皆可成才、敢为事业用人、为各方面优秀人才建功立业开辟广阔渠道等重要思想，进一步解放思想、解放人才、解放科技生产力。要加大实施人才强校工作力度，加快全面启动实施重大人才工程，加快重大人才政策的研究制定，抓好已经出台的人才政策落实，抓好人才项目的落实，引领和带动各支人才队伍建设。要加大培养造就青年人才的力度，打破论资排辈等保守僵化的陈旧观念，敢为事业发展大胆使用青年人才，为青年英才脱颖而出搭建平台、创造条件。

开阔眼界，拓宽思路，积极进行深层次前瞻性的探索。创新型人才资源是人才资源中层次较高的一部分。我国高层次创新人才严重匮乏。据权威统计资料表明，2008 年，我国科技人力资源总量达到 4200 万人，研究开发全时人员当量达到 161.4 万人年，均居世界前列。但国际一流的高层次创新人才严重匮乏，而高层次科技创新人才仅有 1 万名左右，高层次自主创业人才在全部创业人才中仅占 20%。在 158 个国际一级科学组织及其 1566 个主要二级组织中，参与领导层的我国科学家为 206 人，仅占总数的 2.26%，其中在一级科学组织担任主席的仅 1 名，占 0.4%；在二级组织担任主席的仅 24 人，占 1.1%。从国际影响力来看，权威机构评选 300 多位对科学发展做出重大贡献的科学家，我国入选的科学家只有 3 位。从国际性权威科学院外国会员人数的国别排序来看，我国处于第 18 位，不仅低于主要发达国家，而且落后于印度。从担任国际期刊和杂志的主编情况来看，根据爱思唯尔(Elsevier)的统计，目前仅有 50 多位中国学者担任重要国际科技期刊的主编、副主编。从参加国际会议的情况来看，中国学者发言机会较少，对国际科技界的影响力也比较小。据 2009 年瑞士洛桑发布的《世界竞争力报告》显示，我国“合格工程师”的数量和整体质量，在参与排名的 55 个主要国家中位列第 48 位。据《财富》杂志公布的最新数据显示，我国“适合全球化要求”的年轻工程师只有 16 万人。不到美国的 1/3；我国国际化工程师占全国工程师比例不到 8%，而印度为 25%。我国工程技术人才人均所创造的产值仅有美国的 1/16、德国的 1/13。每万名劳动力中研发人员仅为 24.8 人，远远低于芬兰(217.6 人)和日本(134.9 人)。

要敢于突破创新科技人才培养的陈旧理念和体制机制障碍。一要加大筑巢引凤的力度，吸引高层次创新型科技人才。近年来，由于世界金融危机的冲击和国内以“千人计划”为牵引的人才环境改善，国内高校在引进海外人才方面有了更多的选择。我国对海外高层次人才的吸引力，主要体现在有能力提供事业发展的大平台。但对于我校而言，必须集中资源，在战略性领域打造若干个重大科技创新平台，以此来吸引高层次科技创新领军人才及创新团队，从而构筑一支精英荟萃的高水平创新型师资队伍。二要不仅善于集聚大批高层次人才，而且要大胆使用这些人才，使其成为我国实施自主创新战略的重要力量、我校实现跨越发展的核心力量。要敢于“压担子”，发挥高层次创新人才的作用，做到人尽其才、因人而异，最大程度地激发人才的创新活力。要促进高层次引进人才与其他人才的和谐关系，建立相对均衡、可持续的薪酬体系。

肩负使命，奋发进取，主动迎接“十二五”新的挑战。学校发展关键靠人才，人才是学校的立校之本、强校之基。我们必须围绕“十二五”规划确定的目标、发展任务、关键环节和保障措施，坚定不移地加快推进人才强校战略，为建设“高水平特色研究型大学”提供源头活水和不竭动力，促进学校事业的健康、协调和可持续发展。我们清醒地认识到，高水平研究型大学不可能在很短的时间内建成，需要有强大的经济条件和科学研究基础，需要有长期形成的优良学风和深厚的文化积淀，需要经过一个从量变到质变的发展过程，需要较长时间坚持不懈的努力。因此，我们必须进一步统一思想，切实把加快推进人才强校战略必要性和重大意义的认识提高到一个新的水平和新的境界。我们一定要认清形势，坚定信心，以高度的使命感、责任感和紧迫感，抢抓机遇，乘势而上，不断把建设高水平研究型大学的各项工作推向前进。

(三) 坚持战略引领，提高科技创新质量

质量是事关学校长远发展的全局性、战略性问题。质量是立人之本、建校之基，胡锦涛总书记在清华大学百年校庆大会上的讲话中指出：“我国高等学校要把提高质量作为教育改革发展最核心最紧迫的任务，完善中国特色现代大学制度，加强领导班子建设，创新教育教学方法，强化实践教学环节，形成人才培养新优势，努力出名师、育英才、创一流。”我们每一位干部师生都要全面了解、深入领会和准确把握胡锦涛总书记讲话的精神实质，进一步统一思想、凝心聚力。我们必须坚持走内涵式发展道路，全面提高质量。要按照实现经济社会又好又快发展、促进人的全面发展、推动社会和谐进步的要求，借鉴国际先进理念和经验，不断为社会主义现代化建设提供强有力的人才保证和智力支撑。要将不断提高质量，作为学校发展的生命线，始终贯穿高等学校人才培养、科学研究、社会服务、文化传承创新各项工作之中。

要围绕国家需求，科学制定学校科技发展战略。要改革科研管理体制，做好科技发展规划，进一步明确学校重点科研方向，加强学科交叉，加快构建大的公共研究平台，提高学校承担大项目、产出大成果、做出大贡献的能力。要以国家重点实验室、国家工程研究中心及省部级科技创新平台为主体，建设高水平、开放型科技创新平台，建立以人才、基地、方向、项目、成果为主体的科技创新能力支撑体系。要积极组织承担国家层面的大项目，使主持的国家重大、重点科技计划项目与基金项目有明显增加，产生一批标志性成果，获国家与省部级科技奖、国家授权专利和发表高水平论文数有较大增长。创新团队研究目标的确立要结合国家战略需求，在认真研究本领域世界发展趋势基础上，从团队的科学研究水平和人才队伍状况实际出发，经过科学决策凝炼出来。目标源于集体的智慧和远见，又成为引导创新团队一段时期发展的战略方向，从而形成研究合力，推动学科交叉和合作研究，不断形成优势和特色。

要把握人才成长规律，为形成高水平的科技创新团队创造条件。要把人事制度改革与科研管理体制及运行机制改革结合起来，改革评价激励机制与政策指标，促进科技创新团队的形成与发展。要完善相关政策，促进跨学科、跨院系合作，形成高水平教学和科研创新团队，使中青年教师在团队中健康快速成长。要不断增强创新群体的全球战略意识，积极支持高水平创新团队与国内外研究基地和团队建立开放合作关系，鼓励他们有勇气、有信心、有谋略地参与世界科技人才竞争。要统筹利用国内外创新资源，营造有利于高水平创新团队参与国内外竞争与合作的开放创新环境。

（四）坚持统筹兼顾，推进学科持续发展

学科建设是一项复杂的系统工程。只有把学科建设纳入学校整体建设的系统中去考虑，协调和处理好各方面的关系，才能实现规模、结构、质量、效益的统一，才能抓好学科建设。从学科体系内部看，存在三方面的问题。

(1) 知识体系的内部冲突性。一个学校的学科体系，主要由基础学科、主干学科、支撑学科和新兴交叉学科等构成，它们是互相联系、相互制约又相互促进、相辅相成的学科整体。譬如，基础学科与应用学科的关系，传统学科与新兴交叉学科的关系，重点学科建设和一般学科建设的关系等等。

(2) 组织体系的权力分散性。学科带头人和创新团队的建设是学科建设的核心，是学科得以发展和进步的关键。要倾注超常规的精力，采取超常规的措施，不惜超常规的代价，引进人才，培养人才，用好人才，全力快速构建学科梯队。一般而言，学科梯队中要确定一位在本学科水平最高，影响最大的教授为学科带头人；每个学科方向，要有一至二位在本学科方向上学术地位比较高的教授为学术带头人；每个学术带头人周围，还要配备职务、年龄等结构合理的若干名助手。

(3) 建设发展的路径多样性。学科建设既包含外在有形建设，如学术水平、教学活动、师资队伍、仪器和图书资料等“硬件”建设，又包含内在无形建设，如思想建设和学风、学术氛围、管理体制等“软件”建设。

从学校工作全局看，需要统筹协调学科建设与其他发展任务的关系。

(1) 学科建设与科学研究。科学研究是学科建设的先导，学科建设质量的提升又为科学研究的发展提供基础。学科建设的本质和任务是跟踪学科前沿动态与发展趋向的科学研究活动，科研项目是学科建设的依托，科研经费是学科建设赖以开展的保障，科研成果是学科建设创新的目标和重要标志。

(2) 学科建设与人才培养。高等学校的根本任务是为国家培养高层次人才。学科建设是保证和提高教学质量的重要基础，教学质量是评价学科建设的重要指标。如果没有合理的学科体系和一批在国内外有重要影响的高水平学科，则很难培养高质量的人才。

(3) 学科建设与行政管理。学科建设工作是学校行政管理工作的重点。大学组织制度的创新，要充分考虑学科建设的特点和需要，建立高效的行政运行机制，是学科建设能够良性发展的保障。

要按照“十二五”总体规划确定的原则和目标，科学统筹各类学科全面协调发展。要用重点的学科方向来带领其他学科方向的发展，用重点学科为龙头引领非重点学科的发展。要在服务国家战略需求、提高学校办学质量的高度上来处理好重点学科与非重点学科之间、重点研究方向与非重点研究方向之间的关系。要在每一个学科形成一个主打的方向，以点带面，形成一个真正意义上的强势学科。要优先支持对学校事业发展起到巨大推动作用的新兴学科群的建设，使之承担国家优先发展领域的重大项目与课题，推动产生一批在国内外学术界具有重要影响的标志性成果。近年来，以吴中如院士、顾冲时教授为学术带头人的水利工程健康诊断与综合整治团队、以王超教授为学术带头人的水资源保护与生态修复团队入选江苏高等学校优秀科技创新团队，就是很好的例证。我们还要继续在这方面加大支持力度。

要促进人才资源、研究资源和科研设施资源的开放共享和有效集成。要及时给予创新团队各方面的配套支持，推进团队实现自主创新的科学目标，悉心关注团队成员建设，在人才引进、条件支撑等方面给予扶持，促进创新团队的长远发展。要通过调整、整合逐步完善团队队伍结构，对已形成一定优势的团队通过调整、充实人员，保证团队组成人员数量、职称、年龄、学历、学缘结构合理。要有计划地引进国内外知名高校或研究机构的优秀人才，吸收校外优秀的学术思想和文化，促进研究交叉融合，改善学缘结构，保证团队生命力、创造力和活力。

（五）坚持创新思路，深化体制机制改革

加强创新团队建设是建设创新型国家，增强自主创新能力的需要。党和国家领导人在不同场合多次强调了“创新”的意义及建设创新型国家需要加强创新团队建设。① 江泽民同志提出：“创新是一个民族进步的灵魂，是一个国家兴旺发达的不竭动力。”② 胡锦涛总书记在十七大报告中指出，“提高自主创新能力，建设创新型国家”是“国家发展战略的核心，是提高综合国力的关键”。③ 胡锦涛总书记在2010年两院院士大会讲话中强调，要加快构建科学研究与人才培养有机结合的知识创新体系，支持从事基础研究、前沿高技术研究、产业共性技术研究和社会公益研究的科研机构，集中力量形成若干优势学科领域、研究基地、创新团队。

科技创新已成为经济社会发展的主导力量。科学技术革命日新月异，日益成为国家和地区综合实力竞争的决定性因素。党中央、国务院把握全局、放眼世界、面向未来，做出了增强自主创新能力，建设创新型国家的重大战略决策和部署，把科技进步和创新作为经济社会发展的首要推动力量，把提高自主创新能力作为调整经济结构、转变增长方式、提高国家竞争力的中心环节。国内发达地区和城市都在积极顺应国际国内经济社会宏观发展趋势，竞相把增强自主创新能力作为推进区域发展的主体战略，借以在新一轮竞争中占据优势，赢得主动。

我校科技创新团队可持续发展存在主要的问题。一是“短期团队”多，“长寿团队”少。尽管每年资助一些团队，然而真正获得持续资助的不多，随着资助期的结束，团队也就基本处于解体状态。许多团队都是项目导向型团队，是项目负责人根据项目申请的需要，临时“拉郎配”组建的，注重的只是短期行为。随着团队的解散，团队的各种资源包括团队文化也就地消失，造成极大的资源浪费。二是单学科、单部门的团队多，跨学科、跨部门的团队少。我校现有科技创新团队多是以学科组或教研室为基础自发形成的单学科、单部门的团队，跨学科、跨部门的团队较少。

为此，我们要做到五个“必须”。

必须全面审视高水平创新团队建设工作的战略定位。高水平的学科和师资队伍是高水平研究型大学最为重要的标志。只有有了高水平的学科与师资，才能产生高水平的科研成果，造就高水平的人才。我们要高度重视并全面加强学科平台建设，努力通过平台建设促进学科内涵的拓展和水平的提升，巩固和强化水利学科优势。

必须加快提高学校服务国家需求和发展学科前沿能力。要充分发挥重点建设学科示范带动作用。加快学科建设整体提档升级，统筹推进优势学科创新平台建设和“211工程”三期建设，切实贯彻“大平台、大队伍、大项目、大成果、大贡献”的建设思路，不断创新人才工作机制，改善人才成长环境，培养汇聚优秀人才，为提高办学水平和办学效益奠定坚实的人才基础。

必须超前布局，超前部署，落实以人为本的战略导向。要科学分析我校科技研究队伍发展状况和创新团队建设需求，进一步明晰布局，统筹部署，优化结构。要在高水平创新团队建设工作中落实更加侧重特色、更加侧重前沿、更加侧重人才的战略导向，坚持团队协作，加强目标引导，发挥协作创新优势，全面推进团队建设。现在我校中青年拔尖人才，尤其是潜在的大师级人才、院士后备人选、后备领军人才严重不足。我们要有急迫感，到了该抓的时候了。学校要尽快确定出50岁以下的院士后备人选和后备领军人才的培养对象，提出名单，逐一研究培养规划与措施，确定学术发展目标，保证其全力以赴从事业务工作，为其配备助手，创条件、压担子、提要求。同时，要充分发挥知名专家、长江学者等现有领军人物在青年教师培养过程中的传、帮、带作用，对青年教师中部分优秀的，应根据其发展，保证他们有更大的精力钻研业务，让他们专心致志搞学问。

必须加快机制创新步伐，为事业发展增加新的动力。为加快培养优秀青年教师，促进年轻的学术骨干和学科带头人成长，今年5月，8名35岁以下的青年学者受聘为河海大学首批“青年教授”，学校还将根据中长期发展规划和建设高水平人才队伍的目标要求，在各学科设立一定比例的“青年教授”岗位，面向海内外公开招聘。希望青年教授把握机遇、担起责任、迎接挑战，通过努力成为德智体美全面发展，具有世界眼光、学术有所长，有团队精神与群体意识的大师级人才。

必须下决心围绕几个关键环节，切实采取有效政策和措施。一是汇聚人才，主要是指汇聚高端人才。人才要多样性，不仅是科研创新人才，还包括教学人才、管理人才、经营人才和实验人才等。要花大力气、下大工夫，用大手笔引进学校亟需的高端人才，建立、发展和壮大涵盖院士、千人计划人才、长江学者、教授博导、实验技术人员的人才队伍。二是凝炼方向，不仅是科研方向，还包括发展规划、发展方针、发展思路、执行策略等，使各方面的人才都有努力奋斗的明确方向。三是构筑基地，既包括教学科研基地的硬件建设，又包括工作体系平台的软件建设。这三个关键环节就是要解决好“谁干、干什么、怎么干”的问题。要下决心解决好，为学校长远发展奠定人才、方向和物质基础。

四、心系群众、服务师生，切实加强和改进党员干部作风建设

胡锦涛总书记“七一”讲话中指出：

在世情、国情、党情发生深刻变化的新形势下，加强党的执政能力建设和先进性建设，面临四大新挑战：执政考验，改革开放考验，市场经济考验，外部环境考验。

四大危险：精神懈怠的危险，能力不足的危险，脱离群众的危险，消极腐败的危险。

党要管党、从严治党：要坚持把干部的德放在首要位置，选拔任用那些政治坚定、有真才实学、实绩突出、群众公认的干部，形成以德修身、以德服众、以德领才、以德润才、德才兼备的用人导向。要坚持凭实绩使用干部，让能干事者有机会、干成事者有舞台，不让老实人吃亏，不让投机钻营者得利，让所有优秀干部都能为党和人民贡献力量。

在世情、国情、党情、校情发生深刻变化的新形势下，我们如何建设一支善于推动科学发展、和谐发展的党员干部队伍?

简单地说就是两点：一是干事创业的工作状态；二是奋发有为的良好心态。

（一）干事创业的工作状态

马克思说过，我们的事业不是显赫一时，但将永远存在，在我们的墓碑前，高尚的人们会洒下热泪。前不久刘云山同志写了一篇短评《政声人去后，百姓论是非》，赞扬山东寿光县原县委书记王伯祥的先进事迹和崇高精神。作为共产党的干部，我们追求好名而不求大名，追求实名不务虚名，追求百姓的口碑不争风头功名。对于每一位干部来讲，理当“在其位、谋其政”，把岗位当平台，把工作当追求，有所坚守，有所舍弃，执著向往，乐此不疲。

1. 三种“不在状态”的干部

心不在焉型：有的干部心浮气躁，耐不住寂寞，静不下心来，不是扎扎实实地做一些事情，而

是热衷于摆花架子，做表面文章，搞形式主义。从事学术的同志希望通过管理领导岗位增加学术地位；从事管理工作的同志希望通过学术谋求进一步发展。

未老先衰型：有的干部“做官”的想法越来越浓，做事的想法越来越淡，干得顺利时“在状态”，遇到挫折、不太顺利时就“心不在焉”；处于进步、晋升时期“在状态”，一旦“职务到头”、“进步无望”时便偏离“状态”，工作中出现不作为、不能为的“庸”、“懒”、“散”现象。

脱离群众型：有的干部好高骛远，急功近利。牺牲长远利益，集体利益，只为眼前利益。不为群众谋利益，工作浮在表面，不调查、不研究，只看成绩，不看问题，对师生员工的愿望、要求心中无数。

2. 三种“在状态”的工作表现

(1) 在状态，意味着认真负责、恪尽职守。真干而不是假干，实干而不是虚干，为学校的事业干而不是为自己干，这是衡量干部党性修养的试金石。焦裕禄为了改变兰考的贫困面貌，深入基层调查研究，提出了治碱排涝的可行方案，带领群众改天换地。兰考人说他是为兰考人民累死的。牛玉儒上任伊始即深入调查研究，马不停蹄外出考察，制定出切合呼和浩特市实际的发展规划，带领全市人民真抓实干，病危之际仍坚持工作。对于学校各级干部来说，应当坚持高标准、严要求，专心致志、全身心地投入，以时不我待的紧迫感和昂扬向上的精神状态，尽心尽力地为师生群众谋福祉。

(2) 在状态，意味着高效率和执行力。执行力是领导干部工作作风和工作能力最直接的体现。执行力如何，关系到党和国家的教育方针政策、学校党委决策部署能否迅速有效地贯彻落实，关系到各级领导干部能否有效履行职能，关系到学校改革发展的全局。当前，全校干部群众盼发展、谋发展、抓发展的热情很高，人心思进、人心思干。但在现实中，我们还是常常会遇到这样的问题：同样的条件和环境下，为什么有的事情别的地方能办成而我们办不成？说到底还是韧劲不够，遇事“难”字当头，遇难“退”字当头，如果做事虎头蛇尾，就很难成就大事。

大力推进人才强校战略、加快建设高水平特色研究型大学，最根本的是要靠各级领导干部把决策变为行动、把行动变为结果的执行力，各级领导干部更要以强烈的事业心和责任感，以充沛的热情投入到干事创业上来，担当起促进科学发展、推动人才强校的重任，在工作中做到有令则行、行则迅速，有禁则止、止则彻底，不能推一推动一动，不推不动。对党委提出的各项任务，不仅要坚决完成，而且要创造性地开展工作、扩大成效，努力争创一流的工作、一流的业绩。坚决杜绝“醒得早、起得迟”错失发展良机现象的发生。

要消除执行中的体制性障碍，形成良好的执行文化。加大工作落实的力度，纠正抓而不实，抓而不力现象；强化工作责任制，建立相应的监控机制，及时发现政策执行中遇到的困难、矛盾和问题，并进行有效的调整。要培养执行人员贯彻执行目标、计划、制度的自觉意识和行为。各级部门和单位不能消极地等待顶层设计，而应积极地推进体制变革，在力所能及的范围内进行完善，在重点领域和关键环节取得突破。坚决杜绝“一个和尚挑水吃，两个和尚抬水吃，三个和尚没水吃”推诿扯皮现象的发生。

(3) 在状态，意味着良好的风气和制度环境。有切实可行的考核、监督机制，以及管理效能建设的首问负责制、限时办结制、责任追究制，才会有监督、有制约、有压力，改变干多干少一个样、干好干坏一个样、干与不干一个样的现象。用一个聚精会神干事业的人，就会激励一大批干事业的人。通过选人用人，褒奖贡献突出者，支持一身正气者，鼓励既积极向上又老实肯干者，鞭策相形见绌者，教育跟风行事者，约束投机钻营者。这样，党员干部“在状态”才会成为常态。

(二) 奋发有为的良好心态

4 月 27 日，温家宝总理在访问马来西亚时再次展现亲民魅力，他说自己从没想过成为职业政治家，更不用说成为世界上人口最多的国家的总理。他在马来西亚大学演讲后回答学生提问时说，“我想给同学们说的是，要做大事而不要做大官。”温总理的讲话赢得了学生们的热烈掌声。

“做大事不做大官”的忠告，最早缘于孙中山先生的演讲。1923 年，孙中山应邀访问广州岭南大学，在学生欢迎会上，他发表了“学生要立志做大事，不做大官”的主题演说，训勉同学要立志多干实事，干大事，为国家谋求福祉。

温家宝总理再次以“做大事不做大官”的忠告勉励学生，表达了他对青年一代的亲切关怀和殷切期望。在思维多元、信仰迷茫、责任缺失的当下社会，温总理的忠告犹如一剂清醒剂，是对转型时期人们的人生观、价值观、权力观的诠释与校正。“做大事不做大官”，为所有干部端正了“权为谁用”的执政“官”念。语重心长，寓意深远。

1. 培养奋发有为的良好心态，需要摆正“三个关系”

一是“做官”与“做人”。事在人为，官需人做。无论立志“做大事”还是“做大官”，都绕不开“做人”这个前提和基础。“做人”不能不“做事”，但“做人”、“做事”未必一定要“做官”。正确的态度应当是刻意做人，随缘为官，高调做事，谨慎为官，更勿为“求官”丢人品。

二是“小事”与“大事”。立志“做大事”必须首先明白何为“大事”。大事、小事相对而言，“平凡之中见伟大”，“群众利益无小事”，或是两者关系的最好诠释。师生员工的一桩桩“小事”，是构成学校、集体“大事”的“细胞”，小的“细胞”健康，大的“肌体”才会充满生机与活力。只有时时惦记着师生员工的“小事”，处处为师生员工解决“小事”，才能真正走群众路线，很好地为师生员工解决实际困难，培养和树立亲民、爱民、为民的优良作风。

三是“立志”与“坚守”。世人皆有梦，而人生的意义和快乐就存乎于不懈“追梦”之中。“有志之人立常志，无志之人常立志”的俗语告诉我们，有志气的人会树立一个远大的志向而坚持不懈地去追求，而无志之人经常会给自己树立目标，但又不去努力践诺。成就“做大事”的关键是“坚守”。“坚守”是诚信品格的外现、是执著意志的写真。毛主席曾经感叹：“一个人做点好事并不难，难的是一辈子做好事，不做坏事，这才是最难最难的啊!”

2. 培养奋发有为的良好心态，需常怀“五心”：即责任心、进取心、包容心、危机心、敬畏心

(1) 对职位常怀责任之心。“责任”两字大于天，重如山。美国第35任总统肯尼迪在他的就职演说中号召美国民众：“不要问国家能为你做些什么，而要问你能为你的国家做些什么。”我们每个同志都应该做到：知责。我们应该把全部心思和精力用到干事创业上，带着感情、带着责任做好工作。尽责。歌德说：“尽责是一种把你应该做好的日常工作做到最好的充满激情的行动。”放眼大局，立足本职，从大处着眼，从小处着手，认真做好岗位职责内的事。担责。就是勇于担当，敢于负责。对职责范围的工作，该抓紧的抓紧，该支持的支持，该表态的表态，该拍板的拍板，该制止的制止，该纠正的纠正，不要怕担担子，怕负责任，也不能顾左右而言他，当两面光的“琉璃球”。

(2) 对事业常怀进取之心。我们工作不仅仅是为了谋生，更重要的是在为自己的梦想奋斗，为自己的幸福和未来奋斗。这就是要求我们敬业进取。目标高一点。古人讲，“取法乎上，仅得其中；取法乎中，仅得其下。”过去我们做了很多工作，取得了很大成绩，但不能自我满足、自我陶醉。要看到天外有天，山外有山。目标确定之后，就要咬定青山不放松，不达目的不罢休。创新多一点。创造伟大，创新可贵。提倡有效思维，增强情景意识、角色意识、换位意识和风险意识；提倡创造思维，增强问题意识、批判意识和逆向意识；提倡超越思维，增强张力意识、品位意识和境界意识。要像邓小平同志所说的那样，大胆地试，大胆地闯，敢于打破常规，超越前人，使工作更好体现时代性，把握规律性，富于创造性。干劲足一点。事业要上新台阶、有新作为，必须有只争朝夕、殚精竭虑、废寝忘食、夙兴夜寐的实干精神，不能“玩心”太大，也不能当“温吞水”。我们每个同志都要在干事业上下苦功夫，真正把精力和才干用在所干的每一件工作上。为了干成事业，就要真干、实干、苦干、巧干。习近平同志说：“所谓真干，就是不弄虚作假、不欺上瞒下，不做表面文章、不搞形式主义，真正诚心诚意、尽力尽责、一干到底。所谓实干，就是坚持一切从实际出发，察实情、讲实话，鼓实劲、出实招，办实事、求实效，扎扎实实把各项工作不断推向前进。所谓苦干，就是发扬艰苦奋斗的优良传统，知难而进，埋头苦干，把兢兢业业、吃苦耐劳的精神贯穿于各项工作之中。所谓巧干，就是尊重客观规律，讲究工作方法，坚持改革创新，以科学精神和科学态度努力工作，力求取得事半功倍的成效。”我们应该按照习近平同志的这些要求去做，做实

干的模范，创不俗的业绩。

(3) 对同志常怀包容之心。无欲则刚，有容乃大。要想工作有大的作为，必须想方设法调动全体教职工的积极性、主动性、创造性，把大多数人的智力激活、能力发挥、潜力释放出来。在木匠眼里，寸木有寸用，在裁缝眼里，寸布有寸用。在一个单位，必须善于发现人之所长，然后用其所长。我们还要既容人之短，也要容人之长，以人之长补己之短，弃己之短学人之长，不能以己之长比人之短，也不能因己之短忌人之长。特别是对年轻同志更要高看一等、厚爱一分。年轻同志是我们的希望和未来，将来事业发展的担子要靠他们挑。因为年轻，他们可能还不是很成熟、很老练、很精干，年纪大一点、资历老一点、能力强一点的同志要自觉地负起“传、帮、带”的责任。大家在一起时间长了，也难免产生一些磕磕绊绊甚至恩恩怨怨，这就要讲大局、重事业，团结一致向前看，丢掉那些不利于和睦和谐的东西。忘掉恩怨，既有利于事业，也是人的健康之道。

(4) 对本领常怀危机之心。“才不称不可居其位，职不称不可食其禄”。新本领从哪里来？除了加强学习和实践，我们没有别的选择。本领是“学”出来的。建设学习型党组织，成为学习型干部，不是一句空话，而是一项十分严肃、十分紧迫的任务。我们必须把学习新知识、新本领，作为分内的工作、生活的需要、自身的职责，作为一种习惯、一种嗜好、一种快乐、一种生存方式。本领是“干”出来的。实践是提高本领的重要途径。我们必须热情投入实践，在实践中增长知识和才干。本领是“逼”出来的。自己“逼”，自加压力、负重奋进，增强内生动力。我们应该记住：“八小时内成不了工程师”，“只要功夫深，铁杵磨成针。”领导“逼”，对工作应当高标准、严要求，形成一定的外部压力。铁人王进喜说，井无压力不喷油，人无压力不进步。应给年轻人多压担子，多交任务，多给机会，放手让他们挑大梁，多干一些“急、难、重”的工作，使他们在复杂的环境和艰苦的磨炼中快速成长起来。

(5) 对组织、群众和法纪常怀敬畏之心。邓小平同志讲：“共产党员谨小慎微不好，胆子太大了也不好。一怕党，二怕群众，三怕民主党派，总是好一些。谨慎总是好一些。”我们要做到三个敬畏：敬畏组织。组织和干部的关系，好比阳光、雨露、沃土与草木。一个人的成长，固然离不开个人的勤奋和努力，但同时要靠组织培养和同事支持。没有组织，纵然有天大的本事也毫无用武之地；背离了组织，什么荣耀都会化为乌有。敬畏组织，就是无条件地服从组织的安排，维护组织的权威，接受组织的监督；增强对组织的归属感，自觉维护大局与团结，抵制歪风邪气，以优秀的品格和工作业绩，赢得组织认可、他人信任。敬畏群众。干部是不是称职，是不是合格，干的多与少，成绩大与小，表现优与劣，群众心里有杆秤。干部的一言一行、一举一动，都在群众的监督之中。俗话说，众怒难犯，持身不正，办事不公，律己不严，总有一天群众会把你请下台。应该坚持以人为本、执政为民，把群众的呼声作为第一信号，把群众的需求作为第一选择，真正做到“权为民所用，情为民所系，利为民所谋”。敬畏法纪。我们在履行职责时，必须增强法律观念，坚持依法办事。如果目无法律，胆大妄为，就必然自食其苦果。常怀律己之心，常思贪欲之害，坚持自重、自省、自警、自励，做到慎初、慎微、慎独、慎交，不为权所惑，不为利所诱，不为色所迷，不为情所困，真正做到一要干事，二要干净。

同志们，全面建设小康社会，建设社会主义现代化国家，实现中华民族伟大复兴的新时代为我国广大科技和教育工作者提供了创造精彩人生的广阔舞台。生逢其时，我们河海人应该大有作为，也必将大有作为。

建设若干所世界一流大学和一批高水平大学，是建设人才强国和创新型国家的重大战略举措。我们要想抓住历史机遇，真正地赶上去，必须发展得更快些，必须要有一个大的跨越，必须通过激发智慧和创新思路来实现跨越发展。我们要坚定信心、砥砺勇气，以建设高水平特色研究型大学为奋斗目标，进一步推动学科、科研、人才等方面的改革；我们要求真务实、奋发进取，以自主创新能力提高为突破，进一步提升学校的办学能力和水平，开创学校“十二五”发展新局面，将学校建设成为知识创新的策源地、深化教育改革的试验田、扩大开放的桥头堡。

提高质量 深化改革 加快推进学校科学发展

——河海大学2011年度教育教学工作会议总结报告

校党委书记 朱 拓

（2011年10月19日）

同志们：

这次教育教学工作会议以全面提高人才培养质量为主题，集中研讨了全面提高教育教学质量的思路与举措，讨论了本科人才培养方案的修订要点。这是教育部、财政部颁布《关于“十二五”期间实施“高等学校本科教学质量与教学改革工程”的意见》之后我校召开的第一次教育教学工作会议，是我校积极适应高等教育发展新形势、新任务、新要求，重新审视、谋划和部署人才培养工作的一次非常重要的会议。会议主题鲜明，思路清晰，内容丰富，重点突出，成效显著，进一步增强了广大教职员工深化教育教学改革的紧迫感、责任感和使命感。

胡锦涛总书记在庆祝清华大学建校100周年大会上的讲话明确指出，“不断提高质量，是高等教育的生命线，必须始终贯穿高等学校人才培养、科学研究、社会服务、文化传承创新各项工作中。”我们要深入贯彻落实胡锦涛总书记的重要讲话精神，把提高质量作为教育改革发展最核心最紧迫的任务，将巩固和加强教学中心地位作为落实以提高质量为核心的教育发展观的根本保证。

下面，我谈三点意见。

一、提高质量，是高等教育发展的生命线

（一）勇于担当，大力培养高素质水利人才

人力资源是我国经济社会发展的第一资源，教育是开发人力资源的主要途径。教育的真正目标是“人的发展”，育人为本是教育工作的根本要求。高等教育是在完全中等教育的基础上进行的专业教育，是培养高级专门人才的社会活动。从结构来看，它是一个多层次、多层级的系统，从内容来看，它包括教育目标、课程体系、教育内容、教育管理、教育评价等诸多方面。高校教育教学改革的根本目的就是要提高人才培养质量。我们要以学生为主体，以教师为主导，充分发挥学生的主动性，把促进学生健康成长作为学校一切工作的出发点和落脚点。关心每个学生，促进每个学生主动地、生动活泼地发展，尊重教育规律和学生身心发展规律，为每个学生提供适合的教育。

《国家教育中长期改革发展规划纲要》指出，必须牢固确立人才培养在高校工作中的中心地位，着力培养信念执著、品德优良、知识丰富、本领过硬的高素质专门人才和拔尖创新人才。2011年中央一号文件《关于加快水利改革发展的决定》，从党和国家事业发展全局出发，科学阐述了水利发展的阶段性特征和战略地位，明确提出了水利改革发展的指导思想和主要原则，全面部署了今后10年水利改革发展的目标任务和政策举措，为我校实现跨越发展提供了难得的历史机遇。

近年来，我国水利人才队伍建设取得显著成绩，整体素质有了明显提高，但还不能完全适应水利改革发展的迫切需要，特别是高层次专业技术人才、高技能一线人才和高级经营管理人才严重不足，人才队伍结构和分布不尽合理，拔尖创新人才和基层单位人才严重匮乏。截至2010年底，水利系统103万职工中，中专及以上学历人员只占职工总数的60.5%，本科及以上学历人员仅占18.4%；工人队伍中具有技师以上职业资格的高技能人才只有5.7%。

培养具有强烈创新意识、能够担当水利改革发展重任的高素质水利人才队伍，为推进水利科学发展提供强有力的人才保证和科技支撑是我校义不容辞的历史使命。作为国家重点建设的拥有优势学科创新平台的“211工程”大学，我校必须进一步强化水利特色，以一流的师资、一流的生源、

一流的科研和一流的环境条件，着力培养面向世界、面向未来、面向水利现代化的水利领军人才和水利改革发展急需的高层次人才。

（二）更新观念，全面提高教育教学质量

中国高等教育面临着规模增长和提高质量的双重任务。2010年中国人均国内生产总值4000美元，国内消费结构正在进入到发展型消费阶段，人民群众的教育需求日益旺盛。随着高等教育在现代化建设事业中的地位和作用日益凸显，全社会都非常关注高等教育发展，特别是随着高等教育规模急剧增大，人们对高等教育质量的重视程度前所未有。譬如，今年7月，教育部高教司发文，要求“985工程”高校率先公布2010学年《本科教学质量报告》。日前，北大、哈工大、浙大、武大等名校相继公布了各自的质量报告。目前已公布的各高校2010学年《本科教学质量报告》主要包括以下内容：① 高校基本情况介绍(校史、学校定位、培养特色、教育理念、专业设置、学科门类等)；② 本科教育投入(经费投入、教学资源、师资条件、学生规模、国际交流机会等)；③ 近年生源质量介绍(招生人数、奥赛获奖人数等)；④ 近年在本科生教育和管理方面的创新尝试(如学校实施的一些人才培养计划等)；⑤ 本科教育成果(着重介绍“质量工程”的成果，如精品课程数量等；从学生角度主要从本科生的论文发表、竞赛成绩等方面来描述，大部分高校也有毕业生就业和升学等方面的内容)。尽管各高校《本科教学质量报告》主要侧重质量基础因素和保障因素的描述，然而公布教学质量报告毕竟是转变高等教育评估方式的积极尝试，部分举措颇有“亮点”：① 同济大学报告中有对后勤管理与服务系统的满意度评价，另外还收集了毕业生和用人单位的反馈。其中，毕业生反馈内容包括对学校就业服务和学院就业工作的评价、最常用的就业服务项目，以及对签约的工作地点、单位类型、薪酬、工作预期前景的满意度；用人单位反馈则包括招聘毕业生主要工作岗位调查、同济毕业生优势调查、用人单位对毕业生综合评价、用人单位对就业服务评价。② 上海交通大学教学运行质量评价中包括应届毕业生对学校教学质量反馈，即在毕业生离校前调查其对教学工作的满意度，分为课程设置、教师水平、教学质量、教学管理、学风考风、实习实践六个方面。③ 中国科技大学报告中提及“长期跟踪国内外著名高校、研究机构和社会用人单位对我校本科毕业生的评价”。④ 重庆大学开展“重庆大学毕业生状况调查”、“重庆大学学生学情调查”、“重庆大学学生发展调查”等，形成了《重庆大学教学基本状态白皮书》、《重庆大学毕业生状况调查报告》、《重庆大学学生学情调查报告》、《重庆大学学生发展调查报告》等。

从国际上看，各国的研究型大学纷纷对本科教育给予更多关注。譬如：

1. 美国宾夕法尼亚大学

宾夕法尼亚大学是美国著名的常青藤大学联盟成员之一，有悠久的办学历史，世人瞩目的办学成绩。宾大的质量保障的外部机制包括接受美国高等学校认证和全美大学排名，其内部质量保障机制包括四个方面。具体内容为：

(1) 井然有序的人力资源管理系统是基本的平台。宾大人力资源部，负责全校专业管理人员和教辅人员的聘任、岗位培训、福利发放和解聘等工作。学校的学术人员和科研项目临时人员的人事管理由各学院负责。宾大十分重视人力资源管理工作，其管理规章齐全，程序严密。① 对已聘职工的管理。宾大对职工实行严格的岗位责任制。每个部门负责人都要发给职工一份书面岗位责任书，上面有明确、详细的工作任务和工作表现要求。年终进行考核，并写出书面考核报告。新职工在工作4个月后接受一次考核，通过考核方能正式留任。经考核，工作表现没有达到规定要求的员工，由部门负责人与其谈话，指出存在问题，要求限期改进。如仍无改进表现，将启动纪律程序，即发出口头警告、书面警告、留用察看，直至解聘。② 对已聘职工的培训。人力资源部积极举办形式多样的各类岗位技术培训班，有讲座、讨论、实践操作等；培训班的时间安排较灵活，经常安排在午餐期间或下班前1小时等，并重复举办，争取更多的职工参加培训。③ 严格控制岗位数。由于费用昂贵，人力资源部按学校的规定，严格控制岗位数。增设岗位的报批手续复杂，需层层上报，直至获得校级领导、校董事会的批准，方能生效。新设岗位需由申请单位写出调研和申请报告，若无充分、翔实和令人信服的理由，将很难获得批准。④ 重视职工辞职原因。人力资源部设计了内容详细、针对性强的调查跟踪问卷，记载自愿辞职的职工的自述，了解他们辞职的原因和其他因素，并对此进行分析。发现问题，将采取积极有效的措施，改善职工的工作环境条件，尽量消除或减少引发职工辞职的外部原因。⑤ 关心职工的工作环境和福利条件。人力资源部每年以调查问卷的方式，了解职工对工作环境的意见和建议，其中包括对上下级关系、硬件条件、校园文化、安全问题等方面的看法和意见，并根据收集到的信息，积极改善职工的工作环境，尽量做到感情留人，环境留人。

(2) 教师管理模式和运行机制是确保教学质量的核心要素。宾大对教师规定的职责有四方面：① 教学。包括发展和教授课程、参与课程设置和项目发展以及对学生的选课指导、学位要求、讨论研究等提出建议，等等。② 研究。包括申请研究基金、积极出版成果以及为博士生提供研究的机会。③ 示范。即为学生的学术生活树立榜样。④ 服务。即为系、学院、学校和社会服务。

宾大教师岗位责任设置的主要依据有三：① 社会需要和学科发展需要。② 可能提供的经费。③ 历史的因素。社会需要主要通过学生的选课情况来反映，通常劳动力就业市场信息影响学生选课倾向，而学生选课的情况又直接影响着教师岗位的设置。

宾大教授会(faculty)是学校的学术主体，其学术权威主要表现在以下三个方面：① 在学生录取方面，设定学生录取标准并作出录取决定。② 在教学方面，发展和确定一些使学生获得学位的学术项目、发展和确定学术项目的课程、确定学术规则。确定学位授予的标准、决定学生获得学位的资格。③ 在教师方面，设定教师的资格标准、对教师的聘任、晋升进行考察和推荐。

(3) 完善和系统的教师评价体系是确保教学质量的关键。在宾大，无论是助理教授还是讲座教授，都在不断地完善和提高自己的专业能力和水平。其主要动因是事业追求、利益驱动和努力实现自我价值。学校或学院有组织地帮助教师提高专业水平的活动并不多，但是在促进教师发展方面也有一些办法：① 加大教师从事研究的压力，研究经费的一部分作为薪水的来源，助理教授“非升即走”。② 新教师到校工作，由终身教授或系主任、院长同其谈话，告诉新教师如何搞好教学、研究工作，如何发表论文，如何争取评上终身教职等。③ 年轻教师在校工作的第一学年可以减免一半教学工作量，第四学年也可以减免教学工作量，同时给予年轻教师研究或新技术方面的基金资助，无论选课学生多少，都配一位助教和研究生助手，以便年轻教师集中精力搞研究，争取评上终身教职。④ 为教师配电脑、培训多媒体技术等，鼓励教师开设新课程、更新教学方法、手段。⑤ 资深教授每工作 7 年，可以有 1 学期或 1 年的学术休假，以便其专心于研究工作，发表研究成果。⑥ 创造各种条件和机会，让教师接触到不同的思想观念，加强国际交流与合作，等等。

(4) 校内日常的教学评估是评定和提高教学质量的重要手段。尽管宾大强调学术自由，给予教师教学工作很大的自由度，但每学期都坚持对所开设的所有课程进行教学评估。宾大对课程教学试行网上在线评估，评估的内容涉及教师、课程和学生的评议意见三部分。反映教师教学情况的评估指标共有 16 项，采用是非选择题和等级选择题(评估表中有 12 题)两种题型，要求学生对教师的教学态度、教学水平、教学方法等进行事实判断。反映课程情况的评估指标全部采用等级选择题(评估表中有 6 题)，要求学生对课程提纲、指定参考书、指定阅读文献(bulk pack)、课程内容、作业和成绩评定方法(考试、论文等)的有效性，进行不同等级的价值判断。至于学生对教师、课程和教学工作的评议意见与改进的建议，则采用开放提问的方式，让学生在线回答。提问所涉及的内容，简明扼要，针对性强，一方面要求学生对任课教师的教学长处和教师教学工作需要改进的方面提出评议意见；另一方面要求学生分别指出课程中最有价值和最没有价值的内容，以及改进课程的意见；同时要求学生对改进教学评估表提出建议意见。

2. 澳大利亚纽卡斯尔大学

纽卡斯尔大学(UoN)是成立于 1965 年的一所公立大学。澳洲联邦政府从 2000 年开始，决定把对大学教学质量的评鉴结果作为对大学拨款的重要衡量指标。因此，包括 UoN 在内的澳洲各个大学特别是研究型大学，都把提升本校教学质量作为工作重心，着力把重视教学的理念渗透到大学工作的方方面面。

(1) 出台一系列有针对性的制度和政策，促进教学质量提升。

① 学习和教学委员会制度。学校、院、系等都建立了不同层次的学习与教学委员会，委员会主席一般由校院系分管教学的副校长、副院长与副系主任担任，委员会成员往往是各个学科点的负责人以及有兴趣的教师。委员会就课程的设定、学习支持、教学改进等各种议题进行定期的讨论，直至通过民主化的方式获得最终的议定。这就保证了任何教学领域中的问题都能得到及时、公开的商议与解决，有效保障了教学运转的顺畅与稳定。② 教学档案袋制度。包括 UoN 在内的澳大利亚的研究型大学，近年来大多建立起以全面考察教师教学能力和绩效为宗旨的教学档案袋制度。教学档案袋中涵盖了有关该教师教学方面的所有信息和证明性材料。教师既可通过教学档案袋的搜集、整理与研究，对自身的教学进行反思和改进，又可将档案袋作为教学的证明性材料，即在年终考核、申报教学课题、申报教学奖励时，用以证明自己在教学工作上所取得的业绩。③ 教学研究基金政策与教学奖励基金政策。澳大利亚大学普遍鼓励优秀教师申报国家、州和学校等不同层次的教学研究基金或教学奖励基金，且基金的项目和数额等每年都逐渐增加。随着越来越多的教师获得教学研究和教学奖励的基金支持，他们也获得了更多的机遇与资源来不断完善教学能力，坚定教学信念，最重要的是，他们成为了大学中的榜样，鼓励、吸引更多的教师真正参与到大学教学质量的改进与完善的工作中来。

(2) 建立教学的专业支持性机构，促进教学工作的有效开展。UoN 在促进教学质量提高上的最重要的举措之一就是建立了教学的专业支持性机构学习与教学中心(Centre for Teaching and Learning)。CLT 有四个主要运作特点：① 努力形成为学生提供第一流、高质量教学的理念。② 为学生提供多样化的学习支持。比如，为学生提供诊断性学习支持，帮助学生辨明自身的知识或技能弱点，并提供相应的培训活动以弥补其学习准备上的不足。③ 对教师提供教学专业发展的强有力支持。CLT 通过入职教师的证书课程(certificate curriculum)、在职教师的教学专业发展培训、教师教学研究项目及教学奖励的申报支持等多样化的活动，帮助新任教师、在职教师建立对大学教学的信念与大学内部教学质量管理的经验。④ 借助信息技术的推广使用提高教与学的效率和效益。CLT 依托全校的 Blackboard 信息管理平台，引入并镶嵌了各种先进的学习与教学管理软件，使学生和教师对于资源的访取和发布变得极为顺畅和及时。

(3) 培育教学优秀的教师群体，推广和普及高质量的教学。学校非常关注那些学生满意度高、同行评价好、教学质量优异的优秀教师，并支持、帮助他们获得各种教学奖励。而这些教学优秀教师，无论是在晋升、考核、获奖等方面，都会受到重点关注、甚至是政策倾斜。他们构成了榜样的力量，从而吸引更多的教师关注教学、重视教学、完善教学，最终在全校形成重视教学的整体文化。UoN 获得过不同层次教学奖励的教师人数不断增加，目前已达到 200 人左右，占全校所有教师人数的 1/5。这些获奖教师得到的教学奖励基金，只能被用于教学改进、教学研究的相关活动中，由此形成了一种良性的发展循环。

(4) 构建完备的评估体系，促进生成教学改进的意识和能力。UoN 主要有两种教学评估活动类型。① 年度性的全校教学满意度问卷评估。具体来说，学校会在每年的特定时间组织一次面向全校所有本科生的问卷调查，向学生们征询对本专业教学的满意度情况。年度性的全校教学满意度评估使我们可以对每个院系的教学质量情况进行了解与分析，可以进行院系之间的满意度比较，也可进行院系的年度之间的比较，对那些满意度不高或满意度下降的院系，学校会组织 CLT、学校及院系的教学委员会等来进行调查、诊断，并对如何解决教学满意度不高或下降的问题提出具体的解决动议及行动方案。② 面向每门课程的质量评估。这种评估直接指向教师的具体教学活动，通常是以学生的评估为主，但同时结合同事评估和自我评估。CLT 经常会组织有关教师课程改进方面的工作坊，实际上，对评估信息的自觉反思与研究是改进自身课程质量的重要方式，参与工作坊的教学优秀教师经常向其他受训教师传达相关的诸多有益经验，这使得越来越多的教师学会了如何正确地看待教学评估以及从评估的反馈信息中寻找改进自身教学的有价值信息。

我国提高高等教育质量的外逼机制、外逼力量正在形成。如修订《学位授予和人才培养学科目录(2011年)》，增加艺术学门类，增设与国家重大战略需求相关、与产业发展和改善民生相关的国家亟需学科。扩大学校办学自主权，推动高校调整、优化专业结构、人才类型结构；启动实施"基础学科拔尖学生培养试验计划"、"卓越工程师教育培养计划"、"农科教合作培养人才计划"、"卓越医生教育培养计划"和"卓越法律人才教育培养计划"；启动实施"高等学校本科教学质量与教学改革工程"；研究制定"中西部高等教育振兴计划"实施方案；初步形成《普通高校本科教学工作审核评估方案框架》和《普通高等学校本科教学质量保证标准》；2011年，数量越来越多的普通高校遭遇"零投档"等。

我校要确立"水利特色、世界一流"的努力方向，适应传统水利向可持续发展水利转变的需要，坚持提高质量，不断推进办学理念、培养模式和机制体制创新，优化结构，加大投入，建设高水平教师团队，加快管理队伍能力建设，推动人才培养、科学研究、社会服务和文化传承创新四大功能相互促进、相得益彰。

二、内涵建设，走以质量提升为核心的发展道路

(一) 立足新的起点，展望未来发展

当今世界，经济发展呈现新趋势、中国现代化建设面临新任务和人类多样文明和和谐共生成为新潮流。展望未来10年，将是我国由大变强的关键时期。从国际看，世界多极化、经济全球化深入发展，科学进步日新月异，人才竞争日趋激烈。近年来，国际高等教育呈现出三方面特点：① 发展中国家高等教育大众化、发达国家高等教育普及化都在稳步向前推进。② 各国纷纷制定国家层面的战略对策，努力提高高等教育水平和质量，以应对劳动力市场需求的变化。③ 全球人才竞争加速了高等教育竞争，高等教育国际化程度也在空前提高。因此，我国必将深度开发人力资源、全方位参与国际竞争。从国内看，我国经济建设、政治建设、文化建设、社会建设以及生态文明建设全面推进，工业化、信息化、城镇化、市场化、国际化深入发展，人口、资源、环境压力日益加大，经济发展方式加快转变，都凸显了提高国民整体素质、培养高素质专门人才特别是拔尖创新人才的重要性和紧迫性。

面对新形势下的新要求，我们应该清醒地看到，我国高等教育发展还存在不少困难和问题：① 拔尖创新人才培养能力较为薄弱，"钱学森之问"就是针对这一问题。② 高等教育持续发展条件不足不稳，我国普通高校生人均预算内教育事业费仅为7500元左右，是同期发达国家相近统计口径的1/5，而且不同的省之间能相差6倍之多。③ 扩招后毕业生就业竞争压力较大，对高等学校学科专业结构优化及增强学生社会适应能力等提出新的更高要求。④ 制约发展的许多体制机制障碍还比较突出，分别体现在人才培养模式、考试招生制度、办学体制和管理体制等方面，高等教育的科学发展，面临着老困难和新挑战并存的复杂局面。

站在新的历史起点上，中国高等教育将把提高质量作为发展的核心任务，更加专注发展理念的战略性转变，更加专注培养模式创新和体制改革，更加专注质量保障评估的制度建设。当今时代，大学在促进经济发展，在促进经济社会发展和人类文明进步中的作用必将会越来越大。来自国家、社会和市场的外部支持对于高校能否实现跨越发展至关重要。研究型大学是培养高层次创新人才的重要基地、基础研究和高技术领域原始创新的主力军之一。如果说建设"211工程"大学、"985工程"大学和特色优势学科平台是建设若干所世界一流大学、一批国际知名的高水平研究型大学和重点学科的"集结号"，那么旨在促进高校、科研院所和企业多方共赢、整体提升可持续发展能力的"协同创新"就是全面建设创新型国家、自主应对国际竞争挑战的"冲锋号"。我校要在高等教育格局中异军突起，实现跨越发展，就必须采取重大举措，整体提升可持续发展能力，力争成为知识创新策源地、深化教育改革试验田、扩大开放桥头堡。

(二) 落实中央精神，坚持内涵建设

《国家中长期教育改革和发展规划纲要》的重大决策，对到2020年中国教育发展的总体目标、战略主题、发展任务、体制改革和保障措施进行新的全面部署。《规划纲要》提出，今后10年，高等教育总规模将从2900多万人增加到3550万人，毛入学率从24.2%提高到40%，更好地满足适龄青年和社会其他成员接受高等教育的强烈愿望。胡锦涛总书记在庆祝清华大学建校100周年大会上代表党中央、国务院，对百年清华取得的显著成绩给予了高度肯定，对高等教育发展提出了明确要求，对青年学生和广大教师提出了殷切希望。这是胡锦涛总书记继去年7月13日在全国教育工作会议上重要讲话、今年2月21日在中央政治局第26次集体学习重要讲话之后关于教育工作的又一篇重要讲话，是推动教育事业特别是高等教育科学发展的纲领性文献。

胡锦涛总书记的重要讲话以回顾总结清华大学百年史以及中国革命、建设、改革历史为切入点，深刻论述了实施科教兴国战略和人才强国战略的重要意义，深刻论述了教育特别是高等教育在国家发展中的重要地位和作用，深刻论述了全面提高高等教育质量的内涵和要求。① 论述了我党关于大学与高等教育的发展理念。四个“坚持”：坚持解放思想、实事求是、与时俱进；坚持以实现国家富强、民族振兴、人类进步为己任；坚持正确办学方向；坚持以人为本，遵循高等教育规律，全面实施素质教育，不断推进改革创新。② 阐明了高等教育在国家发展中的特殊地位。两个“重要结合点”：高等教育作为科技第一生产力和人才第一资源的重要结合点，在国家发展中具有十分重要的地位和作用。③ 强调了提高质量的极端重要性和紧迫性。两个“最”：我国高等学校要把提高质量作为教育改革发展最核心最紧迫的任务。④ 概括了高等教育内涵式发展的重要内容。四个“必须”：必须大力提升人才培养水平，必须大力增强科学研究能力，必须大力服务经济社会发展，必须大力推进文化传承创新。⑤ 首次提出了文化传承创新的新职能是高等教育提高质量的基本任务。不断提高质量，是高等教育的生命线，必须始终贯穿高等学校人才培养、科学研究、社会服务、文化传承创新各项工作之中。⑥ 提出了协同创新提高高校创新能力的新要求。要积极推动协同创新，通过体制机制创新和政策项目引导，鼓励高校同科研机构、企业开展深度合作，建立协同创新的战略联盟，促进资源共享，联合开展重大科研项目攻关，在关键领域取得实质性成果，努力为建设创新型国家作出积极贡献。⑦ 明确了建设世界一流大学和高水平大学的新思路。三个方面：鼓励重点建设高校成为知识创新的策源地、深化教育改革的试验田、扩大开放的桥头堡。⑧ 强调了大学人才培养的努力方向。三个“紧密结合”：第一，希望同学们把文化知识学习和思想品德修养紧密结合起来。第二，希望同学们把创新思维和社会实践紧密结合起来。第三，希望同学们把全面发展和个性发展紧密结合起来。⑨ 肯定了教师在提高质量中的关键作用。两个“最”：要把加强教师队伍建设作为教育事业发展最重要的基础工作来抓，充分信任、紧紧依靠广大教师，提升教师素质，提高教师地位，改善教师待遇，关心教师健康，形成更加浓厚的尊师重教社会风尚，使教师成为最受社会尊重的职业，努力造就一支师德高尚、业务精湛、结构合理、充满活力的高素质专业化教师队伍。

《规划纲要》就提高质量作为高等教育发展的核心任务提出三点要求：① 牢固确立人才培养在高校工作中的中心地位，从培养造就高素质专门人才和拔尖创新人才出发，深化教学改革，严格教学管理，改进高校教学评估，健全教学质量保障体系，特别提出要创立高校与科研院所、行业企业联合培养人才的新机制，大力推进研究生培养机制改革。② 充分发挥高校在国家创新体系中的重要作用，鼓励高校在知识创新、技术创新、国防科技创新和区域创新中作出贡献，对加强高校的基础研究、应用研究以及创新基地平台建设明确了政策导向，特别针对科研领域长期存在的体制机制障碍，明确要求促进高校、科研院所、企业的科技和教育资源共享。③ 牢固树立高校主动为社会服务的意识，利用高校人才汇聚、学科综合交叉的能力优势，全方位开展服务，要求进一步推进产学研用结合，加快科技成果转化，积极参加文化建设，积极参与决策咨询，充分发挥智囊团、思想库作用。

三、深化改革，形成办学质量整体提升的新格局

我们一定要保持清醒的头脑，既要看到成绩，更应该看到与世界一流大学的差距和工作中的问题和不足，真正把工作重心和主要力量集中到以质量提升为核心的内涵式发展上来。要牢固确立人才培养在高校工作中的中心地位，进一步增强广大教师教书育人的责任感和使命感，全面深化教育体制机制改革，以及教育教学内容和方法的改革；要着力提高人才培养质量，以人才培养为核心，科学研究为基础，社会服务为方向，文化传承创新为引领，形成学校各项功能相互促进、相互支撑、办学质量整体提升的新格局。

(一) 要充分认识深化教育教学改革的重要性和紧迫性

以学科为本位的封闭办学模式出现新困难。在经济全球化的影响下，特别是在国际金融危机的冲击下，高校都在寻求更好支撑持续发展的资源。2009 年世界高等教育大会再次在巴黎召开时，各国教育部长探讨的是 21 世纪高等教育持续发展的动力问题，他们的基本共识是动力主要在高校外部。也就是说，市场机制将在人力资源配置过程中发挥更为明显的基础性作用，从而对人们接受学历学位教育的类型、层次、时机的选择，产生具有决定性意义的影响。市场经济体制健全国家呈现出一个普遍趋势：随着产业结构吸纳能力、人力资源市场发育等因素的变化，高等教育发展的分层洗牌会越来越明显。

大众化背景下高等教育的发展理念面临新挑战。20 世纪 70 年代初，美国加州大学伯克利分校马丁·特罗教授(Martin Trow)提出，当一国高等教育规模扩展到一定程度后，如果毛入学率超过 15%，就进入了“大众化”阶段；与以往的“精英”阶段相比，高校的人才培养重点、学校组织结构及其与外部联系势必发生深刻变化。具体表现在以下 10 个方面：① 高等教育功能：机会和特权——资格与条件——义务和选择(学习不再是为了脱离劳动世界)。② 高等教育目标：政府和学术专业的精英——社会技术领域和经济组织的领导者——为大多数人应对迅速变化的社会生活做准备。③ 课程和教学形式：高度学术概念和专业概念——更加灵活的教育模块及课程——课程间界限、学习和生活间界限逐渐被打破。④ 学生经历：不间断的学习——大多数直接入学——相当部分延迟就学、时学时辍。⑤ 学校类型及规模：较高共同标准的单一类型(数千人)——多元标准和多样化类型(数万人)——无共同化的个性标准(无明显数量限制)。⑥ 领导与决策：少数精英群体——受行政及关注者影响——公众介入。⑦ 学术标准：共同的学术标准——多样化价值取向的标准——以人力资本的“价值增值”为标准。⑧ 入学和选拔制度：考试成绩——引进非学术标准——个人意愿。⑨ 学术管理形式：学术人员兼任——专业管理者——管理专家。⑩ 内部管理制度模式：高级教授控制——初级工作人员及学术参与——民主参与及校外人士参与。

全面提高高等教育质量是一项复杂的系统工程，涉及理念思路的更新、体制模式的创新、评价机制的引导、基础能力的保障、社会环境的营造等。譬如，① 如何合理平衡科研和教学之间的关系，一直是世界各国研究型大学共同面临的问题。在 20 世纪 70 至 80 年代，美国的研究型大学由于过分偏重研究导致了本科教学质量的下降。哈佛大学的本科生学院——哈佛学院前任院长哈瑞·刘易斯教授就曾指出：在研究型大学里面，学术追求替代了大学的教育任务，它们已经忘记了教育学生是其首要任务，它们正在追求一种“失去灵魂的卓越”。因此，从 20 世纪 80 年代末开始，美国的研究型大学开始重新审视人才培养和本科教育，把人才培养作为大学的核心使命，并采取多种措施激励教师投身本科教学。② 过去的教育教学是以教师教为主，学生处于被动地位。这个思路已经落后了。现在真正的良好的教育模式方法要以学为主，要以学生为主体，激发学生学习的热情和兴趣。耶鲁大学校长理查德·莱文教授认为，目前，中国大学的本科教育缺乏两个非常关键的因素：第一，就是缺乏跨学科的广度；第二，就是对于评判性思维的培养。美国历史上一个非常重要的历史性文献 1828 年耶鲁大学报告(the Yale Report of 1828)认为，学生获得某一个专业的知识，就像脑袋里面装进了一件物品，但这种填充在一个迅速变革的世界当中，从长远来讲并没有太多的价值，而学生希望在商界、医疗、法律、政府以及学术界取得成功，他们需要的是头脑的修炼或者说思考的框架，让他们不断适应一个变化的环境，找到解决问题的方案。但培养这样一种思维的习惯，需要学习者不再是被动的接受者，需要他们有独立思考的能力，他们能够主动进行立论、辩论或者对于自己的论点进行修正。③ 信息技术的革命性发展给未来的教育带来了全新纬度。今天的大学生们希望能够获得更多的信息，也希望老师不断改进教学方法。现在，在网上可以找到很多世界一流教授的课程，世界上最著名教授的讲座也可以在网上公布。这样就形成了一个全球性的课堂。大学内部也出现了无纸化、无书化校园，可以任意下载诸多资源、网络课程、博客以及公开课。每一所大学都应该考虑怎样把一个全新的信息环境融合到日常办学当中去，应当将信息技术与正在进行的课程和教学方法改革充分地结合在一起。④ 大学应当充分利用其资源，采取多样化的教育形式，不断适应和满足社会多元化的学习需求，鼓励更多有志青年投身科学文化知识学习，营造并引导社会良好学习氛围的形成。北京大学保安大队 17 年来走出了 300 多名大学生，这些保安员中有的取得了大专或本科学历，有的还考上了重点高校的研究生。之所以取得如此成绩，既与北大保安公司提供的便利工作条件和鼓励政策有关——保安公司鼓励保安学习、充实、提高，并出台了一些鼓励政策，比如大专毕业后每月涨 50 元工资等等；更与大学环境的熏陶和影响有着密不可分的关系。北京大学及其师生在这一励志故事中扮演的重要角色，让人不由思索大学如何开放式发展的问题。

（二）要不断加强教育教学科学发展能力建设

1. 努力提高管理团队执行力

高水平的大学必须有高水平的管理。要充分发挥管理工作对教育教学工作的促进作用，坚持把提高人才培养质量作为学校管理工作的出发点和落脚点，努力打造一支高度重视教学工作、善于管理和服务于教学工作的管理团队。① 要抓好顶层设计。树立科学的高等教育质量观和办学观，坚持稳定办学规模、优化布局结构、强化办学特色、健全保障体系，不断推进内涵式发展。按照符合国家和区域发展需要、符合学校实际、符合人才成长规律的原则，优化调整学科专业结构、培养类型结构和区域结构，突出特色、分类管理、防止同质化，促进规模、质量、效益的协调发展。抓住国家与省级教学质量工程项目和国家卓越人才培养计划的有利机遇，抓好专业、课程、教材、实验条件、实习基地、网络技术平台建设，着力提升办学条件。② 要抓好教育教学。以科学的质量观指导人才培养，将学生的全面发展和个性培养结合起来，把素质教育作为本科教学的重要环节组织开展，弘扬成功经验，改革培养模式，创新教学方法，注重因材施教、个性化培养，强化实践育人，建立多种主体联合培养的方式。依托优势学科群，与科研院所、行业企业建立开放、集成、高效的协同创新机制，探索高等教育质量提升的新平台、服务国家创新发展的新路径、体制机制创新的新载体。充分发挥科学研究对教学工作的促进作用，以科研活动为平台，促进形成融教师科研与教学于一体，教书与育人相结合，个体创新与团队合作相结合的良好学术生态环境。③ 要抓好改革试点。完善符合高校特点的内部治理结构，积极稳妥地扩大高校办学自主权，健全依法办学、自主管理、民主监督、社会参与的机制。不断深化体制机制改革，把建设现代大学制度作为关键环节，把高校组织模式创新作为着力点。建立完善符合教学科研工作规律的评价体系，科学规范的质量标准体系和教育教学评估监督制度，以及有利于学生自主开展探索性、研究性学习、自主实验与创新活动的学习新模式。④ 要抓好服务管理。要坚持以人为本的管理理念，把依靠教师办学和提高育人质量作为高校行政工作的出发点和落脚点，为教学服务、为科研服务、为师生服务，积极为广大师生员工创造良好的工作、学习和生活环境。要运用科学管理方法，坚持调查研究，重大决策出台前科学论证。要充分发扬民主，坚持群众路线，把广大师生员工的智慧和力量都凝聚到学校发展上来。要努力克服行政化倾向，改变简单套用行政机关的做法，探索符合高校特点的管理模式，充分发挥学术委员会在学科建设、学术评价、学术发展中的重要作用，发挥教授在教学、科研和管理中的作用。

2. 大力造就高素质教师队伍

教师队伍的素质和水平直接决定高等教育质量。要大力加强教师师德和教学能力建设，改善工作生活条件，努力建设一支师德高尚、业务精湛、结构合理、充满活力的教师队伍。中共中央政治局委员、国务委员刘延东在第六届高等学校教学名师奖表彰大会上，向广大教师提出了四点希望：① 把高尚师德当作为师之根，始终忠诚党和人民的教育事业，自觉践行社会主义核心价值体系，带头传承中华民族优秀文化和传统美德，做爱岗敬业的楷模。著名教育家苏霍姆林斯基说："教师常常忘记，品德首先是在人们相互交往中形成的。伟大的义务感，只有当它能在生活实践的每一步中得到生动体现时，才能成为人的行为准则。在培养未来的一代人时，我们应当首先在个人领域，即在青年人靠良心的驱使而产生并得到控制的相互关系领域里，培养最纯洁，最富有人道主义的情感。"② 把教书育人当作为师之本，扎根教学一线，热爱三尺讲台，尊重学生个性，激发学生潜能，陶冶学生情操，做学生的良师益友。著名教育家陶行知先生说过："教的人尽义务，就能和学的人发生一种很宝贵的友谊。"1987 年美国高等教育协会、州教育委员会发表了题为《高等教育教学新动向》的报告，该报告在总结美国高校 50 年教育实践的基础上，提出了良好本科教育 10 项原则内容，其中首项原则就是鼓励师生间的接触。该报告认为课堂内外学生与教师经常接触是影响学生动机和参与的重要因素。③ 把开拓创新当作为师之重，创新教育教学方法和人才培养模式，促进科研与教学互动，强化实践育人，激发学生的主动性和创造性。创新是现代社会对大学提出的要求，只会把书本上的知识，拼凑起来传授给学生的老师必定不会是一个好的老师，这种教学方式也不能引导学生创新的思维及意识。加拿大阿尔伯塔大学名誉校长罗德里克·弗雷泽博士表示，作为一所综合研究性大学，他要求老师 40%的精力用于科研，40%的精力用于教学，剩下 20%的时间用于参与学校行政管理、专业团体或协会等日常工作；斯坦福大学校长约翰·亨尼斯提出，科研与教学的结合非常重要，作为老师，不仅要让学生听课、记笔记，更要让他们参与讨论、研究、实践。④ 把世界眼光当作为师之需，着眼世界发展趋势、立足我国基本国情，积极参与国际合作与交流，掌握和传播科技文化发展最新成果，提升学生的跨文化交流能力和创新竞争力，做中外人文交流的实践者和推动者。"教育需要人类意识和世界眼光"。要办一流的教育，必须有面向世界的胸怀，必须有面向未来的眼光。随着全球经济一体化的发展，人才国际化将是一种必然的趋势。一所世界一流的学校，应该是一个能为来自四面八方的年轻人提供受教育机会的国际校园，在这样的校园里，各国学生能够在彼此的相互了解中，达到沟通和融合。而这种沟通和融合，正是人类社会发展所需要的。

3. 不断加强谋划发展的能力

各级领导干部是学校教育教学改革发展的领导者、组织者、推动者、践行者。要将各级领导班子建设成为坚持正确办学方向、善于领导科学发展、带领师生团结奋进的坚强集体。① 要牢牢把握正确的办学方向，发挥好领路和保障作用。善于把握高等教育发展的内在规律，增强前瞻性和创造性，善于用现代教育思想和管理方法推进学校改革发展。大学的根本在于人，但重要的是要根据不同的人满足不同的需求。对于学校的领导者，应该了解对他们来说最重要的是什么，同时非常灵活地去考虑是建构成一个怎样的发展性支持环境。② 要不断提高马克思主义理论修养，注重研究高校改革发展的重大问题。要注重加强班子团结，密切沟通协商，遇到问题相互理解、相互补台。团结是一种境界、一种胸怀。尤其是专家学者出身的领导干部，作为知识分子有个性是特点，但作为领导干部更要讲党性、讲大局、讲团结，形成领导合力，使班子更有战斗力。③ 要全身心投入学校的科学发展。高校管理是一项复杂的系统工程，是大学领导者职责所在。大学领导者又是一个经验积累型的职业，成长周期比较长，一个成熟的大学领导者需要长期的锻炼和积累。担任学校的领导干部必须有所取舍，要处理好领导工作和专业发展之间的关系，把主要精力投入到学校管理和学生培养、抓班子带队伍工作中。学校事业发展了，师生员工的积极性调动起来了，教学科研成果不断涌现，其意义远远大于个人取得的学术成就。④ 要以领导干部的作风带动校风学风教风。良好风气的培育需要一个长期过程，需要采取多方面的综合措施。但"风成于上，俗形于下"，各级领导干部是教职员工的一面旗帜，只有率先垂范，成为品德和人格的楷模，才能以良好的作风正校风、促学风、带教风。希望各级领导干部做创先争优的表率，做改革创新的表率，做求真务实的表率，做清正廉洁的表率。

同志们，伟大的时代造就伟大的事业，我国的重要发展机遇期和水利改革发展的春天为我校教育教学改革事业提供了竞相绽放、姹紫嫣红的广阔天地。我们要以此次会议为契机，深入贯彻落实科学发展观，牢牢把握人才培养这个根本任务，认真总结与思考教育教学工作的经验教训，及时发现和解决影响我们人才培养质量的深层次矛盾与问题，明确下一阶段教育教学改革的重点与任务，推动教育教学质量更上一个新台阶。

“诗家清景在新春，绿柳才黄半未匀。若待上林花似锦，出门俱是看花人”。我们要以此次会议为新的起点，突出教学工作的中心地位，遵循高等教育教学基本规律，坚持以学生为本和以学习为中心的思想，以只争朝夕时不我待的精神，抢抓机遇，改革创新，锐意进取，为加快建设高水平特色研究型大学做出新的更大的贡献！

继承传统　勇攀高峰

——在2011年研究生毕业典礼暨学位授予仪式上的讲话

校长　王　乘

（2011年4月12日）

尊敬的杜埃矿业学院让·克劳德·杜赫尔兹校长，
老师们、同学们：

今天，我们在这里隆重举行河海大学2011年研究生毕业典礼暨学位授予仪式。首先，我代表学校向专程前来出席典礼的嘉宾让·克劳德·杜赫尔兹校长表示热烈的欢迎！向毕业并获得学位的2400位博士、硕士表示热烈的祝贺，祝贺你们即将踏上新的人生旅途！同时，向几年来辛勤培育和关爱研究生成长的导师们，学院和职能部门的同志们表示诚挚的谢意和亲切的问候！

每逢这个季节，校园里到处都是三五成群、身着学位服合影留念的毕业生，时不时有老师被邀请加入其中，洋溢着浓浓的师生感情。由此，我感受到同学们对于母校的深深情谊和依依不舍，更感受到同学们收获学术探索成功后的喜悦。学校是我们共同的家园，在攻读学位这几年，同学们怀揣着崇尚科学之心，在攀登科学技术高峰的道路上取得了累累硕果，同时，你们还积极参加学术活动和社会实践活动，为校园学术和文化氛围的营造做出了重要贡献；广大同学走向基层，走上生产第一线，开展科学研究和咨询服务，在实践中长才干、做贡献，为学校赢得了广泛而良好的社会声誉。作为校长，我衷心地感谢你们！

今天，是一个激动人心、终身难忘的日子，母校、老师、各位学子将共同亲历与见证这一庄严的时刻。广大同学即将奔赴祖国的各条战线或进一步学习深造，我相信，你们一定不会辜负老师们的期望，牢记河海人的信念，在各自的岗位上发挥自己的聪明才智，做出成绩，为母校增添新的光彩和荣誉。离别之际，送上我的期望和祝福。

第一，继承传承、胸怀大志。在座的大多数同学都是所谓的“80后”，媒体对于“80后”由许多评论，热点往往集中在这一代的人生观和价值观，观点或褒或贬。但我还是想肯定地说：“你们身上展现了独具魅力的朝气，展现了崇尚科学的精神，展现了中华民族未来的希望。”你们在追求卓越的日日夜夜中增长了知识，增添了报效祖国的志向。建校近百年来，学校已为国家培养了10万多名优秀的建设人才，有科技战线的骨干，有党政岗位的领导，有取得成就的企业家，有功勋卓著的共和国将军，更有一大批默默奉献的普通劳动者，他们都以平凡的岗位和不平凡的业绩，为母校增添了光彩。他们是河海的骄傲，更是同学们学习的榜样。

第二，包容宽厚、善于合作。宽厚是道，而道不远人；宽厚是德，行善即成。经济的发展，科技的进步，越来越注重团队意识和协作精神。同学们要想成就一番事业，就必须要有海纳百川的胸襟、豁达宽容的气度，爱岗敬业，乐于奉献，严于律己，宽以待人，和睦相处，互帮互助，努力营造团结和谐的工作氛围，更好地促进事业的发展。工作中，竞争与合作是密不可分的。缺乏竞争的合作没有动力，而缺乏合作的竞争必然混乱。只有竞争与合作并存，才能使竞争双方扬长避短，共同提高。你有一个苹果，他有一个苹果，交换后可得到的只有一个苹果，你有一种思想，他有一种思想，交换后每人获得两种思想——这就是合作的好处。

第三，不断学习、开拓创新。当今时代，新知识、新观念不断涌现，新情况、新问题层出不穷。一个人不注意加强学习，就难以获得新知识、形成新观念、认识新事物、解决新问题，更谈不上进行新创造、实现新发展。研究生毕业证明同学们在学习和研究上的能力，但是，我也想提醒大家，这并不是学习生涯的结束。持续的学习不仅是继续学习专业知识，更是要广泛涉猎其他领域，完善自己的知识结构，提高自己的综合素质。同时，在工作实践中，还要注重创新能力的培养，经过研究生阶段的学习，你们已经掌握了一定的理论知识和系统的专业训练，但对于独立地、创造性地从事科学研究工作，解决更多的社会重大现实问题，还需要你们付出更大的努力。

同学们，明天你们即将启程。母校将永远作为你们事业的坚强后盾。希望同学们继续关心母校的建设和发展，支持母校、宣传母校，为母校早日成为高水平特色研究型大学贡献力量。请同学们常回母校看看！我相信，依靠社会方方面面的关心和支持，通过河海人的团结奋斗，一个办学条件更充裕、环境更优美的新河海将会展现在同学们的面前！

谢谢大家！

河海人、水之子、兴水利、为国邦

——在河海大学2011届本科生毕业典礼上的讲话

校长　王　乘

（2011年6月21日）

尊敬的嘉宾张立强将军，
各位老师、各位同学：

大家下午好！

今天，我们怀着无比喜悦的心情，欢聚一堂，隆重举行河海大学2011届本科生毕业典礼。首先，请允许我代表学校党委和行政，代表全体师生员工，向学海泛舟、圆满完成大学学业的同学们致以最热烈的祝贺！向辛勤培育你们的老师和家长们致以最崇高的敬意！

4年前，同学们怀着激情与梦想，来到河海大学，聆听智慧之音，求索真理之道，自觉践行“上善如水、笃学敦行”的校园精神，校园里留下了你们行色匆匆、生龙活虎的青春风采，教室和图书馆里留下了你们孜孜不倦、才思敏捷的追梦激情；今天，你们就要毕业了，与美丽的河海校园挥别，顺乘河海之力，大展鸿鹄之志，奔向祖国最需要你们的地方，相信你们必将能奏响“河海人、水之子、兴水利、为国邦”的绚丽乐章。我们为你们感到欣慰，更为你们感到自豪，为你们感到骄傲。

在这几年中，全国人民万众一心抗击汶川特大地震取得胜利，成功举办北京奥运会并以“高水平、有特色”获得全世界的广泛赞誉，誉为全球盛会的上海世博会在中国的成功举办，这些难忘的集体记忆将不断激励大家努力拼搏，以取得优异的成绩报效祖国和人民。同时，同学们也亲身经历了学校事业的快速发展和变化，随着创新型国家的建设和科教兴国战略的深入实施，河海大学在建设高水平研究型大学的道路上不断取得新成绩：学校被教育部、财政部列入“优势学科创新平台”建设单位；正式成为全国60所“国家建设高水平大学公派研究生项目”签约实施高校之一；学校水利工程一级学科在全国学科评估中位列第一；教育部与江苏省人民政府签订了共建河海大学协议；教育部、水利部继续共建河海大学。所有这些成绩的取得，学校前进的每一个足迹，都留下了你们积极参与、拼搏进取的印记。

今年年初，《中共中央、国务院关于加快水利改革发展的决定》正式公布，对加快水利改革发展作出了全面的部署，水利事业的发展迎来了新的机遇。文件发布后，学校认真学习，积极响应，充分发挥行业学校特色优势，紧紧围绕水利改革发展的新要求，针对当前基层水利亟待解决的问题，开始实施“百团行动”计划，深入农村基层水利建设第一线，开展调研服务工作。目前，学校已向江苏省 13 个县市、西南、西北、东北、华南、华中、华东及江苏周边等代表省份派遣服务团，并不断在地域、层面和形式上推向深入。机遇伴随着挑战，母校也希望同学们，肩负起历史赋予河海人的重担，积极面对各种挑战与竞争，在水利改革发展的大舞台上谱写出河海水利人辉煌的篇章！母校牵挂着你们，并期待着你们捷报频传！

借此机会，给你们说一些我的嘱托，我相信，这也是全体老师们共同的嘱托：

一是要树立远大的理想。“志不立，天下无可成之事”。高尔基说过：一个人追求的目标越高，他的才力就发展得越快，对社会越有益。同学们要以远大的理想和坚定的信念，作为自己走向成功的强大动力和精神支柱。

二是要养成爱学习的习惯。“才须学也，非学无以广才”。要珍惜盛世年华，刻苦学习，敏于求知，树立终身学习观念，把学习作为一种日常习惯，一种生活方式。在实践中求真知、长才干，又学以致用地把知识运用到自身的岗位工作中去。

三是要弘扬奉献精神。青年历来是思想最为活跃、最具开拓精神的群体，到处是你们建功立业的舞台和奉献才华的热土。希望同学们继续践行河海精神，立足岗位，大胆创新，以宽广的胸怀和豪迈的气魄，到祖国、人民最需要的地方去，到基层和群众中去，贡献自己的青春和力量！

同学们，你们即将又完成一个华美的转身，又开始新的人生旅程。母校在向你们表示祝福的同时，也牵挂着你们。我衷心祝愿同学们前程似锦！祝愿同学们的爱情、事业和家庭都很幸福。

希望同学们今后能够“常回家看看”！

谢谢大家！

积极向上　全面发展

——在 2011 级本科新生开学典礼上的讲话

校长　王　乘

（2011 年 9 月 3 日）

尊敬的孙晓山厅长，

亲爱的新同学们、尊敬的老师们：

大家好！

今天，我们在这里欢聚一堂，隆重举行 2011 级本科新生开学典礼。首先，我代表学校全体师生，对同学们成功步入河海大学表示衷心的祝贺和热烈的欢迎！你们有理由为自己的艰苦努力和优异成绩而自豪，但在欢庆成功的同时，也请你们感恩父母、老师和朋友曾经给你们的帮助，更要记住他们的批评与忠告，这些将是你们今后取得更大成功的基础。

同学们，河海是一所办学历史悠久和文化底蕴深厚的大学。她的前身是 1915 年由著名的实业家张謇创建的“河海工程专门学校”，是我国历史上第一所专门培养水利科技人才的高等学府，张闻天同志曾在这里求学并走上革命道路；1952 年，在南京成立的华东水利学院，是新中国成立后第一所独立的、规模最大的高等水利院校；1985 年，学校恢复“河海大学”校名，邓小平同志亲笔题写了校名；2005 年，在学校 90 周年校庆之际，温家宝总理亲临视察我校，并发表了重要讲话，以“献身、求实、负责”的水利精神对学校、对所有河海人寄予了殷切希望。

河海是一所实力雄厚并蓬勃发展的大学。学校形成了以水利为特色，工科为主，理工结合，多学科协调发展的办学格局，成为当今世界水资源开发、利用、治理方面专业设置齐全、师资力量雄厚、设备条件完善的研究型大学之一，是国家“211工程”重点建设和国家重点支持开展“国家级优势学科创新平台”建设，以及设有研究生院的学校之一，近年来，学校以水利工程学科全国排名第一，成功争取到“国家优势学科创新平台”建设项目为标志，站在一个新的更高的起点上，朝着建设高水平特色研究型大学的宏伟目标而奋力迈进。

同学们，人是在不断变化的环境中成长的，走进河海后，你会面临着许多新问题和新要求，你要去领悟一所有着百年历史的高等学府的精神和特色，要去谱写自己精彩的大学生活，更要努力去塑造自己成为一名真正有益于祖国，有益于社会的河海人。

今年年初，《中共中央、国务院关于加快水利改革发展的决定》正式公布，这是新中国成立后中共中央首次系统部署水利改革发展全面工作的决定，它奏响了全面加快水利改革发展新号角。兴水利、除水害历来是治国安邦的大事，也是所有河海人的抱负与责任、梦想与追求，作为河海人的你们，任重而道远，希望你们树立远大理想，努力学习专业知识，以过硬的专业本领走入社会，报效祖国。

在新学期开学之际，我作为一位师长向各位同学提几点希望：

第一是珍惜机会，努力学习。一个人在实现了自己梦寐以求的目标之后，如果不能建立起新的更高的目标，就会产生迷茫、困惑、失望。大学只是一个新的起点，它不是驿站，更不是终点站；进入大学，不等于就可以毕业，更不等于学有所成。大学是宽松的、自由的，但它也会导致放松甚至放任。我相信，你们每个人都是高中时代的佼佼者，我也相信4年后的毕业典礼上，你们都能自信地告诉我，告诉老师，告诉家人，“河海四年，我没有遗憾”！

第二是积极上进、立志创新。中学是基础教育，大学教育的特点在于专业化和研究性。目前中国大陆大学教育的同质化现象比较严重，你很容易成为芸芸众生中一个很类似的“人”。选择河海，也就选择了一种教育，一种“专业”。同时，作为新世纪的年轻人，你们应该深刻意识到“创新”是一个国家、一个民族、一个学校得以发展的不竭的动力和源泉。“凡事预则立，不预则废”，只有有抱负、有目标，你们才能沿着“河海人”辉煌的历史续写新的篇章！

第三是朝气蓬勃，全面发展。人的自由而全面的发展，既是教育的目标，也是人类社会发展的理想状态。今天的开学典礼好似田径运动赛场的接力赛，你们来到了历史悠久、特色明显、功绩卓著的河海大学。她的“艰苦朴素，实事求是，严格要求，勇于探索”的校训朴实而崇高，她的“因水而生，缘水而为，顺水而长”的办学特色灵动而博大！希望你们秉承传统，追求在德智体美群诸方面全面发展，不求成为完人，但求成为全面发展的人。

开学典礼之后，迎接同学们的第一课是军训。在此，我代表学校向承担军训任务的所有官兵表示热烈的欢迎和衷心的感谢！同时也希望同学们刻苦训练、听从指挥，为你们的校园生活增添青春的阳光和刚健的色彩，为你们的大学生活翻开崭新的一页，留下一份美好的记忆！

同学们，今天你们是芬芳的桃李，明天你们是祖国的栋梁。机遇总是垂青那些有准备的人，新的学期，新的起点，只要你们能本着进取的精神，抱着敬业的态度，自尊、自爱、自强、自立，就一定会成为一名党和国家需要的合格人才！为我校创建“水利特色、世界一流”的高水平研究型大学而努力奋斗！

祝愿全体新同学：生活愉快，学业有成！

谢谢大家！

立志气　修定气　扬正气

——在2011级研究生开学典礼上的讲话

校长　王　乘

（2011年9月9日）

尊敬的吕厅长，

各位老师，亲爱的同学们：

大家下午好！

今天，我们在这里隆重举行2011级研究生开学典礼，迎接新入学的2593名硕士研究生，375名博士研究生。在此，我代表全校师生员工，对步入河海大学大家庭的同学们表示热烈的欢迎！明天是教师节了，在这里，我代表学校向辛勤耕耘的全体老师们表示崇高的敬意和节日的问候！各位老师，你们辛苦了！

河海大学前身是始建于1915年的河海工程专门学校，1952年合并全国水利专业后组建为华东水利学院，1954年成为首批培养中外研究生的单位，1981年成为首批博士、硕士学位授予单位，2007年正式批准设立研究生院，是全国56所拥有研究生院的高校之一。学校经过近百年的建设和发展，已形成了雄厚的学科积累，水利工程、土木工程两学科综合实力处于全国领先位置，尤其是水利工程学科总体实力最强，在教育部组织的学科评估中名列第一，极大地支撑和发展了相关学科门类，为研究生教育创造了良好的条件与环境，为同学们的学习和研究提供了必要的条件保障。

近年来，学校高度重视研究生教育，围绕“抓质量，上水平”，以内涵建设为重点，以构建创新人才培养体系为抓手，采取了一系列重要举措，包括：实施“211工程”三期“创新人才培养”建设项目，示范性研究生精品课程与优秀教材建设，与国外高水平学者共建研究生课程，规范管理研究生课程，推行优秀博硕士学位论文培育计划，资助优秀博士生参加国际学术交流，进一步加强研究生培养基地建设等。通过系统化的建设，研究生培养质量稳步提升，已建设成为具有水利特色的高层次人才培养和知识创新的基地。先后获全国优秀博士学位论文3篇，江苏省优秀博士学位论文35篇。国务院学位委员会2010年抽检我校博士学位论文全部达标通过。

同学们，当今世界正处在大变革大调整之中，和平与发展仍然是时代主题，我们又欣逢中华民族伟大复兴的盛世。今年年初，《中共中央、国务院关于加快水利改革发展的决定》以中央一号文件形式发布，这是新中国成立后，中共中央首次系统部署水利改革发展全面工作的决定，它奏响了全面加快水利改革发展新号角。7月，中央水利工作会议在北京召开，胡总书记、温总理出席会议，并作重要讲话。会议明确提出，加快水利改革发展，是事关我国社会主义现代化建设全局和中华民族长远发展重大而紧迫的战略任务。这次会议对事关经济发展全局的一系列重大水问题作出安排部署，出台了一系列重大举措推动水利实现跨越式发展。

自古以来，“国以才立，政以才治，业以才兴”。现代化建设和水利改革发展的宏伟事业需要你们的才智，河海大学的优良传统也需要你们去传承。为此，你们必须承担起这个变革盛世所赋予的社会责任和历史使命，使自己成为社会变革进步的推动者和建设者。这正是你们到学校来的目的和使命，也是我们大学教育尤其是研究生教育的光荣使命！

同学们，跨入研究生阶段，标志着你们已经献身科技事业，成为国家科技创新队伍的一分子，趁此机会我给同学们提几点希望，与同学们共勉。

第一，立志气，树立敢于攀登科技巅峰的大志。科学研究旨在探求真理，创造知识，推动人类进步。大家攻读博士或硕士学位，就是选择了科学研究之路，务须立宏志，求真知。我以为，大家在这条道路上，一要明辨学术方向，要集成自己多年积累的专业知识和素养，在导师的指引下，研究、判断、明确学术发展方向。二要瞄准科技前沿。前沿是什么，就是你所从事这个领域内最新的、最先进的科学知识和技术成果。我们要努力去学习、了解这些知识和成果，把握它们的发展趋势，才能有所发展，实现创新。三要立志攀越高峰。科学无止境，年轻人有的是创新的勇气和魄力，只要矢志不渝，只要敢于挑战，每个人都可能站到新的科学巅峰之上。

第二，修定气，锤炼甘于寂寞坚守科研的定力。科学研究本来就是一个艰辛困苦的过程，要有所成就，必须吃得下苦，耐得了寂寞。学校特别重视对大家科学研究和创新能力的培养，但创新源泉的涌流更在于我们每个同学自身的努力。佛家说，定由心生。心定方可做百事。因为一个定字，写得容易，但是做起来不是三言两语就可以了事的，靠的是毅力和境界。随着现代社会的高速发展，越来越多的人变得浮躁，沉不下心来，更耐不住寂寞。很多人都急于求成，希望能一蹴而就，希望能顺利找到通往成功的捷径。但在科学研究的道路上，“捷径”绝不是可以偷懒或者能够轻松抵达的，所谓“捷径”，乃是意味着向着正确的方向，用正确的方法去加倍地努力，直至成功。

第三，扬正气，弘扬清正为人严谨治学的风气。做学问必须做好人，这一点我们每一位即将从事学习和研究工作的同学一定要牢记于心。在汲取知识养料的同时，更要重视锤炼自己的品格，不断加强自身修养，树立正确的世界观、人生观、价值观，培养自己乐观向上的素质、豁达包容的精神和诚实守信的品格。古往今来，大凡有所成就的大学问家，都是遵守学术道德的典范。尽管不同的时代，人们对那种有形或无形的学术规范的理解并不完全一样，但是有一点是共同的，那就是要尊重他人的劳动和权益。近年来高校出现了若干大大小小的学术道德事件和不端行为，我们务必引以为戒。大家一定要守住学术道德的防线，老实做人，踏实做事，以自己的辛勤劳动，创造优异的学业成绩。

同学们！潮起海天阔，扬帆正当时。希望各位新同学坚持远大理想，努力践行河海精神，勇担重任，严谨治学，厚积薄发，开拓创新，为实现自己的人生价值，为学校的建设发展和创新型国家建设而努力拼搏！

谢谢大家！

更新教育教学观念　提升人才培养质量

——在河海大学2011年度教育教学工作会议上的讲话

校长　王　乘

（2011年10月19日）

各位老师，同志们：

大家好！

今天，我们在这里隆重召开2011年度教育教学工作会议，本次会议旨在新的形势和背景下，认真学习和贯彻胡锦涛总书记在清华百年校庆上的讲话精神，更新教育教学观念，厘清我校教育教学工作现状，进一步完善我校人才培养方案，提升我校人才培养质量。

下面，我以“更新教育教学观念，提升人才培养质量”为主题，作个发言。

一、认真学习总书记讲话精神，更新教育教学观念

今年4月，在庆祝清华大学建校100周年大会上，中共中央总书记胡锦涛发表了重要讲话。总书记的重要讲话，是推动教育事业特别是高等教育科学发展的纲领性文献。作为教育战线上的同志，要深刻领会总书记讲话精神，充分认识学习贯彻总书记讲话的重要意义，把提高质量作为教育教学改革发展最核心最紧迫的任务去抓。他指出，高等教育作为科技第一生产力和人才第一资源的

重要结合点，在国家发展中具有十分重要的地位和作用；不断提高质量，是高等教育的生命线；全面提高高等教育质量，必须大力提升人才培养水平，必须大力增强科学研究能力，必须大力服务经济社会发展，必须大力推进文化传承创新。总书记的讲话，高瞻远瞩，内涵丰富，充分肯定了高等教育的重要地位和作用，并着力强调了我国高等教育改革创新的重要内容，为我国高等教育的长远发展指明了方向。

1. 全面提升人才培养质量，是大学永远追求的目标

培养人才是大学的根本职责，全面提升人才培养质量是大学永远追求的目标。学校各部门和方方面面都要围绕人才培养这一根本任务，团结合作，形成合力。我们深入实施科教兴国战略和人才强国战略，全面贯彻落实国家中长期教育改革和发展规划纲要，全面贯彻落实国家中长期人才发展规划纲要，就是要加快实现从教育大国向教育强国的转变，为推动经济社会又好又快发展，培养和储备一批又一批优秀人才。就是说，能否为国家建设输送千千万万的优秀人才，是衡量我国高等教育质量高低和高等教育改革成败的重要标准。

总书记讲话中，对全面提高高等教育质量提出了“四个必须”，为中国高等教育在人才培养、科学研究、社会服务和文化传承创新等工作中实现大学价值指明了方向。我们必须认识到，大力提升人才培养水平对全面提高高等教育质量具有关键作用，它是基础，是前提。“国以才立，政以才治，业以才兴”。没有人才培养水平的提升，另外三个“必须”也就成了无源之水、无根之木。因此，我们必须牢固树立人才培养在高校工作中的中心地位。树立人才培养的中心地位就是要把学校最优质的资源投入到人才培养中，把促进学生健康成长作为学校一切工作的出发点和落脚点，把教学改革作为学校诸项改革的重点，正确处理好新形势下规模与质量、发展与投入、教学与科研、改革与建设的关系，形成领导重视教学、教师热爱教学、经费优先教学、科研促进教学、管理服务教学、后勤保障教学的良好氛围。

2. 全面提升人才培养质量，必须更新教育教学观念

观念有什么用？诺贝尔经济奖得主凯恩斯说：观念可以改变历史的轨迹。在当今国与国的激烈竞争中，败下来的无疑是科技落后的国度，但科技落后的致因是思想的落后、文化的落后、观念的落后。国家民族如此，教育事业亦然，人才培养尤是。

胡锦涛总书记在2005年初召开的全国关于进一步加强和改进大学生思想政治教育工作大会上特别强调：“培养什么人，如何培养人”是社会主义教育事业发展中必须解决好的根本问题，大学生的培养关系到党和国家的命运。总书记的讲话不仅阐明了大学是培养人的地方，而且其培养的人还关系到国家民族的兴衰成败。事实上就大学自身而言，无论是教学型大学还是研究型大学，都必须抓好人才培养工作，这是大学的立身之本，也是大学存在和发展的基本逻辑和公理。纵观世界一流大学并非因科学研究成果而扬名，而却是以人才培养的高质量而著称立世。

因此，我们需要牢固确立多样化人才观念、人人成才观念、终身学习与系统培养观念。大力提升人才培养水平，必须处理好统一性与多样性，传承与创新，人才培养与科学研究、社会服务、文化传承创新，教与学，管理改革与教学改革之间的关系。没有传承就没有传统，更没有风格和品格，要大力弘扬学校的优良传统和大学精神；把科研、社会服务统一到人才培养的基点和使命上，坚持办学以教师为本、育人以学生为本，不断提高教师的知识水平、创新能力、职业素养和综合能力，满足学生学习和发展需求，激发教与学两个方面的积极性；要重视教学领域各项改革，教学环节各项改革，不断提升我校人才培养水平。

3. 全面提升人才培养质量，必须解决“培养什么人”的问题

当今世界，随着经济全球化的深入和国际竞争的加剧，拔尖创新人才已经成为在知识经济时代获取竞争优势的关键要素。而对于培养和造就一大批拔尖创新人才，高等学校责无旁贷。中国特色社会主义现代化建设是前无古人的宏伟事业，需要克服世所罕见的困难与挑战，需要获得强有力的人才保证和智力支撑。这就要求我们的高等教育，必须坚持育人为本、德育为先、能力为重、全面发展，着力增强学生服务国家服务人民的社会责任感、勇于探索的创新精神、善于解决问题的实践

能力，努力培养德智体美全面发展的社会主义建设者和接班人。

总书记在讲话中强调要注重更新教育观念，把促进人的全面发展和适应社会需要作为衡量人才培养水平的根本标准，树立多样化人才观念和人人成才观念，树立终身学习和系统培养观念，造就信念执著、品德优良、知识丰富、本领过硬的高素质人才。管理学大师朱安(Joseph M. Juran)第一个给出了质量就是“适用性”的定义，即“产品在适用时能成功适合用户目的的程度”，这个定义与总书记强调的“把适应社会需要作为人才培养水平的根本标准”是一致的。我校以特色研究型大学作为发展定位，培养和造就水利及其相关行业拔尖创新人才，是学校最重要的发展目标之一。建校近百年来，尤其是华东水利学院成立以来，学校紧密围绕水利事业的发展，成为水利人才培养的摇篮、科学研究的重要基地，为国家水资源的可持续利用提供了强有力的人才支撑。温家宝总理在考察我校时说，河海大学多年来为国家培养了大批水利建设人才，其中大多数已成为全国水利水电战线的骨干。可以说，在当前整体就业难、就业质量下滑的形势下，我校毕业生的整体形势还是比较好的，可以说，保持和进一步提升学校人才培养的特色与质量，是我校办学的生命线。

4. 全面提升人才培养质量，必须解决“怎么培养人”的问题

著名华裔数学家丘成桐先生在中山大学发表“论高等教育”的演讲中，批评了我国高等教育有七大弊端，之首就是“年轻、有创造力的人才缺乏”。可以说，在全世界的教育领域，挖掘和培养有创造力的人才最为重要的。总书记在讲话中强调，要注重培养拔尖创新人才，积极营造鼓励独立思考、自由探索、勇于创新的良好环境，使学生创新智慧竞相迸发，努力为培养造就更多新知识的创造者、新技术的发明者、新学科的创建者作出积极贡献。

因此，我们的大学教育必须借鉴国际先进理念和经验，不断加大探索和改革力度，完善中国特色现代大学制度，创新教育教学方法，使他们成为新知识的创造者、新技术的发明者、新学科的创建者。其一，专业知识的系统性教学不能替代实践和科研能力的训练。教与学都是为知识而知识，不能忽视学生运用知识发现问题、解决问题和创新知识之能力的培养和训练。其二，学校的统一要求不能挤压学生个性发展的空间。学校应当有尊重学生、满足他们个性发展足够的多样性空间。其三，创新型人才不仅在课堂里成长更在学校文化熏陶下成熟。学校应该有一种能容忍并鼓励学生质疑和批判精神的人文环境，也要注重学校的理念凝炼、规章制度建设，学风教风建设，更好地丰富学校的文化内涵。

二、贯彻落实国家人才培养要求，全面提升我校人才培养质量

《国家中长期教育改革和发展规划纲要》中明确指出，把提高质量作为教育改革发展的核心任务，树立科学的教育质量观，把促进人的全面发展、适应社会需要作为衡量教育质量的根本标准，树立以全面提高质量为核心的教育发展观，注重教育内涵发展，鼓励学校办出特色。为此，我们要积极主动适应高等教育的发展形势，落实和贯彻好学校提出的重点工作和奋斗目标，牢固树立人才培养在教育工作中的中心地位，结合学校实际，创新人才培养模式，促进学校教育内涵发展与特色发展。

1. 认真做好提升人才培养质量的顶层设计

教育部已经在有关会议上提出了《关于全面提高高等教育质量的若干意见》和《高等学校创新能力提升计划》，现处于征求意见阶段，就新形势下全面提高高等教育质量作了周密的部署，概括为：要树立稳定、优化、特色、创新、多元的高等教育发展观；要健全人才培养质量标准及评价体系，加强分类评价、分类管理、分类指导；要在重视课堂教学的同时，强化实践教育环节；要正确处理好引领学生全面发展和支持学生个性发展的关系；要把加强教师队伍建设作为重要工作来抓，进一步加强师德、师风建设，建立健全教师激励机制、评估机制和保障机制；要积极推动协同创新，鼓励高等学校同科研机构、行业企业开展深度合作，加强产学研用结合。

会议期间，教务处准备了我校《关于落实“本科教学工程”，全面提高本科人才培养质量的实施

意见》的方案，希望同志们积极讨论，提出宝贵意见，进一步完善学校的实施方案，加强我校本科人才培养工作，全面持续地提高本科培养质量。

2. 积极实施“本科教学工程”

为了贯彻落实胡锦涛总书记在庆祝清华大学建校100周年大会上的重要讲话精神和教育规划纲要，进一步深化本科教育教学改革，提高本科教育教学质量，大力提升人才培养水平，2011年7月，教育部、财政部决定在“十二五”期间继续实施“高等学校本科教学质量与教学改革工程”，简称“本科教学工程”。

实施“本科教学工程”，就是“十一五”期间“高等学校本科教学质量与教学改革工程”(简称“质量工程”)的延续，是在“质量工程”系统强化教学关键环节、引导教学改革方向、加大教学投入等成功经验的基础上，遵循高等教育教学规律和人才成长规律，进一步整合各项改革成果，加强项目集成与创新，把握重点与核心，提高项目建设对人才培养的综合效益。实施“本科教学工程”旨在针对高等教育人才培养还不完全适应经济社会发展需要的突出问题，特别是要在高校专业结构不尽合理、办学特色不够鲜明、教师队伍建设与培养培训薄弱、大学生实践能力和创新创业能力不强等关键领域和薄弱环节上，通过一段时间的改革建设，力争取得明显成效，更好地满足经济社会发展对应用型人才、复合型人才和拔尖创新人才的需要。

为进一步贯彻落实好“本科教学工程”，我校提出了《关于落实“本科教学工程”，全面提高本科人才培养质量的实施意见》，就是要求我们不断深化教育教学改革，探索多样化人才培养模式，面向社会需求，完善实践教学、创新创业训练体系建设，切实提高学生的实践能力、创新创业能力，构建与培养目标相适应的课程体系和教学内容，进一步全面持续地提高我校本科人才培养质量。

3. 进一步营造良好学习氛围，提高学生学习兴趣

人才培养的基础是学习的过程，人才培养质量提高的关键环节就是教师的教和学生的学，因此，学校的教风和学风非常关键，要进一步更新教学评价机制，客观、公正、全面地评价教师的教与学生的学，要通过全方位、深层次的评价，使得教师的教学积极性得以提高，学生的学习热情得以激发。同时，学校职能管理部门也要树立育人为本的观念，承担起学校管理育人的任务，通过高效热情的服务，服务于学校人才培养过程，从而为学生的成人成才服务，为学校全面提高人才培养质量服务。

具体来说，有以下意见：一是充分发挥教师在课堂教学中的主导作用，大力倡导优良师德风尚，要持续激励教师对教学工作的投入，全力促进教师教学能力的提升，并着力解决好师资力量质与量问题。二是着力落实学生在课堂教学中的主体地位，要进一步做到增强学生学习的内在动力，激发学生课程学习的兴趣，严格学生课程学习的要求，拉近学生与教师的距离。三是不断强化管理在教育教学中的服务功能，强化教育教学契合，不断深化辅导员、班导师、任课教师、教学管理人员、学生家长的联动，形成全方位育人的体制和机制，加强教学规章制度的建设与执行，促进教学保障条件不断改善。

4. 以高度负责的态度完成人才培养方案的修订工作

人才培养包括学校各类人才的培养，本科教育是学校开展人才培养的主体和基础，是提高整个学校教育质量的重点和关键，所以本科人才培养方案的制定尤为重要。高等学校本科人才培养方案是培养本科人才的总体设计蓝图，集中体现了一个学校的教育理念和教育思想，是学校组织教学活动和从事教学管理的主要依据。学校历来重视教学改革，有优势有传统，学校现行的本科人才培养方案是2008年版，已经用了近4年，为了更好地适应新形势下对人才培养提出的要求，深化人才培养模式改革，提高学校人才培养质量，为了全面贯彻《教育规划纲要》和“本科教学工程”，需要修订本科人才培养方案，希望通过本次人才培养方案的修订，把先进的教育思想、理念与学校实际相结合，做好分类指导，协调发展，完善好人才培养方案。

这次会议期间学校会下发《河海大学本科人才培养方案(2012年版)修订工作指导意见》，还要

进一步完善，希望大家认真论证，群策群力，提出宝贵的建设性意见。

老师们、同志们，新的时期、新的形势对人才培养提出了更高的要求，也赋予教育教学工作新的使命，让我们进一步转变教育教学观念，积极推进创新教育，努力构建与研究型大学相适应的人才培养体系，为我校人才培养质量的全面持续提高，为我校建设成为高水平特色研究型大学的宏伟事业作出新的更大的贡献。

谢谢大家！

在河海大学建校96周年大会上的讲话

校长 王 乘

（2011年10月27日）

尊敬的各位来宾，亲爱的各位校友、老师们、同学们：

大家好！在这景色宜人、硕果累累的金秋时节，我们怀着无比喜悦和激动的心情，举行这个俭朴而又庄重的庆典，热烈祝贺河海大学建校96周年，暨2011年度“严恺教育科技基金”、“徐芝纶教育基金”颁奖典礼。在此，我谨代表学校，向各位领导、各位来宾表示衷心感谢，向曾经在河海这块热土上辛勤耕耘的老领导、老同事，向热情关注、支持母校教育事业发展的历届校友，致以最热烈的欢迎和最诚挚的敬意！同时也向各位获奖的同志们和同学们表示热烈的祝贺，希望你们继续努力，争取更大的进步。

清末，淮河流域泛滥成灾，治淮成为时人的一件大事。为培养更多的导淮治淮人才，1915年，我国近代著名实业家和教育家张謇创办了中国历史上第一所水利专门学校——河海工程专门学校，这就是河海大学的前身。1952年，为适应迫切的水利事业发展的需要，国家集中了南京大学、交通大学、同济大学、浙江大学以及华东水利专科学校的水利系科，成立了华东水利学院。河纳百川，复归于海，整合后的“华水”名家荟萃，实力雄厚。在此期间，“华水”在培养出大量水利人才的同时，还培养了众多的政界高层、商业精英、学术泰斗、技术骨干和部队将军，可谓群星璀璨，缤纷辉煌。1985年经教育部批准，学校恢复传统校名“河海大学”，并进入了一个崭新的发展时期。现在，学校已发展成为以水利为特色，工科为主，多学科协调发展的教育部直属全国重点大学，是实施国家“211工程”和国家“优势学科创新平台”重点建设的高校之一，并努力向高水平特色研究型大学的发展目标而奋力迈进。

每逢校庆，我们都会追忆过去，因为只有真正了解历史，了解河海发展的艰苦奋斗史，才能激励我们遵循前人的足迹，去不断创造河海人一个又一个的辉煌。

回顾过去的一年，我校深化改革、加快发展，紧紧依靠全校师生员工，锐意进取，开拓创新，各项事业保持了健康发展态势，取得了可喜成绩。去年，学校成功召开了学校第十二次党代会，明确了今后一个时期的办学指导思想、奋斗目标和发展思路，提出了今后几年的主要工作任务；学校顺利完成了“十二五”事业发展总体规划的制定，规划以学校第十二次党代会的精神为指导，明确了建设高水平特色研究型大学的发展目标，在“十二五”末期，要形成高水平特色研究型大学的基本格局；同时，学校党建和思想政治工作重点突出，成效明显；教育教学改革进一步深化，硕果累累；人才培养机制不断创新，屡获佳绩；师资队伍建设力度继续加大，取得新突破；科学研究势头强劲，数量、质量双飞跃；社会服务纵深发展，贡献突出；内部管理保障加强，高效运行。

今年年初，《中共中央、国务院关于加快水利改革发展的决定》正式公布，对加快水利改革发展作出了全面的部署，为水利事业的发展提供了新的机遇，为学校的发展提供了良好的契机，同时，也为我校师生的全面发展提供了广阔的实践舞台。为响应中央一号文件精神，学校开展了“百团行动”计划，紧紧围绕水利改革发展的新要求，针对当前基层水利亟待解决的问题，主动对接水利事业新发展并积极提供服务与支持，组织了由教授、博士为主组成的服务团，深入农村基层水利建设第一线。“百团行动”计划按三期推进。一期主题为“走出去，深入基层，调研学习”，二期主题为“请进来，深度交流，共谋发展”，三期主题为“促改革，提升人才培养质量，更好服务水利发展”。目前，已全面完成“百团行动”计划一期工作，可以说，“百团行动”计划取得了预期成效，社会反响很好。

与此同时，学校也进一步明确规划，加快学校建设步伐，逐步完善三个校区的办学功能，努力提高多校区模式下办学效益。江宁校区要逐步成为主要的人才培养基地、特色领域的研究基地和学校的党政管理中心；清凉山校区主要是国际合作与交流和科学研究与成果转化的基地；常州校区以学校整体优势为依托，拓展办学功能，立足苏南，服务长三角。根据这样的规划，学校在“十二五”期间，必须完成30多万平方米以上的建设任务。江宁校区要加快基本建设进程，促进主校区尽快向江宁校区转移，加紧做好西区新征地的规划与建设，尽快将西区南片189亩地建成具有国际影响的高水平公共实验研究平台；清凉山校区要抓紧改造，以百年校庆为契机，努力建设一个历史文化厚重和现代文明互补、水科学与水文化交融的绿色、景观校园；常州校区要进一步完善办学基础设施。

各位领导、各位校友、老师们、同学们：

忆往昔，岁月坎坷；看今朝，硕果累累；望未来，再创辉煌。我们坚信，在教育部、水利部和江苏省以及社会其他部门的领导、帮助和支持下，在各届校友的关怀和支持下，我衷心地希望全体河海人，以时不我待的精神，紧紧瞄准国家发展对创新人才培养和高水平科学研究提出的新任务、新要求，为促进学校实现跨越式发展，做出自己应有的、更大的贡献。

谢谢大家！

在河海大学常州校区办学25周年庆祝大会上的讲话

校长　王　乘

（2011年11月26日）

尊敬的各位校友，老师们、同学们：

大家上午好！今天，我们怀着无比激动和喜悦的心情，欢聚在这里，隆重庆祝河海大学在常州办学25周年，回顾总结25年来取得的成绩，共同展望常州校区美好未来。首先，我谨代表学校党委、行政，向前来参加庆祝大会的各位校友表示热烈的欢迎和衷心的感谢！向常州校区全体师生员工致以节日的问候和良好的祝愿！

25年前，原水电部决定常州机械制造职工大学划归河海大学，并经原国家教委批准，组建为河海大学机械学院，这是河海大学在常州办学的起点。

25年来，伴随着国家改革开放的不断深入，苏南地区的经济腾飞，龙城常州的快速崛起，河海大学在常州的办学事业，从无到有，从小到大，从机械学院到常州分校，再到常州校区，经历了一次又一次大的发展。今天的常州校区已逐渐发展成为适应经济社会发展需要，在苏南乃至全国有一定影响的新型重点大学的异地校区，已经成为具有较完整办学功能、学校建设高水平特色研究型大学的重要支撑。

回顾河海在常州25年的办学历程，艰难曲折而又光辉灿烂；面对常州校区25年来翻天覆地的变化，我们欢欣鼓舞、感慨万千。常州校区所有成绩的取得，凝聚了学校和常州校区各届领导、离退休老同志和全体师生员工的智慧和心血，得到了广大校友和社会各界朋友的关心和支持。在此，我代表河海大学对你们表示衷心的感谢和崇高的敬意！

各位校友，老师们、同学们，当前，国家正处在全面建设小康社会、加快转变经济发展方式的关键期和攻坚期；教育战线正处在贯彻落实《国家中长期教育改革和发展规划纲要》、全面推动教育事业科学发展的关键期和攻坚期；水利事业正处在凝聚全社会治水兴水力量、加快水利发展与改革的关键期和攻坚期。学校第十二次党代会确立了实施“两步走”发展战略和建成高水平特色研究型大学的奋斗目标；学校“十二五”总体发展规划和三个专项规划，统筹谋划了今后5年以及“百年河海”的发展愿景。这既为河海的发展带来了千载难逢的历史机遇，也必然使河海面临的挑战更加严峻，肩负的任务更加繁重。

我们高兴地看到，在机遇和挑战面前，我们河海人抢抓机遇，迎难而上，锐意进取，取得了一个又一个辉煌的成绩：教育教学改革进一步深化，人才培养机制不断创新，并取得硕果累累；师资队伍建设力度继续加大，特别是高层次人才和创新团队建设取得新突破；科学研究势头强劲，实现了质和量的双飞跃；社会服务纵深发展，对国家、社会做出的贡献更加突出；内部管理保障加强，高效运行；党建和思想政治工作重点突出，成效明显。

在学校各项事业的科学发展、快速发展、和谐发展历程中，常州校区作为我校建设高水平特色研究型大学的重要支撑，也越来越发挥着重要作用。与此同时，学校事业的不断发展和更高奋斗目标的确立，也向常州校区提出了新的更高的要求。

在这样一个改革力度加大、发展速度加快的重要时期，常州校区各项事业如何保持良好的发展态势？如何为我校建设高水平特色研究型大学进一步提供重要支撑？借此机会，我代表学校提几点希望和要求：

第一，依托河海优势，抢抓发展机遇。常州校区要积极融入学校建设高水平特色研究型大学和整体发展战略机遇中，全面提升办学层次；要积极融入水利大发展的良好机遇中，巩固和发展特色优势，不断充实发展内涵；要积极融入常州市振兴五大产业的难得机遇中，主动对接社会需求，进一步增强社会服务能力，以服务求发展，以贡献求支持。

第二，实施重点突破，走特色发展之路。常州校区要继续牢固树立本科人才培养的中心地位，通过巩固和拓展创新教育成果，不断实施“卓越计划”、“英才计划”等，巩固和提升校区在人才培养领域的特色与优势。要继续坚持错位发展，不断形成与校本部学科专业布局的互补优势，在疏浚工程、物联网工程等领域形成特色，扩大影响。

第三，坚持以人为本，营造浓厚氛围。持续加强“人文河海、和谐校园”内涵建设，进一步营造迎难而上、改革创新、奋发进取的浓厚氛围，不断推进校园文化建设并积累丰富经验，构建师生员工团结奋斗的精神家园，充分调动师生员工的积极性、主动性、创造性，不断推动常州校区事业的科学发展。

学校的发展为常州校区的发展搭建了良好的平台，常州校区的发展也将为学校的发展提供有力支撑。我们要从承担国家重任的高度，更加重视河海在常州的办学事业，更好更快地推动学校事业的发展。

各位校友，老师们、同学们，我们相信，有25年常州办学经验的积累，有近百年河海文化传统的传承，有广大校友和社会各界的支持，有常州校区全体师生员工的不懈追求，河海大学常州校区的明天一定会更加美好！常州校区一定会为我校建设高水平特色研究型大学做出新的更大的贡献！

谢谢大家！

在河海大学2011年党风廉政建设工作会议上的讲话

校党委副书记、纪委书记　陈德奎

（2011年5月4日）

各位领导、各位老师、同志们：

为了认真贯彻落实十七届中纪委六次全会和全国、全省教育系统党风廉政建设工作会议精神，促进2011年我校党风廉政建设各项工作任务的落实，校党委决定召开2011年党风廉政建设工作会议。江苏省教育纪工委对我校的党风廉政建设十分关心，刚才江苏省委教育纪工委副书记、教育厅监察室主任张亚平同志为我们作了《关于实行党风廉政建设责任制的规定》专题辅导报告，一会儿，朱书记还要作重要讲话，我们要认真学习，抓好落实。现在，我就上级有关会议精神作个传达，对2010年学校反腐倡廉建设工作情况和今年反腐倡廉建设工作安排作一个汇报。

一、上级有关会议、文件精神

中纪委第十七届第六次全体会议于2011年1月9日至11日在北京举行。胡锦涛总书记在会上作了重要讲话，党和国家领导人出席了会议。贺国强代表中央纪律检查委员会常务委员会作了题为《坚持改革创新，狠抓工作落实，努力取得党风廉政建设和反腐败斗争新成效》的工作报告。

全会认真总结回顾了过去一年全党开展党风廉政建设和反腐败斗争的辉煌成绩，科学分析了当前的反腐倡廉形势，明确提出了今年党风廉政建设和反腐败工作的主要任务。会议主要强调七个方面的工作。一是突出强调以人为本、执政为民，把以人为本、执政为民作为贯穿党风廉政建设的价值取向；二是把党的群众工作与纠风工作、党的作风建设联系在一起，为新形势下党群工作提供体制机制保障；三是强调党的政治纪律，贯彻落实十七届五中全会精神，给地方党委换届选举营造风清气正的政治环境；四是注重预防和惩治腐败体系建设，并且注重从源头上加强党风廉政建设；五是重视制度建设，提出继续抓好领导干部廉洁自律各项规定贯彻落实；六是反腐倡廉建设科学化将提速；七是反渎职侵权成为办案新重点。六次全会是十七届中央纪委在“十二五”开局之初召开的一次重要会议，对于深入推进党的作风建设和反腐倡廉建设具有重大而深远的意义。

2011年3月25日国务院召开第四次廉政工作会议，温家宝在会上强调认真治理领导干部以权谋私和渎职侵权问题，李克强、贺国强等出席。温家宝总理在会上强调，要全面贯彻落实中央关于反腐倡廉建设的决策和部署，今年要重点抓好三方面工作：一是认真治理领导干部以权谋私和渎职侵权问题，二是切实加强领导干部廉洁自律，三是坚决遏制奢侈浪费和形式主义，务求取得廉政建设和反腐败工作新成效。2010年12月15日，在教育部党组召开的教育系统党风廉政建设工作会议上，袁贵仁部长作了重要讲话，王立英副部长进行了具体工作部署。

袁贵仁部长在讲话中，重点强调三点：一是要正确认识和准确把握当前教育系统党风廉政建设形势和任务。要求我们清醒地看到，随着《教育规划纲要》的贯彻落实，教育系统党风廉政建设面临新情况和新问题，加快教育事业发展，迫切需要加强教育系统党风廉政建设；深化教育体制改革迫切需要加强教育系统党风廉政建设；反腐败斗争的新形势迫切需要加强教育系统党风廉政建设。二是以改进作风为重点大力加强领导班子建设。2011年，教育系统要以加强和改进领导班子作风为重点，以良好的党风政风促教风学风、带校风行风。三是以党风廉政建设责任制为抓手把各项任务落到实处。要求各地各高校要把贯彻落实《关于实行党风廉政建设责任制的规定》作为重要任务，以责任制为抓手，确保反腐倡廉各项任务落在实处。

王立英副部长在会上全面回顾总结了教育系统2010年党风廉政建设工作，要求今年全国教育系统要明确以下五项任务：一是强化监督措施，推动中央关于教育重大决策部署的贯彻落实；二是加强党性修养，扎实推进领导班子和领导干部作风建设；三是加强专项治理，继续抓紧解决人民群众反映强烈的突出问题；四是突破重点难点，不断深化高校反腐倡廉建设；五是建立健全机制，扎实推进体现教育特点的惩治和预防腐败体系建设。

在2011年1月28日召开的全省教育系统党风廉政建设工作会议上，江苏省纪委、教育厅有关领导回顾总结2010年全省教育系统党风廉政建设工作，进一步明确全省教育系统党风廉政建设工作任务。我们一定要认真学习贯彻上级的文件精神，研究新情况、分析新问题、落实新要求，把河海大学党风廉政建设和反腐败工作推上一个新台阶。

二、2010年反腐倡廉工作情况

2010年学校纪检监察工作在教育部、江苏省纪检监察部门的指导下，在学校党委和行政的领导下，主要开展了以下工作。

1. 圆满完成河海大学第十二次党代会纪委的相关工作

提出了今后一段时期我校党风廉政建设工作的思路、建议和今后努力方向。选举产生了新一届纪律检查委员会。

2. 反腐倡廉教育形式多样，针对性和实效性强

突出年度教育主题，强化学习效果。2010年，党委将学习贯彻《中国共产党党员领导干部廉洁从政若干准则》为主线，开展学习教育活动。各级党委中心组把《廉政准则》纳入当月中心组学习内容，并对本单位全体党员干部进行宣讲。校党委朱拓书记就《中国共产党党员领导干部廉洁从政若干准则》的深刻内涵和重要意义向学校校领导和全体中层干部进行了宣讲，还组织全校正处职领导干部进行了一次《廉政准则》知识闭卷测试。同时，还开展了处级领导读书思廉活动。

注重点面结合，做好日常性教育活动。协调有关部门开展了内容丰富、形式多样的全省教育系统第四届廉洁文化系列活动，河海大学共有6件作品获得江苏省廉洁文化活动奖项。其中，校党委朱书记党课宣讲获一等奖；水文水资源学院开展的“展水文大师风采，谱廉洁文化新篇”活动获廉洁文化活动创新项目一等奖。

开展专题教育，提高教育的针对性。不断加强对重要岗位和重点部门干部的廉政教育。一是组织重点岗位有关人员参加江宁区检察院召开的驻区高校警示教育大会；二是分管基建后勤工作校领导召开了后勤系统干部党风廉政建设工作会议，进行了宣传教育；三是邀请学校法律专家作了“政府采购与招投标中的法律问题”专题讲座；四是为构筑预防职务犯罪的坚固屏障，与鼓楼区检察院签订“校检共建”协议。

3. 制度建设不断推进，落实党风廉政建设责任制

2010年初，将党风廉政建设任务列入了党政管理职能部门及直属业务单位的“工作目标任务书”，将党风廉政建设要求写入学院、部门的任期目标任务和年度工作计划中，搞好落实、加强检查。年末，根据学校统一安排，对学院党风廉政建设目标完成情况进行审核，对领导班子党风廉政建设情况进行群众测评。

12月，每位校领导分别听取分管部门和联系学院党风廉政建设情况汇报，分管校领导提出了要求，把党风廉政建设责任制落到实处。各部门、院系积极配合，使活动圆满完成。组织召开惩防体系制度建设推进会，督促检查各相关职能部门按学校要求按期完成惩防体系相关制度的制定、修订和完善工作。全年共颁布部门制度性文件8个，起草学校规范采购、招生监督行政文件2个。结合实际，研究制定《河海大学采购监督暂行办法》等，规范学校货物、工程和服务采购监督工作。

4. 监督工作不断加强，规范权力有序运行

强化对权力运行的制约监督，重点做好对干部选拔任用、招生、基建、修缮、采购等重点岗位和关键环节的监督，规范权力运行。

2010年是我校基本建设、设备采购规模较大的一年，以学校基建工作为试点，探索建立风险预警机制，积极探索反腐倡廉关口前移试点。做好对学校基本建设、大宗物资和设备采购的监督，

全年共参与各类采购监督工作400多起，涉及采购资金过亿元，有效规避了采购风险，维护了学校的利益。

5. 重视信访和专项治理工作，保证学校事业健康发展

全年收到各类信访信件25件。对于发现的苗头性问题，按照党风廉政建设责任制的分工，及时做好提醒教育工作。加强与审计、财务、组织、人事等部门的协调配合，处理好每一件信访件。按照上级文件要求，积极配合有关部门，集中开展专项治理工作。

2010年，学校纪检监察工作在校党委、校行政的正确领导和高度重视下，全校广大干部大力支持，认真抓好落实，为学校发展提供有力保障，全校保持零发案率。

三、2011年反腐倡廉工作的主要任务

2011年，河海大学纪检监察工作总的要求是：以邓小平理论和“三个代表”重要思想为指导，深入贯彻落实科学发展观，在党委领导下，认真落实上级关于反腐倡廉建设的决策部署，紧紧围绕学校事业的改革发展，以维护广大群众和学校师生根本利益为宗旨，以领导班子作风建设为重点，以党风廉政建设责任制为抓手，深入推进惩治与预防腐败体系建设各项工作，着力在加强监督检查、加强干部作风建设、落实三委部《意见》、惩防体系完善上下工夫，努力营造风清气正的良好环境，为学校事业健康发展提供坚强保证。

我们要清醒地看到，当前，反腐倡廉形势依然严峻，任务依然繁重。2010年，全省教育系统共立案193件，涉案人员233人，其中高校立案24件，涉案24人。驻宁高校查处了12件腐败案件，涉及到正处级领导干部5人，应该引起我们高度的警惕。

我校2011年反腐倡廉工作要重点抓好以下六项工作：

1. 以贯彻落实上级各项重大决策部署为重点，强化监督检查

在工作中心上，落实胡锦涛总书记以人为本、执政为民的理念，加强责任意识，确保上级和学校重大决策部署的贯彻落实。把保障《教育规划纲要》、2011年中央一号文件以及“十二五”规划在学校层面的落实作为首要任务，去推动学校的党风廉政建设。

发挥好纪检监察的纪律保障作用，加强对教育改革重大举措和重要工作部署执行情况的监督检查，确保上级的政令畅通；加强对党风廉政建设责任制、《中国共产党党员领导干部廉洁从政若干准则》和《直属高校党员领导干部廉洁自律“十不准”》贯彻落实情况的监督检查，做好迎接教育部组织的专项督察工作；加强对重大教育项目配套资金安全使用情况的监督检查，确保中央重大教育政策的执行力和公信力。

2. 以加强党员领导干部党性党风党纪教育为重点，深入推进廉政文化建设

围绕建党90周年，协助党委加强党员领导干部作风建设，以理想信念教育和党风党纪教育为切入点，把反腐倡廉教育内容纳入到干部教育培训计划中，深入开展示范教育、警示教育和岗位廉洁教育，全年计划安排专题教育活动2～3次。大力推进学风建设，进一步落实倡导优良学风的制度规范，优化学术环境，严惩学术不端行为。不断完善反腐倡廉“大宣教”格局，配合有关部门，认真开展对广大教职工的廉洁从教教育和学生的廉洁意识教育，对重点部门和重要岗位干部开展一次反腐倡廉主题教育，配合学生处在学生中开展诚信教育宣讲活动。丰富廉洁文化活动的形式和内涵。

3. 以规范权力运行为重点，进一步推进三委部《意见》的贯彻落实

认真学习、贯彻、落实《中国共产党普通高等学校基层组织工作条例》和教育部党组即将颁布的《关于直属高校贯彻落实“三重一大”决策制度的指导意见》，推进“三重一大”决策制度落实，协助校党委完善我校的具体实施办法，督促院系制定具体工作的实施细则。

切实加强对重点部位和关键环节的监督。加强对基建工程的监督，充分利用与鼓楼区检察院建立的校检合作机制，做好教育、检查、防范工作。协调有关部门，完善采购评审专家库，积极推进相关部门实行零星采购网上评标制度。配合相关部门做好工程建设领域突出问题专项治理等检查工作。继续推进招生“阳光工程”，严把招生录取关，进一步规范特殊类型招生程序，提高招生录取

工作的规范化、科学化水平。

4. 以党风廉政建设责任制为抓手，完善惩防体系建设

深入贯彻落实党中央《关于实行党风廉政建设责任制的规定》，结合新情况、新要求，修订完善《河海大学党风廉政建设责任制考核办法》，将党风廉政建设责任制落在实处。

落实三委部要求，继续坚持做好校级党政领导班子成员每年至少一次听取分管部门和单位党风廉政建设情况汇报工作。

着力完善二级单位党风廉政建设责任制体系，开展调查研究，督促指导二级单位完善本单位落实党风廉政建设责任制的具体措施和办法。

做好迎接上级“构建惩防体系基本框架工作”的考评准备工作。

5. 畅通纪检监察信访渠道，完善案件的沟通协调机制

配合上级部门做好腐败案件易发部位调查分析和专项治理工作。深入基层，开展对制度执行情况的监督检查，对于在工作中发现的有关单位和部门，制度执行不到位，有令不行、有禁不止的行为，督促整改；一旦发现有违纪违规的行为，及时查处。

畅通信访渠道，做好多渠道、多形式的信访举报接待、接受工作，按照件件有落实的工作要求处理好每一件信访件。

6. 加强纪检监察自身建设，不断提高科学化工作水平

加强学习型纪检监察部门建设，注重调查研究，加强理论研究，通过深化和兄弟高校纪检监察部门的交流，不断提高应对新情况、解决新问题的能力。不断完善纪检监察内部工作制度，进一步规范工作程序，努力提升纪检监察工作科学化水平。

同志们，反腐倡廉任重道远。做好反腐倡廉工作，直接关系到我校发展大局。我们要认真贯彻落实《关于实行党风廉政建设责任制的规定》，抓好反腐倡廉各项工作的落实，齐心协力，共同构建我校惩治和预防腐败体系，为学校事业的科学发展、和谐发展保驾护航，为促进我校又好又快发展做出应有的贡献！

机构设置

2011年党群系统机构图

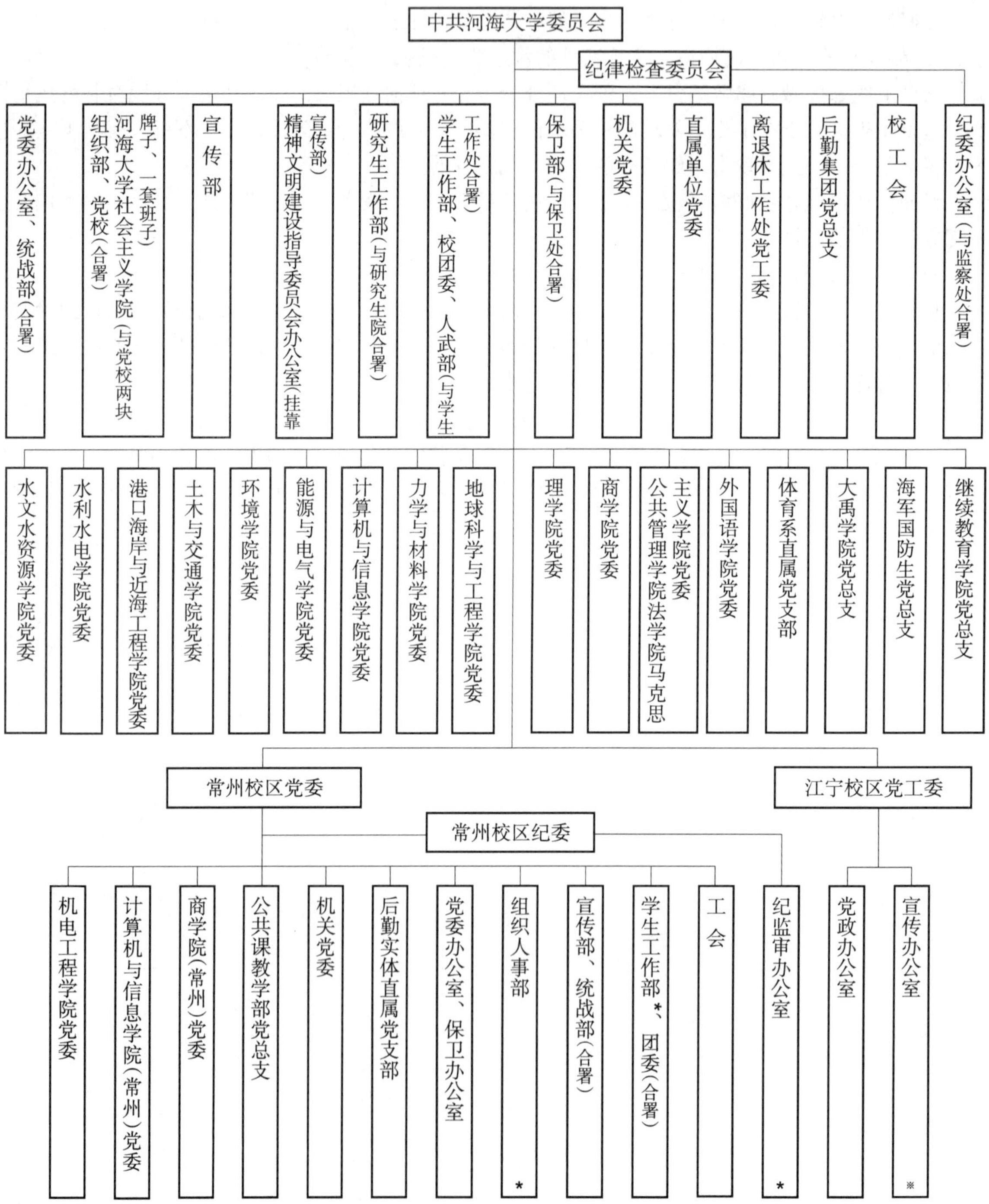

注：* 为职能延伸部门；※为派出机构。

2011 年行政系统机构图

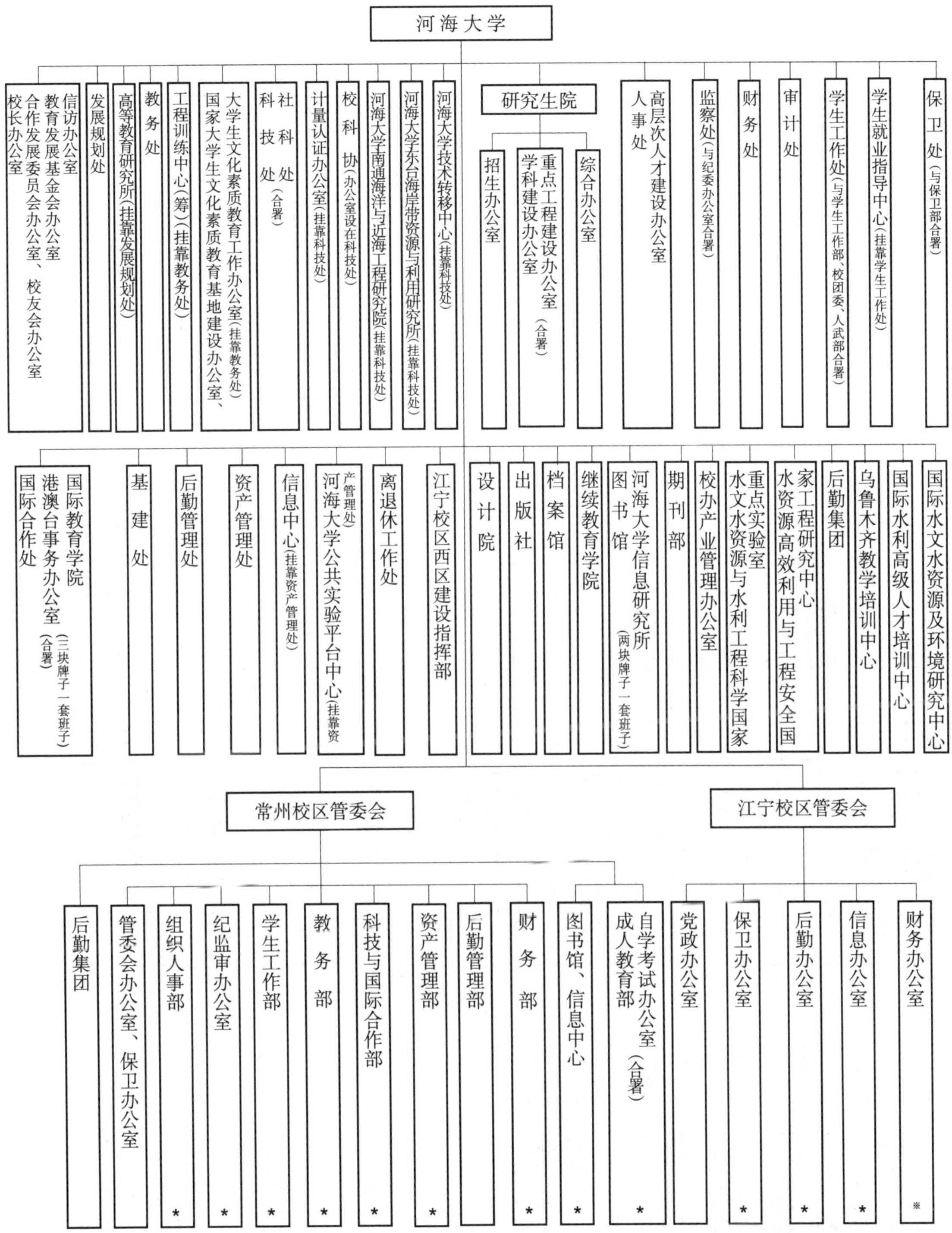

注：＊为职能延伸部门；※为派出机构。

2011年院(系)机构图

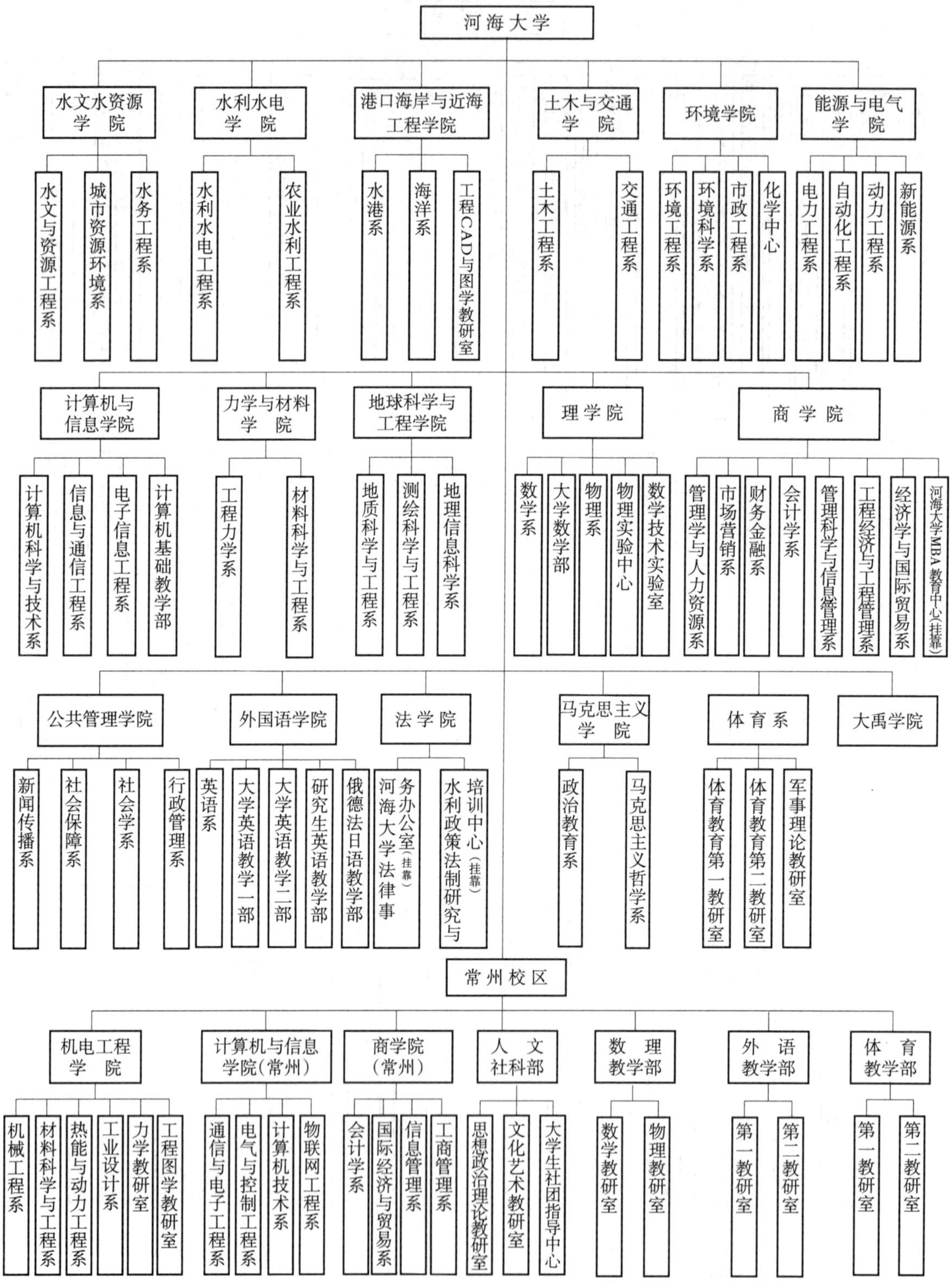
河海大学
水文水资源学院
水文与资源工程系
城市资源环境系
水务工程系
水利水电学院
水利水电工程系
农业水利工程系
港口海岸与近海工程学院
水港系
海洋系
工程CAD与图学教研室
土木与交通学院
土木工程系
交通工程系
环境学院
环境工程系
环境科学系
市政工程系
化学中心
能源与电气学院
电力工程系
自动化工程系
动力工程系
新能源系
计算机与信息学院
计算机科学与技术系
信息与通信工程系
电子信息工程系
计算机基础教学部
力学与材料学院
工程力学系
材料科学与工程系
地球科学与工程学院
地质科学与工程系
测绘科学与工程系
地理信息科学系
理学院
数学系
大学数学部
物理系
物理实验中心
数学技术实验室
商学院
管理学与人力资源系
市场营销系
财务金融系
会计学系
管理科学与信息管理系
工程经济与工程管理系
经济学与国际贸易系
河海大学MBA教育中心(挂靠)
公共管理学院
新闻传播系
社会保障系
社会学系
行政管理系
外国语学院
英语系
大学英语教学一部
大学英语教学二部
研究生英语教学部
俄德法日语教学部
法学院
河海大学法律事务办公室(挂靠)
水利政策法制研究与培训中心(挂靠)
马克思主义学院
政治教育系
马克思主义哲学系
体育系
体育教育第一教研室
体育教育第二教研室
军事理论教研室
大禹学院
常州校区
机电工程学院
机械工程系
材料科学与工程系
热能与动力工程系
工业设计系
力学教研室
工程图学教研室
计算机与信息学院(常州)
通信与电子工程系
电气与控制工程系
计算机技术系
物联网工程系
商学院(常州)
会计学系
国际经济与贸易系
信息管理系
工商管理系
人文社科部
思想政治理论教研室
文化艺术教研室
大学生社团指导中心
数理教学部
数学教研室
物理教研室
外语教学部
第一教研室
第二教研室
体育教学部
第一教研室
第二教研室

校党政领导名单

校党委常委名单

党委书记： 朱　拓
党委副书记： 陈德奎　王济干
委　　员： 朱　拓　王　乘　鞠　平　陈德奎　朱跃龙　王济干　唐洪武　李乃富　徐卫亚

校行政领导名单

校　　长： 王　乘
副 校 长： 鞠　平　朱跃龙　唐洪武　李乃富　徐卫亚

中共河海大学委员会委员名单

（以姓氏笔画为序）

万国彤　王　乘　王　超　王济干　任立良　任旭华　刘汉龙　朱　拓
朱跃龙　阮怀宁　吴继敏　张　阳　张　勤　张海军　李乃富　陈德奎
周志芳　周建方　唐洪武　徐卫亚　郭继超　顾冲时　董增川　缪子梅
鞠　平

中共河海大学纪律检查委员会书记、副书记名单

书　　记： 陈德奎（兼）
副 书 记： 高德华

中共河海大学纪律检查委员会委员名单

（以姓氏笔画为序）

王建青　孙其昂　邢鸿飞　陈德奎　袁　越　高德华　蒋来娣　韩绪军
潘洪林

校长助理名单

吴胜兴　郑垂勇　戴会超　王华栋（2011.9—　）

党群机构领导名单

党委办公室

主　任　　郭继超

副主任　　王建青(兼)　　钱恂熊(兼党委常委会秘书)

统战部

部　长　　王建青

保密委员会办公室

主　任　　钱恂熊(兼)

组织部

部　长　　张　勤

副部长　　钱朝阳(兼)　　浦　玲

党校、社会主义学院

常务副校长、常务副院长　　钱朝阳

纪委办公室

主　任　　高德华(兼)

副主任　　王志峰

纪检监察员　　张　烨

宣传部

部　长　　万国彤

副部长　　康宏强(兼)　　王如高　　潘　静

精神文明建设指导委员会办公室

主　任　　万国彤(兼)

副主任　　王如高(兼)

新闻中心

主　任　　万国彤(兼)

副主任　　潘　静(兼)

研究生工作部

部　长　　张海军

副部长　　渠燕军(兼)

学生工作部

部　长　　缪子梅

副部长　　黄林楠(兼)　　蒲晓东　　渠燕军　　封学军(兼)(　　—2011.3)

人武部

部　长　　缪子梅(兼)

副部长　蒲晓东(兼)

校团委

书　记　封学军(　—2011.3)　刘兴平(2011.11—　)

副书记　刘兴平(　—2011.11)　潘　静(兼)(2011.6—　)　吴　红(兼)(2011.6—　)

谈小龙(2011.6—　)　吴洪彪(兼)(2011.6—　)　刘成钢(兼)(2011.6—　)

保卫部

部　长　胡忠华

副部长　徐　军(2011.3—　)　彭　隆　曹松祥(　—2011.3)

校工会

主　席　金　华

副主席　舒红缨　刘爱莲(兼职)

党委、总支、直属支部领导名单

水文水资源学院党委

书　记　陈元芳

副书记　孔祥冬

水利水电学院党委

书　记　张展羽

副书记　魏有兴

港口海岸与近海工程学院党委

书　记　朱宏亮

副书记　王永芝

土木与交通学院党委

书　记　颜素珍

副书记　蒋　菊

环境学院党委

书　记　陈　杰

副书记　笪学军

能源与电气学院党委

书　记　魏　萍

副书记　刘成钢

计算机与信息学院党委

书　记　吴宝海

副书记　戴玉珍

力学与材料学院党委

书　记　王泽华

副书记　　李　英

地球科学与工程学院党委

书　记　　冯广将

副书记　　张秋野(　—2011.3)　　宋瑞平(2011.3—　)

理学院党委

书　记　　张俊基

副书记　　鲁　扬

商学院党委

书　记　　何有山

副书记　　吴洪彪

公共管理学院法学院党委(2011.5撤销)

书　记　　余达淮(　—2011.5)

副书记　　张建民(　—2011.3)　　张秋野(2011.3—2011.5)

公共管理学院法学院马克思主义学院党委(2011.5设立)

书　记　　余达淮(2011.5—2011.11)　　曲永岗(2011.11—　)

副书记　　张秋野(2011.5—　)

外国语学院党委

书　记　　钱　微

副书记　　朱志梅

体育系直属党支部

书　记　　王建民

大禹学院党总支

书　记　　鞠　平(兼)(　—2011.3)　　李冠华(2011.3—　)

副书记　　宋瑞平(　—2011.3)

海军国防生党总支

书　记　　蒲晓东(兼)

机关党委

书　记　　蔡丽萍

直属单位党委

书　记　　刘晓云

继续教育学院党总支

书　记　　许圣斌

副书记　　余　敏

离退休工作处党工委

书　记　　郭祥林(兼)

副书记　　李　可(兼)

后勤集团党总支

书　记　　汪北华

行政机构领导名单

校长办公室

主　任　　赵　坚
副主任　　马成志(兼)　　李　枫　　吴　红

合作发展委员会办公室、校友会办公室、教育发展基金会办公室

主　任　　马成志

信访办公室

主　任　　李　枫(兼)

发展规划处

处　长　　董增川
副处长　　汪建新

高等教育研究所

所　长　　董增川
副所长　　汪建新

教务处

处　长　　阮怀宁
副处长　　江　冰(兼)　　周立新　　于　伟　　叶鸿蔚　　杨　晨(兼职)　　邵国建(兼职)

国家大学生文化素质教育基地

建设办公室主任　　阮怀宁(兼)

大学生文化素质教育工作办公室

主　任　　阮怀宁(兼)

科技处

处　长　　任旭华
副处长　　蔡　新(兼)　　史安娜　　陈毓陵　　谈小龙　　陈建生(兼职)　　许卓明(兼职)
　　　　　章　青(兼职)　陈国平(兼职)(2011.9—　　)
沿海办公室主任　　陈军冰

河海大学南通海洋与近海工程研究院

院　长　　任旭华(兼)

河海大学东台海岸带资源与利用研究院

院　长　　任旭华(兼)

河海大学技术转移中心

主　任　　任旭华(兼)(2011.7—　　)

副主任　谈小龙(兼)(2011.7—　)

研究生院

院　长　王　乘(兼)
常务副院长　姚纬明
副院长　张海军(兼)　施建勇　束龙仓　何秀凤(兼职)　王慧敏(兼职)

学科建设办公室、重点工程建设办公室

主　任　姚纬明(兼)

综合办公室

主　任　任海莹

招生办公室

主　任　张雪刚

人事处

处　长　蒋来娣
副处长　王炎灿(兼)　曹继平　丰土根

人才交流培训中心

处　长　蒋来娣(兼)

监察处

处　长　高德华(兼)

财务处

处　长　周语明
副处长　李德生(兼)　倪晓红　张李杰(2011.9—　)

审计处

处　长　韩绪军

国际合作处

处　长　任立良
副处长　管仪庆　陈红胜

国际教育学院

院　长　任立良
副院长　陈红胜

港澳台事务办公室

主　任　任立良

学生工作处

处　长　缪子梅
副处长　宋利民(兼)　黄林楠(兼)　蒲晓东　封学军(兼)(　—2011.3)　渠燕军

招生办公室

主　任　缪子梅(兼)

学生就业指导中心

主　任　　黄林楠

保卫处

处　长　　胡忠华
副处长　　徐　军(2011.3—　　)　　彭　隆　　曹松祥(　　—2011.3)

基建处

处　长　　娄　健
副处长　　陈　刚　　张　军

后勤管理处

处　长　　雷贵荣
副处长　　吴青山　　孙　谦

资产管理处

处　长　　陆国宾
副处长　　秦进东(兼)　　吴宁萍　　胡　明　　王寿辉　　朱　亚(兼)

信息中心

主　任　　朱　亚
副主任　　梁正和

离退休人员工作处

处　长　　郭祥林
副处长　　李　可

江宁校区西区建设指挥部

指 挥 长　　吴胜兴
副指挥长　　王　捷　　娄　健
总工程师　　胡　明

直属单位、后勤集团领导名单

设计院

副院长　　黄　波

出版社

社　长　　王　平
副社长　　施　萍　　吴劭文(兼)
总编辑　　吴劭文

档案馆

馆　长　　张鸿业

继续教育学院

院　长　　陈青生

副院长　　王瑞庆　　张伟建(　—2011.3)

图书馆

馆　长　　高新陵

副馆长　　胡　钢(兼)　　符晓陵　　卞艺杰

期刊部

主　任　　马　民

副主任　　马敏峰

资产经营有限公司、校办产业管理办公室

总经理、主任　　李冠华(　—2011.3)　　封学军(2011.3—　)

副总经理、副主任　　刘福东

水文水资源与水利工程科学国家重点实验室

主　任　　彭世彰

副主任　　王　超(兼)　　余钟波(兼)　　刘　凌(兼职)　　王　文(兼职)

水资源高效利用与工程安全国家工程研究中心

常务副主任　　陈星莺

副主任　　朱　伟　　张伟建(2011.3—　)　　张行南(兼职)　　万定生(兼职)

后勤集团

总经理　　曲永岗(　—2011.11)

副总经理　　汪北华(兼)　　吴永强　　徐　军(　—2011.3)　　曹松祥(2011.3—　)

院、系领导名单

水文水资源学院

院　长　　余钟波

副院长　　王建群　　李琼芳

水利水电学院

院　长　　顾冲时

副院长　　李同春　　陈　菁　　方国华　　俞双恩(兼职)

节水园区办公室

主　任　　俞双恩

港口海岸与近海工程学院

院　长　　郑金海

副院长　　吴　中　　冯卫兵　　陈国平(　—2011.9)　　陈　达(2011.9—　)

土木与交通学院

院　长　　刘汉龙

副院长　　吴　中　　曹平周　　吉伯海

环境学院

院　长　　王　超
副院长　　华祖林　　陆光华

浅水湖泊综合治理与资源开发教育部重点实验室

主　任　　王　超(兼)
副主任　　季　莉

能源与电气学院

院　长　　袁　越
副院长　　卫志农　　郑　源　　李志华　　徐　群(兼职)

计算机与信息学院

副院长　　许　峰　　徐立中　　曹　宁

力学与材料学院

院　长　　钱向东
副院长　　陈　文　　王　泽

地球科学与工程学院

院　长　　周志芳
副院长　　岳建平　　安　如

理学院

院　长　　安天庆
副院长　　朱卫华　　朱永忠

商学院

院　长　　张　阳
副院长　　许长新　　周海炜　　汪　群

公共管理学院

院　长　　施国庆
副院长　　刘爱莲(　　—2011.5)　　余文学　　黄涛珍

外国语学院

副院长　　朱正东　　蔡　斌

法学院

院　长　　邢鸿飞
副院长　　王建文　　陈广华

河海大学法律事务办公室

主　任　　邢鸿飞

马克思主义学院(2011.5 设立)

院　长　　余达淮(2011.5—　　)
副院长　　刘爱莲(2011.5—　　)

体育系

主　任　　王建民
副主任　　郭　平

大禹学院

院　长　　鞠　平(兼)
副院长　　阮怀宁(兼)

常州校区党政领导名单

党 委 书 记：吴继敏　　**管 委 会 主 任**：周建方
党委副书记：潘洪林　　**管委会副主任**：彭　雷　　刘丹平

常州校区党政机构领导名单

党委办公室、管委会办公室、保卫办公室

主　任　　彭　雷(兼)
副主任　　吴　凯　　曹　翀

组织人事部

部　长　　王炎灿
副部长　　吕红征

宣传部、统战部

部　长　　康宏强

纪　委

书　记　　潘洪林(兼)
副书记　　蒋建宏

纪委、监察、审计联合办公室

主　任　　蒋建宏(兼)
纪检监察员　　梁缙英

学生工作部

部　长　　宋利民
副部长　　朱倬然　　高洪娟(兼)

团　委

书　记　　高洪娟

教务部

部　长　　江　冰
副部长　　王　萍

科技与国际合作部

部　长　　蔡　新
副部长　　沈金荣

资产管理部

部　长　　秦进东
副部长　　孟　颂

后勤管理部

部　长　　陆劲松

财务部

部　长　　李德生

工　会

主　席　　吴震岱

机关党委

书　记　　吴震岱(兼)
副书记　　梁缙英

图书馆

馆　长　　胡　钢
副馆长　　汤黎光

信息中心

主　任　　胡　钢
副主任　　汤黎光

成人教育部(自学考试办公室)

主　任　　李德明

机电工程学院党委

书　记　　杨春伟
副书记　　乔　熙

机电工程学院

院　长　　朱天宇
副院长　　赵占西　　卞新高　　包晔峰　　倪福生(兼职)

疏浚技术教育部工程研究中心

主　任　　倪福生

计算机与信息学院(常州)党委

书　记　　陈学忠
副书记　　董涌波

计算机与信息学院(常州)

院　长　　范新南

副院长　　朱昌平　　李庆武

商学院(常州)党委

书　记　　田晶华
副书记　　胡井军

商学院(常州)

院　长　　吴凤平
副院长　　梁　伟　　王普查

公共课教学部党总支

书　记　　蒋建平

数理教学部

主　任　　何春元

人文社科部

主　任　　纪玲妹

外语教学部

主　任　　周自强

体育教学部

主　任　　沈丽英

后勤实体直属党支部

书　记　　李　云

后勤集团

总经理　　孙彦歆

江宁校区党政领导名单

党工委书记：王　捷　　　**管委会主任**：王　捷
党工委副书记：丁寿祥(兼)　　**管委会副主任**：隋寿义　　丁寿祥

江宁校区党政机构领导名单

党工委办公室、管委会办公室

主　任　　丁寿祥(兼)

信息办公室

主　任　　梁正和(兼)

宣传办公室

主　任　　王如高(兼)

财务办公室

主　任　　周语明(兼)

保卫办公室

主　任　　彭　隆(兼)

后勤办公室

主　任　　吴青山(兼)

组织员、调研员名单

校工会

调研员　　王玉霞

教务处

调研员　　蔡正林

科技处

调研员　　赵启芳

学生处(部)

组织员　　张济韬
调研员　　张静芬

保卫处

调研员　　金家驹

离退休人员工作处

调研员　　黄和平(　　—2011.11)

水文水资源与水利工程科学国家重点实验室

调研员　　谭恩龙

水资源高效利用与工程安全国家工程研究中心

调研员　　祁本华

后勤集团

调研员　　何文科

水文水资源学院

调研员　　刘德友

水利水电学院

调研员　　缪名芬

土木与交通学院

组织员　　楼林义

力学与材料学院

调研员　　黄莉妙(　　—2011.8)

地球科学与工程学院

调研员　　潘洪山(　　—2011.12)

商学院

调研员　　石柏林(　　—2011.10)

公共管理学院

组织员　　胡　靖

法学院

组织员　　许智猛

常州校区保卫办公室

调研员　　陈圣奇

常州校区图书馆、信息中心

调研员　　葛海蓉(　　—2011.6)

学 术 机 构

河海大学第七届学术委员会

名誉主任：吴中如
主　　任：王　乘
副 主 任：鞠　平　朱跃龙　唐洪武　徐卫亚
委　　员：(按姓氏笔画为序)

王　超　王志坚　王建民　王慧敏　任立良　任旭华　刘汉龙
孙其昂　安天庆　朱　伟　朱　拓　朱天宇　邢鸿飞　阮怀宁
余钟波　吴胜兴　吴继敏　张　阳　张　玮　陈建生　陈星莺
周志芳　周建方　武清玺　郑垂勇　郑金海　姚纬明　施国庆
钟平安　倪福生　袁　越　钱向东　顾冲时　章　青　彭世彰
董增川　蒋德富　戴会超

秘 书 长：任旭华(兼)
副秘书长：史安娜　蔡　新　施建勇

河海大学第十届学位评定委员会

主　　席：王　乘
副 主 席：朱　拓　吴中如　鞠　平　朱跃龙
委　　员：(以姓氏笔画为序)

王　超　王济干　刘汉龙　安天庆　朱天宇　许　峰　阮怀宁

余钟波　张　阳　束龙仓　周志芳　周建方　郑金海　姚纬明
施国庆　唐洪武　徐卫亚　袁　越　钱向东　顾冲时

学位评定委员会办公室设在研究生院，负责日常工作。

办公室主任：束龙仓

秘　　书：黄　峥　王　平

河海大学科学技术协会第五届委员会

主　　席：徐卫亚

副 主 席：鞠　平　朱跃龙　王济干

常　　委：（以姓氏笔画为序）

王义刚　王济干　史安娜　任旭华　刘兴平　孙其昂　朱　亮
朱卫华　朱跃龙　阮怀宁　吴　峰　吴志勇　张海军　李义松
李同春　束龙仓　汪基伟　陈　喜　陈建生　陈星莺　郑金海
金林南　胡　明　费峻涛　赵　敏　倪福生　徐卫亚　郭　平
高新陵　黄涛珍　彭世彰　蒋林华　蒋德富　缪子梅　蔡　斌
蔡　新　鞠　平

委　　员：（以姓氏笔画为序）

马敏峰　丰土根　孔　俊　王　冰　王义刚　王建青　王济干
王新瑞　冯卫兵　史安娜　任旭华　刘兴平　孙其昂　朱　亮
朱卫华　朱跃龙　许　峰　邬　萱　阮怀宁　吴　峰　吴劭文
吴志勇　吴继敏　张　勤　张友静　张展羽　张海军　李　枫
李义松　李同春　李晓英　束龙仓　杨　涛　汪基伟　陈　亮
陈　喜　陈元芳　陈建生　陈星莺　周建方　岳建平　郑金海
金林南　俞金龙　修镜洋　娄保东　封学军　施国庆　祝建中
胡　明　费峻涛　赵　敏　钟小春　倪福生　徐卫亚　郭　平
钱向东　顾冲时　高新陵　黄涛珍　黄德春　彭世彰　董增川
蒋志清　蒋林华　蒋德富　谢悦波　雷　冬　缪子梅　蔡　斌
蔡　新　谭红兵　潘　静　鞠　平

秘 书 长：史安娜(兼)

副秘书长：蒋志清

2011年调整专项工作领导小组、委员会

河海大学"百团行动"工作领导小组

组　长：朱　拓

副组长：王　乘

成　员：鞠　平　陈德奎　朱跃龙　王济干　唐洪武　李乃富　徐卫亚

秘　书：郭继超

河海大学干部工作领导小组

组　长：朱　拓
副组长：王　乘
成　员：(按姓氏笔画排序)
张　勤　陈德奎　唐洪武　鞠　平
秘　书：张　勤(兼)

河海大学人事工作领导小组

组　长：王　乘
副组长：朱　拓　唐洪武
成　员：(按姓氏笔画排序)
朱跃龙　吴继敏　陈德奎　徐卫亚　蒋来娣　鞠　平
秘　书：蒋来娣(兼)

河海大学人才工作领导小组

组　长：朱　拓
副组长：王　乘　唐洪武
成　员：(按姓氏笔画排序)
万国彤　王炎灿　王济干　朱跃龙　任旭华　阮怀宁　李乃富　吴胜兴
吴继敏　张　勤　陆国宾　陈德奎　周语明　郑垂勇　赵　坚　姚纬明
徐卫亚　郭继超　蒋来娣　戴会超　鞠　平
秘　书：蒋来娣(兼)

河海大学党建工作领导小组

组　长：朱　拓
副组长：陈德奎　王济干
成　员：(按姓氏笔画排序)
万国彤　王　捷　吴继敏　张　勤　张海军　高德华　郭继超　缪子梅
秘　书：张　勤(兼)

河海大学统战工作领导小组

组　长：朱　拓
副组长：鞠　平
成　员：(按姓氏笔画排序)
万国彤　王建青　张　勤　张海军　金　华　赵　坚　郭祥林　郭继超
康宏强　蒋来娣　缪子梅　潘洪林
秘　书：王建青(兼)

河海大学反腐倡廉建设工作领导小组

组　长：朱　拓　　王　乘
副组长：陈德奎
成　员：（按姓氏笔画排序）
王济干　　朱跃龙　　李乃富　　徐卫亚　　唐洪武　　鞠　平
秘　书：高德华
领导小组下设河海大学预防职务犯罪工作组。
组　长：陈德奎
副组长：高德华
成　员：（按姓氏笔画排序）
万国彤　　邢鸿飞　　张　勤　　陆国宾　　金　华　　周语明　　娄　健　　郭继超
蒋来娣　　韩绪军　　雷贵荣　　潘洪林
秘　书：王志峰

河海大学依法治校领导小组

组　长：王　乘
副组长：朱　拓
成　员：（按姓氏笔画排序）
万国彤　　王济干　　邢鸿飞　　朱跃龙　　李乃富　　吴胜兴　　吴继敏　　陈德奎
金　华　　郑垂勇　　赵　坚　　徐卫亚　　高德华　　郭继超　　唐洪武　　戴会超
鞠　平
秘　书：赵　坚（兼）

河海大学校务公开工作领导小组

组　长：朱　拓　　王　乘
副组长：陈德奎　　唐洪武
成　员：（按姓氏笔画排序）
王　捷　　吴继敏　　金　华　　赵　坚　　高德华　　郭继超
领导小组下设办公室。
主　任：赵　坚（兼）
副主任：李　枫

河海大学信息公开工作领导小组

组　长：王　乘
副组长：王济干　　唐洪武
成　员：（按姓氏笔画排序）
万国彤　　王　捷　　吴继敏　　张鸿业　　金　华　　周语明　　赵　坚　　高德华
郭继超
领导小组下设办公室。

主　任：赵　坚(兼)
副主任：钱恂熊　　李　枫

河海大学信访工作领导小组

组　长：朱　拓　　王　乘
副组长：陈德奎　　唐洪武
成　员：(按姓氏笔画排序)
王　捷　　王建青　　吴继敏　　张　勤　　金　华　　赵　坚　　高德华　　郭继超
蒋来娣
秘　书：郭继超(兼)　　赵　坚(兼)
学校设立信访办。
主　任：李　枫
副主任：尤宁华

河海大学维护校园稳定工作领导小组

组　长：朱　拓　　王　乘
副组长：王济干　　李乃富
成　员：(按姓氏笔画排序)
朱跃龙　　陈德奎　　徐卫亚　　唐洪武　　鞠　平
秘　书：郭继超
领导小组下设办公室。
主　任：王济干
副主任：李乃富
成　员：(按姓氏笔画排序)
万国彤　　王　捷　　朱　亚　　吴继敏　　张海军　　金　华　　赵　坚　　胡忠华
郭继超　　缪子梅
秘　书：王　方

河海大学处理突发事件领导小组

组　长：朱　拓
副组长：王　乘　　王济干　　唐洪武　　李乃富
成　员：(按姓氏笔画排序)
万国彤　　王　捷　　朱　亚　　吴继敏　　赵　坚　　胡忠华　　郭继超
秘　书：徐　军

河海大学精神文明建设指导委员会

主　任：朱　拓
副主任：王济干
委　员：(按姓氏笔画排序)
万国彤　　王　乘　　王　捷　　王如高　　王炎灿　　王泽华　　王建民　　冯广将

朱宏亮　朱跃龙　任旭华　刘兴平　刘晓云　许圣斌　阮怀宁　李冠华
吴宝海　吴继敏　何有山　余达淮　汪北华　张　勤　张俊基　张海军
张展羽　陆国宾　陈　杰　陈元芳　陈德奎　金　华　周语明　赵　坚
胡忠华　娄　健　钱　微　高德华　郭祥林　郭继超　康宏强　董增川
蒋来娣　雷贵荣　蔡丽萍　缪子梅　颜素珍　潘　静　潘洪林　鞠　平
魏　萍

委员会下设办公室。

主　任：万国彤(兼)

副主任：王如高(兼)

河海大学思想政治理论课建设指导委员会

主　任：朱　拓　王　乘

副主任：鞠　平　王济干

委　员：(按姓氏笔画排序)

万国彤　王如高　叶鸿蔚　史安娜　刘兴平　刘爱莲　阮怀宁　纪玲妹
吴继敏　余达淮　宋利民　张海军　陈青生　周语明　郭继超　蒋来娣
缪子梅　潘洪林

河海大学关心下一代工作委员会

主　任：陈德奎

副主任：王济干　钱自立

委　员：(以姓氏笔画排序)

丁莲珍　万国彤　朱炳如　刘兴平　严中枢　张海军　赵　坚　郭继超
缪子梅　潘洪林

秘书长：郭祥林

副秘书长：李　可　吴震岱

秘　书：黄　炜　盛超琼

河海大学任期目标责任制工作领导小组

组　长：王　乘

成　员：鞠　平　朱跃龙　王济干　唐洪武　徐卫亚

秘　书：董增川

领导小组下设办公室。

主　任：董增川(兼)

河海大学“211 工程”三期建设领导小组

组　长：王　乘

副组长：朱跃龙

成　员：(按姓氏笔画排序)

王济干　朱　拓　李乃富　吴中如　吴胜兴　陆国宾　陈德奎　郑垂勇

姚纬明　徐卫亚　唐洪武　董增川　戴会超　鞠　平
秘　书： 董增川(兼)

河海大学优势学科创新平台项目建设领导小组

组　长： 王　乘
副组长： 朱跃龙
成　员： (按姓氏笔画排序)
王济干　朱　拓　李乃富　吴中如　吴胜兴　陆国宾　陈德奎　郑垂勇
姚纬明　徐卫亚　唐洪武　董增川　戴会超　鞠　平
秘　书： 董增川(兼)

河海大学研究生招生工作领导小组

组　长： 王　乘
成　员： (按姓氏笔画排序)
王济干　朱　拓　朱跃龙　陈德奎　姚纬明　鞠　平
秘　书： 张雪刚

河海大学推荐免试研究生工作领导小组

组　长： 王　乘
副组长： 鞠　平　朱跃龙　王济干
成　员： (按姓氏笔画排序)
马成志　阮怀宁　张海军　武清玺　姚纬明　高德华　缪子梅
秘　书： 于　伟　张雪刚

河海大学本科生招生工作领导小组

组　长： 王　乘
成　员： (按姓氏笔画排序)
王济干　朱　拓　陈德奎　缪子梅　鞠　平
秘　书： 渠燕军

河海大学毕业生就业工作领导小组

组　长： 朱　拓　王　乘
副组长： 王济干　鞠　平
成　员： (按姓氏笔画排序)
阮怀宁　张海军　姚纬明　缪子梅　潘洪林
秘　书： 黄林楠

河海大学“卓越工程师教育培养计划”工作领导小组

组　长：王　乘
副组长：鞠　平　朱跃龙　王济干
成　员：（按姓氏笔画排序）
刘丹平　刘兴平　江　冰　阮怀宁　陆国宾　周建方　周语明　姚纬明
蒋来娣　缪子梅
秘　书：周立新
领导小组下设工作组。
组　长：鞠　平
副组长：阮怀宁　束龙仓　刘丹平

河海大学“青马工程”领导小组

组　长：朱　拓
副组长：鞠　平　王济干
成　员：（按姓氏笔画排序）
万国彤　王泽华　冯广将　朱宏亮　阮怀宁　李冠华　吴宝海　何有山
余达淮　张　勤　张俊基　张展羽　陈　杰　陈元芳　钱　微　郭继超
缪子梅　颜素珍　魏　萍
秘　书：刘兴平
“青马工程”工作小组
课堂培训工作小组：孔祥冬　魏有兴　王永芝
对外交流工作小组：蒋　菊　笪学军　刘成钢
课题研究工作小组：戴玉珍　李　英　张秋野
志愿服务工作小组：鲁　扬　吴洪彪
课外实践工作小组：宋瑞平　朱志梅

河海大学国防生工作领导小组

组　长：王　乘
副组长：王济干　鞠　平
成　员：（以姓氏笔画排序）
万国彤　王建民　乔光玉　刘兴平　江　冰　阮怀宁　宋利民　张　勤
陆国宾　周语明　赵　坚　郭继超　蒲晓东　缪子梅　潘洪林
有关学院分管学生工作副书记和分管教学工作副院长
办公室设在学生工作处
主　任：蒲晓东（兼）

河海大学学生教育教学工作协调领导小组

组　长：鞠　平
副组长：王济干

成　员：(按姓氏笔画排序)

王　捷　刘兴平　阮怀宁　张海军　周语明　胡忠华　浦　玲　曹继平
雷贵荣　缪子梅　潘洪林

秘　书：于　伟　蒲晓东

河海大学本科教学工作委员会

主　任：鞠　平

副主任：阮怀宁　刘丹平

委　员：(按姓氏笔画排序)

于　伟　王　泽　王　萍　王建群　王普查　叶鸿蔚　冯卫兵　吉伯海
朱卫华　朱正东　朱永忠　朱昌平　刘爱莲　江　冰　安　如　许　峰
李同春　李志华　汪　群　陆光华　陈　菁　陈广华　周立新　郑　源
赵占西　郭　平　曹平周　蔡正林

秘　书：武　荣　管林楠

河海大学教材图书采购工作领导小组

组　长：鞠　平　陈德奎

成　员：(按姓氏笔画排序)

王志峰　王瑞庆　叶鸿蔚　束龙仓　陈广华　倪晓红　高新陵　韩绪军

秘　书：武　荣

河海大学“国家工科基础课程(力学)教学基地”领导小组

组　长：鞠　平

副组长：阮怀宁　钱向东　赵振兴

成　员：(按姓氏笔画排序)

王　泽　王泽华　李　枫　邵国建　陆国宾　陈　文　周立新　周语明
曹继平　雷贵荣

秘　书：邓爱民

领导小组下设建设小组。

组　　长：邵国建

技术指导：赵振兴　王惠民　武清玺

副 组 长：杜成斌　许庆春　李　煜

成　　员：(按姓氏笔画排序)

王向东　刘孝洋　江　泉　杨海霞　余天堂　陈玉泉　赵　引　雷　冬

秘　　书：邓爱民

河海大学密码工作领导小组

组　长：王济干

成　员：郭继超　钱恂熊

河海大学大学生社会实践活动领导小组

组　长：王济干
副组长：（以姓氏笔画排序）
万国彤　阮怀宁　张海军　刘兴平　郭继超　缪子梅　潘洪林
成　员：（以姓氏笔画排序）
王永芝　王如高　孔祥冬　朱志梅　乔　熙　刘成钢　刘兴平　江　冰
李　英　李冠华　吴洪彪　宋利民　宋瑞平　张秋野　周立新　胡井军
高洪娟　笪学军　康宏强　董涌波　蒋　菊　鲁　扬　蒲晓东　潘　静
戴玉珍　魏有兴

河海大学"1442工程"领导小组

组　长：王济干
副组长：缪子梅　阮怀宁　潘洪林
成　员：（以姓氏笔画排序）
万国彤　任旭华　刘兴平　宋利民　张　勤　周语明　胡忠华　渠燕军
蒲晓东
领导小组下设培养办公室，办公室设在学生处。
主　任：缪子梅（兼）

河海大学红十字会

一、河海大学红十字会

会　　长：王济干
副 会 长：李乃富
秘 书 长：雷贵荣
副秘书长：刘兴平

二、河海大学红十字会理事会

理事长：李乃富（兼）
理　事：（按姓氏笔画排序）
万国彤　王达军　刘兴平　阮怀宁　吴　红　张海军　周语明　胡忠华
雷贵荣　缪子梅
各学院分管学生工作副书记

三、河海大学红十字会办公室

主　任：雷贵荣（兼）
副主任：王达军　刘兴平
秘　书：杨会敏　邰　静

河海大学学生身心健康教育工作领导小组

组　长： 王济干
副组长： 鞠　平　李乃富
成　员：（按姓氏笔画排序）
丁寿祥　万国彤　王寿辉　王建民　华明亚　刘兴平　阮怀宁　余达淮
宋利民　张海军　胡忠华　倪晓红　曹继平　蒲晓东　雷贵荣　缪子梅
潘洪林
秘　书： 刘取芝　王达军

河海大学大学生心理健康教育工作领导小组

组　长： 王济干
副组长： 缪子梅　张海军　阮怀宁　潘洪林
成　员：（按姓氏笔画排序）
丁寿祥　于　伟　王寿辉　华明亚　刘兴平　孙　谦　余达淮　宋利民
胡忠华　倪晓红　曹继平　蒲晓东
秘　书： 刘取芝

河海大学体育工作委员会

主　任： 王济干
副主任：（以姓氏笔画排序）
王建民　阮怀宁　吴继敏　金　华　缪子梅
委　员：（以姓氏笔画为序）
王永芝　孔祥冬　朱志梅　乔　熙　刘成钢　刘晓云　李　英　李冠华
吴洪彪　沈丽英　宋瑞平　张秋野　张海军　胡井军　郭祥林　笪学军
康宏强　董涌波　蒋　菊　鲁　扬　蔡丽萍　戴玉珍　魏有兴
秘　书： 郭　平

河海大学少数民族学生工作协调委员会

主　任： 王济干
副主任： 郭继超　赵　坚　缪子梅
委　员：（按姓氏笔画排序）
于　伟　孔祥冬　刘成钢　刘兴平　吴洪彪　宋瑞平　张秋野　张济韬
张海军　胡忠华　笪学军　渠燕军　蒋　菊　蒲晓东　雷贵荣　魏有兴
秘　书： 张济韬(兼)

河海大学学生社区管理委员会

主　任： 王济干　李乃富
副主任： 缪子梅　张海军　王　捷　雷贵荣

委　员：（按姓氏笔画排序）
王如高　华明亚　刘兴平　周语明　胡忠华　浦　玲　蒋来娣
秘　书：孙　谦　渠燕军

河海大学管理岗位评聘工作委员会

主　任：朱　拓
副主任：王　乘　唐洪武
委　员：（按姓氏笔画排序）
王炎灿　王济干　朱跃龙　李乃富　吴继敏　张　勤　陈德奎　金　华
赵　坚　姚纬明　徐卫亚　高德华　郭继超　董增川　蒋来娣　鞠　平
秘　书：浦　玲　曹继平

河海大学聘用委员会

主　任：王　乘
副主任：朱　拓　唐洪武
委　员：（按姓氏笔画排序）
王炎灿　王济干　朱跃龙　任旭华　阮怀宁　李乃富　吴中如　吴胜兴
吴继敏　张　勤　陈德奎　金　华　周建方　郑垂勇　姚纬明　徐卫亚
高德华　董增川　蒋来娣　戴会超　鞠　平
秘　书：曹继平　丰土根

河海大学教师岗位评聘工作委员会

主　任：王　乘
副主任：朱　拓　吴中如　唐洪武
委　员：（按姓氏笔画排序）
王济干　朱跃龙　任旭华　阮怀宁　吴胜兴　吴继敏　周建方　姚纬明
徐卫亚　董增川　蒋来娣　鞠　平
秘　书：丰土根　曹继平

河海大学规范劳动用工工作领导小组

组　长：唐洪武
副组长：李乃富
成　员：（按姓氏笔画排序）
王炎灿　邢鸿飞　吴永强　汪北华　金　华　周语明　赵　坚　曹继平
蒋来娣　雷贵荣
秘　书：王　健

河海大学其他专业技术岗位评聘工作委员会

主　任：唐洪武

副主任：王济干　李乃富

委　员：(按姓氏笔画排序)

马　民　王　平　任旭华　阮怀宁　吴胜兴　吴继敏　张鸿业　陆国宾　陈星莺　周建方　周语明　封学军　高新陵　黄　波　蒋来娣　蔡　新　缪子梅

秘　书：曹继平　丰土根

河海大学产业规范化建设领导小组

组　长：王　乘

副组长：徐卫亚

成　员：(按姓氏笔画排序)

李乃富　封学军　唐洪武　董增川

秘　书：封学军(兼)

河海大学出版社体制改革领导小组

组　长：王　乘

副组长：徐卫亚　郑垂勇

成　员：(按姓氏笔画排序)

王　平　陆国宾　周语明　封学军　董增川　蒋来娣　韩绪军

秘　书：王　平(兼)

河海大学经营性资产管理委员会

主　任：王　乘

副主任：徐卫亚

委　员：(按姓氏笔画排序)

朱　拓　朱跃龙　李乃富

秘　书：封学军

河海大学设计院和江苏河海工程技术总公司改制工作领导小组

组　长：王　乘

副组长：徐卫亚

成　员：(按姓氏笔画排序)

陆国宾　陈德奎　周语明　封学军　唐洪武　蒋来娣　韩绪军

领导小组下设工作组。

组　长：徐卫亚(兼)

副组长：封学军(兼)

水资源高效利用与工程安全国家工程研究中心建设管理委员会

主　任：王　乘

副主任：徐卫亚
委　员：（按姓氏笔画排序）
朱　伟　任旭华　陆国宾　陈星莺　周语明　封学军　董增川　蒋来娣
戴会超
秘　书：张伟建

河海大学沿海开发领导小组

组　长：朱　拓
副组长：王　乘　朱跃龙
成　员：（按姓氏笔画排序）
任旭华　张长宽　郑垂勇　赵　坚　徐卫亚　郭继超　唐洪武
领导小组下设办公室。
主　任：赵　坚（兼）
秘　书：陈军冰

河海大学中央高校基本科研业务费管理领导小组

组　长：王　乘
副组长：徐卫亚
成　员：（按姓氏笔画排序）
任旭华　周语明　姚纬明　蒋来娣　韩绪军
领导小组下设项目管理办公室。
主　任：陈毓陵

河海大学校园规划领导小组

组　长：王　乘
副组长：朱跃龙　唐洪武　李乃富
成　员：（按姓氏笔画排序）
王　捷　朱　亚　任旭华　阮怀宁　吴永强　吴胜兴　陆国宾　金　华
周建方　周语明　封学军　赵　坚　胡忠华　娄　健　姚纬明　秦进东
郭继超　黄　波　董增川　蒋来娣　雷贵荣　缪子梅
领导小组下设立办公室。
主　任：李乃富（兼）
副主任：娄　健（兼）　董增川（兼）

河海大学校园治安综合治理领导小组

组　长：王　乘
副组长：王济干　李乃富
成　员：（按姓氏笔画排序）
王　捷　吴继敏　赵　坚　胡忠华　郭继超　雷贵荣
领导小组下设办公室。

主　任：胡忠华(兼)

河海大学防火安全委员会

主　任：王　乘
副主任：王济干　李乃富
委　员：(按姓氏笔画排列)
王　捷　吴永强　陆国宾　周建方　封学军　赵　坚　胡忠华　雷贵荣
缪子梅
秘　书：徐　军

河海大学公共卫生领导小组

组　长：王　乘
副组长：李乃富　王济干
成　员：(按姓氏笔画排序)
万国彤　王　捷　张海军　彭　雷　雷贵荣　缪子梅
秘　书：雷贵荣(兼)

河海大学突发环境事件应急领导小组

组　长：李乃富
副组长：王济干
成　员：(按姓氏笔画排序)
华明亚　吴青山　陆光华　陆国宾　胡忠华　彭　隆　彭　雷　雷贵荣

河海大学节能减排领导小组

组　长：王　乘
副组长：李乃富
成　员：(按姓氏笔画排序)
万国彤　王　捷　张海军　陆国宾　周建方　赵　坚　娄　健　董增川
雷贵荣　缪子梅
秘　书：孙　谦

河海大学采购工作领导小组

组　长：王　乘
副组长：李乃富
成　员：(按姓氏笔画排序)
朱跃龙　陆国宾　陈德奎　鞠　平
秘　书：陆国宾(兼)

河海大学后勤改革工作组

组　长：李乃富
副组长：董增川
成　员：（按姓氏笔画排序）
吴　红　吴永强　汪建新　陆国宾　周语明　隋寿义　蒋来娣　雷贵荣
秘　书：胡忠平

江南骏园管理工作协调工作组

组　长：李乃富
副组长：王　捷　陆国宾
成　员：（按姓氏笔画排序）
石柏林　邢鸿飞　周语明　封学军　赵　坚　胡忠华　隋寿义　缪子梅
秘　书：吴青山

河海大学卫生防疫与食品安全工作领导小组

组　长：李乃富
副组长：雷贵荣　隋寿义　彭　雷
成　员：（按姓氏笔画排序）
万国彤　华明亚　吴　红　吴永强　张海军　陆劲松　胡忠华　倪晓红
渠燕军
秘　书：赵　平

河海大学绿化委员会

主　任：李乃富
副主任：雷贵荣　王　捷
成　员：（按姓氏笔画排序）
万国彤　孙　谦　吴　红　汪建新　张　军　张海军　周语明　渠燕军
隋寿义
秘　书：贾偕杰

河海大学计划生育委员会

主　任：李乃富
副主任：雷贵荣　金　华　蒋来娣　彭　雷
成　员：（按姓氏笔画排序）
万国彤　邢　芳　华明亚　刘取芝　汪北华　张秋玲　张海军　周语明
高德华　郭继超　缪子梅
秘　书：李　萍

河海大学爱国卫生委员会

主　任：李乃富
副主任：雷贵荣　王　捷　彭　雷
成　员：(按姓氏笔画排序)
万国彤　孙　谦　吴　红　张海军　金　华　柳岱青　渠燕军　隋寿义
秘　书：沈志猛

河海大学幼儿园管理工作领导小组

组　长：李乃富
副组长：雷贵荣
成　员：(按姓氏笔画排序)
马成志　周语明　高德华　蒋来娣
秘　书：刘海燕

河海大学水科技园领导小组

组　长：王　乘
副组长：李乃富　徐卫亚
成　员：(按姓氏笔画排序)
任旭华　陆国宾　周语明　封学军　赵　坚　高德华　章恒全
秘　书：陆国宾(兼)

河海大学安全生产委员会

主　任：李乃富
副主任：陆国宾　胡忠华
委　员：(按姓氏笔画排序)
王　捷　王寿辉　王建民　任旭华　阮怀宁　吴　红　吴永强　张鸿业
金　华　周建方　周语明　封学军　娄　健　高新陵　蒋来娣　雷贵荣
秘　书：张　燕

河海大学国际学术交流中心建设领导小组

组　长：王　乘
副组长：李乃富　郑垂勇
成　员：(按姓氏笔画排序)
吴永强　陆国宾　周语明　娄　健　胡忠华　赵　坚　高德华　雷贵荣
秘　书：陆国宾(兼)

江宁校区西区建设领导小组

组　长：王　乘
副组长：朱跃龙　李乃富　吴胜兴
成　员：（以姓氏笔画排序）
王　捷　陆国宾　周语明　姚纬明　娄　健　胡　明　赵　坚　高德华
韩绪军
秘　书：胡　明（兼）

河海大学办公用房调配领导小组

组　长：李乃富
副组长：陆国宾　董增川
成　员：（按姓氏笔画排序）
万国彤　王　捷　任旭华　阮怀宁　束龙仓　张　勤　金　华　周语明
赵　坚　高德华　郭继超　蒋来娣　雷贵荣
秘　书：沈益朋

中共河海大学委员会党务公开工作领导小组

组　长：朱　拓
副组长：陈德奎　王济干
成　员：郭继超　张　勤　万国彤　王建青　高德华　金　华　缪子梅　张海军
胡忠华
领导小组下设办公室。
主　任：郭继超（兼）

河海大学 2011 年网上录取工作领导小组

组　长：王济干　陈德奎
副组长：缪子梅
成　员：（以姓氏笔画排序）
王　捷　朱　亚　陆国宾　周语明　胡忠华　赵　坚　高德华　渠燕军
雷贵荣　潘洪林
秘　书：郑　润　蓝　崑

河海大学国家教育体制改革试点项目工作领导小组

组　长：王　乘
副组长：鞠　平　朱跃龙
成　员：（按姓氏笔画排序）
王济干　朱　拓　李乃富　陈德奎　唐洪武　徐卫亚
秘　书：董增川

领导小组下设项目工作小组。

组　长：董增川

成　员：（按姓氏笔画排序）

马成志　任立良　任旭华　阮怀宁　汪建新　陆国宾　陈元芳　陈星莺
周语明　郑金海　姚纬明　赵　坚　顾冲时　蒋来娣　缪子梅

秘　书：毕永竹

江苏省基层水利职工培训教材编写工作领导小组

组　长：王　乘

副组长：鞠　平　朱跃龙　唐洪武

成　员：（按姓氏笔画排序）

王　平　许　峰　邢鸿飞　张展羽　陈元芳　陈　杰　陈青生　施国庆

秘　书：吴爱华

领导小组下设办公室。

主　任：唐洪武

副主任：陈青生　王　平

成　员：余　敏　朱　辉　陈　菁

秘　书：吴爱华

河海大学2011年成人高校面向艰苦行业推荐入学招生领导小组

组　长：鞠　平

副组长：韩全林（江苏省水利厅）

成　员：（按姓氏笔画排序）

王瑞庆　许圣斌　余　敏　陈青生　高德华

秘　书：王世军

领导小组下设工作组。

组　长：余　敏

副组长：韦普和（江苏省水利厅）

成　员：（按姓氏笔画排序）

王世军　叶建冬　陈新耕　常　华　潘　涤

秘　书：潘　涤

河海大学学校创新能力提升计划工作领导小组

组　长：朱　拓

成　员：王　乘　鞠　平　陈德奎　朱跃龙　王济干　唐洪武　李乃富
徐卫亚

领导小组下设工作组。

组　长：王　乘

成　员：朱跃龙　唐洪武　徐卫亚　任旭华　陆国宾　周语明　姚纬明
董增川　蒋来娣

秘　书：任旭华(兼)　董增川(兼)

河海大学数字校园一期建设领导小组及相关工作组

一、领导小组

领导数字校园一期建设，负责审定一期建设规划方案、经费预算；负责建设过程中重大问题的决策；负责数字校园项目的验收。

领导小组成员由河海大学信息化工作领导小组兼任(具体名单见河海校政〔2010〕147 号)。

二、工作组

具体实施数字校园一期建设，现设立综合办公室、专家咨询组、建设条件保障组、系统建设办公室 4 个组

1. 综合办公室

具体负责数字校园一期建设总体协调工作。

主　任：赵　坚

副主任：陆国宾　　周语明

成　员：(以姓氏笔画排序)

刘丹平　　刘福东　　朱　亚　　李　枫　　高新陵　　梁正和

秘　书：孙　林

2. 专家咨询组

负责学校信息化建设总体规划的论证；对学校信息化建设进程中各部门的具体需求以及重大技术问题提供咨询；负责对学校信息化建设进程中各子项目的建设与验收提供技术层面和应用层面的合理意见；对信息化建设中可能遇到的其他重大问题提供咨询等。

组　长：高新陵

副组长：刘福东

成　员：(以姓氏笔画排序)

万定生　　王志坚　　邓玉林　　陈金水　　杨志勇　　胡吉明　　蔡正林

潘洪山

秘　书：张新华

3. 建设条件保障组

负责筹集数字化校园建设资金；制定资金筹措方案，组织与通信运营商、银行进行谈判，确定合作方案，签订合同等。

组　长：陆国宾

副组长：周语明　　朱　亚

组　员：(以姓氏笔画排序)

李　枫　　吴宁萍　　张海军　　倪晓红　　高德华　　秦进东　　龚鹏程

韩绪军　　雷贵荣　　缪子梅

秘　书：秦　睿

4. 系统建设办公室

负责数字化校园项目的具体实施，包括需求调研、分析；方案的设计；信息标准的制定、项目的开发、系统的部署及测试、系统的应用和推广等。

主　任：朱　亚

副主任：李　枫　　梁正和

成　员：以专家咨询组、系统建设相关单位和信息中心人员构成，根据工作需要再行成立其他

相应专项工作小组。

秘　书：张国宝

河海大学数字校园一期建设相关项目组

一、校园一卡通项目组

项目负责人：倪晓红
技术负责人：梁正和
实施负责人：殷晓岚
项目组成员：（以下按姓氏笔画排序）
吴　凯　张国宝　张新华　李　枫　李景奇　李德生　沈　洁
陈华山

二、数字校园基础平台项目组

项目负责人：梁正和
技术负责人：胡吉明
实施负责人：张国宝
项目组成员：（以下按姓氏笔画排序）
祁　林　张新华　李景奇　陈华山

三、人事管理系统项目组

项目负责人：曹继平
技术负责人：张国宝
实施负责人：夏　希
项目组成员：（以下按姓氏笔画排序）
尹虔颀　刘宇琳　宋亚琼　李　娜　陈　婕　姜海霞

四、网站群管理系统项目组

项目负责人：潘　静
技术负责人：张国宝
实施负责人：李海峰
项目组成员：（以下按姓氏笔画排序）
刘桂清　孙成群　张春平　张潇潇　李景奇　陈　磊　孟　凯

五、OA 办公系统项目组

项目负责人：李　枫
技术负责人：张新华
实施负责人：孙　林
项目组成员：（以下按姓氏笔画排序）
刘　江　吴君明　张国宝

六、学工管理系统项目组

项目负责人：蒲晓东

技术负责人：李景奇
实施负责人：乔雅辉
项目组成员：（以下按姓氏笔画排序）
王 健　刘取芝　吕艳红　张彦德　祝 婕　韩 熠　蓝 昆
颜 玲　薛书冰　薛丽娟

七、迎新、离校系统项目组

项目负责人：李 枫
技术负责人：梁正和
实施负责人：孙 林
项目组成员：（以下按姓氏笔画排序）
于 伟　倪晓红　任海莹　曹 翀　曹继平　蒲晓东

八、视频会议系统项目组

项目负责人：李 枫
技术负责人：李金方
实施负责人：孙 林
项目组成员：（以下按姓氏笔画排序）
丁寿祥　王 熠　吴 滔　张 军　曹 翀

河海大学水下振动台领导和建设相关小组

领导小组

组 长：王 乘
副组长：朱跃龙　李乃富
成 员：吴胜兴　姚纬明　娄 建　陆国宾　顾冲时
秘 书：陆国宾（兼）

工作小组

组 长：吴胜兴
副组长：李同春　胡 明
成 员：根据建设进程另定。
秘 书：牛志伟

江南骏园协调工作组

组 长：李乃富
副组长：王 捷　陆国宾
成 员：（按姓氏笔画排序）
石柏林　邢鸿飞　周语明　赵 坚　娄 健　缪子梅
联络员：石柏林

河海大学财经工作领导小组

组　长：王　乘
副组长：朱跃龙
成　员：(按姓氏笔画排序)
朱　拓　李乃富　陈德奎　周语明　唐洪武
秘　书：周语明(兼)

河海大学“小金库”专项治理工作领导小组

组　长：朱跃龙
副组长：陈德奎　李乃富　徐卫亚
成　员：(按姓氏笔画排序)
吴永强　周建方　周语明　封学军　赵　坚　高德华　韩绪军　潘洪林
“小金库”专项治理工作领导小组办公室设在财务处。
办公室主任：周语明
成　　员：倪晓红　李德生　王志峰　张超豪
秘　　书：张李杰

河海大学基建修缮工作领导小组

组　长：王　乘
副组长：李乃富　朱跃龙
成　员：(按姓氏笔画排序)
吴胜兴　陆国宾　周语明　郑垂勇　娄　健　赵　坚　高德华　黄　波
董增川　韩绪军　雷贵荣
秘　书：陈　刚

河海大学给水排水工程专业教育评估领导小组

组　长：鞠　平
副组长：王　超　阮怀宁　陆光华
成　员：(按姓氏笔画排序)
王寿辉　叶鸿蔚　华祖林　吴　红　陈卫　陈　杰　季　莉　倪晓红
曹继平　笪学军　黄林楠　操家顺
秘　书：李　洋　陶　辉

河海大学水利水电工程专业认证领导小组

组　长：鞠　平
副组长：顾冲时　阮怀宁　陈　菁
成　员：(按姓氏笔画排序)
王寿辉　叶鸿蔚　吴　红　周立新　倪晓红　曹继平　黄林楠　缪名芬

魏有兴
秘　书： 蒋慧敏

河海大学商学教育国际认证领导小组

组　长： 王　乘
常务副组长： 鞠　平
副组长： 张　阳　　阮怀宁　　姚纬明
成　员：（按姓氏笔画排序）
叶鸿蔚　　任立良　　陆国宾　　何有山　　束龙仓　　周语明　　赵　坚　　蒋来娣
缪子梅
秘　书： 周海炜

河海大学 GJB 质量体系认证第二阶段审核领导小组

组　长： 王　乘
副组长： 陈德奎　　徐卫亚
成　员：（按姓氏笔画排序）
任旭华　　张　勤　　陆国宾　　陈毓陵　　周语明　　赵　坚　　高德华　　蒋来娣
雷贵荣
秘　书： 陈毓陵（兼）

河海大学“江苏高校优势学科建设工程”建设领导小组和工作组

组　长： 王　乘
成　员：（按姓氏笔画排序）
王济干　　朱　拓　　朱跃龙　　吴中如　　李乃富　　陈德奎　　唐洪武　　徐卫亚
鞠　平
秘　书： 董增川
领导小组下设工作组。
组　长： 朱跃龙
副组长： 姚纬明　　董增川
成　员：（按姓氏笔画排序）
王　超　　任旭华　　刘汉龙　　吴中如　　张长宽　　陆国宾　　周语明　　蒋来娣
秘　书： 施建勇

河海大学新安江流域水文综合实验基地建设领导小组及工作组

领导小组

组　长： 王　乘
副组长： 朱跃龙　　徐卫亚
成　员：（按姓氏笔画排序）
任旭华　　余钟波　　陆国宾　　周语明　　姚纬明　　娄　健　　彭世彰

工作组

组　长：徐卫亚
副组长：余钟波
技术组成员：余钟波　杨　涛　舒大兴　刘金涛　石　朋
征地基建组成员：舒大兴　王万杰　茅志兵　娄　健　周语明　陆国宾

河海大学研究生科学道德和学风建设宣传教育工作领导小组

组　长：王　乘
副组长：朱跃龙
成　员：(以姓氏笔画排序)
万国彤　王　超　王建民　刘汉龙　安天庆　朱天宇　邢鸿飞　余达淮
余钟波　吴宝海　张　阳　张海军　周志芳　范新南　郑金海　姚纬明
施国庆　袁　越　钱　微　钱向东　顾冲时
秘　书：束龙仓
领导小组下设工作组。
组　长：姚纬明
副组长：张海军　束龙仓
成　员：(以姓氏笔画排序)
卫志农　卞新高　孔祥冬　方国华　王建文　刘爱莲　华祖林　朱永忠
许长新　余文学　吴　中　李庆武　陈　文　陈　达　徐立中　郭　平
蔡　斌
秘　书：戴宏伟

各级人大代表、政协委员、政府参事

人大代表

一、全国

第十一届人大代表：章　青

二、江苏省

第十一届人大代表：张长宽　朱　伟

三、南京市

第十四届人大代表：李致家

四、常州市

第十四届人大代表：江　冰

五、南京市鼓楼区

第十六届人大代表：孙其昂

六、常州市新北区

第二届人大副主任：黄　皎　　何春元　　陈慧萍
第二届人大代表：何春元　　陈慧萍

政协委员

一、全国

第十一届政协委员：陈星莺

二、江苏省

第十届政协常委：吴胜兴　　许长新
第十届政协委员：朱　拓　　李梦侠　　陈建生　　赵　坚　　王志坚　　王　媛

三、南京市

第十二届政协委员：史安娜

四、常州市

第十二届政协委员：梅志千　　安　文　　郝雁南

五、南京市鼓楼区

第十届政协委员：孙树林　　刘　凌　　张　玮

六、南京市江宁区

第十届政协副主席：吴凤平

七、常州市新北区

第二届政协委员：潘江波

政府参事

江苏省人民政府

陈守伦

民主党派各级组织负责人名单

一、中央级

吴胜兴　民盟中央委员

二、省级

许长新　民建江苏省第七届委员会副主任委员
陈星莺　民革江苏省第九届委员会副主任委员
李梦侠　民盟江苏省第十届委员会常委
李致家　民盟江苏省第十届委员会委员
赵　坚　农工党江苏省第十届委员会委员
陈建生　九三学社江苏省第六届委员会常委
郭英华　九三学社江苏省第六届委员会委员
安　文　九三学社江苏省第六届委员会委员

三、市级

江　冰　九三学社常州市第五届委员会副主任委员
郝雁南　民盟常州市第十二届委员会委员

各民主党派基层组织和无党派人士、侨、台联负责人名单

一、中国民主同盟河海大学委员会

主　委：吴胜兴
副主委：李梦侠　李致家　李同春　王　媛　钱向东　卢廷浩

二、中国民主同盟河海大学常州校区支部

主　委：梅志千
副主委：郝雁南　潘江波

三、九三学社河海大学委员会

主　委：陈建生
副主委：朱　伟　孙树林　沈菊琴　戚　明

四、九三学社河海大学常州校区支社

主　委：黄　皎
副主委：苏　洲

五、中国民主促进会河海大学支部

主　委：章　青
副主委：梁忠民

六、中国致公党河海大学支部

主　委：刘　凌
副主委：吉伯海

七、中国民主建国会河海大学支部

主　委：许加军

副主委：史安娜

八、中国农工民主党河海大学支部

主　委：赵　坚
副主委：陈广华

九、中国国民党革命委员会河海大学支部

主　委：陈星莺

十、河海大学无党派人士联谊会

会　长：王志坚
副会长：高新陵　　王船海

十一、河海大学侨联

主　席：张　玮
副主席：刘树人　　许良乾

十二、河海大学台谊会

会　长：曹挺杰
副会长：尉天骄　　李庆和

省、市统一战线团体任职人员名单

王志坚　江苏省党外知识分子联谊会常务理事
陈星莺　江苏省黄埔亲属联谊会副会长
刘树人　江苏省侨联第五届委员会委员
王建青　江苏省统一战线理论研究会理事
刘汉龙　江苏省侨界专业人士联合会副会长
马爱斌　江苏省侨界专业人士联合会理事
王　媛　江苏省侨界专业人士联合会理事
吉伯海　江苏省侨界专业人士联合会理事
陈　达　江苏省侨界专业人士联合会理事
严　勤　江苏省侨界专业人士联合会理事
徐立中　南京市党外知识分子联谊会常务理事
郁大刚　南京市党外知识分子联谊会理事
汪基伟　南京市党外知识分子联谊会理事
陈　喜　南京留学人员联谊会常务理事
刘斯宏　南京留学人员联谊会理事
张　玮　南京留学人员联谊会理事
李琼芳　南京留学人员联谊会理事
王建青　南京市统一战线理论研究会常务理事
许加军　南京市统一战线理论研究会常务理事

（人事处、组织部、统战部、常州校区供稿）

奖励与表彰

2011年度获校外表彰的先进集体和先进个人

一、科技类

1. 刘汉龙[1]、高玉峰[2]、丁选明[3]、陈育民[4]、马晓辉[5]、储海岩[6]，现浇混凝土大直径管桩及复合地基技术与应用，国家发明二等奖，国家科学技术奖励办公室。

2. 张长宽[1]、华祖林[2]、龚政[3]、谭亚[4]、顾莉[5]、郃佳爱[6]、褚克坚[7]、陈永平[8]、陶建峰[9]、周晶晶[10]，河口海岸水灾害预警预报关键技术、系统集成及应用，国家科技进步奖二等奖，国家科学技术奖励办公室。

3. 顾冲时[1]、苏怀智[2]、郑东健[4]、包腾飞[5]，重大水工程服役风险评定与馈控的关键技术及其应用，国家科技进步二等奖，国家科学技术奖励办公室。

4. 王媛[1]、陈建生[2]、速宝玉[3]、詹美礼[4]、盛金昌[5]、陈亮[6]、董海洲[7]、倪小东[8]、叶合欣[9]、胡云进[10]、谢兴华[11]、罗玉龙[12]、饶文波[13]、刘杰[14]、秦峰[15]、何朝葵[16]、梁越[17]，岩土体渗流破坏多场耦合机理与渗控关键技术，教育部科技进步一等奖，教育部。

5. 周志芳[1]、王锦国[4]、赵燕容[5]、黄勇[8]，大型基础降水及其诱发地层沉降控制技术及应用，江苏省科学进步二等奖，江苏省人民政府。

6. 曹海林[1]，村庄公共权利的重构逻辑——苏北窑村经验的历史反思与四县市选择，江苏省哲学社会科学奖二等奖，江苏省人民政府。

7. 赵永乐[1]，城乡和谐就业理论——农民工进城对就业影响研究，江苏省哲学社会科学奖三等奖，江苏省人民政府。

8. 金林南[1]，西方政治认知论演变，江苏省哲学社会科学奖三等奖，江苏省人民政府。

9. 张阳[1]、周海炜[2]，企业战略创新——管理文化的观点，江苏省哲学社会科学奖三等奖，江苏省人民政府。

10. 丁选明[3]、孔纲强[4]，桩承式加筋路堤作用机理与沉降控制方法研究及应用，湖北省科学进步一等奖，湖北省人民政府。

11. 刘晓青[10]，大型水电站进水口分层取水研究，云南省科学进步一等奖，云南省人民政府。

12. 谢悦波[3]，基于"自然—人工"二元模式的洞庭湖水沙演化与变异研究，湖南省科学进步二等奖，湖南省人民政府。

13. 沈振中[2]，九甸峡面板堆石坝运行初期安全监控模型和预警指标研究，甘肃省科学进步二等奖，甘肃省人民政府。

14. 张展羽[6]，大型渠道设计与施工新技术，山东省科学进步二等奖，山东省人民政府。

15. 苏超[10]，陡倾层状围岩巨型地下洞室群稳定控制关键技术研究与实践，湖南省科学进步二等奖，湖南省人民政府。

16. 汪基伟[4]，非杆件混凝土结构裂隙控制及承载力分析技术与应用，陕西省科学进步二等奖，陕西省人民政府。

17. 张福海[9]，制式路面地基适应性及结构优化技术研究，军队科技进步二等奖，中国人民解放军总装备部。

18. 陆桂华[1]、刘凌[5]、宋兰兰[6]，广东省生态环境需水研究，广东省科技进步三等奖，广东省人民政府。

19. 李浩[1]、张友静[3]，施工地质快速编录新技术，湖南省科技进步三等奖，湖南省人民政府。

20. 郝振纯[3]，安徽省淮河流域水资源演变与供水安全研究及应用，安徽省科技进步三等奖，安徽省人民政府。

21. 徐卫亚[5]，岩石高边坡稳定性反馈分析和预警系统关键技术研究，四川省科技进步三等奖，四川省人民政府。

22. 刘德有[5]，水电站气垫式调压室关键技术研究及应用，国家能源局科技进步三等奖，国家能源局。

23. 杨晨[1]、朱宇[2]、施学哲[3]、于淦群[4]、黄永春[5]、张扬[6]、刘佳[7]、吴靖[8]、夏钰[9]，江苏省知识产权竞争力评价指标体系验证研究，软科学三等奖，国家知识产权局。

24. 艾萍，国家防汛抗旱指挥系统工程技术研究与应用，大禹科技进步特等奖，大禹水利科学技术奖奖励委员会。

25. 陆桂华[1]、吴志勇[2]、包为民[3]、何海[4]、鞠琴[7]、杨涛[10]，水文循环大气—陆面过程模拟及应用，大禹科技进步一等奖，大禹水利科学技术奖奖励委员会。

26. 李同春[1]、赵兰浩[9]、于永海[15]，大型灯泡贯流泵关键技术研究与应用，大禹科学进步一等奖，大禹水利科学技术奖奖励委员会。

27. 崔广柏[1]、王卫平[2]，滨江地区引水工程河网配水研究，大禹水利科学进步二等奖，大禹水利科学技术奖奖励委员会。

28. 周建方[1]、郑圣义[4]，服役水工钢闸门结构健康诊断及安全度评估方法研究，大禹水利科学进步二等奖，大禹水利科学技术奖奖励委员会。

29. 任青文[1]、章青[2]、杜成斌[3]、钱向东[5]、余天堂[7]、郑东健[10]、梅明荣[15]，特高拱坝强度、稳定性与安全评价的理论与实践，水力发电科学进步一等奖，水力发电科学技术奖励委员会。

30. 徐卫亚[1]、王伟[12]、石崇[14]，水电工程大型地下洞室群反馈优化及长期稳定性研究与工程应用，水力发电科技进步三等奖，水力发电科技奖励委员会。

31. 徐卫亚[11]，龙滩水电站进水口反倾向层状结构岩质高边坡稳定性与治理措施研究，水力发电科技进步三等奖，水力发电科技奖励委员会。

32. 任青文[5]，水工隧洞结构限裂设计研究，水力发电科技进步三等奖，水力发电科技奖励委员会。

33. 黄淑萍，光照200米级高碾压混凝土重力坝筑坝技术研究，中国电力技术进步三等奖，中国电机工程学会。

34. 洪宝宁[14]，山岭重丘区高速公路建设管理关键技术研究与应用，中国公路学会科学进步一等奖，中国公路学会。

35. 陈永辉[2]，高速公路软基路堤动态控制技术及适用性研究，中国公路学会科技进步三等奖，中国公路学会。

36. 张玮[17]，国家高等级航道网通航枢纽及船闸关键技术创新研究与实践，中国航海学会科技进步特等奖，中国航海学会。

37. 吉伯海[3]，航道桥梁整体同步顶升成套关键技术，中国航海协会科技进步三等奖，中国航海学会。

38. 张福海，混凝土板桩技术在内河航道及码头工程中的应用研究，中国航海协会科技进步三等奖，中国航海学会。

39. 许长新[2]、尹庆民[5]，京杭运河常州市区段改线工程土方综合利用及其效益评价研究，中国航海协会科技进步三等奖，中国航海学会。

40. 郑源[1]、周大庆[3]、屈波[4]，用于水动冷却塔的高效直驱混流式水轮机开发与应用，中国机械工业学会科技进步三等奖，中国机械工业学会。

41. 石爱业[1]、徐立中[2]、艾萍[3]、陈尚林[4]、黄凤辰[5]、汤敏[6]、周金陵[7]、陆旭[8]，基于3S的多源水环境监测数据融合关键技术及专题应用软件产品，中国仪器仪表学会科学技术奖优秀奖，中国仪器仪表学会。

42. 严锡君[1]、李岳衡[3]、徐立中[4]，系列化高性能野外自动测报仪器设备及推广应用，中国仪器仪表学会科学技术奖优秀奖，中国仪器仪表学会。

43. 罗玉峰[2]、徐俊增[4]、王卫光[6]、缴锡云[7]，南方灌区生态节水工程建设与管理模式，中国节水科学进步一等奖，中国农业节水与农村供水协会。

44. 郭相平[4]、俞双恩[8]、郝树荣[9]、王为木[13]、邵光成[14]、殷国玺[23]，沟田协同控制灌排技术节水及环境效应试验研究，中国节水科学进步二等奖，中国农业节水与农村供水协会。

45. 倪福生[2]，绞吸挖泥船施工模拟系统，中国水运科学进步一等奖，中国水运建设行业协会。

46. 诸裕良[1]、张蔚[3]、孔俊[8]，珠江三角洲航道工程对咸潮入侵影响研究，中国水运科学进步二等奖，中国水运建设行业协会。

47. 张玮[6]，水网地区航道通过能力及服务水平研究，中国水运科技进步二等奖，中国水运建设行业协会。

48. 封学军[1]，广东省航道信息化发展研究，中国水运科技进步三等奖，中国水运建设行业协会。

49. 许长新[1]、陈洁[2]、雷智鹢[3]、田贵良[4]、张浩[5]，江苏省现代综合交通运输与经济社会和谐发展的评价指标体系研究，中国港口协会科技进步三等奖，中国港口协会。

50. 许长新[2]、田贵良[5]，港口对福建省经济发展的贡献率研究，中国港口协会科技进步三等奖，中国港口协会。

51. 蒋林华[1]、徐怡[5]、储洪强[10]，非粘土墙体材料建筑的裂缝机理及防治对策研究，中国商业联合会科技二等奖，中国商业联合会。

52. 蒋亚清[1]、刘小艳[2]，改进型混凝土保坍剂，中国商业联合会科技二等奖，中国商业联合会。

53. 杜栋[1]，6σ与ISO、BPR、ERP、CRM的关系与集成，中国商业联合会科技进步三等奖，中国商业联合会。

54. 王普查[1]、邓建高[3]，基于价值流的企业成本管理体系研究，中国商业联合会科技三等奖，中国商业联合会。

55. 田泽[1]、武博[2]，江苏企业国际化经营风险、进入模式及竞争优势培育研究，中国商业联合会科技三等奖，中国商业联合会。

56. 王伟[1]、封学军[2]、黄莉[3]、蒋柳[4]、张艳[5]，区域物流系统演化机理及其布局优化，中国商业联合会科技三等奖，中国商业联合会。

57. 田泽[1]，中国产业内贸易问题及实证研究，中国商业联合会科技三等奖，中国商业联合会。

58. 安文[1]，产学研合作创新奖，中国产学研合作促进会。

59. 蒋亚青[1]，大掺量粉煤灰自密度混凝土，中国技术市场协会科技进步奖，中国技术市场协会。

60. 刘汉龙[1]，发明创业奖，中国发明协会。

61. 苏怀智[1]，中国青年科技奖，中国科学技术协会。

62. 洪陵成[1]，流动注射法化学需氧量自动监测技术成果转化，江苏省环保厅科技进步一等奖，江苏省环保厅。

63. 郭相平[4]，沟田协同控制灌排技术节水及环境效应试验研究，江苏省水利厅科技进步一等奖，江苏省水利厅。

64. 朱珍德[5]，红山窑水利枢纽工程地基和基础综合研究，江苏省水利厅科技进步二等奖，江苏省水利厅。

65. 张福海[2]、张文慧[6]，膨胀土改良技术研究与工程应用，江苏省水利厅科技进步二等奖，江苏省水利厅。

66. 祝建中[2]，高耗水行业废水(印染废水)再生处理回用技术研究与应用，江苏省水利厅科技进步二等奖，江苏省水利厅。

67. 许峰[5]，3G技术在防汛指挥系统可视化会商中的应用和推广，江苏省水利厅科技进步二等奖，江苏省水利厅。

68. 罗玉峰[2]、徐俊增[4]、王卫光[6]，南方灌区生态节水工程建设与管理模式，江苏省水利厅科技进步二等奖，江苏省水利厅。

69. 任青文[2]、王山山[5]，强震区截污导流工程抗震安全性研究及应用，江苏省水利厅科技进步三等奖，江苏省水利厅。

二、教学类

1. 郑大俊、蒲晓东、赵宇、边霞、刘晓静、吴胜兴、蔡正林、关蕾，基于多校共享互融的大学生文化素质教育模式探索与实践，江苏省高等教育教学成果特等奖，江苏省教育厅。

2. 周建方、江冰、廖华丽、王萍、吴洁、刘丹平、赵占西、朱金秀、宋利民、张友琴，创新型工程人才培养体系的构建与实践，江苏省高等教育教学成果一等奖，江苏省教育厅。

3. 王惠民、邵国建、杜成斌、赵振兴、武清玺、杨海霞、许庆春、陈玉泉、雷冬、王向东，建“质量工程”力学项目群，创立体化教学体系，促行业特色创新人才培养，江苏省高等教育教学成果一等奖，江苏省教育厅。

4. 陈元芳、谢悦波、李国芳、黄振平、董增川、芮孝芳、任立良、魏萍、束龙仓、王建群，面向国际、强化创新，水文与水资源工程特色专业人才培养的研究与实践，江苏省高等教育教学成果二等奖，江苏省教育厅。

5. 沈扬、刘汉龙、卢廷浩，《土力学(双语)》，2011年江苏省高等学校优秀多媒体教学课件特等奖，江苏省教育厅。

6. 王建中，《军事理论》，2011年江苏省高等学校优秀多媒体教学课件一等奖，江苏省教育厅。

7. 石朋、李琼芳、瞿思敏、袁飞，《水文学原理》，2011年江苏省高等学校优秀多媒体教学课件二等奖，江苏省教育厅。

8. 陶飞飞、卞艺杰、胡震云、陈京民、邓建高，《基于Web2.0的“企业Web技术应用”》，2011年江苏省高等学校优秀多媒体教学课件二等奖，江苏省教育厅。

9. 陈阵、吴敏、王幸、于楚，《会计学》，2011年江苏省高等学校优秀多媒体教学课件二等奖，江苏省教育厅。

10. 吴胜兴、钱自立、周立新、管林楠、武晓楠、凌提琴、成晔、陶圣叶，现代水利人才培养能力预测研究，“十一五”水利教育研究成果奖课题研究报告类一等奖，中国水利教育协会。

11. 郑金海、陈达，新形势下港口航道与海岸工程专业建设和人才需求研究，“十一五”水利教育研究成果奖课题研究报告类二等奖，中国水利教育协会。

12. 田泽，提高水利教育资源和人才资源的转化效率，“十一五”水利教育研究成果奖论文类一等奖，中国水利教育协会。

13. 刘江、李芹，特色型高校办公室文化建设的思考与实践，“十一五”水利教育研究成果奖论文类二等奖，中国水利教育协会。

14. 李枫、赵海伟，高水平行业特色型高校的发展与思考，“十一五”水利教育研究成果奖论文类二等奖，中国水利教育协会。

15. 娄保东，第二届全国大学生水利创新设计大赛优秀指导教师奖，中国水利教育协会、教育部高等学校水利学科教学指导委员会。

16. 沈扬，首届江苏省高校土木工程专业青年教师讲课竞赛特等奖，中国土木工程学会教育工作委员会江苏分会。

17. 曹平周、朱昌平，第六届江苏省高等学校教学名师奖，江苏省教育厅。

18. 李枫，高校教师心理契约与组织公民行为关系研究——基于组织认同中介作用的分析，江苏省第十届高等教育科学研究优秀成果奖，江苏省高等教育学会。

19. 黄林楠，构建大学生创新创业教育模式的探索，江苏省第十届高等教育科学研究优秀成果奖，江苏省高等教育学会。

20. 殷明，高步电路实验教学与学生实践创新能力培养，江苏省第十届高等教育科学研究优秀成果奖，江苏省高等教育学会。

21. 沈蓓绯，金融危机形势下美国青年志愿精神高涨之动因探析，江苏省第十届高等教育科学研究优秀成果奖，江苏省高等教育学会。

22. 刘艳，开放式学生创新平台的层次化管理探索与实践，江苏省第十届高等教育科学研究优秀成果奖，江苏省高等教育学会。

23. 翟文权，电子技术实验教学改革探索，江苏省第十届高等教育科学研究优秀成果奖，江苏省高等教育学会。

24. 邹华、张爱梅，江苏省高校第七届基础物理教师上好一堂课竞赛三等奖，江苏省物理学会。

25. 2011年江苏省普通高等学校本专科优秀毕业设计(论文)二等奖，获奖人员：陈森、陈怡、陈伟伟、张方旭、冒文娟、李玲玉、包洪洁，指导教师：丁根宏、蒋林华、张云宁、杜栋、陈卫、郑源、刘晓农，江苏省普通高等学校本专科优秀毕业设计(论文)评选组织工作委员会。

26. 2011年江苏省普通高等学校本专科优秀毕业设计(论文)三等奖，获奖人员：姚国友、宗鹏安、丁旭、王雪婷、冯兴亚、李响，指导教师：陈亮、包晔峰、黄张裕、郭际明、韩立新、沈振中、朱昌平，江苏省普通高等学校本专科优秀毕业设计(论文)评选组织工作委员会。

27. 2011年江苏省普通高等学校本专科优秀毕业设计(论文)优秀团队，获奖人员：李永强、徐文文、钮建、张相映、王勇、霍浩、郁金珠、侍成、张晓玲、朱健、陈思宁、曾瑞、覃春乔、常进、陈伟、刘霞、肖志光、谢永召、闫雪、张迪、张石根、赵瑞鑫，指导教师：朱昌平、韩庆邦、张秀平、单鸣雷、汤一彬、曹平周、周坚、伍凯、崔广柏、陈星、张其成、徐慧、王卫平、廖华丽、刘波、李奎、周军，江苏省普通高等学校本专科优秀毕业设计(论文)评选组织工作委员会。

三、竞赛类

1. 全国大学生数学建模竞赛一等奖，获奖人员：封士飞、李青霞、于立婷，指导教师：丁根宏，教育部高等教育司、中国工业与应用数学学会。

2. 全国大学生数学建模竞赛二等奖，获奖人员：毛佳、叶建军、陈姣姣、孟利丹、于德恩、来志强、李旭航、狄文龙、周元，指导教师：丁根宏、柳庆新、李晓军，教育部高等教育司、中国工业与应用数学学会。

3. 全国大学生数学建模竞赛江苏赛区一等奖，获奖人员：程引、李海欣、刘静伟、郑义、赵修龙、张乃予、卜旸、欧阳星辰、胡经纬，指导教师：袁永生、张学莹，江苏省教育厅、中国工业与应用数学学会。

4. 全国大学生数学建模竞赛江苏赛区二等奖，获奖人员：徐宗瑜、朱晓凯、李晨、綦晓伟、胡小克、李文闻、何菁、程林、李逸驰、任向林、黄仁芳、何功庆，指导教师：丁根宏、柳庆新、时正华、何秀丽，江苏省教育厅、中国工业与应用数学学会。

5. 全国大学生数学建模竞赛江苏赛区三等奖，获奖人员：刘京平、高加政、霍文驹、江汇、金飞、鲁洋、王慧、周晶晶、王洋、钱程、许东辉、李皓、赵杨阳、胡蓉、陶晓慧、卓沛骏、顾鑫、张培、刘春高、李艺、罗志华、余豪丰、刘忱潇、徐阳、章剑、赵迎迎、马乐、刘力、王聪、王婷婷，指导教师：丁根宏、时正华、陆志军、李晓军、孙合明、孙中喜、朱永忠、张建勇、张斌武，江苏省教育厅、中国工业与应用数学学会。

6. 第十二届“挑战杯”全国大学生课外学术科技作品大赛全国二等奖，获奖人员：朱峰、颜君来、江汇、林璧辉、张杰、丁雪霖、李婷，指导教师：朱卫华，共青团中央、中国科协、教育部、全国学联、辽宁省人民政府。

7. 第十二届“挑战杯”全国大学生课外学术科技作品大赛江苏赛区特等奖，获奖人员：朱峰、颜君来、江汇、林璧辉、张杰、丁雪霖、李婷，指导教师：朱卫华，共青团中央、中国科协、教育部、全国学联、辽宁省人民政府。

8. 第十二届“挑战杯”全国大学生课外学术科技作品大赛江苏赛区二等奖，获奖人员：史燕南、路维、陆佳、张宇、陈鹏、燕士力、周菡、曾欢、颜坤英、李潘慧、史团委、徐新坤、姚岚、茅鑫同，指导教师：何辉、杨文健、许峰，共青团江苏省委、省科协、省教育厅、省学联。

9. 第十二届“挑战杯”全国大学生课外学术科技作品大赛江苏赛区三等奖，获奖人员：董亮、程嫣嫣、王超、王珊、刘权、孙晓宇、荆珊珊、周元伟、赵恺、吴亭、王瑾琛、刘何稚、高力、杨阳、顾昊、黄潇菲，指导教师：崔广柏、朱天宇、胡明，共青团江苏省委、省科协、省教育厅、省学联。

10. 2011 年美国大学生数学建模竞赛二等奖，获奖人员：宗鹏安、刘鹏、李帮建、卞昊穹、张晨语、杨郭，指导教师：张建勇、张斌武，美国数学及其应用联合会。

11. 2011 年美国大学生数学建模竞赛三等奖，获奖人员：杜志强、陈静、颜智翔、徐鸣兰、林建宇、朱德益，指导教师：张建勇、张斌武，美国数学及其应用联合会。

12. 2011 年全国第二届大学数学竞赛全国一等奖，获奖人员：江汇，指导教师：郑苏娟、朱永忠、郁大刚、钮群、钱江、孙光洪、姚健康，中国数学会。

13. 2011 年全国第二届大学数学竞赛全国二等奖，获奖人员：罗斌、吴在强、杨威，指导教师：郑苏娟、朱永忠、郁大刚、钮群、钱江、孙光洪、姚健康，中国数学会。

14. 2011 年全国第二届大学数学竞赛江苏赛区一等奖，获奖人员：江汇、罗斌、吴在强、杨威、李逸驰、杨雯、杨凯文、王晓莉、高加政，指导教师：郑苏娟、朱永忠、郁大刚、钮群、钱江、孙光洪、姚健康，中国数学会。

15. 2011 年全国第二届大学数学竞赛江苏赛区二等奖，获奖人员：薛荣军、圣兆兴、张伟、季秋谣、赵鹏、韩迅、史国强、马敬畏，指导教师：郑苏娟、朱永忠、郁大刚、钮群、钱江、孙光洪、姚健康，中国数学会。

16. 第八届全国周培源大学生力学竞赛暨第七届江苏省大学生力学竞赛全国团队赛二等奖，获奖人员：薛荣军、刘春高、董伟良、周童、陈佳袁，指导教师：许庆春、朱为玄、陈定忻，教育部高等学校指导委员会、力学基础课程指导委员会、中国力学学会、周培源基金会。

17. 第八届全国周培源大学生力学竞赛暨第七届江苏省大学生力学竞赛全国特等奖，获奖人员：董伟良，指导教师：许庆春、朱为玄、赵引、王向东、张慧、邓爱民，教育部高等学校指导委员会、力学基础课程指导委员会、中国力学学会、周培源基金会。

18. 第八届全国周培源大学生力学竞赛暨第七届江苏省大学生力学竞赛全国二等奖，获奖人员：胡腾飞、周童、陈佳袁、杨威，指导教师：许庆春、朱为玄、赵引、王向东、张慧、邓爱民，教育部高等学校指导委员会、力学基础课程指导委员会、中国力学学会、周培源基金会。

19. 第八届全国周培源大学生力学竞赛暨第七届江苏省大学生力学竞赛全国三等奖，获奖人员：余豪丰、严克非、薛荣军、张林海、王策、刘春高、潘晶晶、江汇、郑南、金德涛、严中奇、蔡小莹、王成、王有龙、陈斌、韩迅、范惜辉、付雨琪、胡星宇、潘坤、朱祥、沈雨生、尧锋、姜文生、王敏、陈鹏、李俊、唐站站、徐沛力、张凯、谭彬政、苏阳、孙继彭，指导教师：许庆春、朱为玄、赵引、王向东、张慧、邓爱民，教育部高等学校指导委员会、力学基础课程指导委员会、中国力学学会、周培源基金会。

20. 第八届全国周培源大学生力学竞赛暨第七届江苏省大学生力学竞赛团体赛省特等奖，获奖人员：薛荣军、刘春高、董伟良、周童、陈佳袁，指导教师：许庆春、朱为玄、赵引、王向东、张慧、邓爱民，江苏省力学竞赛组委会。

21. 第八届全国周培源大学生力学竞赛暨第七届江苏省大学生力学竞赛省特等奖，获奖人员：董伟良、胡腾飞、周童、陈佳袁、杨威、余豪丰、严克非、薛荣军、张林海、王策、刘春高、潘晶晶、江汇、郑南、金德涛、严中奇、蔡小莹、王成、王有龙、陈斌、韩迅、范惜辉、付雨琪，指导教师：许庆春、朱为玄、赵引、王向东、张慧、邓爱民，江苏省力学竞赛组委会。

22. 第八届全国周培源大学生力学竞赛暨第七届江苏省大学生力学竞赛省一等奖，获奖人员：胡星宇、潘坤、朱祥、沈雨生、尧锋、姜文生、王敏、陈鹏、李俊、唐站站、徐沛力、张凯、谭彬政、苏阳、孙继彭、郭林林、贝建忠、詹阳、孙平玉、张海通、吕弯弯、李珊珊、单恒年、陈洪祥、陈雅莉、肖钧升、陈明浩、戴路、谭箐、邓石德、严珠妹、李轩、胡晓阳、张涛、张薇娜、周文俊、郭万里、吕淑杰、史晨君、朱昌杰、邓伯舜、魏玮、朱昆、杨小龙、宋晓阳、张向阳、宋凡、胡玉植、邓贤扬、丁伟伟、章旭、费达，指导教师：许庆春、朱为玄、赵引、王向东、张慧、邓爱民、朱炳麒、周美英、张迅炜、谢智雄、王晶晶、辛绍权、张静辉，江苏省力学竞赛组委会。

23. 第八届全国周培源大学生力学竞赛暨第七届江苏省大学生力学竞赛省二等奖，获奖人员：邱亚兵、严凯华、高昂、王晴、吴双、马飞、朱莎珊、孙斌斌、周秋月、张丽、张培培、谢伟、夏中榜、师小小、王荣华、赵英华、蔡磊、杨骕、张传强、林晓敏、吕亭、李诚、高群花、金健、熊梦婕、李鑫丹、曹昕、龚利策、毛成、何咏睿、王怡舒、李华、王怀鑫、柴子龙、周橹君、王丽珠、许伟、栾金龙、陈大可、康方博、蔡荨、李皓、徐利川、许准、赵龙军、刘浩、李颖超、杨淯淮、张简凡、王侠丹、胡晓宇、严洋、孟亚运、张亚洲、刘环宇、孙昊元、葛金花、金罗斌、王强、王泉、卓沛骏、季昀、张勉，指导教师：许庆春、朱为玄、赵引、王向东、张慧、邓爱民、朱炳麒、周美英、张迅炜、谢智雄、王晶晶、辛绍权、张静辉，江苏省力学竞赛组委会。

24. 2011 年“瑞萨杯”全国大学生电子设计竞赛全国二等奖，获奖人员：姜鹏、李伊、卢恒、刘进宇、刘建松、张辛楠，指导教师：褚福涛、刘久付、朱昌平、单鸣雷，教育部教育管理信息中心。

25. 2011 年“瑞萨杯”全国大学生电子设计竞赛江苏省一等奖，获奖人员：姜鹏、李伊、卢恒、刘进宇、刘建松、张辛楠、王俊、徐珂珂、程海粟，指导教师：褚福涛、刘久付、朱昌平、单鸣雷、姚澄，教育部教育管理信息中心。

26. 2011 年“瑞萨杯”全国大学生电子设计竞赛江苏省二等奖，获奖人员：余敏、印晶晶、甘昀、赵晓健、葛茂、王炜杰、袁广驰、蔡晓权、聂智蓓、刘浩、王瑾琛、吴亭苇、洪宇、谭超、彭思愿、汪耕任、阮彦铭、徐斐、李孟、陈强、郑焯文、倪舟、凌明强、潘增岩、沈赋、王佳东、郑金文、时建辉、刘俊、宋佳佳、孙继强、黎胜、胥佳梅、王玥、牛玉祥、瞿潘飞、谭朝创、周元伟、赵恺，指导教师：吕国芳、李志华、王冰、袁晓玲、陈秉岩、殷明、沈金荣、张金波、金纪东、黄皎、黄国铭、高远，教育部教育管理信息中心。

27. 第六届全国大学生“飞思卡尔杯”智能汽车竞赛全国一等奖，获奖人员：章亚星、林泽炜、朱艳梅、周余兵、汪久涵、马凯琪，指导教师：褚福涛、刘久付、沈金荣、蔡昌春，教育部高等学校自动化专业教学指导分委员会。

28. 第六届全国大学生“飞思卡尔杯”智能汽车竞赛全国二等奖，获奖人员：姜鹏、卢恒、李伊、蔡晓权、钱程晨、宫建峰、张程伟、陈文仙、张胜，指导教师：褚福涛、刘久付、黄国铭、黄皎，教育部高等学校自动化专业教学指导分委员会。

29. 第六届全国大学生“飞思卡尔杯”智能汽车竞赛华东赛区一等奖，获奖人员：姜鹏、卢恒、李伊、章亚星、林泽炜、李潇、蔡晓权、钱程晨、柳鑫、周余兵、汪久涵、马凯琪，指导教师：刘久付、袁晓玲、沈金荣、蔡昌春，教育部高等学校自动化专业教学指导分委员会。

30. 第六届全国大学生“飞思卡尔杯”智能汽车竞赛华东赛区二等奖，获奖人员：袁广驰、陈逸凡、嵇威华、项茜茜、赵先浩、李正波、宫建峰、朱克东、朱艳梅、张程伟、陈文仙、张胜、孙继强、黎胜、李孟、周亚彬、荆珊珊、牛玉祥、倪舟、潘增岩、凌明强、金军、陈燚、孙亮，指导教师：褚福涛、李东新、黄国铭、黄皎、张金波、戴卫力、金纪东、冯锋，教育部高等学校自动化专业教学指导分委员会。

31. 第四届全国大学生节能减排社会实践与科技竞赛全国二等奖，获奖人员：钱学生、邓欣宇、朱月萱、陈大可、李高阳、宋晓阳、范骏、任凌霄、黄晶、胡飞、李秋兰、陈玲、田凯、谢友鹏、嵇丹、谭朝创、曹勤洋、李奕琦，指导教师：陶桂兰、李铁、陈秉岩、单鸣雷，教育部高等教育司。

32. 第四届全国大学生节能减排社会实践与科技竞赛全国三等奖，获奖人员：姜圣韬、汪洋、王莹、孙莉、孙培成、张晓平、张明希、张军、蔡强、朱绍勤、夏妮妮、霍立、周光峰、张钟学、杨佳伟、陶玲、刘韬、杨骏、于娟娟、孙晓峰，指导教师：周申蓓、孙琴、杨英宝、张松贺、尉天骄、毕霞，教育部高等教育司。

33. 第四届全国大学生广告艺术大赛江苏省二等奖，获奖人员：刘妍姣、孙岳新、郑秋香、赵骏，指导教师：张衡、周妍黎、全鹰，第四届全国大学生广告艺术大赛江苏赛区组委会。

34. 第四届全国大学生广告艺术大赛江苏省三等奖，获奖人员：杨朴、柳颜珲、张家健、周智明、张语歆、冯骝骅、伍秋榕、杜金、夏阳、谢函、刘丹灵、金安静，指导教师：孟凯、赵冰、许娟娟、张衡、周妍黎、全鹰，第四届全国大学生广告艺术大赛江苏赛区组委会。

35. 全国机器人大赛冠军及一等奖，获奖人员：赵子建、何小攀、黄聪、李翔、管耀宗、吴畏、刘一宸、王佐，指导教师：周军、廖华丽、李奎，中国人工智能学会。

36. 中国机器人大赛冠军及二等奖，获奖人员：赵子建、何小攀、黄聪、李翔、管耀宗、吴畏、刘一宸、王佐，指导教师：周军、廖华丽、李奎，科技部高技术研究发展中心。

37. 2011 年“外研社杯”全国英语演讲大赛省二等奖，获奖人员：方莺姣、吴佳蔚、王露，指导教师：朱正东、周自强、张聪，高等学校大学外语教学指导委员会。

38. 2011 年“外研社杯”全国英语演讲大赛省二等奖，获奖人员：郭航，指导教师：朱正东，高等学校大学外语教学指导委员会。

39. 全国大学生英语竞赛特等奖，获奖人员：许萍萍、杜一衡、沈函延，指导教师：朱英、周自强、陈春、张聪、葛海涛、杨丽、张兰、张朝、刑亮、王蓓、陈梦华、赵婵、恽如强，高等学校大学外语教学指导委员会。

40. 全国大学生英语竞赛一等奖，获奖人员：欧阳星辰、耿兵、何赛、俞馀、李文婧、郭航、刘宏洋、周德昌、周舒寇、李飞、鲁海蓉、张悦琦、张俊康、陈良蕾、程朝欣，指导教师：蔡斌、周自强、陈春、张聪、葛海涛、杨丽、张兰、张朝、刑亮、王蓓、陈梦华、赵婵、恽如强，高等学校大学外语教学指导委员会。

41. 全国大学生英语竞赛二等奖，获奖人员：王丽颖、王秋忆、朱友峰、吉骁、陈楚倩、苏昆鹏、陈颖颖、秦向南、蔡明明、李星月、韩迅、许忠厚、周文俊、王子璐、徐宗瑜、印晶晶、司源、胡伟山、王翘楚、任栋莹、葛青、刘硕、孙夏、黎宏、王诚俊、李羽、董月霞、陆添添、丁棠丽、周岩、姜新燕、王瑾琛、沈凯、张骥、蔡维城、季翔宇、龚润航、何宜珊、徐习锋、徐晨、王佐、芮逗、刘溪、王乐、翁天利、陈慧敏、刘嘉骊、付帅旗、邱正一，指导教师：朱英、周自强、陈春、张聪、葛海涛、杨丽、张兰、张朝、刑亮、王蓓、陈梦华、赵婵、恽如强，高等学校大学外语教学指导委员会。

42. 全国大学生英语竞赛三等奖，获奖人员：龚李莉、张炫、沈雨生、桑桑、唐慧燕、张琪、陈阳、季昀、周喆、苗雅婷、吴艳华、吴洁璇、冯乐满、姚凯凌、陈容容、韩娜、陈誉、张双凤、郭艳婷、孟彤、张玢岩、许越、漆江、李诚、戴梦玲、陈旭东、季秋谣、胡晨铭、沈后威、赵明久、查晓婷、吴家琪、王卓亚、徐佳胤、周东菊、李雨珊、方莺姣、鲍璟，赵海、曹聪、王雅、周潇、胡娜、王婧、殷勇华、金寒冰、韩旭、胡云翡、马倩芸、王安琪、李祎、薛冰洁、洪叶、沙婷婷、董观利、范磊、叶泽康、陈淑远、汤磊、袁艺、王瞿恩、杜东升、杨欣远、王玲娟、张怡航、冯进通、黄晨、祝新雅、齐亚会、翁清、穆秀芹、孙辽、涂颖、李晶晶、邹颖、张婷娇、张颢、涂亚倩、吴榴迎、李晓东、夏露、刘鹏飞、卢佳琪、沈安磊、钱颖、苏锑、顾佳亮、汪韬君、张天意、何宏丽、朱天宇、任帅辉，指导教师：朱英、蔡斌、周自强、陈春、张聪、葛海涛、杨丽、张兰、张朝、刑亮、王蓓、陈梦华、赵婵、恽如强，全国大学生英语竞赛组织委员会。

43. 江苏省第一届工程训练综合能力竞赛二等奖，获奖人员：刘敬凯、王成华、吴磊，指导教师：许焕敏、苑明海、张敏、王义斌，江苏省教育厅。

44. 江苏省第一届工程训练综合能力竞赛三等奖，获奖人员：罗文杰、曹渝华、汪海成、程鑫、华蓉、王铭龙，指导教师：许焕敏、苑明海、张敏、王义斌，江苏省教育厅。

45. “国信蓝点杯”全国软件专业人才设计与开发大赛全国二等奖，获奖人员：姜鹏，指导教师：张雪洁，工业和信息化部人才交流中心。

46. “国信蓝点杯”全国软件专业人才设计与开发大赛全国三等奖，获奖人员：管震、谢宏伟、郭腾飞、张城、裴正，指导教师：吕嘉、陈慧萍、景雪琴、许国艳、许峰、郭学俊、叶枫，工业和信息化部人才交流中心。

47. “国信蓝点杯”全国软件专业人才设计与开发大赛江苏赛区一等奖，获奖人员：谢宏伟、郭腾飞、张城、裴正、刘子源、黄鑫、姜鹏、管震，指导教师：许国艳、许峰、郭学俊、叶枫、郭雪洁、吕嘉、陈慧萍、景雪琴，工业和信息化部人才交流中心。

48. “国信蓝点杯”全国软件专业人才设计与开发大赛江苏赛区二等奖，获奖人员：张晓雪、杨志勇、郭俊、汤清、王涛、茅晚晚、夏立顺、肖正陶、杜志强、卞昊穹、宋雷，指导教师：许峰、张雪洁、郭学俊、周晓峰、陈慧萍、吕嘉、景雪琴，工业和信息化部人才交流中心。

49. “国信蓝点杯”全国软件专业人才设计与开发大赛江苏赛区三等奖，获奖人员：吴江林、周建仁、王亚普、章亚星、周文欢、蔡晓权、刁羽建、夏坤、陈碧威、姚文兵、钱振兴、张欣、朱德益、林建宇、刘茜、郝建元、吕栋、洪宇、宋真祥，指导教师：许国艳、许峰、戚荣志、周晓峰、张雪洁、平萍、郭学俊、陈慧萍、吕嘉、景雪琴，工业和信息化部人才交流中心。

50. 全国电子专业人才设计与技能大赛全国一等奖，获奖人员：姜鹏，指导教师：刘久付，工业和信息化部人才交流中心。

51. 全国电子专业人才设计与技能大赛全国二等奖，获奖人员：钱程晨，指导教师：刘久付，工业和信息化部人才交流中心。

52. 全国电子专业人才设计与技能大赛江苏赛区一等奖，获奖人员：宫建峰、钱程晨、蔡晓权、姜鹏，指导教师：刘久付，工业和信息化部人才交流中心。

53. 全国电子专业人才设计与技能大赛江苏赛区二等奖，获奖人员：李潇，指导教师：刘久付，工业和信息化部人才交流中心。

54. 全国电子专业人才设计与技能大赛江苏赛区三等奖，获奖人员：袁广驰、林泽炜，指导教师：刘久付，工业和信息化部人才交流中心。

55. 第六届全国大学生交通科技大赛全国二等奖，获奖人员：任聪、胡星宇、汤晓波、彭平、李妍瑶，指导教师：沈德建、刘荣，高等学校交通运输学科教学指导委员会交通工程分委员会、全国大学生交通科技大赛组委会。

56. 第二届全国大学生水利创新设计大赛全国特等奖，获奖人员：司源、白鑫、张倩妮、包崇超、吐合尼亚孜·阿布、周政、董彦君、华梦云、赵晓健，指导教师：周澄、娄保东，中国水利教育协会、教育部高等学校水利学科教学指导委员会。

57. 第二届全国大学生水利创新设计大赛全国一等奖，获奖人员：钱学生、范骏、陈大可、宋晓阳、李高阳，指导教师：陶桂兰，中国水利教育协会、教育部高等学校水利学科教学指导委员会。

58. 第二届全国大学生水利创新设计大赛全国二等奖，获奖人员：李京蔚、张志友、李剑超、刘文峻、葛珂楠、徐鹏、周雅、崔晓倩、史豪杰，指导教师：周澄、娄保东，中国水利教育协会、教育部高等学校水利学科教学指导委员会。

59. “则泰杯”全国大学生测绘科技创新论文大赛一等奖，获奖人员：曹奇、杨畅、牛洪涛，指导教师：郑德华，教育部高等学校测绘学科教学指导委员会、中国测绘学测绘委员会。

60. “则泰杯”全国大学生测绘科技创新论文大赛二等奖，获奖人员：张晓平、张明希、陈喜凤、李成仁，指导教师：杨英宝、黄腾，教育部高等学校测绘学科教学指导委员会、中国测绘学测绘委员会。

61. “则泰杯”全国大学生测绘科技创新论文大赛三等奖，获奖人员：丁旭、袁豹、赵元忆、蔡淑野、张浩然、彭澎，指导教师：岳东杰、岳建平，教育部高等学校测绘学科教学指导委员会、中国测绘学测绘委员会。

62. 江苏省高校第八届大学生物理及实验科技作品创新竞赛特等奖，获奖人员：颜君来、朱峰、林壁辉、王婷，指导教师：朱卫华，江苏省物理学会。

63. 江苏省高校第八届大学生物理及实验科技作品创新竞赛一等奖，获奖人员：朱峰、林任杰、刘浩、张伟鹏、王艺瑶、张梦妮、沈辉，指导教师：朱卫华、陈秉岩、高远、单鸣雷，江苏省物理学会。

64. 江苏省高校第八届大学生物理及实验科技作品创新竞赛二等奖，获奖人员：林阳、朱立贵、卞建龙、季庚午、高硕、郭鹏、陈雨宁、罗昊、周元伟、田凯、吴亭苇、杜晓娇、王敏、王俊、王树昊、徐珂珂、刁永翠、陈青、王斌、韩秋铖、马济通、谢希、张冠雄，指导教师：陈耀庭、邹华、陈秉岩、朱昌平、汤一彬、韩庆邦、单鸣雷、高远，江苏省物理学会。

65. 江苏省高校第八届大学生物理及实验科技作品创新竞赛三等奖，获奖人员：宁世朝、李斌、李典、于璐璐、霍文驹、蔡博文、沈青、徐宗瑜、胡小克、刘建松、刘进宇、张辛楠、陈娅珺、杨纯、彭兴文、陶帅、蒋晖、朱旭忠、吴畏、徐斐、连稳稳、孙莉、张赛、施维捷、李越千、钱爱华、王婷婷、赵超慧、龚润航，指导教师：张开骁、王国栋、朱卫华、黄波、朱昌平、陈秉岩、刘翠红、王建永、张秀平、陶剑锋，江苏省物理学会。

66. 全国大学生管理决策模拟大赛一等奖，获奖人员：金鑫、夏正海、周刻勤，指导教师：徐绪堪，高等学校国家级实验教学示范中心联席会。

67. 全国大学生管理决策模拟大赛半决赛一等奖，获奖人员：周刻勤、邵晴怡、石溥、黄植、姜晟、郭蒙、徐海忠、周汉杨、李悦含、李卓、孙伯奇、王洪亮，指导教师：徐绪堪，高等学校国家级实验教学示范中心联席会。

68. 全国大学生管理决策模拟大赛半决赛二等奖，获奖人员：丁鑫宇、李曦、何宜珊、陈力、芮逗、赵健、杨娟、曹培、张欣、夏正海、张博、郭映月，指导教师：徐绪堪，高等学校国家级实验教学示范中心联席会。

69. 2011 年“互动出版杯”中国数学建模网络挑战赛特等奖，获奖人员：刘宗磊、谢兰军、汪海萍、施祺、王宏伟、李娟，指导教师：张建勇，内蒙古自治区数学学会。

70. 2011 年“互动出版杯”中国数学建模网络挑战赛一等奖，获奖人员：雄杰、钱靖、张立霞，指导教师：张建勇，内蒙古自治区数学学会。

71. 2011 年“互动出版杯”中国数学建模网络挑战赛三等奖，获奖人员：马梦云、王婷婷、金荣、周翔、刘力、王舒，指导教师：张建勇，内蒙古自治区数学学会。

72. 第四届江苏省机器人大赛二等奖，获奖人员：张洪学、孙桐、马漫漫，指导教师：严锡君，第四届江苏省机器人大赛组委会。

73. 第四届江苏省机器人大赛三等奖，获奖人员：张腾宇、黄鑫、王雅芳、李亚东、夏坤、欧阳星辰，指导教师：严锡君，第四届江苏省机器人大赛组委会。

74. 2011 全国 3D 大赛全国一等奖，获奖人员：宋迪颖、邱婷婷、施玉超，指导教师：王小妍，全国三维数字化创新设计大赛组委会。

75. 2011 全国 3D 大赛全国三等奖，获奖人员：宋薛廷、杨路，指导教师：严波，全国三维数字化创新设计大赛组委会。

76. 2011 全国 3D 大赛省特等奖，获奖人员：马一骞、李润珠、刘亚超、施悦、薛廷、杨路、宋迪颖、邱婷婷、施玉超，指导教师：严波、王小妍，全国三维数字化创新设计大赛组委会。

77. 2011 全国 3D 大赛省一等奖，获奖人员：陈耕、吴翔、杨敏捷、姚乐扬、庄坤、陈慧娟、程亚丽、赵兵、李兵、俞伟伟、刘亚超、马一骞、胡鹏、李大卫、李永强、张翔、张伟、张嘎、黄迎亚、黎佳鹭、张翟菁、陈耕、吴翔、杨敏捷、姚乐扬、吴素珍、朱军霞、陈华斌、张保萍、倪佳加、邹小强，指导教师：严波，全国三维数字化创新设计大赛组委会。

78. 2011 全国 3D 大赛省二等奖，获奖人员：陈阳、孟祥恒、彭海强、王应龙、孟凡跃、张凯锋、吴淼、王莹、徐燕菲、刘君清、邱麟翔、施悦、杜金，指导教师：严波、钱丽娜，全国三维数字化创新设计大赛组委会。

79. 2011 全国 3D 大赛省三等奖，获奖人员：施玉超、宋迪颖、邱婷婷，指导教师：王小妍，全国三维数字化创新设计大赛组委会。

80. 2011 年江苏省“领航杯”大学生数字媒体作品竞赛二等奖，获奖人员：张永智、彭海强，指导教师：吴晓莉，江苏省教育管理信息中心。

81. 2011 年江苏省“领航杯”大学生数字媒体作品竞赛三等奖，获奖人员：居静、吴淼、常浩、王银亮、邱麟翔、薛廷、王峰、史庚骅、张金波、郭乔、刘茜、李润珠，指导教师：吴晓莉，江苏省教育管理信息中心。

82. 第七届“用友杯”全国大学生创业暨沙盘模拟经营大赛江苏赛区一等奖，获奖人员：李曦、周刻勤、郝岩、芮逗，指导教师：徐绪堪，中国高等教育学会。

四、其他荣誉类

（一）集体奖

1. 河海大学，高等学校继续教育示范基地，教育部。

2. 河海大学继续教育学院，继续教育数字化学习资源开放服务，教育部。

3. 河海大学，2011 年中央一号文件知识竞赛优秀组织奖，水利部。

4. 河海大学，第十二届“挑战杯”全国大学生课外学术科技作品优秀组织奖，中国共产主义青年团、中国科学技术协会、教育部、中华全国学生联合会、辽宁省人民政府。

5. 河海大学，第一次全国水利普查国家级培训突出贡献单位，国务院水利普查办公室。

6. 河海大学，庆祝中国共产党成立 90 周年“伟大历程”网上作品大赛优秀组织奖，中共中央宣传部宣教局、中央对外宣传办公室九局。

7. 河海大学，对口支援西部高校工作 10 周年典型经验集体，教育部办公厅。

8. 河海大学，第四届大学生节能减排社会实践与科技作品大赛优秀组织奖，教育部高等教育司。

9. 河海大学，全国高校节能管理先进院校，中国高等教育学会后勤管理分会。

10. 河海大学，中国水利教育协会优秀会员单位，中国水利教育协会。

11. 河海大学，大型招生咨询活动优秀组织奖，中国教育和科研计算机网、中国教育在线。

12. 河海大学，2010—2011 李宁中国大学生足球联赛(南区)决赛冠军，中国大学生体育协会。

13. 河海大学，2010—2011 李宁中国大学生足球联赛总决赛第三名，中国大学生体育协会。

14. 河海大学，2011“体彩杯”第七届中国黄山国际登山大会高校团体冠军、大会最高荣誉——男子个人“迎客松杯”总冠军、高校男子冠军、大会优秀组织奖，国家体育总局。

15. 河海大学，2011 年全国啦啦操锦标赛技巧组冠军，国家体育总局体操管理中心。

16. 河海大学，2011 年全国啦啦操联赛总决赛大学组集体技巧六级第一名，国家体育总局体操管理中心。

17. 河海大学，2011 年全国大学生田径锦标赛女子三级跳远第二名、女子跳远第二名、男子

200 米第三名，中国大学生田径协会。

18. 河海大学，第二届全国大学生阳光体育乒乓球比赛二等奖，中国大学生乒乓球协会。

19. 河海大学，2006—2010 年全省法制宣传教育（“五五”普法）先进单位，中共江苏省委宣传部、省司法厅。

20. 河海大学马克思主义基本原理概论课程组，江苏省“巾帼文明岗”，江苏省妇联。

21. 河海大学离退休工作处，全省老干部工作部门信息工作先进集体，中共江苏省委老干部局。

22. 河海大学离退休工作处，2011 年度全省老干部工作部门网站建设先进单位，中共江苏省委老干部局。

23. 河海大学，2009—2010 年度江苏省教育国际合作交流先进学校，江苏省教育厅。

24. 河海大学，江苏省平安校园，江苏省教育厅、江苏省综合治理办公室、江苏省公安厅。

25. 河海大学，江苏省消防教育示范学校，江苏省教育厅、江苏省公安厅。

26. 河海大学，江苏省第三届大学生艺术展演活动优秀创作奖，江苏省教育厅。

27. 河海大学，江苏省第三届大学生艺术展演活动乙组戏剧小品比赛二等奖，江苏省教育厅。

28. 河海大学，江苏省第三届大学生艺术展演活动舞蹈比赛三等奖，江苏省教育厅。

29. 河海大学，江苏省第三届大学生艺术展演活动大合唱（非专业组）三等奖，江苏省教育厅。

30. 河海大学，江苏省第三届大学生艺术展演活动器乐比赛二等奖，江苏省教育厅。

31. 河海大学，江苏省第三届大学生艺术展演活动优秀组织奖，江苏省教育厅。

32. 河海大学，江苏省公共体育课程考核“优秀学校”，江苏省教育厅。

33. 河海大学，江苏省普通高校军事理论课程评估“优秀学校”，江苏省教育厅、省军区司令部。

34. 河海大学，江苏省节水型高校创建先进集体，江苏省教育厅、江苏省水利厅。

35. 河海大学，江苏省高校节能工作先进院校，江苏省高校能源管理专业委员会。

36. 河海大学，2011 年度外国专家管理工作先进单位，江苏省外国文教专家工作研究会。

37. 河海大学，江苏省研究生招生管理先进单位，江苏省教育考试院。

38. 河海大学，江苏省研究生考务管理先进单位，江苏省教育考试院。

39. 河海大学，江苏省“减少污染，珍爱家园”征文大赛优秀组织奖，江苏省环保联合会。

40. 河海大学，2011—2012 李宁中国大学生足球联赛江苏赛区暨 2011 年江苏省大学生足球高水平组比赛冠军，江苏省学生体协高校工作委员会。

41. 河海大学，2011 年江苏省高校乒乓球比赛男子团体第四名、女子团体第五名、男双第三、四名、女双第四名、男单第七名，江苏省学生体协高校工作委员会。

42. 河海大学，江苏省田径锦标赛女子三级跳远第二名、女子跳远第四名、链球第三名、标枪第五名、铅球第四名、男子 100 米第七名、男子 200 米第八名、男子 4×100 米第八名，江苏省学生体协高校工作委员会。

43. 河海大学，南京高校健美操、啦啦操比赛、自由操自编套路二等奖、大众健美操自编套路一等奖、技巧啦啦操一等奖、团体一等奖，江苏省学生体协高校工作委员会。

44. 河海大学，2011 年南京市高校普通大学生足球联赛第五名，江苏省学生体协高校工作委员会。

45. 河海大学，南京市清真食品生产供应有功单位，南京市民族宗教事务局。

46. 河海大学，鼓楼区计划生育先进集体，鼓楼区人民政府。

47. 河海大学，2010 年知识产权工作先进单位，鼓楼区科技局、鼓楼区知识产权局。

48. 河海大学，大爱播社区，北京西路社区党委、居委会。

49. 河海大学水资源保护与生态修复团队，全国工人先锋号，中华总工会。

50. 河海大学工会，模范职工之家，中国教科文卫体系统工会。

51. 河海大学学报(哲学社会科学版)，全国理工农医院校社科学报联络中心优秀学报，全国理工农医院校社科学报联络中心。

52. 河海大学学报(哲学社会科学版)“社会学”栏目，全国理工农医院校社科学报联络中心特色栏目，全国理工农医院校社科学报联络中心。

53. 河海大学教务处，全国高等教育学籍学历管理工作先进集体，教育部高校学生司。

54. 河海大学动漫作品——贪吃蛇，江苏省第四届校园廉洁文化活动周动漫作品一等奖，江苏省教育厅。

55. 河海大学水文专业教学团队，江苏省工人先锋号，江苏省教科工会。

56. 河海大学力学教学基地团队，江苏省工人先锋号，江苏省教科工会。

57. 河海大学足球机器人创新团队，江苏省工人先锋号，江苏省教科工会。

58. 河海大学科协，2011 年度先进高校科协，江苏省科学技术协会。

59. 河海大学科技处，2006—2010 年江苏社科基金项目管理先进单位，江苏省哲学社会科学规划办公室。

60. 河海大学青年志愿者服务总队，江苏省青年志愿服务行动组织奖，共青团江苏省委。

61. 河海大学常州校区后勤服务集团车队，2011 年度先进单位，江苏省高校后勤运输专业委员会。

62. 水文水资源学院水务工程专业 2009 级 1 班、水利水电学院 2008 级水电工程基地强化班、港口航道与近海工程学院港口航道与海岸工程专业 2008 级 6 班、土木与交通学院土木工程专业 2008 级 1 班、环境学院环境科学类专业 2009 级 3 班、计算机与信息学院 2008 级通信工程 4 班、地球科学与工程学院测绘工程专业 2009 级 1 班、理学院信息与计算科学专业 2008 级 1 班、商学院财务管理 2008 级 2 班、大禹学院 2009 级 3 班、机电工程学院机械工程及自动化专业 2008 级 4 班、计算机与信息学院(常州)自动化 2008 级 1 班、商学院(常州)会计系 2008 级 3 班、水文水资源学院 2009 级硕士生态水利城市水务班、港口海岸与近海工程学院 2009 级港航硕士班、理学院 2009 级硕士班，2011 年江苏省普通高校省级先进班集体，江苏省教育厅、共青团江苏省委。

63. 河海大学江宁校区，南京市 2011 年度绿化先进单位，南京市绿化委员会。

64. 河海大学保卫处，情报信息工作先进单位，南京市公安局江宁分局。

65. 河海大学保卫处，消防安全“四个能力”建设先进单位，南京市公安消防局。

66. 河海大学保卫处，鼓楼区第六次全国人口普查先进集体，南京市鼓楼区第六次全国人口普查领导小组。

67. 河海大学合唱团，2011 年度《百团大战》电视合唱大赛“欢乐合唱团”，江苏电视台综艺频道、南京市群艺馆、南京合唱协会。

68. 河海大学张闻天陈列馆，“‘幸福鼓楼’2011 鼓楼区社区文化艺术节”组织奖，中共鼓楼区委、宣传部、文化局。

69. 河海大学青春健康教育基地，青春健康教育示范基地，鼓楼区计划生育协会。

70. 河海大学“学生红十字会”，青春健康教育优秀社团，鼓楼区计划生育协会。

71. 河海大学幼儿园，幼儿园厨师技能“幼儿一周食谱”大赛入围奖，鼓楼区教育局幼托办。

(二) 个人奖

1. 钱恂熊，2011 年度中国水利网站优秀作者，中国水利报社。

2. 郭学俊、李枫，对口支援西部高校工作 10 周年突出贡献个人，教育部办公厅。

3. 陆宏生，“十一五”高等学校科技管理先进个人，教育部科技司。

4. 唐静，第二次全国 R&D 资源清查工作教育系统先进个人，教育部科学技术司、教育部社会科学司。

5. 黄峥，同等学力考务工作先进，教育部学位与研究生教育发展中心。

6. 杨勇，非全日制攻读硕士学位全国考试考务工作先进工作者，教育部学位与研究生教育发展中心。

7. 李枫、刘江、李宁，论文《张闻天“学习型政党”理论及其对高校党组织建设的启示》，纪念中国共产党成立90周年专题征文活动优秀奖，全国党的建设研究会高校党建研究专业委员会。

8. 浦玲、张勤、樊非，论文《高等学校创先争优活动长效机制研究——基于党的先进性建设理论与实践》，纪念中国共产党成立90周年专题征文活动优秀奖，全国党的建设研究会高校党建研究专业委员会。

9. 彭桃英，第15届中国高校科技期刊研究会年会优秀论文二等奖，中国高校科技期刊研究会。

10. 武晓楠、杨飞跃，中国水利教育协会优秀工作者，中国水利教育协会。

11. 邬萱，全国科协系统先进工作者，中国科学技术协会。

12. 钱朝阳，全国高校党校工作优秀个人，中国高等教育学会高校党校教育研究分会。

13. 王媛，民盟中央先进个人，民盟中央委员会。

14. 钱习之，全国教育系统关心下一代工作先进工作者，教育部关心下一代工作委员会。

15. 孔令峰，全国优秀教育园丁，中国当代教育协会，中国新世纪教育研究编委会。

16. 沈丽英，2011年度全国教育改革优秀教师，中国教育改革研究会，中国教育改革论丛编委会。

17. 孔令锋，2011年CBA全国青年篮球联赛(江阴赛区)比赛体育道德风尚奖裁判员，CBA全国青年篮球联赛组委会。

18. 王超，江苏省先进工作者，江苏省人民政府。

19. 林劲松，全省关心下一代工作先进工作者、全省“四好”离退休干部党员，中共江苏省委组织部、中共江苏省委老干部局。

20. 李可，论文《“空巢”离退休人员家庭情况调查》，老干部工作优秀调研成果奖，中共江苏省委老干部局。

21. 黄炜，论文《如何提升离退休工作的满意度》，2011年度全省老干部工作调研论文一等奖，中共江苏省委老干部工作者协会。

22. 何维珏，全省老干部工作政策业务知识学习竞赛活动三等奖，中共江苏省委老干部局。

23. 孙谦，江苏省节水型高校创建先进个人，江苏省节水办。

24. 邬萱，2011年度秘书长岗位先进，江苏省科学技术协会。

25. 胡忠华，个人二等功，江苏省公安厅。

26. 郃静，第三届江苏省大学生艺术展演器乐比赛优秀指导老师，江苏省教育厅。

27. 刘兴平，江苏省优秀志愿者，江苏省精神文明办公室。

28. 郑金海，第十二届江苏省青年科技奖，江苏省科学技术协会。

29. 王义刚，江苏省海洋中青年科技标兵，江苏省海洋与渔业局。

30. 冯卫兵，江苏省海洋与渔业科技先进工作者，江苏省海洋与渔业局。

31. 张鸿业、王玲、王清、胡以高，江苏省高校档案研究会2011年度优秀论文，江苏省高校档案研究会。

32. 俞云利，第三届江苏省期刊编辑岗位技能大赛银奖，江苏省期刊协会。

33. 马敏峰，江苏期刊“明珠奖”优秀业务论文 等奖，江苏省期刊协会。

34. 方宇彤，江苏省科技期刊编辑“金马奖”，江苏省科学技术期刊编辑学会。

35. 徐臻，2011年度外国专家管理工作先进个人，江苏省外国文教专家工作研究会。

36. 李君钰，2011年度外国留学生管理先进个人，江苏省外国留学生管理学会。

37. 许华，论文《以园为本教研活动的实践探求》，江苏省第四届“早期教育新视野”论文评比二等奖，江苏省教育厅基础教育处、江苏省教育报刊总社、江苏省早期教育杂志社。

38. 徐小冬，论文《让孩子的人生舞台更精彩》，江苏省第四届“早期教育新视野”论文评比二等奖，江苏省教育厅基础教育处、江苏省教育报刊总社、江苏省早期教育杂志社。

39. 汤卫，论文《让幼儿自主起来——幼儿园区域游戏的思考》，江苏省第四届“早期教育新视野”论文评比三等奖，江苏省教育厅基础教育处、江苏省教育报刊总社、江苏省早期教育杂志社。

40. 唐宁，论文《小班幼儿科学活动的探索和实践》，江苏省第四届“早期教育新视野”论文评比三等奖，江苏省教育厅基础教育处、江苏省教育报刊总社、江苏省早期教育杂志社。

41. 季培培，论文《如何与托班家长有效沟通》，江苏省第四届“早期教育新视野”论文评比三等奖，江苏省教育厅基础教育处、江苏省教育报刊总社、江苏省早期教育杂志社。

42. 陈洁，论文《抚慰幼儿心灵——浅谈情感互动在教育中的有效性》，2011 年“师陶杯”教师论文评比二等奖，江苏省教育科学研究院。

43. 唐宁，论文《设计提问与幼儿的学习特点》，2011 年“师陶怀”教师论文评比三等奖，江苏省教育科学研究院。

44. 王晓青，论文《试论幼儿园音乐与语言教育活动的异同》，2011 年“师陶怀”教师论文评比三等奖，江苏省教育科学研究院。

45. 陆燕，论文《老师，他不和我玩》，2011 年“师陶怀”教师论文评比三等奖，江苏省教育科学研究院。

46. 许华、陈爱民，论文《奏响幼儿和谐发展的乐章》，2011 年江苏省幼儿教育优秀论文评比三等奖，江苏省学前教育学会。

47. 周俐丽，论文《论分享阅读中师幼互动关系》，2011 年江苏省幼儿教育优秀论文评比三等奖，江苏省学前教育学会。

48. 由佳，论文《轻松学习，挑战中进步》，2011 年江苏省幼儿教育优秀论文评比三等奖，江苏省学前教育学会。

49. 张杨阳，论文《情感交流对孩子的性格影响》，2011 年江苏省幼儿教育优秀论文评比三等奖，江苏省学前教育学会。

50. 许华，论文《探索之旅——神奇的水》，鼓楼区 2011 年教育教学论文评选二等奖，鼓楼区教育科学研究所。

51. 金文怡，论文《盘子圆舞曲》，鼓楼区 2011 年教育教学论文评选二等奖，鼓楼区教育科学研究所。

52. 王鹏，先进工作者，江苏省高教保卫学会。

53. 雷冬，江苏省力学学会工作先进个人，江苏省力学学会。

54. 殷明、翟文权、刘艳，江苏省第十届高等教育科学研究优秀成果奖三等奖，江苏省高等教育学会。

55. 徐军，内保工作先进个人，南京市公安局。

56. 彭隆，内保工作先进个人，南京市公安局。

57. 彭隆，先进工作者，南京市公安局江宁分局。

58. 葛树青，内保工作先进个人，南京市公安局。

59. 杨茂成，内保工作先进个人，南京市公安局。

60. 孙谦，南京市 2012 年绿化先进个人，南京市绿化委员会。

61. 陈洁，鼓楼区优秀教学活动评比一等奖，鼓楼区教师进修学校。

62. 陈洁，鼓楼区骨干教师，鼓楼区教育局。

63. 朱晓霞，鼓楼区幼儿园教师音乐学习班“优秀学员”，鼓楼区教研室。

64. 宋家斌，2010 年知识产权工作先进个人，鼓楼区科技局、鼓楼区知识产权局。

65. 张毅华，第三批科技镇长团“优秀团员”，中共江都市委组织部。

66. 程晓芳，教育部高校华东(宁)片第九届审计工作研究会优秀论文三等奖，中国石油大学审计处。

67. 倪福生，2008—2010年度常州市劳动模范，常州市人民政府。

68. 董涌波，常州市教育系统2011年度优秀共产党员，中共常州市委组织部、中共常州市委教育工作委员会。

69. 崔锦铭，优秀挂职团干部称号，共青团衡水市委。

70. 杨可，常州市优秀科技工作者，常州市科学技术协会。

71. 崔炳利、张亿全、郎丽，常州市暑期志愿服务先进个人，共青团常州市委、常州市志愿者部。

72. 胡锦涛，常州市“法治颂”诗歌朗诵会优秀指导老师，共青团常州市委。

73. 魏恒荣，常州市首批“168”爱生行动优秀教师，常州市教育工会。

74. 赵剑青，2009—2010年度“四有五好”工会财务工作竞赛先进个人，常州市总工会。

75. 陈波、黄亚新，常州市优秀驾驶员，常州市机动车驾驶员安全管理协会。

76. 胡井军，常州市大学生创意思维大赛优秀指导教师，常州市教育局，共青团常州市委，常州市学生联合会。

77. 胡井军，2011年度“金蝶杯”常州市大学生创业设计大赛优秀指导教师，常州市教育局。

78. 沈丽英，常州市高校“处长杯”羽毛球比赛第三名，常州市大学生体育协会。

79. 吴雪清，龙湖杯2011常州市羽毛球民间大师赛市民女单比赛第一名，常州市体育局。

80. 刘宏玉、曹宏俊，2011年常州市高校优秀青年体育教师，常州市大学生体育协会。

81. 丁燕琼、马腾远、王欣、王玥、王思卉、王雅芳、付建英、任栋莹、刘志刚、刘志辉、刘翘楚、朱敏喆、何茂慧、吴昊、张伟、张丽、陈光远、侯勇、郭梦琪、康赏赐、龚婷婷、彭晨、曾鹏飞、葛华飞、董云杰、韩新捷，2011年江苏省普通高校省级三好学生，江苏省教育厅、共青团江苏省委。

82. 王剑、孙野、孙影影、余知义、李妲、杨凤、陈怡、陈华杰、陈昌虎、唐巧玲、席怡然、袁珩、蒋泽、薛苑、戴如辉，2011年江苏省普通高校省级优秀学生干部，江苏省教育厅、共青团江苏省委。

2011年度各类基金、奖学金获奖情况

一、“严恺教育科技基金”

1. 严恺奖学金

一等奖：

研究生：赵 君　傅卓佳

本科生：韩 迅　薛荣军　王俊杰

二等奖：

研究生：郑铁刚　赵颖慧　狄圣杰　胡开明　茅媛婷　林剑乔　陶 磊　江金芳

本科生：董 亮　周旭东　聂柏松　孙昊元　樊 宇　杨凯文　周 童　吴舒鋆　徐宗瑜　王雅芳　任栋莹　夏妮妮　陈焕霖　钱 莉　陈学明　康赏赐　赵英华　付建英　何小攀　王瑾琛

2. 严恺港口、航道及海岸、海洋工程专项奖学金

一等奖：

本科生：王 捷

二等奖：

本科生：姜宁林　　熊梦婕　　宋晓阳　　樊　翔　　陈欣迪

3. 严恺工程技术奖

一等奖：

陈五一　　中国水电顾问集团成都勘测设计研究院

二等奖：

刘兴宁　　中国水电顾问集团昆明勘测设计研究院

仲志余　　长江勘测规划设计研究院

杨泽艳　　中国水电工程顾问集团公司

肖　峰　　中国水电顾问集团中南勘测设计研究院

叶　健　　江苏省水利厅

朱利翔　　中交第四航务工程勘察设计院有限公司

二、"徐芝纶教育基金"

1. 徐芝纶力学奖学金

一等奖：

研究生：吴勇信

本科生：董伟良

二等奖：

研究生：甘　磊　　刘晓东　　张晓棣

本科生：陈佳袁　　戴　路　　汤晓波　　邓贤扬　　闻　旭

2. 徐芝纶力学专业优秀学生奖学金

一等奖：

江守燕

二等奖：

李　益　　陈　鹏　　朱　祥　　姜文生　　杨　威

3. 徐芝纶力学奖

一等奖：

方岱宁　　北京大学

钮新强　　长江勘测规划设计研究院

二等奖：

李光耀　　湖南大学

赵均海　　长安大学

许庆春　　河海大学

冯树荣　　中国水电顾问集团中南勘测设计研究院

王仁坤　　中国水电顾问集团成都勘测设计研究院

4. 徐芝纶教材奖

一等奖：

汪基伟，《水工钢筋混凝土结构学》(第 4 版)，中国水利水电出版社，2009 年 8 月出版。

二等奖：

詹道江、徐向阳、陈元芳，《工程水文学》(第 4 版)，中国水利水电出版社，2010 年 1 月出版。

赵占西，《产品造型设计材料与工艺》，机械工业出版社，2008 年 8 月出版。

三、“宝钢教育奖”

1. 宝钢教育优秀教师奖
   冯卫兵　　蔡付林　　夏乐天
2. 宝钢教育奖优秀学生特等奖
   研究生：孙洪广
3. 宝钢教育优秀学生奖
   研究生：侯　勇　　鲁程鹏
   本科生：马腾远　　朱　峰　　彭　晨　　江　汇　　郭梦琪　　刘翘楚

四、钱家欢岩土工程奖学金

研究生：吴勇信　　狄圣杰　　徐安权　　刘桃根　　张朋举　　朱华翔
本科生：薛荣军　　汤晓波　　范惜辉　　陈　刚　　陆　杨　　吴筱薇　　张海通
孟亚运　　张杨杨　　刘笑吟　　严　俊　　杨清淮　　章　旭　　宋晓阳
刘小芳　　栾金龙

五、张光斗科技教育基金奖优秀学生奖

研究生：郑铁刚　　徐　波　　黄　峰
本科生：张杨杨　　朱敏喆　　陈家悦

六、刘光文水文科技教育基金

1. 刘光文科技成就奖
   张建云　　南京水利科学研究院
2. 刘光文青年科技奖
   刘志雨　　水利部水文局
   吴吉春　　南京大学
   熊立华　　武汉大学
   吴志勇　　河海大学
3. 刘光文奖学金
   一等奖：
   研究生：
   赵铜铁钢　　清华大学
   章艳红　　南京大学
   王晓燕　　河海大学
   本科生：
   刘章君　　武汉大学
   吕　颖　　吉林大学
   刘臻晨　　河海大学
   二等奖：
   研究生：
   许　斌　　武汉大学
   许银山　　武汉大学
   赵庆绪　　四川大学
   黎小东　　四川大学

郑　姣　　河海大学
黄　峰　　河海大学
葛　慧　　河海大学

本科生：

林　谧　　南京大学
涂铜壁　　武汉大学
张素琼　　中山大学
潘敏婷　　中山大学
于芷婧　　四川大学
陈仕军　　四川大学
郑裕彤　　吉林大学
王怡璇　　西北农林科技大学
陈　刚　　西北农林科技大学
罗明明　　中国地质大学(武汉)
王易初　　中国地质大学(北京)
孙秀路　　内蒙古农业大学
耿　兵　　河海大学
程嫣嫣　　河海大学
王子璐　　河海大学
徐华亭　　河海大学

七、潘家铮水电奖学金

研究生：

茅媛婷　　李占超

本科生：

王　宁　　陈姣姣　　司　源　　龚婷婷

八、2011 年度“河海大学西部创业奖学金”

一等奖：

王勇为　　王　磊　　刘　孟　　朱晓万　　朱鹏程　　徐中俊　　谭庆慧
司晓博　　张坎文　　王广宁

二等奖：

杨　杰　　朱光沛　　丁建哲　　王　钢　　王海涛　　丁　龙　　常　博
胡连勇　　孙玄斌　　汤　莉　　米　宁　　蔡　华　　王　杰　　陈光明
苏　飞　　王小龙　　杨　凡　　黄　谆　　杨　斌

三等奖：

蒋红利　　张　侨　　侯　磊　　黄　嵩　　田　宇　　罗　浩　　祝　颖
柳　超　　居朦萌　　李伟华　　高焕玲　　刘　杰　　赵锡山　　牛腊梅
覃祯雷　　张克瑚　　汪　禄　　曾贤友　　孙万胜　　雷　江　　陈盛辉
王兆星　　景盛名　　吴光磊　　刘　翀　　覃健福　　李　科　　路佳文
孙源远　　李晶晶　　马振华　　李　强　　许　菲　　杨龙保　　张少华
陈香玉　　余建华　　李春琴　　罗淋洁　　黄　海　　白　蕾　　张宇光
曹　群　　凤　叶

九、2010—2011学年国家奖学金

程嫣嫣　许　雷　陈贤策　陆　晶　钱振兴　郭　鹏　佘　芮
肖经纬　邵晴怡　杨宝林　殷　鸣　罗　斌　黄仁芳　朱盛鑫
陶　玲　陈　明　张　勇　柳　丹　卞佳琪　高　正　吴江泠
魏　媛　田曼丽　陈　名　邵群杰　苏　锑　荀　倩　耿　兵
黄　跃　陈依琳　刘梦轩　顾　鑫　顾金霞　杨海雯　韩文亚
陈　玲　万文华　王　捷　禹　露　周荣玲　金　鑫　岂真正
郭梦琪　张守雪　林建宇　陈　玥　才　多　蒋　红　邓璐妍
洪艺伦　李文婧　孙沐芸　王雷顶　陈　晨　孙振利　熊梦婕
董长龙　马佳杰　笪媛媛　公维萌　魏思敏　李　翔　王　俊
熊丁晖　张　炫　徐文文　赵　鹰　刘　浩　吴　迪　徐建萍
胡剑杰　王　佩　刘　鹏　董　航　吕小央　王　硕　吴洁璇
王　凌　魏凌波　张　弘　王　佐　胡潇方　周文俊　付小琳
朱金晓　金树楼　赵瑞雪　王海焱　吴　畏　吴亭苇　严中奇
张帆一　毕吴瑕　魏　娜　史国强　钟　佳　戴明蓉　张怡航
徐　林　李青霞　汪中琦　谢　坤　聂　妮　万　月　胡冰华
邱玉情　邱麟翔　查显月　刘　方　林　捷　顾艳梅　余　霖
单金霞　颜　杰　李孟霞　梁国涛　李肖英　斯　静　王鼎琦
宋瑞瑞　任向林　张艳杰　郭艳婷　周晓晴　刘祖菁　王沛砚
盛丽婷　劳叶春　曹　煜　刘翘楚　孙　丽　支建东　李　瑜
叶　芬　董观利　张林海　李春红　刘永康　王晓莉　银冬蕾
王嘉庚　漆　江　李淑星　张俊康　顾　昊　李培军　于　安
杨　芸　章　剑　胡一君　冯乐满　王　骁　陈　青　张培培
李　杨　李　婷　程　林　陈焕霖　郭章翠　秦向南　张　哲
张立霞　周　元　付世荣　程　引　王雅芳　季庚午　林剑婷
何　晖　陈慧娟　唐云慧　刘笑吟　杨　婧　谢青青　褚佩佩
钱　莉　胡晨铭　贾　雪　吴　莉　史婉莹　李　潇　何青青
马梦云　张忠阳　张心瑜　诸竹君　陈良蕾　侯岳铭　张倩倩
姚　倩　李艳霞　朱　婷　曹茜茜　俞晨越　欧阳星辰

十、2011年度校长奖学金

卫晓露　刘默尧　唐巧玲　徐于楠　苏明珍　孔维耀　林　慧
姜　洲　吴靖宇　刘何稚　徐兴亚　殷瑞雪　冯兴亚　孟庆祥
李　姮　张馨竹　厉佳卉　蔡雅慧　闫晓璐　姚国友　韩梦洁
陈宏伟　王建民　张　超　佘　磊　姜圣韬　任凌霄　刘海涛
李玲玉　孙影影　陆　杰　李　青　张沈习　王雪婷　周文欢
孙英明　潘　磊　张芳玲　徐华珺　陈光远　陈　怡　武胜萍
丁　旭　袁　豹　武立军　李忠美　于晶晶　付　饶　封　翼
沈金平　莫　静　梁英杰　杨　正　郝珊珊　邹志辉　蔡　毅
曹玉杰　刘　鹏　南文光　邵晓峰　陶　宇　王晓龙　倪　扬
巢　仕　戴　燚　冯克林　刘良良　刘　娜　倪立显　潘天娇
沈　洁　束代群　董慧梅　高　云　刘桂云　董立兴　张　洁
周　梁

十一、和汇奖学金

刘臻晨	司　源	宋　凡	马腾远	张晓平	夏　强
陆宇烨	刘笑悦	曹艳辉	赵青青	王　琳	曹凯斌
赵苇航	邱　玉	葛梦媛	于立婷	薛　飞	刘　浩
徐　佳	欧阳星辰				

2011年度获校内表彰及奖励的先进集体和先进个人

一、教职工类

1. 2011年度优秀主讲教师(8名)

水利水电学院：刘晓青
计算机与信息学院：陆　阳
地球科学与工程学院：高正夏
理学院：柳庆新
法学院：吴志红
马克思主义学院：黄世虎
计算机与信息学院(常州)：陈慧萍
常州校区外语教学部：张　聪

2. 2010—2011学年青年教师讲课竞赛获奖名单(17名)

一等奖(5名)：

沈　扬　王　茜　陈梦华　高玉琴　刘　波

二等奖(12名)：

刘　成	孙黎霞	王娴珏	陈仁喜	张爱梅	张　颖	李　宁
胡雪海	汤　波	刘　姣	史路平	王　翔		

3. 优秀共产党员、优秀党务工作者(69名)和先进党支部名单(23个)

(1) 优秀教职工党员(29名，以姓氏笔画为序)：

王　平	王建中	王锦国	华祖林	孙彦歆	朱成立	朱灯林
许　峰	吴　瑶	张旭明	张春丽	张春雷	张玲彬	张晓云
谷文林	陈　达	陈定圻	单鸣雷	林　芝	胡维松	赵振宙
郝晓美	夏乐天	谈为雄	曹松祥	曹菱红	符　倩	黄林楠
黄振平						

(2) 优秀党务工作者(17名，以姓氏笔画为序)：

孔祥冬	尹庆民	王永芝	冯广将	乔　熙	刘春田	刘　峰
刘　翔	吴二军	张秋野	邱　华	徐荟华	浦　玲	鲁　扬
戴玉珍	魏有兴	魏　萍				

(3) 先进党支部(23个)：

水利水电学院党委两办党支部
港口海岸与近海工程学院党委机关党支部
土木与交通学院党委土木教工第一党支部
环境学院党委办公室党支部
能源与电气学院党委电力系党支部

计算机与信息学院党委教工两办支部
力学与材料学院党委材料系党支部
地球科学与工程学院党委办公室党支部
理学院党委大学数学部党支部
商学院党委机关第二党支部
外国语学院党委两办党支部
国防生党总支第二党支部
机关党委人事处党支部
机关党委后勤管理处、水电供应中心党支部
直属单位党委设计院党支部
直属单位党委期刊部党支部
江宁校区党工委教工党支部
后勤集团党总支综合、劳服党支部
离退休工作处党工委退休港航学院党支部
常州校区机电工程学院党委热动工设工图疏浚党支部
常州校区计算机与信息学院(常州)党委计算机技术系(所)党支部
常州校区公共课教学部党总支体育教学部党支部
常州校区机关党委学工部、宣传部、团委党支部

4. 2010—2011 年度“三育人”先进集体(2 个)和先进个人(26 名)

(1) 先进集体(2 个):

水利水电学院水电系　　负责人:蔡付林
计算机与信息学院(常州)　负责人:范新南

(2) 先进个人(26 名,以姓氏笔画为序):

王　娟	王万成	刘兴平	刘晓农	冯建刚	许捍卫	成　宇
陈　卫	陈　君	陈　鹏	陈慧萍	陆汉文	杨　勇	张秀菊
李东新	林　明	郑黎明	郑苏娟	徐　岚	高　伟	袁爱民
章恒全	蒋亚清	谢永玉	谢　斌	滕卫东		

5. 河海大学 2009—2010 年度精神文明建设先进单位(6 个)、先进窗口(24 个)和先进个人(31 名)

(1) 精神文明先进单位(6 个):

水文水资源学院
水利水电学院
土木与交通学院
环境学院
商学院
机电工程学院

(2) 精神文明先进窗口(24 个):

水文水资源学院院办公室
水利水电学院两办
土木与交通学院院办公室
港口海岸与近海工程学院两办
环境学院院办公室
计算机与信息学院两办
理学院两办

商学院党务与学生工作办公室
外国语学院院办公室
校长办公室综合科
发展规划处、高教所
财务处
学生工作处
后勤管理处校园环境管理科
资产管理处
离退休工作处
继续教育学院函授部
常州校区纪委办公室
常州校区教务部
常州校区资产管理部采购中心
常州校区财务部
常州校区工会(离退休办公室)
常州校区商学院党委办公室
常州校区机电工程学院院办公室

(3) 精神文明先进个人(31 名)(以姓氏笔画为序):

尹媛媛 王 鹏 王永芝 王志霞 吕红征 吕艳红 孙彦歆
安春梅 朱金秀 毕永竹 汤茂买 邢 芳 吴 瑶 吴洪彪
吴富伟 吴登华 宋亚琼 张 炜 张玲彬 李晓芳 沈蓓绯
周 昶 周仲海 胡锦涛 钱心彤 崔锦铭 曹红芳 笪学军
黄法章 蒋新会 潘 涤

6. 2011 年度考评优秀单位(12 个):

(1) 院系考评优秀单位(4 个):

水文水资源学院
水利水电学院
环境学院
机电工程学院

(2) 党政管理部门考评优秀单位(6 个):

宣传部
校长办公室
科技处
人事处
常州校区党委办公室、管委会办公室、保卫办公室
常州校区科技与国际合作部

(3) 直属单位考评优秀单位(2 个):

继续教育学院
水文水资源与水利工程科学国家重点实验室

7. 2011 年度考核为优秀的处级干部人员名单(65 名)

万国彤 马敏峰 孔祥冬 王 超 王永芝 王志峰 任旭华
刘汉龙 刘成钢 刘爱莲 吉伯海 孙 谦 孙彦歆 安天庆
朱 伟 朱天宇 江 冰 许 峰 许圣斌 阮怀宁 吴 红
吴永强 吴洪彪 张 阳 张秋野 李德生 束龙仓 沈丽英

沈金荣　陆国宾　陈　文　陈　杰　陈元芳　陈红胜　陈青生
陈星莺　陈毓陵　周语明　周海炜　范新南　郑金海　赵　坚
浦　玲　郭祥林　郭继超　钱向东　顾冲时　康宏强　曹继平
梁　伟　符晓陵　黄林楠　彭　雷　舒红缨　董涌波　董增川
蒋　菊　蒋来娣　蒋建宏　缪子梅　潘洪林　魏有兴

在挂职单位考核的基础上，认定中层干部挂职人员优秀(不占中层优秀指标，3 名)：

曲永岗　李琼芳　刘福东

8. 2011 年度考核为优秀的人员名单(388 名)

(1) 水文水资源学院(15 名)：

丁贤荣　万新宇　王　军　刘　波　吴晓玲　宋亚琼　张志才
李国芳　李素云　李致家　陈　喜　茅志兵　赵大勇　夏达忠
戴媛媛

(2) 水利水电学院(22 名)：

牛志伟　王钢钢　王得祥　冯宝平　田正宏　刘　慧　刘晓青
吕升奇　朱　磊　闫　静　佘冬立　张继勋　肖　洋　陈　丹
周红梅　金光球　胡旭宇　贺　军　徐　磊　顾建国(编外人事代理)
曹　青　戴妙林

(3) 港口海岸与近海工程学院(12 名)：

朱瑞虎　严士常　林　凡　郝嘉凌　钟春欣　徐　青　陶爱峰
黄惠明　梁桂兰　蔡　辉　廖迎娣　谭　亚

(4) 土木与交通学院(14 名)：

于　新　王　媛　伞冰冰　李国维　吴跃东　汪祥君　张福海
陈永辉　陈育民　周继凯　洪宝宁　高庄平　蒋　勇　雷　笑

(5) 环境学院(11 名)：

刘　成　张文翠　张春雷　李　轶　李一平　杜　冰　祝建中
钱　进　顾　莉　韩龙喜　操家顺

(6) 能源与电气学院(12 名)：

王宏华　叶彦斐　史林军　成均玉　刘久付　许　昌　吴　峰
屈　波　赵恒文　赵晋泉　钱艳平　徐　爽

(7) 计算机与信息学院(14 名)：

王　宇　平　萍　吕光瑛　李士进　李岳衡　李建霓　邹　阳
张鹏程　陈　晶　周爱群　居美艳　胡加丽　鹿　浩　谭国平

(8) 力学与材料学院(13 名)：

王山山　刘小艳　江少群　安春梅　张健飞　陈玉泉　苟晓凡
赵永芹　夏　宁　郭兴文　蒋林华　喻　林　戴　昱

(9) 地球科学与工程学院(13 名)：

王锦国　许捍卫　杨　彪　何祺胜　张发明　张晓祥　张　雷
郑茜丹　俞　晨　骆祖江　黄　勇　黄　腾　谭红兵

(10) 理学院(12 名)：

刘　蝶　刘中意　孙光洪　李晓军　邹　华　宋建平　张开骁
张爱梅　陈才生　郁大刚　柳庆新　夏乐天

(11) 商学院(17 名)：

王　龙　王卓甫　邓玉林　卢小广　田贵良　许叶军　杨　晨
谷文林　冷建飞　沈菊琴　张　龙　陈柳鑫　岳金桂　赵　冰

荆宁宁　姜翔程　黄永春

(12) 公共管理学院(9名)：

王毅杰　余庆年　沈晓静　张　纯　张晓晨　陈家洋　季年芳
姚　峰　钱心彤

(13) 法学院(4名)：

刘　瑶　张莉莉　顾向一　韩　轶

(14) 马克思主义学院(5名)：

李映红　郑黎明　黄世虎　靳晓霞　雒新艳

(15) 外国语学院(11名)：

王为民　尤　震　朱桂成　齐宁春　吴　桦　张际东　陈　艳
孟　军　秦　晨　徐　薇　彭辰宁

(16) 体育系(6名)：

王建中　李亚男　陈庆平　班　锴(人才派遣)　黄　鹂　蔡　锦

(17) 机关党委(56名)：

于洪军　王　玲　王　健(人事处)　王　健(学生处)　王　焱
方　苑　方玉霞　计惠红　叶志达　刘　江　孙　林　孙　鸿
孙万春　汤　卫　汤其海　汤鸣鸿　汤海兰　祁世峰　许向阳
吴富伟　宋　云　宋金辉　张　炜　张　鸣　张　薇　张春平
张洪贵　张爱芳　张超豪　李　娜　李　晖　李海峰　李瑞银
杨　勇　汪政森　沈　俐　沈　莲　陆海清　陈　怡　陈　洁
陈智红　周　源　周学铭　武　艳(人才派遣)　武晓楠　胡　鹏
胡连森　饶德胜　徐　臻　常永明　梅迎春　黄　穗　蒋新会
谢海峰　蔡宇青　薛书冰

(18) 直属单位党委(28名)：

王　清　王　鹏　付天香　叶建冬　朱　辉　朱兰芳　许　平
许　佳　余　群　吴　玲　张乃国　张亚群　李舍梅　周　勤
林　芝　武　青　范绍芬　施　亮　胡春翔　倪　军　耿立芹
顾　建　高建群　黄　炜　谢友宁　蔡　明　蔡　莹　潘　涤

(19) 后勤集团(17名)：

丁家新　王守华　王家云　邓仁卫　白　群　刘更生　时　萍
邹小东　张　峰　邵卓宁　周海林　宣庆荣　徐世礼　徐美华
黄天宏　谢　斌　黎　欣

(20) 江宁校区(1名)：

唐　旻

(21) 常州校区(75名)：

马海良　王向菊　王建鹏　王树国　王晶晶　方勇(人才派遣)
白建波　冯兰萍　朱　川　朱　晖(人才派遣)　朱金秀　刘　景
刘小峰　刘宏玉　刘建峰　刘宪成　刘晓农　冯亚娟　许焕敏
齐本胜　孙　晴　纪爱敏　严春妍　李　明　李书旗　李洪彬
杨　可　杨永东　杨海君　吴　洁　何　钢　何　源　汪　健
张　聪　沈蓓绯　张亿全　张秀平　张学武　张建勇　张金波
张洪双　张谢明　陆志刚　陆春晖　陈　静　陈伟刚　陈其勇
陈秉岩　陈梦华　陈慧萍　陈燕丽　邵承安　苑明海　周　娟
周　晶(人才派遣)　庞庆华　孟祥斌　赵中强　赵光好　胡友安

费峻涛　徐立群　郭天波　高　军　高　敏　高华良　曹宏俊
黄春娣　董桂君　蒋亚东　蒋爱民　程　昶　雷　凯　颜　玲
潘晓东

(22) 挂职人员(21 名):

王　勋　王继民　方红庆　朱　强　刘九舒　刘平雷　刘春田
李臣明　张　健　陈海波　邵　勇　周　林　郑德华　赵海涛
袁俊平　徐军海　徐绪堪　徐　鹏　诸裕良　崔锦铭　潘云涛

9. 专业技术岗位人员 2008—2010 年聘期考核优秀名单(169 名)

(1) 校聘人员(7 名):

王　超　王慧敏　刘汉龙　张展羽　陈绍军　袁　越　徐立中

(2) 单位聘人员(172 名):

① 水文水资源学院(7 名):

石　朋　张行南　陈　喜　郝振纯　夏达忠　董增川　瞿思敏

② 水利水电学院(10 名):

方国华　王玲玲　刘斯宏　吴建华　束一鸣　沈振中　邵孝侯
唐德善　夏继红　郭龙珠

③ 港口航道与近海工程学院(7 名):

孔　俊　冯卫兵　庄　宁　沈丽宁　陈　达　郑金海　龚　政

④ 土木与交通学院(7 名):

王保田　卢廷浩　刘　军　朱珍德　周继凯　高玉峰　蒋　勇

⑤ 环境学院(6 名):

王沛芳　李　轶　林　涛　郑晓英　侯　俊　韩龙喜

⑥ 能源与电气学院(8 名):

马宏忠　方红庆　方　静　吕国芳　孙国强　袁晓玲　曹林宁
霍志红

⑦ 计算机与信息学院(9 名):

万定生　卞风燕　严锡君　吴学文　吴晓丹　李士进　李继国
杨　方　韩立新

⑧ 力学与材料学院(8 名):

马爱斌　邓爱民　孙立国　张旭明　邵国建　赵振兴　梅明荣
蒋林华

⑨ 地球科学与工程学院(8 名):

王锦国　何秀凤　佘远见　张发明　陈志坚　饶文波　骆祖江
黄　腾

⑩ 理学院(8 名):

丁根宏　叶国菊　孙光洪　安天庆　张开骁　张爱梅　郑苏娟
储继峰

⑪ 商学院(10 名):

丰景春　仇　蕾　吴凤平　张　龙　沈菊琴　陆汉文　陈军飞
周海炜　唐　震　黄德春

⑫ 公共管理学院(7 名):

王毅杰　佘文学　杨文健　沈晓静　陈阿江　黄健元　黄涛珍

⑬ 马克思主义学院(4 名):

毕　霞　黄明理　韩凤鸣　戴　锐

⑭ 法学院(3 名):

王建文　陈秀萍　徐金海

⑮ 外国语学院(8 名):

王淑芳　孙宁宁　朱正东　朱桂成　范晓慧　郑亚南　祝吉芳
蔡　斌

⑯ 体育系(4 名):

王建中　关长亮　汤　波　苏正南

⑰ 机关党委(12 名):

王维江　孙万新　孙　红　朱晓虹　许　华　张李杰　张春平
陆海清　周文兰　赵淑玲　曹　俊　黄鹤亮

⑱ 直属单位党委(11 名):

孙清玉　余志顽　张鸿业　李　晶　肖　东　周　勤　武　青
武晓峰　高渭文　扈昌鑫　谢永玉

⑲ 常州校区(35 名):

丁用柏　孔令峰　包晔峰　刘翠红　朱灯林　朱昌平　纪玲妹
严　波　张迅炜　张学武　张建勇　张金波　张　敏　李庆武
杜　栋　杨　丽　杨海君　沈蓓绯　陆爱红　陈小刚　陈正鸣
周　军　周自强　周　亮　庞庆华　范新南　姚惠泽　徐绪堪
高　英　曹宏俊　黄国铭　董桂君　蒋永锋　谢　怡　戴　叶

10. 2011 届本科毕业设计(论文)优秀指导教师(143 名)

(1) 水文水资源学院(6 名):

张志才　李琼芳　石　朋　傅志敏　刘　俊　赵大勇

(2) 水利水电学院(11 名):

刘晓青　曹　青　叶　翔　黄显峰　王　建　周兰庭　沈长松
周春天　郭龙珠　刘　慧　方部玲

(3) 港口海岸与近海工程学院(10 名):

梁桂兰　吴　腾　翟　秋　庄　宁　张　蔚　冯卫兵　赵红军
徐　青　何良德　欧阳峰

(4) 土木与交通学院(8 名):

袁俊平　沈　扬　陈　亮　曹平周　聂利英　丁晓唐　袁　黎
王　斌

(5) 环境学院(6 名):

李　勇　张松贺　韩龙喜　陈　卫　孙　敏　郑晓英

(6) 能源与电气学院(9 名):

卫志农　赵晋泉　乐秀璠　廖迎晨　周　军　王万成　郑　源
李　龙　吴　新

(7) 计算机与信息学院(10 名):

许国艳　刘惠义　平　萍　韩立新　吴学文　居美艳　李旭杰
严锡君　蒋德富　鹿　浩

(8) 力学与材料学院(3 名):

陈玉泉　江静华　蒋林华

(9) 地球科学与工程学院(7 名):

宋汉周　魏继红　张发明　周绍光　赵仲荣　张晓祥　程立刚

(10) 理学院(7 名):

袁永生　郑苏娟　李晓军　王启明　朱卫华　宋建平　陶成君

(11) 商学院(13名):

周申蓓　贺丽莳　冷建飞　王　飞　宋　敏　杨恺钧　魏长升

刘笑霞　陶飞飞　胡震云　刘　戎　唐　震　欧阳红祥

(12) 公共管理学院(5名):

戴　锐　陈家洋　张健挺　施国庆　毛春梅

(13) 法学院(3名):

陈广华　王建文　徐　军

(14) 外国语学院(2名):

朱正东　秦　晨

(15) 机电工程学院(17名):

苑明海　刘　波　陈秉岩　张洪双　林　岗　纪爱敏　方韵梅

朱炳麒　白建波　刘　巍　刘　升　包晔峰　严春妍　严　波

张　衡　钱丽娜　孟祥斌

(16) 计算机与信息学院(常州)(13名):

朱昌平　朱金秀　盛惠兴　张学武　霍冠英　姚　澄　单鸣雷

江　琴　戴卫力　解大琴　华民刚　陈正鸣　陈慧萍

(17) 商学院(常州)(13名):

陈　阵　王　幸　宿　晓　吴　敏　吴庆平　刘晓农　丁云伟

缪小莉　王　敏　杨志明　潘江波　杜　栋　刘高峰

11. 河海大学2011年社会实践活动先进单位(7个)、优秀指导教师(73名)及校级实践基地名单(49个)

(1) 先进单位(7个):

水文水资源学院　水利水电学院　港口海岸与近海工程学院

环境学院　计算机与信息学院　外国语学院

商学院(常州)

(2) 优秀指导教师(48名):

① 水文水资源学院(2名):

季斐斐　戴媛媛

② 水利水电学院(3名):

吴夏蕊　刘金凤　国红梅

③ 港口海岸与近海工程学院(3名):

陈　智　林　凡　陈　佳

④ 土木与交通学院(3名):

颜素珍　吴　昊　伍　凯

⑤ 环境学院(2名):

冯　骞　曾　莉

⑥ 能源与电气学院(2名):

成均玉　孙　瀚

⑦ 计算机与信息学院(3名):

王晶晶　周爱群　张木兰

⑧ 力学与材料学院(3名):

毕　娟　潘云峰　徐业鹏

⑨ 地球科学与工程学院(2名):

俞　晨　　宋晓含

⑩ 理学院(2 名)：

郭新俊　　由国迎

⑪ 商学院(2 名)：

吴洪彪　　任小梅

⑫ 公共管理学院、法学院、马克思主义学院(3 名)：

孙中良　　邓丽娟　　吴君明

⑬ 外国语学院(2 名)：

朱志梅　　陈培玲

⑭ 大禹学院(1 名)：

张玲彬

⑮ 青马工程(1 名)：

黄显峰

⑯ 学生处(2 名)：

韩　熠　　关　蕾

⑰ 研究生院(1 名)：

王　焱

⑱ 常州校区(11 名)：

翟正来　　辛绍权　　张静辉　　孙　悦　　王梅姣　　白云利　　王向菊

戴　叶　　吴学科　　张亿全　　胡锦涛

(3) 优秀校外指导教师(25 名)：

① 水文水资源学院(1 名)：

郭永为

② 水利水电学院(2 名)：

沈振荣　　张新义

③ 港口海岸与近海工程学院(2 名)：

李　梅　　吴金塔

④ 土木与交通学院(2 名)：

王金男　　冯承梅

⑤ 环境学院(1 名)：

周明生

⑥ 能源与电气学院(3 名)：

刘得友　　徐基光　　薛陆扬

⑦ 计算机与信息学院(2 名)：

曹恒岳　　杨　刚

⑧ 力学与材料学院(1 名)：

孟凡忠

⑨ 地球科学与工程学院(1 名)：

马景礼

⑩ 理学院(1 名)：

何明山

⑪ 商学院(2 名)：

代靖乾　　吕　津

⑫ 公共管理学院、法学院、马克思主义学院(1 名)：

闫团进

⑬ 外国语学院(2 名)：

黄　鸣　　徐银春

⑭ 大禹学院(1 名)：

邓　强

⑮ 常州校区(3 名)：

翟正来　　陈生水　　许　鹏

(4) 校级实践基地(49 个)：

① 水文水资源学院(4 个)：

山西省水文水资源勘测局

河北省水文水资源勘测局

河北省水利工程局教学实践就业基地

河海大学水文水资源学院教学实践就业基地

② 水利水电学院(5 个)：

水利部淮委沂沭泗局骆马湖管理局嶂山闸管理局

浙江省绍兴市水利水电勘测设计院

水利部水文局河海大学大学生暑期社会实践基地

宁夏农垦局农林牧技术推广服务中心

重庆草街航运电力开发公司水力发电厂

③ 港口海岸与近海工程学院(2 个)：

陕西省咸阳市羊毛湾水库

福建省洪水预警报中心

④ 土木与交通学院(2 个)：

山东省乳山市水利勘测设计院

山东省济宁市金乡县水务局

⑤ 环境学院(3 个)：

山东省安丘市水利局

安徽省广德县水务局

南京瑞迪高新技术公司

⑥ 能源与电气学院(6 个)：

国际小水电中心

水利部农村电气化研究所

海南省定安县翰林中学

芜湖县供电公司实践基地

响水涧抽水蓄能公司实践基地

常熟市供电公司实践基地

⑦ 计算机与信息学院(4 个)：

宝钢集团梅山有限公司

江苏省滨海县水利局

云南省峨山县隆泽水电开发有限公司

江苏省盱眙县龙王山水库管理所

⑧ 力学与材料学院(2 个)：

水利部节水灌溉示范基地及农村饮用水安全检测中心

江苏省睢宁县水利局

⑨ 地球科学与工程学院(5个)：

济南市水文局

辽宁省水文水资源勘测局沈阳分局

娄底市白马水库管理处

吉林省水利厅

河北省桃林口管理局

⑩ 理学院(3个)：

四川省遂宁市船山区永兴镇水利所

河海大学暑期社会实践小分队与付村镇水利站共建基地

河海大学暑期社会实践小分队与北甸子人民政府共建基地

⑪ 商学院(3个)：

东海县政府暑期社会实践基地

河海大学内蒙古包头市九原区水务局暑期社会实践基地

河海大学石家庄滹沱河治理工程暑期实践基地

⑫ 公共管理学院、法学院、马克思主义学院(4个)：

河南省林州市红旗渠实践基地

天津市武清区饮用水安全实践基地

嵩山地区水资源合理调配与利用实践基地

金华市樊城区沙畈乡实践基地

⑬ 外国语学院(1个)：

陕西省凤县水利局

⑭ 大禹学院(1个)：

芜湖市水务局

⑮ 常州校区(4个)：

吉林市水务集团有限公司

盐城市阜宁县水务局

江苏省南京市高淳县水产局

江苏省灌云县水利局

12. 2011年度“最佳党日活动”(共22个)

(1) 一等奖(5个)：

水文水资源学院党委：感党恩爱国爱校、献水利无愧青春——2011级新生入学主题教育系列活动

水利水电学院党委：“乐水学堂”求进步，服务学生促发展

力学与材料学院党委：缅怀大师风采，践行师德创先争优

理学院党委大学数学部党支部：践行师德、关爱学生

后勤集团党总支物业党支部：关爱外来务工人员，构建和谐后勤

(2) 二等奖(10个)：

土木与交通学院党委2011级结构桥隧党支部：发挥党员先进性作用，共建绿色环保紫金山

环境学院党委各教工党支部：“践行师德，创先争优”主题党日活动

机关党委学生处党支部：追寻起点忆史励志，落实行动创先争优

机关党委党办、校办党支部：“燃烧青春的火焰，铸就党性的铁骨”——赴安徽定远调研农村水利建设情况

直属单位党委水资源高效利用与工程安全国家工程研究中心党支部：创先争优促发展，

齐心协力抓验收

离退休工作处党工委：创五好支部，做四好党员

计算机与信息学院(常州)党委自动化本科生第一、第二、第三党支部：顾党史，省吾身。

商学院(常州)党委：传承革命精神，齐力创先争优——学生党员骨干赴茅山学习实践主题党日活动

常州校区机关党委资产、工会、后勤党支部：数九寒冬慰问水利困难职工，爱岗敬业落实创先争优行动

常州校区机关党委组织人事、纪委办党支部：爱在延续

(3) 三等奖(7个)：

能源与电气学院党委："考察红色圣地，弘扬井冈山精神"——"庆祝建党90周年"主题党日活动

计算机与信息学院党委两办教工党支部：走进梅山，探寻学研产新模式

机关党委教务处党支部：校区携手，教务互动，共谋提高教学管理水平和人才培养质量大计

机关党委人事处党支部：继往开来，缅怀伟人风采；开拓进取，争做时代先锋

机关党委后勤管理处党支部：师生共建低碳环保绿色校园

直属单位党委："感受过去、珍惜现在、展望未来"——参观考察"新四军苏浙军区纪念馆"

常州校区机关党委学工部、宣传部、团委党支部："立足岗位做贡献，倾情奉献传帮带"主题活动

13. 2011年度党建工作创新(共18项)

(1) 优秀创新奖(8项)：

水利水电学院党委：党建科研两相长，以老带新设支部，开创学生党建新局面

港口海岸与近海工程学院党委：开拓党建新思路、提升学院软实力

环境学院党委：建设党员之家，激发党组织发展的内在动力

能源与电气学院党委：践行师德，创先争优——能电院党委党建创新活动

商学院党委2010级硕士生第一党支部：建立"三承诺""四联系"制度，增强基层党组织的活力

直属单位党委图书馆党支部：创先争优抓党建，提升服务面貌新

离退休工作处党工委：以创先争优为契机，创先创优支部建设

商学院(常州)党委：求规范、增活力、重实效，创新学生党建新模式

(2) 创新奖(10项)：

水文水资源学院党委：建立健全党内激励、关怀、帮扶机制研究

土木与交通学院党委：研究生入党积极分子培训形式和途径的探索与创新

计算机与信息学院党委、计算机与信息学院研究生党支部：依托学科平台创新研究生党建活动途径

地球科学与工程学院党委：以创建学习型党支部为抓手，开展创先争优活动

理学院党委：毕业班党建、就业双强模式探索

公共管理学院、法学院、马克思主义学院党委2011级科哲、伦理、政治学党支部：运用网络信息工具密切联系关注党建工作发展

机关党委：创新思想教育方法，激励青年党员成长

江宁校区党工委：创新支部民主生活会

机电工程学院党委："开放型"组织生活模式的探索和实践

常州校区机关党委：亮身份、明岗位、受监督、崇廉洁

14. 河海大学 2010—2011 学年优秀班导师(55 名)

(1) 水文水资源学院(2 名)：

陈　星　　向小华

(2) 水利水电学院(5 名)：

王润英　　黄显峰　　牛志伟　　夏继红　　张　洁

(3) 港口海岸与近海工程学院(2 名)：

郝嘉凌　　翟　秋

(4) 土木与交通学院(4 名)：

易　红　　蒋　勇　　袁　黎　　钟小春

(5) 环境学院(1 名)：

方　芳

(6) 能源与电气学院(4 名)：

王万成　　左　潞　　秦战生　　余一平

(7) 计算机与信息学院(2 名)：

叶　枫　　平　萍

(8) 力学与材料学院(2 名)：

张　慧　　张风臣

(9) 地球科学与工程学院(3 名)：

魏　峰　　王建平　　李　嘉

(10) 理学院(1 名)：

张爱梅

(11) 商学院(5 名)：

冷建飞　　宋　敏　　田贵良　　王　飞　　章恒全

(12) 公共管理学院(2 名)：

于　红　　孙中良

(13) 法学院(1 名)：

韩　轶

(14) 马克思主义学院(1 名)：

金林南

(15) 外国语学院(1 名)：

吴益华

(16) 大禹学院(2 名)：

沈　扬　　梅明荣

(17) 机电工程学院(7 名)：

张根元　　周美英　　陆亚珍　　苑明海　　陆春晖　　张　衡　　吴晓莉

(18) 计算机与信息学院(常州)(5 名)：

刘　景　　张秀平　　高　远　　黄国铭　　路正莲

(19) 商学院(常州)(5 名)：

陈其勇　马海良　　缪小莉　　王　幸　　于　楚

15. 河海大学 2009—2010 年度优秀函授站(校外教学点)干部名单(12 名)

安徽水利水电职业技术学院函授站　　史怀飚
黄河水利职业技术学院函授站　　孙秋萍
云南省水利水电学校函授站　　雷　兵

浙江水利水电专科学校函授站	应蕙蕙
新疆水利水电学校函授站	贺学兵
山西水利职业技术学院函授站	王亚君
沈阳农业大学高等职业技术学院函授站	赵 莹
湖南省水文水资源勘测局函授站	刘海涛
安徽省水文水资源勘测局函授站	余 徽
中共如东县委党校函授站	薛 菡
中共江都市委党校函授站	龚晓梅
金陵石化中专学校校外教学点	侯引弟

16. 第五届“校园廉洁文化活动月”获奖情况

(1) 廉洁诗词创作获奖名单(6 个)：

① 一等奖：

《我们想要的》	刘路赢	土木与交通学院党委

② 二等奖：

《岁寒志》	刘京平	港口海岸与近海工程学院党委
《廉池》	汪顺吉	水文水资源学院党委

③ 三等奖：

《问心无愧》	郑付刚	水利水电学院党委
《沁园春》	崔引红	计算机与信息学院党委
《八荣八耻歌》	梁知新	离退休工作处党工委

④ 优秀奖(24 个)：

《怎能忘记》	潘丽君	水文水资源学院党委
《说廉》	夏继勇	水文水资源学院党委
《不朽的丰碑》	苗伟波	水利水电学院党委
《无题》	金 易	水利水电学院党委
《无题》	周洲洋	港口海岸与近海工程学院党委
《变迁》	陈伟秋	港口海岸与近海工程学院党委
《廉者如梅洁一身》	林 康	土木与交通学院党委
《廉若苍穹洁如水》	李海鸿	土木与交通学院党委
《廉洁》	王嘉磊	土木与交通学院党委
《莲，廉》	杨其军	环境学院党委
《黄雀行》	唐志强	环境学院党委
《谏》	陈久裕	环境学院党委
《廉洁之花，常开不败》	张楠楠	地球科学与工程学院党委
《风雨九十年》	薛晓璐	地球科学与工程学院党委
《颂廉经》	宋 娟	商学院党委
《铭贤》	刘 念	商学院党委
《满江红 倡清风》	孔伯炜	商学院党委
《一块匾的自述》	石香香	公共管理学院、法学院、马克思主义学院党委
《藏头诗》	王 卫	公共管理学院、法学院、马克思主义学院党委
《尚廉》	王福彩	公共管理学院、法学院、马克思主义学院党委

《钗头凤》	尹　郝	公共管理学院、法学院、马克思主义学院党委
《反腐倡廉》	方　征	直属单位党委
《石城偶书》	丁明磊	直属单位党委
《让青绿与您同在——我的若水河海》	王海宏	常州校区党委

(2) 廉政摄影征集获奖名单(28个)：

① 一等奖：

《坚石》	孟　凯	机关党委

② 二等奖：

《曲与直》	潘洪山	地球科学与工程学院党委
《傲雪》	刘　红	后勤集团党总支

③ 三等奖

《以光为镜》	周　澄	水利水电学院党委
《野花与网》	刘　顺	直属单位党委
《出污泥而不染》	胡治平	离退休工作处党工委

④ 优秀奖：

《拒贿》	汪加伟	水文水资源学院党委
	缪浩川	水文水资源学院党委
《水仙　廉洁》	陆　扬	水利水电学院党委
《莲花》	邱思妍	港口海岸与近海工程学院党委
《霓虹灯的诱惑》	谭彬政	港口海岸与近海工程学院党委
《拒绝诱惑》	苏显雷	土木与交通学院党委
《清风》	张　泳	环境学院党委
《莲结　连结》	李良智	能源与电气学院党委
《莲花》	程沁灵	力学与材料学院党委
《把荷》	林　牧	地球科学与工程学院党委
《出污泥而不染　濯清涟而不妖》	王　琦	地球科学与工程学院党委
《莲池　廉池》	寻秋风	理学院党委
《一片冰心在玉壶》	陈太珍	公共管理学院、法学院、马克思主义学院党委
《荷影莲风》	王　笛	公共管理学院、法学院、马克思主义学院党委
《莲洁》	张静怡	外国语学院党委
《擦亮双眼　拨开云雾》	张洪贵	机关党委
《廉之道》	王志峰	机关党委
《缅怀历史　把握现在》	金　楠	机关党委
《清正廉洁称楷模　求真风范育后人》	马敏峰	直属单位党委
《铭记》	童文燕	后勤集团党总支
《踏踏实实做人　规规矩矩做事》	吴　娟	江宁校区党工委
《莲花》	王洪亮	常州校区党委

《常在河边走
就是不湿鞋》　　陈定圻　　离退休工作处党工委

(3) 廉洁漫画大赛获奖名单(24 个):

① 一等奖:

《小强的故事》　　张悦琦　　常州校区党委
鲁　一　　常州校区党委
阎瑶等　　常州校区党委

② 二等奖:

《损他利己》　　马洋洋　　能源与电气学院党委
《廉洁班风》　　梁月馨　　公共管理学院、法学院、马克思主义学院党委

③ 三等奖:

《贪的后果》　　苏　蕾　　港口海岸与近海工程学院党委
《定力》　　翟　安　　港口海岸与近海工程学院党委
《灾款发放》　　张玉聪　　计算机与信息学院党委

④ 优秀奖:

《惠民? 惠 me!》　　周笑腆　　水文水资源学院党委
《不贪不义之财
不要不明之物》　　余　雯　　水利水电学院党委
《今天我请客》　　秦嘉雯　　水利水电学院党委
《反腐倡廉》　　刘倩怡　　港口海岸与近海工程学院党委
《腐败的市长》　　许苏煌　　土木与交通学院党委
《化公为私》　　努尔麦麦提·托合提　　环境学院党委
《变装》　　李蓓宁　　环境学院党委
《才与财》　　于　佳　　计算机与信息学院党委
《拒贿》　　李　攀　　计算机与信息学院党委
《钞票　学历
证书　文凭》　　李邰楠　　计算机与信息学院党委
《任上　认罪》　　邹　瑞　　计算机与信息学院党委
杨　帆　　计算机与信息学院党委
《"兔"年小意思》　　高　超　　力学与材料学院党委
《心中有鬼》　　李　真　　地球科学与工程学院党委
《莫伸贪欲之手》　　黄若坚　　地球科学与工程学院党委
《豆腐渣工程事
故相关责任人》　　陈　璐　　商学院党委
《大鱼吃小鱼
小鱼吃虾米》　　徐　芸　　外国语学院党委
《"统一战线"》　　黄　晴　　直属单位党委
《职场有路礼为径》　　龚　禧　　常州校区党委

(4) 廉政警言、警句征集获奖名单(29 个):

① 一等奖:

"河清如许，定源自廉泉；海纳百川，独不容贪流。"
宋晶晶　　商学院党委

② 二等奖:

"举廉以事勤，奉洁以安身。"

张　媛　　直属单位党委

"堂堂正正办事，抬眼看看世道，常思己过；明明白白做人，俯首听听民声，三省吾身。"

付高原　　常州校区党委

③ 三等奖：

"着一身正气除社会之蠹，携两袖清风忧天下之民。"

施　露　　水文水资源学院党委

"爱人民者人民爱，常廉政者政年长。"

李　昊　　港口海岸与近海工程学院党委

"正气浩然，廉洁清风，沐河海；桃李满园，品行净土，育良才。"

邓　晶　　商学院党委

④ 优秀奖：

"一心名利，遗臭万年。两袖清风，流芳百世。"

江　婷　　水文水资源学院党委

"廉，则正其身，国必盛；贪，则败其名，政必亡。"

李嘉薇　　水文水资源学院党委

"水善利万物而不争，人怀揣百姓则自廉。"

刘海飞　　水文水资源学院党委

"奉公爱民百年唱，正心为本是清廉。"

许　洁　　水文水资源学院党委

"腐败，腐于魂，败于行；廉正，廉于德，正于人。"

林　捷　　港口海岸与近海工程学院党委

"廉洁乃为官之本，故不可不懂廉洁之道；廉洁乃治政之基，故不可不为廉洁之策；廉洁乃爱民之现，故不可不办廉洁之事。"

王德祥　　土木与交通学院党委

"淡泊名利，廉洁之风长存；曲直分明，忠贞之气永青。"

唐　楠　　土木与交通学院党委

"吃青菜淡中有味，贪一分寝食难安。"

顾志远　　土木与交通学院党委

"贪污一时爽，恶名万世留。"

张　鹏　　环境学院党委

"官以廉为本，政以勤为先。"

陈怀民　　环境学院党委

"松竹梅，君子歌以咏志；贪腐奢，官吏引以为戒。"

吕小央　　环境学院党委

"金如土，朗朗乾坤身自正；两袖清，蓝天白云心自在。"

张　岩　　环境学院党委

"淡名利，养正气。重操守，法古今。"

马　克　　能源与电气学院党委

"守廉洁，扬正气，淡中有味；弃贪念，抗诱惑，梦里无惊。"

吴思媛　　公共管理学院、法学院、马克思主义学院党委

"一厘一毫，当思来之不易；半丝半缕，恒念民生维艰。"

徐　芸　　外国语学院党委

“朝朝夕夕奉行大禹精神，一言一行彰显清廉品质。”

李　滟　　大禹学院党总支

“诚乃信之始，廉乃洁之基；人无诚不信，国无廉不洁。”

齐亚会　　常州校区党委

“廉洁以立身，勤俭以养德。”

陈　婕　　常州校区党委

“执政为民，居高位而不贪；立党为公，握大权而不私。”

沈　彤　　常州校区党委

“拘一缕清风于两袖，勤一世政业为人民。”

吴玲玲　　常州校区党委

“好品德，好官德，好政德，一生好美德；爱廉洁，爱廉政，爱清廉，终身做廉者。”

杨金芳　　常州校区党委

“上善若水，一片冰心；俯首为牛，两袖清风。”

赵晓春　　常州校区党委

“河聚四方廉洁，海纳百川正气。”

柴小平　　常州校区党委

(5) 廉洁文化创新活动获奖名单(11 个)：

① 一等奖：

“崇廉敬洁”电子杂志设计竞赛　　常州校区党委

② 二等奖：

廉洁承诺时间囊　　能源与电气学院党委

“以廉为本、以德立身”主题班会　　地球科学与工程院党委

③ 三等奖：

廉政文化师生书画笔会　　环境学院党委

“廉洁清风树正气”主题展览　　计算机与信息学院党委

廉洁案例之我分析　　商学院党委

④ 廉洁文化活动优秀组织奖：

常州校区党委　　环境学院党委

能源与电气学院党委　　商学院党委

直属单位党委

(6) 河海大学第二十三届校园文化艺术节优秀组织奖名单(7 个)：

商学院　　公共管理学院、法学院

环境学院　　计算机与信息学院

水利水电学院　　能源与电气学院

外国语学院

二、学生类

1. 2011 届优秀毕业研究生(118 名)：

(1) 水文水资源学院(12 名)：

季叶飞　孙利敏　郑　骞　张小琴　张　楠　张发鸿　沈　荣
郝永怀　张媛慧　李　琪　徐　斌　宋博文

(2) 水利水电学院(9 名)：

许乐华　杨伟利　虞　鸿　赵二峰　刘　君　石高峰　苏佩珍

任华春　顾唯星

(3) 港口海岸与近海工程学院(10名)：

杨　琼　王乐乐　梁颖瑜　戴江山　窦　峰　康小燕　贾雨少
余　珍　施晓迪　姚姗姗

(4) 土木与交通学院(9名)：

王统伟　闫　俊　林荣卓　姜明阳　洪　东　李硕娇　王一博
左　佳　何忠意

(5) 环境学院(5名)：

付永华　侯晓帮　刘志刚　刘智强　邢　丽

(6) 能源与电气学院(7名)：

吴博文　濮　岚　曹相芹　方胜文　顾　晨　叶　芳　徐　鹏

(7) 计算机与信息学院(6名)：

包妮娜　滕荟芸　卫晓霞　余　跃　赖相旭　周正娟

(8) 力学与材料学院(5名)：

李雅莎　贾海磊　贾丽丽　司力琼　万发学

(9) 地球科学与工程学院(3名)：

蔡东健　张　砾　张　弘

(10) 理学院(3名)：

刘巧玲　鲁月平　刘　鹏

(11) 商学院(14名)：

盛济川　马慧妍　赵太银　周　伟　程纪新　李　平　张学洪
尚　凯　吴　方　谢　芳　杨　冰　陈昌虎　范　潇　王冰冰

(12) 公共管理学院(14名)：

刘玉珍　颜　蔚　陈　琛　李　磊　李　维　秦艺妮　孙　悦
蔡阿雄　许夕青　杨黎红　刘金凤　金　晶　贺荣繁　高立伟

(13) 法学院(7名)：

黄　敏　厉荣媛　梁　悦　苏胜利　谈　磊　陶　金　仲际昕

(14) 外国语学院(3名)

孙　乐　郑芳婷　邢　怡

(15) 体育系(1名)

张久伟

(16) 机电工程学院(5名)

姚　瑶　谢　翔　石国国　王若愚　肖　峰

(17) 计算机及信息学院(常州)(5名)：

魏钦伟　张传标　程倩倩　丁燕琼　杨远慧

2. 河海大学2011年度优秀研究生(670名)：

(1) 水文水资源学院(57名)：

王　娇　邢万秋　陈　玺　刘代勇　王聪聪　刘华振　葛　慧
胡　健　刘可晶　陈　宇　柯婷婷　江善虎　李　建　刘扬扬
刘　勇　张　楠　殷　丹　刘　娣　虞美秀　徐　斌　乔红杰
郝永怀　孙佳佳　康月娥　杨姝君　袁锦秀　徐　英　李　臻
姚玉梅　王晓燕　吴立君　程　龙　胡晓雨　吴勇拓　聂　青
陆志华　严　钰　方园皓　段小兰　于　强　孔　艳　刘晓敏
范正行　孙丽娜　孙乐强　陈永钢　王晓惠　袁山水　赵林林

施慧敏　郭伟建　吕美霞　毛倩倩　罗开莎　陈晓波　姚晶娟
王　俊

(2) 水利水电学院(83 名)：

刘红萍　刘玉玲　卢珊珊　邱海娟　苗沐露　张　伟　彭　攀
陈旭东　郑雪琴　顾晓庆　冯　威　于朋朋　张　羽　陈　胜
王瑞雪　黄　聪　郑　斌　郑铁刚　苏佩珍　王　志　陶家祥
甘　磊　王　飞　徐　波　张振丹　刘　云　郭　卫　李　卓
杨　勇　李琛亮　秦　栋　乔振芳　石高峰　郭利娜　刘　浩
许后磊　刘敏芝　陈丹艳　陆周祺　方春晖　吕　曼　杨　阳
刘　君　霍中艳　王柳江　魏　超　林俊强　徐宝松　李金友
冯芬芬　陈　卫　董　永　李姝昱　夏　林　王　丹　房　巍
王　婷　焦　洁　龚晓雯　冯燕明　张　博　张　云　杨　帆
卢振园　马　莹　藏海荣　韩玉文　吕录娜　檀　颖　翟晓娟
周晨露　李效旭　刘本杰　罗　乾　王正昱　薛　超　薛文志
叶　剑　杨旭东　李雪宁　田振华　孙小冉　杨　红

(3) 港口海岸与近海工程学院(37 名)：

苏　敏　康小燕　潘瑞鹤　贾雨少　余　珍　尚　进　陈　恺
孙世伟　戴江山　朱明敏　王钟寅　孙　萍　赵颖慧　姜宁林
唐　晖　谢宁宁　李江文　鲁　盛　杜　鑫　陈嫣红　韩　景
樊传启　叶小红　姜晓均　谭秀萍　刘丰阳　赵伟娜　刘学学
龙　群　杨逸秋　李艳波　吴　颖　蔡慧娟　陈　星　彭　畅
居　尧　黄　力

(4) 土木与交通学院(80 名)：

马　威　方庆军　王永磊　王亚杰　王　纲　王　娟　王　娟
王维国　付长静　兰　博　卢为杰　叶　青　左　佳　刘　平
刘彦辰　刘晓东　刘　鑫　孙召花　孙　虎　孙晓辉　孙逸飞
巩佳琨　朱华翔　朱　亮　闫东旭　何　群　何　毅　宋文智
宋永帅　张红宇　张朋举　张彦朋　张凌然　张寅宁　张琴英
张　楠　张　鑫　杜　青　杜银飞　杨立国　沈　建　狄圣杰
邱　森　陆晓岑　陈冬华　陈华杰　陈敏慧　周亚东　周　昊
孟　亮　於　慧　郑　翔　侯　磊　姜　健　姜　微　胡潆之
荀　绚　费书林　贺　帅　赵　娜　倪钧钧　夏志皓　徐安权
栾　澔　秦秀娟　耿之周　耿长春　郭帅杰　梅海青　黄万山
黄浩然　傅中秋　储定保　强继峰　彭　凯　游　波　程玉亮
程　实　谭　欣　薄以霆

(5) 环境学院(34 名)：

许志波　张　宇　丁亚楠　胡开明　李　磊　蒋　力　刘　建
胡　玥　谢正威　许　旻　张云慧　曹　喆　孙　娟　张　健
王　嫚　唐春燕　陆文涛　毛超杰　虞静静　饶　婷　江　莹
牛　城　李　亮　范珊珊　周　琦　顾秀聪　张洪光　艾小榆
黄春晖　刘佳佳　储如花　鲍　琨　薛　璐　闫振华

(6) 能源与电气学院(42 名)：

李　丹　常　慧　陈　璐　郭丽雅　王蓓蓓　张林英　赵浚婧
唐利锋　吴　昊　徐　鹏　曹东莉　卢晓静　李子雅　郭　磊

韦延方	刘晓丽	邹凯宁	姜海欧	齐　炜	钱雅云	孙丽洁
叶君玲	陈　旦	陈科技	陈　哲	解　翔	吴佳佳	伍青安
于　峰	张　骥	周鹏程	周振涛	邹文仲	崔丽艳	崔景聪
方　涛	李中豪	唐小洪	杨忠伟	洪　筱	赵继超	陈　凌

(7) 计算机与信息学院(44 名)：

张　振	郭　锐	蔡志玲	卢　磊	杨　玲	沈赟芳	王　慧
吴婧妤	马　亮	毛明禾	赵　建	钱新红	龚行梁	马　玉
赵　莉	郑　莹	蔡明星	周九凤	郭加鹏	温传林	徐　亮
陈　亮	程　明	冯　秀	金亚萍	周　琦	宋云云	孙红叶
芮彩华	陈　欢	顾忠国	史团委	赵成慧	徐新坤	许广辉
郭　钰	李亚东	姚　岚	陈　婷	袁贵兰	陈畅怀	许　凯
高　杨	万　琪					

(8) 力学与材料学院(31 名)：

于　嘉	贾海磊	朱　卫	李德山	李持庆	司力琼	杨红梅
刘　明	王　玉	张继尹	陈海燕	洪　晟	刘谦敏	顾亚敏
万林林	赵伟华	何智华	吴红燕	张舞文	李　益	宋晓龙
徐　炜	刘立群	陈　龙	熊传胜	孙洪广	王福章	范星都
魏　星	谷　岩	胡　帅				

(9) 地球科学与程学院(40 名)：

徐绢花	王露露	蒙　璐	刘　彬	夏　双	李　森	杨　勇
李佳龙	王鑫森	王秋燕	张　亮	刘胜男	田　慧	张　弘
吴　剑	肖儒雅	于小涛	彭　磊	房莹莹	刘志辉	黄　对
邵　蔚	卜德锋	李梅香	吴杨青	高志成	窦　智	刘　涛
张　川	金芸芸	苏　博	王亚芹	李　斌	刘丹妮	曹旖旎
唐　俊	陈海军	张　砾	王　琰	常　亮		

(10) 理学院(10 名)：

窦召明	付晓雷	林　继	马晓玢	王　辉	王俊丽	魏开进
夏　婷	姚华萍	朱胜兰				

(11) 商学院(92 名)：

盛济川	陈志松	尚　凯	潘　芳	陈玉山	方建华	段　涛
谢　芳	张　怡	刘光东	王靖宇	厉　娜	李　淼	马　超
曹　辉	樊传浩	屈宇飞	孙付华	荣　荣	潘宏亮	丁继勇
蒋苗苗	吴兆丹	王振亚	许　燕	石常峰	蔡元成	崔　雄
王玉芬	祝中昊	赵　静	马慧妍	赵太银	杨　冰	张　雨
孙　哲	冯霄羽	范　潇	陆文倩	宋　婧	张富洁	何文文
李　平	孙红敏	马　爽	殷　璇	章倩娥	魏义花	王　璆
徐旦丹	张　静	张　柳	万　旭	陈丽华	陈萱源	丛纯纯
孙　焱	孙　武	秦　萁	糜万元	刘丽君	康丹玉	徐继尧
庞　科	王　璐	徐永新	吴　蓉	赵淑芳	顾海飞	琚　康
范梦影	翟方正	李　靖	于　晶	郑婷玉	林剑乔	王　程
章　渊	夏　钰	黄　放	任　俊	胡　婕	王　菲	赵东菊
张　璐	开　喆	王文伟	丁琳娅	周小兰	梁钰翎	丁大为
龚振兴						

(12) 公共管理学院(59 名)：

张 峰 程 军 王菲菲 魏海婴 蔡阿雄 洪 婧 王葛培
张伍苏 周应子 聂 振 雷 鸣 令狐萌 童 亮 孙 斐
董玉萍 李 磊 王 勤 白 煜 陈宗章 侯 勇 刘五景
康红梅 余芳梅 史明宇 杜永伟 田克莉 王寒珞 宗晓卫
陈国柱 李 轮 朱庆文 林宇晖 王 静 林 云 潘月霞
赵 蕊 张利娟 郭佼佼 王小茜 郑如鑫 方振武 章书平
燕士力 陈 雅 牛 牧 施 聪 李如春 彭铃铃 王 薇
吴晓炜 周桔印 苏 禹 王沛沛 王浩然 王朝红 陈 聪
谭珊珊 梁 誉 黄 晶

(13) 法学院(15 名)：

梁 悦 田青青 杨燕燕 仲际昕 娄海东 白俊巍 葛 娜
郇兴燕 叶晓桐 李 磊 韩 瑛 莫晴晴 王亚男 蔡 鹏
张 宇

(14) 外国语学院(11 名)：

鲍 嫄 孙 乐 范媛媛 陈国琳 段 燕 邓浩芝 朱珊珊
曹美玲 刘 婷 陈慧娜 张 燕

(15) 体育系(1 名)：

张 燕

(16) 机电工程学院(17 名)：

朱志华 单明东 方 圆 姚金梅 熊志刚 奚小青 张 强
郝玉哲 邱婷婷 张 苗 刘海皓 舒 悦 李 钊 宋迪颖
汪 赟 李振宇 孙 雷

(17) 计算机与信息学院(常州)(17 名)：

丁燕琼 翟 慧 陈 玲 程倩倩 董玉慧 刘明华 龚 芳
王 敏 范习健 黄永亮 朱文军 高 杨 朱玉峰 李 响
江金芳 辛明缘 霍 璐

3. 河海大学 2011 年度优秀研究生干部(295 名)：

(1) 水文水资源学院(30 名)：

钱 宝 王景才 庞爱磊 张金花 殷 丹 孙佳佳 刘华振
姚秀岚 陈 敏 陆志华 廖钰冰 陈竟文 袁锦秀 袁山水
刘代勇 陈永钢 崔 蕾 程 龙 吕艳军 聂 青 吕美霞
石 清 张帅领 严 钰 王晓惠 刘 娣 杨 凤 乔 丽
王 俊 毛倩倩

(2) 水利水电学院(36 名)：

宋成成 储 楚 苏 欣 郑付刚 王 琪 王 洁 杨 绯
李 媛 耿进强 国红梅 任华春 孙 来 王 梓 邹永庆
张 盾 杨志磊 韩朝军 李 鑫 董 坤 嵇 敏 郭天翔
张 帆 白金霞 李圆圆 张九鼎 顾浩钦 孙 丹 石 颖
曾 文 吕 飞 周亚森 陶冉冉 顾唯星 吕高峰 陈旭东
陈丹艳

(3) 港口海岸与近海工程学院(18 名)：

姚 鹏 蒋仲廉 祝慧敏 刘 培 韩菲菲 王天闻 曹 恺
王 馨 张 蓓 梁秀忠 李余喜 曹利利 朱 钰 刘丰阳

李艳波　倪　明　张高峰　杨海宁

(4) 土木与交通学院(36名)：

王永发　邓　甲　叶　青　刘　阳　朱　烁　孙　虎　吴方宁
张传磊　张勤羽　李堂堂　杨　杰　闵凡路　陆晓岑　陈华杰
陈　明　金建成　洪　东　费书林　徐安权　徐国建　栾昱祯
栾　澔　耿之周　黄剑宇　黄浩然　游　波　樊延强　魏代伟
刘胜亮　马　威　张　楠　李硕娇　倪有豪　强继峰　梁　越
宋文智

(5) 环境学院(14名)：

刘军英　赵新磊　陆　琳　朱　亮　蒋彩萍　陆海波　李洪晶
付永华　杨钟凯　赵海洲　谢志钢　徐凌云　李志华　闫振华

(6) 能源与电气学院(16名)：

闻丹银　祝　万　王晓晶　张丽敏　蔡政权　许　超　茅媛婷
戴如辉　程顺安　刘洪涛　赵智成　刘　洋　高　杰　胡文奎
吴佳胜　汪选胜

(7) 计算机与信息学院(18名)：

施亮亮　赖相旭　范江华　杜海婷　刘海龙　曾寒英　张　智
韩　菡　张腾宇　章龙飞　陆　菁　曹若文　史　迪　邓志杰
陈　胜　仇建斌　郭加鹏　高红民

(8) 力学与材料学院(16名)：

夏前峰　莫莉莉　陈逸群　孙凌寒　卓鹏飞　李　啸　施　军
刘爱华　周　祺　刘启龙　马　虎　张萧潇　余知义　李　舸
刘爱华　张舞文

(9) 地球科学与工程学院(20名)：

曾云路　朱玉龙　郑淑倩　吴小东　刘　岭　孟　敏　任晓光
耿方方　吴　伟　傅巧妮　房晓亮　朱邦彦　李均熙　李鹏飞
凌晨阳　方利超　高晓兵　黄　宇　季　君　张　川

(10) 理学院(6名)：

高　莹　刘　尉　齐　迹　吴　越　徐　梅　姚　烨

(11) 商学院(35名)：

吴　方　于　超　武　琳　韩国庆　孔德财　张长征　潘闻闻
陈昌虎　邹　黔　李为健　孙喜禧　程纪新　张　臻　占　寰
石莉萍　蔡育媛　万法超　闵祥波　肖笑颖　林萍辉　顾晓瑜
杨　峰　权美香　郭　丽　姚　斌　苑文利　金辰昊　查　敏
邹　俊　贺敬绪　庄淑月　宋　婧　刘　洋　傅佳伟　李　婧

(12) 公共管理学院(28名)：

秦艺妮　孙　悦　王　卉　付景素　贾亦璞　许夕青　王晓丽
王晓羽　石　婧　王卓君　白　灿　薛　璟　曾　欢　曹天航
莫晓曼　吴蕙蕙　孙大光　陈　鹏　吴凯林　吴思媛　林二爽
李　轮　曹　源　刘嘉仪　彭易菲　李　芹　齐　健　司成伟

(13) 法学院(5名)：

甘美英　陈　翼　崔　凡　杨　飞　刘　撰

(14) 外国语学院(6名)：

邢　怡　王　剑　周天涛　周冬冬　景兰洁　陈思莉

(15) 体育系(1 名)：

孙晓琳

(16) 机电工程学院(6 名)：

李　勇　于利军　姜月娇　焦　建　耿敬鹏　王　震

(17) 计算机与信息学院(常州)(4 名)：

祖霄鹏　朱　英　夏心江　丁朋华

4. 2011 届本科毕业班“优秀学生标兵”(138 名)：

(1) 水文水资源学院(10 名)：

苏明珍　卫晓露　刘　宇　郑　雪　徐于楠　王友恒　李巧琳
徐微薇　何　爽　唐巧玲

(2) 水利水电学院(12 名)：

曹　聪　姜　洲　刘何稚　傅兆庆　刘　权　林　慧　吴靖宇
徐兴亚　殷瑞雪　孔维耀　魏　祥　唐　畅

(3) 港口海岸与近海工程学院(8 名)：

安杰晶　张馨竹　石麒琳　蔡雅慧　李　泽　厉佳卉　闫晓璐
李　妲

(4) 土木与交通学院(7 名)：

张　超　周友进　王建民　江　霄　高晓月　韩梦洁　陈宏伟

(5) 环境学院(6 名)：

龚　淼　姜圣韬　李　静　任凌霄　乔　元　雷镕甄

(6) 能源与电气学院(8 名)：

陆　杰　孙影影　韩杏宁　邢　光　刘海涛　荆　淼　李玲玉
夏林生

(7) 计算机与信息学院(9 名)：

王雪婷　李耀星　何雪芬　周文欢　潘　磊　孙英明　叶云峰
徐华珺　张芳玲

(8) 力学与材料学院(5 名)：

陈　怡　楼益龙　武胜萍　陈光远　陈　彬

(9) 地球科学与工程学院(5 名)：

戚劲衫　袁　豹　陈喜凤　丁　旭　徐媛媛

(10) 理学院(4 名)：

梁英杰　杨海光　绪　欣　詹泸成

(11) 商学院(15 名)：

付宏艳　陆金健　王　洁　王鹏宇　丁红军　倪　洁　张瑞芳
何福祥　陈杏儿　高　媛　赵悦宏　张　敏　胡　聪　季煜森
邹　飞

(12) 公共管理学院、法学院(6 名)：

臬　静　傅思伟　王　选　张莉婷　李　潇　罗胜帅

(13) 外国语学院(2 名)

李小艳　杨自秀

(14) 机电工程学院(15 名)

张晟恺　刘　鹏　李俊贤　陶　宇　蔡　毅　邹志辉　王晓龙
南文光　刘　立　邵晓峰　倪　扬　郝珊珊　曹玉杰　郝运涛
马佰庆

(15) 计算机与信息学院(常州)(14 名)

薛慧霞　潘天娇　刘良良　张　雪　戴　燚　王胜凯　蒋顾超
马　聪　蔡袁静　刘方旭　客东方　李　彤　吴　孟　窦豪杰

(16) 商学院(常州)(12 名)

高　云　徐红玲　周　梁　陈华燕　樊小敏　徐彩亚　刘琳琳
赵可人　赵　宁　李　娟　孙星园　张　洁

5. 2011 届本科毕业班“优秀学生”(303 名):

(1) 水文水资源学院(29 名):

孙银凤　王红艳　王建新　蒋丽莎　张晓玲　杜明月　刘　敏
王超兴　柳煦颖　陈　成　李　燕　王雪红　殷凤美　许　生
郭明宇　季海萍　季冰冰　朱嘉祺　李　亮　唐巧玲　何　爽
苏明珍　卫晓露　刘　宇　郑　雪　徐于楠　王友恒　李巧琳
徐微薇

(2) 水利水电学院(24 名):

陆　扬　王　瑞　钱　萍　孙良辰　韩立茹　石永超　梁丽妮
朱旭洁　刘　义　杨　坤　戚鑫珑　景亚红　曹　聪　姜　洲
刘何稚　傅兆庆　刘　权　林　慧　吴靖宇　徐兴亚　殷瑞雪
孔维耀　魏　祥　唐　畅

(3) 港口海岸与近海工程学院(11 名):

顾　茜　胡　浩　黄　辉　安杰晶　张馨竹　石麒琳　蔡雅慧
李　泽　厉佳卉　闫晓璐　李　妲

(4) 土木与交通学院(15 名):

范诗浩　张晓田　师晋红　张媛君　王满满　王露健　霍　浩
倪　飞　陈宏伟　张　超　周友进　王建民　江　霄　高晓月
韩梦洁

(5) 环境学院(12 名):

肖　曼　黄　晶　江　慧　钱日成　曹莹雪　胡琦玉　龚　淼
姜圣韬　李　静　任凌霄　乔　元　雷镕甄

(6) 能源与电气学院(8 名):

陆　杰　孙影影　韩杏宁　邢　光　刘海涛　荆　淼　李玲玉
夏林生

(7) 计算机与信息学院(22 名):

凌兵勇　张晓雪　李秀芳　王晓玉　何庆升　邢　锋　吴雪梅
潘学威　孙　馨　李　璞　李春娟　倪　丹　叶志聪　徐华珺
张芳玲　王雪婷　李耀星　何雪芬　周文欢　潘　磊　孙英明
叶云峰

(8) 力学与材料学院(10 名):

张国斌　张衡志　王　越　袁峰华　张佳雷　陈光远　陈　怡
楼益龙　武胜萍　陈　彬

(9) 地球科学与工程学院(18 名):

姜婷婷　张志浩　李志利　荀志国　吴金凡　宋晓含　王金媛
蔡淑野　李成仁　李忠美　张楠楠　胡　莎　王　华　丁　旭
徐媛媛　戚劲衫　袁　豹　陈喜凤

(10) 理学院(18 名):

孙　玲　尹亚川　陈国霁　石　玲　杨　正　姜宇驰　马　旭
王建霞　黄德文　张欢明　丁志彧　郑　强　牛　岩　申映华
詹泸成　梁英杰　杨海光　绪　欣

(11) 商学院(22 名)：

陈　艳　刘　佳　王吉翔　李　佳　沙妍君　张　佳　李　杰
季煜森　邹　飞　付宏艳　陆金健　王　洁　王鹏宇　丁红军
倪　洁　张瑞芳　何福祥　陈杏儿　高　媛　赵悦宏　张　敏
胡　聪

(12) 公共管理学院、法学院(6 名)：

卢庭庭　张苗苗　林　琛　魏　银　李亦君　蔡成林　莫　静
傅思伟　王　选　张莉婷　李　潇　罗胜帅

(13) 外国语学院(4 名)：

李　玲　李　艳　杨自秀　李小艳

(14) 机电工程学院(40 名)：

张　莹　魏　巍　杨　康　邵　飞　王焱荣　鄢慧文　陆凯雷
陈　亮　孔　剑　尹穆楠　王建军　陈　键　吴　林　吉华剑
蒋开涛　卢　建　郭天晨　詹　盛　陈丽艳　张　宇　张　媛
张雪晴　熊飞飞　霍晓轩　李凯英　郝运涛　马佰庆　张晟恺
刘　鹏　李俊贤　陶　宇　蔡　毅　邹志辉　王晓龙　南文光
刘　立　邵晓峰　倪　扬　郝珊珊　曹玉杰

(15) 计算机与信息学院(常州)(32 名)：

张可君　冯克林　束代群　汪　珩　朱倩倩　沈　洁　张平平
糜靖峰　代继龙　吴跃春　费雯靖　樊　杰　顾俪莉　高雅婧
倪立显　赵灿星　杨　佳　徐敏杰　薛慧霞　潘天娇　刘良良
张　雪　戴　燚　王胜凯　蒋顾超　马　聪　蔡袁静　刘方旭
客东方　李　彤　吴　孟　窦豪杰

(16) 商学院(常州)(32 名)：

沈佳丽　黄朕晨　王雪萍　黄　凯　王　璇　李明帆　李忠艳
陆小燕　陈晓霞　李　楠　刘彩云　莫　卫　郝　卅　刘桂云
董慧梅　刘军波　戴雪滢　董立兴　郝晓琳　俞晨雯　张　洁
高　云　徐红玲　周　梁　陈华燕　樊小敏　徐彩亚　刘琳琳
赵可人　赵　宁　李　娟　孙星园

6. 2011 届本科毕业班“优秀学生干部”(219 名)：

(1) 水文水资源学院(31 名)：

苏明珍　孙银凤　王红艳　王建新　马龙伟　申泽亮　施　凯
卫晓露　张晓玲　刘　宇　杜明月　刘　敏　王超兴　郑　雪
陈　成　丁吾鹏　陶　艳　徐于楠　王友恒　徐浩伦　李巧琳
徐微薇　殷凤美　刘默尧　许　生　郭明宇　何　爽　胡昕晔
季海萍　季冰冰　唐巧玲

(2) 水利水电学院(12 名)：

陆　扬　薛向华　袁　丽　樊万悰　王启贵　王艳庆　陈　芃
周　杰　曾　欣　王　猛　吴晓晨　杨　磊

(3) 港口海岸与近海工程学院(12 名)：

安杰晶　李　妲　孙佳星　李　泽　张馨竹　金成钰　蔡雅慧

张高峰　陈韬霄　闫晓璐　陈天枢　虞　奎

(4) 土木与交通学院(6名)：

江　霄　刘津铭　张琳琳　郭鑑樑　李俊军　张晓君

(5) 环境学院(10名)：

雷镕甄　江　慧　佘　磊　戴星星　乔　元　吴天明　张敬群
肖传凯　姜圣韬　张　奕

(6) 能源与电气学院(16名)：

陆　杰　孙影影　韩杏宁　夏林生　沈　忱　何　冬　李佳林
史　炜　蔡　华　彭　祥　李　青　王鑫民　周宝宗　许进波
米　宁　庄乾彪

(7) 计算机与信息学院(14名)：

李耀星　凌兵勇　周文欢　何庆升　韦宣丞　彭燕凤　汪晓猛
潘　磊　叶云峰　马　斌　刘　刚　曹　阳　李春娟　倪　丹

(8) 力学与材料学院(9名)：

杨锡华　武胜萍　张佳雷　陈　怡　陈光远　王　越　楼益龙
杨锡华　龚泳帆

(9) 地球科学与工程学院(13名)：

李　伟　徐媛媛　武立军　蔡淑野　丁　旭　陈喜凤　袁　豹
许　义　叶水生　李忠美　张楠楠　戚劲衫　孙咸磊

(10) 理学院(8名)：

梁英杰　杨海光　王国良　安　宁　王建霞　詹泸成　牛　岩
绪　欣

(11) 商学院(17名)：

付宏艳　艾孜麦提·艾合　孔令竹　贾　鹏　何福祥　封　翼
容健莹　高　媛　杨晓萌　蔡起钢　杨　乐　姜凯曦　乔洁琼
赵天雪　张彦辉　季煜森　汪　洋

(12) 公共管理学院、法学院(12名)：

宋文波　李　杨　常　虹　穆　琳　莫　静　傅思伟　张莉婷
陈天源　林　琛　李亦君　李　篁　蔡成林

(13) 外国语学院(3名)：

黄蓝紫　李　玲　王雅坤

(14) 机电工程学院(17名)：

张晟恺　陶　宇　王晓龙　邵晓峰　刘　鹏　邵　飞　邹志辉
蔡　毅　魏　巍　王焱荣　郝运涛　南文光　倪　扬　詹　盛
刘　立　马佰庆　李俊贤

(15) 计算机与信息学院(常州)(22名)：

张　鑫　李朋亮　马国玉　张可君　陈佐德　巢　佳　李国亮
潘天娇　费雯靖　张　雪　戴　燚　张相映　潘惠惠　李永强
束代群　汪　珩　糜靖峰　沈　洁　樊　杰　王保江　王胜凯
倪立显

(16) 商学院(常州)(17名)：

沈佳丽　赵宝霞　黄　凯　毛　鉴　曹　群　吕　甜　陈晓霞
樊小敏　莫　卫　赵可人　郝　壮　赵　宁　李　娟　刘　锐
董慧梅　杨　婧　张　洁

7. 2011届优秀本科毕业生(78名):

(1) 水文水资源学院(5名):

卫晓露 刘默尧 唐巧玲 徐于楠 苏明珍

(2) 水利水电学院(9名):

孔维耀 林 慧 姜 洲 吴靖宇 刘何稚 徐兴亚 殷瑞雪

冯兴亚 孟庆祥

(3) 港口海岸及近海工程学院(5名):

李 姐 张馨竹 厉佳卉 蔡雅慧 闫晓璐

(4) 土木与交通学院(5名):

姚国友 韩梦洁 陈宏伟 王建民 张 超

(5) 环境学院(3名):

佘 磊 姜圣韬 任凌霄

(6) 能源与电气学院(6名):

刘海涛 李玲玉 孙影影 陆 杰 李 青 张沈习

(7) 计算机与信息学院(6名):

王雪婷 周文欢 孙英明 潘 磊 张芳玲 徐华珺

(8) 力学与材料学院(3名):

陈光远 陈 怡 武胜萍

(9) 地球科学与工程学院(4名):

丁 旭 袁 豹 武立军 李忠美

(10) 理学院(2名):

梁英杰 杨 正

(11) 商学院(4名):

于晶晶 付 饶 封 翼 沈金平

(12) 公共管理学院、法学院(1名):

莫 静

(13) 机电工程学院(10名):

郝珊珊 邹志辉 蔡 毅 曹玉杰 刘 鹏 南文光 邵晓峰

陶 宁 王晓龙 倪 扬

(14) 计算机与信息学院(常州)(9名):

巢 佳 戴 燚 冯克林 刘良良 刘 娜 倪立显 潘天娇

沈 洁 束代群

(15) 商学院(常州)(6名):

董慧梅 高 云 刘桂云 董立兴 张 洁 周 梁

8. 河海大学2010—2011学年“优秀学生标兵”(433名):

(1) 水文水资源学院(24名):

程嫣嫣 罗良丰 董 亮 山红翠 颜 衍 王雪梅 张海秋

刘臻晨 马 彪 耿 兵 陈 静 吴世文 周旭东 梁慧迪

杨姗姗 赵 霞 孙一萌 郭 磊 沈鸿仁 于永强 谷天峰

周鹏飞 胡天天 汪思言

(2) 水利水电学院(29名):

刘亚琴 薛 苑 葛金花 杨 才 李玉婷 范小晶 熊文进

王文杰 盛丽婷 严中奇 么伦强 张诗悦 范晓洁 司 源

吴 双 丰 莎 陈 于 李 皓 李青霞 薛 洋 吴启凡

曹爱武 许　雷 潘世洋 刘　琨 贾　楠 杨育文 张　召
沈均榕

(3) 港口海岸与近海工程学院(23 名)：

杨清淮 章　旭 赵　倩 郭巨海 龚婷婷 包沐曦 陈永刚
谢丹丹 虞丹君 樊　翔 宋　凡 周文俊 孙昊元 陈欣迪
沈雨生 吕亭豫 李振强 王鼎琦 张帆一 林　捷 汪中琦
陈昊迪 蒯　宇

(4) 土木与交通学院(21 名)：

马腾远 严克非 薛荣军 钱萍萍 付世荣 王晓菲 邵燕华
王　强 袁周致远 周　斌 曾垂昌 徐苗苗 李春红 沈大伟
任　真 汪　蔚 冯　时 王　波 李培军 刘　泉 吴思麟

(5) 地球科学与工程学院(17 名)：

向　涛 曹　奇 张晓平 高　双 俞俊平 杨凯文 赵　鹏
顾书嘉 徐　菲 乐慧琳 单金霞 张云倩 赵斯佳 张艳杰
艾斯卡尔 孙　丽 曹晓桢

(6) 力学与材料学院(14 名)：

田曼丽 秦玉娇 张　勉 马　骥 马敬畏 周　红 周　童
陈明浩 缪新河 张　梅 谢雨涵 卞　洁 孙丹丹 唐子波

(7) 能源与电气学院(30 名)：

张　浩 管维亚 向育鹏 宋　彬 于　安 张栋梁 陈会向
李　婷 刘晓波 徐艺绯 杨　田 王炜杰 李　涛 吴舒鋆
蒲楠楠 刘惠文 沈后威 魏　媛 许志翔 陈　霜 郭宇洁
陆宇烨 陈旭东 马佳杰 周荣玲 林　雪 刘梦轩 邓璐妍
刘诗雨 罗京蕾

(8) 计算机与信息学院(29 名)：

谢宏伟 郭　俊 王文静 余　敏 李正波 陆郭琦 王雅芳
周远超 任慧建 苑伟丰 陈亚明 吴璨璨 韩亚红 王晓莉
胡经纬 宋建辉 徐宗瑜 何　菁 余　霖 李巧敏 王茂洋
闻　磊 黄田田 魏　娜 徐　欢 许诚强 陆富迭 冯超禹
熊雪珍

(9) 商学院(44 名)：

张　坤 陶　玲 李思源 杨佳伟 蔡　强 朱　虹 孟　彤
翟彦彦 李　贺 王怡然 席怡然 倪殷建 陈黎云 岂真正
陈　名 石家齐 赵　爽 杨　帆 李宗泽 胡　莹 李　珍
刘琰婷 俞沈骁 贾源淇 刘笑悦 薛　慧 林剑婷 谌麒艳
苏雅霜 方　洁 潘庆杰 颜　杰 李辛蕾 崔焯羽 龚丹丹
吴　迪 朱凯晔 钟　佳 吴祀翰 文宏飞 骆　运 侯　杰
孙伊云 蒋丹君

(10) 公共管理学院、法学院、马克思主义学院(25 名)：

郭梦琪 杨海雯 常宴会 孙　彪 孙　璐 袁　珩 贺雪艳
刘　斌 王海焱 陈　明 赵青青 张馨月 张天娇 孙沐芸
王亚静 章凌翌 蒋　桢 王　琳 侯　玲 黄珊梦 康雅琳
肖　畅 黄　珺 金意倩 邵群杰

(11) 理学院(10 名)：

陈焕霖　朱　异　李玲玉　赵狄青　杨艳林　白明皓　田　源
银冬蕾　陆玉姣　周凌峰

(12) 环境学院(19 名)：

惠玉鑫　夏　新　王文杰　崔海胜　蒋　红　禹　露　赵苇航
金梦婷　金凤来　章梅丽　陈怀民　龚　绮　苏伟杰　毕吴瑕
倪嘉苓　谢　坤　顾艳梅　周东菊　刘　遥

(13) 外国语学院(7 名)：

康赏赐　阙嘉蔚　葛梦媛　李孟霞　邱　玉　周晓晴　郭　航

(14) 大禹学院(15 名)：

郭万里　漆　江　周　萌　江　汇　徐华亭　李　瑜　邹　恒
郭玉雪　杨兰兰　徐慧宇　王　京　王易阳　冯乐满　宁昕扬
马　驰

(15) 机电工程学院(48 名)：

毛海东　张传亚　张瞿楠　储佳伟　吴小晨　赵阿立　景洪海
蒋　淳　李　雯　曾鹏飞　宋海东　邹婷婷　陈永记　朱玉婷
张　哲　冯骝骅　宋秋平　何小攀　张怡航　李　翔　朱明娟
沈　勇　张　驰　赵子建　李云峰　徐点点　李成良　郝　磊
张　弘　吴　畏　李玉凤　陈慧娟　刘君清　沈　彤　孟　鑫
马宏辉　李慧云　孙　悦　肖经玮　徐瑞聪　顾永翔　贾　雪
曹玉凤　韩文亚　何　晖　杜　宁　赵　明　黄　山

(16) 计算机与信息学院(常州)(40 名)：

邵晴怡　王　玥　王　欣　彭丝璐涯　柳　丹　徐雅楠　孙继强
邱春毓　张　胜　刘绍凯　曹翰林　卞昊穹　王　珊　史楠迪
仇春春　王　佐　陈娅珺　丁桂红　王　宁　刘宏洋　孙　琦
屠东浪　朱　万　张明艳　刘　浩　王　超　杨文睿　王瑾琛
范　磊　王沛砚　孔维东　吴榴迎　王　仁　袁　奥　董观利
邓辉平　夏　露　张立霞　胡宇倩　刘　骏

(17) 商学院(常州)(38 名)：

董云杰　郭　瑞　赵九茹　干思卉　丁倩怡　吴　茜　于　晶
钟　睿　李卉一　许美君　刘翘楚　李娉婷　李艳霞　齐亚会
陆大地　陈雅琴　王瑜梁　诸竹君　张忠阳　徐亚萍　张　骥
丁棠丽　芮　逗　沈函廷　郭　蒙　郝　岩　徐　佳　左乐川
张　莹　唐云慧　倪昊森　苗　杰　李　潇　程朝欣　王瞿恩
张　兵　翁　清　方　舟

9. 河海大学 2010—2011 学年“优秀学生”(1054 名)：

(1) 水文水资源学院(53 名)：

罗良丰　程嫣嫣　董　亮　山红翠　颜　衍　王雪梅　张海秋
崔冬梅　杜一衡　赵　杰　丁文浩　杨小强　孙　亚　刘臻晨
马　彪　耿　兵　陈　静　吴世文　周旭东　梁慧迪　杨姗姗
谈娟娟　张树磊　邓圆谧　杨益青　冯京华　万文华　杨浩铭
李　栋　金　倩　赵　霞　孙一萌　郭　磊　沈鸿仁　于永强
谷天峰　周鹏飞　胡天天　汪思言　俞艳玲　陈学高　孙振利
金思珺　孟灵芳　朱祎真　张技涛　苗林浩　刘　鹏　邵银霞
左庆松　刘　鹏　熊丁晖　库勒江·多斯江

(2) 水利水电学院(104 名):

季　昀　张杨杨　黄潇霏　朱太宜　孙斌斌　李京蔚　仲　良
陈维梁　聂柏松　朱　峰　来永玲　刘春高　单　浩　陈竞楠
金罗斌　刘笑吟　张培培　陆　扬　顾　晶　苏　阳　赵伏田
周　元　李旭航　林先炜　陈一新　陶明安　侯冰铃　阿布都许库尔
魏丹娜　赵世雯　许　伟　杨　阳　王　鑫　龚　飞　单彬彬
张　彬　李　婷　乔一帆　潘　盼　刘亚琴　薛　苑　葛金花
杨　才　李玉婷　范小晶　熊文进　王文杰　盛丽婷　严中奇
么伦强　张诗悦　范晓洁　司　源　吴　双　丰　莎　陈　于
李　皓　铁力克　武哲书　蒋宽鹏　曹　昕　朱晓茜　陈钇西
尧　锋　张健翼　范　文　宗　原　韩　迅　张　奥　夏中榜
郭　娟　王　龙　李青霞　薛　洋　吴启凡　曹爱武　许　雷
潘世洋　刘　琨　贾　楠　杨育文　欧松松　胡添翼　蒋晓宇
银佳男　丘慧琪　潘正泉　邵雪杰　邓洲江　吴昊潼　张超波
褚凯敏　董安雨　崔英杰　殷　鸣　杨小康　邵婷婷　潘　惠
李　越　哈德力别克　许文涛　阿不来提　张　召　沈均榕

(3) 港口海岸与近海工程学院(48 名):

杨淯淮　章　旭　赵　倩　郭巨海　龚婷婷　包沐曦　陈永刚
谢丹丹　虞丹君　樊　翔　才　多　林　龙　王书昆　张瑞玉
王博文　陈家悦　黄汉标　费　达　李鑫丹　吕淑杰　朱友峰
刘春阳　陈　羽　王秋忆　陈　翔　李振强　陈欣迪　孙昊元
吕亭豫　沈雨生　周文俊　宋　凡　贾亚茹　陈昊迪　张帆一
王鼎琦　汪中琦　林　捷　蒯　宇　姚雨萌　熊　焱　韩　旭
徐秀枝　张哲荣　秦　力　仓定玮　沈　栋　吕紫君

(4) 土木与交通学院(51 名):

魏宝龙　罗　斌　刘　璐　吴骏橙　邓杨杨　王侠丹　郭　健
钱萍萍　薛荣军　马腾远　严克非　周　斌　曾垂昌　徐苗苗
付世荣　邵燕华　王　强　袁周致远　王晓菲　王　鑫　仇安群
杨　婧　李　德　王亦伊　田　甜　肖　遥　董　琪　吴思麟
李培军　徐志豪　华韫诚　张石钰　徐　良　李　强　钟　奇
王雨洲　陈文伟　郑旭峰　周樱芝　顾　双　田　彦　杨国栋
刘天笳　吴　菲　刘　泉　李春红　沈大伟　任　真　汪　蔚
冯　时　王　波

(5) 地球科学与工程学院(48 名):

向　涛　曹　奇　张晓平　高　双　俞俊平　陈　阳　杨月球
钟人富　赵杏杏　周世玲　韩新捷　李海钧　许　怡　刘　浩
杨凯文　史国强　张冬阳　林　欢　管忠清　许　莹　吴洁璇
廖　翔　于丹丹　韩银龙　赵　鹏　顾书嘉　徐　菲　乐慧琳
金树楼　张云倩　赵斯佳　张艳杰　艾斯卡尔　孙　丽　曹晓桢
马符讯　单金霞　李芋洁　张　娜　曾凤连　宗　磊　舒　杨
刘海明　郭　翔　秦晓静　江　磊　迪力亚尔　李　璇

(6) 力学与材料学院(33 名):

马　骥　田曼丽　严　洋　秦玉娇　张　勉　李丹丹　杨虞琨
陈　鹏　许　悦　刘雨薇　薛小锋　吴有奇　夏　强　马敬畏

周 红　周 童　陈明浩　缪新河　洪盛祥　姜文生　孔 磊
张 梅　谢雨涵　卞 洁　孙丹丹　唐子波　侯俊楠　王 翔
陆 正　杨柳荫　占浩东　何亮亮　霍少芳

(7) 能源与电气学院(71 名)：

张 浩　管维亚　向育鹏　宋 彬　于 安　张栋梁　陈会向
李 婷　林 方　张程飞　陈巧燕　高 远　汪 波　徐大亮
居俐洁　杨 健　张春苗　张新春　徐 丹　沈娟娟　盛立君
祁亚静　吴在强　王 欣　孙卫卫　黄雨翔　李 艺　陶 谱
司 颖　李婷婷　刘志淼　刘晓波　魏 媛　杨 田　徐 政
徐艺绯　唐俏俏　周 雄　王炜杰　张秋芳　崔杨柳　张正利
李 涛　吴舒鋆　蒲楠楠　刘惠文　沈后威　杨施敏　许志翔
陈 霜　郭宇洁　陆宇烨　陈旭东　马佳杰　周荣玲　林 雪
刘梦轩　邓璐妍　刘诗雨　罗京蕾　金 榜　钱 臻　袁小慧
宗文婷　陈 胜　周 乐　张君志　刘 敏　肖启迪　刘 宇
陈 倩

(8) 计算机与信息学院(85 名)：

王亚普　吴 婷　陈 飒　孙小艺　石岳蓉　程文晶　张 露
陈才荣　王晓静　王凤蕊　朱方方　王玲玲　刘 甜　贺 芝
郭成梅　丁 沿　赵先浩　高 俊　褚佩佩　余 敏　陆郭琦
王雅芳　周远超　王文静　梁 容　谢宏伟　钱振兴　郭 俊
任慧建　李正波　朱华庆　吴艳华　张 玉　苑伟丰　高筱惠
巫 也　徐宗瑜　吴璨璨　王 媛　王晓莉　宋建辉　张 叶
陈亚明　韩亚红　胡 蓉　余 霖　任向林　于 佳　何 菁
杨家奇　杨 芸　胡经纬　陈虹宇　付玉信　程 林　熊雪珍
钱天伦　魏 娜　闫 东　卢 苗　黄田田　张 扬　孟 丽
陆富迭　曹 本　邓舒宇　徐 欢　倪 丹　臧家旺　闻 磊
吕鸿蒙　胡玉峰　李巧敏　夏祖军　陈文晶　冯超禹　刘喜凤
陈俊雨　许诚强　曾 涛　杨 硕　王茂洋　俞 翔　秦 操
储艳丽

(9) 商学院(109 名)：

赵 爽　石家齐　陈 名　迟椿颖　唐 悦　陆 强　王宇宾
顾金霞　孙建明　姜璐珮　任栋莹　周 伟　赵 慧　卜 珂
查晓婷　王秋霞　王 曼　任心怡　庄小燕　缪元月　马 燕
刘 珊　海焕鱼　岂真正　张 坤　陶 玲　李思源　杨佳伟
蔡 强　朱 虹　孟 彤　翟彦彦　李 贺　王怡然　席怡然
倪殷建　陈黎云　陈 丽　夏妮妮　胡一君　胡晨铭　郭章翠
范思琦　李 欣　杨 帆　李宗泽　胡 莹　李 珍　刘琰婷
俞沈骁　贾源淇　刘笑悦　薛 慧　林剑婷　谌麒艳　苏雅霜
方 洁　支建东　吴小燕　郭艳婷　王嘉庚　傅宇瑾　周烨雯
陆晓敏　程 林　张若男　戴 天　刘忠彤　吾尔亚提　颜 杰
李辛蕾　陈丹丹　胡冰华　赵瑞雪　张开凡　李 欣　黄庆影
秦 莹　陈佳璐　贺 靖　范亚明　边文莉　张力丹　张雨微
徐 榕　赵 为　濮丹丹　罗燕芳　袁 军　陈伟伟　吴扬波
杨家苗　沈菊文　刘德燕　王 凌　姜程峰　赵彬如　蒋丹君

潘庆杰　崔焯羽　龚丹丹　吴　迪　朱凯晔　钟　佳　吴祀翰
文宏飞　骆　运　侯　杰　孙伊云

(10) 公共管理学院、法学院、马克思主义学院(59名)：

胥鉴霖　张　洁　孙　彪　黄宇丹　王　莹　贺雪艳　诸晓玲
董　聪　郭梦琪　郎晓苏　杨程程　刘　斌　蔡竹影　杨　芳
孙　璐　邹笑吟　杨海雯　常宴会　袁　珩　尹　南　薛梦莹
叶佩羚　魏思敏　唐卓欣　杨志博　李婷婷　王亚静　苏　阳
韩菁菁　李雨珊　张树腾　孙沐芸　王海焱　张馨月　赵青青
陈　明　张天娇　章凌翌　殷　乐　刘定寰　冯晓雯　黄　珺
王艺琳　徐丽艳　蒋淑妃　李甜华　毕文静　卢　梦　黄骏敏
徐建萍　汪玲玲　肖　畅　黄珊梦　邵群杰　蒋　桢　金意倩
侯　玲　康雅琳　王　琳

(11) 理学院(25名)：

陈焕霖　朱　昇　李玲玉　杨振杰　顾晨曦　贾瑞雪　赵狄青
杨艳林　白明皓　汤志生　代登辉　卢万勇　陈丽君　马　乐
俞　阳　章　剑　田　源　刘晓凤　王文磊　卜剑楠　李　典
吴素青　银冬蕾　陆玉姣　周凌峰

(12) 环境学院(51名)：

刘　琦　韦雨婷　陈聪聪　季　敏　蒋　泽　颜芬芬　陈　文
崔海胜　蒋　红　惠玉鑫　夏　新　王文杰　禹　露　徐文文
周彬宇　赵苇航　金梦婷　金凤来　章梅丽　陈怀民　龚　绮
次旦卓玛　陈　芹　王　丹　苏伟杰　张　鹏　毕吴瑕　王　赛
罗慧萍　张　静　倪嘉苓　张兴通　曹　越　邱云鹏　张舜威
喻纬华　向　媛　汤宇菲　岳文奇　高　阳　尹　航　张　晨
张楠楠　高正炜　马晓航　王一秋　陈新波　刘　遥　谢　坤
顾艳梅　周东菊

(13) 外国语学院(15名)：

李　莹　张　晗　康赏赐　阚嘉蔚　葛梦媛　李孟霞　李修竹
邱玉情　王　敏　周晓晴　郭　航　黄雪莹　马海晶　董云云
邱　玉

(14) 大禹学院(59名)：

蔡小莹　鲁　洋　蒋晓蕾　李　瑜　范振东　周　萌　于立婷
丁雪霖　刘忱潇　李颖超　彭程程　毛　佳　李　诚　董伟良
谭　箐　赵文博　彭怀风　吉　康　胡玉植　龚傲龙　江　汇
徐华亭　唐仕勤　赵英华　凤　良　漆　江　郭万里　冯乐满
张静远　崔伟杰　赵　堃　吉　飞　何占元　王易阳　樊科伟
龚志远　邹　恒　樊立东　徐　鹏　郭玉雪　华　厦　居艳阳
杨兰兰　金　鑫　刘玉环　徐慧宇　吴庆一　马　驰　袁　玉
林　峰　石怡靖　江朝飞　王曦鹏　宁昕扬　王　京　顾　建

(15) 机电工程学院(104名)：

毛海东　尹文辰　沈　彤　储佳伟　张传亚　张瞿楠　景洪海
吴小晨　赵阿立　曾鹏飞　蒋　淳　李　雯　陈永记　宋海东
邹婷婷　冯骝骅　朱玉婷　张　哲　宋秋平　李帮建　吕明星
虎小雅　陈莉云　尹力伟　梁国涛　刘祖菁　司志辰　李志刚

付建英 张小坤 赵静 赵文虎 何小攀 李淑星 唐建永
陈圣鹏 刘翠英 王骁 吴楠楠 张怡航 叶芬 何月雯
王永强 管方君 印宇轩 徐燕菲 全立哲 孙颖 陈耕
贾子蔚 王婷婷 吴登峰 李翔 朱明娟 沈勇 张驰
赵子建 李云峰 徐点点 李成良 郝磊 张弘 吴畏
李玉凤 陈慧娟 刘君清 李善诗 孟鑫 马宏辉 李慧云
孙悦 肖经玮 徐瑞聪 顾永翔 贾雪 曹玉凤 韩文亚
何晖 杜宁 赵明 黄山 印朝文 田新冉 张军
郑东阳 吕芸 黄腾霄 刘丹 康明霞 刘琳 赵璐
巩国培 张琬翌 郭凯旋 叶波 张俊超 杨绪龙 罗益云
侯耀 黄鑫 张元 张璐婷 陈炎 朱进

(16) 计算机与信息学院(常州)(73 名):

邵晴怡 王玥 王欣 彭丝璐涯 柳丹 徐雅楠 孙继强
邱春毓 张胜 刘绍凯 曹翰林 卞昊穹 王珊 史楠迪
刘茜 陈小凤 杨海波 王奕 佟倩倩 金军 张黎
陈苏强 徐鸣兰 张娜 罗璇 顾钺 康杰华 王玉华
周倩倩 梁云泽 庞莹 王瑾琛 杨文睿 杜晓冬 嵇丹
仇春春 王佐 陈娅珺 丁桂红 王宁 刘宏洋 孙琦
屠东浪 朱万 张明艳 刘浩 王超 刘龑 王菁雁
陈强 李武璇 胡宇倩 范磊 王沛砚 孔维东 吴榴迎
王仁 袁奥 董观利 邓辉平 夏露 张立霞 刘骏
甘菲菲 张乐 刘高峰 刘壮 胡洋 王恬 晏利
周敏敏 李敏敏 俞婧

(17) 商学院(常州)(66 名):

张邺 徐青源 史慧茹 华晨琳 殷翠梅 贾真真 王海宏
朱婷 姚倩 周双双 李艳霞 李娉婷 董云杰 郭瑞
赵九茹 王思卉 丁倩怡 吴茜 于晶 钟睿 李卉一
许美君 刘翘楚 彭妍 刘溪 齐亚会 陆大地 王金
张维浚 张雪 张玉洁 虞苏雯 崔梦婕 张倩倩 钱仁桂
徐佳 陈雅琴 王瑜梁 诸竹君 张忠阳 徐亚萍 张骥
丁棠丽 芮逗 沈函廷 郝岩 汤如意 郭蒙 左乐川
张莹 唐云慧 倪昊森 苗杰 李潇 程朝欣 王瞿恩
张兵 翁清 方舟 袁闻箫 刘谨 郑璐 任燕妮
张慧中 陈鹏 蒋飞

10. 河海大学 2010—2011 学年“优秀学生干部”(732 名):

(1) 水文水资源学院(46 名):

山红翠 罗良丰 董亮 程嫣嫣 颜衍 王雪梅 关蕴杰
张海秋 徐珺恺 工振 孙亚 马越 冯京华 谈娟娟
杨姗姗 耿兵 刘臻晨 李悦昭 鞠彬 吴世文 袁硕
杨浩铭 周旭东 徐云飞 梁慧迪 邓圆谧 陈豪 张树磊
张晨 万文华 李栋 阿地拉 赵霞 周志才 郭磊
姜晴霞 陈汉栋 李乾祯 于飞飞 瞿泓 周鹏飞 熊丁晖
汪思言 兰立邦

(2) 水利水电学院(65 名):

兰　斐	颜君来	单　浩	刘　沛	高　远	刘笑吟	徐彦华
季　昀	顾　晶	杨新伟	朱太宜	刘亚琴	卢　俊	仲　良
杨　才	赵　馨	朱　峰	黄　蒙	熊文进	薛　苑	李玉婷
曹　昕	王　雷	丰　莎	宗　原	包崇超	陈钇西	李青霞
张倩妮	李　琦	朱晓茜	崔晓倩	徐延强	张诗悦	李奥典
慕子煜	张健翼	徐沛力	盛丽婷	铁力克	李欣燕	陶晓慧
史洪森	吴　双	吴良慧	王　倩	王安琪	贾　楠	沈均榕
曹爱武	丘慧琪	吴昊潼	康韵娈	尹国江	薛　洋	殷　鸣
吴启凡	杨小康	王福赞	张超波	曾正杨	蒋晓宇	刘素芳
张　召	杨育文					

(3) 港口海岸与近海工程学院(44名):

赵　倩	陈宁宁	才　多	李　根	郭巨海	龚婷婷	陆　倩
范　可	王　令	刘成源	陈永刚	杨　阳	倪　岚	高　航
谢丹丹	虞丹君	张　宇	陶　维	陈明明	牛津剑	宋　凡
柳　军	李振强	郑　义	陈欣迪	庄雨农	宋丽佳	张乃予
孙昊元	吕亭豫	纪润东	李　轩	倪益奇	洪亚东	王靖宇
顾鹏程	施建业	赵　福	陈昊迪	汪中琦	林　捷	蒯　宇
张哲荣	仓定玮					

(4) 土木与交通学院(48名):

马腾远	唐少将	范家伟	钱萍萍	汤晓波	樊　宇	范惜辉
赵帅军	彭　平	任　聪	樊晓波	康　静	罗荣芳	王冠英
陆　泉	余　佳	李　德	林潇弘	肖　遥	任健飞	邵燕华
仇安群	董　琪	吴　迪	韩　涛	陈　翔	王文武	周　斌
陈　晨	曾垂昌	江金聪	罗　瑒	徐志豪	李春红	沈大伟
任　真	汪　蔚	华韫诚	李　强	钟　奇	郭　谦	李维孔
顾志远	王阳阳	陈斯文	刘　泉	刘国冲	吴思麟	

(5) 地球科学与工程学院(32名):

向　涛	曹　奇	张晓平	高　双	赵杏杏	徐　超	周世玲
俞俊平	李海钧	许　怡	杨凯文	张冬阳	林　欢	顾书嘉
徐　菲	金宇豪	乐慧琳	韩银龙	施　威	单金霞	张云倩
赵斯佳	李　璇	艾斯卡尔	马符讯	孙　丽	曹晓桢	宋军伟
杨志伟	唐　凤	江炬茂	陈　阳			

(6) 力学与材料学院(29名):

田曼丽	许　悦	薛小锋	胡茗煜	管　弦	张　勉	马　骥
吴有奇	严　洋	周　童	王怀鑫	牛　蒙	缪新河	来志强
李　坤	黄　雷	李志民	周　红	马敬畏	洪盛祥	谢雨涵
杨柳荫	卞　洁	丁立欢	何亮亮	霍少芳	张丽丽	杨柳青
唐子波						

(7) 能源与电气学院(55名):

张　浩	肖兴远	韩保雷	林　方	贡晨辉	李尚超	徐　璐
茅鑫同	贾玉麟	倪　骏	于世金	张志友	张新春	顾天凌
戢志仁	管晓伟	吴舒鋆	王炜杰	刘　洋	林泽炜	王丽颖
刘惠文	张正利	曹　瑛	杨　龙	李海玲	杨　田	李　涛
黄向慧	陈　琳	秦　濛	周　雄	曾晓维	韩凌宇	徐　超

刘诗雨 刘永超 李文赫 梅 成 陈 彧 李奥宇 郭宇洁
孙嘉彤 郁铭炜 顾 岩 刘舒然 汪志煌 陈哲东 钱 臻
周 剑 刘 敏 许志翔 陈 晨 薛秉成 邓璐妍

(8) 计算机与信息学院(45 名)：

谢宏伟 钱振兴 郭 俊 任慧建 李正波 朱华庆 吴艳华
王雅芳 周远超 巫 也 王文静 蔡青玉 苑伟丰 宋建辉
吴璨璨 高筱惠 刘静涛 陈亚明 王久龙 董建政 余 霖
何志聪 肖 艳 何 菁 李 鹏 綦晓伟 胡经纬 金叶清
韩亚红 叶玉昌 熊雪珍 李巧敏 程素心 魏 娜 冯超禹
李飞武 黄田田 许诚强 王长江 陆富迭 王茂洋 黄伟斌
徐 欢 廖泳新 闻 磊

(9) 商学院(79 名)：

杨佳伟 夏妮妮 周 健 朱 虹 姜璐珮 赵 爽 孟 彤
翟彦彦 赵 慧 张辰秋 孙 野 李 贺 王秋霞 万佳琪
柳家鑫 蒋思源 席怡然 倪殷建 陈黎云 马 燕 王 冠
赵雪颖 岂真正 姚 澜 臧运梅 李思源 陈 梅 陈 名
陶 玲 张 坤 李 欣 俞沈骁 郭章翠 王翘楚 薛 慧
刘忠彤 崔 祥 苏雅霜 方 洁 邓 梁 汪周波 杨 洋
隆 剑 贾源淇 江玲玉 胡 莹 范思琦 杨 帆 李 珍
王 婷 周烨雯 胡一君 胡晨铭 许 婕 刘琰婷 李忆朋
张沅沅 刘笑悦 谌麒艳 赵梅西 季中远 周 捷 苏 瑞
陈 磊 蔡 磊 崔焯羽 龚丹丹 吴 迪 朱凯晔 钟 佳
吴祀翰 文宏飞 骆 运 侯 杰 孙伊云 蒋丹君 潘庆杰
颜 杰 李辛蕾

(10) 公共管理学院、法学院、马克思主义学院(37 名)：

孙 彪 林 衍 郑扬升 贺雪艳 郭英琦 刘海军 杨海雯
董 聪 邹爱文 赵莉莉 袁 珩 安 珏 刘 斌 孙沐芸
刘思佳 周 颖 杨志博 郭红阳 张天娇 任国新 马龑君
王亚静 王 东 魏凌波 程萧潇 陈 明 颜培朝 邵群杰
邹 翀 严 格 侯 玲 陈禹泽 王 琳 刘定寰 徐丽艳
蒋淑妃 高 爽

(11) 理学院(20 名)：

陈焕霖 赵狄青 杜宇隆 丛小飞 张 鹏 胡 浩 辛 亮
杨艳林 白明皓 陈 威 苏新连 叶建军 霍文驹 银冬蕾
吴素青 王文磊 陆玉姣 宁世朝 李 典 方浩宇

(12) 环境学院(38 名)：

惠玉鑫 夏 新 王文杰 韦雨婷 崔海胜 蒋 泽 葛华飞
刘 方 杨倩倩 姜彬彬 赵苇航 章梅丽 龚 绮 罗慧萍
陈 芹 苏伟杰 金梦婷 周彬宇 陈怀民 王 鑫
阿依妮尕尔艾尔肯 王贝贝 郤晓晖 陈怀民 张舜威 向 嫄
岳文奇 尹 航 毕吴瑕 刘 遥 倪嘉芩 马晓航 曹 越
于少亭 惠 炜 邵 莹 叶乐乐 阿旺四朗

(13) 外国语学院(11 名)：

王 烁 李 莹 张 晗 顾晓彤 张文华 李孟霞 邱 玉

谢　弋　　周晓晴　　郭　航　　马海晶

(14) 大禹学院(32 名):

张良艳　　吉　康　　胡玉植　　周　萌　　漆　江　　徐华亭　　刘忱潇
鲁　洋　　蒋晓蕾　　毛　佳　　范振东　　沈　冬　　冯乐满　　周　娟
居艳阳　　龚志远　　华　厦　　江朝飞　　张静远　　樊科伟　　乔　兵
顾　建　　吉　飞　　郭玉雪　　金　鑫　　王梅菊　　刘　硕　　王曦鹏
袁　玉　　王　京　　徐伟杰　　程　青

(15) 机电工程学院(62 名):

李帮建　　曾鹏飞　　赵文虎　　张小坤　　景洪海　　叶　芬　　朱玉婷
张　哲　　蒋　淳　　邹婷婷　　尹力伟　　李淑星　　吕明星　　吴楠楠
唐建永　　钱太华　　沈　亚　　朱明娟　　沈　勇　　何小攀　　赵子建
全立哲　　吴登峰　　孙　颖　　郝　磊　　李　翔　　李成良　　贾子蔚
张　驰　　莫　骏　　周子健　　张　弘　　王永强　　李玉凤　　吴　畏
戴盼盼　　王居懿　　陈　耕　　杨敏捷　　沈　彤　　李慧云　　刘　丹
孙　悦　　杨　敏　　赵　璐　　马宏辉　　严润刚　　田新冉　　肖经玮
印朝文　　吕　芸　　黄　山　　郑东阳　　常　敏　　黄腾霄　　师朝霞
唐纪稳　　刘　琳　　王　博　　张　军　　张琬翌　　周嘉言

(16) 计算机与信息学院(常州)(49 名):

邵晴怡　　王　玥　　陈小凤　　王　欣　　彭丝璐涯　周亚彬　　陶洁如
柳　丹　　徐雅楠　　徐雅楠　　陈衡舟　　滕鹏飞　　孙继强　　周余兵
邱春毓　　刘绍凯　　金　军　　张　继　　赵　玉　　卞昊穹　　顾　铖
史楠迪　　张　霞　　王　宁　　陈娅珺　　嵇　丹　　陈　旻　　王宏伟
屠东浪　　刘宏洋　　孟　德　　丁桂红　　张　乐　　杨文睿　　王　超
王菁雁　　张　慧　　刘　骏　　仇芳宇　　童　丽　　孔维东　　陈　强
施慧楠　　康鸿博　　吴榴迎　　石劲松　　张新冰　　胡宇倩　　蒋　晖
邵晶晶

(17) 商学院(常州)(40 名):

张　邺　　董云杰　　吴　茜　　丁倩怡　　陈　光　　姚　倩　　张　静
乔　娇　　赵九茹　　王思雯　　武子瑶　　李娉婷　　王洪亮　　周刻勤
李　佳　　尤嘉宁　　张　骥　　沈函廷　　胡方卉　　崔梦婕　　徐　佳
徐亚萍　　张鹏飞　　钱仁桂　　丁棠丽　　虞苏雯　　柏　蓉　　张玉洁
蒋　飞　　张　月　　张　莹　　李　潇　　刘　谨　　苗　杰　　郑　璐
左乐川　　程朝欣　　倪昊森　　马　超　　陈　鹏

11. 2011 级高考优秀新生(25 名):

(1) 一等奖学金(18 名):

① 水利类(大禹学院强化班)(13 名):

李　滟　　张典典　　陆新宇　　江金亮　　丁雪慧　　包丽娜　　干炯敏
韩　翀　　郭芝韵　　邓　昕　　张　龙　　王司辰　　杨　捷

② 水利水电工程(3 名):

郭丽云　　耿利彦　　左　崇

③ 土木工程(1 名):

赵邓夏馨

④ 港口航道与海岸工程(1 名):

陈　辉

(2) 二等奖学金(7 名):

工商管理类(7 名):

张玉玮　汤　洁　陈莹雪　朱天阳　张丽辉　林　宁　周　峰

12. 优秀学生共产党员(14 名)、先进党支部(6 个):

(1) 优秀学生党员(14 名,以姓氏笔画为序):

万文彬　马　虎　王宇飞　王洪亮　刘海龙　朱敏喆　汤　梁
吴思媛　杨倩倩　陈永刚　荀　绚　崔　祥　戚劲杉　戴如辉

(2) 先进党支部(6 个):

水文水资源学院党委 2008 级硕士研究生第二党支部

水利水电学院 2008 级本科生党支部

商学院党委 2009 级本科生党支部

公共管理学院、法学院、马克思主义学院党委 2010 级研究生政治学、哲学党支部

公共管理学院、法学院、马克思主义学院党委 2010 级研究生传播学、文艺学党支部

大禹学院党总支学生党支部

13. 河海大学 2009—2010 年度精神文明建设先进个人(104 名)

卜　珂　山红翠　马　彪　马腾远　王　玥　王宇飞　王俊杰
王晓羽　王雪婷　王景才　王雅芳　卢为杰　乔　娇　仲　良
任华春　任栋莹　刘　浩　刘永超　刘宏洋　刘海龙　吕明星
孙　来　朱　虹　朱玉婷　朱新权　江　汇　许　悦　许夕青
闫晓璐　齐　迹　齐亚会　何小攀　何志聪　吴　方　吴启凡
吴思媛　吴夏蕊　吴舒鋆　宋　凡　张　超　张　楠　张　哲
张一萌　张中鹏　张佩瑄　张思琦　张倩倩　张高峰　张馨月
李忆朋　李正波　李玉凤　李均熙　李志民　李青霞　李姝昱
杨　健　苏明珍　邵晴怡　陆文涛　陆梦姣　陈　明　陈　光
陈天源　陈永刚　陈华杰　陈昌虎　单金霞　孟　彤　宗晓卫
范珍珠　范晓洁　郁典范　郑　璐　金本立　俞沈骁　姜圣韬
祖霄鹏　赵苇航　赵海洲　倪　扬　倪　岚　凌晨阳　唐　磊
秦艺妮　袁　珩　袁锦秀　贾子蔚　郭艳婷　陶冉冉　顾海飞
高　臣　屠　越　曹茜茜　梁英杰　章龙飞　黄　雷　黄浩然
董　亮　蒋　红　韩国庆　韩凌宇　翟彦彦　薛　苑

14. 2011 年度"最佳党日活动"(21 个)

(1) 一等奖(3 个):

外国语学院党委本科生党支部:你我同行,共同成长——赴苏北农村支教活动

机电工程学院党委数字媒体艺术学生党支部:"践行创先争优,我是党员我先行"——"五个一"系列党日活动

计算机与信息学院(常州)党委计算机科学与技术本科生第一党支部:党旗飘扬 90 年——"重温光辉历程,坚定理想信念"

(2) 二等奖(6 个):

港口海岸与近海工程学院党委 2008 级本科生党支部:"抒爱党之情,扬廉洁之风"知识竞赛

能源与电气学院党委 2008 级本科生党支部:今日立廉洁之诺言,明日做廉洁建设者——"廉洁诺言时间囊"主题党日活动

计算机与信息学院党委 2009 级、2010 级本科生党支部:和谐进步展风采,创先争

优促发展

公共管理学院、法学院、马克思主义学院党委2011级土管、社保、公共管理党支部：重温红色经典，感动身边点滴

商学院党委2009级本科生党支部：重走长征之旅，献礼九十华诞

大禹学院党总支2009级第一学生党支部：知禹讲堂——大禹人自己的百家讲坛

(3) 三等奖(12个)：

水文水资源学院党委2009级本科生党支部：党旗飘飘喜迎华诞，踌躇满满励志争先

水文水资源学院党委2010级本科生党支部：水文争优访秦淮，河海传情凝党心

水利水电学院党委2010级硕士生第二党支部、第三党支部：共建生态紫金山，同创绿色南京城——虎凤蝶行动

水利水电学院党委2009级本科生党支部："回顾辛亥历史，探究发展现状，展望水利未来"系列党日活动

土木与交通学院党委2009级本科生党支部："放飞绿色梦想"环保之行

环境学院党委2009级本科生党支部：秉承水利精神，弘扬河海文化

地球科学与工程学院党委低年级本科生党支部：创建"四型"先进支部，争做优秀共产党员

地球科学与工程学院党委2009级本科生支部：建党九十年，先锋你我行

商学院党委2011级本科生党支部：学风建设点滴做起，美好约定共同遵守

海军国防生党总支：铭记辛亥革命崇高精神，实现中华民族伟大复兴

大禹学院党总支低年级党支部：推荐一本好书，留下一份真情——暨大禹学院图书室捐赠启动仪式

机电工程学院党委热能与动力工程专业一班党支部："扬微博红帆，创先进支部"系列活动

15. 河海大学2011年优秀博士学位论文获得者及指导教师(20篇)

(1) 水文学及水资源(4篇)：

塔里木河流域水文过程时间序列数据挖掘研究(欧阳如琳，指导教师：任立良)

基于泉流量过程的后寨岩溶水系统水动力特征研究(刘丽红，指导教师：束龙仓)

区域水环境安全时空动态评估研究(马惠群，指导教师：刘凌)

长江流域气候变化及水循环响应研究(鞠琴，指导教师：余钟波)

(2) 水工结构工程(3篇)：

碾压混凝土坝力学参数渐变规律和层面综合分析方法研究(李波，指导教师：顾冲时)

高拱坝施工和初运行期裂缝成因及防裂方法研究(吉顺文，指导教师：周君亮、朱岳明)

多场耦合下水工混凝土结构裂缝扩展的无单元法分析模型(徐力群，指导教师：沈振中)

(3) 水力学及河流动力学(1篇)：

河工模型表面流场、河势图像测试理论方法及系统构建(陈诚，指导教师：唐洪武)

(4) 水利水电工程(1篇)：

集中式饮用水水源地安全预警研究(于凤存，指导教师：方国华)

(5) 农业水土工程(1篇)：

节水灌溉水稻根系生长吸收特征与功能—结构模型(魏征，指导教师：彭世彰)

(6) 港口、海岸及近海工程(2篇)：

沙质海岸横向泥沙输运动力机制与数值模拟(张弛，指导教师：王义刚)

长江口湿地宏观整体模型与保护对策研究(雷智鹢，指导教师：严以新、许长新)

(7) 地质工程(1 篇)：

单裂隙水流及溶质运移规律研究(谈叶飞，指导教师：周志芳)

(8) 岩土工程(2 篇)：

疏浚淤泥透气真空泥水分离试验研究及影响因素分析(周源，指导教师：高玉峰)

岩石边坡工程安全监测三维可视化分析理论、方法及应用(孟永东，指导教师：徐卫亚)

(9) 土木工程材料(2 篇)：

等通道转角挤压制备单相/多相超细晶块材腐蚀行为研究(宋丹，指导教师：林萍华、马爱斌)

混凝土中钢筋腐蚀的临界氯离子浓度研究(徐金霞，指导教师：蒋林华)

(10) 电力系统及其自动化(1 篇)：

新型直流输电系统状态估计研究(孙国强，指导教师：卫志农)

(11) 市政工程(1 篇)：

活性炭净水工艺出水中颗粒物及炭菌控制机理(王磊磊，指导教师：陈卫)

(12) 管理科学与工程(1 篇)：

流域初始水权配置复合系统优化研究(吴丹，指导教师：吴凤平)

16. 河海大学 2011 年优秀硕士学位论文获得者及指导教师(59 篇)

(1) 水文学及水资源(6 篇)：

水文地质参数推求的试验方法及数值反演(程勤波，指导教师：陈喜)

淮河上游水量与水质对土地利用变化的响应研究(蔡涛，指导教师：李琼芳)

开采条件下海岛淡水透镜体演变规律分析(赵军，指导教师：温忠辉)

基于 Copula 函数设计洪水分析计算的多变量研究(王占海，指导教师：陈元芳)

北京市平原区地下水水位动态预测模型研究(徐强，指导教师：束龙仓)

河道管理信息系统开发研究——以广东肇庆开发区为例(赵岩，指导教师：崔广柏)

(2) 城市水务(1 篇)：

宜兴市节水型社会建设评价研究(李达，指导教师：刘俊)

(3) 水力学及河流动力学(1 篇)：

河网水流智能模型及可视化开发研究(辛小康，指导教师：唐洪武)

(4) 水利水电工程(3 篇)：

大型供水泵站侧向进水流动计算分析与配水孔整流措施研究(刘文明，指导教师：郑源)

梯级水库优化调度及其效益补偿研究(耿建强，指导教师：方国华)

城市化发展对城市防洪排涝能力的影响研究(宋娟，指导教师：唐德善)

(5) 水工结构工程(4 篇)：

复杂条件下混凝土面板堆石坝静动力特性有限元分析(丁遥，指导教师：沈振中)

基于 ADINA 流固耦合的高耸进水塔地震反应分析(龚存燕，指导教师：张燎军)

水工混凝土损伤的声发射检测试验研究(佟剑杰，指导教师：苏怀智)

混凝土坝健康诊断指标度量方法研究(张磊，指导教师：吴中如)

(6) 农业生物环境与能源工程(1 篇)：

微生物絮凝剂 EMF 的制备及其特性试验研究(罗德芳，指导教师：邵孝侯)

(7) 水灾害与水安全(2 篇)：

混凝土坝健康诊断指标体系及指标的重要性分析方法研究(金秋，指导教师：顾冲

时)

混凝土坝裂缝分布式光纤监测的试验研究(钱飞，指导教师：郑东健)

(8) 农业水土工程(2篇)：

灌区U形渠道水流流速分布模拟及其量水方法研究(韩金旭，指导教师：彭世彰)

沟岸缓冲带对农业非点源氮污染的削减效应研究(于文华，指导教师：张展羽)

(9) 港口、海岸及近海工程(1篇)：

长江口潮流盐度对航道工程响应的数值模拟(汤宇，指导教师：郑金海)

(10) 结构工程(1篇)：

风力发电塔架结构性能研究(赵文涛，指导教师：曹平周)

(11) 交通运输规划与管理(1篇)：

城市路网中交通事件影响范围扩散模型构建研究(沈金星，指导教师：郑长江)

(12) 岩土工程(2篇)：

粗粒土应力路径试验及本构模型研究(史江伟，指导教师：朱俊高)

Shear strength and stress-strain behavior of saturated and unsaturated soil under unloading condition(Nguyen Hoang Viet(阮黄越)，指导教师：袁俊平)

(13) 材料学(2篇)：

太阳能电池密封材料的导热性与导热模型研究(崔寅鑫，指导教师：申明霞)

橡胶混凝土的断裂和疲劳性能研究(王超，指导教师：马爱斌)

(14) 控制理论与控制工程(1篇)：

基于自抗扰控制的无速度传感器双馈风力发电系统研究(俞小勇，指导教师：卫志农)

(15) 电力系统及其自动化(2篇)：

消除电力系统受扰轨线非平稳趋势项的方法研究(孙晓波，指导教师：潘学萍)

基于局部量测量的电压稳定分析(杨友栋，指导教师：赵晋泉)

(16) 计算机科学与技术(2篇)：

本地验证者撤销群签名方案研究(孙刚，指导教师：李继国)

路网数据流的聚集查询技术研究(陆春艳，指导教师：冯钧)

(17) 信号与信息处理(2篇)：

智能交通中基于视频的运动目标识别技术研究(芦蓉，指导教师：王慧斌)

车载自组织网络MAC层广播算法研究(宋士明，指导教师：吴学文)

(18) 环境工程(3篇)：

沸石—陶粒双层滤料曝气生物滤池脱氮机理研究(周明，指导教师：朱亮)

恶臭假单胞菌(Pseudomonas putida LY1)共代谢降解苯酚和4-氯苯酚的动力学研究(李晶，指导教师：李轶)

沉水植物苦草对Pb、SA和NO的生理响应机制(陆洁，指导教师：王超)

(19) 市政工程(1篇)：

基于MIEX技术的微污染湖泊水净水处理工艺研究(韩志刚，指导教师：陈卫)

(20) 金融学(1篇)：

水利科技R&D投入产出绩效评价(孔德财，指导教师：袁汝华)

(21) 管理科学与工程(1篇)：

6Sigma与CRM的关系研究(张玉阳，指导教师：杜栋)

(22) 企业管理(1篇)：

企业文化对技术创新能力的影响：员工创新行为的中介作用研究(宋倩，指导教师：汪群)

(23) 应用经济学(1 篇):

公平信息披露规则的颁布对股票价格的影响研究——以深圳证券市场为例(张瑞，指导教师：黄德春)

(24) 行政管理(1 篇):

城市准公益性拆迁利益冲突及政府管理研究(许燕，指导教师：施国庆)

(25) 社会学(2 篇):

丧葬仪礼与亲属关系——以鲁中陈村为个案(王开庆，指导教师：王毅杰)

青年农民工“闪婚”现象动因探析——以皖北 Y 村为个案(施磊磊，指导教师：颜素珍)

(26) 思想政治教育(2 篇):

城市社区党组织在社区建设中的作用研究——以 B 社区党组织为例(毕娟，指导教师：孙其昂)

知识分子理论视域中的思想政治教育功能实现研究(石晓岩，指导教师：金林南)

(27) 高等教育学(1 篇):

英国高等教育质量审计制度研究(汪雅霜，指导教师：杨晓江)

(28) 行政管理(1 篇):

我国行政伦理构建中公正的缺失及其解决对策研究(袁霭凤，指导教师：刘爱莲)

(29) 马克思主义哲学(1 篇):

中华民族精神的当代阐释(徐忠敏，指导教师：潘洪林)

(30) 物理学(1 篇):

N2@C60 及其二聚体的几何结构和电子性质的研究(高虹，指导教师：朱卫华)

(31) 宪法学与行政法学(2 篇):

我国不动产登记的公法考量(袁文瀚，指导教师：邢鸿飞)

当代中国法秩序演进的共和主义路向——社会生活的视角(吴国振，指导教师：李义松)

(32) 民商法学(1 篇):

公司纠纷司法介入的机制与限度研究(潘星星，指导教师：王建文)

(33) 机械工程(1 篇):

太阳能热发电蓄热系统建模仿真与控制(李显，指导教师：朱天宇)

(34) 材料加工工程(1 篇):

6063 铝合金的中温炉中钎焊研究(张国伟，指导教师：包晔峰)

(35) 通信与信息系统(2 篇):

基于多尺度几何分析的水下侧扫声纳图像处理方法(石丹，指导教师：李庆武)

中小企业 VoIP 呼叫中心设计与实现及其 QOS 研究(朱成健，指导教师：江冰)

(36) 检测技术与自动化装置(1 篇):

时滞系统无模型设计及应用研究(阳外玲，指导教师：杨启文)

17. 河海大学 2011 届本科优秀毕业设计(论文)(226 篇，排名不分先后)

(1) 水文与水资源工程(9 篇):

水电站设计洪水复核——防洪参数复核(以江西拓林水库为例)(孙银凤，指导教师：谭忠成)

水库群与分滞洪区联合调度研究(陈娟，指导教师：万新宇)

环太湖地区经济社会发展对太湖水环境质量的影响分析及治理对策(卫晓露，指导教师：余钟波)

长江源和黄河源站点与高分辨格点降水资料的统计降尺度对比分析(王冰冰，指导

教师：荣艳淑）

水文预报不确定性问题研究(李燕，指导教师：梁忠民）

SWAT 模型中不同蒸散发计算模式的比较与分析(居雷，指导教师：石朋）

(2) 资源环境与城乡规划管理(2 篇)

南京部分湖泊表层沉积物中细菌群落结构及氨氧化古菌丰度研究(徐于楠，指导教师：赵大勇）

底泥污染物释放对水质的影响研究(彭淼梅，指导教师：姜翠玲）

(3) 水务工程(4 篇)：

黄浦江河网水质模型(李巧琳，指导教师：李光炽）

极端气候条件对混凝土重力坝的影响研究(刘默尧，指导教师：傅志敏）

药科大学图书馆景观河环境设计(郭明宇，指导教师：汪传跃）

吴江市需水预测研究(唐巧玲，指导教师：刘俊）

(4) 环境工程(4 篇)：

蓝藻生长速率的实测分析(肖曼，指导教师：朱伟）

无锡某污水处理厂一期工程项目环境影响评价——地表水等相关部分(丁珏，指导教师：李勇）

抗 Cr 微生物对沉积物中重金属形态及酶活性的影响(李朦，指导教师：张松贺）

生态水利工程对浮游生物的影响研究(黄晶，指导教师：王沛芳）

(5) 环境科学(1 篇)：

基于水资源配置的水环境保护规划(雷镕甄，指导教师：韩龙喜）

(6) 给水排水工程(5 篇)：

好氧颗粒污泥的快速培养及 Cu_{2+} 影响研究(冒文娟，指导教师：陈卫）

南京化工园区给排水管理决策支持系统研究(乔松玲，指导教师：操家顺）

南京某小区建筑给水排水设计(王晓华，指导教师：孙敏）

江苏省灌南县城东污水处理工程初步设计(前置厌氧池 Orbal 氧化沟工艺)(邵华，指导教师：郑晓英）

徐州市铜山县给水工程设计(一)(卞德，指导教师：冯骞）

(7) 水利水电工程(8 篇)：

深厚覆盖层上闸坝静动力计算分析(孔维耀，指导教师：刘斯宏）

粘土心墙土石坝设计与稳定计算程序编制(姜洲，指导教师：束一鸣）

滩坑水电站水能规划及防洪设计(吴靖宇，指导教师：方国华）

某水利枢纽钢筋混凝土面板堆石坝设计(正常蓄水位 276.2 米)(孟庆祥，指导教师：李俊宏）

恒定流条件下泥沙运动速度滞后实验研究(阿衣丁别克·居马拜，指导教师：肖洋）

桥墩阻水效应数值模拟(郎韵，指导教师：王玲玲）

河流水沙运动模型研究及其在赣江中的应用(吴书鑫，指导教师：戴文鸿）

盾构隧道施工期上浮对结构受力、接缝防水影响的分析(朱令，指导教师：钟小春）

(8) 水工强化(4 篇)：

复杂条件下隧洞开挖渗水量预测分析及控制措施(冯兴亚，指导教师：沈振中）

粘土心墙堆石坝与泄洪隧洞设计(刘何稚，指导教师：刘斯宏）

城市水资源需求预测方法研究(谢幼琼，指导教师：顾圣平）

柔性挡土墙土压力试验研究(薛向华，指导教师：刘斯宏）

(9) 农业水利工程(4 篇)：

静安河水库枢纽工程设计：乙 B13 组：分区材料斜墙坝拦河大坝(设置防浪墙、坝

基截水槽)(周庆，指导教师：詹美礼)

博斯腾湖泵站初步设计(流量：25 立方米/秒；结构设计：电机梁)(林慧，指导教师：冯建刚)

天目灌区规划与初步设计 4(灌溉保证率 95%；排水标准日雨 150 毫米，2 日排除；渠道＋喷灌设计)(贾杰，指导教师：冯宝平)

浙江沙溪二级水电站设计(A 组调节保证计算)(邓茜，指导教师：于永海)

(10) 设施农业科学与工程(2 篇)：

南京市河流水文水质特征分析及评价(钱萍，指导教师：刘慧)

地插式育苗微喷灌系统设计(喷头流量 15 升/小时)(杜朋朋，指导教师：方部玲)

(11) 港口航道与海岸工程(11 篇)：

北仑港五期集装箱码头工程设计与嵌岩全直桩结构专题研究(李林青，指导教师：何良德)

余姚市 500 吨级散货码头工程设计(闫晓璐，指导教师：陈达)

余姚 500 吨级码头工程初步设计(王娜，指导教师：陈达)

灌河口外航道 2.5 万吨级回淤计算及工程方案优化(王鑫，指导教师：张玮、钟春欣)

洋山 5 万吨级深水码头工程设计(熊小舟，指导教师：陶桂兰)

上海港 1.8 万吨新建码头工程设计(石麒琳，指导教师：王瑞彩)

三峡调度对长江口盐水入侵的影响(吴乔，指导教师：张蔚)

矩形方箱—挡浪板—锚链式浮防波堤透浪特性试验研究(钱学生，指导教师：冯卫兵、杨越)

福建宫前一级渔港防波堤工程设计(邬亦雯，指导教师：冯卫兵)

影响广东省热带气旋的统计特征及台风浪的数值模拟研究(陈橙，指导教师：赵红军)

沙波地形上的波浪运动数值模拟(李翔，指导教师：陶爱峰)

(12) 港航强化班(1 篇)：

余姚 500 吨级件杂货码头工程(倪兴也，指导教师：欧阳峰)

(13) 海洋技术(2 篇)：

旋转圆筒流体运动稳定性及运动规律研究(袁春光，指导教师：王如云)

基于 SAR 数据的一次海上溢油事件分析(秦英，指导教师：徐青)

(14) 土木工程(9 篇)：

粗骨料和砂浆性能对自密实混凝土工作性能影响的试验研究(姚国友，指导教师：陈亮)

平原水库渗漏影响因素分析及防渗系统设计(郁宏杰，指导教师：袁俊平)

大跨悬索桥钢箱梁车载作用下局部受力分析(王满满，指导教师：吉伯海)

主应力轴旋转下小偏压固结粉土的孔压开展特性试验研究(张弛，指导教师：沈扬)

大空间多层住宅方钢管混凝土结构设计研究(郁金珠，指导教师：曹平周)

初始含水率对白马湖疏浚淤泥真空排水的影响(陆志浩，指导教师：高玉峰)

九江长江公路大桥 21 号主墩附近永安堤防安全监测与分析研究(周友进，指导教师：刘汉龙)

预制拼装预应力混凝土连续梁桥设计(主跨 100 米，六车道)(李海啸，指导教师：聂利英)

缆索吊装施工空腹式悬链线箱型钢筋混凝土拱桥设计(主跨 120 米)(黄刚，指导教

师：袁爱民)

(15) 交通工程(4 篇)：

基于枢纽换乘的路径优化方法研究(武倩楠，指导教师：郑长江)

接入管理技术在道路设计中的应用研究(周志将，指导教师：袁黎)

Sup13 沥青混合料配合比设计(刘津铭，指导教师：于新)

废轮胎胶粉改性沥青老化性能研究(郑述隆，指导教师：吴建涛)

(16) 工程力学(2 篇)：

粘钢加固混凝土结构的钢—混凝土相互作用机理及计算机仿真(陈光远，指导教师：陈玉泉)

二维弹性力学问题的光滑有限元解法(陶月长，指导教师：张旭明)

(17) 材料科学与工程(5 篇)：

ECAP 变形对 Mg-Gd-Y-Zn-Zr 合金腐蚀行为的影响(印玲玲，指导教师：马爱斌、江静华)

碳纳米管水泥基复合材料的电性能研究(叶婷婷，指导教师：刘小艳)

聚羧酸系减水剂在商品混凝土中的应用(梁伟灿，指导教师：张风臣、冉千平)

杂散电流作用下阳离子类型对氯离子固化的影响(陈怡，指导教师：蒋林华)

ECAP 加工对医用镁合金腐蚀行为的影响(徐泓鹭，指导教师：江静华)

(18) 电气工程及其自动化(7 篇)：

现代低压配电网 OPF 计算平台设计与开发(钱程晨，指导教师：刘皓明)

互联电力系统分布式潮流计算方法实现(吉跃瑾，指导教师：赵晋泉)

基于激励相容原理的可中断负荷合同研究(孙影影，指导教师：廖迎晨)

电力系统负荷模型参数辨识(韩杏宁，指导教师：吴峰)

中压配电网网架规划研究(张沈习，指导教师：袁越)

基于旋转不变原理的信号参数估计在间谐波检测中的应用(范敏伟，指导教师：傅质馨)

风电场等值模型参数实测策略研究(宫建峰，指导教师：金宇清)

(19) 自动化(4 篇)：

同步发电机动摇的 SVC 镇定设计的小增益定理方法(何小威，指导教师：周军)

直线两级倒立摆控制仿真与实验(李小弟，指导教师：王万成)

风力发电机组控制技术与并网分析(刘云久，指导教师：王冰)

基于单片机的光伏发电系统数字控制器设计(张杰，指导教师：王宏华)

(20) 热能与动力工程(5 篇)：

超低水头水轮机开发研究(李玲玉，指导教师：郑源)

50～85 米水头 420 兆瓦水电站机电部分设计(李青，指导教师：郑圣义)

60～84 米水头 340 兆瓦水电站机电部分设计(曹春建，指导教师：张德虎)

基于 CFD 的水泵水轮机工况流动特性研究(张蓝国，指导教师：周大庆)

水轮机调节系统检修远程培训系统的开发研究(荆淼，指导教师：郑源)

(21) 计算机科学与技术(7 篇)：

基于规则的树木模型生成(解聪，指导教师：刘惠义)

基于 QoS-Aware 的 Web 服务容错框架的研究与实现(杨丰，指导教师：叶枫)

基于上下位关系的 Web 服务匹配算法设计与实现(杨莉，指导教师：许国艳)

信任管理系统 RT 中集中式凭证链发掘方法的研究(喻星星，指导教师：邹阳)

基于可逆元胞自动机的图像加密技术(李秀芳，指导教师：平萍)

搜索引擎关键技术的研究与应用(王雪婷，指导教师：韩立新)

基于 Google Map 的水利工程查询系统的设计与实现(张晓雪，指导教师：许峰)

(22) 通信工程(5 篇)：

基于 ARM 的远程图像采集终端设计——图像传输(叶云峰，指导教师：吴学文)
应用于超宽带系统的脉冲发生器芯片设计(潘磊，指导教师：李旭杰)
安全高效签名方案的设计与实现(钱惠玲，指导教师：李继国)
STC(空时编码)技术的研究与仿真实现(孙英明，指导教师：居美艳)
基于 H.264 的信源率失真模型实现(吴雪梅，指导教师：韦耿)

(23) 电子信息工程(4 篇)：

基于 FPGA 的快速傅立叶变换仿真实现(万雅文，指导教师：殷兴辉)
连续波雷达多目标识别方法(李梦茹，指导教师：胡居荣)
移动 AdHoc 网络中路由协议的仿真研究——DSR 协议(王志旻，指导教师：顾燕)
数字接收机的数字脉冲压缩技术研究(张芳玲，指导教师：蒋德富)

(24) 工程管理(4 篇)：

条子泥匡围 A1 标段工程管理策划/多资源约束下的工程进度——资源均衡优化研究(陈伟伟，指导教师：张云宁)
189 项目管理规划设计/价格变动下的建筑材料多时段采购研究(郑胜强，指导教师：杨高升)
红山水库项目代建招标投标文件编制/气候变化情景下蚌埠市水利工程脆弱性评价(丁红军，指导教师：周申蓓)
闽江上游富屯溪三期(邵武段)防洪工程同青溪防洪堤投标文件/基于网络分析法(ANP)工程交易模式的决策(卢亚琼，指导教师：欧阳红祥)

(25) 市场营销(2 篇)：

微博营销的企业应用研究(覃欢，指导教师：贺丽莳)
大学生手机初购与再购行为差异的影响因素分析(皮鑫鑫，指导教师：余菲菲)

(26) 财务管理(4 篇)：

基于 ERP 的 CJ 公司预算管理流程再造研析(付饶，指导教师：杜晓荣)
现金流量角度上市公司财务预警指标体系的构建(李杰，指导教师：王飞)
基于时间序列的 IPO 数量波动影响因素分析(李芳，指导教师：冷建飞)
基于碳排放权的融资方式探讨(姜玲，指导教师：张颖)

(27) 经济学(2 篇)：

企业发展低碳经济的动力机制与博弈选择(施云皓，指导教师：王保乾)
人民币升值压力对我国股票市场影响的实证研究——以沪深 300 指数为例(吴伟，指导教师：宋敏)

(28) 国际经济与贸易(3 篇)：

江苏省软件外包产业集群的形成与发展研究(李晓宇，指导教师：杨恺钧)
江苏沿海地区对外贸易开放度评价(马安梅，指导教师：马骏)
我国化工业应对欧盟反倾销的机制研究(赵璐，指导教师：李锋)

(29) 会计学(4 篇)：

小型农田水利工程投资绩效评价研究——以江苏省小型农田水利工程为例(蒋领兵，指导教师：沈菊琴)
上市公司未决诉讼披露管理的研究(杨力姣，指导教师：魏长升)
上市公司股权结构对审计需求的影响探究(魏莱，指导教师：魏长升)
金融危机背景下公允价值的应用对我国商业银行会计信息的影响分析(张玲霞，指

导教师：唐勇军）

(30) 信息管理(2 篇)：

基于富客户端技术的 Arc GIS 专题图应用设计(周家龙，指导教师：陶飞飞)

基于 Flex 的决策支持系统知识库设计(潘虎，指导教师：陶飞飞)

(31) 电子商务(1 篇)：

"仁政"、"逍遥"与"圆融"——以中国哲学思想解决电子商务环境问题的三角度切入(吕昂，指导教师：胡震云)

(32) 人力资源管理(3 篇)：

乡镇企业劳动关系管理法律行为问题与对策浅析(曲文凤，指导教师：王全蓉)

家族式企业员工关系管理研究(李秀枝，指导教师：邓玉林)

"80 后"知识型员工离职现象及对策研究(陈艳，指导教师：刘戎)

(33) 工商管理(2 篇)：

永和豆浆面对肯德基的竞争策略分析(严秋雯，指导教师：周海炜)

"玫琳凯"在中国市场营销模式的转变与动因分析(周丹丹，指导教师：唐震)

(34) 思想政治教育(1 篇)：

高校青年志愿服务课程化研究(魏银，指导教师：戴锐)

(35) 劳动与社会保障(2 篇)：

水电移民住房保障研究——以乌江电站为例(王炳宏，指导教师：施国庆)

南京市新型农村养老保险制度问题及改进研究(蔡成林，指导教师：毛春梅)

(36) 广播电视新闻学(2 篇)：

都市报大学生就业报道研究——以《扬子晚报》为例(柴志尚，指导教师：陈家洋)

"议程设置"中的自我平衡和纠正(陈苏宁，指导教师：张健挺)

(37) 法学(4 篇)：

我国高校招生录取阶段考生受教育权的法律保障研究(莫静，指导教师：徐军)

高速公路瑕疵致害损害赔偿问题研究(李霞，指导教师：陈广华)

论中小企业法律风险的防范机制(黄震，指导教师：王建文)

论不动产善意取得及适用(单超仙，指导教师：关禾凤)

(38) 英语(1 篇)：

On the Translation of Culture-Loaded Words in Lin Yutang's Six Chapters of a Floating Life—From the Perspective of Susan Bassnett's Cultural Translation Theory(沈亚萍，指导教师：沈琦)

(39) 数学与应用数学(5 篇)：

2010 年上海世博会门票销售策略再研究(陈森，指导教师：丁根宏)

非常规统计建模方法及其软件(梁英杰，指导教师：陈文)

高斯过程的检验方法研究及应用(潘菲，指导教师：朱永忠)

次序统计量的稳健性研究和应用(石玲，指导教师：夏乐天)

Navier-Stokes 方程解的性态研究(陈国霁，指导教师：李晓军)

(40) 应用物理(3 篇)：

基于电磁场数值分析与矩形波导缝隙天线阵列仿真与设计(颜全椿，指导教师：朱卫华)

基于 AVR 单片机的超声波测距系统设计(袁伶华，指导教师：丁万平)

双能级系统的量子纠缠(张铭，指导教师：陶成君)

(41) 地理信息系统(3 篇)：

鄱阳湖面积的卫星遥感估计及其与水位关系分析(张楠楠，指导教师：王文)

基于 Veg DRI 的干旱监测研究(王喆，指导教师：安如)

基于 Google Earth API 的南京市旅游系统开发(孙咸磊，指导教师：许捍卫)

(42) 测绘工程(3 篇)：

基于 CORS 的逆向 RTD 技术研究(丁旭，指导教师：黄张裕)

基于 LIDAR 点云数据的道路分割方法研究(王金媛，指导教师：周绍光)

总体最小二乘法及其在曲面拟合中的应用(袁豹，指导教师：岳东杰)

(43) 地质工程(2 篇)：

天荒坪抽水蓄能电站地下厂房围岩渗压动态特征研究(张静，指导教师：宋汉周)

西部大型深厚崩塌堆积体边坡稳定性分析与评价——以楞古水电站马河崩塌体为例(徐媛媛，指导教师：魏继红)

(44) 机械工程及自动化(14 篇)：

ERP 中客户关系管理模块的设计(张莹，指导教师：许焕敏)

绞吸挖泥船绞刀负荷预测(汤雷，指导教师：倪福生)

RBT－6T 机器人的运动学仿真系统设计(邵飞，指导教师：林岗)

120 米伸缩折臂式消防云梯车俯仰及回转机构设计(于智锋，指导教师：张敏)

等几何分析 IGA 及其应用(尹硕辉，指导教师：朱炳麒)

储油杯盖注射模设计及成形零件工艺分析(张超，指导教师：张洪双)

晶体硅电池片铺设机电池片串翻转与定位系统设计(邹志辉，指导教师：朱灯林)

FIRA 足球机器人决策系统的若干关键技术的研究(刘鹏，指导教师：周军)

太阳光跟踪装置的设计与实现(尹穆楠，指导教师：陈秉岩)

BORA 汽车尾灯模流分析(星宇车灯)(崔国扬，指导教师：赵占西)

弹性力学位移差分法程序设计(栗金文，指导教师：朱炳麒)

基于 SUSAN 算子的边缘检测算法研究与实现(魏巍，指导教师：廖华丽)

光伏试验平台监测系统设计(张经炜，指导教师：丁坤)

3D 板自动生产设备的研制——插丝、焊接部分的研究及结构设计(丁伟朋，指导教师：王义斌)

(45) 热能与动力工程(4 篇)：

两段式干煤粉气流床气化炉内气固两相流动的数值模拟(蔡毅，指导教师：刘升)

热气机热力循环过程计算分析(南文光，指导教师：刘巍)

河海大学中央空调与制冷节能实验室组态监控系统设计(卢建，指导教师：白建波)

水电站设备专用检修工具三维可视化设计制作(朱勤上，指导教师：李龙华)

(46) 金属材料工程(3 篇)：

方钴矿基复合材料的制备与热电性能研究(宗鹏安，指导教师：包烨峰)

磁控电源的设计(熊飞飞，指导教师：包烨峰)

双丝埋弧焊接头热效应的数值模拟计算(赵昕，指导教师：严春妍)

(47) 工业设计(2 篇)：

风扇创意设计(陈月婷，指导教师：严波)

电动工具改良设计(周永新，指导教师：丁治中)

(48) 数字媒体(2 篇)：

风格化动画短片设计(张媛，指导教师：孟祥斌)

恐龙园主题解谜游戏视觉设计(李凯英，指导教师：张衡)

(49) 通信工程(4 篇)：

无锡维护中心备品备件电子化管理系统(预警管理)(樊学辉，指导教师：朱金秀)

防火墙日志文件分析与告警系统(采集与存储模块)(欧阳明垄，指导教师：王海滨)

GPRS 网络关键日志分析管理系统(张贵湖，指导教师：盛惠兴)

915MHz 超高频 RFID 读写器的设计与实现(马聪，指导教师：江冰)

(50) 电子信息工程(5 篇)：

水下视频图像增强技术研究(束代群，指导教师：盛惠兴)

基于无线网络传感器的室内定位技术研究(孟东阳，指导教师：张金波)

基于 STM32 的嵌入式系统移植与应用程序设计(崔积峰，指导教师：张学武)

信号波形合成电路的设计(顾慧，指导教师：朱昌平)

智能光伏组件设计与开发(宋加才，指导教师：沈金荣)

(51) 电子科学与技术(3 篇)：

基于 FPGA 的带电检测与核相装置设计(吴跃春，指导教师：单鸣雷)

基于 Cortex-M3 的多功能 USB 数据存储器(徐文文，指导教师：单鸣雷)

基于模糊理论的高压断路器故障诊断系统的设计(吴孟，指导教师：蔡昌春)

(52) 自动化(6 篇)：

小功率车载逆变器的研制(唐伟，指导教师：戴卫力)

微陀螺传感器自适应控制系统的研究(杨玉正，指导教师：费峻涛)

基于 Modbus 协议的溶液电导率表通信系统的设计与开发(张银川，指导教师：黄皎)

随机不确定系统的滤波设计与仿真(张雪，指导教师：华民刚)

基于 STM32 和 CPLD 的可编程电机控制器的设计与研究(孙浩，指导教师：张学武)

基于机器视觉的目标识别技术研究(顾丽萍，指导教师：范新南)

(53) 计算机科学与技术(2 篇)：

水利卫星遥感数据管理与交换服务平台——元数据管理子系统的设计与实现(盛震宇，指导教师：陈慧萍)

基于 Esper 的分布式数据流管理系统关键技术研究(任顺利，指导教师：陈慧萍)

(54) 工商管理(3 篇)：

知识型员工工作特征与主观幸福感的关系研究(孙星园，指导教师：马海良)

公平理论在民营企业薪酬体系设计中的应用(张洁，指导教师：刘晓农)

企业新员工自我效能感与组织社会化的关系研究(董立兴，指导教师：吴庆平)

(55) 国际经济与贸易(6 篇)：

股权分置改革对中国 A 股 IPO 抑价影响的实证分析(陈陆滢，指导教师：陈其勇)

基于困际竞争力视角的中国金融服务贸易研究(张朦，指导教师：杨志明)

低碳经济条件下我国外贸出口商品结构研究(陈晓霞，指导教师：丁云伟)

我国机电产品的出口国际竞争力分析及对策探讨(侯振楠，指导教师：缪小莉)

江苏纺织服装企业面临的低碳壁垒及对策研究(赵丁璐，指导教师：王敏)

我国涉外中小企业融资风险预警研究(莫卫龚，指导教师：程淑芳)

(56) 信息管理与信息系统(4 篇)：

非常规突发水灾害应急主体协同演化建模与仿真(刘桂云，指导教师：刘高峰)

空调代理商库存系统分析与设计(丁毅，指导教师：徐绪堪)

渠道安全运行数字信息系统——防洪预警与灌溉跟踪子系统(张方旭，指导教师：杜栋)

渠道安全运行系统——水务政务管理系统(董慧梅，指导教师：潘江波)

(57) 会计(8 篇):

基于重污染行业社会责任与财务绩效关系的实证研究(高云，指导教师：王幸)

低碳经济环境下企业成本控制问题探析(沈佳丽，指导教师：陈阵)

基于公司特征的上市公司自愿性信息披露研究(邢潇方，指导教师：陈燕丽)

IPO 前企业盈余管理的影响因素实证分析——基于创业板市场的数据(周梁，指导教师：吴敏)

企业生命周期对资本结构影响的实证分析(陈华燕，指导教师：王普查)

我国石油化工企业财务预警系统实证研究(姜璐，指导教师：于楚)

我国上市公司社会责任信息披露质量研究(王璇，指导教师：朱义令)

我国上市公司现金持有量的影响因素研究(夏正海，指导教师：宿晓)

18. 河海大学 2011 年社会实践活动优秀团队(53 个)、先进个人(198 名)、优秀调查报告(90 篇)、优秀摄影图片 DV(40 个)、优秀心灵故事(20 个)、优秀校友访谈(20 篇)

(1) 优秀团队(53 个):

① 水文水资源学院(3 个):

河海大学 2011 年暑期大学生赴浙江临安市实践小分队(徐云飞、李悦昭、刘琳、方浩宇、周文、黄雪春、杨陆金玥)

河海大学 2011 年暑期大学生赴石家庄地区可利用水资源情况调研实践小分队(郭磊、陈静宜、张恩泽、陈星宇、赵胤翔、高天磊、王雪雍、张梦菲)

河海大学 2011 年赴徐州睢宁地区农业水资源综合利用调研暑期社会实践小分队(马彪、曹薇、王洁、杨开斌、苏小茹、沈娜羽)

② 水利水电学院(3 个):

河海大学 2011 年暑期大学生赴江苏省宿豫区调研骆马湖防洪灌溉实践小分队(苏昆鹏、李晨、潘志鹏、陈杨、李雪)

河海大学 2011 年暑期大学生赴宁夏节水灌溉效益调研实践小分队(吴越、沈润泽、武哲书、连祎、常曼琪、张健翼、陈友林、张飞、马婧雯、沈姗姗)

河海大学赴盐城市建湖县农业水利基础设施的管理与维护的调研暑期社会实践小分队(周政、韦思宇、崔晓倩、胡奇、陈奕、曹栋华、董安雨、张语格)

③ 港口海岸与近海工程学院(3 个):

河海大学 2011 年暑期大学生赴江苏省泰州市关于农田水利设施调查实践小分队(王令、陆倩、陈永刚、范可、姜婷婷、黄汉标、许立稳、杨伟飞、李晶晶)

河海大学 2011 年暑期大学生赴福建省福州市防台减灾调研小分队(张勐韬、吴舒鋆、吴善翔、龚伟杰、王理捷、郭艳婷、尤小乐、高翀恒、孙扬帆、熊峰)

河海大学 2011 年暑期大学生赴淮安市楚州区农村饮用水安全调研实践小分队(周末、刘倩怡、蒋凤琦、林天宇、曹骅、宋琪超、王亚洲、羊拓新)

④ 土木与交通学院(2 个):

河海大学 2011 年暑期大学生赴盱眙县实践小分队(任真、袁双双、赵旭妍、沈培琳、王波、费伯成、陈曦、李培军)

河海大学 2011 年暑期大学生赴辽宁省瓦房店市实践小分队(吴思麟、刘泉、钟佳、许志翔、刘国冲、蒋惠斌、蔡亮亮)

⑤ 环境学院(2 个):

河海大学环境学院赴南京市高淳县暑期社会实践小分队(刘凯强、黄梦菲、张晨、薛辉、邱霞)

河海大学 2011 年暑期大学生赴江苏省南京市内秦淮河中段雨污水管错接混接情况的调查实践小分队(陈怀民、宣雍祺、许贤芳、李丹红、王欢)

⑥ 能源与电气学院(3个):

河海大学赴定安县翰林镇义务支教小团队(史卓夫、张德望、陈智耿、何才炯、刘泰文、洪伟、任永康)

河海大学2011年暑期大学生赴浙江实践小分队(刘舒然、陈彧、李志勇、钱臻、陈霜、梅成、刘诗雨、苏丽倩、李文赫、钱力、陈晨、刘永超)

河海大学2011年暑期大学生赴江苏常熟、安徽芜湖水电调峰调研与节能宣传小分队(徐岩哲、顾科杰、张健钊、方佳渝、王帅琦、朱泽锋、姚艳、邓璐妍、赵飞龙、翁程琳)

⑦ 计算机与信息学院(3个):

河海大学2011年暑期大学生赴江西抚州水利工程小分队(熊雪珍、张玉聪、武晨、李飞武、邓志阳、张扬、叶萌、黄伟斌、梁景涛)

河海大学2011年赴江苏省盱眙县龙王山水库实践小分队(夏祖军、魏娜、戴玢玢、吕鸿蒙、谭会平、罗元斌、周尚鹏、毛鸣峰、邵洪)

河海大学2011年暑期大学生赴山东省莱芜市雪野水库堤坝渗流出险加固与水环境调查实践小分队(吕萌、张叶、李宝玲、陈和升、刘海、王乔、褚泽帆)

⑧ 力学与材料学院(2个):

新沂水利设施功能的研究及南水北调新沂段的现状调查(张涛、马敬畏、刘惠文、刘云峰、陈再辉)

河海大学2011年暑期大学生赴楚州区水利设施与水功能调查实践小分队(李开春、张梅、王磊、封光远、周鑫、孙孝央、马致远、关晰予)

⑨ 地球科学与工程学院(2个):

河海大学2011暑期社会实践赴辽宁省沈阳市辽河水质及水功能调研小分队(赵斯佳、李璇、施威、李庆鸿、张翔、庄睿、吴红垒)

河海大学2011暑期社会实践赴湖南省娄底市水库与农水建设调查实践小分队(陈峰、曾凤莲、管芳、李茂材、任涛、陶亮)

⑩ 理学院(2个):

农村水利基础设施调研——以遂宁市水利基础设施为例(柳智鹏、杨艳林、谢志远、金宇航、高健、杨上凌)

农村水利基础设施调研——以绍兴平水江水库除险加固情况及统筹规划为例(车万良、何立群、张迪、黄思煜、陈洋)

⑪ 商学院(4个):

赴石家庄滹沱河治理工程及农田水利参观调研暑期实践小分队(邓梁、王倩楠、夏勇、戴克俭、王春雨、孙萌萌、郑琪、江丽娟、李祎、徐影、孙萌、王宁)

赴江苏省靖江市、海安县调研沿江水利建设、关注农田水利发展实践小分队(段迪、徐若冰、蒋译斓、吴迪、秦笛、陈丹丹、史碧雪、闻捷、张乾、周捷、苏瑞、张矩熔)

贯彻一号文件精神,水电助推经济发展(崔祥、张笑程、杨帆、赵梅西、江玲玉、徐逸伦、金铭剑、吴剑平、邓梁)

深入包头黄河防灾工程,关注沿黄水利经济发展(叶子洁、王若楠、陈名、赵晨、王韵、龚双燕、曲天骏、余文竹、黄丽、骆运、张子桥、赵颖慧)

⑫ 公共管理学院、法学院、马克思主义学院(2个):

赴浙江省新昌县调研小分队(黄思煜、蒋桢、程萧潇、徐建萍、邵群杰、车万良)

赴浙江省缙云县大洋水库及盘溪阶梯电站相关问题研究实践小分队(邵群杰、刘

思佳、李丹、王艺琳、张玉倩、朱羚）

⑬ 外国语学院（1个）：

河海大学赴川陕地区实践小分队（苟馨月、白嘉熠、林丽、王珊、张鹏、李望瑜、李博通、赵佩莹、熊飏雨、袁满）

⑭ 大禹学院（1个）：

河海大学2011年大学生暑期社会实践赴安徽省芜湖市小分队（程青、卞晶晶、羌娟、李佳珍、刘玉环、乔兵、武志毅、高阳、袁玉、郑孝康）

⑮ “青马工程”（5个）：

河海大学2011年暑期社会实践青马工程学员赴安徽芜湖小分队（鲍琾、张帆一、潘正泉、王宁、周鹏飞、陆宇烨、王阳阳、翁添宇、张丽丽、徐丽艳）

河海大学2011年青马工程学员赴江苏仪征实践“水润灵泽”小分队（徐欢、许雷、李春红、毕吴瑕、侯玲、郭斌、刘伐、曹晓桢、于凯、张浩）

河海大学2011年暑期大学生赴淮安洪泽县实践小分队（谷天峰、周荣玲、姚君、文宏飞、胡添翼、周凌峰、卞玮章、蒯宇、魏超、李维孔）

河海大学2011年暑期大学生赴浙江实践小分队（汪思言、蒋淑妃、尹航、杨柳青、郭谦、李思毅、许诚强、郭浩霖、褚凯敏、秦莹）

河海大学赴江苏省赣榆县暑期社会实践小分队（张清扬、孙丽、颜杰、冷伟杰、姜晴霞、陆天琳、宋育霖、刘定寰、朱彦泽、郑强）

⑯ 学生处（3个）：

河海大学2011年暑期大学生赴徐州故黄河水生态调研实践——爱心协会小分队（李德、郭贞贞、刘梦、张凡、张明玉、吴方圆、周雨晴）

河海大学赴湖南省邵阳市邵东县调查高效农业灌溉实践小分队（李丹丹、贾源淇、黄玲、金新、李燚、向前、王梅、许霄）

河海大学“1442工程”2011年暑期赴中国水电顾问集团北京勘测设计研究院、十三陵水电站实践小分队（张召、贾楠、高正、刘思妤、康韵娈、吴启凡、举健、任炜辰、尹国江、刘洋、曹爱武、丁磊）

⑰ 学生组织（1个）：

河海大学2011年暑期大学生赴内蒙古自治区呼和浩特市调研民生水利小分队（胡欣、陈博艺、赵苇航、段坤、郭章翠、谌麒艳、张馨月）

⑱ 研究生院（1个）：

河海大学研究生社会实践团（王焱、李艳波、王俊、张川、张楠、陶冉冉、彭易菲、毛倩倩、强继峰、李芹、李姝昱、王新瑞）

⑲ 常州校区（10个）：

河海大学2011年暑期大学生赴吉林松花江沿岸水利调研实践小分队（王佳思、胡泊、刘洋、王珑舒、李东远、马宏辉、刘建、冯莉、陶亚楠、王永强、狄昀睿、刘青）

河海大学2011年暑期大学生赴江苏南通如东洋口港探究江苏沿海大开发分队（徐点点、张驰、唐静、杜苗、崔海波、高扬、孙盼、吴畏）

河海大学2011年暑期大学生赴阜宁地区水利与民生、经济现状调研小分队（朱裕菁、王居懿、尹力伟、郑尧兵、刘亚洲、戴益东、潘菲、吕昕芮、陈思、周子健、张益）

河海大学2011年暑期大学生赴河南实践小分队（方栋、唐舒榕、唐柳楠、邹旋、许其亮、张士成、董观利、白振琴、邓辉平、曹志勇、徐习峰、许瑞方）

河海大学2011年暑期大学生赴四川实践小分队（吴欣佩、杨婉莹、李娜、邹闯、

蒋毅、赵亚雄、杨易、龚晨、赵凡、夏帧)

河海大学 2011 年暑期大学生赴南水北调中线工程——丹江口市实践小分队(任帅辉、濮震旦、刘艳、王森、李金鹏、陶妤、蒋伟男、李龙、徐璐、刘洋)

河海大学 2011 年暑期大学生赴高淳县农田水利建设现状及其应对旱涝灾害的能力调查实践小分队(陈良蕾、缪炯、史怿、王子轩、朱奕蓉、丁骁梁、柏蓉)

河海大学 2011 年暑期大学生赴宿迁市“爱在天地间”支教实践小分队(林洁、丁棠丽、时彩虹、齐亚会、徐溪、张保丰、杜东升、屠东浪)

河海大学 2011 年暑期大学生赴南京市秦淮河生态修复与周边发展的调查实践小分队(沈函廷、王美乔、丁轶简、方舟、郭映月、张凯、史子晋、翁清、华静雨、徐晶、刘谨、李海东)

河海大学 2011 年暑期大学生赴南通社会实践小分队(宋磊磊、施宇倩、刘珂、沈勇、薛冰洁、虞苏雯、孙颖、李成良、许天骄)

(2) 先进个人(198 名):

① 水文水资源学院(10 名):

李悦昭　周旭东　植嘉茜　鞠　彬　郭　磊　周鹏飞　朱永澍
孙德朝　李　浩　姜晴霞

② 水利水电学院(12 名):

丁　磊　沈光泽　苏昆鹏　韦雄飞　于京涛　刘燊旸　吴昊潼
丰　莎　沈润泽　吴　越　薛　洋　周　政

③ 港口海岸与近海工程学院(10 名):

张　诚　王　令　李翰泽　张勐韬　夏小迪　张　琴　周　末
陈昊迪　张哲荣　刘倩怡

④ 土木与交通学院(8 名):

任　真　王雨洲　吴思麟　唐　楠　李维孔　朱炫航　李春红
杜嘉颖

⑤ 环境学院(7 名):

陈怀民　刘凯强　陈　文　王　丹　陈晓恬　杨嘉纬　王　新

⑥ 能源与电气学院(11 名):

刘舒然　张健钊　李卫南　李　磊　徐岩哲　吴浩源　陈智耿
李奥宇　杨　龙　徐艺绯　方佳渝

⑦ 计算机与信息学院(10 名):

杜　敏　吕　萌　聂　尼　王茂洋　武　晨　夏祖军　熊雪珍
余　霖　张仲琦　修镜洋

⑧ 力学与材料学院(5 名):

李开春　张　涛　陆　正　相秋迪　韩　乐

⑨ 地球科学与工程学院(6 名):

金树楼　赵斯佳　马符讯　吴昕航　常恩予　徐　南

⑩ 理学院(5 名):

陆玉姣　车万良　谷　多　柳智鹏　姜振海

⑪ 商学院(14 名):

秦　笛　夏　勇　崔　祥　樊妍妍　张矩熔　刘　杨　陈嫣雨
吕政道　胡一君　陆晓敏　凌　瑶　王若楠　闻　捷　王倩楠

⑫ 公共管理学院、法学院、马克思主义学院(9 名):

李　飞　邓文欣　王艺琳　杨志博　冯晓雯　邵群杰　黄思煜

马　卉　　邹子楠

⑬ 外国语学院(3 名)：

白嘉熠　　黄　瑶　　张倩怡

⑭ 大禹学院(3 名)：

程　青　　邓星宇　　吴庆一

⑮“青马工程”(8 名)：

鲍　瑒　　张清扬　　谷天峰　　汪思言　　郭　谦　　郭浩霖　　徐　欢
许　雷

⑯ 学生处(6 名)：

李　德　　郭贞贞　　刘　梦　　李丹丹　　张　召　　贾　楠

⑰ 学生组织(7 名)：

胡　欣　　陈博艺　　赵苇航　　段　坤　　郭章翠　　谌麒艳　　张馨月

⑱ 研究生院(1 名)：

李艳波

⑲ 常州校区(63 名)：

陶亚楠　　郑尧兵　　王居懿　　胡　泊　　王佳思　　刘　建　　杨敏捷
何月雯　　耿　灿　　李　锐　　徐点点　　熊康琪　　黄迎亚　　赵佳佳
焦　阳　　佘义邦　　方　栋　　许瑞方　　唐舒榕　　任帅辉　　刘　艳
濮震旦　　李金鹏　　王　森　　冯开蕾　　杨涛华　　陈　强　　周　超
冯竹青　　吴欣佩　　杨婉莹　　邹　闯　　龚　晨　　时建辉　　钱爱华
夏　俊　　丁　聪　　陈良蕾　　方　舟　　胡方卉　　华静雨　　李　娜
林　洁　　倪昊森　　乔　焱　　芮　逗　　沈函廷　　王美乔　　徐　菲
杨欣远　　袁闻笳　　詹易柟　　张天意　　张玉洁　　郑　璐　　董云杰
吴　茜　　刘翘楚　　郭　瑞　　王思卉　　宋磊磊　　薛冰洁　　虞苏雯

(3) 优秀调查报告(93 篇)

① 水文水资源学院(6 篇)：

金湖县水资源综合规划现状调查报告(张树磊)

连云港水资源规划现状调查报告(冯京华)

关于京杭大运河水资源状况调查报告(吴世文、植嘉茜)

吴江湖群水资源综合利用研究(周鹏飞、姜晴霞)

碧水绕城　润泽苍生——关于石家庄地区可利用水资源情况的调查报告(郭磊)

河南省郑州市新郑地区防汛抗旱工作调查(朱永澍)

② 水利水电学院(6 篇)：

兰考县农村饮水安全现状调查报告(丰莎)

关于中国防汛抗旱及水利发展现状的调研报告(戴娟、沈光泽)

探究新形势下宾阳县农田基础水利发展状况及方法(宋海杰)

节水灌溉谱新篇　塞上江南展新颜——宁夏节水灌溉效益调研报告(吴越、沈润泽)

建湖县农业水利基础设施的管理与维护的调研报告(周政、韦思宇、曹栋华)

滩涂开发中水资源综合规划调研报告(朱钰贞、郑强)

③ 港口海岸与近海工程学院(4 篇)：

江苏省赣榆县塔山镇关于灌溉水资源配置调查报告(陈昊迪)

陕西省咸阳市羊毛湾水库调研报告(张诚、韩旭)

赴天目湖水资源配置及水环境调研报告(夏小迪、熊焱)

泰州市关于农田水利设施的几点认识(王令)

④ 土木与交通学院(6 篇):

江苏省如东县水资源综合规划调查(陈文凯)

响应全国水利普查　发扬河海水文化——淮阴基层水利发展情况调查(陆鹏)

旱涝下盱眙水库运作及影响情况调查(任真、李培军、王波、沈培琳)

东太湖水利与经济调查报告——以东太湖整治工程为例(王雨洲)

关于辽宁省瓦房店市城乡居民用水安全的调查报告(吴思麟)

对不同水库多功能利用的调查报告(尹龙、徐天、刘长钦)

⑤ 环境学院(5 篇):

雨污水管错接混接情况及其对南京市内秦淮河中段水质影响的分析(陈怀民)

管理为手，技术为足——以苏州角直为例关于乡镇污水处理模式的调查报告(金凤来、徐丹雯)

防汛抗旱保水质　关注农村饮用水安全(刘凯强、黄梦菲、张晨、薛辉)

宁夏沿黄城市带农村饮用水、排水安全调查及问题分析(陈晓恬)

关于湖北省沙洋县因旱灾对农业水利及生产生活的影响(杨嘉纬、岳文奇、潘一凡、徐诚、陈雨)

⑥ 能源与电气学院(5 篇):

响水涧调峰经济分析调查报告(徐岩哲、方佳渝、王帅琦)

节电节能问卷调查报告(顾科杰、邓璐妍、张健钊)

能电院赴渝就水库现状调查实践小队调查报告(古丝月)

深入基层调查，切身体会水利精神——调查农田水利基础设施建设和水资源利用情况(李玮)

良田万亩　无水不利——关于标准农田水利设施建设调查(李亚洲)

⑦ 计算机与信息学院(6 篇):

云南地区小型引水式发电工程调研报告——以云南省峨山县法吾水电站为个例(王茂洋)

大禹治水，水润万物——抚州市各大水系水资源规划综合调研(李飞武)

“饮在长城岭，水系河海情”——对山东日照“世外桃源”驼石沟村饮用水效应情况调研(余霖)

学子信息社会　水质关乎你我——关于滨海县农村饮用水安全情况调查报告(张仲琦)

关于河海大学 2011 年暑期社会实践赴山东莱芜雪野水库堤坝渗流除险加固调查报告(吕萌)

关于龙王山水库运行现状及存在问题的调研报告(夏祖军、魏娜)

⑧ 力学与材料学院(3 篇):

楚州区水资源综合规划情况调查(李开春)

浅谈庆安水库的防洪功能及其日常管理(陆正、唐如贺)

水，离农田还差最后一公里(张涛)

⑨ 地球科学与工程学院(3 篇):

疏勒河流域水资源及水利设施调研(刘海民、张光耀、刘俊、李亚)

湖南省娄底市农村水利基础设施调查报告(陈峰)

心系水体安全　问道水利民生(徐菲)

⑩ 理学院(3 篇):

山东省微山县河湖水质调研调查报告(陆玉姣、陈丽君)

河海大学暑期赴辽宁本溪桓仁实践小分队关于农村水利基础设施的调查报告(吴素青)

农村水利基础设施调研——以遂宁市水利基础设施为例(柳智鹏)

⑪ 商学院(4 篇):

赴靖江市、海安县调研沿江水利建设，关注农田水利发展调查报告(吴迪)

石家庄地区农田基础水利设施调研报告(戴克俭)

鲁班水库状况调查报告(金铭剑、徐逸伦)

三门峡农田水利基本建设现状调研(李欣)

⑫ 公共管理学院、法学院、马克思主义学院(4 篇):

西部农村水利法制建设现状调查报告(李甜华)

黄河李家峡水电站水库移民安置现状调查报告(马卉)

水污染整治迎来“新春天”——关于市场化手段解决水污染治理难题的调查报告(黄思煜)

赴浙江省缙云县大洋水库及盘溪阶梯电站相关问题研究实践小分队(刘思佳)

⑬ 外语学院(2 篇):

关于天津水资源综合规划现状及滨海盐碱地治理工作的调研调查报告(李玉坤)

中西文化对比——非物质文化遗产保护(邱玉情、赵冲)

⑭ 大禹学院(3 篇):

关于亲水工程防洪排涝的调查(羌娟)

蠡湖环境整治对居民生活影响的社会实践调查报告(吴庆一、王曦鹏、秦向南、胡天瀚)

调研连云港赣榆县在干旱形势下农业用水调配方案的调查报告(张磊)

⑮ “青马工程”(5 篇):

新时期努力提升农村排灌工程综合效益——以保大圩排灌中心站为例的思考(张帆一)

创新经营方式 建立长效机制 全面推进农村饮水安全工程建设(张清扬)

洪泽湖抗洪灌溉功能的调查(谷天峰、胡添翼、文宏飞)

2011 年河海大学赴浙江杭州暑期实践青马工程禹鼎滨水队调查报告(汪思言)

“聚焦农业旱情，发扬水利精神”——关于仪征市小水库抗旱能力及农业水利设施运行管理情况的调查(徐欢)

⑯ 国家大学生文化素质教育基地(1 篇):

国家大学生文化素质教育基地“水韵和谐”暑期社会实践团队实践报告(吴思媛、王超逸、郑晓华、王久龙)

⑰ 常州校区(27 篇):

中央一号文件背景下阜宁地区水利与民生、经济现状调研报告(朱裕菁)

中央一号文件下灌云地区水利发展调研报告(焦阳)

寻访红色足迹践行自我价值，建党 90 周年湖南红色之旅调研报告(杨敏捷、何月雯)

江苏省常州市水利建设调研实践团队调研报告(尹立伟、冯莉)

赴南通洋口港探究南通沿海大开发调研报告(徐点点、张弛)

河南省暑期实践报告(唐柳楠)

学水、懂水、爱水、献身水利——赴丹江口社会实践报告(陶好)

了解水利永作河海人——赴丹江口社会实践报告(李龙)

那些花开的日子——记连云港实践活动(贺静文)

暑期实践田湾核电站之行(王雅青)
连云港核电站的安全发展(徐佳林)
学习四川人民的精神——四川考察纪实(李娜)
河海大学四川考察纪行(蒋毅)
走进公司进行低碳环保调查(许卫强)
赴无锡社会实践之后感(刘俊)
赴无锡暑期社会实践总结报告(宋佳佳)
赴高淳县农田水利建设现状及其应对旱涝灾害的能力调查——河海大学2011年暑期社会实践报告(陈良蕾)
呵护心灵，陪伴成长——赴宿迁市开展关爱留守儿童的支教实践调查报告(杜东升)
党旗生辉河清海晏，科技进步兴水为民(郭映月)
赴扬州“考察水情，宣传学习一号文件，大学生创业交流”实践小分队(胡方卉)
河海大学2011年暑期大学生赴小松公司实践报告(李丹、孙辽)
呵护心灵，陪伴成长——沭阳县留守儿童教育调查报告(林洁)
党旗生辉河清海晏　科技进步兴水惠民(沈函廷)
浅谈社区医院的现状(唐云慧)
星星之火，可以燎原——赴井冈山暑期实践感悟(王美乔)
区域经济发展中的城乡供水一体化(詹易楠)
城市护城河水环境整治的调查及思考——以南京秦淮河为例(郑璐、杨欣远)

(4) 优秀摄影图片DV(40个)：

① 一等奖(8个)：

赴天目湖水资源配置及调研(港口海岸与近海工程学院——熊焱)
赴水利部调研画册(水利水电学院——沈光泽、公共管理学院——曹莎)
参观雨量监测设备(理学院——方浩宇、水文水资源学院——徐云飞)
青春的成长(环境学院——黄梦菲)
赴安庆水库调研(力学与材料学院——陆正)
赴淮安实践之旅(能源与电气学院——顾岩)
赴武清水安全调查(公共管理学院——蔡闻新)
洪泽行(水文水资源学院——张树磊)

② 二等奖(12个)：

民声民生(大禹学院——吴庆一)
博爱—青春(能源与电气学院——赖文发)
支教剪影(外国语学院——王丹)
赴山东水利调研团影像(水利水电学院——谢林)
雨中艰辛的路(公共管理学院——李飞)
我们在一起(公共管理学院——徐丽艳)
走进芜湖(能源与电气学院——邓璐妍、张健钊)
NGO公益文化(外国语学院——张倩怡)
河南潢州调研(计算机与信息学院——黄田田)
都江堰调研(地球科学与工程学院——王雪鹏、肖楠)
岗南水库(水文水资源学院——郭磊)
北京顺义调研(力学与材料学院——韩乐)

③ 三等奖(20 个)：

赴绍兴新昌调研(公共管理学院——程萧潇、邹子楠)

雨中，行(能源与电气学院——姚艳、顾科杰)

赴泰州农田水利调研(港口海岸与近海工程学院——王令)

宝钢梅山(计算机与信息学院——王福超)

水韵和谐(国家大学生文化素质教育基地——郑晓华、赵鸿宇)

实践之忆(水利水电学院——苏清权)

做最好的自己(能源与电气学院——吴浩源)

赴无锡实践调研(大禹学院——吴庆一)

实践着快乐着(地球科学与工程学院——施威、赵斯佳)

赴高淳实践调研(环境学院——刘凯强)

携手环保(商学院——欧阳思慧)

那一抹心灵的喜悦(大禹学院——闫笑铭)

发电厂之趣(水文水资源学院——陈静宜)

发扬河海精神(力学与材料学院——李坤)

实践有感(地球科学与工程学院——马符讯)

我们与三门峡(商学院——王思宇)

山之沿黄行(环境学院——李涛)

我们也试试(地球科学与工程学院——庄睿)

九龙山一跌(公共管理学院——唐素娟)

鉴湖水韵(水利水电学院——孟颖)

(5) 优秀心灵故事(20 个)：

① 一等奖(4 个)：

牵手空山　不舍离别(外国语学院——黄瑶)

大地的儿子(水文水资源学院——苏小茹)

行者吴江院(水文水资源学院——周鹏飞)

心灵故事——大学生村官开网店“叫卖”同里(公共管理学院——沈娱)

② 二等奖(6 个)：

盱眙散记(土木与交通学院——任真)

沿途的真善美(理学院——陆玉娇)

访平山水文站有感(水文水资源学院——张恩泽)

不一样的暑假　不一样的实践(商学院——欧阳思慧)

记水利精神(大禹学院——邓星宇)

拜水都江堰(环境学院——刘彬)

③ 三等奖(10 个)：

青春的成长——记 2011 年暑期社会实践(环境学院——黄梦菲)

激情燃烧的岁月——采访建渠英模张买江(公共管理学院——冯晓雯)

感动，在那一刻绽放(公共管理学院——徐建萍)

心系水利民生，践行河海精神(商学院——朱小丹)

心 · 感悟(法学院——温静怡)

队长心声(水利水电学院——丁磊)

忆，不易(能源与电气学院——张健钊)

责任与动力同在——记我的心灵故事(能源与电气学院——吴浩源)

感恩在心　感动在行(地球科学与工程学院——刘飞飞、张艳杰)

奉献与坚守(地球科学与工程学院——张宇霆)

(6) 优秀校友访谈(20 篇):

① 一等奖(4 篇):

河海基层校友专访(计算机与信息学院——熊雪珍)

基层水利工作者张向军主任专访(商学院——王春雨)

地负海涵　胸怀若谷(地球科学与工程学院——单金霞、常恩予)

水利工作者郑之光专访(公共管理学院——刘思佳、邵群杰)

② 二等奖(6 篇):

奉献于水利前线人物采访报告(土木与交通学院——杜嘉颖)

服务基层水利人物专访(计算机与信息学院——闫东)

水利人物邱新安专访(水文水资源学院——朱永澍)

基层水利人物专访(能源与电气学院——陆宇烨)

校友王有振访谈纪实(水文水资源学院——朱永澎)

水利人物陶玉明专访(商学院——郑智慧)

③ 三等奖(10 篇):

黄河之南,且思且行(能源与电气学院——王洋)

立志修身业精工,苦寒过后梅花香(计算机与信息学院——张仲琦)

校友“和谐水利”的建筑师——齐英访谈(地球科学与工程学院——李庆鸿)

基层水利人物专访(水利水电学院——吴昊潼、秦子贻、苏清权、张凤山、周成国)

河海情(计算机与信息学院——牛紫晗)

水利部农水司副司长倪文进校友访谈(力学与材料学院——韩乐)

校友杨艳玲访谈纪实(水文水资源学院——郭磊)

校友张伟访谈纪实(地球科学与工程学院——唐素娟)

校友殷兆男访谈纪实(地球科学与工程学院——刘飞飞)

校友盛彩虹访谈纪实(地球科学与工程学院——杨志伟)

19. 河海大学第二十三届校园文化艺术节各项比赛获奖名单

(1) 棋艺大赛:

① 五子棋:

一等奖:陆永栋

二等奖:宋海杰

三等奖:刘　洋　　吴浩然

② 象棋:

一等奖:黄亚俊

二等奖:沈思秋

三等奖:唐志波　　滕展亮

③ 三国杀(三人组队):

一等奖:艾格林　　沈栋梁　　何茂慧

二等奖:鲍永健　　胡　奇　　林立怀

三等奖:史劭骎　　吴祖弘　　王煦辉　　杨小康　　赵汉宸　　唐庭麟

(2) DV 摄影大赛:

一 等 奖:李沛苑　　马小明

二 等 奖:房振南　　张静怡　　朱佳琰　　胡雪霜

三 等 奖:李炼坡　　赵雨辰　　关嘉欣　　王晓淋　　程萧萧　　蒋静漪

最具人气：徐峰杰 孟 鸽
最具潜力：刁宣予 翟 政
最佳风采：蒋 睿 欧晓霜
最佳创意：李贤松 赵明航

(3)“彬彬有礼”礼仪风采大赛：

第一名：三原色队：
金意倩 徐于琨 王龙翔 徐路裕 徐曼曼 高正炜
张恒远 车万良 陈俐惠

第二名：给力队：
平 艺 李柏炎 吴立扬 周 蕾 李 兴 覃光煦
李 辉 李玉坤 高 迪

第三名：绝 队：
阙定飞 陈 彧 潘至阳 谢寓白 张希男 毕 嘉
雷 婷 陈 晨 从嘉珄
创可贴队：
许瑶培 张炬熔 阚丛文 倪益奇 李翰泽 夏小迪
郭 钰 魏 超 韩 乐

礼仪之星：周 蕾 金意倩

(4) 红色短剧大赛：

一等奖：环境学院
二等奖：地球科学与工程学院 公共管理学院
三等奖：土木与交通学院 理学院 计算机与信息学院

(5)“真维斯杯”服装风采大赛：

① 服装设计奖：
特等奖：陈 玥
一等奖：易伶伶
二等奖：朱佳琰 王 璠
三等奖：周原野 徐柳洋 赵 静

②“十佳模特”奖：
谢 弋 王梦颖 周雨晴 常孝廉 黄天地 曹霜霜
李舒卉 高亮洁 金意倩 陆妙莹

(6)“星光话筒 航行舞台”主持人大赛：

一等奖：谢 弋
二等奖：权 兴 曹 莎
三等奖：刘 丛 齐俊明 凌逸雯
最佳台风奖：李舒卉
最佳组合奖：蒋晓宇 王诣达
优 秀 奖：张 浩 刁宣予 江炬茂 孙佩佩 曹凯斌

(7) 风筝节大赛：

一等奖：张倩怡 仲 莹 储 楚 郑静怡 王 丹 冯 斐
卢 芳 朱峰林
二等奖：聂 妮 张宏军 綦晓伟 张玉聪 李奥宇 范乐鹏
何 雨 董建政 周 靖 梁佳佳
三等奖：王金笑 尹铭哲 蔡 琛 张延飞 谢 弋 姚依波

肖婷婷　王　媛　徐双妮　王福超　倪　丹　李海琴
李巧敏
美丽心灵奖(寓意最佳)：沈　靖　徐建萍　艾鑫灵　孙　媛
花样年华奖(色彩最佳)：李天骥　姚依波　徐倩倩
埃菲尔铁塔奖(结构最佳)：多　彤　陈　威　赵青青　刘　洋
最佳情侣奖：修镜洋　于　倩
温馨家庭奖(教工专设奖项)：刘兴平　戴玉珍　王　璐

(8) 配音大赛：
一等奖：红色萨满：
罗　鼎　王宇宾　王希斌　刘　浩
光影之后：
魏凌波　沈娜羽　权　兴　施茂源
二等奖：V5：
吴世文　植嘉茜　胡雪霜　田胡畔　周立洋
Team Jump：
刘晨悦　刘　忺
好兄弟组合：
陈　威　赵苇航　多　彤　沈光泽
三等奖：徐　芸
七步 218：
谢寓白　张希南
GIVE ME 5：
叶子洁　卢克静　周　恒　华晨晨　袁　珩
sexxxx & the dorm：
郑静怡　张倩怡　仲　莹　储　楚
优秀奖：宇宙生物小伊队：
胡潇方　曾思敏
番茄炒蛋队：
周晶晶　郭子坤　丁扬霈
大禹双熊：
周廷璋　蒋　巍
风筝小麦哈：
沈　栋

(9) 舞蹈大赛：
一等奖：健美操队：
赵文静　李鹏跃　李　龙　李　洋　郑程文　韩一非
董一辉
二等奖：Rush Crew：
丁小柳　刘　志　王　峰　任慧建　张涛涛　杨　超
陈和升　汤清荣　李建兴　冉　霄
三等奖：陈　辰
最佳创意奖：何霄潇　张　阳　袁娴枚　姜　俣　史　丹　周雨琴
王梦颖　洪　叶
最佳表演奖：赵艺彬　胡一君　蒋诗雅　张睿奇　陈　爽　闻　捷
唐　健　赵云卿　欧阳思慧

(10) 定向闯关挑战赛：

一等奖：地球科学与工程学院代表队：

杨　光　肖　楠　刘飞飞　端　瑞　许长辉

二等奖：水文水资源学院代表队：

刘伯涛　李威文　张施跃　魏　佳　孙一萌

环境学院代表队：

李烨媚　阮　麟　李　幸　惠　炜　于少亭

三等奖：理学院代表队：

林伟鹏　费永州　付永超　赵颖慧　杨冰倩

外国语学院代表队：

梅俊杰　瞿　铖　王　童　温欣榕　于　江

公共管理学院、法学院、马克思主义学院代表队：

魏凌波　沈娜羽　徐于琨　陈禹泽　杨文刚

最佳团队奖：环境学院代表队：

董婉莹　陈新波　秦　明　刑　柯　李　琪

最佳文明奖：商学院代表队：

龚双燕　孙旭磊　樊凯捷　张子桥　吴　喆

最佳风尚奖：水文水资源学院代表队：

王　杰　郑小玉　丁明梅　杨　武　石立群

最佳竞技奖：计算机与信息学院代表队：

李伯炎　陈　佳　李　震　平　艺　张玉聪

(11) 手工艺品创作大赛：

一等奖：《实用布袋》(杨婧悦　李小恬　陈一春　马　乐)

二等奖：《古典插花插笔筒》(严　敏　王　琳)

《十字绣》(张佳鹤)

三等奖：《椅子》(钟玉文)

《小天鹅》(万文华)

《彩 T》(黄　薇　杨　璐　肖怡安　朱　妍)

(12)“红小鬼”动漫人物形象征集大赛：

一等奖：严　敏　王　琳

二等奖：宋　杰　李海琴　綦晓伟

三等奖：姜贝贝　邵迪阳　孟中杰　綦晓伟　修镜洋　王福超

邱　琪

优秀奖：颜　靖　潘庆杰　赵诗瑶　姚　尧

(13) 书画摄影大赛：

① 书法(软笔)类：

一等奖：刘兰郁

二等奖：余　熙　金梦婷

三等奖：安　钢　吴一凡

优秀奖：金叶清　周清泉　成　城　李冰清　罗　羊　徐宁晟

宋大伟　陈文裕　陈昊迪　范铮栋　庞智益　沈义琨

刘泰文　胡一君　古园园　姜璐珮

② 书法(硬笔)类：

一等奖：姜文生

二等奖：温欣榕　徐浩轩　尹　南
三等奖：徐华亭　钱佳欢
优秀奖：马明奎　熊　峰　苏喜悦　叶丽梅

③ 摄影类：

一等奖：刘丹灵
二等奖：王昊明　杨晓亚
三等奖：林　牧　马龑君　王秋燕
优秀奖：林梦璐　林亚楠　张静怡　孙　彪　邱继光　赵禹豪
杨小辉　关嘉欣　贺雪艳　张　弛　赵雨辰　江巧宁
孙　彪　赵苇航　高　楷　任国新　李沛苑　王菁雁
陈娅珺

(14) 校园吉尼斯：

① 集体项目：

第一名：计算机与信息学院
第二名：土木与交通学院
第三名：地球科学与工程学院

② 个人项目：

罚球王：周尚鹏　张　潇
控球王：曹凯斌
颠球王：张子桥
双人夹排球：陈崴远　金　啸
耐力踢毽王：李星月
车　王：李　典
百发百中：苏元旻
魔方王：李逸聪
转书王：利才兴
拖腔王：李思毅　能源与电气学院　冯晓雯
削苹果：蒋　婕　商学院
短信王：张哲荣　港口海岸与近海工程学院
大胃王：赵　鹏

(15) 河海杯篮球赛：

第一名：商学院
第二名：地球科学与工程学院
第三名：水文水资源学院
第四名：水利水电学院

(16) 校园歌手大赛：

十佳歌手：任　然　高　迪　孟　鸽　赵佩莹　胡天天　吕东鹏
金　鑫　丁书剑　(徐于琨　李舒卉)　(王　丹　冯　斐)
人气王：丁书剑

(17)“永远跟党走”征文演讲赛：

① 演讲组：

一等奖：沈珊珊
二等奖：陈清爽　谢　弋
三等奖：万存灵　马晓航　薛　超

优秀奖：贾　楠　　周晨曦　　刘　杨　　张清扬　　方浩宇　　张志友

② 征文组(南京赛区)：

一等奖：王　凯　　《我们的肩旁有蝴蝶》

二等奖：周晓晴　　《追寻你的足迹》

王星星　　《我想聊聊党》

三等奖：丁　磊　　《永远跟党走》

毕文静　　《凤栖梧》

周鹏飞　　《三代话党缘　合家贺华诞》

优胜奖：范　可　　《献给我亲爱的党》

张玉东　　《坚定信念跟党走》

田峰源　　《遵义一九三五》

沈　婧　　《燃起 90 盏红烛》

马晓航　　《把理想之光照进现实》

常士力　　《沐浴在党的光辉下》

③ 征文组(常州赛区)：

一等奖：潘　菲　　《梧桐树》

二等奖：唐胜辉　　《九十年的魂》

孙　悦　　《九十春秋　风雨同舟——纪念我们的党九十华诞》

三等奖：翁　清　　《永远跟党走》

李卉一　　《党在我们身边》

周子健　　《忆·思·追》

优秀奖：李珊珊　　《永远跟党走》

沈函廷　　《永远跟党走——记我的外公》

顾永翔　　《三世同堂，只跟一党》

熊亚梅　　《曙光》

(18) 电脑节软件设计比赛(常州校区)：

一等奖：徐　南　　邵鑫然　　熊　伟　　彭骏晨　　王　会　　夏立顺

二等奖：王　楷　　蔡雨蒙　　邹　欢　　孙　琦　　马济通

三等奖：徐学九　　冯克林　　樊学辉　　彭骏晨　　王　超　　高　剑

孙　彬　　刘　旦　　汪韬君　　李广志　　伍　星

(19) 河海群英会(常州校区)：

一等奖：shang 组合：

洪　玉　　杨华健

二等奖：rainbow 组合：

谯娟娟　　王　婧　　吴小蓉　　周晓恬　　陈智浩　　韩雨轩

廖　楠　　吕广奇　　宋鹏铖

加勒比海盗组合：

祝新雅　　白　雪　　曹蓉蓉　　崔文杰　　朱金鑫

三等奖：好安达组合：

钟仕杰　　廖善斌

存真组合：

易新阳　　申　帅　　邹国民　　刘　壮

最佳人气奖：景　安　　麻英杰　　丁铁简

(20) 青春风采大赛(常州校区)：

一等奖：廖善斌　刘　珂
二等奖：叶志宇　刘仁志　江珊珊　徐宁晟
三等奖：张天意　武广雷　陈亚伟　马少菁　王　颖　景　怡
优秀奖：张翔宇　乔　仲　徐　兰　汤如意　王思杰　李　杰
孟　鑫　张　凯
最佳人气奖：赵　明　盛磊磊

(21) flash 动画作品竞赛(常州校区)：

特等奖：张　媛　《米可拉的童话日记》
李凯英　《探秘恐龙园》
一等奖：李润珠　余洋波　马一骞　《龙城由来》
韩双鸿　黄迎亚　武传皓　《她 SHE 她 SHE HE》
二等奖：张杰华　赵　翔　杨　新　宋天野　《梦断大学》
张　伊　陈华斌　葛杉杉　《STICKER》
李　珅　《树影斑驳》
三等奖：吕昕芮　龚芯可　顾佳凤　《命运——蝴蝶的见证》
郭　爽　张璐婷　顾柳滨　黄君依　《心灵美》
曹　原　顾　健　《学习呢》
刘　琳　叶志宇　曹玉凤　《大学生活》
最佳剧本奖：张杰华　赵　翔　杨　新　宋天野　《梦断大学》
最佳剧本奖：李润珠　余洋波　马一骞　《龙城由来》
最佳角色设计奖：沈　婷　轩智文　徐金亮　《大学生活≠游戏》
最佳画面设计奖：李　珅　《树影斑驳》
李润珠　余洋波　马一骞　《龙城由来》
最佳音效奖：韩双鸿　黄迎亚　武传皓　《她 SHE 她 SHE HE》

(人事处、学生处、研究生院、档案馆供稿)

毕业生名单

2011 届毕业博士研究生名单

工程力学

王福章　Htike Htike

岩土工程

王如宾　王昭升　刘明亮　刘晓艳　刘　鑫　吴珺华　张治亮　张　健
张敏霞　李　平　杨　松　陈继东　聂卫平　高洪梅　高　海　梁　越
黄英豪　彭　凯　温世清　谢华刚　褚福永　路新景

防灾减灾工程及防护工程

洪永文

水文学及水资源

尹志杰 王 恩 刘 勇 向 龙 朱君君 吴永祥 张小琴 张 楠
张 蕾 周怀东 赵 君 殷 丹 秦年秀 黄莉新 董四方 鲁程鹏

水力学及河流动力学

丁 兵 万 俊 王继保 余真真

水工结构工程

王永明 王志强 王艳巧 白福青 任 杰 张治军 张 雷 张 磊
汪亚超 武颖利 姜亚洲 姜育松 赵二峰 梁万金 傅中志 彭 妍
谢祥明 虞 鸿

水利水电工程

周 领 杨士红 黄建军 俞晓东 郭铁铮

港口、海岸及近海工程

林伟波 邵宇阳 SANDA NNING MEE MEE SOE

生态水利学

朱立琴 贠汝安

水灾害与水安全

孙晓旭

水信息学

李 敏 李晓芳

大地测量学与测量工程

乐 洋 李桂华 常 亮 席广永

农业水土工程

方 茜 王 莹 孔莉莉 翟亚明

环境科学

戴本林

环境工程

王 忖 华国芬 董 婵

管理科学与工程

马 超 王梦婷 邓建高 刘俊艳 严 斌 李慧敏 杨高升 杨毅平

汪潘义　沈　和　陈志松　陈燕丽　季　健　尚　凯　唐明伟　徐晓亮
徐绪堪　秦善勇　郭光祥　陶飞飞　崔晓东　曹　辉　梁慧稳　黄先军
蒋天颖　蒋　勋　蔡风景　潘　芳　潘　蓉

技术经济及管理

丁志同　方建华　王俊峰　王银银　叶彩霞　田家林　仲素梅　任方旭
刘洪昌　华荷锋　孙堂港　朱义令　朱陈松　吴彦俊　张文锦　张学洪
张建明　张　轶　张　辉　李天华　陆静丹　陈义荣　陈东明　陈玉山
陈　洁　陈积志　陈　楚　周鹍鹏　郑志来　郑学敏　施学哲　段　涛
赵建梅　徐　庆　徐济益　柴中华　宿　晓　曹丽娟　梁　中　童纪新
葛　冰　谢　芳　谢　毅　谭江涛

地质工程

唐　勇　曾　峰

电力系统及其自动化

李　强　查卫华　周　岩　周建华　梅　永　熊杰锋

计算机应用技术

丁晓峰　刘志中　刘文婷　张学武　钟水明　杨　静

桥梁与隧道工程

傅中秋

社会学

史晓浩　刘　丹　程鹏立

马克思主义基本原理

李红亮　刘维兰　张秀芹　贾后明

思想政治教育

闫少华　高立伟

物理海洋学

江森汇　赵红军

2011届毕业硕士研究生名单

科学技术哲学

孙　斐　张学安　张友琴　张　峰　葛宽余

金融学

王　玲　王　璐　史雅静　孙　哲　师昌喆　吴文庆　吴国明　吴　明

李 敬　杨 冰　陈昌虎　赵太银　陶建东　舒明清

环境与资源保护法学

刁翔正　王胜男　王晶晶　王 蕾　仲际昕　刘启明　朱天潇　李园园
杨中夏　苏胜利　陈 翼　周 霞　娄海冬　洪怡静　赵之侨　唐启盛
唐 莉　莫晴晴　陶 金　陶 然　梁 悦

社会学

王 倩　王晓怡　左 茜　伊庆山　刘玉珍　刘 龙　朱梅娟　朱 瑜
江 水　汲怀远　阮雪琴　张玉宝　李月英　李 琦　汪 毅　邰仁飞
陈国柱　金 晶　逄晓婷　项 冬　夏宏玉　徐 寅　曹文磊　黄 翠
程 军　董 燕　蔡 娟

思想政治教育

王利丹　仲丽玲　刘 鑫　孙芳芳　孙 悦　张 军　李 萌　陈 璐
单秋婷　郑 芸　赵 媛　徐春芳　秦艺妮　程 萍

马克思主义基本原理

柳朝阳　曹玉枝　戴 柳

马克思主义哲学

李 永　高永平　胡 佳　张俊彩　雷 鸣　曾庆利　殷 勇

高等教育学

丁月汝　孔 琴　孔繁英　尹 惠　王凤红　王 卉　王振华　王菲菲
刘金凤　刘 静　吴 丹　张红艳　张 鑫　李 田　李 超　陈永欣
陈丽娟　周 全　周 怡　郑 施　郑 润　徐青艳　袁仕楠　高 萍
曹而菊　蔡阿雄　魏海婴

英语语言文学

丁 丽　丁 悦　于福莲　亓丽丽　孔敏敏　仲晓敏　孙 乐　孙 茜
邢 怡　吴丽华　吴海燕　张苏吉　李 宁　李 芳　李 倩　杨 丽
汪 洋　肖 婷　陈 莉　周天涛　周亮亮　屈姝言　郑芳婷　贺倩静
赵晓红　饶巾琦　徐 惠　秦 欢　翁静云　陶双燕　高秀丽　康文茹
黄钟玮　黄 菲　彭 涛　谢 虹　鲍 嫄

物理海洋学

吴灵君　陈巧玲　张 鑫　张 彬　黄雯雯　梁颖瑜　蒋风芝

工程力学

万发学　王 玉　王 峰　宁杏杏　刘文颖　刘传彪　刘 明　刘 洋
刘银芳　孙宇晗　孙凌寒　孙宸章　安 琳　朱 卫　吴杰超　吴艳云
李 欢　李利军　李思达　李持庆　李 钟　李 啸　李德山　李燕彩
杨红梅　杨俊杰　苏志钢　卓鹏飞　欧阳刚　郑 辉　胡海霞　赵 旸

徐海荣 袁全震 贾海磊 曹键 黄辉 蒋扬 蒋思阳 蓝玉芬
雷小金 雷同震

机械工程

于利军 方园 王小虎 王永升 王孟 王苗苗 王若愚 付邵鹏
石国国 关文文 刘向红 刘浩 宋振海 张清奎 张潆月 李小河
李俊伟 杨斌 肖虎 肖峰 花磊 周来所 郑朝阳 姚金梅
赵俊 徐吉良 莫静玲 麻岳军 黄伟 黄继承 鲁进军 熊志刚
蔡明星

测试计量技术及仪器

刘涛 孙晓娇 许超 吴俊 张文燕 张奇雯 李海峰 徐洋
晋成凤 郭攀峰 温俊阳 樊向党

材料学

丁健 马虎 卢飞峰 司力琼 刘开琼 余阳 张健 李吉春
杜海清 陈小青 施军 贾丽丽 魏洁云

材料物理与化学

南飞飞

材料加工工程

王欣仁 王顺 韦彪 左飞 朱乃龙 朱志华 李勇 杨全海
杨华山 汪建林 陈娟娟 单明东 姚瑶 秦涛 谢翔 廖永山

电力系统及其自动化

曹相芹 濮岚 赵浚婧 方胜文 顾晓文 宋忠鹏 唐宇飞 吴博文
曾自清 常慧 陈菁伟 陈璐 顾晨 郭丽雅 韩旭雯 姜薇
卢晓静 王蓓蓓 叶芳 张林英 张志新 蔡政权 陈超群 陈建松
陈健强 陈寅 陈颖杰 丁杰 董坤 杜生辉 高翔 顾乔根
洪丰 胡正伟 季泽宇 姜理源 蒋翔 李俊 刘峰 刘傅成
陆鹏程 马骙军 尚健 唐利锋 王刚 王和先 王鹏飞 王祥
王小平 吴昊 徐鹏 翟剑华 翟玮星 张惠峰 张平 郑沛豪
周振涛

电力电子与电力传动

王闯 陈宇斌 陈远俊 刘九洋 周雪婵 傅中兴 曹东莉 郭晓宁

通信与信息系统

丁彦 丁燕琼 王志伟 王智 刘春艳 孙海华 孙敏 何玲
张传标 张春晖 张娟 张翀 张鹏 李慧 杨伟 沈丹
沈文 肖峰 陈玲 孟凡玲 孟景波 季敏敏 段敦勤 荣慰
赵跃 徐转红 徐慧慧 贾正平 高正中 曹国平 梁小寒 萧耀友
温坤 程倩倩 翟慧 蔡祥 魏钦伟

信号与信息处理

马志杰　王正钱　王　臣　王寒翔　王　瑛　卢　磊　叶鹏飞　仲启强
刘李楠　刘坤明　刘振君　孙晓敏　朱亚峰　朱　杰　许文强　吴正军
张　莉　张　慧　李红娜　李建霓　杨　杰　陈　飞　陈　为　陈　功
周正娟　周志森　周　璐　孟祥博　唐敦晔　薛云霄　KURSAD DOGUKAN

控制理论与控制工程

王　文　刘少华　刘　夏　刘婧瑶　朱建锦　江春现　吴　戈　张海江
李子雅　李　克　李明翰　陆润鸣　陈　真　周红霞　周　强　屈会堂
倪良华　姬东锋　徐文权　徐淑强　常　伟　康　磊　黄山峰　黄　静
嵇树丽　董丽霞　蒋　琼　臧　力　颜志军

检测技术与自动化装置

马亚杰　卞其勇　王　其　王　燕　史朋飞　刘修峰　吴明春　吴德招
李延琛　杨远慧　邵明宝　陈　涛　高　菲　景平科　曾晓阳

模式识别与智能系统

沈赟芳　王　慧　吴婧妤　吴　爽　朱佳丽　韩　华　黄立宏　赖相旭
王　玮　姚　巍　余亮罡　郑　林　魏成林

计算机科学与技术

刁永晶　于天枢　卫晓霞　方鹏飞　王文涛　王成昱　王芝伟　王颂文
包妮娜　任桂强　刘子璠　刘杭州　孙乃川　孙　洋　孙继中　朱　萌
江荣燕　汤明灿　纪晓奎　许　楠　余秀明　余　跃　吴　昊　张茜云
李　昊　李梦雅　杨　勇　杨海珊　邱　男　陈文静　陈　涛　陈赛男
周　伟　周丽丽　罗　翀　范江华　金　凯　姚　倩　施亮亮　胡　珀
赵锦茗　奚　勇　徐天品　徐榕蔚　徐　睿　晁泉泉　殷谊辉　秦　浩
翁　凡　贾丽坤　贾鹏鹏　郭子昕　郭博龙　顾　楠　高宁宁　曹广旭
黄如春　彭　力　蒋满飞　鲍丙香　蔡志玲　滕荟芸　薛彩丽　魏　娜

岩土工程

丁国权　于露露　马晓文　毛尚礼　王一博　王虎子　王　娟　王海成
史峤臻　叶艳雀　司俊燕　左　佳　石刚传　任　岚　刘广成　刘文彬
孙元奎　朱　亮　朱保坤　朱　燕　何振兴　吴　恺　宋　洋　张卫军
张小燕　张　宁　张本茂　张彦朋　张　茜　张　鸿　张　博　张　翔
张　超　张勤羽　张　磊　张　磊　李小梅　李玉伟　李石坚　李　苏
李　岩　李德亮　杜国庆　杜　青　杨立国　杨　杰　沙小兵　肖正刚
陈　实　陈明明　陈　瑾　周　舟　罗乾坤　郑龙奎　郑志成　侯超虎
姚伟伟　费道花　贺　帅　贺敏杰　赵士文　赵贞恺　郝振群　倪晓雯
凌立鑫　徐家勇　秦秀娟　钱　森　陶旭东　梁鲁生　梅海青　黄国发
游　波　程　云　程　渭　董　禄　蒋振华　蒋浩江　蒋新兴　谢　伟
韩　磊　雍金兵　廖勇攀　瞿晓浩　EL HOUSNI NORDINE

结构工程

王建勇　王金波　王南辉　王海岭　艾玲玲　任　江　刘　广　刘东亮
吴　刚　宋永帅　宋　玲　张兴龙　张　军　张素玲　李　飞　李淑娴
邱　森　邹本为　林荣卓　苗　青　钟佩君　唐德嘉　徐雯雯　贾德庆
郭久栋　董　明　董轶赟　蔡剑秋　阚晓伟

市政工程

王永才　韦昭平　付永华　刘志刚　邢　丽　周思佳　周　琦　武　迪
范珊珊　侯晓帮　饶　婷　徐　祥　袁　哲　盛　誉　谢正威

防灾减灾工程及防护工程

刘　凯　刘　和　朱　妍　吴昊宸　张　磊　沈跃根　陈　娟　郑人逢
祝阿丹　柴永进　耿妍琼　黄德权　鞠　洁

桥梁与隧道工程

吕　磊　孙媛媛　朱　倩　何春晓　李欢迎　李硕娇　周　宇　修丕立
徐　钢　蔡军军

土木工程材料

丁国庆　于　嘉　田娜娜　陈逸群　李雅莎　张继尹　莫莉莉　夏前峰

水文学及水资源

丁　杰　马超群　孔贤锋　方泽建　王小锋　王晶晶　王　童　王　辉
邓小亮　韦　丽　韦　星　韦露斯　冯启申　白　雪　乔红杰　任化准
任月娥　刘芳翠　孙乐强　孙利敏　朱妙艺　纪忠华　余金泰　吴柳柳
吴　洁　张　宇　张　君　张宝信　张治倩　张　波　张育德　张金花
张　萍　张　琨　张　鉴　时芳欣　李昆朋　李结华　李桂萍　李　琪
杨　凤　肖婷婷　芦　璐　邵　伟　陆赛凤　陈名威　陈　钢　陈　琼
周　川　周姣艳　季叶飞　庞爱磊　范　辉　姜秀娟　施艳艳　胡己坤
胡海燕　胡遥云　赵兰兰　赵　麟　郝永怀　郝婷婷　郝晶晶　郝颖波
钟　伟　徐　栋　徐　斌　秦友伟　诸葛绪霞　郭千里　郭旭阳　寇小华
曹　飞　曹雪芹　曹　琨　黄亚珏　黄远洋　黄　燕　程华娟　程　卓
童　坤　童奕懿　董杰英　蒂凡妮　谢　伟　路宗元　缪萍萍　蔡文婷
蔡　聪　薛智慧

水力学及河流动力学

王大宇　王　飞　王静清　韦　姝　任予珩　任亚平　刘　云　刘　轶
刘　涛　孙蓬勃　成高峰　许乐华　吴明磊　宋春晖　张芳芳　张忠良
张金亮　李文娟　李亚男　李　伟　杨一奇　杨　帆　沈　磊　邱海娟
陈　卫　周小荣　周　琦　杭　静　苗沐露　范建强　郑忠巍　段育慧
郝青芳　夏　伟　徐秀楠　钱　龙　程　涛　董　勤　管　容　滕　娟
潘　瑶

水工结构工程

王佳林　王勇　王栋良　王科　王校利　王锋　冯宇强　石高峰
任天卫　任华春　刘晓鑫　刘朝辉　刘燕　吕鑫　朱红波　朱颖儒
汤徐敏　许后磊　何竹叶　余田　吴昊　宋奎　张利平　张鸥
张健梁　张海军　张煜　李东辉　李帅　李桂良　杨圣　杨鹏
苏佩珍　陆天石　陆周祺　陆誉婷　周怀瑜　周秋露　庞宽　易剑刚
武帅　苗宏恩　范磊　郑占强　金怡　荆凯　闻锐　夏辉
袁俊陶　钱赟　陶丛丛　顾唯星　高娇容　曹泽伟　曹鑫　龚晓雯
储旭　董蔷薇　谢雷

水利水电工程

邓芳　艾英枝　刘玉玲　刘君　刘美琴　汤建明　邬显强　吴婷婷
张虎　张显羽　张腾　李青　李海亮　李玺　肖玉平　邹玉波
陈刚　陈颖　周丽娜　周欣欣　郑寓　郑斌　赵娜　郭天翔
曹亮　游强强　詹蓉　靳念柱　蔡慧玲

港口、海岸及近海工程

丁军　马创业　孔晓欢　尹强　王乐乐　王伟　王定　王钟寅
王勤振　王新峰　左成标　任磊　刘培　孙世伟　孙萍　安翔
朱明敏　朱钰　汤益佳　许鹏程　严俊　余珍　宋海震　张小龙
张庆丰　张宏　张卓立　张高峰　张惠　张鹏　张赫路　李少春
李翔　李慧慧　杨一帆　杨尧　杨晓松　杨琼　沈莉　苏敏
邵燕华　邹庆祥　邹巍　陈恺　陈恩旺　尚进　姚姗姗　姚鹏
姚鹏飞　施晓迪　洪晶晶　胡勇虎　荣传亚　赵传刚　郝文宇　钟小帅
倪明　夏金胜　栾正禹　秦志刚　耿聪　袁胜英　贾雨少　顾春元
康小燕　章珊珊　童晓华　蒋仲廉　韩非非　窦峰　虞昊　蔡慧娟
潘瑞鹤　戴江山　魏兴龙　魏华

生态水利学

牛丽霞　任玺宁　刘玉洪　刘和远　吕小帅　孙瑞瑞　朱晓华　冷维亮
张浩　杨晓霞　周笑笑　施优优　胡静奎　徐郡璘　袁锦秀　顾希俊
顾娇　惠蕾　焦莹　程春晓　颜坤

城市水务

厉海斌　刘琳琳　张发鸿　张峰　张媛慧　杨博　孟毅　荣烨
夏冬梅　徐江静　莫静　康慧君　韩雨君　谭旭

海岸带资源与环境

方磊　王智祖　刘欣明　孙淑芹　齐庆辉　杨康　沈乾　孟超
林研　林晓瑜　祝慧敏　管衍童

水灾害与水安全

王东　帅伟　余成钢　吴波　张亚敬　李哲　李艳　易进蓉

赵　迪	郭　锋	黄天成	谭聪睿				

水利水电建设工程管理

马　良	王瑞雪	石小庆	朱　斌	朱　聪	何雷明	张振丹	周亚森
侯利敏	胡　华	赵元盟	郭金婷	顾罡宇	曹力力	曾　琴	蔡冬璇
潘　松							

大地测量学与测量工程

孔　立	王金龙	刘丹妮	刘为东	刘　廷	刘　峰	向贵山	安伟彬
张立群	李　斌	陈西强	陈　亮	黄纪晨	程　丕		

摄影测量与遥感

王　婧	王亚芹	何双剑	苏　博	佟光成			

地图学与地理信息系统

方利超	王本林	王玲玲	王德朋	邓世赞	叶瑞锋	任家勇	刘志辉
吕春光	吴少华	吴　红	宋　佳	宋绍华	张云姣	张宏伟	张志强
张　砾	张　晶	张　滔	李　青	杨　莹	阿慧娟	陆　玲	范小虎
修培文	胡　娟	徐　猛	康彦彦	黄玉培	黄　毕		

地质资源与地质工程

丁秀平	王信普	王海诚	王　智	王照竹	兰春德	申志金	刘满红
华桂钱	孙　超	衣雪峰	许玉申	许　瑶	闫争科	何明喜	何超亮
吴　悦	张　弘	张华安	张淦钰	李显燕	杨建宁	杨　林	陈　杰
陈　青	陈海军	周立国	罗　堂	范　斌	郑青海	洪晓珍	唐　俊
徐　荣	高晓兵	曹旖旎	傅文淦	潘益鑫			

交通运输规划与管理

王小会	王统伟	王　琰	邓良军	卢为杰	吴　霞	李俊星	李晓风
杨正超	陈　啸	陈敏之	周晓庆	周薛融	侯　磊	俞张啸	姜明阳
段姝竹	洪　东	胡永恺	赵喜民	高中红	蔡节春	薛　威	

农业水土工程

王　雪	邓方方	韦超洁	石艳芬	伊思麦	刘思妍	孙立志	孙　涛
孙　露	朱春光	朱　浩	闭祖良	宋培青	张　仙	张凌智	李秀梅
李程碑	杨风亮	杨归嘉	杨伟利	豆沿斌	陆春虎	陈大伟	陈朱叶
国洪梅	胡　哲	赵　妍	袁自瑛	章云龙	黄　雍	彭　攀	

农业生物环境与能源工程

于　静	王文亮	叶凤娇	陈立娜	刘　旭	刘园园	吴润兰	

环境科学

于徐华	王小辉	王永平	王金龙	王　晴	王蔚卿	王　静	冯　乐
刘　建	刘　娟	刘智强	刘雅玲	吕　晨	孙　坚	孙景昆	孙　瀚

祁昌斌　齐彭德　何宽艳　张文超　张倩　张琪　李小兰　李洪晶
李喆　李磊　李黎　杨威　陈凤兰　陈家伟　单宁宁　周文明
易路　郑立静　段云平　胡玥　胡啸　胡燕　荣金　郝少盼
郝向阳　袁媛　顾纯　梁艳　蒋彩萍　谢俊锷　谢增芳　路景玲
潘立中　霍非　魏晓云

环境工程

威利　KPANDJA ADOH

管理科学与工程

牛晓鹏　王大伟　王龙宝　王昌华　冯雪娜　冯霄羽　卢亿　刘蓉
刘慧　孙喜禧　邢斌　何锦　宋婧　张怀旭　张良浩　张昕
张首文　张富洁　张蓉　李为健　李夏琼　李晨　李晶　李磊
杨亚琪　杨楠　邹冰凌　陆文倩　陈一凡　陈娜　陈晓庆　周伟
周颖璞　宗晓燕　林斌　范潇　金安娜　洪婷　胡恒　胡新
赵世豪　赵华华　倪恒文　徐立　翁媛　黄歌　韩永转

企业管理

邓苏懿　刘洋　韩熠

行政管理

王葛培　仝彬　冯钦虎　加瑞芳　史可庆　乔景霞　刘成彦　刘波
华玮　许鹭　严静　吴爱萍　宋维娜　张伍苏　张磊　李小西
李凤　李维　杜培培　杜耀燕　沃智翔　陈琛　陈赟　周应子
周美蓉　金晶　洪婧　胡义浪　贺曼华　赵永琴　凌琳　唐久炉
夏珊珊　奚彩莹　淳于中博　智婷　曾雪婷　董晓莎　慕冰　樊丽
颜蔚　ADENIYI CHARITY ALOJA

土地资源管理

李敏　张圣婴　葛兴燕　韩智娟　颜勇

政治学

王琳　王勤　王昕韵　田雪　李磊　贺荣繁　耿剑利　梅远涛
董玉萍

民商法学

马成　厉荣媛　任丹婷　孙宁昕　朱玉　严骥　张寒玉　李莹雪
李磊　肖子剑　芮志文　陈怀国　杭飞　郑华宇　赵全宝　赵宇平
赵艳鹏　崔晓宇　葛明玮　谢书磊

传播学

丁玲　尹君　王雪　许夕青　余乐　吴芳　张文川　陈思宇
周亚楠　赵环姝　聂钰石　贾亦璞　郭磊　陶祯　黄思茵　傅钰
童亮　韩啸　薛婷

测绘科学与技术

邓　磊　劳国羽　李爱国　苏　磊　陆晓燕　郭培闪　廖明惠

自然地理学

冉　娟　刘　祺

地图制图学与地理信息工程

丁　衍　毛　建　陈　莉　陆　凤　胡维鑫

电路与系统

马林智　王　敏　卢爱丽　刘江涛　吴　钧　吴彬斌　李超明　杨　杰
杨　玲　邵玉成　周克峰　夏　畅　柴什虎　鲁德华　管琳宁

工商管理

马　丽　马青云　马　爽　王　璆　王　璇　王露莹　刘丽君　孙闪闪
孙红敏　孙　旋　朱　静　许　超　严　震　何文文　宋庆瑜　张文婷
张必风　张　华　张和超　张晓东　张　静　张馨昱　陈俊爱　陈　艳
苑　磊　赵秀红　骈丽杰　殷　璇　郭　娜　陶　晶　康丹玉　黄桂英
黄海龙　瞿　刚

会计学

王冰冰　王红照　王　瑜　吉星星　孙宇婷　江　灏　吴春燕　吴　盈
吴　珺　张　臻　李　旸　陆　帅　陈洋洋　金燕妮　顾　颖　高　琦
崔　颖　章情娥　黄　莺　程纪新　谢正婷　谢晓俊　魏义花

技术经济及管理

谢　颖　翁　敏

社会保障

王彩霞　李　娟　陈爱萍

流体机械及工程

王立闯　付丽平　仲　颖　刘　佳　刘　泽　刘　霞　张友才　张丽敏
李　丹　李　波　杜　娟　金湘龙　郭聪聪

流体力学

余知义　云建勇　李　金　许　言　路　明　覃进武

伦理学

孙　玫　杨黎红　曾　超

凝聚态物理

窦召明

情报学

孔燕青　王　玲　陈　宇　金旭虹　刘会丽　赵　静　牟晓蓉

人口、资源与环境经济学

余小丽

人文地理学

宋博文

数学

王凤萍　王桢琪　左　环　石环环　刘巧玲　刘丽莹　刘　鹏　何　欢
努尔别克·艾孜玛洪　李　亢　李秀丽　李娟娟　李　聪　杨庆娟　周　瑾
侯普伦　姜　宁　相广元　夏　天　顾强卫　高　莹　董宁青　鲁月平
路晓娟　薛袆亭　戴　娟

土壤学

王　安　张　林

文艺学

刘宇浩　肖玉梅　杨　瑞　鲁正杰

宪法学与行政法学

叶晓桐　甘　瑜　何江江　吴开伟　吴思思　陈锡钢　郇兴艳　徐文兰
徐　帅　葛　娜

应用经济学

丁秀明　王一琳　仲建峰　许　冬　吴红艳　吴金雅　张欣怡　张　雨
张艳冉　张　雯　张燕珍　李　婧　李　晗　杨　彦　邹　黔　周　可
周光进　林　丽　金　怡　姜　丽　赵冰卿　饶　晛　唐　凯　夏　璐
徐　娟　顾海飞　舒　巧　董　杰　韩忠新　穆　菁

应用心理学

马晓璐　方　泰　王　洪　付景素　令狐萌　何奇飞　罗　华　赵　红
高　庆　董海婧　薛　兴

体育教育训练学

张久伟　韩　冬

2011年授予专业学位人员名单

机械工程领域

白　玉　陈晓勇　陈志明　程　洋　顾　敏　郭小宁　焦　洋　龙涌澜

陆齐炜　马志宏　孙艳芬　唐琳　陶刚　王新华　徐翔　杨海荣
虞海　张彩霞　周皞　周岳　朱理瀚

电气工程领域

丁俊　卜昀　尹兴海　王东　王礼文　王福润　王德强　孙建领
朱克刚　朱君　朱杨　何健　余鸿慧　张伟　张杰　张俊
李冬华　李季　李荣茂　李福钢　杨庆业　杨波　杨斌　陈光宇
陈勇　陈斌　周红霞　周鑫　杭成　林涛　郑贤喜　骆军贤
徐育丽　部绍海　郭志平　钱韵　高国庆　黄国英　傅剑文　曾小平
程桂林

计算机技术领域

丁慧　王岩　韦国歆　冯圣琴　申晓平　刘振华　朱屹　毕宏伟
汤云　闫萍　但晶　吴伟　吴忠明　吴迪　吴彦　张超
杨帆　杨娟　沈茹　周奕　周静　季彩萍　罗红梅　咸菊香
夏国光　郭婷婷　程丽芳　蒋熹　韩玉凤　潘涤

软件工程领域

丁金存　王文英　李志亮　沈磊　陆德中　周海峰　周珺　郁勇嘉
谢芳华　蔡洁

建筑与土木工程领域

于吉磊　冯良队　刘洋　吕亚茹　吕思永　张欣宜　张震峰　杜洪亮
肖飞　陈新　麦若绵　胡伟　赵振平　赵越　夏小平　郭华
钱炜　崔健　曹永勇　黄敏　曾兆江　焦庆　程英武　童强
葛喆敏　覃昌佩

水利工程领域

于彦博　于犟　马志强　方张斌　方健　牛富　王东升　王永党
王冰　王择明　王明海　王晓东　王浩渊　王滇红　王睿　邓建华
韦波　韦海勇　兰朋　冯华斌　叶凌志　叶寅　白亮　石宝红
石巍　任晓东　关兴中　刘文婷　刘玉武　刘光裕　刘志枫　刘清利
刘超　吕天伟　孙宏图　孙杰　孙勇　孙虹　孙健　孙艳
孙意翔　朱连锁　朱美娟　纪洪艳　许明家　严锋　余志远　余歆睿
吴丽英　宋秋波　张学功　张明　张欣　张宪雷　张雪　张翠兰
张瀚文　李万春　李文杰　李玉松　李伟　李传科　李军海　李宏亮
李杨文　李灿灿　李秀莲　李念斌　李春永　李春华　李春明　李显鸿
李树军　李强　李瑞　李薇　杜锦程　杨玉泉　杨阳　杨树云
杨海　杨敏　沈宏　邱建新　陆山　陈启峰　陈凯　陈忠兰
陈贺珏　陈雷　陈巍　单府　单柏翔　周利春　周定朝　周辉
周锐　尚庆国　欧辉明　郑佐利　郑炳寅　侯登科　姚建锋　胡关东
赵凤鸣　赵本龙　赵立锋　赵兵　赵忠福　赵哲　赵鑫　钟京华
钟惠钰　凌红霞　唐翔　夏元康　徐国中　徐建　徐洪云　秦根泉
莫金刚　袁小琴　郭学仲　郭岳玲　陶攀　高志远　曹双　曹淑各

曹 营　梁玉荣　梅传贵　谌昔林　黄文清　黄 成　黄 建　黄勇文
黄黎明　黄 璟　傅夏冰　傅 捷　富金平　彭建东　游 艇　韩 峻
蓝 兰　虞 瑜　詹晓群　靳子明　熊 卫　綦中原　樊继永　颜 军
戴华敏

测绘工程领域

王年红　包民先　吴新华　张开坤　李 伟　陈年青　季秀万　胡志晓
胡泽周　赵建崇　殷 忠　曹 峰　曹起铜

地质工程领域

于新华　王 昆　段志刚

环境工程领域

王经顺　田 威　吴 江　吴俊锋　吴鑫玮　张晓慧　杨 奕　范恩卓
唐小丽　黄志华

工业工程领域

石 磊　沈 博　屠 骏

电子与通信工程领域

丁 璇　王衿燕　刘 如　吕少影　张 华　张 敏　李梦军　沈 萍
谷俊江　陈 吉　陈剑兵　陈 晔　陈霞君　周 星　贺 庆　桑丽丽
贾 岩　梅昊青　蒋自强

控制工程领域

朱建明　余 钱　李 洋　肖群英　陈 龙　陈 俊　顾 婧　程星云

项目管理领域

丁 伟　丁 弦　丁 嵘　于 飞　马志登　马 坤　孔逸萍　毛艳青
王小刚　王 蓓　王 赟　王 馨　田玉华　石丽华　伍丽敏　刘 踟
孙 静　朱加林　朱 峰　江 新　吴志刚　吴粉华　宋燕萍　张少华
张永梅　张竹君　张 岩　张 娈　张祝静　张晓辉　张 曙　李 华
李国晓　杜永江　杨 曼　汪 军　沈小伟　邵敏之　陆建华　陆海军
陈先跃　周光荣　周 欢　周志强　范文兴　郑雄伟　柳先东　胡长硕
费成效　赵 瑞　郝东明　钟 冕　卿明江　徐卫新　袁冬冬　高德恒
崔恒国　梁 莹　黄剑波　黄昱旻　彭 昕　惠 蔚　曾浩文　曾 敏
蒋云波　谢兴平　路 阳　蔡承刚

交通运输工程领域

丁天平　丁兆宽　尹流娟　代 娜　冯守印　史 干　叶中海　朱雁滨
吴轶群　李祥飞　武晓涛　郑冬妮　金 宏　姚伟东　徐志栓　敖海宝
曹 平　黄 捷　龚松江　董江平　魏长春

物流工程领域

夏 平

工商管理硕士(MBA)

丁　杰　丁爱青　丁　群　于永芳　于　啸　马　斌　马　薇　尹传捷
文国春　方　涛　毛　竹　牛璐璐　王火生　王必伟　王君晓　王　岗
王芳芳　王　芸　王　京　王学斌　王建军　王明星　王林勇　王　炎
王　俊　王春余　王晓燕　王海龙　王　彬　王　敏　王淮苏　王　湘
王　飚　王耀诚　邓　华　邓根鹏　丛红霞　代淑云　冯振亚　卢作民
史旭红　叶　飞　左晓云　左　雯　乔　坤　仲　涛　全　叡　刘志俊
刘　勇　刘　恒　刘振淮　刘　晨　刘焕智　吕晓玲　孙建林　孙南南
孙　健　成兆海　朱伯芬　江心勇　江　镇　汤宇鹏　祁　璟　闫翠蓉
严　芳　余　进　吴中华　吴立君　吴　刚　吴在浩　吴红兵　吴　欣
吴雁鸿　宋文萍　宋　健　宋海燕　张冬黎　张　宏　张　波　张珂伟
张　适　张凌云　张黄慧　张落尘　张道家　张震浩　李　飞　李开林
李　军　李　坚　李　凯　李　明　李春爱　李　萍　李　强　杜　佳
杜翔祥　杨长荣　杨礼祥　杨亚东　杨　凯　杨　林　杨懋劼　汪　洋
沈玉红　沈　颖　肖　华　苏海燕　闵　劼　陆长海　陆玉霞　陆苍畅
陆　勇　陈　伟　陈　宇　陈　浮　陈　强　陈锦新　陈　鹏　周　元
周　军　周扬天宇　周志莹　周　卒　周　欣　周　超　易志芳　易志芳
林宏伟　苗春勇　郑　鸣　金　阳　侯俊峰　姚士龙　姚　静　施亚军
柯　纲　胡伟亚　胡　琼　胡雁鸣　费永宁　赵　辉　郝先锋　钟育晨
钟紫阳　钮军锋　饶　挺　凌加松　凌　北　唐志伟　夏雪林　徐　宁
徐褒华　栾开宁　涂新桥　秦　伟　袁佳敏　郭士伟　郭新治　郭　鹏
顾宁华　顾克卿　高　庆　高江波　高　宏　高景晖　高　琴　崔昭华
康荣莉　戚文静　曹水江　曹　宁　梁　柱　梁智毅　梅胜强　黄宏彬
黄灿烂　黄　慧　龚惠娟　智　航　焦小平　程　剑　葛小华　蒋栋桃
蒋晓东　蒋留坤　蒋　勤　韩　艳　鲍　锐　熊模昌　缪　翔　翟继明
阚　彬　潘永辉　潘明娟　潘春燕　颜　军　黎叶翔　戴晓虎　糜欣平

高校教师

丁娟慧　王东岳　王树娴　王海燕　王黛碧　冯　思　左婷婷　刘婷婷
刘寒春　刘晶晶　孙英男　朱震宇　张　琳　李　炜　李　磊　杨宁飞
杨晓焱　陈　刚　胡君花　赵浴宇　奚玉国　徐　东　徐珊珊　秦福高
袁劲果　黄　艳　葛　超　雷红霞　潘亚兰　戴雪头

2011 届毕业本科生名单

水文水资源学院

水文与水资源工程

丁吾鹏　丁　胜　万思成　卫晓露　马龙伟　仇茂龙　巴桑次仁　文建聪
方明毅　王冰冰　王　旭　王红艳　王建新　王勇为　王　盼　王　朔

王富臣 王　超 王超兴 王新龙 田　宇 申泽亮 石　军 刘　宇
刘晓雪 刘　敏 刘婷婷 刘嘉超 刘露沁 孙飞飞 孙传文 孙　晨
孙银凤 安蒙华 朱峰华 朱振业 次尼卓玛 江永次仁 江禾芝 牟昀丽
邢延军 克来木汗·买买提 吴朱昊 张　龙 张亚力 张　侨 张晓玲
张琪琪 张琼楠 张　潇 张　巍 李　伟 李志坤 李建创 李　浅
李　迷 李　燕 杜明月 杨　光 杨钧文 杨　烨 杨　彬 汪洪泽
沙吾江 沙亮华 苏明珍 陆凯锋 陆柯鑫 陆　斌 陈　帅 陈龙飞
陈　成 陈　希 陈　甫 陈思宁 陈　娟 陈　康 周　扬 周洋洋
周莨棋 周　鼎 季　妤 居　雷 罗　浩 郑永路 郑玲玉 郑　雪
侯宪龙 侯　磊 哈力旦·加吾拜依 施　凯 柳小珊 柳煦颖 洛桑次仁
胡青叶 费玲玲 赵丽霞 赵宏臻 徐　洁 徐振博 徐　莹 桑　慧
殷　钊 浦　鹏 索朗帕卓 贾晓菲 郭迪文 顾申立 高晓平 黄　昊
黄　洋 曾　瑞 程　强 蒋丽莎 蒋振国 谢成海 谢旭和 蔡玮玮
德吉白姆 黎先友 穆尼热·赛买提 薛　飞

资源环境与城乡规划管理

毛　慧 王友恒 王银丽 亚　杰 刘　革 吕　品 朱　峰 朱慧奇
次仁德吉 吾金群宗 张立钢 张皓月 张　璐 李亚函 侯　陵 祝　颖
胡　晓 饶亚兰 徐于楠 徐浩伦 徐蒙蒙 诸泽锋 贾志强 郭勉辰
陶　艳 常　进 黄　睿 彭焱梅 覃春乔 鄢　波 缪　泉

水务工程

丁文才 丁传浩 丁　凯 丁建哲 马亚男 马　青 王小祥 王　向
王　进 王　昆 王　勇 王　钢 王雪红 田时弥 石晓燕 仲瑛瑛
刘润洲 刘默尧 孙　骏 尧　博 朱光沛 朱　贺 朱　健 朱　靖
朱嘉祺 毕望舒 西里甫江·阿布都卡地尔 许　生 何　爽 张龙玲
张　翔 李巧琳 李　亮 李超逸 李　燕 杨　杰 杨柳燕 杨　琳
沈　辉 邱小杰 邱祥兴 陈　梁 陈逸章 单晓峰 季冰冰 季海泮
竺有青 罗　聪 范　璜 金　荣 柳　超 胡昕晔 赵　钰 唐巧玲
夏建平 奚　诚 徐微薇 殷凤美 贾　晨 郭明宇 郭益茂 陶　康
顾乐雨 黄　勇 黄益双 黄　嵩 蒋红利 蒲冠宇 虞　静

水利水电学院

水利水电工程

丁卫岩 丁　龙 丁　林 卫　纯 仇　志 孔维耀 毛沄芝 王　宁
王百阳 王怡然 王　杰 王金龙 王春红 王海涛 王　婧 王　猛
王新亮 王　瑞 王锦锋 王凝晢 王燕玲 王璞如 丛　娜 冯兴亚
卢一驹 卢本坤 史　超 尼加提·热合曼 田始光 石永超 龙子鹏
买尔孜亚古丽·阿力木 买旦江·买买提 买买提江·艾外都 仰雨菡
任中礼 任林丽 刘　义 刘飞宏 刘文生 刘　宁 刘　权 刘何稚
刘　杰 刘家飞 刘　颖 刘　睿 吉亚飞 吉　昭 吕国飞 孙力文
孙冰冰 孙良辰 孙振江 孙祥志 宇庆武 曲　直 朱小连 朱天瑶

朱令　朱旭洁　朱艳梅　朱湘湘　汤家源　纪新振　许宇翔　许爱如
许焱鑫　达娃次珍　邢里明　齐慧君　何展国　何格　余文忠　吴三明
吴书鑫　吴伟　吴凯　吴靖宇　吴漩灏　宋荣华　宋海滨　宋晨
张元和　张世超　张末　张汇明　张龙　张全　张克瑚　张灿
张茂诚　张俊逸　张钦杰　张添烨　张富强　张晶芳　张晶梅　张颖
张鹏　张毅　张朦　张鑫　时蕊　李龙起　李伟　李伟华
李佳　李季琼　李经纬　李觅　李星鹏　李砚　李峰　李署
李霞　杜妍平　杜倩　杨亚卫　杨帆　杨磊　汪汇　汪昊
汪腾　肖熠　芮曦影　邵晨飞　邵潮鑫　阿衣丁别克·居马拜　陆扬
陆姗姗　陆晓星　陈小平　陈华雷　陈芃　陈栋　陈浩　陈莹颖
陈静茹　周小侃　周旭锐　周亮　周奕琦　周玲娜　周珺华　孟庆祥
孟汶贤　孟楠　官云飞　居朦萌　岳磊　庞秀琼　林易澍　林遍行
欧苏云　武玮　苗广文　范呈昱　范茂雷　郁伟　郎韵　郑方帆
郑宏伟　郑建毅　金晶　侯冠宇　侯博　冒俊　姚怡红　姜洲
柳璐　洪磊　祖丽胡玛·吐尔逊　祝燕玲　胡淼　费建权　赵开伟
赵泱军　赵锡山　赵燕妮　郝洁　郝洁宁　钟大莉　钮德海　徐丰
徐海峰　徐骞骞　格桑朗杰　殷康　海热古丽·买买提　涂超　袁昊
诸卫卫　都辉　钱麓屹　顾青　高力　高玉杉　高志鹏　崔巍
常叶青　曹聪　梁丽妮　黄思聪　黄凌超　黄靓　傅兆庆　彭迪
曾欣　葛鹏　董义佳　蒋新新　覃祯雷　谢幼琼　褚晓岑　路佳欣
翟奕菡　蔡海涛　裴文　樊万悰　樊舒婕　薛向华　薛瑶　戴玮
魏小旺　魏宇航　魏祥淋　瞿莉君

农业水利工程

丁贯西　卜立峰　万松　巴桑　牛腊梅　王江　王凯　王建军
王拓　王金涛　王适　王辉　王磊　邓茜　冯远周　冯根祥
古鲁孙·米兰别克　艾山江·阿不都拉　刘天　刘俊　刘钰　多吉
吴晓晨　宋昱　张力　张竹旸　李勇涛　李晶　李熙　杜明
杨坤　杨航　玛然木　阿力木·图尼亚孜　阿不都沙拉木·阿卜都艾尼
陈功鎧　陈盛　周小军　周庆　林慧　武婧　金海龙
哈昵玛·卡拉甫　姜震　赵业　赵蕾　唐书　徐晋池　格朗
格桑卓嘎　热娜古·阿不拉　贾杰　贾晓木　郭杰　康婷　戚鑫珑
曹德君　黄万勇　黄聪波　温冠铖　董泳　蒋汀　蒋伟　廉柱
褚茜茜　雷华敏　廖瑜

设施农业科学与工程

王力　王丽　王丽丽　王艳庆　邓伯均　邓景天　冯闪　刘懿
吉志斌　孙伯明　成永健　何迎昌　吴鑫　宋正强　张凯旗　张秋霞
张瑞杰　张鹏　李日滔　杜朋朋　汪禄　苏明兵　陆红飞　陆锐
陈少翔　陈荣寿　周灵　岳圆　欧玉鹏　欧翔　罗秋红　哈显贵
贺达　赵燕　倪腾飞　唐畅　殷瑞雪　袁丽　袁瑞武　钱萍
陶永红　高焕玲　黄一帆　景亚红

港口海岸与近海工程学院

港口航道与海岸工程

丁小可　　丁 锐　　丁鹏中　　万文彬　　万昌彬　　刁 宇　　于昊天　　于海龙
于 湾　　卫琳静　　马仁洪　　马华东　　马舒文　　云 霄　　支远哲　　方 欣
毛凤凤　　王达威　　王时悦　　王李吉　　王 杨　　王 昊　　王 俊　　王俊杰
王 娜　　王 衎　　王 骏　　王笛清　　王琪琛　　王 超　　王 鑫[1]　　王 鑫[2]
计恩佳　　邓 蕾　　冯庆蔚　　厉佳卉　　史鹏程　　田浪静　　石麒琳　　任凤华
任 放　　任 超　　刘乔奇　　刘 早　　刘 昕　　刘 俊　　刘俏武　　刘思恩
刘 骅　　刘维鑫　　华 俊　　印 越　　安 冬　　安杰晶　　师玉龙　　朱云波
朱 远　　朱昊文　　朱明成　　朱晓波　　朱梦飞　　朱 逸　　江 军　　江 建
汤泽萍　　汤超超　　米晓宇　　许力源　　许 荔　　许 默　　邬亦雯　　邬岳龙
闫晓璐　　何井姝　　何仕强　　冷 杰　　吴 乔　　吴志龙　　吴 昊　　吴金凤
张小璐　　张广旭　　张 丽　　张 昊　　张 玮　　张金刚　　张奕泽　　张星宇
张 洲　　张 茜　　张高峰　　张 斌　　张雯燕　　张瑞钰　　张 霖　　张 璐
张馨竹　　李 卫　　李卫文　　李正刚　　李 立　　李 华　　李 姐　　李 明
李林青　　李林章　　李 泽　　李 悦　　李 浩　　李章锋　　李敬敬　　李 皓
李 翔　　李 鑫　　杨国亮　　杨 哲　　杨第昌　　杨 辉　　沙 莎　　肖诗瑶
苏 昕　　迟 铖　　邱沛生　　邹春浪　　邹 航　　陆旻瑶　　陆金虎　　陆 薛
陈小婷　　陈天枢　　陈 东　　陈建涛　　陈昊哲　　陈 茜　　陈 悦　　陈 焕
陈德淼　　陈 橙　　陈飚铭　　单浩原　　周子乐　　周允谦　　周文锋　　周永康
孟庆坤　　季 辰　　林尚飞　　范 融　　郑 巧　　郑 洁　　郑哲希　　郑晨旭
金成钰　　金 建　　侯慧军　　姚 微　　姜飞翔　　娄 旻　　柯君锋　　段凡平
段 涛　　胡少华　　胡 东　　胡招波　　胡 浩　　胡啸宇　　胥 岩　　费晓璐
赵政弘　　倪兴也　　唐宇柯　　夏昊凉　　夏 静　　徐亚运　　徐兴亚　　徐高亮
徐雯雯　　聂彬彬　　聂 鑫　　谈 威　　钱 伟　　钱学生　　钱 宽　　钱 浩
顾 威　　顾 茜　　崔江浩　　崔 雯　　康玉磊　　曹宏亮　　曹 坤　　曹滨榕
梁 芳　　梅涛涛　　黄乐乐　　黄 昊　　黄 炬　　黄 恺　　黄家富　　黄 辉
黄 睿　　龚 镇　　傅苠鸣　　彭维雄　　程玉蛟　　程生龙　　程晗怿　　葛珂楠
葛 蓉　　董晓伟　　蒋俊林　　蒋晨阳　　谢 峰　　谢蛟龙　　韩正权　　韩立茹
韩明华　　虞 奎　　雷 蕾　　廖宏刚　　熊小舟　　缪玉彬　　翟 华　　蔡雅慧
樊文策　　潘卫融　　潘文文　　霍 阳　　魏振兴　　魏 祥

海洋技术

王 阔　　王蒙坤　　王 鑫　　龙 潇　　刘永怡　　刘明亮　　刘 鹏　　华 磊
孙佳星　　齐华萍　　吴奕冰　　宋佳音　　张乃月　　张 吉　　张 浩　　李仙宇
苏 福　　谷国稳　　陈韬霄　　周剑锋　　林燕清　　冒林林　　施 海　　赵建丽
秦 英　　袁春光　　顾锋益　　曹宝勇　　黄 欣　　黄 萌　　彭于轩　　董 森
蔡镇隆

土木与交通学院

交通工程

丁伟伟　　刁红国　　孔令嘉　　王天俐　　王丽丽　　史剑波　　史策辉　　刘 亚

刘津铭　刘　璐　孙平禹　朱文博　吴　欢　张　戈　张丽娜　张　杰
张晓君　张益鑫　张雪松　张媛君　张琳琳　张　超　张　楠　张煜敏
李伟东　李　康　李智彬　汪　海　邵卫东　陆　伟　陆志慧　陈建国
周　成　周志将　林　瑛　欧阳燕　武倩楠　苑戊辰　范诗浩　茅　桁
郑述隆　郑荣辉　侯志强　郝　迪　倪宾宾　凌　江　凌　曦　徐文轩
柴佳麟　袁　媛　郭鑑樑　高聿明　高晓月　崔耀璞　常冬明　梁旗武
黄炳营　董晓亮　谢　军　谢　乾　韩　鹏　鲁　杰　甄羡超　廖尔军
廖志彬　漆金根　翟彬林　潘至柔　薛道骏

土木工程

丁光亮　于鹏程　马　力　尹　航　水玉龙　牙合甫江·玉素甫　王永民
王由国　王　众　王启贵　王建民　王　欣　王剑峰　王莹莹　王　辉
王满满　王露健　邓德儒　史海岭　叶　磊　田　圆　白　平　石　晶
龙家胜　刘宏鑫　刘国梁　刘修义　刘敏星　孙子帆　孙平玉　孙振东
师晋红　朱小武　朱俊淦　朱　琨　江　霄　池闽颜　汤晨曦　许　然
齐文楷　严　斌　何智涛　吴成睿　吴　昊　吴　迪　吴　斌　宋旭亮
宋　松　张叶超　张　弛　张孝彬　张　建　张　悦　张晓田　张　浩
张银权　张　静　张燕青　李才平　李　兵　李佳浩　李俊军　李　浩
李海啸　杜　轩　杨大宇　杨沐野　杨建龙　杨雨辰　杨　晶　杨　鹏
汪时生　沈定荣　肖亦苏　苏曼卡　邱静怡　邵寿磊
阿卜杜合力力·艾合麦提尼
陆阳洋　陆志浩　陈　旭　陈　旭　陈宏伟　陈志鹏　陈放杰　陈晖东
陈　聪　侍　成　单先锦　周友进　周文斌　周　杰　周　旋　周　磊
季　正　岳春伟　庞　飞　林　晖　林　翔　欧阳于　罗　伟　郁宏杰
郁金珠　郑　龙　金　健　侯　波　姚国友　姜文清　施月涛　赵永鑫
赵枢楠　赵　益　赵　歆　赵嘉玮　倪　飞　唐　勇　唐麒钦　徐良成
徐　松　徐郑郑　秦　磊　耿志成　莫家权　莫善炜　袁子君　袁立军
郭　峰　钱相博　顾康辉　尉霄腾　曹　谦　梁奉林　梁焌东　章希陶
黄文君　黄平善　黄永奎　黄　刚　黄尘超　黄晓锋　黄　聪　傅海燕
彭逸云　程　相　童　彤　董益峰　蒋　科　韩梦洁　雷　可　雷培嘉
廖江昆　廖金荣　熊　雄　裴奇斌　谭振兴　潘　哲　潘　悟　薛俊卿
薛珊珊　霍　浩　魏　杰　魏海涛

环境学院

环境工程

丁昭娉　丁　珏　斗卓玛　王大伟　王　刚　王苏琴　王秋英　邓美玲
厉向伟　叶际诚　乔　元　买尔哈巴·哈德尔　任凌霄　刘元萍　刘长顺
刘青青　刘　超　刘意辰　吕小翠　孙海龙　孙　磊　成晓奕　朱心悦
朱　迪　朱　峰　朱淑敏　朱　韬　江　洋　江　慧　许楸坤　严　梅
吴　丹　张邢伟　李　戈　李　政　李秋兰　李　艳　李　朦　杨　凯
汪　姗　肖传凯　肖　曼　陆婷婷　周明媚　征　程　林　煜　苗令占
姜　伟　洛桑平措　胡　飞　胡　斌　倪文超　唐开平　唐丽娟　唐　枫

唐 娟 徐 冰 徐丽媛 徐佳慧 徐 骏 殷蕾蕾 秦 琴 郭海红
曹 明 黄 谆 黄 晶 蒋洪明 雷成德 潘蓉蓉 魏 想

环境科学

王文蔚 王维莉 王 磊 叶明婧 刘英弟 吴功钦 张 沛 张 奕
张雪慧 汪嘉利 陆军祥 林 雅 金 龙 胡琦玉 徐玉凤 陶 美
龚 燕 雷镕甄 蔡赟杰

给水排水工程

于晨托 马孜亚·马合木提 卞德晨 王亚琳 王志诚 王 明 王 晓
王晓华 王 涛 王 莹 王 媛 王硬知 王锐意 王嘉际 王德胜
邓巴曲加 冯 博 白朗明 白 蕾 边巴丹增 乔松玲 任绍杰 刘 辉
孙 杨 孙 肖 孙 锐 成荣文 朱雨辉 何敬尊 佘 磊 吴友恒
吴天明 吴晓露 张敬群 张 超 李 凯 李 静 杜 川 杨林燕
杨 斌 汪 洋 沈曦鹤 邵 华 阿依江·夏利吾拉 陈 凯 陈 晨
陈 梅 陈 惠 陈 静 陈 霖 周 怡 孟少伟 孟战南 孟朝宇
苑中宗 冒文娟 冒吴松 姜圣韬 姜雷林 娄方荣 娄江红 段育辉
胡 渊 赵爱生 赵 薇 徐浩然 耿凌燕 钱日成 顾率民 崔沪浩
崔 楠 曹莹雪 梅 健 黄一洲 黄 海 龚 淼 傅志成 喻 石
喻 炜 强巴卓玛 曾晓华 程康睿 程琴琴 舒海涛 覃花鲜 谢文龙
谢国立 裴 婷 谭雁聪 黎 礼 戴星星 魏 巍

能源与电气学院

热能与动力工程

马英东 马振华 王 凡 王小龙 王双安 王 东 王光成 王 健
王 烨 王祥祥 王鑫民 韦凤锦 司晓博 归梦鸽 申潘威 刘 择
刘泉铖 刘海涛 刘翰林 吕 婧 孙 涛 孙源远 庄乾彪 朱金成
朱 俊 朱 峰 朱晓万 朱 盛 朱鹏程 米 宁 许进波 许 菲
许 皓 许 巍 邢小菲 吴军锋 吴春旺 宋文雯 宋 斌 张 斌
张源深 张蓝国 李辰奇 李运东 李 青 李彦浩 李玲玉 李 科
李 强 李晶晶 李 超 李 彰 杨 超 杨 雄 汪醒鹏 沈 云
陆振宇 陈天宇 陈光明 陈再续 陈学仁 陈海燕 陈 露 周保宗
周 鹏 周 燕 欧 鹏 武龙斌 罗 欣 罗瑞宝 郑建坤 姜在华
荆 淼 唐海彪 夏林生 徐中俊 徐志军 徐怡蔚 徐健楠 柴德伟
袁文亮 贾战勇 钱 瑭 陶丙亮 陶 礼 顾承庆 高 霖 曹春建
黄少飞 黄 达 黄 祥 黄笑同 黄 超 储海洋 彭 远 谢 娟
韩 刚 韩鹏程 路佳文 熊 照 谭庆慧 樊 越 薛念泽 魏明熠

自动化

马 特 孔鹏程 毛慧娟 王 杰 王 炜 王苐福 王 栋 付家承
田尚亮 刘云久 刘宏伟 刘泽琪 刘惠平 吕 悦 朱红磊 江晨鑫
汤永进 汤 莉 闫 涛 何小威 张卫华 张正根 张 杰 张海燕

李小弟	李　敏	李　斌	李　疆	沙　磊	肖俊先	苏　飞	邱　鹏
陆云龙	陆　敏	陈　旭	陈亭龙	陈晓冲	周岁敏	周　芸	周明良
周　俊	周　涛	季　巍	姜　杰	施建军	胡　晶	徐广建	徐建旭
顾金希	崔少华	常　飞	梁　熙	黄沈丰	彭　祥	蒋士龙	谢俊颖
廖扬帆	熊墨力	缪颖樵	蔡飞勇	蔡冬阳	蔡　华		

电气工程及其自动化

马洪凯	马　锐	孔维宇	毛　浩	王士龙	王永贵	王尚钦	王　玮
王　柳	王荃荃	王梦岩	王　璞	包抒一	史　炜	宁鑫珅	田　园
关朝杰	刘　杨	刘冠群	刘泉铄	刘继业	刘　斌	危　伟	吉　敏
吉跃瑾	孙　伟	孙　健	孙　维	孙嘉翼	孙影影	朱跃光	汝钟婉
汤　勇	许　骞	邢　光	齐玉商	何　冬	何　立	何丽钦	吴　伟
吴兴扬	吴江涛	吴　昊	宋　宇	宋　芝	宋　彬	张宇驰	张沈习
张　凯	张添阳	张嘉阳	李文娟	李　由	李佳林	李宗璇	李　弢
李松林	李　姣	李星一	李铭源	杜燕雄	杨　悦	汪晓琦	沈方超
沈亚春	沈　忱	沈浩跃	肖云佳	苏　晨	邱允徐	陆　杰	陆　斌
陈　卫	陈大宣	陈长生	陈　刚	陈雨新	陈泉智	周　翔	周　澎
范敏伟	郑　昆	郑盛卉	姜　凯	宫建峰	段　萌	洪天琪	胡力宾
胡文磊	赵宏飞	赵　超	倪　军	唐一铭	唐　洁	徐一峰	徐鹏飞
殷　珺	袁　健	贾　娜	郭　君	郭园园	郭思琪	郭昭艺	钱东祥
钱程晨	顾云磊	顾华东	顾明煜	顾　鹏	高　原	屠雯凤	曹　阳
曹　静	梁　伟	梁　辰	梁　音	梅晓敏	黄宜军	黄　剑	黄　桦
黄高鹏	葛兴时	董　江	谢洁宇	韩杏宁	赖沛鑫	蔡玉龙	薛　忠
薛静军	戴如清	魏　来					

计算机与信息学院

电子信息工程

丁伟伟	丁　昊	丁　婕	万雅文	方　磊	王文新	王世佳	王志旻
王　勇	王富平	王　斌	王　颖	史宇伟	叶志聪	叶晓挺	田存华
刘兆谦	刘振财	孙亚楠	何　旋	吴　陈	吴　侨	吴　杰	张芳玲
张　辰	李园园	李春娟	李梦茹	杨欢欣	沈杏荣	沈杰辰	肖　霄
苏菊芳	陈龙飞	陈　忱	陈　连	陈春龙	陈炳效	周卓韦	周鹏程
周　攀	范清清	姚林林	胡一帆	倪　丹	唐　健	唐德涛	徐华珺
徐姝云	徐　韬	殷　武	秦金亮	贾玉龙	贾　硕	郭　洲	郭　锐
高小花	高加猛	黄义忠	程林林	童友俊	韩　月	管维伟	翟胜佳
戴荣杰							

计算机科学与技术

丁佐兵	万冲凯	王亚飞	王　伟	王兴毅	王金玉	王春香	王晓玉
王淳纯	王雪婷	王雪婷	王　琦	韦宣丞	付言章	冯　俊	叶文璨
刘　天	刘　宇	刘金鹏	刘津宏	刘　钦	刘效忠	刘晓颖	吉　旭
孙　伟	孙柏青	孙振强	孙　逸	成　艳	朱晓伟	许春波	许　浩

严志田 何庆升 何雪芬 余凤琴 吴江林 吴 静 宋 晨 张一楷
张 驰 张利会 张寿权 张韧宜 张 俊 张 勇 张挺浩 张 顺
张晓雪 张 钰 张福臻 李秀芳 李 欣 李诗洋 李晓靖 李 晶
李 微 李 睿 李 聪 李耀星 杜文洋 杜 龙 杨 飞 杨 丰
杨 阳 杨 莉 汪晓猛 沈一能 沈逸昌 迟慧峰 邵 博 陆卫锋
陈丽林 陈明燎 陈 杰 陈 渊 周文欢 周民将 季有根 庞灿灿
林艺钦 林圣科 林政飞 柯朝旭 胡 鹏 贺 凯 赵鹏飞 钟杨劲
倪传蕾 凌兵勇 徐 杰 徐金海 徐 翠 莫德锐 袁飞飞 袁 希
郭小卫 郭腾飞 陶媛媛 顾光中 顾昕辰 曹兵斌 曹 震 章 勇
谌 峰 黄安鹏 黄星星 黄福龙 喻星星 富 宽 彭永健 彭燕凤
程云涛 谢恒兵 解 聪 靳 进 蔡 伟 滕美林 潘希平

通信工程

丁茸茸 丁瑾庆 马 驰 马 斌 马静兰 勾 畅 孔 飞 毛 伟
毛 敏 王 凯 王宝阳 王金龙 王枳强 王秋杰 王赵玺 王 哲
付 婷 卢吉燕 史殿森 叶云峰 左海亮 田 斌 刘 刚 刘 珍
刘景卓 吉 威 孙旭旭 孙宏宇 孙英明 孙 馨 安 增 朱 俊
朱 统 朱晓源 朱晓燕 祁 佳 许尚文 邢 锋 吴 月 吴 旭
吴 昊 吴雪梅 宋亚男 张 扬 张 驰 张望伟 张 强 张瑞寰
张 鹏 张德智 张黎君 李逸洋 李 璞 杨龙保 杨秀平 杨 玲
沈 俊 沈 斌 邹佳慧 陈卫峰 陈飞菲 陈军林 陈 炜 陈美蓉
陈 鹏 陈 慧 周 帆 周 阳 周林燕 周振强 周智华 孟祥薇
房丛林 罗 坤 罗彩花 罗 霄 范从义 范 涛 施 杰 施惠娟
祝桂宏 胡龙龙 胡晓雯 胡素奎 费越权 赵小龙 赵洪旺 凌 科
唐璐瑶 夏领梯 宾炳华 徐 兴 徐彬彬 袁文婧 钱惠玲 崔盈雪
曹 阳 盛爱晶 章文杰 章向阳 黄菁颖 彭文杰 彭新华 彭 鹏
曾 雷 鲍俊丞 廖 希 管 星 缪卫卫 樊向楠 潘学威 潘 磊
戴鸿宇 瞿永钢

力学与材料学院

工程力学

丁玉堂 丁 煜 代春林 卢新龙 伍 峰 危 嵩 曲占新 许 浩
张兆东 张衡志 李 圳 李 阳 李 涛 杨雅新 杨锡华 苏兴彪
陈光远 陈 俊 陈星得 陈 彬 陈福兆 周 洲 季顺新 宗 涛
项 慧 唐站站 海 亮 涂海洋 耿 广 郭 涛 钱 飞 陶月长
常晓宇 韩自罡 解雨之 蔡 伟

材料科学与工程

方 健 毛 悦 王文庆 王永亮 王俊豪 王紫云 王 越 史燕南
叶婷婷 石成晓 刘 翀 刘 博 刘 蓉 印玲玲 孙玄斌 朱有伟
朱虹达 朱晨辉 纪学雷 纪宝妹 许庆明 过艳峰 闫玉蓉 冷江涛
吴争亮 吴光磊 吴诗峰 吴青华 吴锦亮 宋 强 张 宇 张佳雷

张国斌　张海昊　张　锐　张　骥　李　平　李廷秀　李凯旋　李斌玲
杜甜甜　杨中玉　杨传铎　杨　杰　杨晓君　汪　旭　沈　伟　陆　佳
陆　娟　陆　涛　陈　宇　陈　怡　陈勇达　陈　思　陈　健　陈超文
周云海　周　昌　周茂昆　周星宇　周新阳　周雏蕾　武胜萍　郇　坤
金　龙　金武君　俞　洲　施鑫鑫　段　航　洪玉龙　胡连勇　赵　飞
赵玉萍　郝雅珍　钟　健　唐　力　徐文勇　徐　杰　徐泓鹭　徐超宇
徐鹏程　袁锋华　郭为进　钱　玲　顾苏豫　梁伟灿　梁鹏飞　黄　莉
龚泳帆　景盛名　曾雪辰　程　凯　覃健福　韩　彦　楼益龙　赖德鑫
路　维　鲍鹏飞　蔡　祥

地球科学与工程学院

地理信息系统

孔祥军　王　华　王　喆　王　遥　叶水生　左　婧　田文婷　田　畅
任耶西　刘小斌　刘礼健　刘臻元　吕宗明　孙汉儒　孙亚亚　孙咸磊
安卫辉　汤　雄　邬宏伟　吴亚伟　张海林　张　琦　张楠楠　李文博
李忠美　李鑫龙　步晨仪　邵　瀚　陆冰冰　陈　玲　陈　翼　周万里
罗秋凤　范苏镕　范航熙　胡　莎　贺玺飞　赵　洁　郝俊雪　徐海平
郭小萌　戚劲杉　黄　佳　温俊辉　焦　奎　程　统　谢奇宇　谢晴天
谢智旭　黎　阳

地质工程

丁　坤　于佳明　尹　航　毛海涛　王　伟　王兆星　王国兴　王璐佳
王瀚超　卢业旭　田　钊　刘布勇　刘佳明　刘　孟　朱乐峰　余　新
吴　含　吴　欣　吴金凡　吴　娜　宋双双　宋晓含　张文喆　张加家
张志浩　张虎雄　张　静　李　伟　李再伟　李志利　李运胜　李　洋
李祥太　李康彦　李　腾　杨立业　邱　诚　陈常辉　周　海　周　磊
尚　铮　岳　翎　林晚梅　武立军　金玮泽　姚哈达　姜婷婷　祝斌滨
荀志国　徐田奎　徐媛媛　顾正聪　常　成　曹凯波　眭敏磊　龚　选
曾贤友　路文龙

测绘工程

丁　旭　于　双　尤文进　王宇新　王佳添　王金媛　王荣其　王　磊
叶　潇　田　欣　石　磊　买吾兰江·吾守　刘庆群　孙万胜　孙慧敏
朱春龙　许　义　许峰阳　严剑锋　何露露　吴　飞　吴铭飞　宋宇翔
张秋伟　张浩然　李成仁　李　佳　李晓燕　杨新飞　杨　静　沈月千
陆　游　陈盛辉　陈喜凤　麦合木提·麦麦提　林　毅　罗国虎　姜星宇
柯元英　祖力比亚·阿布都热西提　赵元忆　热比亚·依玛尔　秦　伟
袁　豹　袁鹏飞　陶　亮　顾景强　高大龙　常　博　曹　晨　黄威洋
黄　焱　彭　澎　程　锋　韩　易　雷　江　蔡　云　蔡淑野　鞠　希

理 学 院

数学与应用数学

于满江　尹亚川　王宇　王国良　王明明　王康　王淳茗　王智超
白韧　石玲　刘千驹　刘冬冬　刘咏飞　刘建锋　刘超　孙玲
孙梦　安宁　朱桂清　张明冬　张祥　张雷　李玉想　李伟欣
李梦琦　杨正　陈国霁　陈淼　姜宇驰　荣昊　骆腾飞　唐家嘉
徐能　秦健　钱宇杰　顾倚婧　高欢　梁英杰　黄然　廖志辉
潘宇峰　潘菲　薛婧　颜斌

应用物理学

丁志彧　万波　王晓风　叶晖　刘飞　刘文杰　刘蛟　孙德云
朱斌　齐志越　何海港　宋钊　张飞　张学潮　张晓宇　张铭
李冬　李腾跃　杨猛　沈兴炎　沙沙　陈声伟　罗志琳　施赟君
柯杰　胡南龙　赵跃龙　袁伶华　郭枫　陶奎　陶星任　顾明
高江　高鹏　梅剑　绪欣　黄明水　黄晓敏　黄德文　程步宇
葛雷　蒋洁　詹泸成　雷撼　蔡澎　颜全椿

信息与计算科学

马旭　尤海浪　牛岩　王建霞　王培信　付冲　付志攀　冯敬文
史磊　申映华　刘闻　朱广洋　朱余清　朱振龙　吴新海　张小龙
张小兵　张欢明　张杰峰　张敏　张晴晴　李丹丹　李屹　李波
杨海光　芮梦娜　邹洋　陆一洵　陈涵予　林彬　罗淋洁　郑强
赵飞　赵敏敏　聂鑫　贾万银　顾银松　曹伟　梁旭燕　黄侦芬
蔡冯　蔡旺

商 学 院

工商管理

马维阳　王诗梦　王洁　王鹏宇　地力努尔·艾比布拉　严秋雯　吴芬
李帅琦　李昂　李晓雯　李睿　杨伟岸　杨翠翠　阿卜杜凯尤木·阿布都卡德
陈再绿　陈敬泽　周丹丹　俞旸　胡忠培　贺露露　奚家和　徐赛华
郭伟斌　郭鹏　曹宇磊　曹昊　梁建业　逯海舟　傅咏雪　缪皆攀

工程管理

丁红军　丁国伟　于航　于晶晶　马潇萌　孔令竹　木沙江·卡斯木
王璐　卢亚琼　史旭辉　史建亚　白丽婷　刘凯　刘春瑞　刘倩
刘媛　刘鹏　孙晓燕　朱佳佳　朱虹　朱展宏　朱梦琼　江立华
米克拉依·阿卜来提　齐海英　严昕　何福祥　余建华　余茜　吴斌堂
宋美燕　张千俊　张清　张锐芳　张霄　李秀云　李洁　李艳
杨仲秋　汪星池　汪洋　苏江鹏　迟传柏　邵婷　阿尔达克·努克西

陆志远　陆　群　陈伟伟　陈香玉　陈　梅　陈锦发　周艳娇
帕哈尔丁·阿布都艾尼　范　凯　郑宣炜　郑胜强　侯　凯　姚舜禹
姜双双　封　翼　施攀峰　段庆康　祝文静　胡文斌　胡晓晔　赵鼎鼎
郝雅丽　倪　洁　夏丽娟　徐　杰　徐　畅　贾　鹏　钱　驰　陶旭光
顾松明　傅　名　蒋钧杰　甄　雨　詹彩明　阚飞翔

人力资源管理

马　杰　王吉翔　王易文　王　杰　王奕辰　王　珊　王钰云　王曼璐
王　腾　韦春棉　付宏艳　代云鹏　卢良孝　卢　姗　叶　丹　石福利
艾孜麦提·艾合麦提　仲伟苇　任媛媛　刘立银　刘　佳　刘　琦　曲文凤
朱　宏　牟　雪　严　章　张小祺　张少华　张坎文　张岩飞　张　倩
张晶涛　张　舒　张　蝶　李　杏　李秀枝　李昊飞　李春琴　李新月
李　燕　杨乾忠　杨　敏　沈　韬　沈　磊　肖锡仁　辛喆雅
阿尔祖古丽·麦麦提　陆金健　陈昱均　陈　容　陈　艳　陈银华　陈　媛
周伟光　周　沫　周晓阳　周静静　周蕴琦　苗宇盛　郑志辉　姚　远
段　穷　赵悦天　郝利利　钮　滟　夏　远　徐协欣　徐若雯　耿　鑫
郭孟霞　顾文文　顾宇江　高　雷　崔建新　戚鲁斌　黄俞凤　黄　斌
黄赛金　蒋　旭　潘邦澜峰　潘玥含　魏晓晨

国际经济与贸易

丁　操　万修金　于歆彤　马石磊　马安梅　马　亮　方　雯　王　方
王丝白　王曼琳　王　寒　王晶瑶　王　琳　王嘉婧　古国琴　田先丽
田　琳　白诗萌　刘天宇　刘文豪　刘明龙　师宝佳　朱圣琪　许芳芳
严文渊　严　茜　张乃月　张书华　张　泽　张　敏　张　婷　张　歌
李丽红　李　佳　李金雷　李晓宇　李　琪　杨　乐　杨　帆　沈金平
沙妍君　芮　翔　阿曼古丽·伊敏　陈忠元　陈　秋　陈　浩　周　红
周轩宇　周瑞龙　林　杰　罗　琳　冒小波　洪　超　胡承程　赵春燕
赵　璐　徐月芯　陶思亮　高　峰　高　瑞　崔　岳　梁　鑫　章　吉
黄元龙　黄明敏　焦　娇　鲁飞翔　雷　宇　蔡起钢

财务管理

马　路　王怀源　王佳叶　王　亮　王晓峰　王　静　王蕴芳　付　饶
包汉兴　左　健　石铁勇　刘俊龙　刘　璇　吕　顺　朱小燕　朱海燕
许丹丹　许天佑　何星健　吴亚云　吴安冬　吴香琴　宋　刚　张乐中
张　凯　张静远　张　燕　旷　鹏　李仁飞　李　芳　李　杰　李　梦
李琛晨　杨　凡　杨申文　杨　珲　杨淑梅　汪　洋　沙扣琴　沙晨铁
邵亦蕾　邹　飞　陆宇颖　陈　杰　陈琴琴　周　剑　周晶晶　周瑜婷
孟　莹　季煜森　武菁菁　范　文　范丽霞　金　烨　姜　玲　洪纪芸
胡　聪　赵　倩　徐丹丹　徐劭萌　徐　勇　殷一丹　诸葛璟睿　顾春梅
顾春燕　崔又方　曹振华　梁曦匀　黄　婧　曾江波　葛　亮　蒋　志
简艳霞　雷立里　燕陈飞　穆明明　薛　菲　戴万斌　戴　荃　戴　菲
魏　君

会计学

马乐寅　文　磊　王芬芬　王昱翔　王嘉莉　王燕妮　邓灿灿

艾克拜尔·吾麦尔 全敏 刘伊帆 刘欢 刘芳 刘娟 刘爱玲
刘敏慧 刘新华 刘聪 孙莉 孙琪 朱宇澄 许国庆 余凤鸣
张小梅 张卉凝 张玲霞 张浩 张掌江 张琛 杨力姣 杨卉
杨宁 杨丽芬 杨晓萌 邵佩 陆婧 陆梅依 陈天丰 陈果
陈顺发 单倩 周梦龙 周靖尧 林会 金穗 施玲玲 胡若洋
赵悦宏 赵堃 赵焱 革琴 倪晨 唐滨 徐扬 郭圣俊
郭雨岚 郭筱青 顾瑾 高威 高媛 盖广芹 黄秀蓉 黄惠娟
蒋领兵 韩小燕 韩玮 鄢淑静 雷娟娟 管健 管雪梅 樊帆
潘黛月 薛诚 魏莱

市场营销

王文平 王池 王晓平 王然 王翔宇 皮鑫鑫 边玉洁 刘亚峰
华苏伟 孙质然 吴锐 张书鹏 张军 时亮 李阳 李超
杨剑 杨晴雪 汪自然 陈东磊 侯朋志 姚鹏鹏 姜涛 施伟
赵子清 游盈盈 葛元雷 覃欢 缪琦 樊琦

信息管理与信息系统

马磊 王树洪 王海川 冯亮 田为忱 刘羽倩 孙长俊 孙智超
朱伟龙 毕磊 张明明 张新玺 张璐 李伟 李昆梅 李根
李爱平 李辉 杨汝艾 杨丽卉 杨林 肖春红 苏丹 苏钊杰
邵荣伟 陈汝锴 陈杏儿 陈俊杰 陈胜龙 陈超 周家龙 季林建
茅摇摇 容健莹 袁艳 郭亮亮 郭晓培 钱伟 钱睿 梁宇雯
盛逍遥 章凯 黄兰兰 黄达 黄金爱 彭辉 曾伟 蒋露
鄢海荣 缪鹏飞 潘虎

电子商务

王飞 王欢 王志磊 王冠 石磊磊 乔洁琼 刘国军 吕昂
朱应涛 吴昊 张佳 杨振霞 陆超 周星星 季宇 姜凯曦
赵康 徐杰 耿豪 钱挺 彭张勇 疏磊 鲁前楼 翟文皓
蔡启平 瞿龙飞

经济学

戈新翠 王冰 白艳云 艾克威 仲相宜 刘雪娇 孙雯 江蕾
汤琳琳 吴伟 张红 张彦辉 张琳 张瑞 李汶洁 李星泽
李洁 李捷珺 杨玉婷 杨帆 杨芳 杨雪 沈丹 邵保柱
陆燕燕 陈波 陈姣姣 陈晓娴 陈燕娜 施云皓 赵天雪 章梁
储成龙 彭渝茜 程跃 蔡玉霜 蔡嘉雯 樊艳丽 潘华淑 黎宏健

公共管理学院

思想政治教育

于华歌 戈玲华 方小娟 王玉鑫 王红翠 王璐 王曦彧 冯丹
左文英 刘东波 孙晓蕾 吴迪 张万意 张玉龙 李亦君 李腾飞

林　琛　金　丹　洪　丹　赵瑞乾　徐春霞　常伟娜　潘　冬　潘　玲
魏　银

广播电视新闻学

于晓磊　马一禾　王丽君　王　选　王健康　王　蕾　王璐瑾　丘成祯
田　娟　白新珍　乔晓燕　吕美琴　孙淑萍　朱钱龙　朱　琳　毕娅男
张升平　张苗苗　张莉婷　张　珺　李　楠　李　雷　杨　阳　杨　柳
杨　洋　邹箬阳　陈天源　陈张维　陈苏宁　孟凡波　季　霞　钟　芝
唐婷婷　徐楚晴　柴志尚　高佳琪　崔　巍　黄晓薇　彭　丽　蒋兰兰
赖　怡　熊超群　翟明浩　蔡翔宇　戴晓艳

劳动与社会保障

马玉霞　孔德鑫　王　佳　王炳宏　王留军　王菁雯　韦秋琴　冉　霄
石雅楠　吕佳伟　孙　红　孙　微　汤　珊　宋　诚　张树强　李博飞
李　潇　李　篁　杜宏震　杨　洁　杨　翔　纳天娇　陈鸿昊　孟　瑶
罗胜帅　茅　琳　金佳龙　金明珠　皇甫姣　赵　乾　赵晶晶　徐晓萍
徐　琳　秦　群　耿　茜　顾梦莎　曾钰蓉　廖　辉　蔡成林　魏安琪

法　学　院

法学

万春静　方圆圆　王卫萍　王芳芸　王　淋　王源博　王　鑫　计玉龙
卢茂春　卢庭庭　白　玮　任宗泉　关毓成　刘　伟　刘　欣　刘　莹
刘　梦　吐尼沙古丽·托合提　孙良琪　朱马德力·卡库阿提　毕　飞　那　函
严　啸　余丽妙　吴　佳　吴坤骐　宋文波　张红娇　张丽丽　张　纬
张洞天　张晓彤　张得姗　张　鹏　李　弋　李　龙　李　杨　李美子
李晨凯　李微微　李　霞　杨　杰　沙　磊　陆婷婷　陈志翔　单超仙
周　强　罗芳芳　罗宗仁　洪　桑　胡章玮　赵晓蕊　赵海芸　凌黎慧
唐元旭　徐佳佳　徐静然　莫　静　常　虹　康　宁　梁振宇　麻惠宾
黄钟灵　黄　震　傅思伟　舒　欢　韩张莉　雷祥玉　穆　琳　薛曹春
魏立才

外国语学院

英语

万成柱　王水燕　王昊堃　王　欣　王　咪　王菁玉　王　晶　王雅坤
王瑞瑞　史　夏　叶欣源　田丰娟　石圣宁　石　莹　龙欢欢　刘　好
刘　畅　刘　娇　刘秋华　刘美英　刘　颖　孙宏宇　朱丙英　汤　瑶
何　杰　吴沙沙　张　议　张苏娇　张金东　张　青　张洁岚　张艳秋
张　莉　张惠娟　张雯凯　张　慧　张瀚匀　李小艳　李　玲　李　艳
李彬蔚　李雪虹　李　楠　杜宝儿　杜艳艳　杨自秀　汪　鹏　沈亚萍
沈　晨　苏嘉欣　邵泉媛　邹文亭　陈文鹏　陈　曲　陈丽华　陈　玢

周文雅　林洪安　林淑娴　林　琼　罗荣荣　侯　波　俞　玲　姜　晖
洪　璨　祝　婕　钟流芳　夏　婷　袁永康　曹文杰　曹　畅　曹金盛
黄宇菁　黄芳玲　黄　娟　黄蓝紫　黄静纯　韩　甜　窦　婉　阙玲花
雷衍锋　翟宁宁

机电工程学院

机械工程及自动化

丁伟朋　于业飞　于智锋　马　飞　马　闯　马　涛　马　莉　马　超
马伟杰　马晓迪　孔　剑　尹志远　尹硕辉　尹穆楠　方　菲　方桂生
王　伟　王　卓　王　亮　王　鹏　王小龙　王文洪　王旭旭　王学胜
王建军　王炜诚　王春龙　王晓龙　王淦龙　王焱荣　王靖坤　邓铠彰
邓鸿云　韦庆元　冯　欢　叶晓蒙　甘仁娟　白强本　石　波　石臣刚
石锦钰　边泽宇　龙泽波　任　艺　伏鹏程　刘　畅　刘　俊　刘　健
刘　浩　刘　莹　刘　琦　刘　程　刘　鹏　刘小庭　刘广超　刘传宝
刘多静　刘宏林　刘定法　刘明月　刘林鑫　刘鹏鹏　刘德华　吉　伟
吉华剑　吉钟岩　吉新成　吕　昂　孙　龙　孙　浩　孙一林　孙文圣
孙龙娟　孙伟泽　孙轶奇　孙晓峰　孙浚贺　孙竞男　成　龙　成开云
朱　月　朱　亮　朱　猛　朱权隆　朱晓波　朱殿锦　朴元俊　毕跃贤
汤　锐　汤　雷　纪荣成　许　炜　许　威　许素泉　闫　川　闫俊驰
齐　伟　何江权　余志华　冷玮恺　吴　林　吴　迪　吴子阳　吴海洋
吴颂曦　吴培亮　宋　亮　宋　涛　张　伟　张　良　张　奇　张　青
张　钧　张　晓　张　海　张　莹　张　硕　张　超　张　超　张　楠
张　靖　张东祥　张玉全　张伟朋　张宗辉　张建玮　张经炜　张晟恺
张新峰　李　石　李　刚　李　扬　李　杰　李　勇　李　勇　李　瑞
李伟杰　李军辉　李启东　李均传　李宝龙　李建泉　李俊林　李俊泽
杜庆武　杜昊天　杜晓鹏　杨　洋　杨　康　杨永强　杨汉举　杨茜玲
沈　怡　沈佳宁　沈佳余　沈展良　肖小万　苏召利　辛亚峰　邰吉祥
邵　飞　邵永胜　邵晓峰　邹志辉　邹鹏程　陆凯雷　陆亮亮　陈　龙
陈　亮　陈　勇　陈　晨　陈世超　陈亚军　陈明虎　陈宣霖　陈爱祥
陈锡洋　季　健　林旭舟　罗正亮　苗文杰　郁大猛　郑华伟　金芬芳
金国羡　侯　捷　俞惠丰　哈　超　姜传飞　封振中　施　进　段家载
洪　达　胡雁东　赵串敏　郝庆栋　郝珊珊　郝静岩　凌加健　唐建国
唐皆杰　夏　峰　夏新旭　徐　兰　徐　星　徐为胜　徐彤彤　徐俊伟
栗金文　殷　旭　谈江洪　郭　晨　郭海华　郭艳秋　钱桥钇　陶　宇
陶　宇　陶恩金　高　军　高士龙　崔国扬　庾海涛　曹　群　曹正锐
曹玉杰　章建超　麻　超　黄　华　黄　涛　黄文锦　黄玉华　黄凯程
黄俊鹏　彭　鹏　彭远志　曾庆友　焦进宇　葛铁群　董　江　董　彬
蒋　懋　蒋豪杰　韩小进　鄢慧文　阙龙飞　管义兵　缪云江　翟泉新
蔡　鑫　蔡勇强　谭候金　樊　彪　樊文露　颜培宇　薛　政　霍林通
魏　巍　魏静怡

热能与动力工程

丁志超　丁振洋　万　源　卫大鹏　马建磊　孔德贵　毛晟栋　王　侃

王　超	王云超	王思佳	王浠浠	邓　云	卢　建	孙　超	朱　浩
朱亦淼	朱紫彤	朱勤上	汤亚斌	汤俊龙	许显锋	吴庆洪	吴罗芳
岑晓维	张　晋	张　宇	张叔海	时蕾蕾	李晶铭	杨　昱	杨　郭
杨加龙	杨金芳	汪永振	沈晓玲	肖尹进	苏　勇	邹亮亮	陈　朕
陈　键	陈晓聪	单　进	单　姗	周　川	周冬华	林　晨	郁盛楠
南文光	姜　涛	封昌选	施　川	柳　杨	胡　鹏	赵　辰	逄　敏
倪　扬	徐　杰	徐晓岚	殷　鹏	郭天晨	顾　文	高　奇	曹　婷
曹　鹏	黄　娟	黄　磊	黄　巍	黄辰辰	黄凌诘	彭俊生	舒亦俊
葛剑晨	蒋开涛	韩华峰	鲍一明	缪碧云	蔡　毅	樊富强	滕　飞
薛　松	戴佳良	瞿成飞					

金属材料工程

丁　焘	刁金状	马佰庆	马建军	凤　叶	王　勋	王广宁	王波波
田　晨	乔晓静	刘　立	刘鹏飞	刘慧健	朱思思	江海洋	米宗恒
许晟勋	何　虎	何　青	何　海	吴泽漭	张　健	张　磊	张玉海
张宏巍	张碧波	李丹阳	李全海	杜　超	杨东青	沈　伟	沈　彬
陈　希	陈　菲	陈丽艳	陈海平	周　蕊	周龙娟	周学平	宗鹏安
房宇剑	罗智鑫	郑美林	贺顺明	赵　昕	郝运涛	倪志翔	徐云海
袁万柱	袁卫荣	郭光辉	钱星云	钱栋梁	高　旭	崔成毅	黄燎原
覃瑞森	谢　霞	熊飞飞	端传宝	缪年年	樊　毅	樊　磊	潘　三
鞠　云							

工业设计

王　圆	王玉星	王进顺	任凤敏	刘力维	刘鸿铖	向　茜	孙瑞恒
汤　凌	何润丰	张　磊	张雪晴	李　森	李　群	李世倩	李明远
李育斐	杨雪松	陈月婷	周永新	季正泉	郑　勇	郑永鹏	郑光松
施玉超	胡　森	徐　云	徐　聪	徐进东	崔　立	曹　迪	曹一浪
黄　尧	黄　俊	黄海旭	龚　遐	彭传帅	詹　盛	廖水利	缪晓伟
薛　晴	霍晓轩	魏　陈					

数字媒体艺术

孔　超	尹晨光	王　珣	王星星	王皇文	王语君	史李慧洋	石英杰
任海彬	孙　悦	孙秋红	成　敏	许笑天	吴彦楠	张　茜	张　媛
张　慧	张玉涵	李　荣	李　晗	李向飞	李凯英	李俊贤	李琼芬
杨智皓	汪贻龙	周　超	房玮琦	郑祥龙	金明龙	金晨奇	唐　政
夏立国	徐　欢	徐艺玮	徐洁玉	徐晓艳	徐晶晶	曹　娟	彭美欣
景佳喜	鲁　鹏	裴慧敏	瞿师杰				

计算机与信息学院(常州)

通信工程

万里鹏	于开龙	马　聪	马国玉	王　立	王　驰	王　林	王　茜
王志卫	王保江	王剑南	王雅东	仝　晓	冯克林	卢　浩	叶小刚

田宇 白维维 石兆全 刘杰 刘焕凤 夷宁 孙晓燕 庄岩浩
朱浩 朱睿 朱欣辉 朱倩倩 许永兴 严晓健 何靖 吴哲明
宋宇 张倩 张翔 张超 张辉 张正林 张亚威 张贵湖
李丽 李苇 李雪 李鹏 李永强 李红芳 李沙沙 杜守洋
杜鹏程 杨波 杨腾 杨曦 杨宏艳 沈媛 肖敬伟 邵珣
陈肖 陈亮 陈喜林 陈德志 周浩 周征宇 周亮基 孟雨
巫鹏 欧阳明垄 郑玥 郑哲骁 金来福 南向明 姚华龙 姜慧
娄劭旭 客东方 施铃泉 胡渊 费裕峰 贺旭升 赵弘 赵超
赵倩倩 赵海天 钮健 唐天圆 奚健 徐昕 徐兵兵 徐志燕
徐学九 徐明岗 徐玮绮 郭静 钱杨 钱佳 钱媛媛 巢佳
曹静波 彭辉 焦一平 葛琳 葛大可 蔡安亮 樊学辉 潘天娇
霍子剑 戴燚 糜靖峰 魏玲 魏磊祥

自动化

马倩 文必胜 王军 王洋 王哲 王世涛 王晓波 王婷婷
韦光风 韦荣煜 付聪 代维 叶溜 石勃威 刘飞 刘环
刘蕊 刘方旭 刘付占 刘金亮 孙浩 庄名豪 朱岭 朱玉伟
汤国军 祁兴华 许小彬 闫乐 余红润 吴俊 张敏 张雪
张鹏 张毅 张鑫 张中鹏 张可君 张宇光 张建强 张振兵
张晟骁 张爱东 张银川 张鹤馨 李明 李波 李彧 李澍
李国亮 李慧霞 李鑫森 杨益 杨正文 杨玉正 杨清松 杨嘉骏
汪珩 沈浪 沈璁 肖磊 苏玉 苏瑞 苏秋卫 邵通广
邹爱龙 陆明芳 陈浩 陈上豪 陈望舒 单咸浩 周伟 周泉宏
尚仪 侯世玺 查文琦 胡凯 胡巧玉 胡金坤 贺信 赵陆军
唐伟 夏维亮 夏琦舲 翁玮 袁鲁海 贾明明 郭鑫 郭卫中
钱九龙 钱玉婷 钱洋洋 顾丽萍 高劲 崔永东 常剑峰 曹坤
梁奇伟 隋建凯 程雨 程晖 程珈芫 葛遒 蒋顾超 韩涛
靳维 谭刚 谭放 谭超 潘婷婷 潘惠惠 薛慧霞 濮冬生
魏振南

电子信息工程

丁振文 于小星 马其 马腾 马蓉 仇培东 方兵 王勇
王瑾 王文良 王兴龙 王庭光 邓靖璇 付祖义 代继龙 冯鹏
冯艳钦 卢晓妹 史可 平正海 石浩鹏 任珂苇 刘跃 刘君君
刘国强 朱杰 汤登程 许钦 邢鑫 严鑫伟 余荣佳 吴骏
吴克成 吴德浩 宋加才 张伟 张凯 张恒 张峰 张浩
张楠 张颜 张薇 张宏亮 张明明 张相映 李翔 李睿
李仁洁 李光云 束代群 杨佳 杨洪伟 沈洁 沈瑞龙 陆浩杰
陈杨 陈士妹 陈光敏 陈德金 周哲 周雪 周兴平 周成虎
周健华 周彩锋 孟东阳 孟祯琪 官绪斌 林彦超 郑宏伟 冒从进
姚原青 施阳 费雯靖 贺捷 骆常见 凌旺 唐潇伟 郭惠
郭雷 郭发勇 钱春迪 陶磊磊 顾慧 顾天龙 高雅婧 崔积峰
黄静 黄兆鑫 傅蕾 傅嘉玮 程宝龙 谢铁杰 窦豪杰 管武源
臧川 蔡俊 蔡袁静 潘超 霍德荣

计算机科学与技术

丁立新　毛辉杰　王勇　王胜凯　王祥忠　王鹏皓　丛亮平　白渊
任顺利　刘志虎　刘良良　吕源　牟海峰　何知洋　宋杰　张军
张正南　张宝川　李雷　李澄　汪凯晨　沈赛赛　贡华　陆相成
陆梦姣　陈峰　陈群　陈磊　周益品　范辰　侯振东　倪立显
徐帅　徐敏杰　钱潇铖　顾灏　康智强　梅哲　盛震宇　黄炳蔚
黄晓辉　程胜　褚春仪　樊杰　魏旭

电子科学与技术

丁英奇　于东　于军　马远　马涛　马昌兴　尹海峰　王康
王天辰　王雪亮　丘彬　冯凌霄　卢军　田风云　伍银丽　刘壮
刘娜　刘悦　刘磊　孙宝建　朱孔斌　朱守喜　吴孟　吴世梁
吴亚东　吴跃春　张敏　张中梅　张平平　张正文　张振杰　张道凤
李彤　李奇　李玺　李克东　李朋亮　李炳绪　李爱春　李福林
杨溢　苏宇　邱晨阳　陈琛　陈光明　陈佐德　陈昌印　周晓
周益峰　尚修智　欧阳鑫　苗延　姜建　柯常棣　段志伟　赵灿星
徐文文　徐佳峰　桂源　顾俪莉　曹哲玮　葛峰　蒋国立　谢金燊
樊斌峰　潘李云　霍政界

商学院(常州)

会计学

万倩　马金龙　毛鉴　王伟　王其　王莹　王璇　王炎炎
王家栋　王珮斐　王雪萍　邓颖　邓静静　兰鑫　包娜　史维昊
田祁伟　田辰浩　申晓倩　石艳兰　乔婷　刘朵　刘昱　刘建星
刘炳姣　朱杉　汤亚玲　邢潇方　阳文龙　宋家远　张明　张原
张莲　张博　张淼　张士萍　张兴苗　张辰晨　李芸　李婕
李文静　李雨生　李思玥　李梦琦　杜景　杨欣怡　杨晓琳　杨斯薇
汪洵　沈佳丽　沈燕丽　肖国英　苏晓红　辛有海　陆君昱　陈旭
陈玮　陈慧　陈月娥　陈玉亭　陈华燕　陈许龙　周灵　周健
周梁　周东津　周胜男　林乐欢　罗钦敏　范玉扣　郑龙　郑悦
郑亚伟　金鑫　金红香　姜萍　姜璐　姜媛媛　查国龙　胡传超
胡佳平　贺方园　赵宇　赵玉娇　赵伟伟　赵廷飞　赵宝霞　赵凌云
钟嘉如　倪鑫辉　凌晓莹　唐芳　夏炜　夏月圆　夏正海　徐红玲
徐张欢　秦静　秦晓婧　贾翔亦　钱友运　顾海霞　高云　崇誉凡
崔晓姣　常烃　曹芳　曹群　梁博　黄凯　黄煜　黄会敏
黄朕晨　黄雅丽　彭融　彭易捷　曾娟　覃丽思　赖金佳　管徐祎
蔡义建　谭程　潘燕　戴佳贝

国际经济与贸易

丁娟　丁炜江　于敏　马昭洁　马强强　马韶晨　仇艺　王卉
王帅　王芳　王岳　王莹　王强　王燕　王大喜　王玉龙

王宇光	王何维	王若馨	王富丽	乐　咏	卢静羽	史燕萍	平　芳
石玉丞	任　君	刘　佳	刘　凯	刘　健	刘彩云	刘琳琳	吉文采
吕　甜	吕　婷	吕玉莲	孙　瑜	孙晓慧	孙慧颖	孙鑫沛	朱红平
朱明锋	汤　燕	何鹏程	吴星梅	吴鸿熠	张　宁	张　琛	张　翔
张　朦	张文轩	张永鑫	张玉葵	李　佳	李　婉	李　楠	李忠艳
李明帆	李若茜	杨　飞	杨小龙	杨金凤	杨祝珍	杨鑫鑫	沈先宇
狄思吟	邵　健	邹龑晨	陆　静	陆小燕	陈　龙	陈　腾	陈　璐
陈　曦	陈丽娟	陈陆滢	陈贤艳	陈思羽	陈晓华	陈晓霞	陈潇萌
陈静波	周月雯	周彬彬	孟　刚	居　菁	范仁刚	郁　晓	金　珂
侯振楠	姜润声	施　昱	胡玲玲	胡潇匀	胥龙平	费　芳	费　洪
赵　威	赵　菡	赵丁璐	赵可人	赵雨晗	郝　壮	骆焕彬	唐　星
夏甜静	徐　豪	徐彩亚	莫卫奕	莫玉娟	袁亚晶	钱子阳	戚广超
曹　雯	梁　娇	章耘韬	黄　昊	黄　河	黄志光	童尔立	葛宇婷
蒋　纯	蒋丽娜	雷雄伟	蔡　艳	蔡小勇	樊小敏	滕　涛	滕维佳
穆云云							

信息管理与信息系统

丁　毅	刁成杰	尤小杰	王　倩	王　超	王兴利	王建龙	王晓幸
王媛媛	王锐锋	叶　航	叶亚妮	石　美	刘　洋	刘　锐	刘军波
刘桂云	孙　佳	孙　浩	孙叶彬	安　旭	朱益丽	汤　立	纪慧敏
许华斌	吴天元	吴冬云	宋林博	张　玮	张　茜	张　磊	张　霖
张方旭	张吉红	李　灿	李　娟	李　斌	李圣刚	杨立娜	杨红霞
杨晓敏	杨莎莎	杨静静	苏晓鹭	邵　旭	邵　露	陈冬浩	陈佳音
陈星宇	周　辰	周龙飞	周章林	林　东	郑　盼	娄　娅	施陈江
查恩然	赵　宁	钟海军	骆　锁	徐世红	秦　飞	袁铭烨	贾　璐
钱国军	顾　勇	崔志娟	常　娜	章天宇	黄江军	舒巧龙	董慧梅
蒋　越	谢承真	谢帮强	韩立志	窦　李	雷　波		

工商管理

马晓晶	卞建龙	王兆亮	王朝升	乐　欢	冯　超	冯　磊	包　青
白　奕	任琳琳	华旦丹	孙宝龙	孙星园	成中林	张　洁	张　娣
张方虹	张坚灵	李　博	杨　磊	杨杰元	杨　婧	杨琳波	汪　俊
沈　磊	芦丁成	陈　雪	周　航	周　琳	季　峰	林　磊	俞晨雯
胡旸阳	胡晓伟	郝晓琳	闻　茗	夏林超	席飞龙	徐　丁	徐　晶
徐张慧	袁立明	顾　湘	顾晏溢	高轲栋	章嘉俊	黄　大	黄金芳
龚洁友	彭　越	董立兴	董华扬	蔡文艳	潘泽心	颜　霖	戴雪滢

2011 届本科结业生名单

丁　鑫	丁海飞	卜明玉	万海浪	万铭佳	马　杰	马运峰	马翔辉
巴哈迪尔·乃吉米丁		毛　茅	毛凯蓉	水瑜康	牛钊毅	王　龙	王　星
王　清	王　腾	王开群	王文龙	王文彬	王东博	王宇辰	王旭彤
王金雷	王非易	王春雨	冯志成	冯金林	卢伟亮	叶　龙	帅富锦

甘洪波　买买提·木合塔　关重阳　刘平　刘阳　刘毅　刘鑫
刘大庆　刘文成　刘发礼　刘亚洲　刘劲松　刘松松　刘泽阳　吕文龙
孙昊　孙喆　孙北鹤　孙泽星　孙品杰　戎杰　朱江　朱岱
朱成铭　朱辰晨　朱国栋　朱星晨　汤开　祁有鑫　许凡　宋世鹏
宋宇飞　宋建宇　库兰·特孜木汗　张东　张帅　张岸　张欣
张望　张雯　张毅　张允林　张长文　张议元　张成龙　张宏亮
张晓敏　张海龙　李阳　李凯　李枭　李勉　李鹏　李天一
李昊晨　李晓菁　李鹏飞　杨帆　杨阳　杨泉　杨超　杨宇聪
杨岱洲　杨晓轩　杨懿峰　沈依达　沙晓杰　肖俊　肖笛　肖孟磊
花春　辛光明　邵长安　闵闯　阿旺次仁　陆龙　陆苏杭　陆振华
陈钊　陈炜　陈洋　陈湘　陈鹏　陈亚飞　陈福兵　陈璟晗
单波　周成　周侠　周航　周子翔　周明睿　周晓明　周晓亮
林杰　林为泳　罗江洪　范哲　郑锐　金蔚琦　侯国强　南国栋
姚远　施洋　施邢欢　施进成　贺佳奇　赵元鹏　赵宏达　赵金赛
闻钧　饶建强　唐成存　夏松涛　徐冬　徐帅　徐强　徐开平
徐世斌　徐正伟　徐玉凡　徐宝丰　徐浩然　徐爱卿　海庆义　秦程鹏
莫非　袁吉祥　贾坤　郭永旺　郭永晟　顾涛　顾掀伟　高成
高羽　高鲲　高羽辰　康鹏　曹学文　梁萧　黄凯　黄城
黄斌　黄劲帆　黄家宝　龚敏捷　惠军绪　曾俊　游智湧　焦梓楠
葛树立　蒋鹏　谢睿　谢伟巍　虞明晖　褚鹏程　缪司琪　缪泽渭
蔡宇　蔡新杰　裴锋　德尼斯　潘文杰　薛智慧

2011年结业生换毕业证人员名单

丁海飞　卜明玉　万海浪　于洋　马杨　马杰　马志远　马运峰
马翔辉　巴哈迪尔·乃吉米丁　毛茅　水玉涛　王荣　王浩　王龙
王扬　王星　王文龙　王东博　王贞贞　叶爱存　帅富锦　刘波
刘裕　刘豪　刘亚洲　刘丽莎　刘劲松　华奕辰　吐鲁洪·艾买尔
孙昊　孙北鹤　孙品杰　师小敬　戎杰　朱永生　朱成铭　朱辰晨
朱国栋　朱星晨　朱焕然　朱霈原　江鹏飞　汤开　祁有鑫　许凡
许有斌　阮俊　阮受权　何川　吴磊　宋世鹏　宋建宇　岑家全
库兰·特孜木汗　张宏亮　张高峰　李枭　李傲　李洪达　李晓菁
杨阳　杨泉　杨仁涛　杨铁凡　杨晓轩　杨懿峰　沈杰　沙晓杰
肖俊　肖笛　苏建法　邱欢　闵闯　陆振华　陈云　陈洋
陈喆　陈鹏　陈亚飞　陈福兵　陈璟晗　周勇　周子翔　周晓亮
房洪光　罗恺　罗江洪　范哲　郑健　侯国强　南国栋　姚远
姚圣煜　施进成　胡钊坤　贺佳奇　赵元鹏　赵金赛　倪建强　徐强
徐冬　徐宝丰　莫非　贾坤　高羽　高奇　屠埔嘉　康鹏
曹西双　梁敬杰　隋音浩　黄凯　黄斌　傅峥嵘　惠军绪　游智湧
焦梓楠　程强　程健飞　蒋宝庆　谢睿　谢伟巍　韩瑞　虞明晖
蔡新杰　裴锋　樊纪江　燕为

2011年补授学位名单

丁 煮	卜明玉	万 羽	万海浪	马 杰	马 杨	马运峰	
巴哈迪尔·乃吉米丁		毛 茅	水玉涛	王 龙	王 旭	王 星	王 扬
王 辰	王文龙	王东博	王贞贞	王泓浩	王 荣	王 浩	宁 殷
帅富锦	石心蕊	任蛟赟	刘 栋	刘 裕	刘亚洲	刘丽莎	刘劲松
刘君君	刘 波	华奕辰	吐鲁洪·艾买尔		吕 涛	孙品杰	师小敬
朱永生	朱成铭	朱辰晨	朱星晨	朱焕然	朱霈原	江鹏飞	汤 开
许 凡	许有斌	阮 俊	阮受权	吴 昊	吴 磊	宋世鹏	岑家全
库兰·特孜木汗		张宏亮	张高峰	李 枭	李 傲	李 欢	李洪达
李晓菁	杨 泉	杨洪伟	杨铁凡	杨晓轩	杨懿峰	沙晓杰	肖 俊
肖 笛	苏建法	邵金钟	闵 闯	陆 阳	陆军祥	陆佳伟	陆振华
陈 喆	陈 鹏	陈 旭	陈小飞	陈正鹏	陈亚飞	陈 宇	陈福兵
陈璟晗	周子翔	周 勇	周 鑫	房洪光	易卓文	罗江洪	范 超
范 哲	范俊杰	郑 健	金寅琪	侯国强	姚 远	姚圣煜	姜 辰
施进成	贺佳奇	赵元鹏	赵金赛	赵 超	赵瑞鑫	倪建强	徐 冬
徐宝丰	莫 非	贾 坤	郭 辉	高 羽	高 奇	屠埔嘉	康 鹏
梁敬杰	隋音浩	黄 凯	惠军绪	游智湧	焦梓楠	程 强	程 雨
蒋宝庆	覃超岁	谢伟巍	虞明晖	漆 云	裴 锋	颜 瞳	

2011届继续教育毕业生名单

函 授

法学(专升本)

卢 娟

机械设计制造及其自动化(专升本)

丁丽萍	万 薇	王 芳	王燕玲	刘 娇	朱海燕	吴光辉	吴雪丽
李 艳	肖前进	陆永飞	陈 杰	姚 红	姚 杰	钱明祥	韩 阳

机械工程及自动化(专升本)

丁 虎	丁海军	于 剑	马 飞	马宇岚	马 淼	马静东	王二辉
王小娟	王宇飞	王忠全	王 诚	王 前	王 猛	王 瑞	王 静
邓清化	田远征	任启凤	刘 军	刘 强	孙军伟	孙 滨	许小刚
许 涛	闫怀南	何文勤	何 英	吴 欢	吴振宇	吴 斌	张东宁
张旭哲	张国强	张勇俊	李立强	李明成	李晓群	李根立	李涛涛
李崇聪	李 淘	杨四强	杨红贯	沈 伟	陆好洁	陈小亮	陈超辉

单惠标	周忠毅	於孝明	范友杰	茅　奇	施春城	胡东风	赵浩忠
赵　晶	骆利中	唐　霞	奚国文	徐竹香	徐　明	徐　雷	徐　燕
栾仲彦	殷书军	殷晓春	秦　莲	郭继波	郭　超	顾启明	高　飞
高永升	高洪艳	戚月珍	戚可道	曹桂云	黄顶峰	蒋陆丰	蒋季伟
管小莉	蔡芒俊	蔡学志	薛　浩	濮娅丽			

电气工程及其自动化(专升本)

丁世平	丁会荣	干魏魏	马丽洁	马海珊	方　利	木培武	毛圣铭
毛华匡	毛盛莲	王护生	王芳霞	王　威	王　炯	王　乾	王富雄
丘中岳	冉光兰	叶　蓉	石晓光	任　杰	刘　丹	刘冬梅	刘建光
刘　俊	刘琦品	华慧清	吉春艳	吕开云	吕莎莎	吕新梁	孙增军
朱川芹	江致成	汤佳涵	严李芹	何于凯	何文贵	何灵子	余春海
吴小伟	吴达灵	吴　杰	吴金荣	吴璟璐	张永健	张　立	张亚霞
张　宇	张　锦	张　霞	李卫权	李云学	李文锐	李王晓	李华超
李志宏	李连昌	李宗蔚	李幸利	李建斌	李绍凤	李绍忠	李胜英
李晔川	李　清	李菊花	李银平	李雪杨	李　琴	李瑞云	李德姗
李德强	杨文武	杨文超	杨宇婕	杨江梅	杨　芬	杨明义	杨金柱
杨　俊	杨春丽	汪银春	汪婷婷	沈　毅	沈聪花	肖　安	邱冰兵
邱丽霞	邱琳芳	陈一明	陈宏挺	陈坤鑫	陈　思	陈维伟	麦家豪
周小萍	周付兵	周延平	周　波	周　俊	和志聪	和颂泽	和　跃
和斌全	和雄全	林俊杰	练美君	罗廷会	罗成春	罗宏坤	罗班达
罗班慧	罗艳良	罗新荣	罗德升	英自才	范俊杰	郑　钧	查廷昌
祝和铁	祝春荣	祝　超	荼娟娟	赵文兴	赵志兰	赵建成	赵金美
饶春林	凌庆兵	唐　娟	徐世杰	徐冰封	徐　圳	袁信朝	袁鹏程
郭土德	郭文宏	郭　勇	陶庆国	密晓宝	曹艳群	梁朝惠	麻为群
黄建华	黄崇宝	黄章顺	黄　喆	傅月江	傅明华	童裕军	葛少泽
葛建龙	葛新宇	韩达芳	鲁丙子	鲁治光	简利胜	雷　徐	缪文龙
翟永生	蔡　宙	潘丽萍	潘建敏	穆琳谙			

计算机科学与技术(专升本)

王军荣	王　华	王明君	史秋硕	史　超	刘云川	刘　洋	刘　慧
孙　婷	许　斌	张　昊	李　艺	李徐澄	汪建绩	陆丽萍	陆　晔
宗　培	徐　纬	徐　栋	钱　程	斯　晋	曾　洋	董星君	韩　朕
蔡家昌							

土木工程(专升本)

卜雪梅	尤佩佩	文德萍	王义兵	王　刚	王如亮	王　杰	王　娟
王　浩	王　鹏	韦　伟	付桂生	仝　飞	冯国保	包云辉	龙志勇
任亚东	刘　丹	刘　伟	刘盼盼	吕芳蕊	孙小列	庄　菲	朱韵诗
汤晓京	汤海洋	祁亚东	许　军	许宏伟	何超琼	余　波	宋　建
张小刚	张玉金	张光华	张灵永	张苏波	张春鹏	张美琴	张海峰
李书彬	李丽君	李建平	李承恩	李　昌	李振国	李晓明	李　辉
李　磊	杨永刚	杨安良	沈　涛	羌军杰	肖　玮	邵光银	陆东豪
陆建雄	陆浩奇	陆　维	陈大帅	陈刘学	陈佳宏	陈建华	陈　诚

陈美娟 陈 程 周 进 周 莉 岳 成 武云云 郁 超 郑 旭
郑春雅 柯建峰 段世辉 胡 磊 荀俊杰 赵方军 赵 鹏 赵赛红
钟国宏 须 菲 徐 毅 晁志义 秦晓春 耿培帅 莫华军 袁 丽
贾 健 钱友建 钱传俊 钱 智 陶云平 顾 文 顾晓君 高 翔
崔一丁 康 林 曹有利 曹志邓 梁 艳 梁培文 黄永成 黄呈伟
黄佳成 黄 健 曾庆伟 董红松 蒋 晗 蒋 鼎 韩俊国 韩春兵
韩洪洲 韩祝斌 穆倩羽 魏本中

水利水电工程(专升本)

丁于芳 丁文渊 丁正凯 丁玉岭 丁 刚 丁 剑 丁 莹 丁 琪
丁嘉林 刀承坤 万长生 万志栋 上官水萍 于 飞 于目刚 于智胜
马庆喜 马利丰 马沙沙 马 俊 马俊敏 马娜娜 马 彪 马晓燕
马海滨 马继东 马 莉 马 博 马 强 马 超 马瑞蕾 仇士阳
区锦锋 孔 引 孔祥郃 孔彬彬 孔 超 尹元礼 尹加良 尹自令
尹艳辉 尹 辉 巴 文 扎西达瓦 文小忠 文 辉 方 文 方国华
方 迪 方 磊 毛双军 牛之雷 牛丽萍 牛 栋 牛 聪 王卫森
王小虎 王小家 王广林 王 飞 王中正 王丹娜 王书香 王日茹
王毛毛 王艺洁 王 东 王正品 王永红 王永霞 王亚平 王亚威
王亚娟 王亚鹏 王 伟 王先芹 王 军 王列挺 王向星 王在升
王庆龙 王 朴 王江龙 王江涛 王丽芳 王 启 王宏光 王宏亮
王志伟 王志雄 王秀枚 王 芳 王运庆 王运强 王佩佩 王侃之
王宜发 王 建 王建斌 王明江 王 杰 王 杰 王欣晨 王 波
王绍山 王雨春 王 剑 王 威 王 娜 王 峥 王峥岩 王彦奇
王思维 王思霖 王恒旭 王洪飞 王洪涛 王洪新 王祖华 王秋鹏
王贺卿 王乘风 王 振 王振岩 王 晓 王晓文 王桥万 王海防
王 涛 王爱军 王积森 王笑义 王 艳 王彩宁 王清颜 王绪正
王 萍 王银钢 王银艇 王隆博 王惠杰 王斯达 王景绍 王 超
王 辉 王辉非 王 锋 王 勤 王瑞乐 王 靖 王鹏飞 王鹏程
王嘉文 王慧卿 王 震 王 霞 车文海 邓泽洪 邓竣文 邓福玲
付小伟 付永胜 付红波 付 涛 付德红 代利利 代苏田 代 强
兰国振 冯书庭 冯自祥 冯志刚 冯志斌 冯 彦 冯振谊 冯翠英
包小红 占达鲁 卢小明 卢乐赟 卢先国 卢建宇 卢 波 卢俊昌
卢 峰 卢喜萍 卢 辉 厉永成 台震冰 史立明 史传祥 史刚乾
史 丽 史志峰 史海剑 史新义 叶永波 叶伟航 叶启盛 叶俊仪
叶柳青 叶浩铟 叶海伟 叶雪艳 叶超斌 司丽凯 尼伦娜 尼玛此里
左 江 左冠新 左 娜 布旭寰 旦 增 玉 罕 甘莉娜 田卫军
田建军 申晓波 白国才 白忠洋 石 韧 石岩岩 艾伊昌 龙羿江
乔 宇 乔瑞森 乔 雷 任云鹏 任 波 任柯錡 任海霞 任瑞君
伍炳生 关晏君 关 震 关 攀 刘小芬 刘小琦 刘丰收 刘文涛
刘方方 刘 艺 刘 宁 刘 伟 刘 伟 刘再波 刘 冰 刘 刚
刘华亮 刘 红 刘红侠 刘红梅 刘红掌 刘 冏 刘 妍 刘宏涛
刘志龙 刘芳明 刘 佳 刘其发 刘国旗 刘 岩 刘建兴 刘建存
刘建芳 刘建勋 刘忠杰 刘 杰 刘 俊 刘彦国 刘春霞 刘荣生
刘 音 刘 倩 刘徐磊 刘振华 刘晓玲 刘晓盼 刘晓娟 刘桂金

刘浩希　刘继峰　刘婧茹　刘雪峰　刘敬科　刘裕垤　刘裕钧　刘　超
刘雅菊　刘鲁光　刘　影　刘德书　刘露庭　吉　巴　向国荣　吕　圣
吕刘其　吕　杰　吕　振　吕晓东　吕晓艳　吕桂梅　吕艳兵　吕雯雯
孙光磊　孙全宗　孙华助　孙建云　孙诚焉　孙顶胜　孙春桃　孙树阳
孙树林　孙　娟　孙晓学　孙新来　安志刚　庄国柱　庄　南　成庆荣
曲红乐　朱飞军　朱少杰　朱文娟　朱冬冬　朱宏敏　朱志勇　朱金猛
朱胜浩　朱荣超　朱健江　朱振国　朱晓垒　朱晓琛　朱毅民　朱　磊
朱　燕　朱攀登　毕友德　毕　恒　江大华　江小亮　江伟安　江迎辉
江　明　江　夏　江　源　汤发明　汤　伟　汤利杰　汤　金　汤剑烨
祁长春　纪惠强　自学昌　许大荣　许冬冬　许先彩　许江豪　许建伟
许姝芳　许　峰　许　斌　许　雯　许增扬　邢　伟　邬佩佩　闫　伟
闫志勇　闫　强　闫　斌　闫慧婷　阮创奇　齐龙滔　齐年龙　齐志巍
严志明　严　玲　何开军　何王裔　何旭斌　何　兵　何志泓　何国玮
何国强　何　珊　何　婧　何　超　何新华　余士永　余　欣　余金芳
余俊鑫　余彦政　余绵德　余媛媛　吴伟明　吴伟武　吴华安　吴　旭
吴其珍　吴建来　吴　秉　吴英琴　吴　迪　吴春晖　吴秋月　吴恩成
吴桂芬　吴鸿坤　吴朝阳　吴巍巍　宋正发　宋亚男　宋学虎　宋　武
宋　波　宋环涛　宋金涛　宋恭真　宋晶美　宋　楠　宋锡鑫　宋　巍
张二伟　张力鹏　张　飞　张飞飞　张中祥　张　为　张元朝　张文彦
张　丙　张　帅　张永丽　张永祥　张汉涛　张玉波　张　甲　张立江
张　闪　张亚宁　张伟伟　张伟明　张传河　张军华　张军志　张军凯
张　冰　张　华　张宇明　张宇峰　张　迅　张丽丽　张　兵　张　兵
张君彦　张宏伟　张　灵　张　芳　张　钊　张陆平　张国跃　张　坤
张坤鹏　张宝山　张宝忠　张宝贵　张建分　张忠瑞　张明春　张林飞
张　波　张　波　张　波　张　炜　张金田　张　勇　张　勇　张勇智
张春香　张　泉　张　洁　张玲玲　张美贤　张胜杰　张贺强　张阁阁
张顺治　张　峰　张振龙　张　晟　张浩游　张海中　张海玉　张　涛
张素荣　张　艳　张艳伟　张　莉　张莹健　张莹莹　张培毅　张捷敏
张维华　张鸿鹏　张　博　张富斌　张　强　张景春　张超锋　张　辉
张　辉　张雅玲　张新亮　张新源　张　楠　张　楠　张　源　张照明
张　颖　张鹏飞　张睿君　张碧胜　张　静　张静佳　张　磊　张　蕾
张璨黎　李　丁　李万军　李小波　李小将　李小玲　李　川　李　广
李广杰　李丹丹　李文文　李文东　李文伟　李文前　李方朋　李月媛
李东亚　李仕伟　李冬冬　李　宁　李巧玲　李帅培　李　平　李永花
李永莉　李永强　李永赞　李玉娟　李石磊　李亚东　李兴国　李向东
李多荣　李安庆　李庆波　李旭辉　李　丽　李克彦　李　君　李宏斌
李志成　李志鹏　李志鑫　李怀国　李沛善　李　灵　李　佳　李典愚
李坤佺　李坤明　李学东　李宝国　李　建　李建华　李昌玉　李明波
李　波　李　金　李金辉　李　勇　李　勇　李　南　李彦辉　李　洋
李洪涛　李秋瑾　李荣权　李夏炜　李振东　李晓林　李晓娜　李晓娟
李晓辉　李浩鹏　李素清　李艳芳　李陶磊　李高鹏　李得龙　李淑萍
李清霞　李　理　李盛楠　李媛媛　李　强　李　斌　李　斌　李　斐
李景岩　李　朝　李　辉　李　辉　李　雷　李鹏彬　李　豪　李静芳
李　韬　李德明　李　璇　李蕙竹　李震亚　李颜村　杜伟航　杜华群

杜　红　杜贞其　杜俊超　杜春林　杜雅琪　杨卫江　杨小平　杨小成
杨小湟　杨云剑　杨仁委　杨从定　杨长锋　杨　平　杨伟麟　杨　光
杨光志　杨　帆　杨　红　杨克强　杨克强　杨宏武　杨肖肖　杨宗儒
杨昌色　杨　杰　杨　松　杨　波　杨　波　杨　勇　杨　玲　杨　珍
杨美洁　杨荣双　杨倩吉　杨家娟　杨　桂　杨桂萍　杨　涛　杨　涛
杨　莉　杨　莉　杨　敏　杨　谋　杨　斌　杨　群　杨　鹏　杨　漫
杨　鑫　杨　鑫　汪　龙　汪克广　汪忠泉　汪烈平　汪寒冰　沈玉叶
沈　宇　沈志贤　沈国锋　沈振安　沈晨瑶　沈越峰　沈　雷　沐晓萍
肖　飞　肖孟富　肖学伟　肖楚健　肖瑞青　苏山波　苏飞飞　苏伟健
苏志强　苏建广　苏建玲　苏　容　苏桂彬　苏海花　苏　晶　苏　鹏
谷　坛　谷志强　谷晓亮　辛雨桐　辛　禹　部鹏举　邵王佳　邹子方
闵　超　阿　主　陆　亮　陈大伟　陈小玲　陈　云　陈友林　陈文峰
陈玉成　陈伟灵　陈　刚　陈　华　陈庆括　陈　旭　陈有明　陈红峡
陈　宏　陈应荣　陈志文　陈志法　陈志峰　陈　味　陈国栋　陈建华
陈忠伟　陈　昊　陈明宝　陈治情　陈英世　陈金红　陈俊华　陈俊杰
陈俊涛　陈　春　陈炫地　陈　炼　陈祝廷　陈荣贵　陈　候　陈健美
陈健辉　陈家声　陈振威　陈　浩　陈海奇　陈海峰　陈爱国　陈益同
陈祥顺　陈　翀　陈艳芳　陈高鹏　陈　敏　陈敏琪　陈　曼　陈清琳
陈章魁　陈　铭　陈　婷　陈　程　陈微波　陈　颖　陈慧聪　麦树锋
依香温　单卫国　单　良　周仕春　周永刚　周　龙　周有龙　周红良
周红梅　周　沛　周国润　周宗飞　周官松　周建广　周明俊　周治郅
周若武　周郁文　周　荣　周晋海　周维平　周晶晶　周楚涛　周锦润
周鲜洋　周黎辉　周　鑫　呼建林　和群喜　和　毅　孟令雁　孟庆豪
孟　阵　孟校禾　孟海南　孟嫩娜　季彬达　宓波峰　官从思　尚之坤
尚加梅　尚亚兵　尚　郢　屈永耿　屈在伟　屈武国　岩　瑞　岳宗慧
岳　朋　岳顺强　岳皓翔　庞东磊　庞艳娜　庞斌斌　拉巴扎西　拔丽萍
明晓光　林冬新　林加波　林圳锋　林　汛　林陈统　林定鑫　林　杰
林　峰　林桂平　林爱军　林梦雅　林维仁　林　强　林　晶　林棉涛
林慧先　林镇雄　欧阳洁　欧阳博　欧阳锋　武利江　武肖莉　武振涛
武　婧　武朝辉　油俊巧　竺丽锋　罗仕波　罗加贵　罗　旭　罗　晔
苗玉莉　苗爱胜　苗　辉　范国涛　范国鹏　范瑞睿　范靖豪　郁　轲
郑　文　郑方方　郑　伟　郑　欢　郑丽颖　郑　凯　郑建花　郑家伟
郑晓峰　郑海靖　郑爱丽　郑　超　金华玲　金　红　金君辉　金志恒
金　玲　金海珍　金崇国　金　琛　金　韬　侯山鹰　侯金玉　侯晓斌
侯晓新　侯　钰　俞　汇　俞丽梅　修翅飞　哈　岭　姚凤娟　姚　伟
姚红帅　姚红涛　姚　玮　姚峻峡　姚振杰　姚培鸿　姚辉煌　姜丹丹
姜纪宏　姜　振　姜海华　姜　烨　宫宝军　施东松　施　满　柯　莉
柳彦胜　柳　鹏　段向霏　段林叿　段　赟　洪　舟　洪　杰　洪爱丽
祝　娟　绞淑仙　胡方立　胡　月　胡生宏　胡伟力　胡存和　胡志国
胡志强　胡国奇　胡海浪　胡　涛　胡　斌　胡　琛　荣守伟　要帅威
费金国　贺春雷　贺　斌　赵卫芬　赵子明　赵小刚　赵中魁　赵　云
赵帅斌　赵本建　赵　立　赵兴叿　赵　旭　赵吴琴　赵志欣　赵　佳
赵国斌　赵　茜　赵莉溶　赵　悠　赵喜平　赵　尊　赵雅芳　赵腾飞
赵碧桃　郝伟东　郝丽红　郝朝兵　郝　磊　钟志辉　项　云　项全飞

项松苗	项祖云	骆　丞	骆金伟	倪立建	倪晓松	凌　军	凌　勇
原斌斌	唐　山	唐　昕	唐贤祥	唐洪火	唐赛科	夏文旭	夏荣平
席文燕	徐伟阳	徐　军	徐丽丽	徐利辉	徐昌栋	徐　亮	徐　俊
徐　威	徐娅莉	徐　挺	徐　哲	徐　涛	徐艳萍	徐彬彬	徐　斌
徐　睿	徐鑫臣	晁向阳	晁岳桦	柴玲玲	桂　耀	桑利雄	桓新华
殷水花	殷世平	殷张斌	秦亚峰	秦旭琴	秦丽平	秦　波	秦　强
秦慧芳	秦　磊	索朗曲珍	翁晓霄	聂芳芳	聂新桂	聂鑫鑫	莫　非
袁万玲	袁久斌	袁　方	袁宏莉	袁　坷	袁　杰	袁海燕	袁素娟
贾传刚	贾全好	贾国庆	贾金鹏	贾　锋	郭二涛	郭飞飞	郭尹平
郭永生	郭立群	郭志伟	郭忠林	郭　剑	郭相有	郭海旭	郭　鹏
郭　燕	钱云进	钱　权	钱　丽	钱利娟	钱建新	钱林波	钱　威
钱晓悦	陶云山	顾宗伟	顾斯迪	高兴侠	高列波	高红然	高利佳
高　远	高学廉	高承恩	高明明	高林方	高金良	高海涛	高常松
高雪飞	高　磊	尉文杰	崔光强	崔志海	崔建东	崔春娟	崔要宗
崔贺明	崔琳琳	巢敬生	常丽媛	常　婧	康小春	康建忠	扈兴旺
曹秀清	曹建华	曹顺建	曹　辉	曹　锐	曹鹏亮	梁以奎	梁永炽
梁兆雨	梁宇周	梁红伟	梁志威	梁侨港	梁建秀	梁剑宁	梁振涛
梁寅娇	梁维颖	梁锦标	梁曙光	章　勇	章桂珍	章　程	章舒婷
章　辉	符生海	萧敏婷	鹿兆磊	鹿　松	黄大磊	黄广礼	黄月媚
黄丙祝	黄永岚	黄亚林	黄吉球	黄园星	黄沛生	黄建廷	黄　波
黄罗华	黄育川	黄剑淼	黄振飞	黄海杨	黄珠勇	黄　敏	黄腾志
龚正波	龚　勇	龚　倩	龚海东	傅玉环	彭　刚	彭　波	彭　波
彭晓舟	彭晓阳	彭晓博	彭铭辉	景佩瑞	景　浩	景新亮	曾仕旺
曾四海	曾丽娜	曾志刚	曾俊全	曾　倩	温远忠	焦世云	焦　强
程方圆	程传磊	程　刚	程华斌	程好进	程利明	程　良	程越洲
程　瑞	童少波	舒晓萍	葛晓凯	葛敬明	董小宾	董双明	董仲祥
董金水	董航校	董　强	董瑞涛	董鹏忠	董慧领	董磊磊	蒋兴明
蒋冰清	蒋　智	蒋瑞刚	蒋　毅	覃海春	谢文彬	谢安东	谢　欢
谢春晖	谢秋良	谢海涛	谢银赛	谢　雷	跑热干	韩小虎	韩本波
韩军伟	韩志武	楼善标	楼　毅	窦宏忠	蒲　科	蓝浩鹏	詹映静
詹锐生	赖　军	赖建武	赖俊春	赖真义	赖喜利	路　珂	路赐谦
鄢永辉	雷上民	雷小峰	雷双勤	雷富生	雷德富	靳阳光	鲍成瑞
鹏　涛	熊永杰	熊俊杰	管慧城	翟治贻	翟俊国	翟跃武	臧一欣
臧永琦	蔡文博	蔡发英	蔡志超	蔡建旺	蔡林钊	蔡春娜	蔡偲吉
蔡　辉	谭刘书	谭时勇	谭颖科	谭　毅	德吉卓嘎	樊志强	潘　伟
潘　宇	潘丽枫	潘秀昌	潘建锋	潘晓飞	潘润霞	潘起征	潘　彬
潘慧君	黎晓开	穆宏权	穆宏新	薛伟静	薛晶晶	霍树强	戴建龙
戴　杰	魏光银	魏壮贤	魏奇一	魏杭波	魏金娣	魏婷婷	魏　巍

水文与水资源工程(专升本)

丁启慧	于　冰	于海峡	于　翔	马世忠	马国栋	马晓萍	马　艳
马　琳	马鹏飞	井星星	仇红伟	尤迎华	尹文娟	方　园	方绍东
方益铭	毛务斌	毛永清	毛豪林	王少平	王月君	王冬洁	王占峰
王　宁	王永亮	王　冰	王　如	王红波	王志媛	王怀江	王极东

王秀琴　王培霞　王　康　王敬敬　王　琦　王　蓓　王　毅　王　磊
邓怀勇　韦玉静　韦　玮　韦柳明　韦秋盼　仝春莲　代　飞　冯公伟
冯竹玲　冯　放　卢　敏　古丽菲娅·吾斯曼　史靖雯　叶　伟　左　鼎
白炳锋　石　健　伍云华　关　磊　刘开虎　刘永发　刘安国　刘红广
刘君华　刘　亮　刘　娜　刘柏铭　刘　洋　刘海琼　刘　婕　刘瑞芳
刘　静　刘　蕾　华艳萍　吐尼沙古丽吐尼亚孜　吕冰冰　孙贵萍　朱力力
朱东杰　朱伟兵　朱延洋　朱建平　朱金露　朱景丽　西尔艾力·卡米力
许委锋　许青松　邢　明　闫军召　闫海波　齐庆松　何　华　余立波
余守龙　吴江涛　吴闻喻　吴健睿　吴淑静　吴　雯　应跃胜　张文珍
张　宁　张全忠　张后剑　张壮壮　张学坤　张建勋　张　青　张战国
张春彦　张泉荣　张　航　张维涛　张银涛　张　敬　张新义　张　鹏
张　蕊　张　警　张　巍　张　鑫　李九梅　李三平　李大全　李天雪
李见花　李东俊　李刘安　李　杨　李　芳　李连云　李明宏　李贤成
李　信　李　倩　李海军　李海霞　李　涌　李祥坤　李　能　李　强
李锐芳　李　鹏　李　毓　李德林　杜玉丹　杜君德　杜海媚　杨　力
杨吉护　杨红尉　杨志军　杨柳英　杨　斌　杨　智　杨琼波　杨程生
杨瑞娟　汪莹莹　汪梦雅　沈　丹　沈必洪　沈宇翔　沈　沛　沈宝强
沈顺中　沈浩亮　沙　江　芦福生　苏楚雄　谷彦彬　阿不都力克木·多力坤
陆永梁　陆玉迪　陆昌记　陈　云　陈友成　陈光跃　陈　丽　陈　杰
陈欣欣　陈　响　陈　航　陈　艳　陈婉莹　陈　敏　陈　萌　陈　靓
周迎颖　周建华　周林桢　周保太　周　洋　周贵安　呼　雷　和建华
孟和军　尚永诚　庞　海　林成森　林祖滨　郑长陵　金春旭　金　标
侯　光　侯宇琨　保国华　姚允龙　姚光强　姚家骁　姜　磊
拜丽克孜·麦麦提　施晓辉　柏绍光　柏晓星　段汝意　洪文胜　洪国喜
祝因强　祝　芳　祝里岗　胡尚志　胡晓亮　胡益平　胡　梅　胡绪京
荣晓燕　贵天虎　赵文浩　赵　伟　赵　华　赵华锋　赵相业　赵彩霞
赵　辉　赵鹏程　郦　英　闻戍芝　项大波　唐小凤　唐兆良　唐　桢
唐海康　唐　馨　夏丽珍　夏格红　徐　中　徐志国　徐　斌　徐　琼
秦忠涛　耿　彪　莫建英　袁庆江　袁建中　袁娜娜　贾　哲　郭广涛
郭　伟　郭婷婷　顾春锋　高文华　高　健　高瑞臣　商云先　戚　娜
曹立军　梁立生　梁昌恒　梁　亮　梁秋明　黄友忠　黄永良　黄华炜
黄红茴　黄体清　黄侦武　黄秋强　黄振宇　黄福培　曾伟燕　温　川
琼　娜　程　阳　程丽君　程明明　程　晶　葛庆谊　蒋伟文　蒋庆华
覃乃参　覃新行　谢文奇　谢玉红　谢旭伟　谢谷良　谢前娟　韩　啸
鲁　锋　蓝琳琳　詹忠华　雷建妮　管　凯　蔡云标　蔡桂敏　蔡裕军
谭俊鹏　滕永芝　滕济端　潘成旭　潘忠斌　穆晓昕　魏　华　魏　振

港口航道与海岸工程（专升本）

徐　磊　徐明贤

测绘工程（专升本）

卜凯峰　尹章华　王向阳　王志勇　王学会　王　玥　王玥彬　王　珂
王海波　王继平　王　磊　卢　伟　宁安平　申明明　乔江虹　乔磊磊
刘　利　刘明光　刘　博　刘　辉　刘道旺　吕利强　孙　策　许言科

闫勇彬	何晟旸	吴文明	吴瑞淼	吴　巍	张凤梧	张　岗	张志丹
张　建	张建伟	张　霞	李　永	李　涛	李　源	杨青春	苏久里
邱建民	陈宏彬	周　娟	范学振	郑　翔	段政新	祝　锋	胡晓丹
赵胜利	赵振朋	袁建全	贾凤喜	贾利罡	郭彦杰	常上飞	温　阳
葛庆先	董飞飞	翟孝朋	翟　涛				

工程管理(专升本)

万　响	于　彬	马保安	马博群	方守一	方　堃	方　清	方　跃
毛巍鑫	王　成	王灵芝	王　玲	王家静	王家静	王桂云	王章龙
王　鹏	王　鹏	代晓敏	史二龙	史　宁	史颂颂	叶廷婷	叶澍华
司　伟	田兴镭	田　鸣	伏小平	刘文亮	刘正启	刘　青	刘　莉
刘　莉	刘善武	刘新征	刘静静	吕　桂	孙业煊	孙守平	孙玲玲
孙　萍	孙善永	孙　源	孙　璐	年夫山	朱肖肖	朱晨林	许　坤
许　涛	邢　华	邢怡君	邢雷雷	何小燕	宋卫平	宋　洋	宋　玲
张　元	张兴敏	张　扬	张　旭	张治国	张　茂	张娇娇	张　洋
张家栋	张晓林	张　艳	张　谊	张　翔	张　磊	张　磊	李文亮
李会朋	李廷才	李　林	李倩倩	李晋皖	李晓鹏	李　强	李　璇
沈建军	肖亚朋	陈卫利	陈永存	陈　伟	陈　豹	陈淑娟	周丽娜
周　勇	周　峰	周　雪	武海梅	郑　峰	郑博文	郑蓉蓉	金　星
金　睿	查正飞	洪　斌	胡　光	胡　刚	胡竹华	胡君杨	胡晶晶
赵　龙	赵　全	赵承宁	赵　昂	钟亚平	徐中峰	徐　利	殷　明
海　霞	秦　爽	聂朋虎	谈　婧	贾庆斌	贾媛媛	郭艳娜	郭　强
顾泽慧	高伟江	高建军	高祥龙	常　锁	梅良才	章丹丹	章　玮
黄　松	黄晓洪	黄高照	黄　敏	黄　翔	黄雅丽	黄璐玫	童铁成
董吉英	谢玉真	谢彦娟	韩　琦	褚少申	颜二林	戴辉丽	魏　琛

工商管理(专升本)

丁小燕	万红娟	于盛钰	马　珊	马　婧	戈　佳	毛云霞	王安航
王国华	王金洁	王晓月	王晓慧	王爱红	王艳艳	王新荣	王　煜
王　馨	冯　刚	包芯叶	包　惠	卢　春	卢　娟	叶银燕	田先梅
任伟群	刘　伟	刘　威	刘春琴	刘祖松	刘　锋	华　洁	孙　佳
孙明月	孙　洁	孙　科	孙　鸾	孙　燕	曲　瑾	朱　达	朱坤歌
朱明霞	朱金鸣	朱星霖	朱　梅	江馥菀	许伟强	许　欢	许城军
许　莉	严乐丽	严　敏	何　静	余丽静	吴　丽	吴彩萍	吴　斌
宋　军	宋志星	张山梅	张　丹	张　天	张少芳	张伯兴	张志强
张　妹	张春艳	张玲燕	张晓娴	张　浩	张　瑛	张　翔	张　燕
李　刚	李红静	杜小雪	杜媛媛	杨　梓	沈俐君	花新宏	苏蜜蜜
邱小洁	邱金峰	邵娅兰	陆　军	陈　力	陈　伟	陈　刚	陈刚柱
陈宇飞	陈　松	陈俊瑾	陈　逸	陈　程	陈　楠	陈　霞	周春华
周柯言	周秋香	周　峰	周理洁	周　婷	周锺林	林　茵	林　艳
欧晓艳	金月红	侯中敏	侯　燕	胡小建	胡珺珠	赵　娜	郝保珍
倪晓艳	凌　强	唐圣军	唐琴英	奚江晨	徐成凤	徐远林	徐　英
徐　洁	徐海琴	徐　莉	徐　淼	徐慧玲	徐　霞	殷　述	殷　俊
殷　玲	袁启文	谈立栋	郭敏洁	钱文娟	钱伟芸	钱　婧	顾　叶

顾立宇　顾琳俊　高洁　高娟　曹雪花　黄丽娜　黄丽萍　黄娥
黄颖　彭光梅　景国元　曾亚芬　蒋振宇　蒋源　蒋静霞　谢莉
路志华　雷莉　蔡敏　魏建军

会计学(专升本)

于云霞　马文君　马爱娣　牛志玮　王丰　王云云　王北征　王晓华
王静　冯园园　刘小龙　刘永娟　刘亦琳　刘铄　刘隽　刘新菊
刘颖　孙青　孙雅　朱亚娟　朱青　朱颖　何虹　吴颜颜
宋方方　宋丽丽　张丹　张永娣　张红艳　张丽　张凯　张炎君
张彩丽　张琳　张瑜　张璞　张飙　李秀梅　李莉　李敬
李磊　杜俊竹　杨光　杨金艳　杨树峰　肖晴晴　邱天薇　陈小婧
陈飞　陈兰　陈冬梅　陈志勇　陈洲　陈静　屈锦　岳忠强
易弼君　林敏　武艳萍　范国军　郑丽燕　金涛　柏秋莲　倪娜
徐凤　徐烨　徐婧　袁娜　谈春　贾敏敏　钱海燕　陶云
陶文丽　巢亚华　常宝强　曹桂芹　曹萍　程露　蒋民　蒋津
谢江明　管爱萍　缪铭贤　翟永维　蔡艳　魏传星

供用电技术

尤芳宇　尹橙　王兆杰　邓小强　刘曦燕　江玲　何俊杰　余宏光
吴柏桦　张绍军　张绍军　李永芹　李兴美　李宗涛　李治福　李超义
李翠竹　杨世新　杨松梅　苏忠云　周斌　和友邓　和友松　和娟
罗兰香　罗正勇　者映秀　范淇竣　郭涛　陶竹青　彭星嘉　瞿梅

土木工程检测技术

丁绍亮　付晓娟　兰彭飞　甘军　刘超　吉晓　孙晓华　孙清
朱飞船　朱爱明　何自莉　何新　张亚东　张兴文　张红球　张启宇
张凯园　张俊高　张家颇　李小妹　李恺　李娟芳　杨波　杨海亮
苏占林　陈枫　周飞雪　季爱成　郑先亚　金铭　郝正礼　唐克飞
徐红兵　秦学燕　顾刚明　顾海飞　谢长飞　鲁宗志　虞珊珊　臧亚军
鞠德喜

水文水资源管理

戈礼宾　方红桃　王清源　王露　史亮　朱静娟　吴建强　张永春
李艳琴　杜家安　杨进　芮峰　陆文源　陈雯　周向阳　范玉良
赵勇　郝敬泉　夏卫兵　徐春梅　秦建国　袁权　曹殿南　黄侦贤
覃超　薛梅　戴嘉科

水利水电工程管理

丁继超　万斌　于木提　于睿熙　马云　马红娟　马炜伟　马浩
马艳　王文锐　王世斌　王永彬　王生瑞　王红成　王国花　王俊峰
王涛　王甜　王惠　邓堃　冯永胜　包瑞伟　旦志鹏　田永琴
申建锋　白有胜　白志云　石春华　任建勇　伊华　伍友发　军龙
刘广云　刘友芬　刘文军　刘军平　刘志萍　刘学彦　刘晓晖　吕冠军
孙小俊　孙丽　孙苏蓉　安国雄　朱君臣　江军　米古体　许丹

许瑞刚　闫　潮　何城伟　余荷燕　吴风波　吴乾文　吴婷婷　宋永庆
张小龙　张少伟　张文金　张红萍　张劲松　张希林　张　明　张英成
张　栋　张海涛　张润芳　张莹鑫　张　雪　张锦珊　张德龙　李　宁
李本发　李永忠　李　阳　李进兵　李忠秋　李　恒　李贵生　李顺林
李晓明　李鸿元　李　琦　李燕东　杨振海　杨鹏伟　沈利俊　肖　飞
苏　龙　邵云龙　邹玲博　陈多军　陈建忠　陈　杰　陈倩倩　周丽萍
周昌荣　周泓贤　官家苑　尚晓亮　岩温香　武　飞　罗　江　郑石胡
郑得强　金怀庆　施泽海　查雨文　柯方方　段利鸿　段朝辉　胡月星
胡　波　赵永辉　赵　芳　赵紫兵　郝　云　候晓倩　徐建春　殷利伟
班永成　袁　杰　郭伟强　郭　娜　陶燕梅　高海凌　梁红荣　盖　新
黄　冉　黄靖皓　龚进文　普梁芮　程国瑶　舒金生　葛文杰　董　超
蒋正兵　蒋明杰　谢志勇　鲁　浩　窦江朋　詹　超　熊紫娟　管亚东
蔡玉龙　潘永东　穆小燕　魏灿景　马合沙提·沙亚哈提　木克热木·艾山
木拉提·库开　木哈买提别克·哈生别克　木勒德尔·饿日孜汗
瓦日斯·麦麦提　卡迪拉吉·买买提　古力热巴·艾尼瓦尔
古丽比叶·奴兰白克　古丽米热木·艾克来木　古海尔·买买提江
叶克盆·加尔恒　玉逊古丽·依明　艾克拜尔·依力亚斯
买买提·卡生　买丽艳姆·海力力　买热哈巴·吐尔逊
吐尔逊·巴依巴扎尔　米日阿地力·亚森　吾买尔·依明
玛依努尔·如斯坦木　玛依拉·也留拜　玛依热木·玉素甫
阿尔达克·赛尔哈孜　阿卜杜合力力·阿不力米提　阿不都卡哈尔·卡迪尔
阿布里孜·肉孜　阿布都热西提·艾海提　阿孜古丽·托乎提
阿依吐尔逊·依力哈尔　阿依努尔·图尔迪　阿勒木江·推来提
麦力旦木·阿布来提　麦吾兰江·吾甫尔　图尔荪古丽·托合提
帕提玛·乌肯　祖力甫哈尔·阿力甫　海拉提·吾哈卜
热甫克提·沙吾提　塔拉甫汗·塔哈什　谢克亚·阿西木江
赛娜瓦尔·艾尼瓦尔　穆克热木·帕尔哈提

农业水利技术

于　洋　王小兵　王志文　王定山　叶　飞　叶志鹏　乔红明　任丽琴
任春红　刘丽丽　刘树洪　刘浩敏　刘　燕　华　甦　孙小林　孙玉明
孙　玲　朱承钊　朱莉莉　朱　璐　汤　永　汤　磊　许翔荣　邬凤根
阮红梅　何　勇　何霄华　吴元伟　吴文华　吴红军　吴　静　张小林
张方礼　张利清　张建华　张建明　张林堂　张爱萍　张继忠　张能春
张　铮　张　雷　李　林　李　祥　杨雪姣　杨　磊　沈剑峰　沈　磊
邱　明　陆丽红　陆美珍　陆　峰　陆　韬　陈宝忠　陈　杰　陈春生
陈　萍　周建英　周　涛　周　赢　姓海涛　金小林　金良华　姜志广
宦晓婷　徐山林　徐为忠　徐　贤　徐玲玲　徐　斌　翁　惠　袁礼勤
袁伟栋　袁　静　陶文斌　陶海强　顾雪根　高万春　高忠余　屠益民
盛建芳　黄玉龙　黄新春　温守远　童翌峰　董克万　蒋卫虹　蒋永干
蒋春花　蔡雪峰　樊祥娟　滕绵江　戴卫星　图布新　巴丽加尼·阿合买提
巴哈尔古丽·托合提　巴哈尔古丽·米吉提　木塔力甫·买吐送
比力克孜·买提吐地　古丽加马丽·库尔班　奴尔曼古丽·买赛地
布再乃甫·买提如孜　布再乃普·麦麦提　布再娜普·阿卜拉

布阿依谢姆·毛拉艾合麦提　布哈丽且木·吐拉甫　布哈丽且木·托乎提
玉山·阿布来提　玉素甫江木沙　艾力·买买提
艾比拜木·克然木　艾尼完·买买提库尔班　艾买提江·吐尼亚孜
艾合买江·麦提尼牙孜　艾合买提托乎提·巴吾东　艾合买提江·阿布拉
艾米热罕·麦麦提　艾麦提·玉散　买买提江·牙森
买买提江·买提赛地　买合木提·艾沙　买丽坎木·坎吉
伊日斯库力·热伊木库力　伊德日斯·阿皮孜　再以努热·买买提
早热古丽·麦麦提　米日班古丽·买买提　米吉提·卡马力
米吉提·排则艾合麦提　米娜瓦尔·艾比江　米热古丽·麦麦提
约日古丽·图尔荪尼亚孜　努日曼古丽·麦麦提艾力　努尔古丽·伊敏托合提
努热古丽·牙森　努热合买提·买买提　努斯热提·麦提如则
吾古兰木·司拉木　吾吉艾合麦提·阿卜杜喀迪　吾麦尔江·台外库力
沙亚古丽·沙依兰别克　玛合布赞·阿别什　阿卜力克木·阿卜力米提
阿卜力孜·阿卜杜柯热姆　阿卜杜海外尔·米吉提　阿卜杜热西提·阿巴拜科日
阿卜杜莱海提·麦麦提　阿不来提·艾山山　阿不都卡地·阿不都艾尼
阿比力克木·坎吉　阿布都处力·苏里旦　阿布都沙拉木·阿尤甫
阿衣加马丽·买买提　阿衣古丽·乃再尔　阿那尔古丽·木萨克
阿里木·库尔班　阿依古丽·巴斯提　阿依古丽·买买提
阿依努尔·阿曼别克　阿迪力·艾尼　阿娃古丽·麦提托合体
阿娜尔古丽·阿卜杜热西提　阿斯哈尔别克·巴拜　阿德来江·阿不拉
麦合木提·吐尔逊　麦合木提江·吾斯音　麦麦提艾力·阿卜杜许库尔
麦麦提艾则孜·阿卜杜格妮　麦麦提敏·阿卜力米提　麦提尼亚孜·德莱提
麦提图尔迪·麦提库尔班　麦提图尔荪·图尔迪　依马木尼亚孜·吐尔逊
图尔荪·加帕尔　图尔荪·麦提图尔荪　图拉妮萨·麦麦提
图荪尼亚孜·阿卜杜拉　图鲁洪·阿卜杜热依木　帕提古丽·肉孜
怕孜来提汗·阿巴斯　哈斯耶提罕·阿卜杜喀迪尔　茹鲜古丽·吾普尔
夏克尔·吾舒尔　海力欠木·热西提　海尔妮萨罕·乌吉
热合曼·艾买尔　热萨热麦提罕·实提托乎提　莫塔力甫江·莫合塔尔
曾乃提古丽·艾威拉　黑孜尔·木沙　熟阿合·巴合提

机电一体化技术

丁　力　石建建　石　盖　刘加驹　朱红新　张自芳　张　强　沈　晓
沈　新　花　康　尚解伟　勇毅平　徐　飞　顾丹丹　曹　阳　符德武
董　锋

计算机与信息管理

方婷婷　王　金　王思伟　王　莹　王榕榕　丛姗姗　白雪枫　石连云
刘　艳　刘　陶　许　浩　许晴晴　张　琼　李翠姣　杜　珊　杨　凯
陈　霞　范璇璇　胥　静　赵清钫　徐晓娣　郭晓娜　顾明生　顾　培
梅翠珠　强　壮　魏　敏

财务管理

尤婷婷　王友桂　王丽亚　王利利　王　佳　王春鹏　韦晓波　史利萍
任晓红　刘　妙　刘　秀　刘　鑫　孙　丹　孙敏亚　孙　菊　朱　莹

朱燕萍 汤亚华 许小花 邢大芹 何芳妍 余珠凤 吴柯瑶 吴敏芳
吴　新 宋志军 张　华 张利敏 张建红 张　洁 张敏华 张　琼
张　瑜 张　静 李卫秀 李小琴 李国庆 李　想 杜亚芬 沈芳樱
沈秋亚 沈　娟 沈梦蝶 邱　静 陈　龙 陈秋霞 陈　森 陈　超
陈霏霏 卓　倩 周丽芳 周　洁 周惠君 岳婷婷 罗军成 范胜英
鱼玲玲 赵丽娜 赵　斌 赵　霞 须　娜 倪雷冰 唐晓英 唐　莉
唐敏洁 夏群群 席梓豪 徐　丹 徐春霞 殷晓燕 殷喜丹 殷鑫华
秦均燕 秦　佳 钱晓兰 顾小雪 顾晓红 高丽娟 曹　运 黄娇媛
彭丽群 程　波 蒋荧娜 蒋影影 韩　婷 廖晚香 薛晓颖 薛静玉
濮正阳 魏文霞 魏　燕 瞿章露

经济管理

丁柳强 丁洁静 马小冬 方敖霞 王婷华 付星晨 石　希 刘元基
刘文斌 刘　阳 刘　昌 吕　青 孙　永 孙国锋 孙宝康 孙　峰
孙晓丹 孙婷婷 孙　蕾 成春玲 朱　颖 吴洁红 吴玲燕 吴　渴
宋　娟 张立东 张佳慧 张明友 张莹丹 张　婷 张　晶 张　瑾
李亚丰 李　妍 李　敏 杨亚平 杨旭南 杨　涛 杨新国 杨燕琴
汪丽云 沈　兰 沈玲菊 肖旭萍 邵夏科 邹梓方 陆　佳 陆静君
陆　巍 陈　冲 陈　刚 陈　芳 陈　洁 陈梦兰 陈维娜 陈雅丽
陈新科 周吉云 周明辉 周晓丰 周　琦 周　新 孟　静 金凯红
金爱华 姚利明 姚　维 赵保亮 唐熠鋆 夏江宁 夏梦姣 奚晓梦
席　飞 秦晓红 袁　莉 袁琦亚 谈文昌 贾强跃 陶　琰 顾飞彬
顾丽英 顾　健 顾益阳 顾婷婷 高易萍 高　娟 崔梦烨 黄　洁
黄晓怡 黄莉英 程　杰 蒋振峰 蔡　啸 蔡琳洁 薛耀春 戴晓兰
戴霞科 魏　凤 魏丽芬 魏　星

夜　大　学

计算机科学与技术(专升本)

王汝琨 王　俊 王晓华 叶志刚 刘志清 朱继文 朱　燕 余晓琳
吴　剑 张玲艳 张　璐 李均利 李莉莉 杨　清 沈翼栋 邱　瑾
陈　杨 陈　波 周长春 周　婷 俞　波 姜　莱 姜智埠 施后荣
段雅洁 胡惠明 赵　娜 耿渊渊 顾雯烜 高　越 曹建中 黄晓飞
彭　星 葛万强 韩　飞 詹　岚 蔡文琳

工程管理(专升本)

于志展 马守华 尹　乔 王亚兵 王　丽 王爱梅 史　斌 华长平
朱佳佳 吴体飞 张旭光 张辰瑾 张海霞 苏　婧 谷全红 陈　菲
周　甜 饶丽娟 徐小平 徐劲蒙 袁正卿 诸　青 高　锋 梁小丽
梁　松 谢　坤 韩　程 鲁　军

会计学(专升本)

万　萍 王金花 王　玲 冯晓玲 叶红彩 孙　宇 朱　艳 宋　志

张　玮　张海涛　汪　婷　肖　遥　陈方圆　陈　君　郑小丽　施　岚
施柳花　胡　翔　赵秋婷　赵　燕　夏　翼　徐　芳　高　慧　黄　洁
彭　洁　谢苏婕

人力资源管理(专升本)

刁爱瑗　马　昊　尤国坚　方　芳　毛玉珏　王文婷　王　军　王　丽
王　岩　王思敏　王　莉　王　强　王　晴　王　筠　王　璐　王　璐
包善阳　任晓迅　刘　妍　刘　婧　华　燕　孙　婷　安光林　朱志磊
汤杰琼　许佳美　严晓娇　余雪芳　吴丽娣　吴　旎　宋　婷　宋　煦
张　云　张玉钏　张　进　张莉丽　张维宇　张　超　张　蓉　李　平
李　励　李　林　李　莉　杨　芸　杨爱琴　杨　婷　杨　静　汪　雪
沈　卉　沈佳琳　沈　琳　邱　萍　陈　强　陈　斌　陈　琴　陈　霞
周　丹　周文娟　周翊晖　於秋瑾　於　缨　范学峰　茆云环　郁　蕾
姚　彦　施　思　胡小庆　胡　敏　赵　瑛　邵升明　唐文佳　唐家敏
徐冠群　徐晓寒　徐源媛　袁　艺　郭　伟　郭　坤　钱海洋　陶梦甜
高　艳　高　湛　崔娟娟　曹叶东　曹　阳　曹　英　曹　蕴　梁　骏
黄丹凤　黄　涛　黄　臻　喻　伟　曾　雯　葛　艺　董莎莎　蒋　睿
楚冬梅

机电一体化技术

丁云亮　丁　伟　丁　伟　丁柯涵　丁　健　万玉龙　万　伟　万沈江
于孟贤　于政贤　马静茹　孔文俊　孔维芳　方礼鹏　方　波　方剑剑
毛春龙　王　飞　王　历　王天府　王文宇　王文彬　王仕前　王立涛
王亚兵　王华平　王国志　王　金　王彦栋　王海哮　王啸飞　王　彬
王　强　王朝兴　王　琦　王　辉　王　翠　王　磊　邓双双　邓道明
冉　荟　冯华芳　冯洪章　冯晓晨　冯　晔　冯　琪　包燕清　史苏文
史建华　史　迪　史涛平　叶　飞　叶　坤　左建波　白震洋　龙海祥
任智鹏　刘　天　刘长杰　刘冬冬　刘冬阳　刘业东　刘　吉　刘远程
刘　京　刘　娟　刘啥斐　刘慧峰　刘　霞　吕　冬　孙王阳　孙秀琴
孙佳伟　孙国燕　孙　波　孙恒毅　孙　雷　孙　磊　朱　云　朱文伟
朱　刚　朱连军　朱国宇　朱建强　朱林锋　朱　诚　朱洁亚　朱洪伟
朱盼盼　朱益杰　朱　敏　江　斌　汤建光　纪锦国　羊　姻　许亚凤
许达明　许　畅　邢　凯　邢　燕　严　凯　严　峰　何　飞　何贝莉
何永凯　何吉利　冷忠林　吴　文　吴文威　吴文娟　吴文涛　吴　伟
吴　江　吴江铭　吴　灵　吴建伟　吴明强　吴俊华　吴登麒　吴新宇
吴燕青　吴　璟　宋智超　张文庆　张　乐　张平珍　张亚洲　张伏胜
张　伟　张　宇　张　江　张建春　张忠文　张承卿　张　林　张　欣
张　炎　张　俊　张厚峰　张海林　张海涛　张　涛　张　超　张殿秋
张　颖　张　鑫　李一彬　李天成　李文俊　李宇超　李国保　李学文
李　建　李林强　李金华　李　青　李　柯　李敦郡　李福坤　杜岳峰
杨　明　杨金栤　杨　洁　杨　洋　杨　涛　汪　恒　沈　希　沈　凯
沈金通　沈春方　沈　健　沈　渊　肖　刚　芮　冬　苏佳琪　邱秉诚
邹红梅　邹娟芬　邹维平　邹惠雅　邹　翔　陆华鑫　陆　明　陆　俊
陆晓炜　陆雪妹　陈一峰　陈　飞　陈　叶　陈永忠　陈　伟　陈学武

陈建波　陈诚　陈恺　陈科峰　陈健　陈晓南　陈桃　陈浩
陈斌　陈琳　陈登香　陈德全　陈磊　陈燕飞　陈翼　周小策
周文祥　周玉涛　周立波　周余芬　周宏国　周建娟　周建峰　周旻昱
周勇　周适　周晓琪　周泰岳　周程　周翔　周超　周瑜
季笠　季道林　林宇航　林栋　罗晓岳　罗镔　苗奇缘　范稳
郁胜品　郑涛　郑惠虹　郑瑞　俞敏　姚军　姚邹祥　姚林
姚清　宣建光　恽涛　施金婷　施敏亚　柯传洋　段玲娟　祝婷
胡欢海　胡骏　胡鹏　荆波　费珊珊　赵卫竣　赵云　赵建翡
赵陵　赵银飞　赵蒋　赵楠　赵雷锋　骆林超　候萍　徐小平
徐丹平　徐军　徐志峰　徐佳楠　徐官　徐建文　徐俊　徐美
徐健　徐健　徐海　徐涛　徐涛　徐涛　徐晶　徐雁东
徐羲　桂芬　殷丽娟　殷宏明　殷凯　殷骏　秦凌皓　耿军
耿欢　耿杰　袁京　袁荣涛　谈文立　谈振威　谈鑫　贾惠茹
郭龙星　郭利松　郭涛　郭骏　钱兰萍　钱俊　陶文超　陶婷
顾志远　顾建红　顾建国　顾亮　高亚建　高翔　高翔　屠海周
崔华银　崔箫　崔曙阳　巢伟杰　巢鑫焱　常伟峰　常雪峰　曹凯
曹斌　盛杰　章培培　黄文清　黄叶成　黄号　黄玉　黄丽芬
黄志向　黄松涛　黄娇　黄娇　黄洁　黄智海　焦云飞　葛小海
葛志宏　董国节　董雨晨　蒋力　蒋伟　蒋宇航　蒋志平　蒋凯
蒋建明　蒋明明　蒋俊　蒋浩　蒋超　蒋超　蒋曙　谢一天
谢辰琛　谢金伟　谢浩　谢滨　韩卿　韩骏　鲁霞　虞书慎
虞书谨　虞阳　雷俐　蔡丹　蔡斐　谭振江　樊丹凤　潘飞浩
潘宇　薛波　衡晓秋　霍亚群　戴陈俊　戴卓　戴耀棋　濮方平

计算机信息管理

丁红　丁婷　丁鑫炎　马文峰　从小云　孔洁　王飞祥　王方圆
王永康　王丽君　王珊　王教娟　王瑾　王蕊　冯雪娇　包金娟
卢建萍　申婷　白驹　石云　伍学亮　刘芹　刘维杰　吕双赟
吕杰　孙宝安　孙洁　孙蓓蓓　庄娜娜　朱伟　朱亮　朱敏慧
许伟华　许志平　吴杰　张小林　张丽霞　张肖华　张海娇　张瑜
时丕齐　李小兰　李川川　李变侠　李航　李新月　李睿　杨晶
肖华　邱金花　陆丽　陈忠好　陈昶延　陈玲　陈峰　陈海军
陈菊　陈雪锦　陈智娟　周丽华　周丽敏　周冕　经丽媛　苗阳
范一军　郑晖　封永辉　施勤　查朵朵　柯琪　柯颖　费敏
赵红云　赵丽　凌艳　唐荣荣　徐红英　徐君　秦飞　秦丹丹
秦彩娥　聂志成　袁旭丽　郭鸣　郭晖　陶莹　顾益平　高文娟
屠云湘　曹佳　盛建忠　黄燕　蒋建兴　谢振威　韩丽华　缪丽娟
蔡煜　戴丽花

金融管理与实务

丁晶　丁舒婧　卜翠香　马莉　王乐晴　王羽　刘兴东　孙燕
朱伟　朱诚远　朱陵芳　吴峰　张宇轩　张洁如　张捷　李丹丹
李玲莉　李鸿娟　杨乐　芦敏　苏林　陈洋　周劲松　房伟
林程　姚韵娴　柏琳　陶晶　黄晨　童飞　翟潇

国际金融

许　雷

财务管理

丁兰香　丁玉平　丁　燕　万小莉　万秀姣　万　黎　于文燕　于君凤
马海霞　马燕玲　孔静风　尤　莹　尹玉花　方　玲　毛军兰　毛红敏
毛晶晶　毛露露　王　丹　王开颜　王汉宁　王立君　王如君　王丽芬
王佳音　王明霞　王　净　王秋菊　王荣芳　王　娟　王爱新　王莹莹
王　梅　王　梅　王　萍　王晶晶　王　静　王　静　王　霞　贝金芝
邓丽华　邓爱萍　韦学丽　付媛媛　冯文丽　冯　旸　包　怡　卢　梅
史文婷　叶　路　边红艳　乔文娜　仲启鹏　仲露娟　刘春林　刘　柳
刘　菁　刘媛媛　刘燕芬　刘　薇　刘　曙　印玉蓉　吕念伊　吕海霞
孙　旭　孙佩雯　孙晓琴　孙　霁　朱丽娟　朱　玲　朱凌烨　朱　珠
朱益芬　朱慧丽　朱燕萍　江　朋　纪　萍　许丽珠　严朝婷　余倩倩
冷　静　吴玉倩　吴亚芬　吴　建　吴海燕　吴雅婷　吴燕平　宋宜柳
张小红　张兴文　张红雷　张京燕　张俊骏　张厚香　张洪钰　张美娟
张　荣　张晓兰　张　艳　张婧岚　张　敏　张　敏　张程香　张　瑜
张　静　张慧玲　李玉琴　李　丽　李　俊　李　姝　李　娜　李洪保
李珊珊　李秋香　李　娟　李　敏　李雪梅　李　斌　李　琦　李璐秋
杨丹慧　杨立群　杨丽君　杨宏强　杨　芳　杨　秦　杨　敏　杨　璐
沈　云　沈凤阳　沈春燕　沈莹莹　肖婵凤　花静娟　苏小琴　辛　凡
闵克英　陈义玲　陈凤霞　陈丽莉　陈丽萍　陈茂华　陈　玲　陈　茹
陈莉莉　陈　维　陈　煜　周　兰　周　宁　周志军　周明星　周沫娜
周　洁　周　娟　周　莉　周　莉　周　斌　孟亚平　季潞潞　居晓林
林　元　林玉婷　林　薇　欧召召　罗冬霞　罗萌佚　范延鹤　郑伟芬
金婷婷　侯红燕　侯　萍　侯婷婷　俞小丽　俞　静　俞　鹰　姜秋萍
姜　婷　宣亚吉　施小娟　祝小燕　胡永湘　胡艳丹　赵丽霞　赵陈青
赵玲玲　郦　辉　钟　萍　唐亚萍　唐美芹　唐晓玲　唐铭霞　夏文娟
夏斌斌　夏　静　奚文佳　徐　玉　徐玉兰　徐玉娇　徐　娜　徐　婷
徐惠英　徐　霞　殷佳静　殷凌志　涂丹丹　聂　薇　袁　园　袁爱平
郭　旋　钱　旭　钱　莺　钱晴月　钱　瑜　陶丽洁　顾晓英　顾海琴
顾善梅　顾　静　高芙蓉　高言贞　高　梨　高　婕　高银娣　高擎红
崔黎娟　巢　萍　戚　培　曹秀凤　曹　英　曹　琳　盛　鹂　黄红芬
黄丽娟　黄美琴　黄敏芝　曾思齐　曾祥洁　葛艳萍　葛　萍　董志娟
蒋　乔　蒋金花　蒋　洁　蒋　琴　蒋雅菲　谢吉丹　韩桂平　虞丽莎
詹　璐　蔡金凤　蔡雅芬　蔡赛阳　谭来娣　谭　峥　潘亚晓　潘琴亚
潘雅雅　薄　玉　薛　艳　薛晨晨　霍荣华　戴支红　戴　波

经济管理

丁　花　丁　佳　丁帮伟　万泽武　万婷婷　于　妍　于　花　于振泓
马济鹏　马彩萍　马虞斌　卜丽丽　尤海霞　方绪富　王世奎　王正方
王　丽　王国洋　王　坤　王　虹　王　海　王爱君　王爱萍　王　祥
王　婷　王　琳　王鑫龙　邓小菁　邓翠丽　冯　诚　冯　洁　包锋平

史志华　史莉萍　叶飞　叶丹　甘露　田玲玲　白兆靖　刘世俊
刘进胜　刘星　刘珍　刘娟　刘艳　刘静　刘燕　匡绍生
吕梅　孙珊珊　孙倩倩　孙婷　庄超　庄静静　朱为强　朱丽
朱国华　朱姜鸣　朱娜　朱茜　朱娥杰　朱晓华　朱婷婷　朱锋
朱献飞　朱静　朱燕红　毕豹　江丽琴　汤苏银　汤洁旦　牟晓红
纪建　许凤贤　许旷平　许银凯　齐运程　何佩华　余玲飞　吴杰
吴雨荣　吴俊通　吴珍　吴越　吴霞　宋宇哲　宋丽　宋海燕
宋捷　宋新凤　张双　张亮亮　张玲　张健　张彩霞　张萍
张斌　张然然　张蓓玉　张颖　李凡　李扬　李丽　李丽
李明燕　李经纬　李庭芳　李洁　李海霞　李彩群　李敏　李望南
李琴　李源宁　李群　杜娟　杨丹萍　杨扬　杨岑　杨洁
杨海波　杨港　杨蕾　杨霜霜　汪本初　汪靖翔　沈波　沈俊
沈洁　芮李　苏曼　邵伟杰　邵欣　邵金晶　邹文冰　陆伟锋
陈小连　陈小俊　陈小梅　陈飞　陈文　陈叶明　陈帅　陈龙
陈刚　陈刚　陈利平　陈苗苗　陈昱璋　陈香　陈雪芬　陈晶晶
陈瑞琪　陈蓉　陈燕　陈璐易　陈霞　单静　周小燕　周云
周丽帆　周洁　周玲　周逸　孟超　季红兵　易友谊　范育兵
郑丹凤　郑庆　郑洁　金小菲　金淼　金煜　姚圣友　姚虹
姜秀梅　娄向南　恽汝　祝建峰　胡小燕　胡宝凌　胡昌林　胡明明
胡隽滔　胡颢庭　贺怡　贺圆　贺琦芬　赵天霞　赵荣誉　赵雪
赵越　郝晶晶　骆海辉　倪文华　倪景璐　凌霞　唐丽君　唐君杰
夏长中　夏正翔　夏诗星　奚冬青　徐小兰　徐飞雁　徐丹　徐正芹
徐严伟　徐进圆　徐荣　秦龙群　秦瑶　莫一千　袁学俊　贾静
郭嫣超　钱蔚　钱磊　陶晓虹　顾云贤　顾亚萍　顾阳　顾健
顾鹏梅　顾赟　高秋萍　高培硕　寇军　常春花　戚琦　梁艳艳
梁翠翠　盛莉　黄文林　黄礼娟　黄成　黄雪莲　龚霞　嵇玉龙
童丽波　葛娟　董永玉　董汶　董青　蒋延风　蒋凯　谢明强
谢娇　韩冷　韩振华　韩镇远　鲁香华　虞薛桢　端静　管丽锦
管雪虹　管颖　潘华芬　潘淼　颜丽平　颜克乐　薛丽沙　衡文虎
戴秀萍　魏敬楠

国际经济与贸易

丁正云　马文韬　马苑秋　马雪微　仇达俊　孔薇　毛先香　王小微
王巧凤　王玉玺　王龙　王先姑　王旭智　王丽兰　王孝意　王欣悦
王彦媚　王玲　王莉　王敏　王晨阳　王婷　王静　邓清
史立　史青　史靓芸　叶林　叶敏　田伟　田军　田雨婷
石苑君　石敬超　龙婷婷　任群　刘云飞　刘丽　刘灿灿　刘锐
吉捷　吕怡莹　孙明悦　庄家凤　朱文彬　毕亚运　汤妍　祁伟伟
邢程程　阮华杨　严晨阳　何根萍　宋超一　张文　张家乐　张敏
张婷　张雅婕　张新闻　张楚赟　李凡玥　李安娜　李明　李欣烛
李玲娜　李美　李倩文　李颖　杨中华　杨军　汪云雷　肖浩
谷紫轩　邵羽慈　陆晶　陈云　陈青　陈禹　陈茜茜　陈涛
陈婷　陈琴　陈颖　陈磊　周丹　周宇秋　周晓丽　周梦婕
周朝雄　杭佳　林慧　欧阳翠　郑巧云　金晓琳　金琴　金雅

施敏敏　柏　桦　祝　妍　赵绵雪　赵婷婷　骆兴文　倪雨苗　倪春枝
夏　茜　夏　鹏　徐光美　徐晓露　徐梦绮　袁春雪　袁惠娟　郭丽娟
钱学晨　钱　茹　陶海舟　顾朝君　崔　林　曹沙沙　曹试敏　黄娅菲
童　星　韩晶晶　端晓庆　蔡　云　薛亚威　薛雨然　戴梦娜　魏文倩

市场营销

仇晓庆　王　炜　王　超　冯爱霞　刘　涛　刘　彬　刘　鹤　孙　晴
朱文君　朱　超　阮　开　张玲玲　李二保　李少冲　李玉平　李　娟
杜纪明　沈洁莲　辛　辰　陈友丽　陈海兵　周　磊　林　浩　罗　飞
段敏敏　赵　迪　赵　静　唐志远　徐小雪　徐灵燕　郭吉群　郭守峰
钱　龙　钱爱忠　高红梅　高　敢　黄　莉　彭　渤　曾阳艳　葛　龙
董　伟　韩正会　韩苗苗　鲍　娟　颜　然　戴冬冬

工商企业管理

丁学萍　马莉娟　马新花　王立康　王亚飞　王　军　冯潇甦　伏　晶
刘怀田　刘　磊　孙　晨　孙　超　邢永利　余　莉　张世贵　张达健
张秀红　张明梅　张　杰　张雅杰　张雅青　张瑞娟　李　青　李雪梅
李　瑞　杨宗元　邵海燕　陆　蓉　陈　刚　陈　欣　陈　雪　陈琳琳
周丽蓉　罗　羽　罗　敏　郑小菊　金　龙　姚为姗　姚　羽　姜学进
徐中文　郭其翠　郭苗苗　高　军　彭　欢　董雪娥　蒋晨露　谢　军
谢思思　滕　伟　戴　丹　魏良银

人力资源管理

丁　玲　于　佳　马云龙　马　青　马筱凡　孔华香　尹宏玲　方艾莉
王　冉　王丽君　王忻彤　王佳丽　王　俊　王洪梅　王　娟　王　萍
王　萍　王　婷　王　琳　王　超　王　瑶　王　燕　王　燕　冯慧媛
包金梅　包震云　卢　静　叶春波　石　琦　石　翔　任娟娟　刘　阳
刘佳琳　刘雨晗　刘　娇　刘　洋　刘婷婷　刘　静　刘　璐　华信珊
吕冬梅　孙叶玲　孙柳澎　朱成洁　朱　芸　朱春梅　朱玲玲　祁海萍
许　慧　何发莲　余丹丹　吴良晨　吴晓芳　吴　婷　宋华娟　张　宇
张丽娟　张苏引　张　波　张　鸣　张　晋　张　萍　张　跃　张　静
李欣蓓　李　珂　李　莉　李　萍　李　惠　李棋芸　李攀攀　杜元元
杜　丽　杜莹莹　杨海霞　汪　欣　沈　洁　沈　琪　肖　芳　肖玟玟
肖娟娟　邵亚敏　邵　琴　陈阿娣　陈姗姗　陈　鸣　陈娇璐　陈晓丹
陈晓冬　陈　涛　陈　晨　陈婷婷　周志娟　周秋菊　周海蓉　周靖顺
尚　嫚　房　莹　昂　倩　林梦璇　茅成梅　郑明媚　郑　慧　金　艳
姚凤兰　姚维凤　姚　萍　娄　芳　段中奎　洪淮艳　祝　波　胡　羽
胡　玥　胡德玲　赵　陆　赵　珊　赵增秀　项煜琳　徐冉冉　徐　俊
徐　虹　徐桂芳　桂丹红　浦　瑛　耿　欢　耿美玲　袁　慧　谈永俊
贾　媛　郭礼婷　钱灵灵　陶　晨　陶　媛　顾　伟　高　敏　康　莹
曹　云　曹梦娅　曹　璨　绪婷婷　黄传华　黄希媛　黄　雯　黄　蓉
龚　茜　董　玲　董　娟　蒋　蓓　谢静静　雍　毅　熊建晖　翟明霞
樊　超　檀德丽　魏礼红　魏　敏　魏晶莹

成人脱产

国际经济与贸易(高中起点本科)

马　吉　孙明悦　吴　斌　李　毅　沈　娇　狄昌超　邱美蓉　邱婷婷
周军府　徐燕燕　桂银银　潘晓明

国际商务(高中起点本科)

马　蕾　卞兆龙　王莉莉　王　菲　张　浩　张　聪　沈若贤　陈贻进
周　朦　彭辉霞

(研究生院、教务处、继续教育学院供稿)

2011 年大事记

1 月 7 日　校党委召开十二届二次全体(扩大)会议，听取和审议 2010 年常委会工作报告以及审议学校“十二五”发展总体规划。

1 月 15 日　江苏省人民政府办公厅印发《关于公布江苏高校优势学科建设工程一期项目立项学科的通知》，河海大学水利工程、环境科学与工程、海岸带资源开发与安全 3 个学科入选江苏高校优势学科并立项建设。

1 月　乔丕忠教授入选第五批国家“千人计划”。

2 月 17 日　17 日至 18 日，学校召开 2011 年年度工作会议。

3 月 2 日　王超教授获中国第六届“发明创业奖”特等奖。

3 月 3 日　经国务院学位委员会批准，学校新增 7 个一级学科博士点和 11 个一级学科硕士点。7 个一级学科博士点是：力学、电气工程、信息与通信工程、计算机科学与技术、地质资源与地质工程、农业工程、工商管理；11 个一级学科硕士点是：哲学、理论经济学、法学、教育学、外国语言文学、新闻传播学、海洋科学、地质学、动力工程及工程热物理、电子科学与技术、交通运输工程。

3 月 21 日　发布《河海大学“十二五”事业发展总体规划》。

3 月 30 日　中共江苏省委常委、新任南京市委书记杨卫泽致信河海大学，期盼与河海大学共同携起手来，进一步深化合作，把科教人才资源优势转化为现实生产力优势。

4 月 12 日　学校举行 2011 年研究生毕业典礼暨学位授予仪式，2345 名学子获博士、硕士学位。

4 月 12 日　成立河海大学教师发展中心，挂靠教务处，人事处协管。

4 月 18 日　中纪委驻教育部纪检组组长、教育部党组成员王立英到学校视察指导工作。

4 月 18 日　18 日至 21 日，2011 年计算与实验科学工程国际会议在我校召开。

4 月 20 日　中国长江三峡集团公司董事长、党组书记曹广晶到学校视察指导工作。

4 月 22 日　学校与靖江市人民政府战略合作框架协议签字仪式在靖江举行。

4 月 23 日　河海大学、南京农业大学、中国矿业大学、江南大学、华东理工大学、东华大学、合肥工业大学、中国石油大学(华东)、中国地质大学(武汉)、西南交通大学、西安电子科技大学、长安大学、东北林业大学等 13 所具有行业特色的教育部直属高校在江苏签订合作协议，成立“高水平行业特色大学优质资源共享联盟”。

4月25日　原中共中央政治局常委、国务院副总理李岚清同志向学校赠送了他最新出版的《秋水文章——李岚清篆刻艺术展作品集》，校党委书记朱拓代表学校接受赠书。

4月28日　学校召开2011年党建工作会议。

4月28日　河海大学水资源保护与生态修复团队被中华全国总工会授予“全国工人先锋号”称号，王超教授被省政府授予“江苏省先进工作者”称号。

4月29日　水利部发文同意学校设立水利部人力资源研究院。

5月12日　成立马克思主义学院。

5月26日　学校与华能澜沧江水电有限公司战略合作框架协议签字仪式在昆明举行。

6月2日　学校派出以水文水资源与水利工程科学国家重点实验室主任、农业水利工程专家、博士生导师彭世彰教授率领的“河海大学2011年抗旱救灾专家工作组”首批成员前往江西省鄱阳湖地区，进行灾情调研、抗旱科技咨询，为应急处置、水生态保护与修复和灾后水利建设等工作提供技术指导。

6月10日　教育部和水利部在北京举行签字仪式，共建河海大学等8所高校。

6月11日　学校与福建省水利厅全面合作协议签字仪式在福建省水利厅举行。

6月13日　成立河海大学技术转移中心。

6月15日　布隆迪高等教育与科研部部长朱利安·尼穆博纳博士率团访问学校。

6月21日　学校隆重举行2011届本科生毕业典礼。

6月28日　28日至29日，“2011中国(南京)农业水利与自然农法国际论坛”在我校举行，相关领域专家学者200余人参加了论坛。

7月6日　学校隆重举行2011年暑期大学生社会实践活动暨“百团行动”第三阶段出征仪式。

7月12日　学校与宿迁市人民政府战略合作框架协议签字仪式在宿迁举行。

7月13日　学校与淮安市人民政府战略合作框架协议签字仪式在淮安举行。

8月5日　经国务院学位委员会批准，我校新增“软件工程”一级学科博士学位授权点和“软件工程”、“统计学”一级学科硕士学位授权点。

8月12日　由我校主办的“2011年中俄双边动物磁导航暨环境感知与行为观测技术研讨会”在常州校区召开。

8月16日　余钟波教授入选第六批国家“千人计划”。

8月25日　河海大学“e龙队”参加“读者杯”2011中国机器人大赛暨Robo Cup公开赛，获FIRA小型组3∶3、FIRA小型组技术挑战赛、FIRA小型组标准动作比赛3个项目的冠军。

8月26日　26日至27日，我校召开2011年以“把握战略机遇、加强团队建设、推进跨越发展”为主题的战略研讨会。集中学习了科学发展的人才观，重点谋划推进高水平科技创新团队建设的发展思路和政策举措。教育部科技司司长王延觉应邀参会并做报告。

9月3日　学校隆重举行2011级本科新生开学典礼暨军训动员大会。2011年，学校共完成了5072名本科生招生计划。

9月8日　由郑大俊教授牵头完成的“基于多校共享互融的大学生文化素质教育模式探索与实践”获2011年江苏省高等教育教学成果特等奖。

9月10日　国家科学技术奖励工作办公室发布关于2011年度国家科学技术奖评审结果的公告，我校完成的3项科技成果荣获2011年度国家科学技术奖，获奖数位居全国高校前列。其中，刘汉龙教授主持的“现浇混凝土大直径管桩及复合地基技术与应用”获国家技术发明二等奖，张长宽教授主持的“河口海岸水灾害预警预报关键技术系统集成及应用”、顾冲时教授主持的“重大水工程服役风险评定与馈控的关键技术及其应用”获国家科技进步二等奖。

9月22日 大禹水利科学技术奖奖励委员会公布获奖项目，我校有5项成果获奖，其中特等奖1项，一等奖2项，二等奖2项；主持4项。学校作为主要完成单位参与的“国家防汛抗旱指挥系统工程技术研究与应用”获特等奖。

9月25日 江苏省教育厅印发《关于公布2011年江苏省高等教育教学成果奖一、二等奖获奖项目的通知》，我校由周建方教授牵头完成的“创新型工程人才培养体系的构建与实践”、王惠民教授牵头完成的“建‘质量工程’力学项目群，创立体化教学体系，促行业特色创新人才培养”均获一等奖；由陈元芳教授牵头完成的“面向国际、强化创新，水文与水资源工程特色专业人才培养的研究与实践”获二等奖。

10月8日 我校“土木工程安全与减灾学科群”入选江苏高校优势学科建设工程一期项目增列立项学科。

10月17日 17日至19日，全国工程教育专业认证专家委员会专家组对我校水利水电工程专业进行了专业认证。

10月18日 水利政策法制研究与培训中心成立大会暨揭牌仪式在我校举行。该中心经水利部批准，由学校与水利部发展研究中心联合组建，挂靠我校法学院。

10月19日 学校举行2011年度教育教学工作会议，会议主题是“全面提高人才培养质量”。

10月21日 21日至24日，2011年亚洲组织发展国际学术会议在我校召开。

10月25日 唐洪武教授的“水沙运动过程及模拟”和陈文教授的“复杂介质分数阶导数力学模型的数值模拟方法和理论”入选2011年度国家杰出青年科学基金资助项目名单。

10月26日 学校实验中心通过水利部计量认证监督评审。

10月27日 河海大学96周年校庆日，学校隆重举行纪念徐芝纶院士诞辰100周年大会和徐芝纶院士展览室开展仪式等纪念活动。

10月29日 水利部人力资源研究院成立大会暨揭牌仪式在我校举行，水利部副部长周英出席成立大会，并与校长王乘一道为研究院揭牌。

10月 欧洲权威商学院排名机构EDUNIVERSAL在上海同济大学举行的世界年会上公布了2011年度全球1000所最佳商学院名单，我校商学院名列其中，为江苏省内入选的3所学院之一。

11月7日 卢廷浩教授主编、高等教育出版社出版的“十一五”国家级规划教材《土力学》入选2011年普通高等教育精品教材。

11月10日 学校与铜仁地区行政公署战略合作框架协议签字仪式在铜仁举行。

11月13日 成立江西校友会。

11月14日 学校获第七届中国黄山国际登山大会团体冠军、优秀组织奖，冯彬以59分12秒的成绩再次获得高校组男子个人冠军和个人总冠军并获“迎客松杯”。

11月16日 学校科学道德和学风建设宣讲教育活动正式启动。举办研究生科学道德和学风建设宣讲教育活动首场报告会。

11月21日 我校“工商管理”学科入选“十二五”期间省重点学科。

11月24日 第八届全国泥沙基本理论研究学术讨论会在我校举行。

11月25日 唐洪武教授获“第四届水利青年科技英才”称号。

11月26日 常州校区召开办学25周年庆祝大会。

11月28日 江苏省科技厅批准我校建立江苏省高校技术转移中心。

11月28日 学校印发《本科人才培养方案(2012年版)修订指导意见》，对本科人才培养方案修订工作进行了部署，新方案将于2012年秋季学期开始实施。

11月29日 戴会超教授入选江苏省2011年度双创计划。

11月29日 学校获“第一次全国水利普查国家级培训突出贡献单位”称号。

12月8日 王超教授当选中国工程院院士。

12月14日 陈喜教授主持的“变化环境下工程水文计算的理论与方法”研究工作和鞠平教授主持的“大规模风电场多时空尺度聚合建模理论与方法”课题获批国家自然科学基金重大项目。

12月15日 全国首届“大学生职业发展论坛”在我校举行。

12月16日 水资源高效利用与工程安全国家工程研究中心通过国家发改委验收。

12月18日 18至22日，国际岩土力学进展与可持续发展论坛在学校举行，来自国内外岩土力学与可持续发展领域的专家学者共110余人参加了论坛。

12月18日 成立浙江校友会。

12月24日 我校被教育部授予“高等学校继续教育示范基地”。

12月27日 刘汉龙教授为学术带头人申报的“堤坝工程安全与减灾”团队入选长江学者创新团队。

12月 江苏省人才工作领导小组先后公布了江苏省第四期“333高层次人才培养工程”培养对象名单，我校共有25名专家入选。

（档案馆、常州校区供稿）

后　　记

经过编委会和编写组同志的共同努力，《河海大学年鉴(2011)》按计划得以付梓。在此，谨向所有关心、支持《河海大学年鉴(2011)》编撰工作的领导、撰稿人员表示衷心的感谢。

2011 年是河海大学实施“十二五”规划的开局之年，是统筹规划今后 5 年以及河海百年前后的发展，实现“跨大步，上台阶，厚积薄发”前进的重要一年。在这一年中，学校紧紧抓住全国教育发展纲要的颁布实施和以中央一号文件为标志的水利改革发展两大历史机遇，牢牢把握学校“十二五”发展主题，把科学发展与特色发展统一起来，紧紧围绕事关全局和长远的重要任务，积极推进教学、科研、社会服务等各方面工作。《河海大学年鉴(2011)》以纪实的手法，在各单位的大力支持下，通过翔实的资料和准确的数据，对学校一年的工作进行了回顾，全面展示了学校在 2011 年取得的成绩。

在《河海大学年鉴(2011)》编辑过程中，由于牵涉面广、文字工作量大、时间紧迫，《河海大学年鉴(2011)》可能还会有疏漏之处，敬请读者不吝指正。

《河海大学年鉴(2011)》编写组

2012 年 6 月